Elie Wiesel

... *UND DAS MEER WIRD NICHT VOLL*

Autobiographie 1969-1996

Aus dem Französischen von
Holger Fock und Sabine Müller

Hoffmann und Campe

Die Originalausgabe erschien 1996 unter dem Titel
... et la mer n'est pas remplie bei Editions du Seuil, Paris

Die Deutsche Bibliothek - CIP-Einheitsaufnahme
Wiesel, Elie: ... und das Meer wird nicht voll :
Autobiographie 1969-1996 / Elie Wiesel.
[Aus dem Franz. von Holger Fock ; Sabine Müller].
- 1. Aufl. - Hamburg : Hoffmann und Campe, 1997
Einheitssacht.: Et la mer n'est pas remplie <dt.>
ISBN 3-455-11110-6

Schutzumschlaggestaltung: Rambow van de Sand
unter Verwendung eines Fotos von Gamma/Andersen
Satz: Utesch GmbH, Hamburg
Druck und Bindung: Franz Spiegel Buch GmbH, Ulm
Printed in Germany

Alle Flüsse fließen ins Meer, das Meer wird nicht voll. Zu dem Ort, wo die Flüsse entspringen, kehren sie zurück, um wieder zu entspringen. Alle Dinge sind rastlos tätig, kein Mensch kann alles ausdrücken, nie wird ein Auge satt, wenn es beobachtet, nie wird ein Ohr vom Hören voll.

Leg dein Brot auf die Wasserfläche, denn noch nach vielen Tagen wirst du es wiederfinden - verteil dein Kapitel auf sieben oder gar auf acht; denn du weißt nicht, welches Unglück über das Land kommt.

Wenn die Wolken sich mit Regen füllen, schütten sie ihn auch über das Land aus; wenn ein Baum nach Süden oder Norden fällt - wohin der Baum auch fällt, da bleibt er liegen.

Das Buch Kohelet

INHALT

ZEIT DES WANDELS

Darf ich Sie zum zweiten Teil meiner Erinnerungen einladen?

Wie die Chronik berichtet, wurde der berühmte Rabbi Schne'ur Salman von Ladi verhaftet und ins Gefängnis von Sankt Petersburg eingesperrt, weil ein Gegner der chassidischen Bewegung ihn der Hetze gegen den Zaren beschuldigte hatte. Eines Tages besuchte ihn der Gefängnisleiter in seiner Einzelzelle und sagte:

»Ich habe gehört, Sie seien ein Rabbi, ein großer Meister. Sie kennen also die heiligen Schriften und die Bibel. In der Genesis gibt es eine Stelle, die ich nicht verstehe. Sie können sie mir bestimmt erklären. Es heißt dort, Adam sei, nachdem er von der verbotenen Frucht gekostet habe, geflohen und habe sich so gut verborgen, daß Gott fragen mußte: ›*Ayeka* – wo bist du?‹ Ist es möglich oder überhaupt vorstellbar, daß der Schöpfer der Welt nicht gewußt hat, wo Adam steckte?«

Darauf antwortete der Rabbi mit einem Lächeln:

»Der Herr, gelobt sei Sein Name, wußte es. Doch Adam wußte es nicht.«

Dann fragte Rabbi Schne'ur Salman zurück:

»Glauben Sie, daß die Bibel ein Heiliges Buch ist?«

»Ja.«

»Und glauben Sie auch, daß sie sich an die Menschen aller Zeiten wendet und damit auch an uns?«

»Ja, das glaube ich.«

»Dann will ich Ihnen den wahren Sinn der Frage erklären, die Gott Adam stellte. *Ayeka* bedeutet: Wo stehst du in dieser Welt? Wo ist dein Platz in der Geschichte? Welchen Anteil hast du mit deinem Leben daran, Adam? Diesen grundsätzlichen Fragen muß sich jeder Mensch eines Tages stellen.«

Für uns Menschen geht das Buch des Lebens auf Adam zurück. In ihm ist das Wunder des Anfangs festgehalten. Aber mit der Frage *»Ayeka?«* wendet Gott sich an jeden von uns.

... Schreiben, über sich selbst schreiben, über das, was einem widerfahren ist, und die Last der Erinnerung, die man zu tragen hat – das bedeutet in gewisser Weise, sich immer wieder dieser ersten biblischen Frage zu stellen.

Wenn ich meine Tagebücher wieder lese, stelle ich Fragen an den Mann, der das alles erlebt hat und den es häufig von Seite zu Seite, von Ereignis zu Ereignis durch die Geschichte wirbelt. An welchem Scheideweg steht er? Welche Gefahr lauert auf ihn, welche Stimme zieht ihn an? Wie und woran kann ich ihn festmachen – an seinem Hang zum Alleinsein oder an seinem Bedürfnis, der Einsamkeit zu entfliehen?

Ich versuche, eine Richtung in meinem Leben ausfindig zu machen: Ich weiß, daß ich so weitermachen muß.

Vor mir, wie immer, das Foto des Hauses, in dem ich aufgewachsen bin. Ich sehe die Tür, die zum Hof führt. Die Küche. Ich ginge gerne hinein, doch ich fürchte mich. Ich betrachte das Haus. Ich möchte es betrachten können, und sei es auch nur aus der Ferne. Bei allem, was mir widerfährt, kann ich nicht anders, als mich daran zu erinnern, woher ich komme.

Der erste Band meiner Erinnerungen war der Versuch, mit leiser Stimme das verborgene, fast ausgelöschte Leben eines jungen Talmudschülers zu erzählen, der nach seiner Rückkehr aus den Todeslagern Schriftsteller wurde. Meine friedliche Kindheit, meine wechselvolle Jugend und meinen Bildungsweg voller Überraschungen. Stationen des Lebens und Aufbrüche ins Ungewisse. Irrfahrten, Irrwege, Neuanfänge. Jahre, die geprägt waren von messianischen Träumen und Kampfansagen, Niederlagen und dem Verlust nahestehender Menschen, von Abschied und Wiedersehen. Ein kleines Mädchen mit goldblondem Haar, eine kluge, heitere Mutter. Ein verzweifelter und wehrloser, kranker Vater. Mosche der Verrückte, Kalman der Kabbalist, Schoschani und seine Geheimlehren, Saul Lieberman, der Lubawitscher Rabbi. Sighet, Auschwitz, Paris, New York: Etappen, die mich geprägt haben. Am 2. April 1969 bin ich in Jerusalem angekommen: Dort endet der erste Band. Einmal mehr nimmt mein Leben eine neue Wendung: Diesmal zeigen die Weichen auf Hoffnung. Auf ein Leben, das zu Marion führt, zu einem gemeinsamen Leben mit Marion. Ich heirate.

Verändert sich mein Leben dadurch? Oder nur meine Lebensweise? Die bloße Kopfarbeit hat mir nie genügt. Gibt es eine andere Möglichkeit als zu handeln, um das Andenken zu bewahren, die Erinnerung zu schützen? Kommen sie nicht gerade im Handeln zum Vorschein? Ich werde mich engagieren. Ich werde unterrichten, teilen und mitteilen, Zeugnis ablegen. Ich werde die Opfer in ihrer Einsamkeit zeigen und diese mildern. Mit anderen Worten: Ich werde aktiver werden. Also ins Licht der Öffentlichkeit treten? Eine Persönlichkeit der Öffentlichkeit werden, wie man so schön sagt? Auch wenn ich nicht gerade versessen darauf bin, ich habe keine andere Wahl.

> In dieser Zeit träume ich mehr denn je. Mit unerwarteter Klarheit kehren meine Träume alles hervor, und die Angst aufzuwachen macht sie bitter und schmerzhaft. Ein riesiger, blühender Garten. Es ist Frühling. Ich betrachte den blauroten Himmel. Ein Fenster geht auf, mein Großvater erscheint darin. Ich höre, wie er der Sonne befiehlt unterzugehen. Er werde erwartet. Großvater weiß sich Gehorsam zu verschaffen. Es dämmert, und plötzlich hat sich der Garten in ein Bethaus verwandelt. Eine große Menschenmenge wartet still und reglos darauf, daß der Gottesdienst beginnt.
>
> Ich habe Angst, die ersten Verse des ersten Gebets könnten mir entfallen sein. Ich suche nach einem vertrauten Gesicht. Doch über allen Gesichtern liegt ein Schleier, sie sind ausgelöscht. Panik ergreift mich. Rückwärts will ich mich zum Ausgang stehlen, doch eine Stimme durchdringt mich: Das darfst du nicht, das darfst du nicht. Was darf ich nicht? Ich habe keine Ahnung. Vielleicht darf ich nicht aufwachen.

Plötzlich rennt mir die Zeit davon. Die Tage schleppen sich dahin, doch die Jahre vergehen wie im Fluge. Unter der Last der ständig wachsenden Aufgaben und Verpflichtungen arbeite ich an zwei oder drei Vorhaben zugleich. Schreiben wird zum Hindernislauf. Liegt es an der gesteigerten Selbstkritik, an der größeren Strenge? Früher überarbeitete ich meine Texte dreimal. Heute kommt es vor, daß ich stundenlang über derselben Seite grübele und sie schließlich in einem Anfall von Hellsichtigkeit und Wut zerreiße.

Es sind Jahre fieberhafter, krampfartiger Arbeitswut, voller Fehlschläge und überschwenglicher Neuanfänge. Von nun an steht mein Leben unter einem Doppelstern: ständiger Wandel im alltäglichen Engagement und treues Festhalten an den Erinnerungen. Glück und Verzweiflung scheinen ein zugleich düsteres und helles Feuer in mir zu nähren. Sollte ich vielleicht Angst davor haben, einfach nur glücklich zu sein?

Ich beschäftige mich mit vielen Dingen, das Schreiben bleibt jedoch das wichtigste. Ungeachtet meines Schwankens und meiner Zweifel an der Sprache, oder vielleicht gerade deshalb, gerate ich immer tiefer in den Strudel der Worte, den ich mit aller Kraft zu fassen und zu bändigen versuche. Ich klammere mich an die Vorstellung, am Anfang stehe das Wort. Das Wort ist die Geschichte des Menschen. Und der Mensch ist die Geschichte Gottes. Wenn das Gebet ein Akt des Glaubens an Gott ist, dann ist Schreiben ein Zeichen für das Vertrauen in die Menschen.

Ich schreibe, schreibe mehr als früher, doch es fällt mir schwerer als früher. Bei jeder Seite frage ich mich: Habe ich nicht bereits an anderer Stelle gesagt, was ich soeben geschrieben habe? Ich ertrage keine Wiederholungen. Ich schreibe, weil ich nicht anders kann.

Ich habe eine Frau, die ich liebe, aber ich schreibe keine Liebesromane, sondern Romane über die Einsamkeit. Ich sitze am warmen Herd, doch ich schreibe über das Elend der Verdammten. Der Kreis der Freunde um uns wächst. Auch nehme ich mehr als früher Einladungen zum Essen in der Stadt an. Wir unterhalten uns mit Schriftstellern über Politik und sprechen mit Politikern über die Malerei. Wie durch ein Wunder leide ich nicht an jener »inneren Blockade«, über die viele Schriftsteller klagen. Ich brauche nie zu befürchten, mir ginge der Stoff aus.

Der Wahnsinn, das Lachen sind Themen, die mich bei den Recherchen für meine Geschichten ständig beschäftigen. Seit meiner Begegnung mit Mosche dem Verrückten und seinem Gesang läßt mich dieses Thema nicht mehr los. Und selbst wenn ich mich davon lösen wollte, es würde, es könnte mir nicht gelingen.

Die verrückten Mystiker von Sighet, die Bettler mit ihren Geheimnissen und dem Lachen der Götter, ihre Größe und ihr Untergang: Sie schwärmen durch meine Erzählungen mit dem ganzen Unheil, das auf ihnen lastet, und ich fürchte mich davor, ihnen zu weit zu folgen, mich zu weit von mir zu entfernen oder zu weit in mich zu dringen.

Um ihnen zu entkommen, aber auch, um ihnen die Stirn zu bieten, arbeite ich soviel wie nie zuvor. Ich schreibe Essays über die Bibel und den Talmud, beschäftige mich mit chassidischen Erzählungen, Kurzgeschichten und Romanentwürfen. Ich bleibe dabei: Schreiben ist das wichtigste von allen wichtigen Dingen. Natürlich bin ich nicht gegen alle Zweifel gefeit, und es ist auch nicht immer leicht oder gar klug, sie zu zerstreuen. Wenn sie aufkommen, bin ich meiner nicht mehr sicher: Kann ich noch eine andere Richtung einschlagen, oder bin ich schon zu weit gegangen?

Ich unternehme weniger Reisen, es reizt mich nicht mehr so sehr. Lieber bleibe ich zu Hause über meinen Büchern. Früher hielt ich das Familienleben - ein häusliches Leben also! - für ein Hindernis bei der literarischen Arbeit. Im stillen redete ich mir ein, man könne nicht zugleich ein guter Ehemann und ein gewissenhafter Schriftsteller sein. Nun liegt es an mir, das Gegenteil zu beweisen. Ich verstehe jetzt besser, was mit dem Ausdruck *»Ezer kenegdo«* gemeint ist, den Gott in der Genesis gebraucht, als Er den Wunsch äußert, Eva zu erschaffen, um für Adam »eine Hilfe (zu) machen, die ihm entspricht«. Ich habe Marion viel zu verdanken. Sie gibt mir Anregungen, korrigiert meine Texte, kritisiert mich und meine Entscheidungen im Licht ihrer persönlichen Erfahrungen. In diesem Bereich läuft alles bestens.

Dennoch machen sich bald auch Anforderungen und Zwänge bemerkbar, die mein Schriftstellerdasein beeinträchtigen. Aber sie sind beileibe nicht alle hinderlich.

Ich studiere weiterhin mit Saul Lieberman den Schatz der talmudischen Texte, ich teile mit Abraham Joschua Heschel die Freude an der Schönheit chassidischer Erzählungen. Wir besuchen Hilda in

Frankreich und Bea in Montreal. Und sonst? Während sich in der Welt bedeutende und sogar tragische Dinge ereignen, entdecke ich in meinem Privatleben das einzigartige, das überwältigende, aber leicht verletzbare Glück eines Mannes, den zum erstenmal sein Kind anlächelt.

Ja, die siebziger Jahre vergehen wie im Fluge.

Vielleicht ist jetzt der richtige Zeitpunkt für einen Einschub. Dieser Band meiner Erinnerungen unterscheidet sich vom vorausgehenden sowohl in der Anlage als auch in der Absicht.

Hat der Autor bislang vor allem zu erzählen versucht, was er an sich selbst beobachtete, so obliegt es ihm jetzt, den Blick auch auf diejenigen zu richten, die ihn beobachteten.

Während der Autor im ersten Band eine Art Bildungsgeschichte erzählte, wird der zweite Band durch die Kämpfe bestimmt, die er ausgefochten hat. Und Kampf bedeutet Auseinandersetzung zwischen gegnerischen Lagern. Deshalb sollte der Leser nicht erwarten, daß der Autor Zurückhaltung und Teilnahmslosigkeit an den Tag legt. Der bislang nach innen gerichtete Blick wird nun nach außen gewendet. Der Autor wird sich nicht mehr hinter seiner Absicht verschanzen, dem Leser nur eine Ahnung zu vermitteln, er wird ihn statt dessen an die Hand nehmen und führen.

Aber auch dabei werde ich bestimmte Dinge für mich behalten. Was rein privat oder zu persönlich ist, lasse ich unerwähnt. Ebensowenig sollten Sie sich über einige meiner Freunde - wahre oder falsche - Aufschlüsse von mir erhoffen oder über andere Menschen, deren Bekanntschaft im guten wie im schlechten Sinn mein Leben seit den siebziger Jahren geprägt hat. Das alles hoffe ich in einem gesonderten Band über »Meine Lehrer und meine Freunde« nachzuholen.

Im Gegenzug werde ich mit einem Vorsatz brechen, dem ich in *Alle Flüsse fließen ins Meer* gefolgt bin: Ich werde Stellung beziehen gegenüber einigen Gegnern oder Widersachern, die, wie mir scheint, die Grenzen des Dialogs überschritten, die Verwirrung zu ihrer Waffe und die Verunglimpfung zu ihrem Ziel gemacht haben. In den meisten Fällen zielen sie dabei nicht auf meine Person, in bestimmten, weniger zahlreichen Fällen haben sie allerdings auch mich aufs Korn genommen, sei es als Symbol für irgendeine Sache (eine Rolle, die ich immer abgelehnt habe), sei es als benennbarer und bekannter Zeuge, dessen Zeugnis unliebsam ist. Übrigens stört es mich, wenn das Wort »Symbol« auf einen Menschen angewandt wird. Der Mensch ist ein lebendiges Wesen und kein Symbol. Symbole können ohne weiteres von Menschen zurückgewiesen oder ungestraft ausgetauscht werden. Der Mensch ist etwas anderes, und er bleibt immer etwas anderes. Der Mensch lebt in seinen Handlungen ebenso wie in den Reaktionen darauf.

Ich habe es bereits an anderer Stelle gesagt und wiederhole es hier: Ich finde Polemik etwas Schreckliches, doch es gibt Momente, wo man ihr nicht ausweichen darf. *»Schetika ke-hodaya dami«*, heißt es im Talmud – aus Schweigen kann leicht Zustimmung werden.

Manchmal kommt man um eine Antwort nicht herum. Man muß nein sagen können. Nein zur Lüge, nein zum Haß. Wird es mir gelingen, weniger boshaft und hinterhältig zu sein als die Boshaften? Ich hoffe es.

Ich habe gelernt, auf Gemeinheiten nicht einzugehen. Warum sollte man sich auf eine solche Ebene herablassen? Jemanden zu beschimpfen ist leicht. Das kann jeder. Dazu braucht es keine Bildung, man muß nur der Bosheit freien Lauf lassen.

Ein Lehrer hat mir einst geraten, niemals einen Gegenschlag mit der Axt zu führen. Wenn es unumgänglich ist zu antworten, ist ein Skalpell viel wirkungsvoller.

Damit wollen wir es genug sein lassen.

Im ersten Band haben Sie mich bis zu meiner Hochzeit am 2. April 1969 begleitet. In der Altstadt von Jerusalem waren wir stehengeblieben. Lassen Sie uns dort noch ein wenig verweilen.

Eigentlich hatten wir vorgehabt, uns am 1. April zu vermählen. In letzter Minute zog es Marion jedoch vor, die Trauung um einen Tag zu verschieben: »Wenn wir am 1. April heiraten, nimmt uns keiner ernst«, sagte sie lachend. »Unsere Freunde werden meinen, es handele sich um einen Aprilscherz!«

Also Montag frei? Einen Tag in Ruhe verbringen? In Jerusalem kommt man selten zur Ruhe. Warum heißt die Stadt nur Stadt des Friedens, wo man hier doch niemals in Frieden gelassen wird! Sogar an seinem Hochzeitstag klopfen Freunde und Unbekannte ohne Vorwarnung an die Tür, erkundigen sich, ob man sich nicht zu sehr langweile, ob man etwas benötige oder vielleicht Lust habe, einen Händler und Mystiker in Mea Shearim zu besuchen oder einen verrückten Exoten an der Klagemauer. Abzulehnen wäre eine Unhöflichkeit, und das gehört sich nicht in Jerusalem.

Um sechs Uhr früh reißt mich Teddy Kollek aus dem Schlaf. Der tatkräftige Bürgermeister der Hauptstadt lädt mich zum Frühstück ein. Schlaftrunken erwidere ich, daß es den Verlobten am Tag der Hochzeit wie an Jom Kippur* verboten sei, vor den Feierlichkeiten zu essen und zu trinken. »Komm trotzdem«, sagt Teddy, »ich muß dich dringend sprechen.« Bei ihm ist immer alles dringend, denn es geht immer um seine Stadt. Und es gibt wohl weltweit keine Stadt mit mehr dringenden Angelegenheiten als Jerusalem ...

Ich bin entschlossen, mich nicht herumkriegen zu lassen, aber der Bürgermeister will mich ködern. Ich finde, die Unterhaltung habe noch Zeit. Er sagt, er werde von den Ereignissen überrollt ... Wer wird das nicht? Er meint, er werde es mehr als sonst jemand, mehr als nötig wäre ... Er befürchtet, die Vereinten Nationen könnten Israel mit einer Initiative unter Druck setzen, die darauf zielt, die Heilige Stadt internationaler Kontrolle zu unterstellen. Er möchte schon im voraus Maßnahmen treffen und eine Kommission oder weltweite Vereinigung zur Verteidigung Jerusalems als Hauptstadt Israels ins Leben rufen. Deshalb holt er mich an meinem Hochzeitstag aus dem Bett. Meine Antwort lautet, daß mir seine Idee gefalle, daß es damit aber keine Eile habe und er überhaupt einen anderen Namen für sein Komitee finden müsse. Als Verfechter der Kürze schlage ich ihm vor: »Internationales Jerusalem-Komitee«. Er stimmt zu. Ob ich jetzt wieder auf mein Zimmer gehen könne? Es ist sieben Uhr, die Trauung ist auf elf festgesetzt, ich muß mich vorbereiten. Aber nein – Teddy hat noch etwas auf dem Herzen. Er benötigt die Namen bedeutender Persönlichkeiten für sein Komitee. An wen

* Zur Erklärung einzelner Begriffe siehe das Glossar S. 601.

hat er gedacht? Darüber soll ich mir Gedanken machen. Ich eile und hole mein Adreßbuch, er kennt seines auswendig. Um neun Uhr entläßt er mich endlich, und ich kann mich für die Trauung fertig machen. Mein Neffe Steve, Beas Sohn, leistet mir Gesellschaft, während ich mich rasiere und umziehe. Fünfundzwanzig Jahre später werde ich ihm am Tag seiner Hochzeit zur Seite stehen.

Ein unvergeßliches Pessachfest: In einem streng koscheren Hotel in Jerusalem feiern wir im engsten Familienkreis unter der Leitung meines Lehrers und Freundes Saul Lieberman den Seder. Bea ist mit ihrem Mann Len und ihren beiden Kindern Sarah und Steve gekommen. Auch Hilda ist mit ihrem Sohn Sidney angereist. Ich lese aus dem Buch Exodus die Geschichte vom Auszug aus Ägypten, Liebermans Kommentare begeistern uns. Es wird ein langer, nachhaltig wirkender Tag, der mich geistig völlig erschöpft. Ich sehe die Anwesenden und denke an jene, die nicht mehr da sind. Was hat mehr Gewicht? Ich denke an meinen letzten Seder zu Hause in Sighet – wie lange ist das schon her.

Eine sehr bewegte Zeit beginnt. Das Telefon klingelt pausenlos. Nein, diesmal ist es nicht Teddy, diesmal sind es andere Glaubensbrüder, die mir mit ihren Vorschlägen den Nerv rauben. Ob ich nicht etwas zur jüdischen Literatur in Amerika schreiben könnte? Wenn man dem Anrufer glauben darf, hängt das kulturelle Schicksal Israels, wenn nicht gar Gottes Schicksal davon ab. Keine Zeit? Dann vielleicht ein Gespräch zum selben Thema, ja? Ich werde für den Rundfunk, für ein Morgenblatt, für ein Abendblatt interviewt. Ein Star des staatlichen Fernsehens, Haim Yavin, ein nüchterner, junger Mann, der noch nicht zu lächeln versteht, möchte mich unter allen Umständen als Gast in seiner wöchentlichen Sendung haben. Vier Intellektuelle sollen mich befragen, darunter der Dichter Haim Gouri, der *Die Nacht* übersetzt hat. Wann? Übermorgen. Es würde nicht viel Zeit kosten, verspricht er. Ich bitte meine Freunde um Rat, sie sind dafür. Gut, ich komme. Die Fragen sind einfach, das übliche Gerede. Mein Ziel als Schriftsteller? Zeugnis ablegen. »Amen« sagen. Das bedeutet: »So ist es, so war es.« Ich zitiere Malraux: »Eine kleine Schramme auf der Erde hinterlassen.« Alles geht gut. Keine Fallen, keine scharfzüngigen Bemerkungen. Wann werden sie kommen?

Kurz vor dem Ende der Sendung entschließt sich Haim Yavin doch noch, mich herauszufordern: »Was geht in Ihnen vor, wenn Sie in der Altstadt arabischen Kindern begegnen?« Ich spüre, wie mir das Blut zu Kopf steigt und in den Adern stockt. Zum Glück gibt es noch kein Farbfernsehen. Die Zuschauer sehen nicht, wie ich blaß werde. Ich gebe mir alle Mühe zu verbergen, wie sehr mich die Frage bedrängt: »Sicher, manchmal laufen mir arabische Jungen oder Mädchen über den Weg. Sie bitten mich um Geld oder Schokolade. Manchmal bitten sie aber auch um nichts, sondern wollen nur, daß ich sie ansehe. Sie wollen mir, dem Juden, dem Sieger, ihre Niederlage vorführen. Angesichts ihres Leidens und ihrer Demütigung schlage ich dann die Augen nieder.«

Nach der Sendung ernte ich viel Lob, aber auch Kritik. Der kommunistische Abgeordnete Moshe Snee tritt in einem Restaurant an mich heran, um mir zu sagen, wie sehr ihm meine Äußerungen gefallen haben. Ich bin tief bewegt. Denn in meinen Augen ist er ein lebendes Rätsel. Was hat den Anführer der zionistischen Bewegung in Polen und ehemaligen Chef der Hagana, diesen glänzenden Kopf und inbrünstigen Juden dazu gebracht, zur Verblüffung aller Israelis Stalinist zu werden? Für die öffentliche Meinung ist er ein Abtrünniger, wenn nicht gar Schlimmeres. Ich hätte gerne eine Stunde mit ihm verbracht, um ihn darüber zu befragen, ihn besser kennenzulernen und vielleicht besser verstehen zu können. Doch ich wage es nicht, ihm seine Zeit zu stehlen. Wird er zu den Seinen zurückfinden? Wird er den Weg finden, der ihn wieder zu seinen Wurzeln zurückbringt? Später wird er seinem Sohn Ephraim, einem jungen General und künftigen Minister im Kabinett von Jitzhak Rabin, auftragen, das Kaddisch über seinem Grab zu sprechen.

Ursprünglich hatten Marion und ich vor, noch ein oder zwei Wochen in Israel zu bleiben, doch wir ändern unseren Plan. Zu viele warten darauf, besucht zu werden, es gibt zu viele Sehenswürdigkeiten, und wir müßten zu viele Einladungen absagen. Hier ist es gleichermaßen anstrengend, ja oder nein zu sagen. Marion erinnert mich daran, daß ich kein Junggeselle mehr bin; und sollte ich nicht die Absicht haben, es gleich wieder zu werden, möge ich sie gefälligst woanders hinbringen.

Zuvor treffen wir noch Paula und Noah Mozes, Dow und Lea Judkowski, Ruth und Eliahu Amiqam (alle vom *Jediot Achronot*, »meiner« Zeitung). Sie alle schließen Marion ins Herz. Es sind schöne Stunden. Ich besuche Binyamin Halevy. Er ist Richter am Obersten Gerichtshof. Wir kennen uns über seine Tochter Ofra, eine der jungen Schönheiten Jerusalems. Sie war die Freundin von Nicolas, mit dem ich seit der Zeit in Ambloy befreundet bin.

Der Richter ist ein beeindruckender Mann. Sein sanfter Blick steht im Kontrast zu seinem lebhaften Gesicht. Ich habe ihn mehr als einmal über jene Prozesse befragt, in denen die Tragödie im Mittelpunkt stand, über den Prozeß gegen die Mörder Rudolf Kastners und über den Eichmann-Prozeß. Halevy hatte den Vorsitz im ersten inne und war Beisitzer im zweiten. Ich erinnere mich an seine aufsehenerregenden Schlußworte über den zionistischen Anführer von Budapest, der »seine Seele dem Teufel verkauft hat«. Auch seine Befragung Eichmanns auf deutsch ist mir im Gedächtnis haften geblieben.

Heute möchte ich jedoch religiöse Fragen mit ihm besprechen. Denn zur Hochachtung, die ich ihm als Richter entgegenbringe, kommt meine Neugier auf ihn als Mensch. Da er praktizierender Jude ist, trug er zu Beginn der Verhandlungen im Kastner-Prozeß eine Kippa. Eines Tages, mitten im Prozeß, erschien er plötzlich ohne Kopfbedeckung. Ich frage ihn: Worauf ist die religiöse Krise zurückzuführen, auf die seine Geste hinwies? Wodurch wurde sie ausgelöst? War es eine Äußerung des Angeklagten, eine Frage des Staatsanwalts? Waren es die Tränen eines Überlebenden oder ein Argument des Anwalts der Verteidigung.

Und auch er hat eine Frage an mich. Unter höchster Geheimhaltung wurde ihm von Menachem Begin ein sicherer Listenplatz bei den Wahlen zur Knesset angeboten, und jetzt weiß er nicht, was er tun soll: der Justiz den Rücken kehren und in die Politik gehen?

Ausgerechnet ich soll ihm einen Rat geben können? Als Skeptiker mißtraue ich der Politik und mehr noch den Politikern. Für den Richter war die Versuchung aber zu groß. Später bereute er es.

An der Côte d'Azur. Ich liebe dieses himmlische Fleckchen Erde, das Klima, die Atmosphäre, die Aufgeschlossenheit seiner Bewohner. Wir werden noch oft für einige Tage oder Wochen in die kleinen Dörfer bei Nizza, Monaco und Cannes zurückkehren. Wir lesen, gehen spazieren, besuchen Konzerte. Das Sprichwort hat recht: Hier lebt es sich wie Gott in Frankreich, das heißt, recht gut.

Den Sommer verbringen wir in einem Haus, das Marion in Roquebrune ausfindig gemacht hat. Ich arbeite dort an *Der Schwur von Kolvillág* und bereite nebenbei meine Seminare zum Chassidismus vor. Wir verbringen friedvolle Stunden mit Manès und Jenka Sperber. Ich habe schon berichtet, was mich mit Manès verband. Ich höre ihm gerne zu, er ist ein hingebungsvoller Lehrer. Adler, Trotzki, Silone – über alle weiß er Bescheid. Meine Weinkennerschaft macht unter seiner Leitung beachtliche Fortschritte. Und alles, was ich über das Verhalten von Stechmücken weiß, verdanke ich ihm. Trotzdem kann ich mir bis heute nicht erklären, warum sie sich selbst im größten Menschengetümmel ausgerechnet auf mich stürzen. »Trösten Sie sich«, meinte Manès, »stechen tun immer nur die Weibchen. Und anschließend sterben sie.« Vor Glück?

Marion hat in unserer unmittelbaren Umgebung das Haus entdeckt, in dem André Malraux während der Besetzung lebte. Sie brennt darauf, »La Souco« zu kaufen. Ich frage: Womit denn? Und entmutige sie – leider. Ich werde noch häufig feststellen müssen: Sie hat einen sicheren Instinkt, einen untrüglichen Riecher. Wenn wir uns immer darauf verlassen hätten, wäre ihr Ehemann heute vielfacher Millionär.

Wir wollen die Fremde genießen und machen einen Abstecher nach San Remo, wo Jossele Rosensaft und sein Kreis Überlebender aus Bergen-Belsen Freunde aus Israel, England und Amerika willkommen heißen. Sie singen und lachen und lachen und singen, selbst wenn sie ihre Erinnerungen an die dunkle Zeit von einst austauschen.

Gegen sechs Uhr morgens, wenn alles noch schläft, stehe ich auf und gehe zum Schwimmbad des Royal Hotels: Ein Bademeister erteilt mir dort Schwimmunterricht; ich benötige ihn dringend. Denn sollte ich eines Tages einen Sohn haben, wird es nach einer Regel Rabbi Akibas meine Pflicht sein, ihm das Schwimmen beizubringen, und darauf wollte ich rechtzeitig vorbereitet sein. Doch ich bin ein schlechter Schüler und ergreife die Flucht, sobald ich Schritte nahen höre. Ich kann bis heute nicht schwimmen.

Die Vergangenheit kommt mir wieder zu Bewußtsein. Ich erinnere mich an den Tag, als ich zum erstenmal die Côte d'Azur, die endlose Weite des Meeres erblickte. Bandol. Le Grand Arenas. Meine erste Reise als Reporter. Die Auswanderer aus den Lagern für Displaced persons. Ein junges Mädchen namens Inge. Meine notorische Schüchternheit. Das war 1949. Vor langer Zeit. Es war meine erste Reise nach Israel.

Marion möchte bald wieder nach Hause zurückkehren. Ich auch. Wir müssen wieder nach New York, wo die kleine Jennifer sehnsuchtsvoll und lächelnd auf uns wartet. Marions Tochter ist oft traurig, aber es ist leicht, sehr leicht, sie aufzuheitern.

Jetzt bin ich also Ehemann und habe eine Familie. Ich bin vierzig Jahre alt und lebe zum erstenmal mit einer Frau zusammen. In Sighet vermählte man sich mit achtzehn. Eine fünfundzwanzigjährige Frau galt als alte Jungfer, und wenn ein Mann mit dreißig noch keine Familie gegründet hatte, schimpfte man ihn einen unverbesserlichen Junggesellen. Warum hatten sie es so eilig? Waren sie trotz ihrer Jugend schon reif genug, um eine eigenständige Existenz in Angriff zu nehmen? Für mich hält das Abenteuer des Ehelebens eine Reihe von Niederlagen und Mißgeschicken bereit. Ich muß manche Gewohnheiten ablegen, andere annehmen, muß lernen, zwei Freundeskreise miteinander zu verflechten, zwei Gemüter in Einklang zu bringen, mit jemandem die Wohnung zu teilen, Gemeinsamkeiten zu pflegen. Zahllose, scheinbar unüberwindbare Anpassungsschwierigkeiten? Die Liebe wird sie beheben. Uns geht es wie allen. Der Ehemann friert immer, und die Gattin besteht darauf, den Ventilator anzustellen. Sie kann Stunden in einem Geschäft verbringen, er beginnt nach fünf Minuten nervös zu werden. Er besucht fleißig die Synagoge, sie läßt sich dort nur selten blikken. Sie geht fürs Leben gern ins Kino, er dagegen versinkt in Büchern und vollbringt ein »Opfer«, wenn er sie begleitet. Was macht das schon! Sie lieben sich. Meinungsverschiedenheiten sind Quellen der Überraschung. Ist das Zusammenleben nicht Entdeckung und Teilhabe zugleich? Was auch immer sie anpacken, sie tun es gemeinsam und in völliger Übereinstimmung. Selbst ihre belanglosen und Gott sei Dank seltenen Streits wirken mit der Versöhnung wie ein Ansporn.

Unsere Freunde freuen sich, uns zu sehen und zu wissen, daß wir glücklich sind. Schließlich mußten sie lange genug warten, bis ich über meinen Schatten sprang. Der Lubawitscher Rabbi Menachem Mendel Schneersohn hat mich oft ausdrücklich daran erinnert, indem er die Heilige Schrift zitierte: »Es ist nicht gut für einen Mann, wenn er allein bleibt.« Von den Briefen, die ich vor meiner Hochzeit von ihm erhalten habe, bewahre ich einen, der mich zum Schmunzeln gebracht hat. Nach drei prallen Seiten zu theologischen Themen – »Gibt es einen Glauben ohne Gott?« – folgt nahezu übergangslos eine schlichte Frage, »die nichts mit Theologie zu tun hat: Warum heiraten Sie nicht?« Meine Antwort lautete: Das hat sehr viel mit Theologie zu tun.

Auf seine Weise drängte mich auch Saul Lieberman zur Ehe: indem er mir das oft tragische Schicksal der Junggesellen in der talmudischen Literatur auseinandersetzte. Der zurückhaltende Abraham Joshua Heschel begnügte sich mit ein paar Anspielungen. Nachdem er Marion kennengelernt hatte, schenkte er ihr sein Vertrauen und umgab sie mit der ganzen ihm eigenen Herzlichkeit. Als es dann soweit war, gaben seine Frau Sylvia und er ein Abendessen zu unseren Ehren. Der wunderbar höfliche Heschel war von einem Ende der Stadt zum anderen gerannt, um für die frischgebackene Braut Orchideen zu kaufen.

Und ich?

Ich versuche mich daran zu erinnern, warum ich soviel Angst davor hatte, »meine Freiheit zu verlieren«, wie man sagt. Angst, mich von der Vergangenheit zu lösen und von allen, die sie bevölkern? Fürchtete ich vielleicht, bodenständig zu werden, und dachte dabei, Bodenständigkeit führe zu sehr in fruchtlose Gefälligkeit? Das alles trifft zweifellos zu, und doch ist es von untergeordneter Bedeutung und erklärt nicht, warum ich mich so sehr gegen die Vorstellung sträubte, daß es eine Zeit des Alleinlebens gibt und eine Zeit, in der man sein Leben mit einer Frau teilt. Warum habe ich nur so lange gewartet, eine Familie zu gründen? Ich befürchtete natürlich, meine Familie nicht ausreichend versorgen zu können - aber war das der einzige Grund, oder war es vielmehr Mangel an Vertrauen in die Zukunft?

Früher hätte man gesagt, ich würde auf meinen *Ziwwug* warten, auf den Menschen, der mir in den Büchern des Lebens bestimmt war.

Wie wäre es an dieser Stelle mit einer Geschichte?

Als der berühmte deutsche Jude und Philosoph Moses Mendelssohn das heiratsfähige Alter erreicht hatte, suchte man für ihn natürlich das reichste, schönste und gebildetste Mädchen des Landes als Braut aus. Beide Elternpaare beteuerten ihre Freude darüber und hielten es nicht für nötig, ihre Kinder zu befragen. Sie legten den Tag der Trauung fest und luden alles ein, was Rang und Namen in der guten Gesellschaft und in den Kreisen des Rabbinertums hatte. Dem Brauch gemäß hielt der Bräutigam eine Rede, in die seine Freunde mit passenden Liedern einfielen. Unterdessen ließen die Braut und ihre Freunde sich in einem anderen Raum von den besten Musikern der Gegend unterhalten. Dann kam der Augenblick, als der Bräutigam den Schleier seiner künftigen Ehefrau heben mußte. Er sah sie und war geblendet von ihrer Schönheit. Unglücklicherweise sah sie bei dieser Gelegenheit auch ihn und fiel in Ohnmacht. Denn der Philosoph war ebenso berühmt für sein Wissen wie für seine körperliche Mißgestalt. Er war klein, buckelig, hatte eine zu spitze Nase, zu dichte Brauen, unterschiedliche Augen: Die Reaktion seiner Braut ist nur zu verständlich. Als sie das Bewußtsein wiedererlangt hatte, rief sie ihren Vater zu sich und sagte: »Lieber sterbe ich, als daß ich den heirate.« So sehr der Vater sie auch anflehte, brav zu sein, sich duldsam zu zeigen und zu gehorchen, es nutzte nichts. Die Mutter eilte ihrem Gatten zur Hilfe. Vergeblich. Beide jammerten und jammerten: Was für ein Skandal! Was würden all die Gäste, die Onkel und Tanten nur sagen? Die Braut blieb hartnäckig. Und der unglückliche Vater von Moses mußte seinen Sohn zur Seite zu nehmen und ihm sagen, daß ... Der Bräutigam war nicht umsonst Philosoph, er hatte alles längst erraten. - »Verstehe«, murmelte er. »Man möge der Braut sagen, daß ich ihr deshalb nicht böse bin. Im Gegenzug möge sie mir eine Viertelstunde Zeit für ein Gespräch unter vier Augen schenken. Dann kann sie gerne zu ihren Eltern zurückkehren.« Obwohl ein solches Ersuchen zur damaligen Zeit undenkbar schien – »Wie bitte? Zwei junge Leute vor der Hochzeit allein in einem Raum?!« –, gaben die anwesenden Rabbiner unter den gegebenen Umständen ihr Einverständnis. Eine Viertelstunde, keine Minute länger. Mit einem Lächeln auf den Lippen empfing Mendelssohn das Mädchen. Er bat sie, Platz zu nehmen und ihm zuzuhören: »Ich will Ihnen eine Geschichte aus dem Talmud erzählen: Wenn die Seele auf die Erde hinabsteigt, wird sie von einen Engel begleitet. Bei Verlassen des Himmels ertönt eine göttliche Stimme und spricht: ›Soundso, Sohn des Soundso und der Soundso, wird Ehegatte jenes Mädchens, Tochter jenes Vaters und jener Mutter ...‹ Als ich nun diese Stimme hörte, wandte ich mich an meinen Engel und sagte ihm, daß ich meine künftige Frau gerne einmal sehen würde! ›Das ist unmöglich‹, erwiderte der Engel, ›es ist streng verboten.‹ Ich war damals bereits Philosoph und konnte mein Ansinnen verteidigen. ›Höre‹, gab ich zurück, ›wenn du sie mir nicht zeigst, weigere ich mich, zur Erde hinabzusteigen.‹ Der Engel geriet außer sich: ›Das kannst du nicht machen, die Anweisung kommt von Gott. Weißt du denn nicht, daß Er die Seelen in einem Koffer aufbewahrt, den kein anderer jemals öffnen kann?‹ – ›Um so schlimmer‹, erwiderte ich: ›Entweder du zeigst sie mir, oder ich bleibe, wo ich bin.‹ Vielleicht war der Engel nicht gerade der Klügste, jedenfalls gab er nach. Doch er ließ mich schwören, daß ich ihn niemals verraten würde. Ich weiß nicht, wie er es angestellt hat, doch er zeigte mir die Frau, die der Herr mir – vielleicht in einem Moment der Unachtsamkeit – zugedacht hatte. Vor Schreck fiel ich in Ohnmacht. Zu sagen, es hätte ihr an Schönheit und Anmut gefehlt, hieße ihr schmeicheln. Sie war bucklig, hatte eine Hakennase – den Rest übergeht man besser ... Rasend vor Enttäuschung und Wut begann ich zu heulen: ›Ich will sie nicht, hörst du: Ich will sie nicht. Lieber sterbe ich, als daß ich auch nur einen Tag an ihrer Seite lebe!‹ Da begann der Engel zu weinen: Er sei an allem schuld, jammerte er, er hätte nicht nachgeben sollen, jetzt würde er bestraft werden, und die Strafe, die auf Engel warte, sei die schlimmste von allen ... In mir regte sich Mitleid, und ich schlug ihm einen Handel vor: Ich wäre bereit, hinabzusteigen und das Mädchen zu heiraten, doch nur unter der Bedingung, daß ich ihre Mißgestalt bekäme.«

Die schöne Braut glaubte ihm. Und ihre Vermählung mit dem Philosophen wurde mit einem fröhlichen Fest gefeiert.

Allmählich löse ich mich vom professionellen Journalismus. Meine Arbeit befriedigt mich nicht mehr. Ich möchte keinen anderen Beruf, aber ein Ortswechsel und andere Arbeitszeiten wären gut. Noch immer bin ich häufig bei den Vereinten Nationen, doch es mangelt an großen Rednern, die Aussprachen und die Anträge sind unerheblich und einfallslos. Ich muß mich zwingen, über politische und diplomatische Tagesereignisse zu berichten, deren Protagonisten häufig langweilig, um nicht zu sagen: mittelmäßig sind. Kurz: Ich bin nicht mehr mit dem Herzen dabei. Nicht einmal den Scoops jage ich noch hinterher. Statt dessen schlage ich Gershon Jacobson, einem den Lubawitscher Chassidim nahestehenden Kollegen, vor, für mich einzuspringen. Dow Judkowski, mein Chef in Tel Aviv, ist einverstanden. Aber wie komme ich finanziell über die Runden? Ich sende noch wöchentlich einen Artikel an *Jediot* und schreibe gelegentlich für den *Forverts*, für den ich schon seit geraumer Zeit nicht mehr als Redakteur tätig bin. Aber ich bin es überdrüssig, immer dieselben Sprachformeln mit anderen Namen zu wiederholen. »Gestern abend traf sich X zu einer Unterredung mit dem Botschafter von ... Anscheinend ... wurde jedoch dementiert.« Es kommt mir vor, als würde mein Wortschatz von Tag zu Tag kleiner. Glücklicherweise gibt es noch das Studium mit Lieberman und die Spaziergänge mit Heschel.

Doch einem begeisterten Journalisten gehen die Themen nie aus. Früher erhielt ich in *Jediot* nur spärlich Platz, heute könnte ich dort Seiten füllen. Noah Mozes ist glücklich: Die Zeitung hat an Umfang gewonnen, die Auflage und ihr Einfluß sind gestiegen. Ich könnte wöchentlich drei Beträge unterbringen, die Redakteure wären dankbare Abnehmer. Dow rät mir jedoch, meine eher unterhaltsame, bisweilen witzige Chronik aufzugeben. Er ist der Meinung, daß es für mich als Schriftsteller vorteilhafter wäre, ernsthafter, »seriöser« zu sein. Beim *Forverts* sind meine Auftraggeber nachsichtiger; sie wären froh über jeden Artikel von mir, und handelte er auch nur von der theologischen Dimension der chinesischen Küche.

Wir erleben in dieser Zeit keine leichten Erschütterungen, sondern schwere Beben. Auf allen Ebenen spitzen sich die Ereignisse zu. Aufflammende Freiheitsbewegungen werden brutal niedergeschlagen. Der glücklose Prager Frühling mit seinen Parolen: »Wach auf, Lenin! Deine Kinder sind wahnsinnig geworden!« Ein junger, geistesgestörter Australier setzt die El-Aqsa-Moschee in Jerusalem in Brand. Richard Nixon tritt das unglückliche Erbe seiner Vorgänger an und verstrickt sich in den schmutzigen Vietnamkrieg. In Washington versammeln sich zweihundertfünfzigtausend Demonstranten, um ihrer Empörung Luft zu machen. Auf den Titelseiten aller Zeitungen prangt blutrot der Name My Lai: Wie war es möglich, daß ein Leutnant in amerikanischer Uniform kaltblütig den Befehl für das Blutbad an hundert Männern, Frauen und Kindern geben konnte? Ein Offizier erklärt, es sei bisweilen notwendig, ein Dorf vor dem Kommunismus zu retten, indem man es zerstört. Traurige Bilanz. Auch in der technischen Entwicklung? Auf der anderen Seite des Atlantiks triumphiert die Concorde: Der moderne Mensch hat es eilig, aber er weiß nicht, was er mit der gewonnenen Zeit anfangen soll. In einem letzten Akt der Verachtung für die Politik dankt General de Gaulle in Frankreich mit lautem Theaterdonner ab. Der Richter Abe Fortas scheidet aus dem Obersten Gerichtshof aus. Er hatte von einem unlauteren Geschäftsmann 20 000 Dollar Schmiergeld angenommen. In Chappaquiddick ereignet sich eine Tragödie: Wird der Tod der jungen Mary Jo Kopechne Teddy Kennedys Präsidentschaftsträume beenden? Die ersten Schritte eines Menschen auf dem Mond haben mich an der Côte d'Azur eine schlaflose Nacht gekostet. Ich wollte das historische Ereignis unbedingt am Bildschirm miterleben ... Ich sagte zu Marion: »Sollten wir eines Tages ein Kind bekommen, werden wir ihm eine Antwort auf die Frage geben müssen, was wir gemacht haben, als der erste Mensch den Mond eroberte oder meinetwegen auch befreite. Und was sollen wir dann sagen? Daß wir geschlafen haben?« Das Erwachen der Jugend: Vierhunderttausend junge Leute kommen nach Woodstock und feiern in Rausch und Ekstase ihr kollektives Aufbegehren.

Freude, Liebe und Freiheit herrschen vereint ... Als ich höre, daß Samuel Beckett den Literaturnobelpreis erhält, bin ich glücklich. Und Godot? Wie gerne würde ich ihren stummen Dialog entschlüsseln können ... Das geheime Entwischen der fünf Schnellboote aus dem Hafen von Cherbourg - noch ein Sieg des Mossad? Georges Pompidou, an Israel gewandt: »Es gibt keinen Anschluß mehr unter dieser Nummer, die Sie gewählt haben!« Zwischen Frankreich und Israel herrscht Funkstille ...

Nach meinem Familienstand und Wohnort wechsele ich nun auch meinen amerikanischen Verleger. Durch die Vermittlung von Lily Edelman, der Leiterin des Bildungsprogramms vom Bnai Brith, lerne ich Jean Ennis und Jim Silberman kennen. Jim ist Cheflektor von Random House, Jean der zuständige Werbeleiter. Sie stellen mich dem Verlagsleiter Robert Bernstein vor, einem einnehmenden Rotschopf, der für Marion wie die Wiedererscheinung Huckleberry Finns aussieht. Ich werde also ihr Autor. Lily bietet sich an, mit Hilfe ihres Mannes Nathan, der Romanistik an der Columbia-Universität lehrt, *Der Bettler von Jerusalem* zu übersetzen. Jim ist mit dem Ergebnis nicht zufrieden. Ich überarbeite das Manuskript so gut ich kann, doch mein Englisch reicht nicht aus. Marion ist besser. Die Endfassung der Übersetzung stammt von ihr.

1970: Das Erscheinen von *Der Bettler von Jerusalem* bei Random wird ein Erfolg. Eine Nachwirkung des Prix Médicis? Begeisterte Kritiken in der *New York Times* und in der *Washington Post*, in den Zeitungen von Chicago, Denver, Detroit und Los Angeles. Zum erstenmal stößt eines meiner Bücher auf eine freundliche Aufnahme beim Publikum. Die Buchhändler sind zufrieden. Wie in Frankreich. In einem Moment von Klarsicht necke ich mich selbst: Ist es nicht eigenartig? Von meinen Veröffentlichungen haben zwei die Gunst des Lesers erhalten: *Die Nacht* haben viele gelesen, ohne es zu kaufen, jetzt haben viele den *Bettler* gekauft, ohne ihn zu lesen.

Ich muß gestehen, dieser Roman ist kein leichter Lesestoff. Ich habe ihn wie eine Collage aufgebaut. Ich hatte mir jedes Kapitel wie eine eigenständige Erzählung vorgestellt: Zusammen sollten sie eine Einheit bilden, die über die Summe der Fragmente hinausweist. Vielleicht habe ich zu viele Themen, zu viele Ideen, zu viele Ereignisse verarbeitet. Ich hatte die Absicht, zahlreiche Grundelemente der jüdischen Geschichte mit denen meiner Lebensgeschichte zu verschmelzen. Zur Darstellung des Sechs-Tage-Kriegs habe ich auf Figuren aus meinen früheren Romanen zurückgegriffen, die meine Helden bei ihrem inneren Widerstreit angesichts der Gefahren einer kriegerischen Auseinandersetzung und der Tücken des Sieges begleiteten und ihnen zur Seite standen. Biblische Gestalten ebenso wie chassidische Meister, verrückte Mystiker und haltlose Visionäre gaben sich an der Mauer von Jerusalem ein Stelldichein. Ich habe sogar einen Mann namens Josua von Nazareth erfunden und ihnen zugesellt: Der blinde Schlomo hatte ihn zu Beginn seines Lebens getroffen und ihm die Zukunft vorausgesagt, oder vielmehr das, was seine Schüler aus seiner Lehre machen würden. Daraufhin brach der Sohn des Zimmermanns Josef in Tränen aus und erwiderte: »Nein, nein, so wird es nicht sein! So habe ich nicht die Herrschaft meines Geistes vorausgesehen.«

Ob es mir gelungen ist, all das auf knapp dreihundert Seiten verständlich zu machen? Mehr als ein Leser hat mir gesagt, es sei ihm schwergefallen, sich durchzubeißen. Von all meinen Romanen ist er der am wenigsten zugängliche. Er bedarf der Erläuterungen, doch ich fühle mich nicht in der Lage, sie zu geben.

Nach ihrer Rückkehr von einer Israelreise schrieben mir amerikanische Touristen und beklagten sich, sie seien an der Mauer gewesen, hätten aber keinen »meiner« Bettler dort angetroffen ...

In meiner Essaysammlung *One Generation After*, die 1970 in Frankreich unter dem Titel *Entre deux soleils* erschien, komme ich auf den Sechs-Tage-Krieg zurück. Er ist mehr als einem Volk in Erinnerung geblieben.

Ich berichte darin von einem Gespräch mit Oberst Motta Gur, dem Befreier der Altstadt von Jerusalem. Es geht um eine Radiosendung mit einem Beitrag von ihm, der ein solches Echo im Land gefunden hatte, daß sie mehrmals wiederholt werden mußte. Ich frage ihn, ob er gläubig sei. Er spielt den Verwunderten:

»Ich und gläubig? Natürlich nicht! Warum, zum Teufel, sollte ich es auch sein?«

»Ihr Bericht hatte aber einen religiösen Unterton.«

Er mustert mich mit scheinbarer Fassungslosigkeit: Worauf wolle ich eigentlich hinaus? Plötzlich haben sich die Rollen verkehrt. Jetzt stellt er mir Fragen.

»Habe ich von Gott gesprochen?«

»Nein.«

»Von der Bibel?«

»Auch nicht.«

»Habe ich andere Dinge angeschnitten, die nicht unmittelbar im Zusammenhang mit dem Krieg standen? Habe ich den Glauben gepredigt oder aus der Tora zitiert?«

»Nein.«

»Na also! Sie sehen, Ihre Frage entbehrt jeder Grundlage. Stellen Sie sie, wem Sie wollen, aber nicht mir. Ich habe nur eine Geschichte erzählt. Meine Geschichte.«

Gut. Aber was für eine! Seine Geschichte entspringt prophetischer Raserei. Ich habe bereits versucht, sie aufzuschreiben, aber ich mache es noch einmal, um sie mir in Erinnerung zu rufen. Die Fallschirmjäger unter seinem Kommando strömten in die Altstadt und rollten sie Straße für Straße auf, eroberten eine Geschützstellung nach der anderen. Eine unbezwingbare Kraft trieb sie unaufhaltsam voran. Es war ein irrwitziger, wilder, ungeordneter Ansturm. Jeder Soldat ahnte dunkel, daß er nur für diesen Augenblick, für diesen Sturmlauf gelebt hatte. Und plötzlich mitten in diesem grellen Schlachtenlärm Oberst Motta Gurs Stimme, der seinem Generalstab zurief: »Der Tempelberg ist in unserer Hand!« Und überall, an allen Fronten, in allen Gebäuden, allen Fabriken, allen Jeschiwot fielen sich Offiziere, Soldaten, Kinder und Greise weinend in die Arme. In diesen Tränen, diesen Gefühlsausbrüchen lag ein Moment des Ungreifbaren, der zeigte, daß diese Eroberung etwas Besonderes war, ein Moment, der sowohl diejenigen, die ihn erlebten, als auch die nicht unmittelbar Beteiligten veränderte.

Motta Gur zuckt nur mit den Schultern:

»Sie verklären das zu sehr. Da mache ich nicht mit!«

»Dann handelte es sich für Sie also nur um eine gewöhnliche Episode aus dem Krieg, um eine Schlacht wie viele andere auch?«

»Soweit würde ich nicht gehen. Jerusalem war immerhin nicht

nur ein militärisches Ziel. Es war etwas anderes. Jerusalem ist ... Jerusalem.«

»Was ist das Besondere an Jerusalem?«

»Seine Geschichte natürlich! Eine jüdische Geschichte, oder? Sie liegt mir am Herzen, ich bin von ihr erfüllt!«

»Jericho hat auch eine jüdische Geschichte. Ebenso wie Hebron. Und Gaza. Und Bethlehem?«

»Lassen Sie mich doch in Ruhe mit Ihren Vergleichen. Jerusalem läßt sich nicht vergleichen.«

Im stillen muß ich lachen: Er ist mir auf den Leim gegangen. Auf einmal redet er wie ein Mystiker:

»Es ist seltsam, obwohl die Operation mit militärischer Strenge begann, nahm die Eroberung Jerusalems einen anderen Charakter an. Plötzlich kämpften wir anders, wie mit verändertem Bewußtsein. Ein unbekanntes und zugleich uraltes Gefühl hatte uns ergriffen, und wir verstanden, daß es nicht mehr darum ging, eine bestimmte strategische Position oder einen bestimmten Verbindungsweg einzunehmen, sondern die Ketten der Geschichte zu sprengen ...«

Jetzt sagen Sie ihm bloß nicht, er spreche nicht wie ein Soldat, sondern wie ein Erzähler, verraten Sie ihm nicht, daß seine Rede inspiriert sei, er würde sonst wütend werden:

»Sie sind ja verrückt! Ich und vom Glauben beseelt? Wie oft soll ich Ihnen noch sagen: Ich bin nicht religiös und vor allem kein praktizierender Jude. Manchmal besuche ich vielleicht die Synagoge. Na und? Meine Kinder gehen hin, und ich gehe mit. Was beweist das? Nichts. Ich erfülle nur meine väterliche Pflicht ...«

Einige Jahre später treffe ich ihn wieder. Als er mich sieht, macht er ein finsteres Gesicht und runzelt die Stirn:

»Was habe ich Ihretwegen nicht alles durchgemacht ...«

Seine Verwandten erzählen, er sei nach den Kämpfen nach Hause zu seiner Frau und seinen Kindern gekommen, um sich auszuruhen. Dort habe er mehrere Tage und Nächte geschluchzt.

Ohne zu sagen, warum.

An Krebs erkrankt, nimmt er sich 1995 aus Furcht vor dem Schwinden seiner Kräfte das Leben. Ganz Israel trauert um ihn.

In der Bibel umfaßt eine Generation den Zeitraum von vierzig Jahren. Als ich die Texte von *Entre deux soleils* zur Veröffentlichung zusammenstellte, lag das »Ereignis« fünfundzwanzig Jahre zurück. So bezeichne ich bisweilen den Holocaust, da mir dieser Begriff nicht immer der passende zu sein scheint.

Einige Forscher bestätigen, daß ich der erste war, der diesen Begriff verwendet oder ihm zumindest einen modernen Inhalt gegeben hat, als ich ihn in unseren zeitgenössischen Wortschatz einführte. Warum war ich auf dieses Wort und auf kein anderes verfallen? Ich habe keine Ahnung mehr. Ich weiß lediglich, daß es rasch Verbreitung fand. Damals schrieb ich einen Essay über die *Akeda*, die Opferung Isaaks: Dabei war mir das Wort »ola« - übersetzt »Brandopfer« oder »Holocaust« - besonders aufgefallen. Ich verwendete es dann in einem Artikel über den Krieg. Vielleicht weil es an die vollständige Vernichtung durch das Feuer und an den heiligen, mystischen Aspekt des Opfers erinnert? Heute ist es so gebräuchlich geworden, daß es völlig unüberlegt benutzt wird. Es muß für alles und nichts herhalten. Es ist so beliebig geworden, daß es seine ursprüngliche Bedeutung eingebüßt hat.

Ich habe wiederholt gesagt, daß es tatsächlich kein Wort gibt, um das Unsagbare auszudrücken. »Shoa«? Dieser biblische Begriff, den man in Israel verwendet, kommt mir ebenso unpassend vor. Man gebraucht ihn, wenn ein großes Unglück, eine Naturkatastrophe über eine Gemeinschaft kommt. In diesem Sinn hatte der Begriff in offiziellen Stellungnahmen und in der Presse seit Beginn der Judenverfolgung im nazistischen Europa Eingang gefunden, also bereits lange bevor die Endlösung einsetzte. Ein Wort, das ein Pogrom bezeichnet, kann aber nicht für Auschwitz verwendet werden. Nach der Befreiung sagten die jiddisch sprechenden Überlebenden schlicht »der Krieg« oder *»Churban«*, was soviel heißt wie Vernichtung und an die Zerstörung des ersten und zweiten Tempels in Jerusalem erinnert. Doch je gründlicher ich über die Sache Bescheid weiß, desto überzeugter bin ich, daß kein Wort stark und wahr genug ist, um von Treblinka zu sprechen. Und trotzdem.

Angeblich gehörte ich auch zu den ersten, die (in *Gezeiten des Schweigens*) die Gesellschaft in drei Klassen aufteilte: in Mörder, Opfer und Zuschauer. Und die feststellten (bei meiner ersten Ansprache vor dem Weißen Haus), daß wir die Opfer ein zweites Mal töten würden, wenn wir zuließen, daß sie dem Vergessen anheimfielen.

Was ich 1970 zum Ausdruck bringen wollte, gilt in meinen Augen heute noch. Die Jahre vergehen, und der Augenzeuge fühlt, wie er immer müder wird. Müde, die Fachmänner aller Richtungen zurechtzuweisen, müde, der Trivialisierung einer angezweifelten Erinnerung entgegenzutreten, müde, eine gleichgültige Öffentlichkeit wachzurütteln, müde, für eine ungewisse Zukunft Zeugnis abzulegen.

Während ich diesen Band meiner Erinnerungen schreibe, fasse ich den Entschluß, kein Thema mehr anzurühren, das die Medien und eine bestimmte Sorte von Schrifttum mehr zerredet als in der Tiefe beleuchtet haben.

Sollte dies ein Eingeständnis des Scheiterns sein? Unsere Bezeugungen blieben ohne Gehör. Der Beweis: Die Welt blieb, was sie war. Rassenhaß, Religionskriege, ethnische Auseinandersetzungen, Gewalt von Gruppen, die von Fremdenhaß und Antisemitismus getragen werden – und wir hatten geglaubt, daß die blutrünstigen, mörderischen Teufel nie wieder die Kühnheit und die Kraft hätten, durch die Nacht zu heulen!

Daher das beklemmende Gefühl, uns sei ein entscheidender Fehler unterlaufen und etwas sei außer Kontrolle geraten. Vielleicht haben wir uns geirrt, als wir auf den Menschen vertrauten. Vielleicht war es ein Irrtum zu hoffen, wir könnten den Tod dadurch überwinden, daß wir uns auf die Seite seiner Opfern stellten. Vielleicht wäre es besser gewesen, zu schweigen und das Geheimnis nicht anzurühren, das uns die Toten anvertraut hatten? Vielleicht war es falsch, das Unbegreifliche an Auschwitz den unvermeidlichen Schändungen auszusetzen, die wir jetzt immer häufiger mitansehen müssen, wobei man sich auf schlechte Alibis und fadenscheinige Vorwände stützt.

Eine Generation nach dem Holocaust leben und wirken wir noch immer im Schatten seiner Schatten, und noch immer weigern sich zu viele Leute, uns zuzuhören, zu sehen und ihren Panzer aus Gleichgültigkeit zu verlassen.

Mein Großvater kommt immer mehr in meinen Träumen vor. Er hat die Hände hinter dem Rücken gefaltet und geht im Bet ha-Midrasch auf und ab, als suche er jemanden. Er ist allein. Nicht ganz: Ich begleite ihn. Dennoch ist er allein. Ab und zu bleibt er an einem Pult stehen, greift nach einem Buch und blättert sehr konzentriert darin. Er stellt es an seinen Platz zurück, dann nehme ich das Buch und schlage es auf. Ein Schauer durchläuft mich: Die Seiten sind weiß und verblichen. Ich stoße einen Schreckensschrei aus, doch Großvater bedeutet mir, still zu sein. Und zu ihm zu kommen. Er steht vor dem Altar. Statt der heiligen Schriftrollen sind Menschen in ihm eingeschlossen. Ich rufe: »Sie sind tot, Großvater! Sie sind ja alle tot!« Mein Großvater nickt, als wollte er sagen: Ja, wir alle sind tot. »Und wo sind die heiligen Schriftrollen, Großvater? Bei den Toten?« Großvater antwortet nicht. Von Panik ergriffen, mache ich auf dem Absatz kehrt und will davonrennen. Ich laufe zur Tür, doch sie ist verschlossen. Ich haste zum Fenster, dahinter erhebt sich eine Mauer. Ein Unbekannter hat sie erklommen, sitzt auf ihr. Ich reiße die Augen auf, um zu erkennen, wer es ist. Es ist mein Großvater. Er hält die heiligen Schriftrollen im Arm. Er wiegt sie, als wären sie seine Enkel. Ich beuge mich vor, will hören, was er singt, dann falle ich, oder vielmehr, ich fühle, daß ich falle, doch ich lande an dem Platz, an dem mein Großvater saß. Ich weiß nicht, wie, aber jetzt halte ich die heiligen Schriftrollen im Arm. Ich möchte sie wiegen, doch ich kenne das Lied nicht, das soeben noch in meinen Träumen erklungen war.

1970 richtet sich die Aufmerksamkeit der jüdischen Welt wieder einmal auf den Mittleren Osten. Der Krieg in Vietnam geht zwar weiter und ruft eine neue Welle von Protestkundgebungen unter den Studenten hervor, doch Amerika läßt sich von diesen Unruhen nicht mehr erschüttern. Auch die Eroberung des Alls geht weiter: Die NASA setzt zu ihrer dritten Mondlandung an. Während die Amerikaner mit wankenden Schritten dort spazierengehen, bleibt auf der Straße keiner mehr stehen, um die Sterne zu betrachten. Die Menschen sind zum Alltag zurückgekehrt.

In Israel gibt es keinen Alltag. Der sogenannte Zermürbungskrieg hat verherende Auswirkungen. In München, wo bei der Kaperung eines Flugzeugs der El Al durch arabische Terroristen ein Mensch stirbt und elf weitere verletzt werden, wird das jüdische Gemeindezentrum in Brand gesteckt. Ein Flugzeug der Swissair explodiert: Siebenundvierzig Menschen, Passagiere und Besatzung, kommen ums Leben. Die Gewalt nimmt zu und mit ihr die Grausamkeit. Flugzeugentführungen. Die jordanische Armee verübt ein Massaker an Palästinensern. Die Bewegung Schwarzer September wird gegründet. Ein seltsames Gerücht geht durch das Land: Der Präsident des Jüdischen Weltkongresses, der Arzt Nahum Goldman, habe Golda Meir mitgeteilt, einige Monate zuvor eine Einladung des ägyptischen Präsidenten Gamal Abdel Nasser zu einem Treffen in Kairo erhalten zu haben. Golda lehnt kategorisch ab: Israel soll unter allen Umständen der einzige Verhandlungspartner der arabischen Führer sein. Fünf Jahre später nahm sie in meinem Fall dieselbe Haltung ein: Ich war gezwungen, eine Einladung von Präsident Anwar el-Sadat zu einem einwöchigen Aufenthalt im Kreise seiner Familie abzusagen. Ansonsten ist man in Jerusalem vor allem mit einem Thema beschäftigt, das mit Politik nichts zu tun hat: Es geht um die Frage nach der jüdischen Identität. Welche Kriterien soll man heranziehen? Ethno-religiöse oder ethno-kulturelle? In Israel gehen die strittigen Themen nie aus.

Einmal sind Marion und ich abends bei Golda Meir eingeladen. Sie ist ziemlich bedrückt. Die Zahal hat fünf sowjetische MiGs abgeschossen, die in den israelischen Luftraum eingedrungen waren. Golda befürchtet Vergeltungsschläge. »Oh, diese Russen«, klagt sie, während sie wie immer eine Zigarette nach der anderen raucht: »Was haben sie nur gegen uns? Warum sind sie immer gegen uns, stellen sich auf die Seite unserer Feinde? Welches Ziel verfolgen sie mit ihren Provokationen? Stört es sie so sehr, daß es uns gibt? Wollen sie unbedingt Krieg? Mit einem so kleinen Staat wie dem unseren? Allein der Gedanke ist entsetzlich!«

Am folgenden Tag unterhalten wir uns im Restaurant der Knesset mit Ezer Weizmann, dem ehemaligen Kommandeur der Luftwaffe, Minister ohne Geschäftsbereich in Goldas Regierungsmannschaft und künftigen Staatspräsidenten Israels. »Jeder macht sich Sorgen – Sie anscheinend nicht?« wende ich mich an ihn. Nein, er sieht keine

Veranlassung. Wie schon General de Gaulle feststellte, hegt das Enfant terrible der israelischen Politik weder »Zweifel an sich« noch an der Zahal. »Der nächste Krieg wird keine sechs Tage, sondern sechs Stunden dauern«, erklärt er. »Wir haben die Pläne im Schreibtisch. Mit Erfolgsgarantie.« Warum war Golda dann so bedrückt? Weizmann holt zu einer Handbewegung aus, als wollte er sagen: Was kann man schon von einer Frau erwarten, die nie beim Militär gedient hat?

Eine Stunde später treffen wir uns zum Kaffee mit General Chaim Bar-Lew. Ich kannte den hervorragenden Generalstabschef der israelischen Streitkräfte bereits aus New York, wo er zu einem Aufbaustudium an der Columbia University war. Er ist jemand, auf den man sich verlassen kann. Von uneingeschränkter Treue zu seinen Freunden. Zurückhaltend und frei von vorschnellen Urteilen, feinsinnig und intelligent. Mit seiner langsamen, sehr langsamen Redeweise und seinem durchdringenden Blick flößt dieser geniale Stratege immer Vertrauen und Mut ein, wenn es notwendig ist. Die Militärs bewundern ihn, die Politiker achten ihn. Von allen Seiten hören wir: Ihm kann man, ihm muß man vertrauen.

Auch mit ihm sprechen wir über die gegenwärtig vorherrschenden Spannungen. Er ist ebenfalls optimistisch. Fast so sehr wie Weizmann. Er zieht seinen Federhalter hervor und beginnt unter Kommentaren Zahlen auf eine Papierserviette zu kritzeln: »Natürlich gibt es Leute, die Angst haben«, sagt er mit seiner tiefen und schleppenden Stimme: »Natürlich nicht vor den Arabern, aber vor den Russen. Die Russen sind übermächtig. Und es sind viele. Doch sie sind weit weg. Gefährlich wird es erst, wenn sie ihre Infanterie und Panzer gegen uns in Bewegung setzen ... Wenn die Rote Armee hunderttausend Soldaten in den Krieg schickt, könnten wir Schwierigkeiten bekommen. Doch dazu bräuchten sie Transportflugzeuge. Wie gut ihre Piloten auch sein mögen, unsere sind besser ...«

Ich gebe zu, daß mir seine Gelassenheit einen Schreck einjagte. Ich sagte mir: Überall auf der Welt fürchtet man sich vor der UdSSR – er allein tut es nicht! Die Franzosen haben Angst vor den Russen, Washington sorgt sich wegen der Russen, China schaudert vor ihnen, nur der kleine Staat Israel ist unbesorgt! Hätte sich

General Bar-Lew nicht auf strategische Argumente, sondern auf göttliche Unterstützung berufen, ich hätte seine Ruhe besser verstanden!

Drei Jahre später brach der Jom-Kippur-Krieg aus.

Und Israel entging nur knapp einer Katastrophe.

Lassen Sie uns noch ein wenig bei *Entre deux soleils* verweilen. Manès Sperber hat mich auf den Titel gebracht. Was bedeutet er? Er bezeichnet die Abenddämmerung, die von den chassidischen Träumern so heiß geliebte mystische Stunde. Nach dem Traktat *Abot*, »Die Sprüche der Väter«, sind am ersten Freitag der Schöpfung zu dieser Stunde zehn Dinge geschaffen worden: der Erdschlund, der Korach und seine Gefährten verschlang; der Brunnen Mirjams, die die Kinder Israels durch die Wüste begleitete, um sie von ihren Übeln zu heilen; das Eselinnenmaul, das Bileam antwortete; der Regenbogen, der über Noah erschien; das Manna; der Stab, mit dem die Wunder im pharaonischen Ägypten bewirkt wurden; das Schamir, der winzige Schneidewurm, mit dem in Stein geschnitten wurde; die Schriftform der Buchstaben auf den Gesetzestafeln, die von vier Seiten lesbar waren; der Griffel und schließlich die Tafeln selbst. Manche Weisen fügen noch die Geister und Dämonen hinzu, die gleichfalls in dieser Stunde zwischen Tageslicht und Dunkelheit geschaffen wurden. Und das Grab Moses und den Widder, den Abraham an Stelle seines Sohnes Isaak auf dem Berg Morija opferte. Und die Gußform aller Dinge.

Der französische Titel dieser Essaysammlung deutet aber weniger auf ihren Inhalt als der amerikanische Titel: *One Generation After* (»Eine Generation später«). Die darin enthaltenen Aufsätze behandeln bereits ausführlich den Generationskonflikt und das Schicksal der Kinder der Überlebenden, ihre dramatische Begegnung mit der Vergangenheit ihrer Eltern, ihre Angst, sie ihren Alpträumen nicht entreißen zu können. Wie schwer haben es diese wunderbaren »Kinder«. Psychotherapeuten haben mir unzählige rührende Geschichten über sie berichtet. Die einer weit entfernten Cousine aus Queens wühlt mich bis ins Innerste auf: Eines Morgens steht ihr gerade zwanzigjähriger Sohn, ein Literaturstudent mit großen literarischen Träumen, auf, nimmt seine Schreibmaschine und geht ins Wasser.

Eine Kostprobe aus meiner Sammlung:

Gestern beobachtete ein hübsches, junges, wohlerzogenes Mädchen am Fenster, wie es dunkel wurde. Es war ihr, als wollte die Nacht sie übermannen. Ihr Herz begann dumpf zu schlagen. Sie drehte sich nach ihrem Vater um, der seelenruhig seine Zeitung las, und sagte zu ihm:

»Ich habe dich sehr lieb, Vater. Das weißt du doch, oder?«

»Natürlich«, antwortete er und schaute kaum von seiner Lektüre auf: »Du bist wunderbar. Ich bin stolz auf dich.«

Dann richtete sie den Blick auf ihre Mutter, die den Tisch deckte:

»Auch dich habe ich sehr lieb, Mama. Ich habe es dir nicht oft gesagt, denn es war nicht nötig. Aber du sollst wissen, daß es die Wahrheit ist.«

Die Mutter sah sie erstaunt an:

»Das will ich doch hoffen! Ein Mädchen soll seine Eltern lieben. Wir lieben dich auch. Wir haben niemanden, nur dich.«

Und mit seliger Zufriedenheit fuhr sie fort, die Teller an ihren Platz zu stellen, die Gabeln, die Messer, und, nicht zu vergessen, die Servietten daneben zu legen. Dem Mädchen fiel ihr Verlobter ein, und es wollte ihr das Herz zerreißen: du ... wir ... Wir werden das Böse besiegen, wir werden die Welt neu erschaffen, werden Kinder haben und sie lieben, ich werde sie mit all meiner Kraft lieben, wie ich auch die Kinder lieben werde, die wir nicht haben werden.

Unten auf der Straße wechselte, in den Schatten getaucht, ein fremder Mann die Straßenseite, betrachtete ein Gebäude mit zugezogenen Vorhängen und entfernte sich dann mit langsamen Schritten.

»Auch dir, Fremder, schenke ich einen Teil meines Herzens«, sagte das Mädchen zu ihm: »Mögen deine Schritte dich deinem gewünschten Ziel näher bringen und dich nicht in die Fremde führen. Mögen deine Hoffnungen dich von der Angst befreien, die sie hervorgebracht hat. Möge die Liebe in dir nicht die Freude abtöten, möge die Freude dir ein Land der Zuflucht und kein blutgetränkter Boden sein.«

Sie sprach zu ihm, bis er um die Ecke gebogen war. Dann rief sie ohne jeden Anklang von Vorwurf oder Bedauern:

»Lieber Gott, was soll ich tun? Was soll ich bloß tun? Ich liebe alle, nur mich selbst liebe ich nicht!«

Und das schöne, brave Mädchen sprang aus dem Fenster.

Einige Jahre nach Erscheinen der Sammlung bin ich zu einem Vortrag auf dem ersten Treffen der »Zweiten Generation« eingeladen, zu einem Treffen der Kinder Überlebender also. Beim Anblick dieser jungen Männer und Frauen, von denen einige selbst Vater und Mutter geworden sind und die durch die Bank von der Erinnerung an das geschundene Leben ihrer Eltern und ihren unter Asche begrabenen Hoffnungen zermürbt werden, kann ich meine Ergriffenheit kaum verbergen. Denn sie sind Teil meines Innenlebens, und einige unter ihnen wissen das: Sie haben bei mir an der Universität studiert. Ich betrachte sie und sehe sie, als sähe ich sie in der Vergangenheit. Ich bin jedesmal, wenn ich sie sehe, aufs neue erschüttert, da ich durch sie, hinter ihnen, zwanghaft andere Kinder sehe, die vor langer Zeit auf brennende Gruben zumarschierten.

Ich betrachte diese jungen Menschen und sage mir und ihnen, daß der Feind es auf sie abgesehen hatte. Er hatte geglaubt, sie vollständig vernichten zu können. Er war besessen von ihnen. Er tötete die Juden mit der Absicht, zu verhindern, daß ihre Kinder das Licht der Welt erblickten.

Ich denke an die Wut, die zweifellos in diesen jungen Menschen sitzt. Und an den Glauben, von dem ihre Eltern beseelt sind. Ich erzähle ihnen aus dem Talmud die Geschichte von Rabbi Schimon bar Jochai und seinem Sohn Rabbi Eleazar. Um der Verfolgung durch die Römer zu entgehen, verbargen sie sich in einer Höhle und blieben dort zwölf Jahre. Als sie sie verließen, konnten sie ihre Verblüffung nicht verbergen: Draußen war alles beim alten geblieben. Sie waren so wütend, daß ihr Blick alles verbrannte, was sie sahen. Deshalb befahl ihnen eine göttliche Stimme, für ein weiteres Jahr in ihre Höhle zurückzukehren. Nach diesem Jahr war der Sohn noch immer wütend, sein Vater aber nicht mehr. Der Talmud meint dazu: »Was der Sohn mit seinem Blick verbrannte, wurde durch den Blick des Vaters wieder geheilt.«

Mir fällt auch das wunderbare Bild Rembrandts ein, das Abraham und Isaak nach der Bewährungsprobe in so zärtlicher Umarmung zeigt, daß der Schöpfer und seine Engel gerührt sein mußten.

Gibt es eine tiefergehende, ernsthaftere, menschlichere Zärtlichkeit als die zwischen den Überlebenden und ihren Kindern? Was denkt ein Sohn, wenn er seinen Vater heimlich beim Beten beobachtet, wenn er die Leere erfaßt, in die er starrt? Was fühlt eine Tochter, die den Schmerz ihrer Mutter ermißt, der die Henker zwei ältere Kinder in jüngstem Alter genommen haben? Ist man sich darüber im klaren, daß die Kinder an einem bestimmten Punkt die Eltern ihrer Eltern werden?

Ich betrachte sie und sehe diejenigen, die hinter ihnen stehen, und dann sage ich ihnen auf meine Art, daß unsere Erinnerungen dank ihnen nicht mit uns sterben werden.

Mit *Entre deux soleils* schlage ich einen neuen schriftstellerischen Weg ein. Ich habe davon in *Alle Flüsse fließen ins Meer* berichtet. Mein Wunsch war, das Wesentliche nur in dialogischer Form zu erzählen. In Dialogen zwischen Menschen, die durch den Tod – oder durch das Leben – geschieden sind. Kurze Fragen, trockene Antworten, ein nüchterner, unpersönlicher Stil, einfache Wörter von beiden Seiten, Wörter, die an die Stelle von Bezeichnungen und Dingen, Körpern und Seelen, Gesichtern und Schicksalen treten. Wörter, die den Kern der Geschichten zusammenfassen, ihre kaum wahrnehmbaren Melodien, ihre erstickten Schreie, ihre in der Stille eisiger Sterne versunkenen Erinnerungen. Ich wollte, daß diese »Dialoge« anonym bleiben. Es sollten nur Stimmen sein. Oder nicht einmal das: Es sollten Echos sein, die von weither, von sehr weither zu uns dringen. Als spitzte ich die Ohren, um das letzte Gespräch zwischen einem Knaben und seiner toten kleinen Schwester, zwischen einem Mann und seiner Mutter, zwischen einem Chassiden und seinem Großvater, zwischen einem Lebenden und all diesen Toten zu vernehmen. Ein Zeuge, der Bruchstücke von Gesprächen zwischen dem Toten in ihm und jenem Toten festhält, den er verlassen hat. Er möchte in jedes Wort einen Satz legen, in jeden Satz eine Seite, in jede Seite ein Buch, ein Leben, den Tod und die Geschichte, die sie verbindet.

»He, du! Sieht aus, als würdest du beten!«
»Irrtum.«
»Deine Lippen bewegen sich pausenlos!«
»Ist sicher Gewohnheit.«
»Du hast also sehr viel gebetet?«
»Sehr viel. Und vielleicht noch mehr.«
»Um worum hast du gebeten?«
»Um nichts.«
»Um Vergebung?«
»Vielleicht.«
»Um Erkenntnis?«
»Möglich.«
»Um Freundschaft?«
»Ja, um Freundschaft.«
»Um die Chance, das Böse zu besiegen und dich mit dem Guten zu verbünden? Um die Gewißheit, im Licht der Wahrheit zu leben oder um die, überhaupt zu leben?«
»Vielleicht.«
»Und das nennst du Nichts?«
»Genau. Das nenne ich Nichts.«

*

»Wirst du dich an mich erinnern?«
»Ich verspreche es dir.«
»Wie kannst du das? Du kennst mich doch nicht, ich kenne mich selbst nicht.«
»Macht nichts: Ich werde mich an mein Versprechen erinnern.«
»Wie lange?«
»So lange es geht. Vielleicht mein Leben lang. Du lachst? … Warum?«
»Damit du dich an mein Lachen ebenso erinnerst wie an meinen Blick.«

»Du lügst. Du lachst, weil du wahnsinnig wirst.«
»Genau. Erinnere dich an meinen Wahnsinn.«
»Sag mir ... Lachst du über mich?«
»Nicht nur über dich, mein Kleiner. Nicht nur über dich.«

Meine erste Reise nach Norwegen. Dieses Land wird für mein Leben als Schriftsteller und mein politisches Engagement große Bedeutung erlangen.

Soll ich die möglicherweise peinliche Tatsache erwähnen, daß ich in Sighet nichts über dieses Land und seine Bewohner gewußt hatte? Norwegen war für mich eines der Länder, von denen ich nicht einmal wußte, daß es sie gab. Verstehe einer die Haken, die das Schicksal schlägt, um sich daran zu ergötzen ...

Eher skeptisch folge ich einer Einladung des Verlages Aschehoug, mein Buch *Die Juden in der UdSSR* vorzustellen. Kaum von Bord gegangen, rät mir ein Journalist, Johan Borgen zu treffen. Wer ist das? Und warum soll ich ihn kennenlernen? Der Journalist erzählt mir, daß *Gezeiten des Schweigens*, einige Jahre zuvor im selben Verlag erschienen, dank eines lobenden Artikels des großen Schriftstellers und verehrten Doyens der norwegischen Literatur von der Kritik wohlwollend aufgenommen worden war. »Das ist unser Mauriac«, sagt der Journalist: »Er hat sich ohne Zweifel zu Ihrem Paten gemacht.« Was dann auch die Anwesenheit einer so großen Zahl von Journalisten bei einem Treffen mit der lokalen Presse erklärt, das Max Tau, der Literaturlektor bei Aschehoug, auf die Beine gestellt hat. Ich spreche über das Schicksal der russischen Juden, über ihren gewaltlosen, aber hartnäckigen Kampf, über ihre Sehnsucht, in Übereinstimmung mit ihrer Tradition leben zu dürfen, und ihren Freiheitsdrang. Ich spüre, meine Botschaft wird gut aufgenommen. Das norwegische Volk steht immer auf der Seite der Opfer. Gehörte das Land nicht auch zu den wenigen, die den Displaced persons, den Kranken und von den westlichen Großmächten Zurückgewiesenen ihre Türen öffneten? Man faßt schnell Zuneigung zu diesem Land und seinen eher in sich gekehrten Menschen, die fremde Gefühlslagen und das Bedürfnis nach Einsamkeit oder Freundschaft gleichermaßen achten. Wie die Briten lieben sie das Understatement, die Andeutung, das heißt, sie beherrschen es meisterhaft, Phrasendrescherei, Großsprecherei und Übertreibungen zu vermeiden. Bei den Norwegern ist die Schamhaftigkeit eine Nationaltugend. (Kennen Sie die Geschichte von dem jungen Norweger, der so verliebt war, daß er ihr seine Liebe schließlich doch gestand?)

Eine Stadt, ein Land prägt sich mir zuerst als Gesicht ein. Oslo hat viele Gesichter.

Professor Leo Eitinger (seine Freunde nennen ihn Schua) ist Verfasser einer bedeutenden Schrift über die psychosomatischen Folgen des Holocaust für die Überlebenden. Ich berichte in *Nacht* von ihm, denn er war bei meiner Knieoperation im KB von Buna dabei. Ein feinsinniger Mann mit vornehmem Auftreten, offenem Blick und fester Stimme: »Ich habe Ihren Augenzeugenbericht gelesen«, sagt er zu mir. »Ich glaube, wir kommen vom selben Ort.« – »Aus Sighet?« frage ich atemlos. »Nein. Aus einem Ort, den man Anti-Sighet nennen könnte.« Ich wurde ganz leise: »Aus Auschwitz? Oder Buchenwald?« Auschwitz und Buchenwald. Plötzlich habe ich ein Bild vor Augen: den Krankenblock. Ich erkenne die Stimme. »Sie haben ...?« Er lächelt: »Möglich.« Ich sage ihm, daß ich ihm gegenüber zu großem Dank verpflichtet sei. »Weil ich Sie behandelt habe?« – »Nein. Weil Sie mir bewiesen haben, daß man selbst *dort* das Vertrauen in den Menschen nicht zu verlieren braucht.«

Während derselben Reise treffe ich jemanden, der tatsächlich aus Sighet stammt. Es kommt noch besser: Wir haben denselben Cheder besucht. Überrascht rufe ich ihm zu: »Was machst du denn hier?« Er bricht in schallendes Gelächter aus und fragt zurück: »Und du?« Chaim-Hersch Kahan war wie die Rabbiner der Stadt und meine verrückten Gefährten, die Schüler Kalmans des Kabbalisten, mit dem ersten Zug deportiert worden. Nach der Befreiung kehrte er über Wien und Budapest nach Sighet zurück. Was hat ihn nach Oslo verschlagen? Wie alle Geschichten von Überlebenden ist auch die seine von zahllosen Zufällen bestimmt. Eigentlich wollte er nach Amerika emigrieren, aber bei der Zwischenstation in Skandinavien lernte er Esther kennen, ein schönes jüdisches Mädchen aus Norwegen, dessen Bruder mit mir zusammen in Buna war. Er wurde ein erfolgreicher Geschäftsmann. Natürlich spielt er eine wichtige Rolle in der jüdischen Gemeinde. Er singt wie ehedem und erzählt Geschichten, an die nur noch wir beide uns erinnern.

Der Tod hat also nicht überall den Sieg davongetragen. Auch das Böse nicht. Alte Verbindungen werden neu geknüpft. Und neue Beziehungen entstehen.

Mein Lektor Max Tau ist ein Original. Ein kleiner, umtriebiger Mann mit verstohlenem Blick, der immer auf der Lauer ist und ständig Angst zu haben scheint, er könnte etwas verpassen, ein Gerücht, eine Meinung oder eine Begegnung. Ich verdanke ihm das Erscheinen meiner ersten Bücher auf norwegisch. Er stellt mir meine künftige Übersetzerin vor, die Dichterin und Dozentin an der Osloer Universität, Gerd Heyerdahl. Als er noch Schriftsteller war, verliebte sich der aus Deutschland stammende jüdische Emigrant Max in eine Norwegerin namens Tove (die ihn an Körpergröße überragt und weniger redselig ist als er). Und in die norwegische Gesellschaft, die er kennt wie kein anderer.

Da er meine Sprache nicht spricht und ich nicht die seine, verständigt er sich in gewähltem Deutsch mit mir, und ich antworte ihm auf Jiddisch mit deutschen Einsprengseln. In Gesellschaft tut er so, als verstünde er alles, obwohl er nichts versteht. Aus einem einfachen Grund: Er ist taub. Was ihn keineswegs daran hindert, an der Unterhaltung teilzunehmen. Er lacht im richtigen Augenblick, zeigt sich begeistert oder ernst, wenn es angemessen ist. Etwas bekümmert ihn an mir: meine Weigerung zu »verzeihen«. Er liebt die deutsche Sprache, hat die großen deutschen Schriftsteller in Norwegen bekannt gemacht und ist ein Fürsprecher der Aussöhnung mit Deutschland. Er verschaffte mir einen deutschen Literaturpreis und verbarg mir sein Bedauern nicht, als ich ihm sagte, ich fühle mich nicht in der Lage, ihn anzunehmen.

Wir teilen die Bewunderung für Nikos Kazantzakis, mit dem er lange Jahre bekannt war und den er verehrte. Er erzählt mir zahllose Anekdoten und Abenteuer von ihm.

Und schließlich Johan Borgen. Mein Verbündeter, mein Freund. Ihm verdanke ich in Norwegen, was ich in Frankreich François Mauriac verdanke. Er lebt vor den Toren der Hauptstadt und kommt nur selten dorthin. Ein freistehendes, verstecktes Haus. Überall Blumen.

Mehrere große, helle Räume. Einige winzige Zimmer – wie Mönchszellen – sind den Gästen vorbehalten.

Wir schließen sofort Freundschaft. Ohne Umschweife kommen wir im ersten Augenblick unserer Bekanntschaft zum Wesentlichen. Wir sprechen über die Heilige Schrift und den Tod, über das Ewige und den Augenblick. Über die Sprache und die Hoffnungslosigkeit.

So groß und zugleich dünn wie er ist, beinahe abgezehrt, macht Borgen den Eindruck, einen strengen, fehlerfreien Charakter zu haben: Er würde vor nichts und niemandem – vor keinen Ehrungen und vor keinen Gegnern – in die Knie gehen. Er ist ausgesprochen klug und sehr anspruchsvoll.

Seine Frau Martha ist ein wenig seltsam. Von allen Seiten wird mir berichtet, sie sei eine der schönsten Frauen Oslos gewesen. Eines Tages hätte sie es nicht mehr ertragen. Warum kleidet sie sich wie eine Hexe? Um die Dämonen zu vertreiben, an die sie glaubt und die sie an bestimmten, geheimen Orten in ihrem verhexten Garten beherbergt, um ihre Zauberkräfte zu bannen. Ihr Lebensziel ist es, ihren Mann zu beschützen. Vor den Lebenden natürlich. Und vor den Dämonen. Nach meinem zweiten Besuch gesteht sie mir, daß ihre Liebe zu Johan unumschränkt ist und daß sie alles tun wird, um sie zu bewahren. Anders ausgedrückt: Sie sieht in jedem, dem ihr Gatte zugetan sein könnte, einen Gegner, wenn nicht gar einen Feind. Kurz, sie ist eifersüchtig auf jedermann, also auch auf mich.

Sie haben eine Tochter, Anne. Sie lebt als Romanschriftstellerin in Oslo und ist verheiratet. Ihr Bruder Espe weicht seinem Vater nicht von der Seite. Johan erzählt mir, daß er einen schweren Unfall erlitten hat. Alle Knochen waren zerschlagen, das Hirn gequetscht, tagelang war er ohne Bewußtsein. Die Ärzte gaben ihn auf: Er käme nie mehr auf die Beine, sagten sie. Doch Johan glaubte ihrem Urteil nicht. Die Worte »nie mehr« gingen ihm gegen den Strich. Er saß ununterbrochen am Bett seines Sohnes und hielt ihm die Hand. Tag und Nacht umschloß seine Hand die Hand seines sterbenden Sohnes. Gibt es eine Erklärung für den Strom an Energie und Kraft, der so zu ihm hinüberfloß? Es dauerte lange, sehr lange, dann kehrte Espe ins Leben zurück.

Jetzt steht er vor mir, lächelt und sieht zu seinem Vater auf. Zwischen den beiden ist eine zärtliche, vertrauensvolle und tiefgründige Beziehung gewachsen, und ich bin stolz darauf, sie fühlen zu können.

Schon bei unserer ersten Begegnung ist Johan krank. Was macht er, um stärker zu sein als der Krebs, der ihn zerfrißt? Er leidet im stillen. Wenn wir am Strand spazierengehen, sprechen wir über andere Dinge. Er glaubt nicht an Gott, doch die Worte, derer wir uns bedienen, sind Worte des Glaubens. Man könnte sagen, er verstehe es, das körperliche Leiden zu bezwingen. Doch wie kann man das Böse vertreiben, das an der Seele nagt, das dem Leben innewohnt, ohne das Leben selbst aufzugeben? Besaßen die Heiligen den Schlüssel zu diesen Geheimnissen, zu denen gewöhnliche Sterbliche keinen Zugang, keine Öffnung finden? Wäre Heiligkeit demnach die Kunst, von jeder Versuchung, jedem menschlichen Eigensinn frei zu sein?

Bevor er starb, so wurde mir erzählt, bat er um ein Glas Champagner. Er hob es zu Ehren der Seinen, richtete seinen Blick auf die Lücken in den Reihen und vielleicht auf das Jenseits, dann leerte er das Glas mit dem üblichen *»skol«*.

Es war sein letztes Wort.

Marion und ich fahren gerne nach Norwegen. Das Kolloquium über »Die Anatomie des Hasses«, das wir dort in Zusammenarbeit mit der Regierung und dem Nobelkomitee organisiert haben, war eines der erfolgreichsten. Doch davon später.

1970 geht ein Aufschrei der Empörung durch die Welt. Alle protestieren gegen die Leningrader Prozesse.

Niemand zweifelt daran, daß dieses unglaubliche, ja heldenhafte Unternehmen die Tat von abenteuerlichen Kindsköpfen war. Tollkühne, junge russische Juden hatten beschlossen, ein Flugzeug der russischen Handelsflotte nach Skandinavien zu entführen. Von dort aus wollten sie nach Israel gelangen. Ihr Vorhaben war Teil eines umfangreichen Plans, der in Jerusalem ausgeheckt worden war mit dem Ziel, die Aufmerksamkeit der Welt auf das Schicksal der sowjetischen Juden zu richten. Ein aufregendes, dramatisches Unternehmen, doch gefährlich: Man spielt nicht ohne Risiko mit dem KGB. Wann war der richtige Zeitpunkt loszuschlagen? Die Gruppe wartete auf grünes Licht von seiten der israelischen Behörden. Doch ein eingeschleuster Spitzel verriet sie. Die Mitglieder der Gruppe wurden festgenommen, eingesperrt, kamen vor ein Leningrader Gericht und wurden verurteilt. Es gab mehrere Todesurteile, die eine Welle von Protesten in allen westlichen Hauptstädten hervorriefen. Die größte Demonstration fand im Februar 1971 in Brüssel statt. Achthundert Abgesandte aus achtunddreißig Ländern nahmen an ihr teil. David Ben Gurion führte die israelische Delegation an. Er wirkte beeindruckend: erhaben, aber melancholisch, traurig und pathetisch. Der Löwe Judäas war noch kämpferisch, doch er war zu alt, seine Rede zusammenhanglos. Einige unter uns bedauerten es, daß die Organisatoren der Konferenz es für nötig befunden hatten, ihn hierher zu bemühen.

In einer kurzen Stellungnahme erzähle ich eine chassidische Geschichte: Rabbi Uri von Strelisk klopft an die Tür seines Freundes Rabbi Mosche-Leib von Sassow und bittet ihn um Hilfe: Er sammelt Geld, damit ein armes Mädchen heiraten kann. Da er nur an die Türen Mittelloser klopfte, gelingt es ihm trotz größter Anstrengung nicht, die erforderliche Summe zusammenzubringen. Ob Rabbi Mosche-Leib ihm nicht Rat oder Hilfe geben könne? Darauf antwortet dieser: »Auch ich, geliebter Bruder, verkehre nur mit Bedürftigen. Ich kenne keine reichen Leute. Ich kann dir also kein Geld geben. Alles was ich für dich tun kann, ist zu tanzen. Das müßte genügen.«

Ich habe, so beende ich meine Rede, die jungen Juden von Moskau tanzen sehen. Und das genügte mir.

Überall, wo ich hinkomme, erinnere ich an ihren bewundernswerten und ansteckenden Mut. In Paris sitze ich auf einem Podium neben Claude Lanzmann und einem jungen, aus Moskau kommenden Filmemacher, Efrem Sevella. In gewähltem Jiddisch erzählt er vom Kampf des Wissenschaftlers Mikhail Sand gegen das Sowjetregime. Er und seine Kollegen haben ihr Geld zusammengelegt, um ihm den »Aufstieg« nach Israel zu ermöglichen. Sevella ist ein guter Redner. Seine Worte sind bewegt und überzeugend. Einige Jahre später wird er in Frankreich eine bissige Klageschrift unter dem

Titel *Adieu Israel* herausbringen. Man wird dort alles versammelt finden, was man Schlechtes über den jüdischen Staat sagen kann ...

Indessen sind die Solidaritätsbekundungen nicht fruchtlos. Sie bewirken eine Umwandlung der Todesstrafen. Nach und nach landen schließlich alle Angeklagten in Israel.

Ich besitze noch das Manuskript eines unveröffentlichten Romans über diese Vorgänge mit dem Titel *Der Prozeß von Krasnograd.* Es befindet sich mit meinem Tagebuch in meiner privaten *Genisa*. Doch vorerst nehme ich die Geschichte von Paltiel Kossover, dem stolzen und glücklosen Held aus *Testament eines ermordeten jüdischen Dichters* in Angriff. Der Stoff stammt nicht aus dem Holocaust, sondern aus der Erfahrung mit dem Kommunismus. Ja, für gewöhnlich halte ich mein Wort. Ich halte mich fern vom »verbotenen« Stoff.* Das Wort Holocaust kommt nur selten über meine Lippen oder aus meiner Feder. Zu jener Zeit war ich mit der Arbeit an *Chassidische Feier* beschäftigt. Was in diesem Buch steht, habe ich noch selbst erlebt, und ich habe es aus Freude geschrieben. Ich lege alles hinein, was mir mein Großvater Reb Dodje vermacht hat. Seine Liebe zu Israel, seine Begeisterung für Lieder und Geschichten. Beim Schreiben habe ich sein Bild vor Augen. Ich sehe ihn an einem Freitagabend. Tanzend betritt er das hell erleuchtete Haus. Er singt, und ich singe mit ihm. Sein Gesang reicht bis in meine Gebete und mein Schweigen. Im Andenken an ihn und an seine älteste Tochter, meine Mutter, schreibe ich mein persönliches Hohelied zu Ehren der chassidischen Tradition: Es war ihr Hohelied und wird nun meines. Sie werden verstehen, daß diese Veröffentlichung einen besonderen Platz unter all meinen Arbeiten und in meinem Leben einnimmt.

Dieses Werk ist nicht nur die Frucht konzentrierter, langjähriger Studien, es ist auch, und noch mehr als meine romanhaften Erzählungen, mit meinem Vorleben, meiner Kindheit verbunden. Ich sagte es bereits und wiederhole es: Der Chassidismus ist meine Welt. Er birgt meine erstickten Träume, aber auch meine Anstrengungen, sie wiederauferstehen zu lassen.

Was ist Chassidismus? Ein Gruppierung, die sich gegen die altein-

* Vgl. *Alle Flüsse fließen ins Meer,* Hamburg 1995, S. 462 f.

gesessene Führungsschicht auflehnt, unter der die talmudischen Regeln zu verknöchern drohen? Eine Sekte von Mystikern? Oder eine religiöse Bewegung mit sozialen Anklängen?

In meinen Romanen dient er als Rahmen und Anhaltspunkt: Der Bescht oder Rabbi Levi Itzhak kommen meinen Figuren zu Hilfe, ebenso wie sie früher mir geholfen haben. Der Chassidismus hat ein seltsames Schicksal. Obwohl die meisten seiner Anhänger dem Holocaust zum Opfer fielen, hat er ihn überlebt. Es ist den Schlächtern zwar gelungen, Millionen von Chassidim zu ermorden, aber die Idee und das Ideal des Chassidismus konnten sie nicht töten. Dieser hat inzwischen wieder großen Zulauf gewonnen, besonders bei der Jugend.

Als Krönung eines ständig im Wandel begriffenen Humanismus betont der Chassidismus besonders den heiligen Charakter des Menschen und dessen, was ihn zum Menschen macht. In einer von Maschinen und ihrer angsterregenden Faszination bestimmten Welt entdeckt die Jugend in der Lehre des Bescht mit Staunen, daß das Geheimnis des Universums im Menschen liegt, ebenso wie das Rätsel des Lebens im Leben selbst ...

Und schließlich sollte man die soziologischen und philosophischen Grundlagen nicht vergessen: Unsere Generation ähnelt der Generation Ba'al Schem Tows. Wie damals geht es heute darum, eine Welt auf Ruinen zu bauen, sich an jemandem aufzurichten, einen Glauben, eine Gewißheit zu finden, um nicht in eine alles überschattende und häufig bequeme Traurigkeit zu verfallen. Der Chassidismus als Mittel gegen die Resignation? Seinen Anhängern gibt er das Gefühl, daß sich der Mensch, trotz der Nacht, die um ihn ist, mit seinem Gesang zu den Sternen erheben und sich von ihrem Licht erfüllen lassen kann. Fällt es uns schwer zu singen? Und wenn schon! Gerade weil es schwer, wenn nicht gar unmöglich ist zu singen, zu beten und zu hoffen, muß man sich darum bemühen. Fällt es uns schwer, in einer durch eigene Schuld unmenschlich gewordenen Gesellschaft zu leben? Und wenn schon! Ein Mensch, ein einziger Mensch, der einem Bettler, einem Flüchtling oder einem Vertriebenen seine Hand reicht, genügt, um dem Leben der anderen, aller anderen, einen Sinn zu geben. Ist das Böse allgegenwärtig? Bleibt der Tod immer Sieger? Und wenn schon! Nichts faßt so viel wie ein zerbrochenes Herz, sagte Rabbi Nachman von Brazlaw. Anarchisten und anderen Nihilisten auf der Suche nach Abenteuern und Anschluß an eine Gruppe Gleichgesinnter bietet der Chassidismus keine Ideologie, auch kein ideologisches System, sondern Kameradschaft und Geschichte.

Im Chassidismus wird an die Schönheit der Natur appelliert und Offenheit für ihre Geheimnisse gelehrt. Der Bescht war in seinen jungen Jahren Tutor. Er betreute Kinder im Cheder. Er brachte ihnen nicht nur bei zu singen, sondern auch zu sehen. Er bremste sie, wenn sie zu schnell gingen. Laßt uns einmal diesen Baum ansehen, sagte er zu ihnen. Und den Himmel. Und die Berge. Die jüdischen Kinder waren gewöhnlich mit eiligen Schritten unterwegs – fürchteten sie doch ständig, von antisemitischen Schlingeln angegriffen zu werden. Doch der Bescht hieß sie langsam gehen und die schöne Landschaft zu betrachten. Ein Mensch in der Schöpfung Gottes, das ist schön.

Ja, ich preise diese Bewegung gerne, die Lobpreisung bedeutet. Was aber wird hier gepriesen und gefeiert? Die Tora? Ja doch. Und Gott? Auch Gott. Und das Leben? Selbst wenn es aus Armut, Not und Leiden besteht?

Mit diesen drängenden Fragen beschäftige ich mich in einem weiteren Band mit dem Titel *Geschichten gegen die Melancholie.* Darin erzähle ich, was die großen Lehrer der Trauer und der Verzweiflung entgegensetzten, in denen sie und ihre Schüler lebten. Wie gelang es ihnen, ihren Kummer zu überwinden, wenn sie eine unfruchtbare Frau, einen von Schulden erdrückten Vater, die Eltern eines sterbenden Kindes empfingen? Wie konnten sie ihren Glauben erhalten angesichts des Unrechts, das ihre Anhänger und das ganze jüdische Volk erlitten?

Meine Generation bedurfte ihrer Antworten. Und ihres Beispiels, um ihm zu folgen.

Meine chassidischen Geschichten haben mir ein wenig die Scheu genommen, in der Öffentlichkeit zu sprechen. Ich setze auf ihre Weisheit und auf den Humor, von dem sie zehren. Ich möchte mich von dem Bild lösen, das man von mir hat – das Bild eines Boten, der von *dort* zurückgekehrt ist –, und strenge mich an, meine Hörer zum Schmunzeln oder sogar zum Lachen zu bringen. Sowenig, wie es mir jemals gefallen hat, lang und breit über die Tragödie zu reden, soviel Freude macht es mir, die Pforten des chassidischen Gartens zu öffnen. Zu meiner großen Verwunderung hat diese Form der Pilgerschaft ihr Publikum gefunden. Zweifellos finden die Geschichten und Anekdoten größeren Anklang als ihre Analyse und Erforschung. So versuche ich, das eine mit dem anderen zu verbinden und die Hörer zum Nachdenken zu bewegen, ohne sie allzu sehr zu langweilen.

Der Nachteil dabei: Ich verlasse Marion und unsere Wohnung am Central Park mit meiner Bibliothek nur ungern. Wenn ich anderswo hingehe, so geschieht das immer unter einer Art Zwang. Zum einen komme ich den mehr oder weniger einträglichen Einladungen von Universitäten oder Gemeindezentren nach, weil ich Geld brauche; zum anderen habe ich den Eindruck, nützliche pädagogische Arbeit zu leisten. Ich möchte unbedingt, daß die Tragweite der messianischen Erwartung im Allgemeinen und besonders die Tragweite der chassidischen Botschaft ermeßbar wird. Ich fühle mich wohl, wenn ich die Tiefe und den Reichtum einer Erzählung von Rabbi Nachman oder einer Parabel des Rabbi Mendel van Kozk ausloten kann. Hier brauche ich mich nicht zurückhalten. Ich muß nicht fürchten, ich könnte bloßlegen, was nicht bloßgelegt werden soll oder darf. Ich laufe nicht Gefahr, Gott zu lästern. Was es zu sagen gilt, weiß ich: Ich muß nur wiederholen, was ich aus dem Mund meines Großvaters gehört habe.

»Sing doch, Großvater. Ich flehe dich an. Ich möchte dich singen hören.«

»Ich kann nicht.«

»Streng dich an. Versuch es. Versuch es, Großvater. Du hast mir immer gesagt, man habe das Recht zu scheitern, aber kein Recht, es nicht zu versuchen.«

»Ich kann nicht mehr. Ich kann es nicht einmal mehr versuchen.«

»Ich helfe dir.«

»Du kannst mir nicht mehr helfen.«

»Du verbietest mir, es zu versuchen?«

»Ich verbiete dir nichts, mein Kleiner. Ich sage dir lediglich, daß ich nicht mehr singen kann.«

»Nicht einmal mehr für mich?«

»Für niemanden.«

»Auch nicht für Gott? Für den Gott, den du geliebt hast?«

»Nicht einmal für Ihn.«

»Warum, Großvater?«

»So ist es eben. Wir können es nicht ändern. Du nicht, und ich auch nicht.«

»Ist das die Strafe, die dir auferlegt ist?«

»Nein. Es ist keine Strafe.«

»Aber was ist es dann, Großvater?«

»Ich bin tot, mein Kleiner. Tote singen nicht mehr.«

»Aber ich, Großvater ...«

»Was möchtest du?«

»Kann ich nicht für die Toten singen?«

In der jüdischen Glaubenswelt kann und soll man das Andenken an die Toten durch das Studium ehren. Wenn wir einen Lehrsatz aus der Mischna oder eine Midrasch-Legende wiederholen oder uns in ein halachisches Problem vertiefen, bekräftigen wir unsere Verbundenheit mit denjenigen, die uns auf diesem Weg vorausgingen.

Rührt es von dieser Tradition her, daß meine Leidenschaft für das Studium nicht zu stillen ist? Im Gegenteil, sie wird immer größer! König Lear irrt sich: Man ist nie zu alt, um dazuzulernen. Einen alten Text zu entdecken bedeutet, ihn zu feiern. Ihn in seiner Vieldeutigkeit, in seiner zeitlosen Schönheit zu feiern. Seine prophetische, im Talmud gründende, philosophische, dichterische, ethische Botschaft zu feiern, kurz: Es geht darum, sich der jüdischen Glaubenswelt durch ihre packende Ausdrucksform zu nähern. Und sie durch ihre berühmten und erleuchteten Begründer zu verbreiten.

Dies habe ich mit meiner ersten »Biblischen Feier«, *Adam oder Das Geheimnis des Anfangs* versucht. Das Werk beruht auf Seminaren, die ich in New York am YMHA in der zweiundneunzigsten Straße, an der Universität von Boston und am Raschi-Zentrum in Paris gegeben habe. Adam oder Das Geheimnis des Anfangs, Kain und Abel oder Der erste Mord, Die verhinderte Opferung Isaaks, Josefs Rückkehr, Die Wandlung Moses, Prüfung und Triumph Hiobs: Jedes Kapitel bedeutet für mich monatelange Nachforschungen. Und wieder ist mir Saul Lieberman eine grundlegende, unverzichtbare Hilfe. Ich unterbreite ihm jede Studie, bitte ihn um kritische Bemerkungen, bedenke sie. Ich sage und veröffentliche nichts ohne seine *Haskamah*, seine Zustimmung.

In meinem Tagebuch steht:

> Als Kind las ich die biblischen Geschichten und war wie verzaubert, aber sie machten mir auch angst. Ich malte mir aus, wie Isaak auf dem Altar lag, und weinte. Ich sah Josef als ägyptischen Königssohn und lachte …
>
> Die jüdische Geschichte ist in der Gegenwart lebendig. Da sie ohne Mythologie auskommt, wirkt sie auf unser Leben ein, auf die Rolle, die wir in der Gesellschaft spielen. Jupiter ist ein Symbol, doch Jesaja ist eine Stimme, ein Bewußtsein. Zeus ist gestorben, ohne je gelebt zu haben, doch Moses bleibt lebendig. Die Aufforderungen, mit denen er sich einst an ein Volk wandte, das zur Freiheit aufgebrochen war, hallen noch heute wider, sein Gesetz ist für uns bindend. Hätten die Juden kein kollektives Gedächtnis, wäre ein Jude kein Jude; es gäbe ihn schlichtweg nicht.
>
> Das Judentum braucht seine Geschichte; deshalb bindet es sich mehr als jede andere geistige Tradition an sie und hält sie lebendig. Dank Abraham, dessen Kühnheit uns Vorbild ist, und Jakob, dessen Traum uns neugierig macht, mangelt es unserem in vielerlei Hinsicht erstaunlichen Überleben weder an Geheimnissen noch an Sinn. Wir bringen die Kraft und den Willen auf, uns zu Wort zu melden, weil unsere Wegbereiter durch jeden von uns sprechen. Da unsere Gegenwart auf eine längst vergangene Zeit hinweist und ein Schicksal beschwört, das weit über diese Zeit hinausreicht, richtet die Welt ihre Augen so oft auf uns. Das hebräische *Panim* ist ein Plural: Der Mensch hat nicht nur ein Gesicht. Er hat seines und das Adams. Einen Juden beschäftigt der Beginn mehr als das Ende der Welt. Er verknüpft seinen messianischen Traum mit dem Königreich Davids. Er fühlt sich dem

Propheten Elias näher als seinem Nachbarn auf demselben Stockwerk. Was ist ein Jude demnach? Er ist eine Summe, eine Synthese, das Becken, in dem sich alles sammelt. Alles, was seinen Vorfahren zugestoßen ist, betrifft ihn. Ihre Trauer drückt ihn nieder, ihre Triumphe beflügeln ihn. Denn sie waren lebendige Menschen, keine Ikonen. Der reinste, der gerechteste von ihnen kannte Höhen und Tiefen, erlebte Augenblicke der Verzückung und der Verirrung. Und sie sind uns überliefert. Ihre Heiligkeit war Ausdruck ihres Menschseins. Sobald ein Jude an sie denkt, sieht er sie an den Scheidepunkten ihres Lebens: angstvoll, überschwenglich, gezeichnet. Es sind menschliche Wesen, Personen und keine Götter. Ihr Weg hat seinen vorgezeichnet und spielt eine gewichtige Rolle, wenn er vor einer wichtigen Entscheidung steht. Jakobs Himmelsleiter durchbricht die Finsternis seiner Nächte. Und Israels Verzweiflung macht seine Einsamkeit noch bedrückender. Er weiß, von Moses zu erzählen, bedeutet, ihm nach Ägypten zu folgen und ihn auf der Flucht aus Ägypten zu begleiten. Wer das ablehnt, bleibt zurück.
Dies gilt für alle, die uns vorausgingen, und für alles, was ihnen widerfuhr. Wäre das nicht vollzogene Opfer Abrahams nur eine Sache zwischen ihm und seinem Sohn, so wäre es nur die Erprobung ihrer persönlichen Leidensbereitschaft gewesen. Aber es geht uns alle an ...
Irgendwo treten ein Vater und ein Sohn zusammen vor den brennenden Altar; irgendwo weiß ein verträumter Junge, daß sein Vater vor dem verschleierten Blick Gottes sterben wird; irgendwo erinnert sich ein Erzähler und fühlt, wie ihn eine alte, namenlose Trauer überwältigt; Tränen stehen ihm in den Augen. Er sah Abraham, und er sah Isaak dem Tod entgegengehen; und der Engel, der fortwährend das Lob des Herrn sang, kam nicht herab, um sie der finsteren, stillen Nacht zu entreißen.

Die Sammlungen *Was die Tore des Himmels öffnet* und *Adam oder Das Geheimnis des Anfangs*, die zu den »Chassidischen« bzw. »Biblischen Feiern« gehören, sind Jim Langford gewidmet, dem Herausgeber von Notre-Dame Press. Denn ich bin der katholischen Universität von Notre-Dame und ihrem liberalen Präsidenten Theodor

Hesburg freundschaftlich verbunden. Wir führen privat und öffentlich einen Dialog im Geist der Ökumene und der Brüderlichkeit, ohne das Gefühl, den anderen übertrumpfen oder angreifen zu müssen. Wir haben uns beide demselben Grundsatz verschworen: der Toleranz. Ich achte seinen Glauben und er meinen. Der Kampf gegen religiösen und politischen Fanatismus hat uns immer wieder zusammengebracht. Wir stehen auf derselben Seite gegenüber allen, die Haß säen. Unsere Unterschriften finden sich unter zahlreichen Petitionen für die Einhaltung der Menschenrechte. Jahre später habe ich ihn in die Holocaust-Kommission von Präsident Jimmy Carter berufen. Ted Hesburg ist ein Gläubiger, wie ich ihn liebe: Niemand kann sich einen besseren Gesprächspartner und zuverlässigeren Verbündeten vorstellen.

Da ich augenblicklich keiner Organisation oder Bewegung angehöre, fühle ich mich frei und unabhängig. Meine Stellungnahmen sind niemandem außer mir selbst verpflichtet. Manche Leute begrüßen sie, andere lehnen sie ab. Da kann man nichts machen. Manchmal liege ich richtig; Fehleinschätzungen sind jedoch häufiger - und dann? Ich versuche, aus meinen Schlappen zu lernen. Mehr Disziplin und geistige Strenge, das ist mein Ziel. Ich muß mir selbst gegenüber kritischer werden. Muß ich es auch anderen gegenüber? Ein Problem tut sich auf: Ich polemisiere nicht gerne, ich habe Angst davor zu verletzen. Unterläuft es mir doch, fühle ich mich gleich unwohl in meiner Haut. Bei Themen, die mir besonders am Herzen liegen, bin ich nicht beherrscht genug; ich lasse mich mitreißen und bereue es hinterher schnell. Häufig verstehe ich nicht, warum meine Gastgeber mich überhaupt eingeladen haben. Warum wollen sie unbedingt Dinge zu hören bekommen, die ihnen mit Sicherheit nicht gefallen? Lassen Sie uns genauer hinsehen ...

Als ich vor einer bedeutenden Frauenorganisation eine Rede halte, kann ich meine Enttäuschung nur schwer verbergen. Die Organisatorinnen hatten mich gebeten, meinen Vortrag in zwei Teile zu gliedern: Der erste Teil sollte dem Holocaust, der zweite den russischen Juden gewidmet sein. Am Tag der Konferenz meinen sie besorgt: »Wir möchten Sie bitten, sich möglichst kurz zu fassen. Unser Programm sieht zusätzlich zu Ihrem Vortrag noch ein paar Stunden für die Empfänge vor, die unsere Regionalverbände geben.« Eigenartig: Je ärgerlicher und störender ich bin, je mehr ich meinem Anliegen und meiner Unzufriedenheit Ausdruck gebe, desto mehr Beifall ernte ich. Ich halte Reden, die schockieren und die schmerzlich sind, Reden, bei denen den Konferenzteilnehmern eigentlich der Appetit auf das Mittagessen vergangen sein müßte, doch sie spenden Beifall und feiern mich ... nach dem Essen.

Das soll einer verstehen.

Ich weiß nicht, warum, aber ich fühle mich außerstande, mich den verschiedenen Einladungen und Bitten zu entziehen, die mir durch die Vermittlung von Lily Edelman zugehen. Meine Freunde lachen über mich: »Sobald ein Jude etwas von dir will, sagst du ja.« Da ist etwas dran. Ich genieße das Gefühl, gebraucht zu werden. Werde ich wirklich gebraucht? Ich zweifle daran. Dennoch lasse ich mich leicht überreden. Es ist immer dieses verdammte Gefühl, meinem Volk etwas »schuldig« zu sein.

Auf diese Weise gelange ich zu einer Einladung durch den Dachverband der Wohltätigkeitsorganisationen aller jüdischen Gemeinden in Amerika. Die Jahreshauptversammlung, ein wichtiges Ereignis, denn dort treffen sich Spender und Verantwortliche aus allen Himmelsrichtungen, wird jedes Jahr in einer anderen Stadt abgehalten. 1971 findet sie in einem großen Hotel in Kansas City statt. Mein Beitrag ist für Samstag abend vorgesehen.

Ich beschließe, den Sabbat dort zu begehen. Um die Atmosphäre zu schnuppern, um einen Eindruck von den Problemen zu bekommen, die dort aufgeworfen werden, um die verschiedenen Kommissionen kennenzulernen, kurz: um herauszufinden, womit sich die Führungskräfte des jüdischen Lebens in Nordamerika herumschlagen.

Warum soll ich nicht gestehen, daß mich nach kurzer Zeit ein Gefühl der Fremdheit beschlich? Es kam mir vor, als nähme ich an einer riesigen Versammlung von Gewerkschaftlern oder Sozialarbeitern teil. Haushaltspläne und Spendensammlungen, alte und neue Methoden, Statistiken und Prognosen sind die einzigen Gesprächsthemen. Jeder ist Fachmann auf irgendeinem Gebiet. Wie kann man den Millionär gewinnen, der sich noch abseits hält? Wen müßte man zu ihm schicken, und wann? Wäre es besser, ihn morgens im Büro oder abends zu Hause zu besuchen? Und ich hatte gedacht, in eine geistige Atmosphäre einzutauchen!

Am Freitag abend ist der beeindruckende Speisesaal in zwei Hälften geteilt. In einer Ecke sind koschere Tische für die praktizierenden Juden reserviert.

Am folgenden Tag werde ich in einem kleinen Salon Zeuge des seltsamsten Sabbat-Gottesdienstes meines Lebens: Neben den Gebeten und der Toralesung kommen wir in den Genuß einer Ballettaufführung: Schöne junge Mädchen bieten zweifellos religiöse Tänze dar. Da ich einen anderen Gebetsstil gewohnt bin, fühle mich ein wenig vom Programm ausgeschlossen.

Während des gesamten Nachmittags werde ich von Abordnungen bestürmt, die »Lobbying« betreiben: Man bittet mich, »im Namen dessen, was uns allen am Herzen liegt«, in meinem Vortrag doch auf ihr Projekt hinzuweisen. Russische Juden, Unterstützung für Israel, jüdische Kindergärten, jüdischer Religionsunterricht an weiterführenden Schulen, jüdische Altersheime, Kulturorganisationen ... Wie komisch all diese Abgesandten, Aktivisten oder Funktionäre mit ihren berechtigten oder spinnerten Anliegen doch sind! Sie sehen in mir einen Fürsprecher, einen Vermittler, einen Anwalt ihrer Sache, kurz, sie halten mich für einen einflußreichen Mann, für einen Juden, dessen Wort Gewicht hat. Sie irren sich, ich weiß, daß ich es nicht bin. Aber sie scheinen es nicht wahrhaben zu wollen. Wie soll ich ihnen das erklären? Ach was! Sie werden schon noch von selbst darauf kommen!

Es wird Abend. Die Gläubigen zelebrieren die *Hawdala*, das Gebet, mit dem die Trennung des profanen Werktags von der heiligen Zeit des Sabbats gefeiert wird und das den Sabbat beschließt. Dann ist es Zeit für das Abendessen. Es ist laut, zu laut für meinen Geschmack. Dreitausend Menschen in einem Saal rufen sich etwas zu, reden laut, springen auf, um einem Bekannten entgegenzueilen. Die Kellner können kaum ihre Arbeit tun. An der Ehrentafel haben alle ehemaligen Vorsitzenden des Dachverbands Platz genommen. Ich sitze neben dem amtierenden Präsidenten, Max Fisher aus Detroit, einem steinreichen Industriellen und engen Vertrauten der Präsidenten Richard Nixon und Gerald Ford.

Plötzlich höre ich ein fieberhaftes Tuscheln hinter meinem Rükken. Höflich tue ich so, als würde ich nichts bemerken. Es sind Leute, die Max Fisher von irgendeiner Sache überzeugen wollen, aber sie bemühen sich vergeblich. Ich habe keine Ahnung, um was es geht, doch ich werde unruhig: Ich spüre, daß sich eine Krise anbahnt, deren Ursache mir unbekannt ist. Besorgt wende ich mich nach rechts an meinen Tischnachbarn. »Oh, es ist nichts«, antwortet er auf meine Frage. Inzwischen umringt eine Gruppe junger Leute den Tisch. »Wir sind Studenten«, erklärt mir ihr Anführer, »und wollen Sie bitten, es uns nicht zu verübeln, wenn wir aus Protest den Saal verlassen werden. Unser Protest richtet sich nicht gegen Sie, sondern gegen die Organisation.« - »Was werfen Sie ihr denn vor?« - »Wir sind praktizierende Juden und wollen nach dem Essen gemeinsam das Birkat ha-Mazon sprechen, um wie üblich unseren Dank auszudrücken. Aber man hat es uns verboten.« Ich wende mich an den Mann, der an diesem Abend den Vorsitz führt: »Stimmt das?« - »Ja«, erwidert Max Fisher unerschütterlich. - »Aus welchem Grund denn?« - »Ihr Gebet steht nicht auf dem Programm.« Für einen Moment verschlägt es mir die Sprache. Dann versuche ich diesem Großindustriellen und Leiter einer jüdischen Vereinigung zu erklären, daß er sich vielmehr glücklich schätzen statt sich ärgern sollte. Was forderten diese jungen Studenten schon viel! Wollten sie etwa über das Budget des Verbands bestimmen? Nein, sie wollten nur ein Gebet sprechen, das ganze drei bis fünf Minuten dauern würde. Der Mann bleibt hartnäckig: »Ich habe eine Entscheidung getroffen und meine Kollegen davon unterrichtet. Wenn ich sie jetzt widerrufe, mache ich mich doch lächerlich.« Ich gebe nicht nach. Ich mache ihn darauf aufmerksam, daß er sich erst recht lächerlich machen würde, wenn, was unvermeidlich wäre, die Öffentlichkeit von seiner Weigerung erfahren würde. Aber ich verstehe seine Lage: Er will nicht das Gesicht verlieren. Also schlage ich ihm vor, er möge verkünden, ich hätte mir als Ehrengast das Recht ausgebeten, das traditionelle Gebet zu sprechen. Und es wäre doch unhöflich, mir diese Bitte abzuschlagen ... Zur allgemeinen Erleichterung greift Max den Vorschlag auf: Der Streit ist beigelegt, die religiöse »Krise« - Gott sei Dank! - abgewendet.

Nach dem Abendessen lädt er mich zu einem Gläschen unter vier Augen ein. »Ich stehe in Ihrer Schuld«, meint er. »Haben Sie einen Wunsch?« Jetzt ist der Augenblick gekommen, wo ich als Fürsprecher der Abgesandten auftreten kann, die mich am Vormittag besucht hatten. Ich wiederhole ihre Beschwerden und Bitten: mehr Raum für geistige Dinge bei solchen Veranstaltungen, mehr Achtung gegenüber den Gläubigen, den Schwerpunkt der Debatten auf die Bildungsarbeit und das jüdische Vermächtnis legen, Bereitstellung eines Startkapitals von 100000 Dollar zur Gründung eines Hilfskomitees für die Juden in der Sowjetunion ... Max Fisher notiert alles. Und er gewährt alles. Jahre später standen wir uns mit unterschiedlichen Auffassungen in der Bitburg-Affäre gegenüber. Jedenfalls verdanken wir es einem einfachen Gebet, daß die wichtigste jüdische Organisation Amerikas in Kansas City wieder ein wenig religiöser wurde.

Den Winter 1972 verbringen wir in Miami. Marion erwartet ein Kind und reist seltener. Ich habe keine Wahl. Lange zuvor eingegangene Verpflichtungen zwingen mich, zwischen Florida, New York und anderen Städten zu pendeln.

In dieser Zeit werde ich in einen politischen Zwischenfall verwikkelt, der ebenso unsinnig wie unnötig ist (und den ich bis heute bereue), der in Israel jedoch viel Aufsehen erregt. Ohne es zu wollen, überwerfe ich mich mit Abba Eban, dem Minister für Auswärtige Angelegenheiten in der Regierung Golda Meirs.

Es ist vielleicht nötig, die Umstände in Erinnerung zu rufen: Es gab eine Zeit, in der unsere beruflichen Beziehungen sachgemäß, wenn nicht gar freundschaftlich waren. Ich bewunderte sein Wissen, seine Fähigkeiten. Als junger Botschafter in Washington und bei den Vereinten Nationen rief er bei seinen Kollegen Achtung und Bewunderung hervor. Da er ein glänzender Redner, ein ausgezeichneter Kommentator und großer Intellektueller war, konnte Abba Eban selbst dann eine Sache überzeugend vertreten, wenn er selbst nicht an sie glaubte. Es wird berichtet, David Ben Gurion habe ihn Mitte der fünfziger Jahre einmal gebeten, in einer heiklen Angelegenheit die Haltung Israels zu erläutern. Obwohl Eban mit besagter Haltung nicht einverstanden war, vertrat er sie so gut, daß Ben

Gurion zu ihm sagte: »In Wahrheit hatte ich selbst Zweifel, doch als ich Ihre Argumente las, war ich davon überzeugt.«

Kurz, er war ein großer Diplomat, der seine Regierung gekonnt und klug repräsentierte. Er machte dem Staat und dem Volk Israel alle Ehre. Ich war von seinem beißenden Humor angezogen, ich schätzte seine umfassende Bildung in der jüdischen und klassischen Kultur, ich bewunderte seine Sendungen im Fernsehen, seine hellsichtigen Einschätzungen der internationalen Lage, ich mochte seine geistreiche Art, sich auszudrücken, und die elegante Weise, unangenehmen Fragen auszuweichen. Er war jemand, den man schätzen mußte, jemand, den ich gerne besser, persönlicher gekannt hätte.

Leider gab es diesen Zwischenfall ...

Eigentlich ist das Wort Zwischenfall zu schwach. Politischer Skandal wäre richtiger.

Und so kam es dazu: Am Tag nach der Rückkehr von einer Vortragsreise durch den Mittleren Westen sitze ich in unserer Wohnung in Manhattan und blättere die Post durch, die sich während der Woche angesammelt hat. Plötzlich klingelt das Telefon. Der Generalkonsul Israels, nennen wir ihn Saul, ist am Apparat. »Ich möchte mit Ihnen über Minister Eban sprechen«, teilt er mir mit. »Wissen Sie, was passiert ist?« Nein, wie sollte ich, ich war ja nicht in New York. Aber er könne mir bestimmt auf die Sprünge helfen? Er kann, und er beginnt zu erzählen. Eban soll in einer Sendung des berühmten britischen Fernsehmoderators David Frost auf die Frage: »Was halten Sie davon, daß noch immer Naziverbrecher frei herumlaufen?« geantwortet haben, daß ihn das Problem seit dem Eichmann-Prozeß nicht mehr beschäftige oder nicht mehr interessiere. Jedenfalls ging die Antwort in diese Richtung. Er soll sie sogar mehrfach wiederholt haben. »Stellen Sie sich die Protestwelle in Israel vor«, meint Saul. »Menachem Begin und die gesamte Opposition werfen ihm Unsensibilität vor und verlangen seinen Rücktritt. Golda ist wütend. Dem Parlament liegt ein Mißtrauensantrag vor. Eban ist der Meinung, nur eine Erklärung von Ihrer Seite könne die Gemüter beruhigen.« Ich erwidere, ich sei, da ich die Sendung nicht gesehen habe, wohl kaum der richtige Mann, um in den Streit einzugreifen. Saul zeigt Verständnis und übermittelt dem Minister meine Antwort. Eine Stunde später ruft er wieder an. Der Minister schlägt vor, daß ich die Mitschrift des Interviews lesen solle. Das genüge mir vielleicht, um mich für ihn einsetzen zu können. Ich gehe auf den Vorschlag ein, verschweige jedoch nicht, daß es einen grundlegenden Unterschied zwischen der Wirkung einer Aussage auf dem Bildschirm und dem geschrieben Wort gebe. Ein gedrucktes »Nein« kann auf der öffentlichen Bühne oder im Fernsehen leicht wie ein »Ja« aussehen. Saul bleibt beharrlich, ich möge es versuchen. Gut, ich nehme es mir vor. Ich lese, was sage ich, ich prüfe die Mitschrift eingehend, ich zerlege sie regelrecht und bin fassungslos: Der Minister, der ja keineswegs ein Neuling in dieser Angelegenheit ist, hat sich einen Ausrutscher geleistet, hat es an Umsicht und politischer Klugheit vermissen lassen. Ich rufe Saul an und teile ihm mein Bedauern darüber mit, seinem Chef nicht helfen zu können. »Es will mir einfach nicht in den Kopf«, füge ich hinzu, »daß sich ein Mann wie Eban, ein Jude wie er oder auch nur irgendein Jude, dem Andenken an die Vergangenheit der Juden und denjenigen gegenüber, die es bewahren, gleichgültig zeigt.« Mit anderen Worten: Was er gesagt hat, stimmt nicht mit dem überein, was er denkt. Dieses eine Mal muß er sich schlecht ausgedrückt haben. Ich schlage vor, man solle die Sendung in Israel ausstrahlen. Dann könnte die Öffentlichkeit sich selbst ein Urteil bilden. Saul antwortet, er werde ihm mein Bedauern übermitteln, und versichert noch einmal, daß er mich gut verstehen könne.

Einige Tage später bin ich beim israelischen Generalkonsul Jack Monbaz in Toronto, wo ich einen Vortrag an der Universität halten soll. Marion ruft mich an, weil Saul mich noch einmal in einer dringenden Angelegenheit sprechen will. Ich rufe ihn in Gegenwart seines kanadischen Kollegen zurück. Er schlägt einen offiziellen Ton an: »Ich bin von meinem Minister beauftragt worden, Ihnen folgende Nachricht zu übermitteln ...« Dann verliest er eine Erklärung, die Eban in einer Stunde an die Presse geben will – eine Lobeshymne auf mich, in der er sich für den Einsatz bedankt, mit dem ich ihn unterstützt habe, und so fort. Während Saul weiterliest, schießt mir das Blut in den Kopf. Ich will mich unter keinen Umständen mißbrauchen lassen. Was soll ich tun? Soll ich protestieren? Soll ich Verrat schreien? Vor Wut und Anspannung bringe ich keinen Ton heraus. Saul wird unruhig, fragt: »Hören Sie mich? Sind Sie noch dran?« Ich antworte nicht. Er wiederholt seine Frage. Ich bleibe stumm. Es dauert lange, bis ich Worte finde: »Saul, Sie kennen die Wahrheit. Ich habe kein einziges Wort gesagt, das als Verteidigung Ebans ausgelegt werden könnte ...« Saul widerspricht nicht. Meine Empörung überrascht ihn nicht, doch er fügt hinzu: »Versuchen Sie, ihn zu verstehen. Er kämpft um sein politisches Überleben.« Das hat Saul richtig erkannt. Die auf mich gestützte Erklärung Ebans hat verhindert, daß in der Knesset über ein Mißtrauensvotum gegen ihn beraten wurde. Die Regierung Golda Meir mit ihrer bemerkenswert schwachen Mehrheit (waren es zwei oder drei Stimmen?) blieb an der Regierung.

Ich hätte natürlich eine Richtigstellung veröffentlichen können, und sei es nur *»for the record«*, wie man sagt, für die Geschichte. Aber ich verzichtete darauf. Erstens, weil Eban möglicherweise in gutem Glauben gehandelt hat, woher sollte ich wissen, ob nicht sein Konsul, sei es aus Loyalität, sei es, um ihm zu schmeicheln, meine Worte falsch wiedergegeben hatte? Und dann war eigentlich nicht einzusehen, warum man einem ständig überlasteten Mann, der sich seit Jahren mit solchem Fingerspitzengefühl für unser Volk eingesetzt hatte, einen Dolchstoß versetzen sollte. Er hatte etwas Nachsicht verdient. Man oder vielmehr: er hatte sich ohne meine Zustimmung meines Namens bedient? Soll man einen Menschen verurteilen, der in seiner Bedrängnis zu einem Verhalten greift, das er unter anderen Umständen selbst abgelehnt hätte? Man läßt doch einen Menschen nicht fallen, weil er einen einzigen Fehler begangen hat. Dazu fällt mir ein Satz von Rabbi Nachman ein, den ich gern zitiere: Es ist falsch zu glauben, ein großer Mann könne keine verwerflichen Taten begehen; und ebenso falsch ist es zu glauben, er verliere an Größe, wenn er sie begangen hat. Eban gebührt ein Ehrenplatz in der Geschichte der diplomatischen Beziehungen des jungen jüdischen Staates: Bereits in seiner Jugend vertrat er unermüdlich und mit all seinen Fähigkeiten die zionistische Bewegung wie später auch den Staat Israel. Wir wollen hier nicht rechten, sondern lieber das Thema wechseln. Freunde, die aus Israel anriefen, zeigten sich erstaunt, wenn nicht gar schockiert darüber, daß ich seine Verteidigung angetreten hätte. Ich antwortete ihnen, die Gründe des Herzens seien manchmal ebenso wichtig wie die Staatsräson. Einen Ertrinkenden soll man nicht mit Steinen bewerfen. Blättern wir um.

Es ist hinlänglich bekannt, daß der israelische Botschafter in Washington, General Jitzhak Rabin, kein Freund des Außenministers war. Dennoch hat er mich in meinem Verhalten bestätigt. Ebenso Gideon Rafael, der ehemalige Botschafter Israels bei den Vereinten Nationen, den Eban zum Stabschef seines Ministeriums gemacht hatte. Auch Golda Meir beglückwünschte mich anläßlich einer offiziellen Reise in die Vereinigten Staaten: »Du weißt ja, daß ich ihn nicht besonders mag, aber Begin und seine Anhänger sind wirklich mörderisch mit ihm umgesprungen. Es war richtig von dir, ihn zu verteidigen.« Meine Geduld hat freilich auch Grenzen, und so berichtete ich ihr, daß ich Eban in Wirklichkeit nicht verteidigt hätte und auch keine Glückwünsche dafür verdiente. Sie war keineswegs überrascht: »Es war trotzdem richtig.«

Dieses Gespräch fand bei einem Empfang zu ihren Ehren statt, zu dem ihre diplomatische Vertretung in New York geladen hatte. Plötzlich entdeckte ich Eban. Er mußte mich gesehen haben, als ich mich mit Golda unterhielt, aber er begrüßte mich nicht. Kurz darauf kam er zu mir und drückte mir mit einer für ihn ungewöhnlichen Herzlichkeit die Hand. In wenigen Worten berichtete er mir von den skandalösen Beschuldigungen, die die Opposition gegen ihn gerichtet hatte, und dankte mir für meine Unterstützung. Was hätte ich da noch sagen sollen? Ich schwieg.

Ein oder zwei Wochen nach dem Empfang lese ich in *Jediot* ein langes Gespräch mit ihm über seine Außenpolitik. Er spricht über dieses und jenes, und plötzlich erzählt er, ich hätte ihm bei einem Treffen in New York meine Empörung über die Angriffe seiner Gegner bekundet. Er geht so weit, ganze Sätze aus meiner angeblichen scharfen Verurteilung seiner Widersacher zu zitieren. Fassungslos nehme ich mir den Artikel noch einmal vor. Eines verstehe ich nicht: Die Angelegenheit ist doch erledigt, warum greift er sie noch einmal auf? Und warum legt er mir Worte in den Mund, die ich niemals gesagt habe? Seine politische Laufbahn steht nicht mehr auf dem Spiel, die Regierung ist nicht mehr gefährdet – warum stellt er meine Geduld erneut auf die Probe?

Mein Kollege und Freund Eliahu Amiqam hält sich in New York

auf. Ich zeige ihm den Artikel, und er ist ebenso fassungslos wie ich. Er bittet mich um ein Interview, in dem ich die Angelegenheit klarstellen könnte. Ich zögere: Ich hasse Polemik. Angriffe mit Gegenangriffen zu erwidern, die wiederum nur Gegenangriffe hervorrufen, ist nicht meine Sache. Und außerdem hege ich für Eban trotz allem, was ich ihm vorzuwerfen habe, große Bewunderung in seiner Rolle als Sprachrohr Israels. Eliahu zeigt Verständnis für meine Gründe, doch er bleibt bei seinen Argumenten: Man sollte der Öffentlichkeit die Wahrheit nicht länger vorenthalten. Letzten Endes gebe ich ihm recht. Das Gespräch erscheint. Die Presse reagiert mit einem Wirbel von Erklärungen, Kommentaren, Erläuterungen. Die Sache wird zum Politikum. Wieder kommt es zu einem Sturm in der Knesset. Die Opposition stellt erneut einen Mißtrauensantrag. Das Gerangel erinnert an die schlechten Zeiten, in denen sich fanatisierte politische Blöcke und Gruppen untereinander bekriegten. Golda greift persönlich ein. In ihrer Ansprache betont sie ihre Verbundenheit und Freundschaft mit mir, doch sie stellt sich vor ihren Minister. Natürlich behält sie die Oberhand. Hinter ihrer Koalition steht jetzt eine solide Mehrheit. Eban wird rehabilitiert. Jetzt fährt der Kreis um ihn schwere Geschütze gegen mich auf. Die Angriffe, deren Ziel ich bin, kommen von unerwarteter Seite. Ich muß für Irrtümer der Vergangenheit und längst vergessene Fehler geradestehen: für einen Brief, den ich unbeantwortet ließ, ein Buch, dessen Erscheinen ich nicht gebührend feierte, einen Aufruf, den ich vergaß zu unterschreiben. Die Masken fallen. Ich hatte nicht damit gerechnet, daß so viele Leute in Israel mir eins auswischen wollten. Meine »Freunde« bleiben neutral, die Neutralen werden zu Feinden, und meine Feinde reiben sich die Hände.

Mit Abstand betrachtet frage ich mich, ob ich gegen Abba Eban nicht ungerecht war: Woher will ich wissen, ob nicht tatsächlich einer seiner Untergebenen meine Vorschläge »beschönigt« hatte, um sich hervorzutun? Und ob Eban mein Schweigen nicht als Zustimmung aufgefaßt haben konnte. In der Tat hatte ich die Sache nicht umgehend richtiggestellt.

1985 haben wir uns wieder versöhnt. Sein Unterstützungsschreiben auf dem Höhepunkt der Bitburg-Affäre heilte viele Wunden.

Ich habe ihn und seine Frau Suzy mehrmals bei unseren gemeinsamen Freunden Nizza und ihrem Ehemann, dem Filmproduzenten John Heyman, wiedergetroffen. Da war Eban schon nicht mehr Minister. Warum haben ihn seine politischen Verbündeten von einst vom politischen Leben ausgeschlossen? Warum haben sie ihn verraten? Sie hatten ihm doch einiges in Aussicht gestellt. Sollte Israel eher ein Land der leeren Versprechen als das Land der Verheißung sein?

Abba Eban hat den Einstieg in die Medienwelt schnell geschafft. Seine Fernsehsendungen über die Geschichte der Juden und den Zionismus finden ein breites Publikum. Seine Bücher verkaufen sich gut. Er steckt immer voller Pläne. Ich höre ihm gerne zu, wenn er von seinen Kriegsjahren in Großbritannien und Kairo erzählt. Und wenn er sich mit großer Ironie an seine Begegnungen mit den Hauptdarstellern der amerikanischen Geschichte in den letzten fünfzig Jahren erinnert.

Seit seiner Ankunft in den Vereinigten Staaten 1947 hatte er Gelegenheit, sich in allen Schichten der amerikanischen Gesellschaft zu bewegen. Truman, Eisenhower, Kennedy, Senatoren, Schriftsteller, Gelehrte - er kannte sie alle. Er überbrachte Albert Einstein den Vorschlag David Ben Gurions, nach Jerusalem zu übersiedeln, wo er bestimmt zum Staatspräsidenten Israels gewählt worden wäre. Der legendäre Gelehrte aus Princeton war weise und lehnte ab. Er berief sich darauf, daß er kein Hebräisch könne.

Eban sprach Hebräisch. Und Arabisch. Und Französisch. Was seine Fähigkeit betrifft, die Politik Israels zu analysieren und darzustellen, reicht bis heute niemand an ihn heran.

Auf einem völlig anderen Gebiet könnte ich dasselbe über einen Mann sagen, der ihm ansonsten in nichts glich: Was die Fähigkeit betrifft, Geld zu sammeln, ist Meyer Weisgal unübertroffen.

Man konnte kaum anders, als diese schillernde, fesselnde Persönlichkeit voll überströmender Energie und blühender Phantasie zu mögen. Mit seinem weißen Haar ähnelte er ein wenig Ben Gurion; politisch stand er jedoch immer Weizmann nahe, dessen rechte Hand und Stabschef er war, sein Mädchen für alles. Meyer hat auch das in wissenschaftlichen Kreisen renommierte Weizmann-Institut in Rehovot aufgebaut. Er war der König der Bettler und der Bettler vor den Königen. Mit einer Anekdote oder einem geistreichen Wort entlockte er den Reichen Geldsummen, die sie jedem anderen ausgeschlagen hätten.

Für Meyer Weisgal war Weizmann – der legendäre englische Chemiker, der vor seiner Wahl zum ersten Staatspräsidenten Israels Präsident der zionistischen Weltorganisation war – eine Art Gott, sein (natürlich weltlicher) Rabbi, sein Führer, sein Vordenker, sein Arbeitgeber und sein Erlöser. Und da er außerordentlich besitzergreifend war, mochte er niemanden, der dem »Chef« nicht hinlänglich zugetan war. Und was war mit denjenigen, die ihn verehrten? Unfehlbar schätzte er ihren Grad an Aufrichtigkeit ab. Meyer ließ sich nicht täuschen.

Es heißt, er habe Frau Weizmann weniger Bewunderung entgegengebracht, weil er sie zu geziert und zu aufgeblasen fand. Er ließ über Vera verlauten, sie sei snobistisch und geruhe mit niemandem außer dem Lieben Gott zu sprechen, und das auch nur, wenn sie Lust dazu habe …

Über die Frau eines berühmten Mannes, der gerade gestorben war, bemerkte er: »Ehefrau zu sein, war nicht die richtige Aufgabe für sie, aber als Witwe macht sie sich sehr gut …«

Seine Autobiographie ist ein kleines Meisterwerk: Ich habe das Buch in der *New York Times* besprochen. Jahre später, Meyer war schon krank und ohne Hoffnung, da blühte sein Lebenswillen wieder auf, als ich ihn davon überzeugen konnte, einen zweiten Band seiner Erinnerungen zu verfassen. »Werden Sie mir dabei helfen?« – »Natürlich helfe ich Ihnen, Meyer.« Zweimal wöchentlich gehe ich mit einem kleinen Tonbandgerät zu ihm. Er erzählt, ich stelle Fragen, er antwortet, kramt in seinem Gedächtnis nach Anekdoten, nach Geschichten aus seiner Jugend und den Jahren, die er an der Seite von Weizmann verbracht hat. Leider ist vieles von dem, was er erzählt, bereits veröffentlicht. Mit Begeisterung nehme ich aber noch einige unbekannte Einzelheiten auf. Ich bedaure es nicht, daß ich ihm Wochen und Monate gewidmet habe. Im Gegenteil, für mich war es eine erfüllte Zeit. Wer weiß, ob er ohne dieses Phantom-Projekt, das uns vereinte, noch zwei Jahre gelebt hätte?

Ich arbeite an *Der Schwur von Kolvillág*, einem Roman, der zu Anfang des Jahrhunderts spielt und dessen Thema ein Ritualmord ist, der einem Juden und seiner Gemeinde zur Last gelegt wird.

So vergehen die Tage und die Monate. Träume und Erinnerungen verblassen. Wird die Erinnerung reicher oder verarmt sie in dem Maße, indem der Mensch sich von den ersten Eindrücken seiner Erlebnisse entfernt? Warum jagen wir unseren Erinnerungen hinterher? Was wollen wir aus der Vergangenheit zurückholen? In welcher Verfassung und mit welchem Ziel wollen wir das tun?

Wie gelingt es einem, ihr trotz ihrer Sprunghaftigkeit zu folgen? Was muß man tun, um die Spuren, die sie hinterläßt, zu verarbeiten? Welche Rolle spielen die Zeit, Zeiträume, die zeitliche Abfolge?

Alles, was das Gedächtnis betrifft, fasziniert mich durch die geheimnisvolle Kraft, die es freisetzt. Es möchte alles einschließen, alles zurückhalten und beleuchtet immer nur Einzelheiten. Warum treten gerade diese hervor und keine anderen? Anders ausgedrückt: Was wird aus all dem, was ich schon vergessen habe?

Und schließlich muß man nach der Beziehung zwischen der persönlichen Erinnerung und dem kollektiven Gedächtnis fragen. Wer profitiert hier von wem, und wie hoch ist der Preis dafür?

Erinnerung ist eines der Schlüsselworte meines Schaffens und meiner Suche, und – um die Wahrheit zu sagen – ich weiß bis heute nicht, was Erinnerung ist und woraus sie sich zusammensetzt.

Die Erinnerung ist für mich dasselbe wie die Poesie für Aristoteles: Sie birgt mehr Wahrheit als die Geschichte. Ich weiß, daß ich nicht auf sie verzichten kann. Um schreiben zu können. Um lehren und teilen zu können. Was wäre ich ohne mein Gedächtnis? Weder hätte das Leben einen Sinn noch gäbe es ein Schicksal darin.

6. Juni 1972: Elisha wird geboren. Ein Sonnenaufgang ohnegleichen. Er wird meine Zukunft bestimmen. Dieser kleine Mensch in den Armen seiner Mutter wird unser Leben mit neuem Licht und Frieden erfüllen und es in ein Leben voll ungekannter Freude verwandeln. Ich betrachte ihn immer wieder, ich fühle, daß noch jemand bei mir ist, der ihn mit mir betrachtet und mit mir schützen wird.

Acht Tage später: die Berit Mila.

»Singt, sage ich euch! Singt!« brüllt Reb Leibel Cywiak, der alte Chasside aus Ger. Mit seiner stämmigen Gestalt, seinem kantigen Gesicht und seinem wilden Blick verströmt er körperliche Kraft und geistige Energie zugleich. Er hatte auch am Samstag vor meiner Hochzeit in seiner Hauskapelle in der hundertdritten Straße aus dem Stegreif einen Aufruf formuliert. Inzwischen sind drei Jahre vergangen, und er möchte, daß alle Welt an seinem Glück teilhat. Er trinkt ein Glas nach dem anderen, drückt Hände, lacht aus vollem Halse. Er ist mit Leib und Seele dabei. Reb Leibel scheint überglücklich zu sein. Und er möchte, daß alle es wissen. Man feiert nicht alle Tage eine Berit Mila, eine Beschneidung. Das Ereignis steht unter dem Zeichen unseres Ahnherrn Abraham und hat eine so große Bedeutung, daß selbst der Prophet Elias sich bequemt, als Ehrengast daran teilzunehmen. Auf »seinem« Sessel findet die Beschneidung des acht Tage alten Säuglings statt.

Sie wird unter den Augen von Männern und Frauen vollzogen, die offensichtlich aus ganz unterschiedlichen Welten zusammengekommen sind. Der ehemalige Sekretär der Warschauer Gemeinde, Doktor Hillel Seidman, und der Geiger Isaac Stern, der Verleger Jim Silberman und der Rabbiner Abraham Joshua Heschel, zur Assimilation neigende Intellektuelle und aktive Zionisten. Und natürlich fehlen auch die Abgesandten des Lubawitscher Rabbis nicht, der mir aus seinem Zuhause in Brooklyn schreibt, daß sein Herz und seine Seele vor Freude überströmen. Saul Lieberman ruft aus Jerusalem an, um uns seine Anteilnahme am Fest zu übermitteln: Nie zuvor habe ich ihn so aufgeregt sprechen hören.

Die Mutter wartet in einem Nebenraum: Zu ihrer Schonung verlangt das Gesetz, daß sie nicht mit ansieht, wie ihr Sohn sein Blut für den Eintritt in den Bund gibt.

Ein Bote pendelt zwischen den Räumen hin und her und berichtet ihr über den Stand der Dinge.

Wieder einmal, wie schon beim Aufruf und der Trauung, macht der Vater einen grüblerischen, betrübten Eindruck. Wo sind seine Gedanken? In welche Träumereien schweift er ab? Wen will er treffen, wen versöhnen? »Hören Sie!« sagt Reb Leibel und schüttelt ihn, »jetzt ist nicht der Zeitpunkt dazu! Heute dürfen Sie der Trauer keinen Platz in Ihrem Herzen geben! Denken Sie daran, daß heute ein Name wiederkehrt: Es ist der Name Ihres Vaters, den Ihr Sohn von nun an tragen wird! Das muß doch gefeiert werden!«

Ja, selten hat man Reb Leibel so leichtfüßig, so kraftvoll, so überschwenglich gesehen. Er spornt die Männer an, immer mehr und immer schneller mit ihm zu tanzen: Möge die Welt unter ihren Füßen erzittern, möge die Welt begreifen, daß man eine jüdische Familie, einen jüdischen Namen nicht auslöschen kann und auch niemals auslöschen wird …

Den Eltern ruft er zu: »Er wird leben, bis der Messias kommt, das wünschen wir euch, das versprechen wir euch! Singt mit, ihr jüdischen Eltern! Wer heute nicht singt, der sündigt, das Gesetz befiehlt es euch! Und mir!«

Das Fest dauert mehrere Stunden. Und Jahr für Jahr höre ich jedesmal, wenn ich meinen Elisha ansehe (er trägt den Namen Schlomo-Elisha), das Lied dieser Feier wieder in mir erklingen.

Aviva Kaufmann, die Witwe des ehemaligen Leiters des Bnai Brith, erzählt in ihrem Glückwunschbrief die Geschichte einer alleinstehenden Frau, die Auschwitz überlebt hat. Sie kam täglich in die Geburtsstation des Mount-Sinai-Krankenhauses und half als Freiwillige den Müttern und ihren Neugeborenen. Eines Tages erblickte Aviva sie in einem Zimmer mit einem Baby, dessen Mutter kurz weggegangen war. Die Frau hob das Kind in die Höhe und rief laut, als wendete sie sich an eine unsichtbare Menschenmenge: »Seht nur! Wir haben wieder einen neuen kleinen Juden bekommen!«

»Singt!« brüllt Reb Leibel. »Öffnet eure Herzen der Freude! Damit nur Freude in uns ist! Reine, ungetrübte Freude!«

Leichter gesagt als getan. In meiner Generation kann es keine reine, ungetrübte Freude geben. Ich sehe meinen Sohn. Er wird seine Großeltern väterlicherseits niemals kennen, und dabei wünsche ich mir so sehr, sie mögen in ihm lebendig sein. Im stillen flehe ich sie an, den Jungen zu beschützen, durch dessen Namen die Familie weiterbestehen wird. Durch ihn wird die Linie fortgesetzt. Eine Linie, die weit zurückreicht. Zu Schela. Und Tossafot Jomtow. Und Raschi – und damit bis zu König David.

Beschützt uns, geliebte Ahnen. Seht, ich bin doch nicht der letzte in der Kette, ein neues Glied ist hinzugekommen.

Beschützt euren Abkömmling Schlomo-Elisha ben Eliezer ben Schlomo Halevi. Helft ihm, auf dem rechten Weg zu bleiben. Möge seine heranreifende Seele euch mit Stolz erfüllen. Stehe deinem Enkel bei, Mama. Ich weiß nicht, wo deine Ruhestätte ist, doch beuge dich über seine Wiege und hilf mir, Wiegenlieder für ihn zu singen. Erzähle ihm deine wundervollen und eigenartigen Geschichten, mit denen du mich friedlich in den Schlaf gewiegt hast. Und du, Vater, beschütze seine Träume. Hilf ihm, seine Kindheit zu leben. Hilf mir.

»Möge dieser kleine Mensch heranwachsen, sich dem Studium widmen, heiraten und gute Taten vollbringen ...«, betet Heschel nach altem Brauch.

Geliebte Ahnen, antwortet uns doch: Amen.

Jetzt bin ich also Vater und für eine Familie verantwortlich. Mehr denn je denke ich an meinen Vater. Wird es mir gelingen, in seine Fußstapfen zu treten? Sein ganzes Leben bemühte er sich, bedürftigen, bedrängten und gedemütigten Menschen zu helfen. Und als das Ende kam, war niemand da, um ihn zu trösten, nicht einmal sein Sohn, in den er seine Hoffnung gesetzt hatte.

Er hat im Rahmen seiner beschränkten Möglichkeiten alles getan, um seine Brüder und Schwestern zu retten, um die Welt, in der sie lebten, freundlicher, teilnahmsvoller zu machen. Du tust mir leid, Vater. Ich bewundere dich, ich liebe dich, aber du tust mir leid: Wie naiv warst du doch! Wie wenig wußtest du von der Welt! Dachtest du wirklich, die Welt würde aufhören, sich zu verleugnen, wenn du dich verleugnest? Dachtest du wirklich, der Mensch könne sich über seine Lebensbedingungen erheben?

Das Scheitern meines Vaters und seine vielfältigen Bedeutungen haben mich lange Zeit davor zurückschrecken lassen, ein Kind zu haben. Ich war überzeugt, daß diese gleichgültige und grausame Welt - gleichgültig noch ihrer eigenen Grausamkeit gegenüber - unsere Kinder nicht verdient hat. Als ich diese Befürchtung einmal in einer Radiosendung äußerte, zog ich mir den scharfen Tadel Georges Lévittes zu, jenem glänzenden humanistischen Denker und Forscher, der mit seiner großen Belesenheit und seinem untadeligen, verborgenen Wirken so viele jüdische und christliche Schriftsteller beeinflußt hat.

Seit ich verheiratet bin, habe ich mich verändert. Marion hat mich überzeugt. Die Mörder sollten nicht noch einen Sieg davontragen. Die weit zurückreichende Linie sollte nicht mit mir enden.

Marion hat recht behalten.

Und nun?

Ich verdanke es meinem Vater und meinem Sohn, daß ich den Weg des Engagements eingeschlagen habe, ohne mich deswegen vom Nachdenken zu verabschieden. Ich werfe mich, wie Sartre sagen würde, in den kräftezehrenden Kampf für die Einhaltung der Menschenrechte und die Achtung der Würde des Menschen.

NARBEN

Hör doch auf zu träumen, sagt eine Stimme heute morgen im Traum zu mir. Es ist Zeit zu handeln. Die Stimme wiederholt das letzte Wort: handeln. Ich würde sie am liebsten fragen: Kann man nicht gleichzeitig handeln und träumen? Doch ich wage nicht, den Mund zu öffnen. Ich habe Angst aufzuwachen. Ich möchte weiterträumen.

Woher kommt die Stimme? Sie dringt durch die Wände, die mich im Schlaf beschützen.

Wessen Stimme ist es? Sie ist verstummt, aber ich höre sie noch immer.

Es ist eine Männerstimme.

Die meines Vaters? So hart war seine Stimme nicht. Die meines Großvater? Nein, sie ist zu schrill.

Plötzlich fällt es mir ein: Es ist die Stimme eines Bettlers, dem ich einst folgen wollte. Ich war damals jung. Noch ein Kind. Er lachte, und ich fragte ihn nach dem Grund. »Damit du mitlachst«, antwortete er. Dann besann er sich eines anderen und brüllte mich an: »Soll ich dich lieber zum Weinen bringen?« Ich machte mich ganz klein und sagte: »Eigentlich wäre es mir am liebsten, wenn du mich zum Träumen brächtest.«

Was ist besser? fragt der Talmud. Was ist die Grundlage von allem? Das Lernen (das Nachdenken) oder die Tat? Die Meinungen gehen auseinander, doch letztendlich stimmen alle Meister darin überein: Das Studium steht vor der Tat, ist Anstiftung zur Tat.

Als Jude frage ich mich, welche Rolle dem jüdischen Schriftsteller zukommt: Was soll er mit seiner Stimme machen? Soll er den Leser dazu bringen, eine Träne mehr in den Ozean zu vergießen? Was soll er darstellen, wann und mit welchem Ziel soll er es tun? Welche

Geschichte soll er erzählen? Und für welche Leser? Hat ein jüdischer Schriftsteller oder Intellektueller nicht andere Verpflichtungen gegenüber der Gemeinschaft? Manche halten an der Überzeugung fest, daß er sich ausschließlich dem Schreiben widmen soll, daß sein Einfluß und seine Macht in seiner Kunst und weniger in seinen Taten liegen. Es mag Zeiten geben, in denen diese Vorstellung zutrifft. Heute stimmt sie nicht mehr. Wir haben es bereits festgestellt und tun es hier noch einmal: Die Dichtung hindert den Folterknecht nicht daran, sein Opfer zu schlagen, der beste Roman der Welt steht dem haßerfüllten Fanatiker machtlos gegenüber, und mit dem größten Meisterwerk richtet man gegen den Haß des Fanatikers nichts aus. Es genügt nicht, das Andenken in Liedern zu bewahren; man muß handeln, damit es Früchte trägt und zu weiteren Taten anspornt.

Es ist also notwendig zu handeln. Die Frage ist nur, in welchem Bereich? Mit welchen Mitteln? Und wo soll man anfangen?

Selbstverständlich steht der Kampf gegen den Antisemitismus an vorderster Stelle. Schließlich ist er das älteste kollektive Vorurteil der Geschichte. Wie läßt sich seine Heftigkeit erklären, wie kommt es, daß er sich so zäh am Leben hält? Es heißt, der Antisemitismus sei genauso alt wie das jüdische Volk. Laut Talmud lassen sich seine ersten Anzeichen bereits bei der Offenbarung auf dem Sinai erkennen. Und schon in der Antike wütete der Judenhaß besonders in den höheren Schichten der Gesellschaft. Warum verachteten Cicero und Seneca die Juden? Nach Flavius Josephus soll der Grieche Apion den Juden vorgeworfen haben, sie gehörten zu einem Stamm Aussätziger und seien imstande oder sogar willens, die ganze Welt anzustecken. Tacitus kann ihnen nicht verzeihen, daß sie »ein hartnäckiges Zusammengehörigkeitsgefühl und tätige Fürsorge füreinander pflegen, wohingegen sie dem Rest der Menschheit mit unerbittlichem Haß begegnen. Nie speisen sie mit Fremden, nie leben sie mit fremden Frauen zusammen.« Apion und Demokrit beschuldigen sie des Ritualmords. Seither hat der Antisemitismus lediglich neue Kleider bekommen, seine unsinnigen Argumente sind dieselben geblieben. Man muß nur die Argumente der Ratgeber Pharaos in der Bibel mit denen Hamans im Buch Ester, Torquemadas, Hitlers oder Stalins vergleichen: Ihre Wahnvorstellungen unterscheiden sich nicht. Sie waren alle überzeugt davon, daß die Juden überall ihre Finger im Spiel hätten, daß sie geldgierig seien, die politische und religiöse Weltherrschaft anstrebten und entschlossen seien, Wirtschaft und Handel zu kontrollieren. Sie schrieben den Juden, von denen sie sich umzingelt fühlten, fürchterliche Geheimkräfte zu. Zugleich verachteten sie diejenigen, die diese Kräfte nicht hatten. Mit anderen Worten: Die Antisemiten hassen die Juden, weil sie sie für stark halten, und sie verachten sie, wenn sie ihnen schwach erscheinen.

Der Antisemit verübelt dem Juden alles zugleich: was er ist, und ebenso, was er nicht ist. Er ist ihm entweder zu reich oder zu arm, zu staatstreu oder zu weltpolitisch, zu fromm oder nicht fromm genug. In Wahrheit ist es ihm einfach ein Dorn im Auge, daß es ihn gibt.

Für einen Juden bleibt der Antisemitismus sein Hauptfeind.

Aber es geht nicht nur ihm so.

Überall treffen Haß und Ausgrenzung auch andere menschliche Gemeinschaften. Auf allen Erdteilen herrschen Elend, Hunger, Unwissenheit, Intoleranz, ethnische Konflikte. Überall gibt es Gefängnisse, in denen politische Gegner geknebelt werden, überall werden Atomwaffen weiterverbreitet. Welche dieser Herausforderung erfordert zuerst unser Eingreifen?

Dabei habe ich den Krieg noch nicht erwähnt, Kriege, die die Menschheit fünfzig Jahre nach dem Zweiten Weltkrieg offenbar nicht unterbinden kann, die sie nicht einmal bremsen kann. Was ist Krieg? Ein perverser Mangel an Vorstellungskraft, an Erinnerung? Oder die Faszination des Endes, des Todes? Wie soll man diesen Wahnsinn verstehen, dessen Gräber die Menschheitsgeschichte begleiten?

Der Krieg gehört zum »kulturellen« Erbe der Menschheit. Gegen diese traurige Tatsache hat noch niemand ein Mittel gefunden. Denn jeder Krieg beginnt nicht erst auf dem Schlachtfeld, sondern im Herzen und im Kopf der Menschen. Der Talmud sagt: Der Wald liefert selbst das Holz für die Axt des Holzfällers, der ihn rodet.

Und trotzdem. Irgendwo muß man anfangen.

Nachdem ich mich vom Journalismus verabschiedet hatte – und leider auch von den wertvollen Presseausweisen, die mir so hilfreich waren! –, wechselte ich an die Universität.

Wie immer, wenn ich mich an einem Scheideweg befand, verdankte ich es einem Zufall, daß ich als »außerordentlicher Professor für Judaistik« an die Universität der Stadt New York berufen wurde. Ich hatte mich nicht darum beworben, ja, ich wußte nicht einmal, daß es eine solche Stelle gab.

Eines Abends nimmt mich der Rabbiner Professor Jitz Greenberg nach einem Vortrag zur Unterstützung der russischen Juden in einem Hotel in Manhattan zur Seite: Er wendet sich in seiner Eigenschaft als Leiter der Abteilung für Judaistik am City College an mich. Er möchte mich für seine Abteilung gewinnen. Aber was soll ich lehren? Es steht mir frei. Chassidische Texte, jüdische Literatur, die Geschichte des Holocaust, Themen aus dem Talmud, kurz: »alles, worüber Sie auch in Ihren Büchern schreiben.«

Ich bin Jitz sehr zugeneigt. Ich kenne ihn seit Anfang der sechziger Jahre. Damals lehrte er an der Jeschiwa-Universität. Er ist groß, schlank und gelenkig wie ein Basketballspieler, ein beharrlicher, aufgeschlossener Denker, der scharfzüngig, aber nicht verletzend ist. Während er sich noch bemüht, mich zu überzeugen, male ich mir schon aus, daß ich binnen eines Monats Vater und Professor werden würde, sollte ich sein Angebot annehmen.

Ich nehme es an.

Zwei Tage später sitzen wir zusammen im Büro des jungen Dekans Ted Gross, der seine Lehrveranstaltungen zur englischen Literatur aufgegeben hat und in die Verwaltung gegangen ist. Er scheint zufrieden zu sein, ich bin es auch. Alles geht sehr schnell. Der Vertrag liegt bereits vor, wir müssen ihn nur noch unterzeichnen. Lächeln, Händedruck, Glückwünsche, und schon bin ich Inhaber eines Titels und eines Lehrstuhls von hohem Rang.

Ich bin stolz darauf, das darf ich ruhig zugeben. Das City College ist nicht irgendeine Universität. Sie zählt zu den besten und wird mit Yale und Harvard verglichen. Hier habe ich schlagartig eine Spitzenposition erreicht, ohne die vorgeschriebene Laufbahn absolvieren zu müssen. Doch woher rührt dieser unvermittelt auftretende Schatten, der prompt mein Gesicht überzieht? Es ist verrückt, aber aus heiterem Himmel fällt mir plötzlich Heidelberg ein, die Krone unter den deutschen Universitäten. Es heißt, der Rabbiner Jehuda he-Chassid habe den Juden verboten, in dieser Stadt zu wohnen. Wo habe ich nur gelesen, daß die Universität auf den Mauern des alten Judenviertels errichtet worden sei, das die Kirche beschlagnahmt hatte? Jitz bemerkt meinen Stimmungswechsel. Besorgt erkundigt er sich, ob ich mich an bestimmten Punkten im Vertrag störe. »Sie sehen gar nicht zufrieden aus«, meint er. Ich beruhige ihn. Die Stelle, die ich soeben angenommen habe, gibt mir ein nie gekanntes Gefühl von Sicherheit.

Beginnt nun eine neue Karriere? Spüre ich eine neue Berufung? Sagen wir, ich schlage einen neuen Weg ein. Das Ziel wird sich dabei nicht ändern.

Ich bereite mich gut vor: Ich beuge mich wieder über Texte, von denen ich fälschlicherweise annahm, ich würde sie gut kennen und von Grund auf verstehen, und vertiefe mich erneut in sie.

Zur selben Zeit arbeite ich an der endgültigen Fassung des Romans *Der Schwur von Kolvillág*, der 1973 bei Le Seuil erscheinen soll.

Auch Reisen stehen wieder, ganz unvermeidlich, auf dem Programm. Elisha ist natürlich dabei. In Israel treffen wir meine Freunde bei der Zeitung, für die ich seit 1950 gearbeitet habe. Es sind friedliche, erholsame Stunden, die wir mit Dow und Lea, Noah und Paula, Liahu und Ruth verbringen. Nostalgie kommt auf.

Mit Elisha in Jerusalem. Wie soll ich mein Glück und meinen Stolz beschreiben, als ich ihn mit Marion zusammen auf den Armen durch die Gassen der Altstadt trage und seine kleine Hand an die Klagemauer halte?

In Tel Aviv treffe ich auf eine Redaktion, die in angeregter Atmosphäre arbeitet: Die Auflage steigt von Woche zu Woche, die Gehälter auch. Mit einer Bemerkung über mein Pech als Journalist ernte ich einen Lacherfolg bei meinen Kollegen: Seit ich *Jediot* verlassen habe, ist die Zeitung besser und mit Sicherheit reicher geworden.

Die Stimmung im Land ist bedrückend durch den »Zermürbungskrieg«. Noch stellt niemand die Sicherheit des Staates in Frage, doch die Euphorie von 1967 ist verschwunden. Fünf Jahre sind vergangen, und man spricht immer häufiger vom palästinensischen Terrorismus. Der Bombenanschlag auf den Flughafen von Lod ist nicht vergessen. Die Tat des der PLO nahestehenden Japaners Kozo Okamoto forderte fünfundzwanzig Tote, darunter ein Wissenschaftler von internationalem Rang, Professor Aharon Katzir. Das war Ende Mai.

Anfang September ermorden palästinensische Terroristen von der Gruppe Schwarzer September elf israelische Athleten bei den Olympischen Spielen in München. Die Zuschauer verfolgen das Drama in Direktübertragung vor dem Fernsehapparat. Einen Tag darauf gehen die Spiele weiter. Und die Welt klatscht Beifall.

In einer schwierigen, schmerzlichen Rede, die ich einige Wochen später vor Irving Bernstein und den Verantwortlichen des United Jewish Appeal halte, verberge ich meine Trauer und meine Enttäuschung nicht.

Nicht daß ich den Attentätern damit mildernde Umstände zusprechen will, aber ich werfe den israelischen Sportlern vor, während des Sabbats an der Eröffnungsfeier der Spiele und während der großen Feiertage an Wettkämpfen teilgenommen zu haben. Und da sie sich schon in München aufhielten, hätten sie wenigstens alle zusammen Dachau besuchen sollen. Doch von den vierzig Mitgliedern der Olympiamannschaft hatten nur vier das Bedürfnis empfunden, dort im stillen der Ermordeten zu gedenken. Die israelische Presse forderte, etwas übertrieben vielleicht, die sofortige Rückkehr der gesamten Mannschaft.

München ist nicht nur die Hauptstadt Bayerns, sondern zugleich ein Symbol. Das sollte man nie vergessen. München bedeutet das Scheitern und die Feigheit des Westens, seinen Rückzug vor der Macht des Bösen. Es steht für den Triumph des Götzentums, der Götter der Gewaltherrschaft, des Fanatismus und des Todes. München heißt Schande. Die Münchner Verträge haben Dachau, die Ghettos mit ihrem Hunger und ihrer Angst und die Rampe von Birkenau vorweggenommen.

Ist das Masochismus? Um einen Satz aus dem Talmud aufzunehmen: Ich war beinahe froh, auf der Seite der Opfer zu sein und mich nicht bei den Mörder einreihen zu müssen.

Das jüdische Jahr, das im September 1972 begonnen hat, steht also unter schlechten Vorzeichen. Für ganz Israel, aber auch für mich und meine Familie.

Ja, das Schicksal will uns sein unbarmherziges, düsteres Gesicht zeigen. Und meiner Familie droht Unheil.

Eines Morgens holt mich eine Sekretärin mitten aus einem Seminar über Rabbi Nachman von Brazlaw, um einen dringenden Anruf in meinem Büro entgegenzunehmen. Ich ahne, ich weiß, daß es eine schlechte Nachricht sein wird. Jemand ist gestorben oder wird sterben. Aber wer? Ich greife nach dem Hörer, die Angst verschlägt mir den Atem und die ersten Worte, die mich zwingen würden, die Botschaft des Anrufers zu hören. Mein Schwager am anderen Ende der Leitung ist stumm wie ich. Dann teilt er mir die Nachricht mit: Bea ist krank, schwer krank. Sie wurde soeben operiert, denn sie hat Krebs. Ich höre Len schluchzen. Einen Augenblick lang bin ich wie erstarrt und schweige. Nie zuvor habe ich mein Herz so laut schlagen hören. Ich lasse mich auf einen Stuhl fallen und frage: »Kann man etwas dagegen tun?« Len, der Arzt ist, hat sich wieder gefaßt: »Nein, nichts. Leider können wir nichts mehr tun.« Ich frage ihn, ob Bea es weiß. Sie weiß es nicht. Sie befindet sich noch auf der Intensivstation.

Ich gehe zurück ins Seminar. Meine Studenten schauen mich verwundert an. Wie bekomme ich meine Mimik in den Griff? Sie merken mir meine Bestürzung an. »Fahren Sie bitte fort«, fordere ich sie auf. Doch sie sehen mich an und schweigen. Irgendwie habe ich sie doch wieder zum Sprechen gebracht. »Wo waren wir stehengeblieben?« Ich weiß es nicht, sie offenbar auch nicht. Zum Glück ist die Seminarstunde gleich zu Ende.

Zu Hause legt mir Marion den kleinen Elisha in die Arme. Sie will mich trösten. Ich bedecke ihn mit Küssen, doch ich finde keine Ruhe.

Die Zeit der Flüge zwischen New York und Montreal beginnt. Man hat Bea nicht gesagt, wie ernst es um sie steht. Sie weiß, daß sie einen Tumor hat, doch sie meint, er sei gutartig und es wäre gelungen, ihn zu entfernen. Immer wieder sagt sie es mir.

Aber woher kommt dieser dunkle Schimmer in ihren Augen? Verrät er eine kaum zu unterdrückende Panik?

Und noch einmal schlägt das Schicksal zu. Es trifft Hilda: Sie verliert Nathan, ihren Mann, diesen zärtlichen, unendlich guten, sich ewig nach Glück sehnenden Menschen.

Hilda erzählt, wie sie im Auto unterwegs waren. Nathan saß am Steuer. Plötzlich hielt er an und bat um ein Bonbon - seit seiner Kindheit hatte er keines mehr gelutscht. Kurz darauf war er tot.

Dieser entschiedene Zionist, der im polnischen Tarnow geboren und zwischen den Kriegen nach Frankreich ausgewandert war, hatte ein Leben lang davon geträumt, in Erez Israel zu leben. Jetzt wird er dort seine letzte Ruhestätte finden.

Bea ruft aus Montreal an: Sie bittet mich um Verständnis dafür, daß sie nicht zur Beerdigung kommen könne, sie fühle sich nicht kräftig genug. Sie habe Angst. Natürlich kann ich sie verstehen: Selbst einem so unerschrockenen Menschen wie meiner kranken Schwester macht der Krebs Angst, machen Friedhöfe Angst. »Erkläre Hilda bitte ...« Ich muß nichts erklären. Auch Hilda versteht es gut. Ich fliege mit ihr nach Israel und stehe ihr auf dem Friedhof bei.

Die ganze israelische Verwandtschaft, alle Vettern und Cousinen sind gekommen. Wer hat sie benachrichtigt? Solche Nachrichten werden in diesem Land von Mund zu Mund weitergegeben. Am Eingang zum Friedhof treffe ich zufällig Moischele Kraus, den ehemaligen Chorleiter aus Sighet. Auf meine Bitte hin singt er am offenen Grab das Gebet für die Toten. Ein entfernter Verwandter hält eine kurze Grabrede. Es ist meine erste Beerdigung. Ich wußte nicht, daß man in Israel ohne Sarg, nur in seinen Tallit gehüllt, beerdigt wird. Ebenfalls zum erstenmal höre ich das Kaddisch, das man hier betet und das sich so sehr von dem Gebet des Waisen unterscheidet, das er jedesmal spricht, wenn sich der Todestag jährt. Es kommt mir bedrückender, härter vor.

Es flößt Angst ein.

Ich bin froh, daß Bea nicht gekommen ist.

In den Vereinigten Staaten läuft der Präsidentschaftswahlkampf auf vollen Touren. Wie immer mit Pauken und Trompeten. Aufwendig und aufsehenerregend. Und dieses Mal auch hinterhältig.

Robert Bernstein, der Chef von Random House, legt Wert darauf, daß ich einen der Kandidaten von der Demokratischen Partei kennenlerne, den Senator von Süddakota, George McGovern. Mit Marion sind wir zu einem Abendessen in einem ruhigen Restaurant eingeladen.

Der Senator hinterläßt einen guten Eindruck bei uns. Er ist aufrichtig, rechtschaffen und nicht machtbesessen, sondern beherrscht vom Gedanken, wie er die Macht positiv nutzen könnte. Wenn er spricht, bleibt seine Stimme leise, und kein Muskel in seinem Gesicht bewegt sich. Ich stelle ihm eine einfache Frage:

»Warum wollen Sie Präsident der Vereinigten Staaten werden? Der Wahlkampf ist anstrengend, er zehrt an Ihren Kräften. Sie sind doch ein geachteter Senator und haben viel Einfluß. Wäre es nicht klüger, Sie blieben, was Sie sind und bauten Ihre allseits anerkannte Stellung aus?«

»Richard Nixon verkörpert alles Schlechte. Er muß geschlagen werden. Und ich bin der einzige, der das kann.«

Ahnungsloser McGovern. Es kam ihm nicht in den Sinn, daß er der einzige war, der Nixon nicht schlagen konnte.

Außerdem macht der amtierende Präsident noch eine recht gute Figur. Bis zum Watergate-Skandal geht noch viel Zeit ins Land. Die Außenpolitik bestimmt das Tagesprogramm. Sicher, Hanoi und Haiphong werden von Fliegern bombardiert, aber Nixon ist (gemeinsam mit seinem Sicherheitsberater Henry Kissinger) immerhin nach China und Moskau gereist. Er wird die Wahlen gewinnen, oder besser gesagt: Sie werden sein Triumph.

Am Abend der Bekanntgabe der Wahlergebnisse sah ich junge Studenten in Tränen ausbrechen.

1973 erscheint *Der Schwur von Kolvillág*, ein düsterer Roman, der jeder Hoffnung entbehrt. Abgesehen von *Der Vergessene* handelt es sich zweifellos um die bedrückendste romanhafte Erzählung gegen das Vergessen aus meiner Feder. Während ich an ihm arbeitete, versank ich in einer Depression, die durch nichts gerechtfertigt schien, wenigstens nicht durch das, was mich persönlich betraf. Im beruflichen wie im privaten Leben lief alles bestens: Marion, die meine Übersetzerin geworden war, vollbrachte wahre

Wunder, das Lächeln unseres einjährigen Sohnes erfüllte mich mit Glück, die Arbeit an der Universität begeisterte mich, im Ausland wurden meine Bücher, wenn auch noch nicht von vielen Lesern, so doch von einer wachsenden Zahl von Verlegern gelesen. Ich wurde immer häufiger und nachdrücklicher eingeladen. Ab und an gaben Studenten ihrem Bedürfnis nach und schrieben mir, welchen Einfluß meine Veröffentlichungen auf ihre Arbeit hätten. Und trotzdem strahlte ich nur Unglück aus. Die Schriftstellerin Cynthia Ozick meinte später zu mir: »Es ist, als hätten Sie in Ihrem Roman den Jom-Kippur-Krieg und die unerhörte Verlassenheit Israels vorausgeahnt.« Und in der Tat war der jüdische Staat einer Katastrophe nie so nahe.

Warum habe ich die Romanhandlung an den Beginn des 20. Jahrhunderts gelegt? Um ihn von meinen persönlichen Erfahrungen und von der Geschichte zu lösen und um die Nacht hinter mir zu lassen? Anders gefragt: Um einerseits mein Versprechen zu halten, andererseits aber auch meinen Kritikern entgegenzukommen, die meine Geschichten aus der Zeit des Schreckens und der Finsternis nicht mehr lesen wollten?

Das Thema: Ein junger Fremdling möchte sterben, und ein umherziehender Greis namens Asriel soll ihn davon abbringen. Was kann er ihm sagen, um in ihm wieder Lebensmut zu wecken? Er erzählt ihm eine Geschichte, seine Geschichte, die für sich zu behalten er geschworen hatte.

In dieser Geschichte erzählt Asriel vom Leben und dem schweren Los eines kleinen ausgelöschten jüdischen Marktfleckens. Alles kommt darin vor: Freundschaft und Haß, Fanatismus und Terror, die Chronisten und ihr Schicksal, die Spannungen zwischen den gesellschaftlichen Gruppen, den Religionen und den Generationen. Es ist ein Zeugnis der Vorkommnisse und der Stille, vor allem der Stille, die zugleich Mittel und Ziel ist.

... Es war einmal vor langer Zeit irgendwo in den Karpaten eine kleine Stadt mit geheimnisvoller Vergangenheit. Sie hieß Kolvillág (*Kol* auf hebräisch heißt alles, das ungarische *villág* bedeutet: Welt). Suchen Sie nicht auf der Landkarte, sie ist dort nicht mehr zu finden. Es gibt sie nur noch in der Erinnerung ihres letzten überlebenden Einwohners, Asriel, und in seiner »Pinchas«, dem Buch der Gemeinde, das zu führen er übernommen hat.

Wie und warum ist das Städtchen zerstört worden? Ein Christenjunge, Janksi, war spurlos verschwunden, und wie im Mittelalter bezichtigten die Christen die Juden des Ritualmords. Um seine Glaubensbrüder zu retten und bereit, an ihrer Stelle zu leiden und zu büßen, erklärte sich ein Verrückter namens Mosche für schuldig. Doch sein Opfer erwies sich als nutzlos. Ein regelrechtes Pogrom findet statt. Die Gebäude und Wohnhäuser im jüdischen Viertel werden geplündert und angezündet, ihre Bewohner niedergemetzelt. Doch als alles in Brand gesteckt ist, verlieren die Brandstifter die Kontrolle über das Feuer. Es wird zur Apokalypse: Vom jüdischen Viertel greifen die Flammen auf die angrenzenden Gebäude über. Bald steht die ganze Stadt in Flammen. Der einzige Überlebende, Asriel, rettet das Buch, in dem die Geschichte der Gemeinde aufgeschrieben ist. Wird er seinen Schwur halten? Denn bevor alles in Schutt und Asche gelegt wurde, hatte sich die Gemeinde versammelt, um Mosche ein letztes Mal reden zu hören. Auf seine Bitte hin leistete jeder den feierlichen Schwur, niemals die Wahrheit über die letzten Prüfungen und den Todeskampf in Kolvillág zu erzählen. Deshalb streifte Asriel auf dem Planeten umher auf der Suche nach einer religiösen Autorität, die ihn von seinem Schwur entbinden könnte. Sechzig Jahre später bricht er schließlich seinen Eid, um einen jungen Mann zu retten, der sich das Leben nehmen will. Er berichtet ihm vom Ende Kolvillágs und schließt seinen Bericht mit den Worten:

> Der Friedhof brannte, die Gendarmerie brannte, die Lauben brannten, die Bibliotheken brannten. In dieser Nacht unterwarf sich alles Menschenwerk der Macht und dem Urteil des Feuers. Und plötzlich begriff ich mit jeder Faser meines Seins, warum mir bei diesem schrecklichen Anblick schauderte: Ich hatte schon einen Blick in die Zukunft geworfen.

Zu dem jungen Fremdling sagte Asriel: »Jetzt bist du im Besitz meiner Geschichte. Deshalb darfst du nicht mehr sterben.« Als wollte er ihm begreiflich machen, daß alles, was den Juden widerfährt, auch alle anderen Menschen angeht. Der gute Karl Marx irrte keineswegs immer. Stammt der Satz nicht von ihm, daß der Sozialismus nirgendwo verwirklicht sei, solange nur eine Nation auf der Welt unterdrückt wäre? Doch ich halte es lieber mit dem Talmud; dort findet sich ein Sinnspruch, der mit meinen Worten so lautet: »Hätten die Menschen und die Völker gewußt, was sie sich mit der Zerstörung des Tempels von Jerusalem antaten, sie hätten mehr geweint als die Kinder Israels.« Mit anderen Worten: Man muß unsere Geschichte als eine Art Warnung, wenn nicht gar Vorausschau betrachten. Es ist ein Irrtum zu glauben, man könne eine jüdische Gemeinde ungestraft vernichten: Nach den Juden sind die Heiden dran. So ist es, und deshalb kommt man um diese Feststellung nicht herum: Der Feind der Juden ist der Feind der Menschheit. Und umgekehrt. Wer die Juden ermordet, tötet nicht nur Juden. Mit den Juden fängt er an, doch er wird sein Werk unweigerlich mit anderen ethnischen, religiösen oder gesellschaftlichen Gruppen fortsetzen. Auch wenn es lange dauert, bis man es bemerkt.

Eine weitere Person des Romans ist Paritus der Einäugige, ein ernüchterter Philosoph und Humanist, der in Bildern, Sprichwörtern und Maximen spricht, und witzigerweise bekam ich von mehreren Studenten Briefe, die mich um Hinweise und biographische Einzelheiten über seine Person baten. Sie wollten ihn zum Gegenstand ihrer Abschlußarbeiten machen. Woher stammt er? Hat er Nachkommen hinterlassen? Gibt es Schüler? Welchen Anteil hat er an den zeitgenössischen philosophischen Denkansätzen?

Ich stelle mir das spöttische Lächeln des guten alten Paritus vor. Er würde vielleicht die Bibel zitieren, um mich zu warnen und mir zu sagen, daß der Mensch nicht von der Vorstellungskraft allein lebt.

Meinerseits möchte ich zu dieser Phase, in der ich mich so bedrückt fühlte, noch anmerken: Was hilft es, der Mensch lebt auch nicht ewig. Man lebt nicht für die Ewigkeit, sondern gegen sie. Leben heißt sterben, sagen die Alten. Für Platon ist die Philosophie die Kunst, das sterben zu lernen. Rabbi Bunam aus Pžyscha sagte ungefähr dasselbe. Leben hieße also, sich des Todes bewußt zu sein? Mehr nicht? Sonst nichts?

6. Oktober 1973: Völlig unerwartet bricht der furchtbare Jom-Kippur-Krieg aus. Wir sind beim Gottesdienst, als wir die Nachricht erhalten. Der greise, wie einst der Hohepriester in Weiß gekleidete Rabbiner Joseph Lookstein bittet die Gemeinde, mit gesteigerter Konzentration zu beten. Ich werde mitten aus dem Mussaf gerissen: Ich soll dringend die israelische Vertretung bei den Vereinten Nationen zurückrufen. Ich ziehe meinen Tallit aus und gehe ins Büro der Synagoge. Ein Diplomat bittet um eine Auskunft, die er für seine Presseerklärung benötigt: Stimmt es, daß die Deutschen häufig diesen jüdischen Festtag, den Tag der Buße und des Verzeihens, ausgewählt haben, um die verängstigten Bewohner der Ghettos zu mißhandeln? Normalerweise hüte ich mich vor Analogien, wenn es um den Holocaust geht, doch an diesem Tag denke ich nicht daran. Ich erwidere: Ja, die Deutschen kannten den Jüdischen Kalender und benutzten ihn gegen uns. Jetzt ist nicht der richtige Moment, ihn zu ermahnen, sich von Allgemeinplätzen und Phrasen fernzuhalten. Ich kehre in die Synagoge zurück. In ihrer Angst vereint, beten die Versammelten andächtig die Amida. Zum erstenmal seit der Befreiung, denke ich, habe ich die Heiligkeit dieses höchsten und feierlichsten Tages im Jahr gebrochen.

Das Jahr, das seinem Ende zugeht, verhieß mehr Schlechtes als Gutes. Jassir Arafat – als Prophet des Hasses und des Todes noch kaum bekannt – wird als Chef der PLO wiedergewählt. In Chile wird der demokratisch gewählte Premierminister Salvador Allende von Gegnern der Demokratie erschossen. Der Krieg in Südostasien geht weiter: Tonnenweise fallen Bomben auf Laos und Kambodscha. Die Pariser Verhandlungen zwischen Henry Kissinger, dem Vertreter Präsident Nixons, und Le Duc Tho, dem Gesandten Ho Chi Minhs, scheinen festgefahren zu sein. Die große Masse der Öffentlichkeit in Amerika verfolgt teilnahmslos und resigniert, was sich an den verschiedenen Fronten ereignet. Anfangs hörte man auf zu essen, zu trinken, oder man hielt einfach im Gespräch inne, wenn man die Bilder im Fernsehen sah. Die Bilder sind noch dieselben, doch heute unterbricht niemand mehr seine Mahlzeit oder das Gespräch. Dafür beginnt man sich für den Watergate-Skandal zu interessieren. Und für den erzwungenen Rücktritt von Vizepräsident Spiro Agnew, der beschuldigt wird, Schmiergelder von privaten Unternehmen angenommen zu haben. Der Mann auf der Straße wird von diesen aufsehenerregenden Skandalen bestürmt und weiß nicht mehr, wo ihm der Kopf steht.

Und ausgerechnet jetzt wird Israel angegriffen.

Dieser Krieg ist anders als die vorausgegangenen. Früher diktierte die Zahal als einstiger Meister des Überraschungskrieges mit ihrer Strategie den Verlauf der Kämpfe. Jetzt ist es dem Feind gelungen, den Erstschlag zu führen und blitzschnell eine Offensive gegen die israelische Armee zu starten, immerhin die beste Armee in der ganzen Region.

Die Tage sind bedrückend, die Nächte werden zur Qual. Vor meinen Schülern habe ich Schwierigkeiten, mich zu konzentrieren. Der Krieg läßt mir keine Ruhe, meine Gedanken schweifen ständig von Rabbi Nachman und seinen Prinzen zum Sueskanal, vom Bescht und den Legenden um ihn zu den brennenden Golanhöhen. Am liebsten würde ich die ganze Zeit mit Verwandten, Freunden und Bekannten telefonieren. Die Nachrichten aus Israel sind niederschmetternd. Doch was kann man tun, wie können wir helfen? Artikel schreiben? Reden halten? Wir sind doch nicht einmal mehr dort.

Wie immer, wenn Israel etwas Schlimmes zustößt, wenn es sich bewähren muß, folge ich dem Rat des mittelalterlichen Dichters Rabbi Jehuda Halewi, der von sich sagte, sein Herz sei im Orient, während er selbst im fernen Westen lebe. Ich wohne mitten in Manhattan, ich esse hier, schlafe hier, arbeite hier, besser gesagt, ich zwinge mich dazu, doch im Herzen bin ich woanders, hinter dem Ozean, im Land unserer Vorfahren.

Stundenlang sitze ich vor dem Radio, lese Zeitungen, schaue fern. Ich spiele mit Elisha, singe ihm seine jiddischen Lieblingslieder vor, lasse mich von seinem Lächeln durchdringen, doch selbst er kann meine Stimmung nicht aufheitern. Eines Tages werde ich ihm auch von dieser Bedrohung, von diesem Krieg erzählen müssen.

Wie soll ich ihm dann erklären, daß sich die israelische Armee, die am besten ausgerüstete Armee im Nahen Osten, die so hoch motiviert ist, die so straff geführt und vom Mossad hervorragend unterstützt wird, die überall Neid und Angst erweckte, daß sich diese Armee so blauäugig überraschen ließ? War Israel zu selbstsicher? War es zu hochmütig im Vertrauen auf die gute Moral seiner Truppen und die Schlagkraft ihrer Waffen?

Später gab es zahllose Gerüchte. Kurz vor Beginn der Feindseligkeiten hatten palästinensische Terroristen in Österreich einen Zug mit jüdischen Emigranten aus Rußland angegriffen: Handelte es sich um ein Ablenkungsmanöver? Der Vorfall zwang Golda Meir, einen (wie sie meinte, sehr unangenehmen) Abstecher nach Wien zu machen, um Bruno Kreisky zu treffen, der ihr nicht einmal ein Glas Wasser angeboten haben soll ... Einem anderen Gerücht zufolge soll ein in die bestinformierten Kreise Ägyptens eingeschleuster israelischer Spion in einer verschlüsselten Botschaft auf die Vorbereitungen zu einer syrisch-ägyptischen Invasion hingewiesen haben. Waren die maßgeblichen Stellen zu sehr mit der Krise in Wien beschäftigt, um die Lage an den Grenzen zu überprüfen? Laut einem dritten Gerücht soll derselbe oder ein anderer vom Mossad auf höchster Ebene eingesetzter Spion, der als verläßlich und sicher galt, am Abend vor Jom Kippur eine noch genauere Information von viel größerer Tragweite übermittelt haben, nach der die Offensive am Nachmittag des Versöhnungstags starten sollte. Könnte ein untergeordneter Offizier von sich aus die Stunde X auf 18.00 Uhr angesetzt haben, das heißt vier Stunden zu spät, so daß die Kommandeure alle mit Verspätung an der Front eintrafen? Man erzählte sich auch, die Offiziere des Generalstabs seien noch bei Golda und Dayan gewesen, als die ägyptische Artillerie das Feuer auf die Stellungen entlang des Sueskanals eröffnete.

Ob die Gerüchte zutreffen oder nicht, damals waren sie der breiten Öffentlichkeit in Israel zumindest nicht bekannt. Unter dem Eindruck der schlimmen Nachrichten von den Schlachtfeldern fühlte sich die Bevölkerung einmal mehr auf sich allein gestellt und von der Welt im Stich gelassen.

Von Westeuropa wurde sie schwer enttäuscht. Keine Regierung, nicht einmal Frankreich, Großbritannien oder Deutschland, gab den mit Waffen beladenen amerikanischen Großraumflugzeugen die Erlaubnis zur Zwischenlandung auf ihren Flughäfen. Eine Weigerung, die durch nichts zu entschuldigen ist. Denn zu diesem Zeitpunkt befand sich Israel in bedrängter Lage. Die Angreifer waren an allen Fronten auf dem Vormarsch. Auf den Golanhöhen gab es schreckliche Gefechte, auf dem Sinai war Israel zu einem verlustreichen Rückzug gezwungen. Bei den Bodenkämpfen und in der Luft erlitt die Zahal nie gekannte Verluste an Ausrüstung und Menschenleben. Und die Welt ließ es geschehen, wie man so schön sagt. Heißt das, die europäischen Regierungen wären bereit gewesen, einer Niederlage und damit dem Verschwinden des jüdischen Staats tatenlos zuzusehen? Wie war dieser Umschwung gegenüber 1967 zu erklären? Lag es daran, daß man sich beim Sechs-Tage-Krieg an die Leiden des jüdischen Volks in Auschwitz erinnerte, während 1973 die Siege der Israelis von 1967 im Gedächtnis waren?

Ein weiteres Gerücht hält sich hartnäckig bis heute: Israel soll für den äußersten Notfall Maßnahmen zu einem Atomschlag getroffen haben ... Es heißt, Golda Meir habe den Befehl zur Vorbereitung auf diese letzte Möglichkeit gegeben ... Deshalb habe das Weiße Haus umgehend dem Ersuchen der israelischen Regierung nachgegeben und eine Luftbrücke zur Lieferung von Waffen zwischen Amerika und Israel eingerichtet ... Nur um den ersten Atomschlag seit Hiroshima und Nagasaki zu vermeiden. Sicher, von offizieller Seite hat Israel den Besitz von Atomwaffen immer bestritten. Aber ...

Ein sozialistischer Parteiführer hat mir erzählt, daß er in London an einer Dringlichkeitssitzung der Führer der sozialistischen Internationale teilgenommen habe, die auf Verlangen Golda Meirs kurz nach dem Jom-Kippur-Krieg einberufen worden sei. Als sie das Wort ergriff, um mit ihren ideologischen und politischen Freunden abzurechnen, herrschte eisiges Schweigen im Saal: Wie konnten sie den einzigen demokratischen Staat im Mittleren Osten verraten und der einzigen sozialistischen Regierung dieser Region den Rücken kehren? Bei ihrem Schlußwort lief der Zuhörerschaft ein kalter Schauer über den Rücken: »Was glauben Sie eigentlich? Daß Israel, hätte es sich in auswegloser Lage befunden, allein untergegangen wäre? Da machen Sie sich bloß keine Illusionen ...« Laut meiner »Quelle« gab es keinerlei Beifall für Golda. Niemand beglückwünschte sie zu ihrer Rede. Sie stieg von der Rednerbühne und verließ den Saal, ohne daß ein einziger Freund oder Genosse ihr die Hand gereicht hätte.

Schämten sie sich? Oder hat sie ihnen mit der Anspielung auf Israels atomare Option Angst eingejagt?

Sind diese Annahmen berechtigt? Woher soll man das wissen ... Fest steht, daß die Zahal nach den tragischen Rückschlägen der ersten Tage mit ihrem strategischen Genie die Welt verblüffte. Die Armeen der Angreifer werden in die Flucht geschlagen. Nachdem sie den Sueskanal überquert haben, rücken die Panzer von Ariel Scharon auf Kairo vor. Im Norden stehen die israelischen Truppen 37 Kilometer vor Damaskus.

Und trotzdem. Die Stimmung in Israel ist gedrückt. Am Abend zeigt das Fernsehen die schönen und glücklichen Gesichter der Soldaten und Offiziere, die im Kampf gefallen sind. Nie zuvor mußte Israel so viele Verluste beklagen. Der Überraschungsangriff von Sadat hat den jüdischen Staat bis in seine Grundfesten erschüttert; von nun an muß man mit dem Gedanken leben, daß selbst der Festung Israel das Schlimmste passieren kann.

Kurz nach Beginn der Kämpfe beschließen mein Freund Sigmund Strochlitz aus Connecticut - als Überlebendem ist Bendin für ihn noch ebenso lebendig wie Sighet für mich - und ich, eine Reise einflußreicher amerikanischer Juden nach Israel zu organisieren, um unsere Solidarität mit »unseren Brüdern und Schwestern«, wie die Propagandisten sie nennen, zu zeigen. Gleichzeitig soll das Flugzeug Medikamente für die Armee mitführen, die ihr Presseberichten zufolge fehlen. Wir stellen eine Liste von hundert Namen zusammen, unter denen sich die reichsten und geachtetsten Mitglieder der Gemeinde befinden. Vierzig von ihnen antworten sofort mit nein. Zwanzig versprechen, darüber nachzudenken. Dreißig sagen: Vielleicht. Zum Schluß bleiben Sigmund und ich allein übrig. Marion hat keine Einwände. Sie versteht mich. Dennoch fällt mir die Entscheidung nicht leicht. Mein Sohn ist gerade ein Jahr alt. Für was wäre ich in Israel gut? Für nichts. Die Israelis brauchen keine müßigen Gäste, die ihnen zur Last fallen; ihnen steht der Sinn kaum danach, sich um Touristen zu kümmern. Letztlich würde ich gar nicht für sie, sondern für mich fliegen. Ich entscheide mich für einen Blitzbesuch von vierundzwanzig Stunden.

Damit man uns unsere Bestürzung nicht anmerkt, haben wir vor unserer Ankunft niemanden benachrichtigt. Die Maschine der El Al ist ausgebucht. Israelis auf dem Heimflug. In den ersten Sitzreihen haben Abba Eban und seine Truppe Platz genommen. Während des gesamten Fluges arbeiten sie. Von Zeit zu Zeit überbringt ihnen ein Mitglied der Besatzung Funksprüche.

Vor der Landung herrscht bedrückende Stille. Schnell bringen wir die Polizeikontrollen hinter uns. Ein bejahrter Taxifahrer bringt uns in seinem alten Taxi nach Tel Aviv. Sigmund macht einen Abstecher zu Verwandten, Kindern von Überlebenden. Er klingelt. Die Tür geht auf, ein Schrei schallt durch den Flur. Sie fallen beinahe in Ohnmacht, so unerwartet ist sein Besuch. Ich halte mich ein wenig abseits und höre sie verschiedene Namen erwähnen: Der Sohn des einen ist auf dem Sinai, ein anderer zu den Golanhöhen unterwegs. Ich werde niemanden besuchen, keinen Vetter und keinen Freund anrufen. Ich würde mich schämen, vor ihnen zuzugeben, daß ich nur für einen einzigen Tag, eine einzige Nacht gekommen bin.

Wir steigen in einem nahezu leeren, völlig dunklen Hilton ab. Am nächsten Morgen stoßen wir zu einer Gruppe Auslandsjournalisten, die zur Nordfront unterwegs ist. Unser Begleiter ist ein junger Offizier, dessen Name ich kenne: der Professor und künftige Minister Amnon Rubinstein. Plötzlich ruft im Bus jemand nach mir. Ich drehe mich um und bin perplex: »André!« So wiederholt sich unsere Begegnung von 1967.* Welch seltsame Laune des Schicksals: Immer wenn es darum geht, für diejenigen einzustehen, die in unseren Herzen wohnen, treffen André Schwarz-Bart und ich zusammen. Immer wenn die jüdische Geschichte eine ihrer gewohnten Erschütterungen erfährt, sind André und ich uns vollkommen einig.

Mittels eines kleinen Cassettenrekorders flüstere ich für Elisha verwirrende, beängstigende Eindrücke auf Band. Wenn er genau hinhört, wird er sogar die Schüsse der Mörser in unserer Nähe hören können.

Ich hätte gerne einen Abstecher nach Jerusalem gemacht und an der Klagemauer Andacht gehalten, wie ich es jedesmal tue, wenn ich dieses Land besuche. Unmöglich. Auch ein Sprung auf den Sinai ist nicht möglich. Könnte nicht einer unserer Freunde ein gutes

* Siehe *Alle Flüsse fließen ins Meer*, S. 549.

Wort für uns einlegen? Bestimmt sind alle einberufen worden. Der einzige Überraschungsbesuch unserer Blitzreise gilt dem Militärhospital Tel-Hashomer. Wir übergeben die mitgebrachten Medikamente dem Arzt Bolek Goldman, dem stellvertretenden Direktor dieses berühmten Krankenhauses. Der Arzt zeigt uns einige Krankensäle. Während wir die Schwerverletzten besuchen, erzählt uns Bolek ihre Heldentaten. Er stellt mich einem Offizier der Panzertruppe vor. Der Kopf ist verbunden, aber die Augen sind frei. Erst mustert er mich, dann flüstert er einige unverständliche Worte. Bolek beugt sich über ihn. »Er weiß, wer Sie sind«, sagt er zu mir, als er sich wieder aufrichtet. »Er hat Ihre Bücher gelesen. Er möchte Ihnen gerne die Hand geben.« Ich bin so bewegt, daß ich mich nicht rühren kann. »Gehen Sie zu ihm«, ermuntert mich Bolek. Ich mache einen Schritt. »Gehen Sie«, drängt Bolek. Ich mache noch einen Schritt. Ich ergreife etwas, das eine Hand sein könnte, und tue so, als würde ich sie vorsichtig drücken. Der Verwundete bewegt die Lippen, will mir etwas sagen. Es sind zwei Worte: »*Kol ha-Kawot* – Bravo!« Es ist Ausdruck von Anerkennung, verbunden mit Dank. Kaum ein Lob hat mich je mehr bewegt. Ich spüre noch jetzt, wenn ich davon berichte, den Kloß in meinem Hals.

Wieder in New York, verfolge ich aufmerksam die Folgen dieses Krieges, der in der Presse »ha-Mechdal« genannt wird, das heißt Krieg der Unzulänglichen. Die Bevölkerung ist aufgebracht. Golda gewinnt zwar die Wahlen, doch sie hat so viel vom Vertrauen ihrer eigenen Partei eingebüßt, daß sie abdanken und ihrem jungen Botschafter in Washington, Jitzhak Rabin, ihr Amt überlassen muß.

Die Wunden dieser Auseinandersetzung, die für Israel so schlecht begann und mit einer Art tragischem Triumph endete, werden nicht so schnell heilen. Unter der Leitung von Richter Agranat, dem Vorsitzenden des Obersten Gerichtshofs, ist eine fünfköpfige Untersuchungskommission gebildet worden, deren Mitglieder unparteiisch sind. Sie soll aufdecken, wo ein Versagen der Verantwortlichen vorliegt, die nicht imstande gewesen sind, diesen Angriff vorauszusehen und zu verhindern. Diese Kommission entspringt einem echten Bedürfnis. Das angeschlagene Land befindet sich in einer tiefen Vertrauenskrise. Kein Tag vergeht, ohne daß es nicht durch eine neue »Affäre« erschüttert wird: Politiker bezichtigen sich gegenseitig, Generäle geben Rechtfertigungen ab. Israel hat nicht mehr dasselbe Vertrauen wie zuvor in seine Führungsspitze. Sollte es auch den Stolz auf seine Armee eingebüßt haben?

Zwei Jahre später reise ich wieder nach Israel. Ich bin mit Marion und Elisha im Ha-Sharon-Hotel an der Küste in Herzlija abgestiegen. Eines Tages erhalte ich einen Anruf von General Dado Eleazar. Ich habe ihn bereits während des Sechs-Tage-Kriegs bei Chaim Bar-Lew, seinem Vorgänger und treuen Gefährten, getroffen, doch ich kenne ihn kaum. Der Jom-Kippur-Krieg setzte seiner im Grunde ruhmreichen militärischen Karriere ein Ende. Die Agranat-Kommission zwang ihn, seinen Posten als Oberkommandierender des Heeres abzugeben. »Machen Sie jetzt auch einen Bogen um mich?« fragt er mich. Ich widerspreche: »Wie können Sie so etwas denken? Ich achte Ihr Privatleben, das ist alles. Ich bin sicher, Sie werden von der Welt belagert, dabei haben Sie doch auch das Recht auf ein paar Monate Ruhe.« Er möchte mich gerne treffen. »Wann?« – »Wann es Ihnen beliebt. Es kann auch gleich sein.« – »Ich erwarte Sie in der Hotelhalle.«

Eine halbe Stunde später ist Dado da. Zum erstenmal sehe ich ihn in Zivil. Er hat ein offenherziges Gesicht mit scharfen Zügen, sein Blick ist aufmerksam und hart. Wir setzen uns in eine abgelegene Ecke der Halle. »Ich weiß nicht, ob Sie über alles im Bilde sind, was hier vor sich geht«, kommt er sogleich zum Kern unseres Gesprächs, »ich würde Sie aber gerne davon in Kenntnis setzen.« Er zieht ein Dutzend Akten aus seiner Tasche und legt sie auf den Tisch: »Ich habe Ihnen hier ein paar Papiere mitgebracht. Alles höchst vertraulich. Wäre mir damals eines davon rechtzeitig vorgelegt worden, hätte ich die Lage besser einschätzen können. Und auch die Gefahr.« Es handelt sich um Informationen, die in den Tagen und Wochen vor Beginn der feindseligen Handlungen eingegangen sind. »Sie alle wurden von Untergebenen des militärischen Nachrichtendienstes als wenig glaubhaft eingeschätzt und unterschlagen, weil ihr Chef, General Eli Zeira, die Auffassung vertrat, die Araber seien weder darauf vorbereitet noch in der Lage, einen neuerlichen Krieg gegen Israel zu führen. Damit will ich ihn und seinen Stab nicht tadeln, ich war schließlich ihr Vorgesetzter und habe alles zu verantworten, was sie gemacht haben. Warum aber hat man meine Vorgesetzten von jeder Verantwortung freigesprochen?«

Und warum hat man die Heldentaten vergessen, die Dado Eleazar während seiner Laufbahn vollbrachte? Und wenn er zu Recht für seine anfänglichen Niederlagen getadelt wurde, hätte man ihn nicht auch für die triumphalen Siege beglückwünschen sollen, die dem Krieg die Wendung gaben?

Zwei, drei Stunden lang rechtfertigt er sich vor mir. Er verteidigt sich, und schließlich bricht er in Tränen aus. Nachdem er gegangen ist, sage ich zu Marion: »Ich habe einen gebrochenen Mann getroffen.« Ich lege mich ins Bett. Eine Woche lang bin ich krank. Heftige Fieberkrämpfe schütteln mich, mein ganzer Körper tut weh, ich habe Fieberträume. Was fehlt mir? Bolek Goldman vom Tel-Hashomer-Krankenhaus, der ein treuergebener Freund von uns geworden ist, kommt und untersucht mich. Doch er findet keine genaue medizinische Ursache für meine Krankheit. Sollte es ein psychosomatisches Leiden sein? Er sieht täglich nach mir. Das hilft mir mehr als seine Arzneien.

Kurze Zeit später erleidet Dado beim Baden in seinem Swimmingpool einen Herzanfall. Der Tod tritt sofort ein. Ein Begräbnis mit militärischen, nahezu nationalen Ehren. Fühlten sich die verantwortlichen Politiker dieses Staates plötzlich schuldig? Wie überall, so glaubt man auch in Israel fälschlicherweise, man könne sich noch nachträglich durch schöne Trauerreden von seiner Schuld freikaufen.

Später fragte ich Mitglieder der Untersuchungskommission, warum sie mit Dado so hart ins Gericht gegangen und seinen Vorgesetzten gegenüber so nachsichtig waren. Wenn man ihnen glauben darf, erlaubte ihnen die Satzung des Ausschusses nicht, über den militärischen Bereich hinaus nach den politisch Verantwortlichen zu suchen. Stammte diese Satzung von Golda? Ein heikles Thema, das viel Zündstoff bot. Ich blieb beharrlich: »War das gerecht? War es der Sache angemessen?« Die verlegene Antwort meiner Gesprächspartner schien mir in keiner Weise befriedigend zu sein.

Was Golda betrifft, so habe ich sie nur noch ein einziges Mal getroffen. Vergrämt, verbittert und körperlich ausgezehrt, konnte sie denjenigen nicht verzeihen, die sie entmachtet hatten. Es war die übliche Haltung Goldas. Sie verzieh nie. Jacques Derogy und Hesi Carmel beschreiben sie in ihrem ausgezeichneten Buch *Le Siècle d'Israël** folgendermaßen:

> Alles, was sie befürwortet, ist weiß, alles, was sie ablehnt, schwarz. Ihre Moral geht von simplen Behauptungen aus: Die Juden sind gut, die Gojim sind schlecht. Sie hegt tiefen Abscheu gegen langfristige Pläne, gegen die Opposition, die ihrer Meinung nach ewig dazu verdammt ist, in der Minderheit zu bleiben, gegen öffentliche Demonstrationen. Und die Palästinenser? – »Gibt es nicht ...«

Hatte sie von mir erwartet, daß ich sie gegen ihre politischen Gegner verteidige, nachdem sie von ganz oben sehr tief gefallen war? Sie waren zahlreich und vielleicht ungerecht. Doch ich hielt an meinen Grundsätzen fest: Da ich kein israelischer Staatsbürger bin, mische ich mich nicht in die inneren Angelegenheiten Israels ein. Außerdem ... Golda hatte mich nicht überzeugt. Sie war sicher nicht die einzige Verantwortliche für das Debakel in den ersten Kriegstagen. Aber natürlich lag es im Bereich ihrer Verantwortung, und die Agranat-Kommission hätte der Regierung keinen Persilschein ausstellen dürfen. Einmal habe ich zu Golda gesagt: »Warum haben Sie nicht symbolisch Ihren Rücktritt angeboten, als der Krieg zu Ende war, vielleicht schon am Tag des Sieges? Das Volk von Israel ist gut, es verzeiht rasch. Es hätte Sie auf den Schultern an die Macht zurückgetragen.« Golda war anderer Meinung. Sie nahm es mir übel. Seit der Eban-Affäre hatten wir uns ohnedies voneinander entfernt.

Dieselbe Frage stellte ich Mosche Dayan. War er mit den Untersuchungsergebnissen der Agranat-Kommission zufrieden? Ja, er war es. Ob er sich nicht schuldig fühle für das, was geschehen ist? Nein, er fühle sich nicht schuldig. Nachdem er einen kurzen Augenblick überlegt hatte, fügte er leise hinzu: »Wenn ich mich schuldig gefühlt hätte, hätte ich mir eine Kugel in den Kopf gejagt.«

* Paris 1994.

Solange Mosche Dayan Oberster Stabschef oder Verteidigungsminister war, blieb er mir fremd. Erst später kamen wir uns näher. So ist es nun einmal: Mit wenigen Ausnahmen mag ich Politiker - und Politikerinnen - mehr, wenn sie nicht länger regieren. Ich fühlte mich David Ben Gurion enger verbunden, nachdem er sich in seinen Kibbuz Sede Boqer zurückgezogen hatte. Dort schien er menschlicher, verletzlicher zu sein. Der Mann, der die Stern-Bande so gehaßt hatte, daß er ihre Anführer ins Gefängnis werfen ließ, wurde nun ein enger Freund von Jehoshua Cohen, einem ehemaligen Mitglied der Stern-Bande mit legendärer »terroristischer« Vergangenheit.

Mir fallen die Umstände meiner Begegnung mit Mosche Dayan ein: Während ich auf einer Lesereise quer durch die Vereinigten Staaten unterwegs war, rief er mich in Miami an und lud mich zum Essen ein. »Wir werden allein sein und können uns in aller Ruhe unterhalten«, sagte er. Wir trafen uns in seinem Hotel, dem Regency an der Park Avenue. Um was ging es bei diesem Treffen? »Ich habe in meinem Leben schon eine Menge gemacht. Vor allem auf dem Schlachtfeld. Ich habe an den Grenzen Israels gegen die Feinde Israels gekämpft. Jetzt möchte ich etwas anderes tun: Ich würde gerne etwas für die Juden tun, die nicht in Israel leben.« Daraufhin stellte er mir vor, was er sich ausgedacht hat: Eine noch zu bestimmende jüdische Gemeinde in der Diaspora sollte als Modell dienen und von Grund auf und unter allen nur denkbaren Gesichtspunkten erforscht werden, um herauszufinden, worin ihre Überlebenskraft gründet. Wenn es möglich wäre, die Elemente zu bestimmen, die diese Gemeinde vor der Vernichtung bewahrt haben, könnten wir sie überall dort einsetzen, wo die Diaspora gefährdet wäre. Eine verrückte Idee! Schon der Ansatz ist viel zu pragmatisch: Das Schicksal eines Volkes läßt sich nicht auf eine soziologische oder wissenschaftliche Formel bringen, es wird schließlich auch von geheimnisvollen, wenn nicht gar mystischen Faktoren bestimmt und ist großteils unwägbar. Dennoch, er glaubte daran. Er ließ von seinem Vorhaben erst ab, als Menachem Begin 1977 an die Macht kam und ihn als seinen neuen Außenminister wieder auf die politische Bühne zurückholte. Daß Begin in der Folge einen Friedensvertrag mit Sadat schließen konnte, verdankt er hauptsächlich Mosche Dayan.

Ende 1973: Der Vorsitzende des United Jewish Appeal, Irving Bernstein, lädt mich zum zweitenmal ein, auf der Jahreshauptversammlung eine Rede zu halten. Seine Begründung ist fast dieselbe wie 1972 nach dem Massaker an den israelischen Sportlern in München: »Die jüdische Glaubensgemeinschaft steckt in einer moralischen Krise, sie leidet an einer Art kollektiver Depression. Daher ist es wichtig ...« Er hat recht. Der Jom-Kippur-Krieg mit all den Ängsten und Schuldgefühlen, die er bei uns geweckt hat, lastet noch immer auf unserem persönlichen und kollektiven Gewissen. Was könnte ich den niedergeschlagenen Freunden Israels sagen? Ein Thema drängt sich auf: »Gegen die Verzweiflung«. Jude sein bedeutet, die Hoffnung nie aufzugeben, auch dann nicht, wenn die Verzweiflung berechtigt und unvermeidlich ist ...

Eine Geschichte dazu: In einem verschlossenen, von Menschen überfüllten Eisenbahnwaggon ruft ein alter Jude plötzlich: »Aber heute ist ja Simchat Tora, das Fest des Gesetzes. Laßt uns feiern.« Er zieht ein Büchlein mit der Tora aus seinem Gepäck und beginnt zu singen ... Eine andere Geschichte: In einer Baracke *dort* überlegen Männer, wie sie das Fest der Tora ohne ein Sefer-Tora feiern könnten. Da sieht einer einen Jungen. Er winkt ihn zu sich: »Erinnerst du dich, was du im Cheder gelernt hast?« – »Ja«, antwortet der Junge, »ich erinnere mich an das Gebet Schema Israel.« – »Sprich es.« – »*Schema Israel, adoschem elokenu, adoschem echad* ... Höre Israel. Gott ist unser Gott. Gott ist einzig.« – »Das genügt«, sagt der Organisator der »Feier«. Dann hebt er den Knaben in die Höhe, als wäre er das Sefer-Tora, und beginnt, die üblichen Gebete zu singen und zu tanzen.

So will es unsere Tradition: Das Leben zu feiern ist wichtiger als die Toten zu beweinen. Das Gesetz ist streng: Wenn ein Hochzeitszug einen Beerdigungszug kreuzt, hat der erste den Vortritt. Wenn sich der Hochzeitszug bei einer solchen Gelegenheit jedoch auf dem Nachhauseweg befindet, muß er einen anderen Weg nehmen.

Der Rat, den der große chassidische Erzähler Rabbi Nachman aus Brazlaw am liebsten gab – Sie erinnern sich an meine Vorliebe für seine Lehre – bleibt: »*G'walt jidden, seit eich nischt meajesch.* Um Himmels willen, Juden, gebt die Hoffnung nicht auf ...« Der Historiker Emanuel Ringelblum erzählt in seinen Erinnerungen, daß es im

Warschauer Ghetto ein Brazlawer *Schtibl* gab. Über dem Eingang stand eben dieses Gebot des Rabbis: »Juden, gebt die Hoffnung nicht auf.« Für einen Juden mit seiner viertausend Jahre zurückreichenden Erinnerung wäre Hoffnungslosigkeit eine Gotteslästerung ...

Kurz darauf entfalte ich als Redner bei der Jahrestagung des Jüdischen Sozialfonds in Paris dasselbe Thema: den Kampf gegen die Verzweiflung. Nach meiner Rede tritt der israelische Botschafter Asher ben Nathan ans Rednerpult. Ich wußte nicht, daß er im Krieg einen Sohn verloren hatte. Wenn ich es gewußt hätte, hätte ich geschwiegen.

1974, nach dem Jom-Kippur-Krieg, wird Israel unablässig von »Enthüllungen«, »Affären« und Skandalen erschüttert, die im Zusammenhang mit den militärischen Niederlagen in den ersten Kriegstagen stehen. Man kann in den Vereinigten Staaten nicht mehr die Zeitung aufschlagen, ohne sich beklommen zu fühlen. Die Moral in Israel ist spürbar auf dem Tiefpunkt angelangt. Und wir in der Diaspora bleiben davon nicht unberührt. Zusammen mit anderen Führern der jüdischen Gemeinde kommt Irving Bernstein mehrmals zu Besuch: »Sie müssen ihnen unbedingt sagen, daß ...« Meine Antwort lautet jedesmal: »Israel ist angeschlagen, es blutet, dies ist nicht der richtige Augenblick dazu; außerdem steht es mir nicht an.« Eines Morgens reicht Irving mir eine förmliche Einladung: Ich soll vor dem Regierungsbeirat der Jewish Agency sprechen, der in Jerusalem zusammenkommt. »Es handelt sich um eine Art Oberparlament des gesamten jüdischen Volks«, erklärt Bernstein. »Es sind sowohl israelische als auch nichtisraelische Führer darin vertreten. Das ist für dich und für uns die ideale Bühne.« Ich erwidere ihm, daß ich Golda Meir und Saul Lieberman um ihre Meinung fragen werde. Beide raten dasselbe: ich soll die Einladung annehmen. »Sie werden über dich herfallen«, meint mein Freund und Meister, »aber diesen Preis muß man zahlen, wenn man in der Diaspora lebt.«

Bei den Vorbereitungen zu meinem Vortrag stoße ich bei mir selbst auf Schwierigkeiten: Wie kann ich offen sprechen, ohne meine Zuhörer zu kränken? Wie kann ich die Fragen, die ich ihnen stellen will, so taktvoll und mit so viel Feingefühl vorlegen, daß sie nicht allzusehr an ihrer ohnehin empfindlich gewordenen Haut kratzen?

Drei Stunden vor Beginn der Sitzung lande ich in Israel – am selben Tag wie Präsident Nixon (Sie können sich das Verkehrschaos vorstellen!) – und rufe umgehend Golda an, um ihr meine Rede vorzulesen. Unzufrieden hält sie mir vor: »Mehr hast du ihnen nicht zu sagen? Warum erinnerst du sie nicht daran, was sie mir angetan haben?« Ich bin wie vor den Kopf gestoßen und gebe zurück: »Golda, ich bin nicht gekommen, um mich hier für dich einzusetzen, sondern um für uns alle zu kämpfen.«

Es wäre übertrieben, ja sogar gelogen, wollte ich behaupten, meine Rede sei gut angekommen. Höflich klatscht man Beifall, doch gegen die eigene Überzeugung. Am nächsten Tag, in persönlichen Gesprächen tun sich meine israelischen Zuhörer keinen Zwang mehr an und ziehen mich zur Rechenschaft: »Er lebt in Amerika und meint, er könne uns Lehren erteilen? Seit wann erlaubt sich ein Jude aus der Diaspora, uns die Leviten zu lesen?«

Was wollte ich ihnen eigentlich nahebringen? Das Folgende ungefähr:

> Meine Worte werden Sie vielleicht verärgern: Aber wäre es Ihnen lieber, ich würde Selbstzensur ausüben? Puschkin meint, ein schöner Traum sei mehr wert als eine entwürdigende Wahrheit. Dem stimme ich nicht zu: Unsere Propheten lehren uns, daß nur die Wahrheit, und sollte sie auch schmerzlich sein, uns aufrichten kann ... Ich formuliere meine kritischen Bemerkungen fast wie unter einem Zwang. Diese Rolle ist mir aber nicht angenehm.
> Wir sind alle Juden. Sie sind Israelis, ich nicht. Sie vertreten einen Staat, eine Gruppe, eine Nation mit ihren Strukturen und Einrichtungen; ich dagegen vertrete nur die Figuren aus meinen Romanen. Sie sind fündig geworden, ich suche noch. Sie konnten sich eindeutig entscheiden, ich nicht. Warum lebe ich als Jude, der sein jüdisches Schicksal auf sich genommen hat, noch immer in der Diaspora? Sie haben mir diese Frage häufig mit vorwurfsvollem Unterton gestellt. Die Diaspora ist befremdend für Sie. Wie Israel die Diaspora in Frage stellt, ebenso stellt die Diaspora Israel in Frage. Wir sind vereint in der Vergangenheit, die Gegenwart aber trennt uns. Wer trägt die Schuld daran? Wir wollen niemandem etwas vorwerfen. Jeder trägt seine Widersprüche mit sich

herum. Jeder löst sie auf seine Weise oder übernimmt die Verantwortung für sie. In Krisenzeiten drücken Sie Ihre Mißbilligung allerdings laut aus. Und in Zeiten, in denen vorübergehend Ruhe eingekehrt ist, teilen wir Ihnen unsere Beunruhigung mit.

Was werfen Sie uns eigentlich vor? Daß wir voller Komplexe, Paradoxien, manischer Ängste sind? Daß wir das Überleben unter Fremden dem Leben in Ihrer Mitte vorziehen. Von einem Pogrom zum anderen, von einem Massaker zum anderen haben wir lieber überall an die Türen geklopft und um Exil gebeten, anstatt hierher zurückzukehren. Wenn Israel allen Juden gehört, gilt dann auch der umgekehrte Satz? Unser Zögern, auch räumlich an Ihrer Seite zu sein, halten Sie für ein Zeichen von Schwäche oder Heuchelei. Sie tun, was Sie können, damit wir uns Ihnen gegenüber minderwertig fühlen.

Und ... was werfen wir Ihnen vor? Es wird Ihnen sicherlich ungerecht erscheinen: Aber wir werfen dem Staat Israel vor, daß er zu spät kam. Zu spät, um die europäischen Juden zu retten. Ich weiß, es war nicht seine Schuld. Und dennoch schmerzt es.

Wir werfen ihm auch vor, daß er anderen Staaten so ähnlich ist. Ich möchte Israel nicht nur lieben, ich möchte es auch bewundern. Ich möchte dort finden, was ich sonst nirgendwo finde: einen bestimmten Gerechtigkeitssinn und den Sinn für Würde und Mitgefühl.

Sicher ist diese Forderung paradox, doch aus menschlicher Sicht ist sie verständlich. Je mehr wir in der Diaspora in die Fänge des Materialismus geraten, desto größer wird unser Wunsch, daß unsere Idealvorstellungen sich in Israel verwirklichen, je gelähmter wir sind, desto mehr wünschen wir uns ein Israel, das Neues schafft; je mehr wir auf der Stelle treten, desto mehr liegt uns an einem beflügelten und alle Probleme souverän meisternden Israel. Wir sähen es gerne, daß Israel Sophokles' Diktum widerlegt, die Gerechtigkeit liege niemals mit dem Sieger in einem Bett. Wir würden gerne die innere geistige und religiöse Stärke Israels feiern, und nicht nur seine Siege. Kurz, wir wünschen uns ein Israel, das alle Eigenschaft hat, die wir nicht haben.

Häufig verfolgen wir verständnislos das politische Tagesgeschehen in Israel. Der Ton, in dem Sie Auseinandersetzungen führen, das Genörgel, die Empfindlichkeiten, die Spaltungen, die Fehden, all das erinnert uns an andere Gesellschaften, andere Länder. Erwarten wir zuviel vom jüdischen Staat?

Versuchen Sie, uns zu verstehen. In einer Welt, die aus den Fugen geraten ist, weil sie von Wucher und Betrug lebt, stellt Israel für uns eine Zuflucht dar, wo der Kreislauf aus Zynismus und Nihilismus unterbrochen ist. Halten Sie mich meinetwegen für einen Romantiker oder Einfaltspinsel, doch für mich ist das von Haß umgebene, belagerte Israel ein altehrwürdiges Laboratorium, in dem seit jeher ständig neue, aufregende Veränderungen für den Menschen, und nicht gegen ihn, erprobt werden, wo ein Sieg nicht automatisch die Niederlage des Feindes bedeutet und wo Freundschaft möglich und unwiderruflich ist.

Vielleicht ist es falsch, wenn wir Sie auf einen so hohen Sockel stellen und Israel zu einer Modellnation erheben? Ist es aber auch falsch, wenn wir Sie bitten, ohne uns in Ihren Parteienstreit einzumischen, Ihre Auseinandersetzungen weniger heftig und sprachlich weniger vulgär zu führen, als es üblich ist? Und den neuen Einwanderern einen freundlicheren Empfang zu bereiten? Und die russischen Juden wie Brüder zu behandeln, auch wenn sie unterwegs ihre Absicht ändern und sich in Amerika niederlassen wollen? Ist es falsch, wenn wir Sie bitten, gegenüber den Palästinensern und mehr noch gegenüber den israelischen Arabern eine dem jüdischen Geist entsprechendere Haltung einzunehmen und nicht so unnachgiebig, sondern versöhnlicher, aufgeschlossener zu sein? Wir erwarten von Israel nicht mehr und nicht weniger, als das Unmögliche möglich zu machen.

Diese Rede von 1974 – die meines Erachtens auch 1996 noch nichts von ihrer Gültigkeit eingebüßt hat – hatte ich bis ins kleinste Detail ausgearbeitet. Jedes Wort, jedes Fragezeichen war abgewogen, denn ich wußte, daß ich mich auf ein vermintes Gelände begab. Doch ich habe diese Rede nicht gehalten ... oder nur einen Teil davon. Denn es passierte Eigenartiges: Während des ersten Teil, in dem ich auf meine Brust schlug und die Schwächen der Juden in der Diaspora eingestand, hörten mir die Vertreter Israels mit strahlenden Gesichtern zu. Sobald ich jedoch mit dem zweiten Teil begann und erwähnte, daß wir ihnen auch etwas vorzuwerfen hätten, änderte sich die Stimmung im Saal. Als wären die Gesichter meiner Zuhörer unter einem sibirischen Eiswind erstarrt ... Die Atmosphäre war so frostig, daß ich mich fragte, ob es sich überhaupt noch lohnte, mir den Kopf an dieser Mauer einzurennen, es würde mir ja doch keiner zuhören ... In dieser Situation habe ich das Handtuch geworfen. Ich beendete meine Rede mit einem aus dem Stegreif hingeworfenen, belanglosen Schlußwort. Ich mußte zu einem Ende kommen. Und gehen.

Ein Jahr darauf bekomme ich einen Anruf von Pinchas Sapir, dem ehemaligen Finanzminister und amtierenden Präsidenten der Jewish Agency: Er möchte mich unbedingt bei mir zu Hause in New York besuchen. Ich schlage ihm vor, er möge sich keine Umstände machen, ich könne zu ihm ins Hotel kommen. Zum einen habe ich große Hochachtung vor ihm, zum anderen ist er der Ältere. Doch er besteht darauf, mich mit seinen Mitarbeitern in meiner Wohnung aufzusuchen. Ohne Umschweife sagt er: »Ich habe Ihre Rede letztes Jahr gehört, doch bei der Debatte war ich leider verhindert. Meine Kollegen haben Sie damals sehr hart angegriffen. Wie ich jetzt weiß, zu Unrecht. Deshalb wollte ich Sie heute unbedingt besuchen und mich offiziell im Namen von uns allen, aber besonders auch ganz persönlich bei Ihnen entschuldigen ...«

Was für ein großer Mann! Kurze Zeit darauf starb er während eines Festakts in einer Einwanderer-Siedlung. Im Sterben drückte er die heiligen Schriftrollen, ein Sefer-Tora, an seine Brust ...

Ich erinnere mich noch gut an seine versöhnlichen Worte. Dennoch ist von dem Vorfall in Israel etwas zurückgeblieben, das mir wie ein Kloß im Hals sitzt. Über meine Unfähigkeit, an Israel Kritik zu üben und es damit zu verletzen, lege ich nicht immer Rechenschaft ab, doch sie ist Teil meiner selbst. Wenn es um Israel geht, habe ich Hemmungen.

Vielleicht halte ich mich an die Kommentare zur Bibel und zum Talmud. Heißt es dort nicht, daß Moses, unser großer Moses, bestraft wurde, weil er mit unserem Volk zu streng war? Und daß es allen Propheten so erging?

Ein verwirrendes Thema. Ich werde noch darauf zurückkommen.

Damals wußte ich noch nicht, daß der vorausgegangene Krieg, der sogenannte Sechs-Tage-Krieg, keineswegs so edel war, wie ich annahm. Auch er war von schwerwiegenden, niederschmetternden Entgleisungen begleitet.

August 1995: Die israelischen Zeitungen sind voll von Artikeln über Erschießungen, die israelische Soldaten und Offiziere Anfang Juni 1967 begangen haben sollen.

In *Jediot Achronot*, meiner alten Zeitung, inzwischen die mit den meisten Lesern im Land, lese ich einen Bericht von Gabi Baron; darin erzählt er, was er auf dem kurz zuvor eroberten Flughafen von El Arish mit eigenen Augen gesehen hat. In einer Flugzeughalle sitzen, die Hände im Nacken gefaltet, einhundertfünfzig Gefangene auf dem Boden und warten. Ich lese:

> An der von Militärpolizisten bewachten Umzäunung stand ein Tisch, hinter dem zwei Männer in israelischen Militäruniformen saßen. Sie trugen blaue Helme, ihre Gesichter waren hinter sandabweisenden Sonnenbrillen und khakifarbenen Tüchern versteckt. Militärpolizisten holten einen Gefangenen aus der Flugzeughalle und brachten ihn zu dem Tisch. Es folgte eine kurze Unterhaltung, die wir nicht hören konnten. Dann wurde der Gefangene von zwei Polizisten hinter den Schuppen geführt. Ich habe alles mit eigenen Augen gesehen. Der Gefangene wurde hundert Meter von dem Schuppen weggeführt, dann gaben ihm die Polizisten eine Schaufel.
> Ich sah, wie der Mann fünfzehn Minuten lang ein Loch aushob. Dann befahlen ihm die Polizisten, die Schaufel aus dem Loch zu werfen. Daraufhin ergriff einer der Polizisten sein Maschinengewehr und gab drei oder vier Schüsse auf ihn ab. Der Gefangene fiel um und starb.
> Wenige Minuten später wurde ein weiterer Gefangener an dasselbe Loch geführt und erschossen. Ein dritter starb auf dieselbe Weise. Das Grab füllte sich. Der Vorgang wiederholte sich mehrere Male. Ich selbst war Augenzeuge von ungefähr zehn Hinrichtungen.

Fachmänner für militärische Fragen erläutern, daß der Armee keine andere Wahl geblieben sei: Angeblich war zu befürchten, Fedajins, also Terroristen, die sich unter der ägyptischen Uniform versteckten, könnten hinter den israelischen Linien zuschlagen. Außerdem: Womit hätte man in der Wüste, wo es weit und breit nichts gibt, »überflüssige Mäuler« stopfen sollen?

Wie sehr bedaure ich heute, von diesen Tatsachen, von diesem ganzen Grauen nichts gewußt zu haben, als ich Mosche Dayan traf! War er im Sechs-Tage-Krieg nicht Verteidigungsminister?

Ich war so stolz auf diese Offiziere und ihre erschütternde Geradlinigkeit, auf die Tapferkeit der ach so menschlichen Soldaten, die, um einen Ausdruck meines Freundes André Schwarz-Bart zu gebrauchen, »beim Schießen Tränen vergossen« …

Traurige Nachrichten aus Kanada …

Bea geht es schlecht. Meine gute, meine arme Schwester kämpft noch gegen die Krankheit, doch ihre Kräfte erlahmen schnell. Die Behandlung zehrt an ihr. Sie leidet. Erduldet fürchterliche Schmerzen. Die Hohen Feiertage hat sie im Krankenhaus verbracht. Ich besuche sie oft. Sie hustet viel. Sie beißt sich auf die Lippen, als sie mir schleppend, in kurzen Sätzen erzählt, wie sie es angestellt hat, um an den beiden Tagen von Rosch ha-Schana den Schofar zu hören. Woran denkt sie? An das Gericht, das dort oben über sie gehalten worden sein muß? »Wer wird leben, wer wird sterben?« Meine Schwester mit dem großen, verwundeten Herzen ist blaß und geschwächt. Ihre Stimme ist gebrochen, sie spricht abgehackt. Ihr Blick ist verschwommen. Wenn sie die Sauerstoffmaske abnimmt, um mit mir zu sprechen, geht ihr der Atem aus. Doch sie will mir unbedingt sagen, wie sehr sie sich um ihre Kleinen, ihre Kinder Sarah und Stevie sorgt. »Sprich nicht. Du brauchst nichts zu sagen, ich verstehe dich auch so«, sage ich. Ja, ich verstehe sie.

Und ich leide. Ich leide.

Am 13. und 14. November findet in der Carnegie Hall eine Aufführung von *Ani Maamin – Ein verlorener und wiedergefundener Gesang* mit Chor und Orchester unter der Leitung von Lukas Foss statt.

Diese Kantate, zu der Darius Milhaud die Musik geschrieben hat, habe ich für die Hundertjahrfeier der jüdischen Reformbewegung in Amerika geschrieben. Der Auftrag dazu kam von Al Ronald, der als deutschstämmiger Jude und ehemaliges Mitglied der OSS eine Ausbildung als Fallschirmspringer absolviert hatte und über Deutschland abgesprungen war. Ich hörte ihm gerne zu, wenn er von seinen Abenteuern als Geheimagent erzählte. Das tragische Ende eines heldenhaften Lebens: Seine erste Frau beging Selbstmord, seine zweite raffte der Krebs hinweg, und er selbst fiel einem Herzanfall zum Opfer. Und trotzdem hat Al das Glück gesucht, so sehr er konnte.

Nie zuvor habe ich so schnell gearbeitet. In weniger als einer Woche war das Prosagedicht vollendet und ging mit der Post an die Pariser Wohnung des Komponisten.

Aus seinem ans Fenster gerückten Sessel fragt mich Milhaud nach den Gründen, die mich dazu bewegt haben, gerade dieses Thema, diese Legende zu wählen. Ich antworte ihm, daß ich mich seit meiner Kindheit auf eine besondere Weise von diesem zwölften Glaubensartikel angesprochen fühle, der vom großen Rabbenu Mose Maimonides verfaßt wurde.

Als Kind sang ich das Lied mit meinen Kameraden im Cheder und in der Jeschiwa, und mit den Chassidim, wenn sie ein Fest feierten. Für mich war es ein Aufruf zum Glauben und eine Bestätigung, daß der Erlöser trotz allem eines Tages kommen wird, auch wenn es noch lange dauert. Eines Tages …

Später erfuhr ich, daß die Juden es, jeder für sich oder alle zusammen, in Treblinka und Birkenau sangen, als wollten sie damit dem Tod trotzen, der in der Finsternis, aus der die Flammen schlugen, gierig und gefräßig auf sie wartete. Ich konnte es nicht fassen: Wie konnten sie *dort* am Glauben an die Ankunft des Messias festhalten? Woher nahmen sie die Kraft, an die Güte und die Gnade Gottes zu glauben?

Da fragte ich bisweilen das Kind in mir: Was macht denn der Liebe Gott, während Sein auserwähltes Volk ermordet und verbrannt wird? Was sieht Er, wenn Er Sein Gesicht hinter einem Schleier verbirgt, wie Er es zu biblischer Zeit während der Verfluchungen tat? Und ich fragte mich auch: Was machen unsere Ahnen, was machen die Patriarchen Abraham, Isaak und Jakob, während ihre Nachkommen erniedrigt und in den Tod geschickt werden? Sind sie nach unserer Tradition nicht unsere Beschützer und Fürsprecher? Warum lassen ihre Gebete nicht den himmlischen Thron erzittern? Warum überschwemmen sie ihn nicht mit ihren Tränen?

Gott. Von allen Personen in der Heiligen Schrift sei Gott die tragischste, sagt Saul Lieberman. Es ist keine Gotteslästerung, Ihn beklagen zu wollen. Auch Er will erlöst sein. Daher wiederholen wir auch für Ihn *Ani Maamin*, ja, ich glaube von ganzem Herzen an die Ankunft des Messias, auch wenn es noch lange dauert.

Ani Maamin? Was glaube ich? Woran? An wen? An die Ankunft des Messias? Wen sollte er erlösen kommen? Wessen Verdienst wird es sein, wenn er kommt, um eine Menschheit zu retten, die sich selbst verdammt hat?

Diese Fragen gehen mir jedes Jahr aufs neue durch den Kopf, wenn der Jahrestag des Aufstands des Warschauer Ghettos gefeiert wird (welch ein Wort: man feiert!). Die Redner erinnern an die heldenmütigen Kämpfer und an die Standhaftigkeit derer, die für ihren Glauben gestorben sind. Zum Abschluß der Feier wird *Ani Maamin* gesungen, als wollte man damit hervorkehren, daß die Opfer in der Stunde ihres Todes den Glauben an die Menschheit nicht aufgegeben hatten.

Ist das die Wahrheit? Ist es möglich, daß sich die Opfer inmitten der Hölle den Glauben an eine bessere Welt erhielten? Einige Zeugen bestätigen es. Es steht mir nicht zu, ihnen zu widersprechen. Wir wissen, daß es in der Regel das Hauptziel der Kämpfenden war, der Welt zu zeigen, daß Juden in der Lage sind, mit der Waffe in der Hand zu sterben: »Die Ehre der Juden verteidigen und retten« war ein Ausdruck, der häufig in ihren Briefen und ihren Verfügungen für den Tod auftauchte. Wir wissen ebenso, daß den Juden, die das Glück hatten, aus den Ghettos entkommen zu können, bei allem Lebenswillen daran lag zu überleben, um ihre Glaubensbrüder und alle Juden außerhalb des Ghettos vor dem Unheil zu warnen, das unaufhaltsam auf sie zukam. Alle waren durchdrungen von *Ahawat Israel.* Aus Liebe für ihr Volk setzten diese jungen Juden ihr Leben aufs Spiel, um die Gemeinden, die noch verschont geblieben waren, vor der Bedrohung ihrer Freiheit zu warnen. Mehr noch: In den Todeslagern übernahmen Juden die Rolle von Chronisten und Geschichtsschreibern; sie verfaßten Berichte, legten Zeugnis ab und schrieben ihre Testamente für die Geschichte auf. Damit die Geschichte sie nicht vergäße und dereinst darüber richtete. Mit anderen Worten: Daß sie sich an die Geschichte wandten und von ihr ein Urteil verlangten, bedeutet, daß sie daran glaubten. Sie glaubten ebenso an ihre ewige Fortdauer wie an ihre Gerechtigkeit.

Allerdings gibt es auch andere Zeugnisse, in denen die Verzweiflung der Juden die Oberhand hat. In ihrer Einsamkeit kam ihnen zu Bewußtsein, wie sehr man sie im Stich gelassen hatte; sie konnten mit keiner Hilfe rechnen, denn sie zählten für niemanden. Die freie, zivilisierte Welt hatte sie ihrem Henker ausgeliefert. Der tötete, mordete, schlachtete sie ab, und die Welt schwieg. Ist dies der tiefere Grund für die Passivität der Juden, für ihre wehrlose Selbstaufgabe in der Zeit des Holocaust, die von so vielen Soziologen und Psychologen kritisiert wurde? Könnte es sein, daß die Juden nicht bereit waren, für eine Welt zu kämpfen, die sie enttäuscht, herabgewürdigt und verraten hatte? Als würden sie ihr ins Gesicht spucken und sagen: Es ist besser zu verschwinden, als in einem weltweiten Sodom zu leben.

Solcher Pessimismus geht mit *Ani Maamin* nicht zusammen.

Auf welche dieser beiden Haltungen soll man sich berufen? Auf beide. Es gab Juden, die den Messias anriefen, und andere, die ihn sofort wieder zurückgeschickt hätten. Es gab solche, die an der Hoffnung festhielten, daß nicht alles verloren sei, und andere, die lautstark das Gegenteil beteuerten: Die Menschheit habe endgültig ausgespielt. Wenn ich in meiner Kantate verkünde, das Schweigen Gottes sei Gott, dann ist das zugleich Schrei der Verzweiflung und Eingeständnis der Entsagung.

Dennoch sollte die Tradition dieses Gesangs gewahrt bleiben. Doch es sollte mit gesenktem Haupt, wütend, aber demütig gesungen werden. Warum den Blick auf den Boden gerichtet? Weil wir es noch nicht verdient haben aufzusehen und es immer noch nicht verdienen.

Ich habe die ganze Problematik des Glaubens an Gott – zweifellos ungeachtet der Menschen und ihres Tuns, vielleicht auch ungeachtet Gottes – in diese Kantate gelegt. Und so wird sie vom Sprecher eingeführt:

> In dieser Zeit, als das Herz der Welt in den dunklen Flammen der Nacht verbrannte, traten drei verzweifelte Greise vor das Himmelsgericht. Um anzuklagen. Abraham, Isaak, Jakob – die drei Väter eines durch Gott gottgeweihten Volks – hielten es nicht mehr aus. Sie hatten den Auftrag, über die nahen und fernen Straßen zu ziehen, um den Widerhall des jüdischen Lebens in der Welt zu erfassen und dort oben darüber zu berichten, aber sie wollten diesen Auftrag zurückgeben …
>
> DER CHOR:
> *Ani maamin, ani maamin,*
> Väter des Volks,
> Ahnen Israels,
> Euer Glaube ist der unsere.
> Jude sein heißt glauben
> an das, was uns bindet,
> einen an den anderen,
> und alle an Abraham.
> Die Nacht ruft die Morgenröte,
> der Jude ist dieser Ruf
> Der Mensch ruft den Menschen,
> Gott erwartet den Menschen,
> Der Jude ist diese Erwartung.
> *Ani maamin, ani maamin.*

Abraham erzählt, was er auf der von Krieg überzogenen Erde sieht. Und der Chor antwortet: »Betet für Abraham.« Isaak beschreibt, was er sieht. Und der Chor antwortet: »Betet für Isaak.« Jakob sagt, was sein Auge erfaßt. Und der Chor singt: »Betet für Jakob.« Und Gott? Der Sprecher stellt fest: Das Schweigen Gottes ist Gott.

Dann hat der Chor das Schlußwort:

> *Ani maamin*, Abraham,
> trotz Treblinka.
> *Ani maamin*, Isaak,

wegen Belsen.
Ani maamin, Jakob,
wegen und trotz Majdanek.
Vergebens Gestorbene,
sinnlos Gestorbene,
ani maamin.
Betet, Menschen,
betet zu Gott gegen Gott,
für Gott:
Ani maamin.
Der Messias komme,
ani maamin.
Läßt er auf sich warten,
ani maamin.
Ob Gott schweigt
oder weint,
ani maamin.
Ani maamin für Ihn,
und trotz Ihm.
Ich glaube an Dich,
selbst wenn Du Dich widersetzt,
selbst wenn Du mich dafür bestrafst.
Gesegnet die Narren,
die es hinausschreien,
gesegnet die Narren, die lachen,
die über den Menschen lachen, der über den Juden lacht,
die ihren Brüdern helfen
und singen und singen und immer wieder singen,
ani maamin, ich glaube von ganzem Herzen
an das Kommen des Messias.
Und selbst wenn er auf sich warten läßt,
werde ich jeden Tag auf ihn warten …

Ist *Ani Maamin* »ein wiedergefundener Gesang«? Aus dem Untertitel scheint hervorzugehen, daß ich ihn verloren, verlegt oder verworfen hätte. Stimmt das? Dazu die folgende Geschichte. Eines Abends während des Pessachfests, es war in den siebziger Jahren, dreht sich plötzlich ein Freund aus meiner Kindheit, Mosche Chaim, zu mir um und fragt: »Erinnerst du dich noch an die Melodie von *Ani Maamin?* Wir haben es beim Wischnitzer Rabbi gesungen.« Mit einemmal ist es mir wieder eingefallen. Es war im Winter 1943. Wir feiern beim Wischnitzer Rabbi Sabbat Schira – an diesem Sabbat erinnert uns die Bibellesung an die Durchquerung des Roten Meeres. Als der Nachmittag zu Ende geht, kurz vor der dritten Mahlzeit, die man mit Anbruch der Abenddämmerung zu sich nimmt, verleiht ein kleiner Mann unserem feierlichen Abschied von der Königin Sabbat einen zugleich altertümlichen und neuen Sinn. Mit Schtreimel und Kaftan bekleidet, hält er sich abseits in einer Ecke am Ofen. Ich weiß, wer er ist: ein Verwandter des Rabbis. Er kommt von weither, von Galizien. Wie ist er über die Grenze gekommen? Ich würde ihn gerne fragen, doch ich traue mich nicht. Plötzlich fängt er ganz leise an, *Ani Maamin* zu singen. Die Melodie ist mir fremd, aber ich finde sie herzzerreißend schön. Es liegt so viel Sehnsucht, so viel Traurigkeit in ihr, daß sie einem ans Herz geht. Ergriffen schließe ich die Augen. Im riesigen Lehrhaus ist Stille eingekehrt. Jeder hält die Luft an. Zehn, zwanzig, fünfzig Männer kommen näher und bilden einen Kreis um den Sänger. Ich warte mit ihnen darauf, daß er die Melodie noch einmal von Beginn an singt, wie es unter den Chassidim Brauch ist, wenn Lieder weitergegeben werden. Doch der Verwandte des Rabbis möchte lieber etwas erzählen. Er erzählt seine Geschichte, erzählt von dem, was er auf der anderen Seite der Grenze im besetzten Polen gesehen und erlitten hat. Nach jeder Begebenheit hält er inne und stimmt von neuem mit derselben zauberhaften Melodie *Ani Maamin* an, als wollte er uns sagen: Erinnert euch nicht nur an meine Erzählungen, sondern auch an mein Lied. Und schließlich können wir es auswendig. Doch seit Auschwitz war es mir entfallen. Ja, ich hatte es vergessen. Wie Mosche Chaim. Und wir haben es im selben Moment während des Seders an einem Pessachabend wiedergefunden. Es gehört zu den schönsten chassidischen Liedern, die ich kenne. Noch heute singe ich es mit geschlossenen Augen.

Heißt das, daß ich mich mit Gott versöhnt habe? Und vielleicht auch mit dem Messias? Ich protestiere weiterhin gegen Gottes offensichtliche Gleichgültigkeit dem Unrecht gegenüber, das seine

Schöpfung verwüstet. Und der Messias hätte sich früher, viel früher zu erkennen geben müssen. Möglich, daß Kafka recht hat: Der Erlöser kommt nicht am letzten Tag, sondern am Tag darauf.

Und wo bleibt mein Glaube? Sicher, ich hätte ihn aufgeben können. Ich hätte das Recht dazu. Ich könnte zahlreiche Gründe, sechs Millionen Gründe anführen, um meine Entscheidung zu rechtfertigen. Aber ich tue es nicht. Ich fühle mich außerstande, vom Weg meiner Vorväter abzuweichen. Ohne diesen Glauben an Gott, dem Glauben meiner Väter und meines Vaters, wäre mein Glaube an Israel und an die Menschheit viel schwächer. Deshalb steht meine Wahl fest: Ich behalte diesen Glauben, der meiner Seele einst Flügel wachsen ließ.

Sagte ich, ich habe »eine Wahl« getroffen? Ehrlich gesagt, handelt es sich nicht wirklich um eine Wahl. Ich wäre nicht der Mann, der ich bin, nicht der Jude, der ich bin, wenn ich das Kind in mir verraten würde, das glaubte, mit Gott, wenn nicht gar für Gott zu leben.

In Wirklichkeit habe ich nie aufgehört, an Gott zu glauben. Ich sage dies immer wieder, denn ich spüre die Notwendigkeit dazu. Ich mußte dies bereits früher deutlich machen und komme nun darauf zurück. Selbst im Reich der Finsternis habe ich weiter gebetet. Sicher, mein Glaube war angegriffen, niedergeschmettert, und er ist es heute noch. Es gab Zerreißproben, doch keinen Bruch. Und wenn ich in meinem ersten Zeugnis mit dem Bericht über den Tod eines Kindes, das gehängt wurde, auf den Tod Gottes hinweise, will ich damit zeigen, daß der Mörder mit dem Hängen eines unschuldigen und mutigen Jungen selbst darauf besteht, Gott umzubringen. Dies sage ich jedoch aus meinem Glauben heraus. Anders ausgedrückt: Hätte ich den Glauben verloren, hätte ich mich nicht gegen den Himmel aufgelehnt. Nur weil ich noch an Gott glaube, verlange ich Rechenschaft von ihm. Hat nicht unser Ahnherr Hiob gesagt: »Und wollte Er mich auch töten – ich werde weiterhin all meine Hoffnung auf Ihn setzen.«

Seltsam: In manchen laizistischen Kreisen wird mir verübelt, daß ich öffentlich mein Recht einfordere, an Gott zu glauben. Manche haben mir das freiheraus eröffnet. Aus Briefen geht hervor, daß ich sie an Roger Martin du Gards Jean Barois erinnere, der in seinem

Testament schlichtweg darum bittet, man solle ihm keinen Glauben schenken, falls er später einmal seinen Atheismus bereuen werde. Vielen paßte ich besser ins Konzept, als sie sich auf meine Revolte gegen den Himmel beziehen konnten. Auch wenn ich Gefahr laufe, ihnen wieder zu mißfallen, halte ich ihnen entgegen: Lassen Sie uns doch in Frieden, wenn wir mit einer Kraft, die Sie verwirrt und die unser Begriffsvermögen übersteigt, an der Tradition unserer Väter festhalten. Bilden Sie sich bloß nicht ein, wir würden es uns damit leicht machen. Im Gegenteil: Nichts ist schwieriger für uns, doch was sage ich? Sie werden uns sowieso nicht verstehen.

Wieder ein dringender Anruf aus Montreal. Mit pochendem Herzen greife ich zum Hörer.

Bea. Hat jemals jemand eine edlere Seele, eine größere Hilfsbereitschaft gehabt? Der Krebs zerfrißt sie, doch meine geliebte Schwester beklagt sich nie. Sie wiederholt nur immer wieder: »Nur keine Angst, nur keine Angst.« Doch ich ängstige mich um sie. Solange sie nichts von der Bösartigkeit ihrer Krankheit wußte, schien sie ihr zu widerstehen: Sie war weiterhin rührig und ging zwischen den Behandlungen ins Büro. Warum hat ihr der kanadische Krebsspezialist eröffnet, daß sich die Krankheit in ihrem Körper ausbreitet? Sie wendet sich weiterhin gegen die Angst, wiederholt noch immer, daß alles gut werden wird, daß man sich keine Sorgen zu machen braucht, doch wenn ich sie im Krankenhaus besuche, merke ich, daß sie kaum noch lächeln kann. Bei meinem letzten, dem allerletzten Besuch weist sie mich zwischen zwei Hustenanfällen noch einmal und mit einer viel schmerzlicheren Dringlichkeit auf ihre beiden Kinder Steve und Sarah hin. Sie hat sie immer geliebt, doch jetzt ist ihre Liebe leidenschaftlicher, ungezügelter. Wenn es soweit wäre, sollte ich mich unbedingt daran erinnern.

Wir befinden uns in Frankreich, als uns Ende August 1974 – nach jüdischem Kalender am neunundzwanzigsten Tag des Monats Aw im Jahre 5734 – die Nachricht von ihrem Tod ereilt. Mein Schwager Len weint am Telefon. Ich bringe eine Stunde lang kein Wort hervor. Ich reiße mich zusammen, um Hilda anzurufen, doch ich bekomme den Mund nicht auf. Sie fragt immer wieder: »Was ist denn? Was ist denn?« Schließlich murmle ich: »Bea.« Hilda begreift. Unter Tränen ruft sie: »Was sollen wir bloß tun, sag, was sollen wir bloß tun?« Ich antworte: »Es gibt nichts mehr zu tun.« Mein Denken ist wie gelähmt, nur ein blödsinniger Gedanke schießt mir durch den Kopf: Habe ich nicht heute das Gebet für den kommenden Monat gesprochen? Ich muß schlecht gebetet haben.

Marion steht mir bei. Und Elisha. Kann Liebe Trost sein? Ich bin untröstlich. Doch sie kann wohltun, Linderung bringen, sie ist unverzichtbar. Wir erinnern uns an Bea. An ihren letzten Besuch bei uns. An das letzte Gespräch zwischen einem Bruder und seiner Schwester ... Die Anpassungsfähigkeit der Sprache an die Wirklichkeit ist doch eigenartig: Wir sprechen schon in Vergangenheitsform über sie, als wäre sie bereits eine Ewigkeit tot.

Ich fliege über New York nach Montreal. Alle Flüge vom Flughafen La Guardia sind ausgebucht. In panischer Aufregung renne ich von Schalter zu Schalter, erkläre, flehe den Chef des Bodenpersonals an. Endlich bekomme ich noch einen Platz.

Steve und Sarah, die jetzt verwaist sind, kehren aus Israel zurück, wo sie in Ferien waren. Auch Hilda ist da. Alle sind gekommen. Manche kenne ich, andere habe ich nie zuvor gesehen. Bea hatte viele Bewunderer und Freunde. Sie war beliebt, denn sie war gutmütig, mitfühlend und hatte Sinn für Humor. Es gibt kaum jemanden, dem sie keinen Dienst erwiesen hätte. Eine ihrer Freundinnen erzählt mir, was Bea ihr wenige Tage, bevor sie starb, anvertraut hat: Sie war im Traum unseren Eltern begegnet. Sie wurde erwartet. Es hat sie in Angst und Schrecken versetzt.

Ja: So ist das Leben. So ist der Tod. Drei Kinder aus Sighet hatten nach dem Krieg wieder zusammengefunden. Jetzt waren nur noch zwei übrig. Nie mehr werde ich Beas warme Stimme hören, nie wieder werde ich erleben, mit welcher Emsigkeit, mit welcher Sorge sie den Bedürftigen hilft. Nie wieder werde ich ein Lächeln von ihr einfangen. Ein Gedanke zermartert mir das Gehirn: Ich werde nie erfahren, was sie *dort* erlebt hat. Es ist zu spät.

Ich folge dem Brauch und zerreiße meine Kleidung. Ich spreche das passende Gebet: »Gelobt seist Du, Gott, unser Herrscher, im Himmel und wie auch auf Erden, unser Richter der Wahrheit.« Mit langsamen Schritten gehen wir gemeinsam mit Hilda, Len, Steve und Sarah hinter dem Sarg. Ich sehe nichts und niemanden. Um mich ist alles dunkel, und noch dunkler ist es in mir. Ich spreche zu meiner Schwester, gebe ihr Nachrichten und Tränen für unsere Eltern mit auf den Weg. »Du wirst sie wiedersehen, in drei Tagen wird deine Seele zum Himmel aufsteigen, und wenn du sie siehst, sage ihnen ...« Die Totenfeier. Litaneien. Grabreden. Der Sarg wird hinuntergelassen. Der Rückweg. Das Gefühl eines unersetzbaren Verlusts überschattet alles. Die übliche Speisung: Wie bringe ich sie hinter mich? Der Morgen- und Abendgottesdienst: Wie soll ich die Tränen zurückhalten, wenn ich höre, wie Steve das Kaddisch spricht? Die überlieferten Bräuche. Die Beileidsbekundungen. Die Trauerwoche. Ich erlebe es zum erstenmal.

Auf einem Schemel, in Hausschuhen, höre ich die Besucher, die uns mit dem traditionellen Segen trösten wollen: »Möge Gott euch beistehen zusammen mit allen, die um Zion und Jerusalem trauern.« Jeder hat eine Geschichte über Bea zu erzählen. Über ihre Selbstlosigkeit, über ihre Aufrichtigkeit. Nie hat sie jemand wütend oder schlechter Laune gesehen. Ich erinnere mich daran, wie sie einst zu Hause in Sighet war. Ihre Krankheit fällt mir ein: Weil sie Typhus hatte, bewohnte sie ein Zimmer ganz allein, zu dem wir keinen Zutritt hatten. Später entpuppte sie sich als ausgesprochen pfiffig: Sie schreckte vor nichts zurück. Sie war immer dabei, wenn es darum ging, Aufträge zu übernehmen, die für einen Mann zu gefährlich waren. Ihre Arbeit im Lager für Displaced persons. Ein Spaziergang an ihrer Seite in Paris: Das Foto steht vor mir. Sie trägt eine Schirmmütze wie ich.

In manchen Schriften wird angedeutet, daß die Seele eines Verstorbenen im Monat Schewat durch das Haus schwebt. Sollte die Seele meiner Schwester zwar unsichtbar, aber dennoch hier sein?

Ich komme häufig zu Vorträgen nach Montreal, und immer habe ich ihr Grab besucht, um einen Psalm zu sprechen. Auf dem Grabstein sind die Namen unserer Verwandten eingemeißelt, die starben, ohne eine Grabstätte zu finden.

Für Israel und die jüdischen Gemeinden in der Diaspora endet das Jahr 1974 mit dem Gefühl einer Niederlage, hervorgerufen durch den Auftritt Jassir Arafats vor der Generalversammlung der Vereinten

Nationen. Ein unverschämter, verletzender Auftritt. Der Anblick dieses uniformierten und möglicherweise bewaffneten Terroristen, der der ganzen Menschheit Moral predigt – »Ich halte einen Olivenzweig in der einen und einen Revolver in der anderen Hand!« –, konnte uns nur einen Schock versetzen. Waren die Attentate und Mordanschläge, die seine Untergebenen verübt hatten, schon vergessen?

Es erinnert mich an den *Besuch der alten Dame* von Friedrich Dürrenmatt. Ein erstaunliches Schauspiel von grausamer Wahrheit. Um sich für eine enttäuschte Liebe in ihrer Jugend zu rächen, kehrt die inzwischen reich gewordene Frau in ihre Heimatstadt zurück. Mit dem ihr zur Verfügung stehenden Geld gelingt es ihr, die Bevölkerung davon zu überzeugen, den Mann zu ermorden, der sie einst enttäuscht hatte …

Sieh an, sage ich mir, die Feinde Israels nutzen ihr Öl, um es ihr gleichzutun. Die Macht der Petrodollars …

Unter dem Titel »Warum ich Angst habe« beziehe ich in der *New York Times* und im *Figaro* Stellung dazu:

> Vielleicht wäre es besser, wenn ich es nicht offen zugeben würde: Ich fühle mich bedroht. Ich habe Angst. Zum erstenmal seit langer Zeit befürchte ich, der Alptraum könnte von neuem beginnen. Vielleicht hat er nie aufgehört. Vielleicht haben wir seit der Befreiung nur in einer Art Zwischenzeit gelebt, die jetzt zu Ende geht. Ist ein neuer Holocaust denkbar? Die Frage stelle ich meinen Studenten oft. Die meisten antworten mit ja, ich sage nein. In seinem Ausmaß und in seiner Tragweite war der Holocaust ein einzigartiger Vorgang, und er wird es bleiben. Ich erkläre ihnen: Die Welt hat daraus gelernt. Haß und Totschlag gehen über diejenigen hinaus, die unmittelbar daran beteiligt sind. Zuerst tötet man die anderen, dann werden die eigenen Leute niedergemetzelt. Ohne Auschwitz hätte es Hiroshima nie gegeben. Die Ausrottung eines Volks führt unausweichlich zur Ausrottung der Menschheit.
>
> Natürlich war es Naivität, doch ich dachte – vor allem in den ersten Nachkriegsjahren –, daß man die Juden nie wieder verleumden, ausgrenzen und dem Feind ausliefern würde. Der Anti-

semitismus, sagte ich mir, ist irgendwo unter dem ascheverhangenen Himmel Polens gestorben. Wir werden uns nie wieder fürchten müssen, nie wieder wird man unserer Angst verständnislos begegnen. Ich war davon überzeugt, daß der Mensch in Zukunft paradoxerweise gerade durch das schreckliche Geheimnis der Vernichtungslager davor geschützt sei.

Ich habe mich geirrt. Was geschah, kann sich jederzeit wieder ereignen. Vielleicht übertreibe ich. Vielleicht bin ich zu mißtrauisch. Aber ich gehöre einer traumatisierten Generation an. Wir haben gelernt, auf Drohungen mehr zu achten als auf Versprechungen.

Anzeichen werden sichtbar, die Anlaß zur Sorge geben. Das empörende Schauspiel einer internationalen Versammlung, die mit rasendem Beifall einen Wortführer des Terrors feiert. Die Reden, die Stimmen gegen Israel. Das auserwählte Volk ist auf dramatische Weise einsam. Ein arabischer König überreicht seinen Gästen eine Luxusausgabe der schändlichen *Protokolle der Weisen von Zion.* Geschändete Friedhöfe in Frankreich und Deutschland. Hetzkampagnen in Sowjetrußland. Die Welle der ewig Gestrigen, die unser Leiden verharmlosen, und die antizionistischen, antijüdischen Pamphlete, die unsere Hoffnung trüben. Man muß schon sehr blind sein, um es nicht wahrzuhaben: Der Judenhaß ist wieder in Mode gekommen. Da ist es nicht verwunderlich, daß man sich überall erlaubt, das Existenzrecht der Juden in Frage zu stellen. Im Oktober 1973, als die israelische Armee schwere, beinahe tödliche Rückschläge erlitt, verweigerte Westeuropa bis auf wenige Ausnahmen seine Hilfe und versuchte, was noch schlimmer war, die Hilfe der Amerikaner zu untergraben. Weil Europa die Angreifer gewähren ließ, hat es die sichere Niederlage Israels im voraus hingenommen, und damit seine wahrscheinliche Tilgung von der Landkarte. Und jetzt? Wird dieses junge und doch so alte Volk den nächsten Angriff überstehen, und um welchen Preis? Bei jedem Krieg opfert das Land seine besten Kinder. Wie lange kann eine menschliche Gemeinschaft überleben, die von feindseligen Nachbarn belagert wird? Ist es denkbar, daß Hitler posthum siegt? Für uns, die wir als Juden und als Menschen das Leiden bis in seine schlimmsten Tiefen erfahren haben, gibt es keinen Zweifel: In diesem Augenblick der Geschichte sind das jüdische Volk und der jüdische Staat unauflösbar miteinander verbunden – das eine kann ohne den anderen nicht überleben und umgekehrt. Selten waren wir so einig. Und selten so allein.

Auch die Vorstellung einer neuerlichen kollektiven Katastrophe scheint nicht mehr abwegig. Wir haben bereits erfahren, daß für uns selbst das Unmögliche möglich wird. In der jüdischen Geschichte ist überhaupt nichts mehr undenkbar.

Ich sträube mich dagegen, es zu sagen. Tatsächlich spreche ich es hier zum erstenmal aus. Ich habe den Holocaust immer auf der Ebene eines mystischen Geschehens angesiedelt, die jenseits unseres Fassungsvermögens liegt. Ich habe mich deshalb mit befreundeten Schriftstellern überworfen, die sich in diesem Bereich mit einfachen Analogien und Vergleichen begnügten. Philosophen ebenso wie Schriftsteller können das Phänomen der Konzentrationslager nicht erklären, und es verbietet sich, leichtfertig darüber zu sprechen. Wenn ich jetzt mit Blick auf die Gegenwart doch darüber spreche, so nur, weil wieder einmal das Schicksal der Juden auf dem Spiel steht.

Deshalb habe ich Angst. Bilder aus der Vergangenheit steigen auf und legen sich über die Gegenwart. Die Erpressung der einen, der Rückzug der anderen. Die offenen Drohungen, die weniger offenen Komplizenschaften. Die Freunde, die sich plötzlich aus allem heraushalten. Die Unbeteiligten, die sich als Feinde entpuppen. Der Feind, der immer mächtiger, immer anziehender wird. Wenn man ihm freie Hand läßt – und man läßt sie ihm –, dann wird er zum Gott unseres verfluchten Zeitalters, und als Opfergabe wird er die Zukunft eines Volks beanspruchen – und sie erhalten.

Ich befürchte keine Massaker an Juden in den Städten Amerikas oder Wäldern Europas. Man wird keine mit Stacheldraht umzäunte Welt mehr errichten, keine Todesfabriken mehr bauen. Aber ein gewisser Lauf der Dinge zeichnet sich ab. Man spricht nicht mehr von Völkermord, aber man zieht das Ende Israels in Erwägung. Das genügt, um meine Angst zu rechtfertigen. Ich empfinde dasselbe, was mein Vater empfunden haben muß, als er so alt war wie ich jetzt. Für uns hat sich also nichts geändert. Die Welt

steht unserem Tod heute genauso gleichgültig gegenüber wie ihrem eigenen; sie vergißt zu schnell. Ich betrachte meine jungen Schüler und zittere um ihre Zukunft. Als ich so alt war wie sie, lag der Kontinent in Trümmern. Was soll ich ihnen sagen? Ich würde sie gerne davon überzeugen, daß unser Volk entgegen den offiziellen Schlagworten, entgegen allem Anschein Freunde und Verbündete hat. Ich würde ihnen gerne sagen können, daß sie sich trotz der Enttäuschungen und des vielfachen Verrats den Glauben an den Menschen bewahren müssen und daß Grund zur Hoffnung besteht. Doch ich habe ihnen nie etwas vorgemacht, und ich werde auch jetzt nicht damit anfangen. Und trotzdem …
Die Verzweiflung ist keine Lösung, das weiß ich genau. Was wäre dann die Lösung? Hitler hatte eine vorgeschlagen. Er wollte, daß sie endgültig ist. Und er war auf dem besten Weg dazu, sie zu verwirklichen, während hinter den Grenzen Gott und die Menschen, ob in der Nähe oder in der Ferne, den Blick abwandten. Ich erinnere mich noch daran. Und ich habe Angst.

(Manès Sperber hat mir vorgehalten, daß ich in einem Absatz schreibe, das Weiterleben der Diaspora sei an die Existenz Israels geknüpft. Manès meint, es sei falsch, das zu schreiben, ja, selbst es zu denken: »Das jüdische Volk hat schon andere Katastrophen überlebt. Sein Fortbestand darf nie von äußeren Faktoren abhängig gemacht werden.« Ich erwidere nur, daß ich uns beiden ebenso wie unserem Volk wünsche, niemals erfahren zu müssen, wer von uns recht hat.)

Während ich jetzt, zwanzig Jahre später, diesen Artikel noch einmal lese, frage ich mich, ob es richtig war, Arafat so sehr zu mißtrauen. Sicher, er war für viele mörderische Terroranschläge verantwortlich, die ich verurteilen mußte. Aber war er in den Augen seiner Anhänger und ihrer ideologischen Verbündeten nicht zugleich auch ein Freiheitskämpfer?

Und dann: Sollte der Mensch nicht in der Lage sein, aus seinen Fehlern zu lernen? Sollte der Mensch dazu verurteilt sein, seine Vorgehensweise, seine Weltanschauung, seine Einstellung nie zu ändern? Sollte er seine Vorstellungen, sein Wesen, seinen Charakter und sein Leben niemals überdenken können? Es gab mehrere Versuche, eine Begegnung mit Arafat herbeizuführen. War es ein Fehler, daß ich nicht bereit dazu war?

1996 spüre ich der Wirkung nach, die die Fernsehbilder vom Händedruck zwischen Arafat und Jitzhak Rabin in Washington auf mich hatten. Seine dramatische Ankunft in Gaza, dann in Jericho ... Seine Treffen mit den Israelis ... Seine Schwierigkeiten mit den Extremisten der Hamas ... Die Anschläge ... Die jungen Kamikazes, die zu lebendigen Sprengsätzen ausgebildet werden ... Die Zusammenarbeit zwischen israelischen Offizieren und ihren palästinensischen Kollegen ... Sein Beileidsbesuch bei Lea Rabin ... Die Wahlen ... Darf man sich weigern, diejenigen zu beglückwünschen, die sich letzten Endes für den Frieden und gegen den Terror entschieden haben? Ist Arafat also ein Mann, der für Mäßigung und Versöhnung eintritt? Ist er heute der oberste Führer eines entstehenden Staates und nicht mehr Chef einer militärischen Untergrundorganisation?

Trotz aller Zweifel und ungeachtet der vielen Vorbehalte, die Pessimisten uns entgegenschleudern, obliegt es uns, das Recht auf Hoffnung geltend zu machen.

Den Sommer 1974 verbringen wir in den Hamptons, in einem Dorf namens Amagansett, wo Marion einen Trümmerhaufen in ein schönes Landhaus verwandelt hat.

Ich arbeite wenig. Ich komme schlecht voran, weil ich Stunden vor dem Fernseher verbringe, um die Arbeit der Untersuchungskommissionen von Senat und Abgeordnetenkammer in der Watergate-Affäre zu verfolgen. Hierzulande ist man Zuschauer des medienwirksamen Zusammenspiels der demokratischen Institutionen einer Nation. Die Zeugen, vor kurzem noch mächtige Räder des Regierungsapparats, stehen jetzt bescheiden, wenn nicht gar demütig, und vor allem wehrlos vor ihren Untersuchungsrichtern. Ohne seine ebenso getreuen wie arroganten Berater scheint der Präsident der Vereinigten Staaten in seinem Überlebenskampf auf sich allein gestellt zu sein. Nach seiner Weigerung, die Staatsanwälte zu entlassen, wird der Justizminister entlassen, und die Medien sprechen vom »Samstagabend-Massaker«. Nixon gibt eine unglaubliche Stellungnahme im Fernsehen ab. Darin erklärt er vor der ganzen Welt, er sei »kein Gauner«. Eine Entscheidung des Obersten Gerichtshofs zwingt ihn, dem Gericht die Tonbandaufzeichnungen von den Gesprächen mit seinen Assistenten zu übergeben. Man kommt sich vor wie in einer griechischen Tragödie: Der tragische Fall eines »Helden«, der den Göttern mißfiel. Einmal von der Maschinerie erfaßt, wird ihn nichts mehr retten können. Uns bleibt nur, ihm bis zuletzt zuzuschauen. Seine letzte Ansprache. Sein Abschied von den Bediensteten des Weißen Hauses: unter Tränen. Die zum Siegeszeichen erhobene Hand vor seinem Abflug nach Kalifornien. Die glanzlose Amtseinführung seines Nachfolgers Gerald Ford.

Es ist in allen Bereichen der amerikanischen Gesellschaft ein stürmisches Jahr. Ohne Unterbrechung wird die Öffentlichkeit von aberwitzigen, unerhörten, unglaublichen Vorgängen im In- und Ausland überrollt. Die von Terroristen entführte junge Millionärin Patty Hearst schließt sich ihren Entführern an: Ein Foto zeigt sie bei einem Bankraub. Man spricht von »Gehirnwäsche«, vom »Stockholm-Syndrom«. Von einem Aufbegehren gegen die soziale Welt ihrer Eltern. Nachwirkungen des Mai 1968? Zu den Drogen kommt jetzt die Gewalt. Wir erleben ein neues Schauerstück: Junge Wohlstandsbürger spielen Terrorist.

Der größte sowjetische Schriftsteller, Alexander Solschenizyn, wird in die Verbannung und ins Exil geschickt. Dann findet er Zuflucht bei seinem deutschen Kollegen, dem Nobelpreisträger Heinrich Böll. In Frankreich stirbt Georges Pompidou zwei Jahre vor dem Ende seiner Amtszeit. Valéry Giscard d'Estaing erobert den Elysée-Palast. Er hat seinen Gegner von der Linken, François Mitterrand, mit einem Vorsprung von einem Prozent der Stimmen geschlagen. In Deutschland löst Helmut Schmidt den Kanzler Willy Brandt ab, dem zur Last gelegt wird, einen ostdeutschen Spion unter seinen Beratern beschäftigt zu haben.

In Israel schlafen die Kinder aus den Dörfern und Kibbuzim im Norden des Landes in Bunkern: Palästinensische Geschosse töten achtzehn Einwohner von Qiryat Schemona.

Es herrscht Krieg gegen die aus dem Libanon oder Jordanien eingeschleusten Widerstandskämpfer. Auf beiden Seite gibt es viele Tote. Viel zu viele. Das schlimmste, vielleicht niederträchtigste Attentat: In dem an der Grenze zum Libanon gelegen Dorf Maalot werden achtzehn Kinder ermordet. Warum üben die palästinensischen Terroristen an unbewaffneten Menschen Vergeltung? Ihre Niedertracht ist grauenerregend. Terror, wo ist dein Sieg, wenn deine Opfer Kinder sind? Im stillen, aber auch laut und deutlich, wo immer ich kann, sage ich, daß es eines Tages bestimmt Frieden zwischen Israel und seinen Nachbarn geben wird, daß den für das menschenverachtende Verbrechen von Maalot verantwortlichen Palästinensern jedoch niemals vergeben werden kann.

Der Friede läßt noch lange auf sich warten. Das Leben geht weiter, bisweilen wird es vom Tod unterbrochen, doch nicht von der Angst vor dem Tod. Trotz der Angriffe syrischer Artillerie weigern sich die Dörfer im Norden Israels, ihre Kinder aus der Gefahrenzone zu schicken. Eliteeinheiten der Zahal verfolgen die eingeschleusten Widerstandskämpfer. Ich verbringe mit Marion einen Nachmittag auf einem Militärstützpunkt, wo wir sie bei Anbruch der Nacht zu den nahen Grenzgebieten aufbrechen sehen. Wie viele werden zurückkehren?

Der Krieg in Südostasien geht seinem Ende zu: Es ist Amerikas erste militärische Niederlage in seiner Geschichte. Ich bin im Büro von Außenminister Henry Kissinger, als ein Sekretär ihm eine Nachricht bringt, bei deren Lektüre sich sein Gesicht schlagartig verdunkelt: Der letzte amerikanische Soldat hat Saigon verlassen. Nach kurzem Schweigen murmelt er etwas über den Druck seitens einer feindseligen Öffentlichkeit und die deprimierte, entmutigende Stimmung unter den Studenten.

Es ist der Beginn der nihilistischen Politik der Roten Khmer und des mörderischen Wahnsinns ihres fanatischen Anführers Pol Pot: Mit ihrem Ziel, die Zivilisation auf den Nullpunkt zurückzuschrauben, begehen sie ein Verbrechen, das an Völkermord grenzt. Und trotzdem muß man sich darüber wundern, wie viele linksgerichtete Intellektuelle sie quasi bedingungslos unterstützen. Sie werden gefeiert, weil sie arm, entschlossen und antiamerikanisch sind.

Im Nahen Osten lassen sich Fortschritte verzeichnen. Kissinger vertritt eine Politik der kleinen Schritte: Wenn es gut geht, wird er in Israel gefeiert, und wenn nicht, wird er ausgepfiffen. Israelisch-ägyptische Verhandlungen am »Kilometerpunkt 101«. Gefangene werden ausgetauscht: Die Berichte über systematische Folterungen und menschenverachtende Erniedrigungen in den syrischen Gefängnissen sind erschütternd und empörend.

Während dieser Zeit lerne ich Henry Kissinger kennen, den ersten jüdischen Außenminister Amerikas. Sein unablässig sprudelnder Kopf, sein kühler Verstand, seine monotone, gleichförmige Stimme, sein deutscher Akzent, seine überwältigende Beobachtungsgabe, sein analytischer Scharfsinn, das alles macht ihn zu einem bestechenden und zugleich unbequemen Mann. Es heißt, er habe manche Berühmtheit in der Glitzerwelt von Hollywood erobert. Die Fachleute in Sachen Außenpolitik tun alles, um zu seinem engeren Kreis zu gehören.

Die orthodoxen jüdischen Kreise meiden ihn. Sie werfen ihm vor, ausgerechnet an einem Sabbat eine Nichtjüdin geheiratet zu haben; dazu kommt, daß er einen Schwur auf eine Bibel leistete, die auch das Neue Testament enthielt.

Golda Meir mag ihn. Zu Richard Nixon soll sie lachend gesagt haben: »Mein Außenminister (Abba Eban) spricht besser Englisch als der Ihre.«

Kissinger ist verärgert über Jitzhak Rabin, Golda Meirs Nachfolger auf dem Posten des Premierministers, weil er sich weigert, territoriale Zugeständnisse auf dem Sinai zu machen. Es geht um zwei Beobachtungsposten an der Durchfahrt von Mitla, die Sadat für Ägypten beansprucht. Israel verkenne den Ernst der Lage, sagt er im Brustton der Überzeugung. Nach einer Reihe ergebnisloser Verhandlungen in Jerusalem spricht er vor seinem Abflug in einer Presseerklärung auf dem Flughafen Lod seine Sorge um die Zukunft Israels aus; und zum erstenmal in seiner Regierungslaufbahn vergießt er in aller Öffentlichkeit Tränen.

Nach seiner Rückkehr nach Washington verfaßt er einen Bericht für Präsident Gerald Ford, der offensichtlich auf seinen Rat hin beschließt, die israelisch-amerikanischen Beziehungen zu überprüfen. Man kann sich das Protestgeschrei in Israel gut vorstellen. Die Fanatiker beschuldigen Kissinger des Verrats. Er behauptet, Israel retten zu wollen, notfalls auch gegen Israels Interessen: Schließlich geht es dabei um das Überleben des jüdischen Staats. Später hat er mir einmal anvertraut, daß die Rote Armee am Ende des Jom-Kippur-Krieges, als die Panzer Ariel Scharons die Dritte ägyptische Division eingeschlossen hatten, fünftausend Fallschirmspringer zu einer Intervention im Nahen Ost bereithielt.

Im Sommer 1975 begleiten Marion und ich Arthur Goldberg, den ehemaligen Richter am Obersten Gerichtshof und Botschafter bei den Vereinten Nationen während des Sechs-Tage-Kriegs, in einem Militärhubschrauber auf einem Inspektionsflug über die umstrittenen Gebiete des Sinai, um den ihn die Regierung gebeten hat. Mit ihrem Sinn für Realismus stimmt Marion den höheren Offizieren zu, die uns Rabins Position erklären: die strategischen Stellungen bis zur Unterzeichnung eines Friedensvertrags halten. Ich verstehe nichts von strategischen Fragen, doch ich vertraue Rabin. Goldberg rät zur Vorsicht. Doch letztendlich setzten sich die Amerikaner durch: Drei oder vier Jahre später gab der Falke Menachem Begin Anwar el-Sadat den gesamten Sinai zurück; damals hatte er nur einen schmalen Streifen gefordert.

Doch erst kommt es zu einem Ereignis, was sage ich, zu einer kleinen Heldentat. In Entebbe staunt die Welt wieder einmal über den einfallsreichen Kampfgeist der Israelis und bewundert die Kühnheit ihrer Streitkräfte.

Anfang Juli 1976. Amerika steckt in den Vorbereitungen zur Zweihundertjahrfeier seiner Unabhängigkeit und entfaltet dabei eine Pracht, die selbst für dieses auf Übertreibungen jeder Art erpichte Land außergewöhnlich ist. Vielleicht will man den Watergate-Skandal und seine Nachwirkungen vergessen und vergessen machen. Offizielle Feierlichkeiten mit Umzügen, Militärparaden und Hunderten von Windjammern vor der Küste: Man will die Vergangenheit heraufbeschwören, um die Gegenwart besser würdigen und genießen zu können. Doch an diesem 4. Juli beschäftigen sich die Amerikaner weniger mit der Geschichte ihrer Nation als mit einer Meldung aus einem fernen, exotischen Land namens Uganda, genauer gesagt, mit der Meldung vom unglaublichen, aber gelungenen »Überraschungscoup« einer Elitegruppe der Zahal.

Die Affäre beginnt am Sonntag, dem 27. Juni: Eine Gruppe arabischer und deutscher Terroristen entführt ein Flugzeug der Air France auf dem Weg von Lod nach Paris via Athen und zwingt es zur Landung auf dem Flughafen von Entebbe in Uganda. An Bord sind 230 Passagiere, darunter 83 Israelis.

Die Welt richtet ihre Augen auf den »Marschall Doktor Idi Amin Dada«, dem Diktator von der Art eines Père Ubu dieses bettelarmen Landes: Wird er den Geiseln oder den Terroristen helfen? Dieser dicke, fröhliche, aber blutdürstige Kerl (es heißt, er werfe seine Gegner in einen Teich, in dem sich Krokodile tummeln) erhält die traumhafte Gelegenheit, auf dem internationalen Parkett als Star aufzutreten. Er gibt Erklärungen ab, ist zu Interviews bereit, macht Vorschläge und ist überall im Fernsehen zu sehen, kurz: Er ist jemand, mit dem man rechnen muß.

Allem Anschein nach ist er Israel, wo er eine Ausbildung als Fallschirmspringer absolviert hat, noch etwas schuldig. Das hindert ihn nicht, sich für die Luftpiraten auszusprechen, die die Freilassung von 47 ihrer in israelischen und europäischen Gefängnissen inhaftierten Genossen fordern.

Wer hat sich diese Entführung ausgedacht und wer hat sie in die Wege geleitet? War es allein die PLO? Wie läßt sich die Beteiligung mehrere junger Deutscher aus der revolutionären Baader-Meinhof-Gruppe erklären?

In Israel liegen die Nerven bloß. Was tun? Soll man mit den Terroristen verhandeln? Das hieße, die traditionelle israelische Haltung über Bord zu werfen, die vorsieht, sich niemals auf ihre Ebene herabzulassen und sie als verhandlungsfähige Gesprächspartner anzuerkennen. Was also tun? Den Tod der Geiseln in Kauf nehmen? Undenkbar ...

In der Zwischenzeit gehen die Terroristen mit Unterstützung Idi Amins daran, Geiseln auszusondern: Franzosen, Juden, Israelis. Die Franzosen lassen sie frei, doch die Israelis bleiben in ihrer Gewalt.

Jitzhak Rabin stellt im Kabinett die Frage: Soll man verhandeln, um Menschenleben zu retten? Das Verhältnis zwischen ihm und seinem Verteidigungsminister Shimon Peres ist gespannt, doch das Votum ist einhellig: ja, vorausgesetzt, eine militärische Lösung ist unmöglich. Die Führer der Opposition, unter ihnen Menachem Begin, teilen diese Sicht. Menschenleben gehen über alle Prinzipien. Rabin zieht den Oberkommandierenden der Streitkräfte, General

Motta Gur, zu Rate, den Befreier der Altstadt von Jerusalem: Ist eine militärische Lösung denkbar?

Bei einem Abendessen mit Raphael und Dina Recanati in New York zeigen wir uns überzeugt, daß ein Eingriff der Zahal unmöglich sei. Marion mischt sich in das Gespräch und fragt, wie die Armee es anstellen sollte, Einheiten so weit weg, über 3600 Kilometer, und noch dazu in ein feindliches Land zu transportieren? Und selbst wenn ein Kommando auf dem Flughafen von Entebbe landen würde, wie sollte man verhindern, daß die schwerbewaffneten arabischen und deutschen Terroristen die wehrlosen Geiseln erschießen? Wir, die unverbesserlichen Strategen, stimmen zu: Marion hat recht. Eine Rettungsaktion durch das Militär ist unmöglich. Doch keiner von uns wagt es, diesen Gedanken bis in seine letzte logische und wunderbare Konsequenz zu Ende zu denken: Weil ein Eingreifen unmöglich erscheint, wird es stattfinden. Der Einsatz wird glänzend durchgeführt werden. Und erfolgreich sein. Welche Rolle spielte der Mossad dabei? Er lieferte Angaben über die örtlichen Gegebenheiten und Fotos. Und wer hatte den Einfall, in dem riesigen Flugzeug einen schwarzen Mercedes mitzunehmen, der jenem glich, in dem sich Idi Amin gerne zeigte? Bleibt noch zu bemerken, daß die Erstürmung der entführten Maschine mit der notwendigen Genauigkeit eines Uhrwerks geplant und mit äußerster Perfektion durchgeführt wurde, auch wenn auf israelischer Seite vier Tote zu beklagen waren, drei Geiseln und der legendäre Oberst Joni Netanjahu. Vier Familien tragen Trauer, doch in den Straßen von Tel Aviv wird getanzt. Man fällt sich in die Arme. Man läßt sich gehen. »*Kol ha-Kawot!* - Bravo!« ruft Begin, der Führer der Opposition, Jitzhak Rabin zu.

In allen Städten der Vereinigten Staaten wird weniger über die Zweihundertjahrfeier der Unabhängigkeit als über Entebbe gesprochen. Seit dem Sechs-Tage-Krieg hat es keine solch kollektive Bewunderung für den jüdischen Staat mehr gegeben.

Unter den Geiseln befand sich auch ein Überlebender aus den Lagern. Einmal näherte er sich einem deutschen Terroristen und zeigte ihm die tätowierte Nummer auf seinem Arm: »Vielleicht hat sie mir Ihr Vater oder jemand von Ihrer Familie verpaßt. Er wollte meinen Tod und den Tod meiner Glaubensbrüder. Und jetzt wollen

Sie mich umbringen?« Der Terrorist antwortete nicht. Doch in der ersten Minute der Erstürmung des Flugzeugs meinte der ehemalige Lagerhäftling gesehen zu haben, wie der Deutsche mit seinem automatischen Gewehr schußbereit auf die Menge zielte. Er hätte die Zeit dazu gehabt, doch er tat nichts. »Ich bin überzeugt, daß die Zahl auf meinem Arm ihn in allerletzter Sekunde daran gehindert hat, uns niederzuschießen«, sagte der ehemalige Lagerhäftling.

Zwei Beobachtungen: Früher feierte man die kulturellen oder wissenschaftlichen Errungenschaften der Juden, heute erregt ihre Stärke die Bewunderung.

An zweiter Stelle gilt es zu ermessen, welche Rolle der Lagerhäftling in dieser Geschichte spielte, und zu begreifen, was seine Einmischung bedeutet hat: Wenn alle Überlebenden sich mitteilen und der Jugend etwas über ihre Vergangenheit erzählen könnten, wie viele Mordanschläge würden sie dadurch vereiteln können? Unglücklicherweise sind nur wenige dazu in der Lage. Es ist immer das gleiche Problem: Wie findet man die richtigen Worte?

Die Überlebenden sind nicht einzigen, denen die Worte fehlen. Das wird uns überall bestätigt und soll uns beruhigen oder trösten: Es ist ein weltweites Phänomen. Von welchem zeitgenössischen Schriftsteller könnte man behaupten, er besitze genügend Genie, um die dunklen Kräfte, die den Gang der Geschichte vorantreiben, hinreichend zu beschreiben und auseinanderzusetzen?

Einige Monate nach der Operation Entebbe erhalte ich einen Brief von Jonis Vater. Der greise Professor Ben-Zion Netanjahu, Verfasser einer ausgezeichneten Biographie Don Isaak Abravanels und eines meisterhaften Werks über die Inquisition, teilt mir darin mit, daß sein Sohn einige meiner Romane gelesen habe und daß sie grundlegenden Einfluß auf die Entwicklung seines Denkens genommen hätten; er spricht darüber in seinem Tagebuch, das auf hebräisch, französisch und englisch veröffentlicht wurde: Der junge israelische Soldat besaß die bemerkenswerte Gabe, sich in Menschen einfühlen zu können, gepaart mit einer ausgemachten schriftstellerischen Begabung.

Wer wäre nicht gerührt gewesen?

Ein anderes dramatisches Ereignis, das die Welt noch mehr als Entebbe bewegte, war der Besuch Anwar el-Sadats in Jerusalem.

Man kann feststellen: Die Zeiten wie die Menschen sind wechselhaft. Manchmal passiert gar nichts, und manchmal häufen sich die Spannungen, die Auseinandersetzungen, die Entdeckungen, die Überraschungen, die Begegnungen, die Unglücke und die Segnungen. Im Leben, sagt der Talmud, brauche jeder ein wenig Glück, auch das Sefer-Tora im Herzen des Allerheiligsten.

1977 war ein Glücksjahr. Die Ankunft des ägyptischen Präsidenten in der israelischen Hauptstadt hat das Rad der Geschichte weitergedreht. Innerhalb weniger Monate hat sich in Israel vieles geändert. Jitzhak Rabin ist nicht mehr Premierminister, Shimon Peres hat das Verteidigungsressort abgegeben. Die erste Überraschung: Menachem Begin wird an die Spitze der neuen Regierung gewählt. Die zweite: General Mosche Dayan wird Außenminister in seinem Kabinett. Wer hätte sich ausgemalt, daß der linke Militär und der Falke der Rechten einen Frieden herbeiführen würden, den die Linke seit 1948 vergeblich angestrebt hatte?

Alles fängt damit an, daß Sadat am 9. November vor den versammelten Volksvertretern in Kairo erklärt: »Ich bin bereit, bis ans Ende der Welt zu gehen, wenn ich dadurch verhindern kann, daß einer meiner Söhne, sei er Soldat oder Offizier, verwundet wird – ich sage verwundet, nicht getötet. Israel wird staunen, wenn es hört, daß ich bereit bin, in die Knesset zu kommen und das Gespräch mit ihnen zu suchen ...«

An diesem Tag ist Jossi Ciechanover, damals noch ein hoher Beamter im Verteidigungsministerium und Vertrauter Dayans, bei mir zu Gast. Wir sprechen über Sadats Rede. Ich glaube zwar nicht ernsthaft, daß er darauf eingeht, doch ich schlage ihm vor, Dayan anzurufen und ihm zu empfehlen, Sadat zu überrumpeln, indem er ihn beim Wort nimmt. Er solle ihn nach Jerusalem einladen. Sadat würde ablehnen und sein Gesicht verlieren, nicht wahr? Jossi weist meinen Vorschlag zurück. Er meint, das funktioniere nicht. Im nachhinein glaube ich, daß er vielleicht schon über die Geheimkontakte informiert war, die Israelis und Ägypter in Hinblick auf das, was zehn Tage später geschehen sollte, geknüpft hatten.

Ich erinnere mich genau: Es war ein Sabbat. Marion und ich waren zum Essen zu den Recanatis eingeladen. Doch wer wäre an diesem Tag zum essen gekommen? Mit verklärten Gesichtern sitzen wir vor dem Fernseher. Tränen laufen über unsere Wangen, und wir wischen sie nicht weg. In Israel war bereits die Nacht angebrochen. Der Flughafen von Lod war unwirklich hell beleuchtet. Alles schien wie ein Traum. Ägyptische Fahnen wurden aufgezogen. Von der israelischen Luftwaffe eskortiert, setzte die Maschine des Präsidenten zur Landung an. Wir unterdrücken jedes Geräusch in uns. Wir wagen kaum zu atmen. Jetzt bloß nicht aufwachen! Wir wollen es glauben. Wir wollen ganz sicher sein, daß es wahr ist. Die Tür des Flugzeugs geht auf. Steht hier wirklich Sadat, der Feind, der vier Jahre zuvor am höchsten Feiertag des Jahres, am Versöhnungstag, den Angriff auf den jüdischen Staat angeordnet hat? Er ist es. Langsam, würdevoll geht er die Treppen hinunter und an der Ehrengarde vorbei. Die Militärkapelle spielt die beiden Nationalhymnen. Jetzt begrüßt Sadat Ariel Scharon. Dann Ezer Weizmann, Golda ... Woran denkt sie in diesem Augenblick? Erinnert sie sich daran, was sie mir vor noch gar nicht so langer Zeit von ihrem Krankenbett aus gesagt hat? Sie meinte, sie wolle den Tag nicht mehr erleben, an dem Begin an die Macht käme. Und jetzt heißt Begin den Anführer und Oberkommandierenden der Feinde willkommen, um Frieden mit ihm zu schließen. Begin, der Mann der Rechten, und nicht sie, die einst für die Linke die Regierungsverantwortung trug ...

Stundenlang verfolgen wir die Direktübertragungen im Fernsehen. Berühmte Berichterstatter beschreiben, was sie sehen, und können es anscheinend nicht fassen. Wir hören die Kommentatoren, denen es die Sprache verschlagen hat und die sich hinter ihrer Ungläubigkeit verstecken. Ich schaue in die Gesichter der Menschen auf dem Bildschirm. Verblüffung und Nachdenklichkeit prägen die Züge der Unbekannten. Ich kann nirgendwo Haß, nicht einmal Argwohn entdecken. Ich muß zugeben, daß ich von dem Empfang des hohen Staatsbesuchs ebenso bewegt bin wie von seiner Ankunft. Schließlich befinden sich unter diesen unbekannten Gesichtern zweifellos Waisen, Witwen, trauernde Eltern, die ihre Kinder oder ihre nächsten Verwandten im Jom-Kippur-Krieg verloren haben, und dennoch begegnen sie Sadat nicht feindlich. Im Gegenteil, sie empfangen ihn wie einen von weither angereisten

Freund, wie einen Bruder, der ein gefährliches Gelände durchquert hat, um zu ihnen zu gelangen.

Ich bin stolz auf diese Menschen, bewegt von ihrer Menschlichkeit, ich bin ihnen dankbar dafür, denn sie sind das Herz unseres Volks.

Am nächsten Tag: Sadat besucht die Altstadt, Sadat betritt die El-Aqsa-Moschee, Sadat hält seine Rede vor der Knesset ...

Ich bewundere seine Eingebung und seinen Mut, und ich verbiete mir, an die möglichen Schwierigkeiten und die sicher auftretenden Hindernisse zu denken, die ihn und seine israelischen Zuhörer auf dem Weg der Versöhnung erwarten.

Wer lehrt uns, den Frieden so zu feiern, wie unsere Vorfahren den Krieg verherrlicht haben?

Kurz ein Sprung in die Zukunft: Mitte der achtziger Jahre bitte ich meinen Assistenten, Alan Rosen, an der Universität jemanden ausfindig zu machen, der unseren Studenten einen Vortrag über den Koran halten könnte. Er stellt mir eine fromme, junge Frau vor: Es ist Sadats Tochter Camilla. Sie wird bei mir ihre Doktorarbeit machen. Ja, die jüdische Geschichte ist voller Überraschungen...

Lassen Sie uns zurückkehren. Das Jahr 1977 hat schlecht begonnen. Im Januar hat die französische Regierung den palästinensischen Terroristen Abu Daud freigelassen, bevor Israel einen Auslieferungsantrag stellen konnte. Dieser Skandal löst in der ganzen Welt eine beispiellose Protestwelle aus. Nie zuvor war Frankreich so umstritten. Stimmen in Amerika fordern einen Boykott französischer Waren. Mit der finanziellen Unterstützung einiger Freunde veröffentliche ich einen offenen Brief an Valéry Giscard d'Estaing, den Präsidenten der Republik Frankreich, in Form einer Anzeige in der *New York Times:*

Verehrter Herr Präsident,

Da ich Frankreich liebe und sein Volk achte, fühle ich mich verpflichtet, Ihnen angesichts Ihrer Vorgehensweise im Fall Abu Daud meine Trauer und meine Empörung auszudrücken, die viele Amerikaner mit mir teilen. Zwar stamme ich aus Osteuropa, doch ich verdanke Frankreich mehr als meinem Vaterland. Ich verdanke ihm meine laizistische Bildung, meine Sprache und meine Berufung zum Schriftsteller.

Nach meiner Befreiung aus Buchenwald wurde ich in Frankreich mit Anteilnahme und Menschlichkeit aufgenommen. In Frankreich begegnete man mir großzügig und freundschaftlich. In Frankreich habe ich die andere, die leuchtende Seite des Menschen entdeckt.

Ja, ich war stolz auf Frankreich.

Frankreich verkörperte für mich die höchsten Werte der Menschheit in einer Gesellschaft, die steril und zynisch war. In Frankreich waren Rousseau und Bergson, Proust und Zola, Camus und Mauriac lebendig. Es war ein Symbol für eine Suche, die von der Idee der Gerechtigkeit und Brüderlichkeit beseelt war. In Frankreich, so sagte ich mir, ist Humanismus keine lächerliche Attitüde.

Ja, ich war stolz auf Frankreich.

Auf das Land der Revolutionen gegen die Tyrannei. Auf den Verbündeten der amerikanischen Unabhängigkeit. Auf den Botschafter der Menschenrechte. Auf die Zufluchtsstätte der Verfolgten. Auf seine großen Freiheitskämpfer. Auf die Résistance. Auf die Reaktionen in der Dreyfusaffäre. Keine andere Nation erfreute sich jemals eines solchen Ansehens. Keine andere Kultur wurde so schnell akzeptiert und in der ganzen Welt als beispielhaft gefeiert.

Und jetzt, Herr Präsident?

Was ist aus Frankreich geworden?

Seine moralische Vorreiterrolle hat es verloren, in den Augen aufrechter Menschen ist sein Ruhm umwölkt. Hat je ein Land in so kurzer Zeit so viel an Anerkennung verloren? Was ist aus Frankreich geworden?

Es hat seine eigenen Traditionen verraten.

Frankreich ist ebenso zynisch geworden wie der Rest der Welt.

Warum hat Ihre Regierung Abu Daud freigelassen?

Warum konnten Sie seine Freilassung nicht erwarten?

Er hat unter Eid falsche Angaben über seine Identität gemacht.

Warum hat man ihn nicht so lange in Verwahrung behalten, bis

Deutschland oder Israel die Beweise für seine Schuld hätten liefern können?
Warum wurde ihm erlaubt, Paris mit dem Flugzeug in einem bequemen Sessel erster Klasse zu verlassen, wohingegen elf israelische Sportler München in Särgen verließen?
Ihr Premierminister behauptet, die Gerichte seien nicht von politischen Erwägungen geleitet gewesen. Gibt es irgend jemanden in Ihrem Land, der das glaubt?
In meinem nicht.
In dem Land, in dem ich zu Hause bin, glauben wir, daß Frankreich schlicht und ergreifend und auf empörende Weise der Erpressung von Mördern, dem Geld der Ölhändler und der Aussicht auf den Verkauf von Kampfflugzeugen nachgegeben hat. Damit hat es den Witwen und Waisen der Opfer wissentlich einen Schlag versetzt und das Andenken an ihre Toten verhöhnt.
Wundert es Sie da, daß die Welt Sie dafür verachtet und schmäht?
Ihr eigenes Volk hat sich gegen Sie gewandt.
Sie mögen zwar Auschwitz besichtigt haben, aber Sie haben nichts daraus gelernt.
Im Grunde mußte man mit Derartigem rechnen. Unlängst hatten sich die Anzeichen dafür vermehrt.
Kränkende Erklärungen. Ironische Bemerkungen. Eine Wendung um hundertachtzig Grad in der Politik. Eigenartige Bündnispartner. Ungehaltene Versprechen. Einfuhrblockaden. Die Affäre von Cherbourg. Der Verkauf der Mirage-Flugzeuge. Die französische Regierung hat kaum eine Gelegenheit ausgelassen, ihre Feindschaft gegenüber Israel und dem jüdischen Volk zu zeigen.
Aus ideologischen Gründen?
Schlimmer noch: Um des Geldes willen.
Ja, Herr Präsident, früher war ich stolz auf Frankreich und auf das, was es verkörperte.
Ich bin es nicht mehr.

In größter Eile verfaßt, enthielt dieser Brief einen bedauerlichen Fehler, der durch die Nachlässigkeit eines Dokumentars der Anti Defamation League verschuldet war: Ich habe Frankreich zu Unrecht vorgeworfen, es habe sich seiner Stimme enthalten, als bei den Vereinten Nationen über die schändliche Resolution abgestimmt wurde, mit der man den Zionismus auf eine Stufe mit Rassismus stellte. In den späteren Veröffentlichungen habe ich diesen Fehler schleunigst korrigiert: Frankreich hatte gegen diese Resolution gestimmt.

1993: Auf einem Flug von Paris nach New York sitze ich neben dem ehemaligen Präsidenten der französischen Republik. Er fragt mich, an was ich arbeite. Ich erwidere: Ich bereite ein Buch mit meinen Erinnerungen vor. Dann füge ich hinzu: »Einige Seiten darin könnten Ihnen übrigens mißfallen.« Er möchte wissen, warum. Ich sage nur: »Abu Daud.« »Lassen Sie mich erklären«, antwortet er. »Wir waren bereit, ihn auszuliefern ... an Deutschland, denn dort hatte er sein Verbrechen begangen ... Doch Bonn wollte ihn nicht ...«

Ende 1995 melden die amerikanischen Zeitungen, Abu Daud habe seine Memoiren zu einem Höchstpreis verkauft. Darin gibt er zu, an der Ermordung der israelischen Sportler in München beteiligt gewesen zu sein.

Und was ist mit meinen »Werken«? Ich schreibe. Jeden Morgen verbringe ich mit Schreiben. Ich mache Aufzeichnungen, führe mein Tagebuch weiter. Ich nehme mir die Zeit dazu. Ich schlafe weniger. Ich lese viel. Im Flugzeug, im Auto. Ich lese, was in Frankreich und in Amerika auf den Markt kommt. Kaum einmal einen großen Roman, dafür aber gute Essays über die Geschichte der Gegenwart, besonders über Vichy. Die neuen Philosophen, die Dekonstruktion in der Literatur, die Semiotik. Denker fragen nach der Form ihres Denkens. Verwirrende Gedankenvielfalt bei den einen, zu durchsichtige Gebilde bei den anderen.

Schreiben, Lehren, Reden halten: Ich habe das Gefühl, in einem Räderwerk zu stecken, und komme nur schwer wieder heraus. Jeden Abend, jeden Morgen sage ich mir: Die Gefahr liegt in der Verzettelung, morgen werde ich aufpassen und meine Zeit besser einteilen. Ich muß es mir jeden Tag aufs neue sagen.

Es wird schwieriger und anstrengender zu schreiben. Ich werde auch selbstkritischer. Ich muß allein sein und Ruhe haben. Dann kann ich die Fallen, die sich hinter den Wörtern verbergen, besser erkennen. Es sind immer dieselben Fragen, dieselben Zweifel: Wie kann man etwas ausdrücken, für das es keine Worte gibt? Woran erkennt man, ob die Wörter eine Wahrheit übermitteln, wenn diese sie nur zum Schweigen bringen kann? Ich verwerfe einen Text, schreibe ihn noch einmal und fülle den Papierkorb mit verworfenen, für schlecht befundenen Fassungen. Werde ich hellsichtig genug sein, um zu sehen, wenn die Quelle ausgetrocknet ist? Unablässig schreibe ich die Seite neu, fünfmal, zehnmal, und am Ende bleibe ich beim ersten Entwurf. Um an ihm festzuhalten, mußte ich jedoch die anderen loswerden.

»Da verdroß mich das Leben«, sagt der Ekklesiast, »... denn es ist alles Windhauch und Luftgespinst. / Mich verdroß auch mein ganzer Besitz, für den ich mich unter der Sonne anstrenge und den ich dem Menschen lassen muß, der nach mir kommt ...« Und trotzdem empfand der von jeder menschlichen Unternehmung so enttäuschte Kohelet das Bedürfnis zu schreiben, zu fühlen, daß er lebte, um seinen Abscheu vor dem Leben auszudrücken. Kann man das Schweigen anders als mit Worten ausdrücken? Kann man die Erinnerung anders als durch das Zeugnis bewahren?

Wie viele Frühlinge bleiben mir noch bis zum langen Winter? Wie viele Versuche vor der erschreckenden Erkenntnis, gescheitert zu sein?

Die Literatur, die dem zwingenden Bedürfnis entspringt, ein Gefühl des Schreckens, des Staunens, der Reue oder der Verzückung in Worte zu fassen, steckt heute in einer ernsten Krise, die niemand leugnen kann. Es gibt wohl kein Land, in dem die Literaturzeitschriften diesen Befund nicht lautstark verkündet hätten, man hat der Literatur sogar den Tod bescheinigt, doch jetzt steht es wirklich ernst um sie: Wir können das Übel benennen, wir wissen, wo die Bruchstelle liegt.

Wenn der Mensch erlebt, wie ihm seine Sprache fremd wird, wenn der Satz und sein Inhalt nicht mehr zusammengehen, wenn – um Rabbi Israel von Rižin zu zitieren – das Gleichnis und der Sinn des Gleichnisses nichts mehr miteinander zu tun haben, zeigt sich darin, daß eine Tür geschlossen ist: Die Literatur als Möglichkeit der Seelenrettung oder des Überlebens oder einfach nur als Mittel der Selbstbefragung ist nicht mehr das, was sie einmal war. Wird sie es jemals wieder sein? Und wann?

Gehört das literarische Schaffen in den Bereich der Ästhetik oder in den der Ethik? Diese Frage ist so alt wie die Literatur selbst, wenn nicht gar noch älter: Der Ausdruck kommt vor dem Bewußtsein, das Schweigen kommt vor der Sprache. Wenn man dem Midrasch glauben darf, war schon Adam literarisch tätig, als er ein Lied für den Sabbat schuf. Hat aber Eva ihn nicht übertroffen, als sie ihm die Sache mit der verbotenen Frucht und der Schlange erzählte? Fest steht jedenfalls, daß das erste Paar in der Geschichte allen schöpferischen Menschen den Weg vorzeichnete: Schon sie konnten sich den ethischen Geboten nicht entziehen. Sobald der Mensch den Weg des Wissens beschreitet, muß er zwischen dem Guten und dem Bösen, zwischen dem Leben und dem Nichts wählen. Moses - der ein ebenso großer Schriftsteller wie Gesetzgeber war - riet seinem Bruder Aaron: *»Bein ha-Chajim we-ha-Metin«* - zwischen die Lebenden und die Toten zu treten -, dann wiche der Tod zurück. Aaron schnitt ihm den Weg zu den Lebenden ab. Der Schriftsteller schafft ein Band zwischen den Lebenden und den Toten, er schützt sie voreinander.

Ein Autor, der eine Geschichte erzählt, kann sich nicht mehr von ihr lösen. Er ist dafür verantwortlich, was aus ihr wird. Jeremias fühlt sich mitschuldig an der Zerstörung des Tempels; er zweifelt daran, die richtigen Worte gefunden zu haben, damit die Menschen sich bekehrten und der Befehl zurückgenommen würde.

Am YMHA, dem Jüdischen Kulturzentrum von New York, setze ich meine vier (1966 begonnenen) Vortragsreihen pro Jahr über die Bibel, den Talmud, den Chassidismus und die jüdische Tradition im allgemeinen fort.

Ich erinnere mich noch, wie es war, als ich damit anfing. Man hatte zwei Vorträge angekündigt. Den ersten hielt die Schriftstellerin Jean Sheppard, den zweiten ich. Die meisten waren gekommen, um sie zu hören: Nach dem Applaus gingen sie in der Pause. Was soll's, sagte ich mir, um mir Mut zuzusprechen, als ich in die unerfreulich lichten Reihen des Saals blickte, in dem nur noch einige Freunde und vereinzelte Unbekannte sitzen geblieben waren. Dann werde ich künftig eben nicht mehr eingeladen …

Aber im Grunde bedauerte ich es innerlich sehr, denn das YMHA ist eines der anerkanntesten Kulturzentren von New York. Hier haben sich die bedeutendsten kulturellen Persönlichkeiten vorgestellt. Ich würde nicht dazu gehören. Nun denn, beenden wir dieses Kapitel schnell.

Schicksalsergeben betrete ich das Podium. Ich nehme Platz und lese auf französisch ein paar Seiten aus *Die Juden in der UdSSR*. Spricht jemand Französisch im Saal? Ist doch ganz gleich, sie werden ohnehin nicht bis zum Ende bleiben. Ich lese einen Abschnitt aus *Gezeiten des Schweigens* auf englisch und mache Anmerkungen dazu. Gott, laß diese Marter schnell vorüber sein! Ich möchte schleunigst zu einem Schluß kommen. Um zu zeigen, wie sehr mir die Stille am Herzen liegt, komme ich auf Beethoven zu sprechen, von dem es heißt, er habe nicht nur seine Symphonien, sondern auch die Stille nach ihnen komponiert.

Uff, es ist geschafft.

Irrtum: Jetzt fängt es erst an. 1996 feiere ich mein dreißigstes Vortragsjahr am YMHA. Insgesamt habe ich einhundertzwanzig Vorträge gehalten, und niemals denselben.

Doch lassen Sie uns nicht zu weit vorauseilen. Wir sind noch immer bei der Wende des Jahrzehnts. Ich reise mehr als zuvor. Nicht übermäßig, doch es genügt, um mich zu ermüden, mich klüger zu machen und mir das zusätzliche Einkommen zu verschaffen, das unser Haushalt braucht. Reden vor jüdischen Gemeinden, Lesungen und Seminare an Universitäten. Ich trete viel in der Öffentlichkeit auf. Für die Studenten der Judaistik gebe ich Seminare am Raschi-Zentrum (dem besten jüdischen Kulturzentrum Europas) und an der Sorbonne: Wenn ich in der Aula, in der ich meinen Lehrern einst wißbegierig lauschte, Vorlesungen über Rabbi Nachman oder Elisha ben Abuja halte, verhehle ich meine tiefe Rührung nicht. Ich wundere mich über jede Einladung: Warum soll ausgerechnet ich da oder dorthin kommen? Was habe ich denn all den Fremden zu sagen? Ich rede zwar, aber man hört einem anderen zu. Trotz meiner

Erfahrung werde ich mein Lampenfieber nicht los. Ich tue mein möglichstes, um es zu verbergen, doch dadurch wird meine Migräne nicht besser. Ich mache weiter. Offenbar zählt hier das gesprochene Wort mehr als das gedruckte. Vor jeder Rede sage ich mir die Worte der Alten vor, die der viel zu früh verstorbene Saul Lieberman so gern zitierte: »Der Mensch braucht drei Jahre, um Sprechen zu lernen, und siebzig Jahre, um Schweigen zu lernen.«

Über wie viele Worte verfügt ein Mensch, bevor er sein letztes ausspricht?

Ein Mann, der sich für tot hält, und der Schatten, der ihn ans Leben fesselt:
»Erinnerst du dich?«
»Natürlich erinnere ich mich.«
»An alles?«
»Alles ist ein großes Wort. Kein menschliches Wesen ist fähig, alles aufzunehmen. Sein Gedächtnis würde platzen.«
»Du wählst also aus?«
»Ja, ich wähle aus. Ein Gesicht, einen Schrei.«
»Und die anderen?«
»Ich sage ihnen, daß …«
»Was sagst du ihnen?«
»Daß ich zu schwach bin, um …«
»Schämst du dich nicht?«
»Doch, ich schäme mich.«
»Hast du keine Angst?«
»Doch, ich habe Angst.«
»Dann ändere dich!«
»Es ist zu spät, um mich zu ändern.«
»Nur die Toten ändern sich nicht mehr.«
»Richtig.«
»Sieh mich an.«
»Ich sehe dich an.«
»Habe ich mich verändert?«
»Nein, du hast dich nicht verändert.«
»Also siehst du einen Toten.«
»Ja, ich sehe einen Toten.«

»Ich auch. Ich sehe ebenfalls einen Toten. Wir sind beide Tote, die einen Toten betrachten.«

»Bist du vielleicht verrückt?«
»Schon möglich.«
»Du bist jung und redest wie ein Greis.«
»Die Jungen lieben es, wie Alte zu erscheinen. So sind sie jung genug, um sich des Lebens zu erfreuen, und alt genug, um die Nichtigkeit der Freude anzuprangern.«
»Und trotzdem.«
»Was trotzdem?«
»Auch ich habe Kinder gekannt, die nicht mehr jung waren, und Greise, die noch keine zehn Jahre zählten.«
»Soll ich jetzt weinen?«
»Nein, das sollst du nicht, das wollte ich nicht.«
»Was willst du dann?«
»Du sollst mich nicht mehr ansehen.«

POLITISCHES ENGAGEMENT UND ZEITGESCHEHEN

> Im Traum suche ich meinen Vater, der niemanden mehr sucht. Ich sehe ihn mit dem Rücken an die Friedhofsmauer gelehnt. Als er mich entdeckt, beginnt er leise zu weinen wie ein Kind. Er wird zu einem Kind, kommt zu mir und legt seinen Kopf auf meine Knie.
> Die Morgendämmerung zieht herauf. In der Ferne treten ein paar schemenhafte Gestalten aus den Unterständen. »Komm«, sage ich zu meinem Vater, »wir gehen mit ihnen«. Sie führen uns in die große, hellerleuchtete Synagoge. Ein Unbekannter geht voraus und löscht die Kerzen. Jetzt ist es wieder dunkel. Ich weiß nicht mehr, wo ich bin. »Papa«, rufe ich leise, »wo bist du?« Er saugt die kühle Friedhofsluft ein und beugt sich vor, als wollte er den Lehmboden betrachten. Ich kann sein Gesicht nicht mehr erkennen. Trotzdem weiß ich, daß er es ist. Aber ich weiß nicht mehr, wer ich bin.

Ein jüdischer Schriftsteller, der sich politisch engagiert, ist Thema des Romans *Testament eines ermordeten jüdischen Dichters.* Es ist kein Bildungsroman und auch kein Erlebnisbericht. Nein, mein Held, der kommunistische jüdische Dichter Paltiel Kossover, ist nicht mit mir gleichzusetzen. Ich muß wohl nicht mehr darauf hinweisen, daß mich der Kommunismus nie angezogen hat. Ich war nie Soldat der Roten Armee und schon gar nicht Gefangener des NKWD. Aber das Schicksal Paltiels hat mich seit meiner ersten Reise in die UdSSR 1965 gefesselt und bis 1979 nicht mehr losgelassen. Anders ausgedrückt: Es hat mich fast anderthalb Jahrzehnte fortwährend beschäftigt. Ich wollte die Wandlungen dieses Mannes verstehen: Wie kommt es, daß ein junger Talmudschüler von heute auf morgen ein begeisterter Anhänger Marx' und Lenins wird? In diesem

Roman wird der Holocaust fast nicht berührt: Nur auf einer halben Seite beschreibe ich, wie Paltiel nach Majdanek kommt. Ist er dort wieder zum Juden geworden? War er es denn zu irgendeinem Zeitpunkt nicht mehr? Ich würde sagen: Er hat als Kommunist gelebt, aber er ist als Jude gestorben.

Dieser Roman liegt mir ganz besonders am Herzen. Vielleicht mache ich mir etwas vor, aber ich glaube, mit ihm habe ich die Seele und das Bewußtsein des an den äußersten Rand des Judentums gedrängten oder verbannten Juden am tiefsten durchdrungen.

Für das Porträt Paltiel Kossovers habe ich mich an den Lebenswegen der jiddischen Schriftsteller Peretz Markisch und Der Nister orientiert, die beide im August 1952 auf Befehl Stalins hingerichtet wurden.

Eines Tages spricht mich nach einer Vorlesung über Rabbi Akiba an der Genfer Universität ein schüchterner junger Hochschullehrer an, der ein bemerkenswertes Werk über *Erasmus und die Juden* verfaßt hat. »Ihrem Roman entnehme ich, daß Sie meinen Vater gekannt haben«, sagt Simon Markisch, Peretz' Sohn. Er hat in der Figur des Paltiel Kossover seinen Vater wiedererkannt. Gerührt antworte ich ihm: »Es tut mir leid, ich kenne und bewundere das Werk Ihres Vaters, aber ich hatte nie das Glück, ihm zu begegnen.« Später verbringen wir viele Stunden im Gespräch. Er bestätigt alle Vorstellungen, die ich mir über die inneren Konflikte eines jüdischen Schriftstellers gemacht hatte, der sich nach Gerechtigkeit sehnt, aber in einer Gesellschaft leben muß, in der eine verhängnisvolle Rechtlosigkeit herrscht.

Immer mehr lasse ich mich vom aktuellen Zeitgeschehen in Anspruch nehmen. Ich gehöre verschiedenen Komitees und Verbänden an, die sich für die Menschenrechte einsetzen, gegen Rassismus und Antisemitismus, gegen religiöse und soziale Unterdrückung kämpfen. Als Jude gilt meine Unterstützung natürlich besonders den unter Verfolgungen leidenden jüdischen Gemeinden. Ich habe bei der Verleihung des Nobelpreises darauf hingewiesen, daß ich mich den Problemen der Juden zwar vorrangig, aber nicht ausschließlich widme. Das bringt mich oft in eine verzwickte Lage.

Einerseits will ich mich nicht verzetteln, andererseits fällt es mir schwer, unter den vielen Anliegen auszuwählen. Zu viele Gefängnisse sind mit politischen Gefangenen überfüllt. Zu viele Völker leiden unter Hunger und Krankheiten. Wie könnte man denjenigen eine Bitte abschlagen, die sich bemühen, ihnen zu helfen? Treffen und Versammlungen zugunsten ethnischer und religiöser Minderheiten, Bittschreiben und Reden zur Rettung unschuldiger Opfer auf allen fünf Kontinenten. »*Lo taamod al dam reacha* ... – Bleibe nicht unberührt, wenn deinesgleichen Blut vergossen wird«, so lautet das Motto, unter dem ich mein Leben führe. Dieses Gebot ist auch im übertragenen Sinn zu verstehen. Gleichgültigkeit macht schuldig, und zwar unter allen Umständen. Camus sagte, keinen Standpunkt zu beziehen, sei auch ein Standpunkt. Als Moses einen Hebräer verteidigte, den erst ein Ägypter und am nächsten Tag ein anderer Hebräer schlug, gab er sich als Jude – und als Mensch – zu erkennen. Als unbeteiligter Beobachter wäre er nicht Gottes Prophet und der Führer seines Volks geworden.

Ich weiß nicht mehr, wie viele Veranstaltungen es Ende der sechziger Jahre in Paris in der Mutualité für die russischen Juden gegeben hat. Ich gehe jedesmal hin, wenn ich eingeladen werde. Ich würde überall für sie hingehen: Meine Zeit gehört ihnen. Eines Abends lese ich auf dem Rednerpult eine Botschaft, die ein unbekannter Student 1968 an den Autor von *Das Sein und das Nichts* gerichtet hat: »Sartre, faß dich kurz!« Ich weiß nicht, ob Sartre der Aufforderung gefolgt ist, da ich am liebsten vorzeitig zum Ende komme, schwöre ich mir, nicht weitschweifig zu sein. Ich sage einfach nur, daß die jungen Moskauer Juden verrückt sind, vollkommen verrückt: Bilden sie sich wirklich ein, sie könnten mit ihren Gesängen und Tänzen die Sowjet-Diktatur in die Knie zwingen? Bilden wir in Frankreich und in den Vereinigten Staaten uns ernsthaft ein, wir könnten der Politik Leonid Breschnews eine andere Richtung gegen? Sind wir unverzeihlich dumm oder einfach nur naiv? Manchmal denke ich, daß der große Moses Maimonides recht gehabt hat: Ohne die Narren gäbe es die Welt nicht mehr. Dem Herrn sei Dank, daß er dem Menschen den Hunger und das Verlangen nach Narretei gegeben hat.

Ein junger Student im Saal ist besonders beeindruckt von meinem

Ruf »Die jungen Juden in Moskau sind verrückt!« Es ist Raphy Marciano, der künftige Leiter des Raschi-Zentrums und des größten jüdischen Gemeindezentrums in Paris.

Die Befreiung der russischen Juden ist das dringendste Anliegen geworden, für das ich mich einsetze. Aber nicht nur sie brauchen Unterstützung. Überall auf der Welt gibt es Juden ... und das ist, wie ich zugeben muß, mein Schwachpunkt. Sie müssen nur oft genug wiederholen, daß sie meine Hilfe bräuchten, und schon gebe ich nach. Dabei weiß ich im Grunde meines Herzens, daß es falsch ist, immer nachzugeben, ich weiß sogar, daß sie es auch wissen. Was sie sagen, um mich zu überreden oder zu überzeugen, haben sie auch anderen gesagt und werden sie noch anderen sagen. Ich rede mit ihnen, ich erfinde umständliche, schlechte Ausreden, und letzten Endes gebe ich jeden Widerstand auf. Das ist einfacher und erfordert weniger Zeit.

Unter dem Vorsitz von André Lwoff und Raymond Aron (aber vorbereitet und organisiert von Meir Rosenne, dem künftigen Botschafter Israels in Paris und in Washington, und dem Anwalt Robert Parienti vom Weizmann-Institut) findet in Paris eine große Veranstaltung statt, um gegen die UNESCO zu protestieren, die eine Politik der Diskriminierung und des Ausschlusses gegenüber Israel betreibt. Der Geiger Isaak Stern, der ehemalige Minister Abba Eban, der Pianist Arthur Rubinstein, der Schriftsteller Manès Sperber, der peruanische Romancier Mario Vargas Llosa, Pater Halvar Rieber-Mohn und Lars Langslet aus Oslo sowie Delegierte aus rund zwanzig Ländern nehmen daran teil. In hitzigen Reden empören sich Schriftsteller und Wissenschaftler mit den unterschiedlichsten kulturellen Horizonten darüber, daß eine weltweite Kulturorganisation die Ideale verrät, denen sie eigentlich verpflichtet ist.

Als mir das Wort erteilt wird, fällt mir plötzlich zwischen zwei Sätzen, die nichts Neues sagen, eine verrückte, aber »pragmatische« Idee ein, die ich ohne Umschweife weitergebe: »Wir sollten eine feierliche Resolution verabschieden, in der wir erklären, daß die Gruppe der hier Versammelten ab sofort alle Rechte und Pflichten der UNESCO übernimmt und an ihre Stelle tritt.« Und mit gespielter Selbstsicherheit füge ich hinzu: »Wir haben viele aufrichtige Wissenschaftler, große Schriftsteller und sicher auch Musiker auf unserer Seite. Was bedeutet dies anderes, als daß wir die UNESCO sind? In den Vereinigten Staaten wird zur Zeit ein harter Wahlkampf geführt, es dürfte uns nicht schwerfallen, vom Kongreß jene Gelder zu erhalten, deren Auszahlung an die UNESCO er bislang verweigert ...«

Es sollte ein Scherz sein. Aber einige Teilnehmer nahmen mich beim Wort. Eban griff ein und sprach sich aus politischen Gründen gegen den Plan aus. Andere baten um Bedenkzeit. Raymond Aron trat auf dem Flur an mich heran: »Wollen Sie wirklich an Ihrem Vorschlag festhalten? Für diese Art von Tätigkeit sind wir doch gar nicht gerüstet ...« Ich beruhige ihn. Lachend dankt er mir. Eine Stunde später erhalte ich den Anruf eines Freundes und engen Mitarbeiters des UNESCO-Generaldirektors M'Bo: »Überstürzen Sie bloß nichts! Ein solches Abenteuer könnte uns alle in den Untergang führen ... Lassen Sie uns verhandeln ... Wir werden schon zu einer Übereinkunft kommen ...« Ich schwöre mir, um nichts auf der Welt in die Politik zu gehen: Man kann nicht einmal einen Witz machen, die abwegigsten Ideen werden für bare Münze genommen ...

Dieselbe Gruppe Intellektueller wird später eine Veranstaltung zur Rettung der Juden in einigen arabischen Ländern organisieren. Dieselben Teilnehmer, dieselben Argumente. »Fangen wir als noch einmal von vorne an?« frage ich Raymond Aron. »Nein«, antwortet er, »wir machen nur weiter. Schließlich haben doch die anderen wieder angefangen ...«

Mein Eintreten für Abraham Serfati hat bei mir einen bitteren Nachgeschmack hinterlassen. Anfang der achtziger Jahre bittet mich Tahar Ben Jelloun, meinen Einfluß in den Vereinigten Staaten geltend zu machen, um den jüdischen Kommunisten, der ein politischer Gefangener des Königs von Marokko ist, frei zu bekommen. Ich spreche im engeren Kreis um Präsident Carter über den Fall, rede mit Senatoren und befreundeten Journalisten, doch ihre Bemühungen sind vergeblich. Rabat weigert sich hartnäckig, auch nur die Haftbedingungen Serfatis zu erleichtern. Seine späte Freilassung 1991 hat nichts mehr mit meinem Engagement zu tun. Dessen ungeachtet habe ich mich sehr für ihn gefreut, wenngleich ich seine politischen Vorstellungen überhaupt nicht teile. Er folgt einem anderen Ideal, doch ich bewundere ihn für seine Beharrlichkeit und seine Charakterstärke. Kurz darauf lese ich seine Erklärung zu Israel und zum Zionismus. Darin schreibt er: »Israel und das jüdische Volk sind ein Staat und ein Volk aus mythischer Vorzeit. Die westliche Linke macht sich Illusionen: Man muß den Zionismus bekämpfen, um zum Frieden zu gelangen.«

Hätte ich jemals versucht, meine Beziehungen in Washington zu seinen Gunsten spielen zu lassen, wenn ich seine anti-israelischen Ansichten gekannt hätte? Ich hoffe, ich belüge mich nicht selbst, wenn ich diese Frage mit Ja beantworte. In mir sträubt sich alles gegen willkürliche Verfolgung, gegen Schmach und Eigenmächtigkeit. Ob mir die Ideologie Serfatis gefällt oder nicht, hat nichts mit der Pflicht zu tun, gegen die offenkundige Verletzung seiner Menschenrechte zu kämpfen.

Trotzdem bin ich ein wenig enttäuscht.

1980 befand ich mich nach dem jüdischen Kalender am 18. Tag des Monats Schiwat, dem Todestag meines Vaters, bei brütender Hitze in einem staubigen Dorf namens Aranyaprathet an der Grenze zwischen Thailand und Kambodscha und suchte verzweifelt neun Juden. Denn es mußten zehn Männer zusammenkommen (ein Minjan), um gemeinsam das Kaddisch für ihn zu sprechen.

Ich war dort einige Tage zuvor angekommen, um an einem Marsch für das Überleben in Kambodscha teilzunehmen, den das International Rescue Committee und andere Menschenrechtsorganisationen veranstalteten. Ungefähr hundert Männer und Frauen vertraten die Vereinigten Staaten und Europa. Es waren Intellektuelle, Parlamentarier, Vorkämpfer für die Menschenrechte (wie Bayard Rustin), Film- und Popstars (die stets großzügige Liv Ullman, die rastlos engagierte Joan Baez) und Journalisten, unzählige Journalisten. Wie sollte ich herausfinden, wer mir bei der Lösung »meines« Problems behilflich sein könnte?

Ich hätte gern meinen Gefährten aus den Lagern befragt, Reb Menasche Klein, den Leiter einer Jeschiwa in Brooklyn. Was hätte er in diesem Fall getan? Auf die Frage, ob man das Gebet aufschieben dürfe, hätte er mir geantwortet: »Was hast du am Tag, an dem du in der Synagoge sein solltest, in einem so fernen Land zu suchen?«

Ich kenne Reb Menasche. Für ihn hat ein jüdisches Gebet oder eine Seite aus der Mischna immer Vorrang.

Meine Rechtfertigung: Wenn Menschen leiden, habe ich kein Recht, mich abseits zu halten. Hätte ich mich vielleicht weigern sollen, dorthin zu gehen, wo die unglücklichen Flüchtlinge vor den Massakern in Kambodscha an Hunger und Krankheiten sterben? Ich habe die Skelette mit den verrückten, von Angst und Schrecken umschatteten Augen im Fernsehen gesehen. Alle hatten Eltern, Geschwister oder Kinder zurückgelassen, die in den Gefängnissen gefoltert und getötet worden waren. Ich sah sie mir sehr genau an und entdeckte in ihren Blicken die Spuren ihrer fanatisierten Folterer. Pol Pot und seine Helfershelfer von der Angkar glaubten, sie könnten die Geschichte auf den Nullpunkt zurückführen, den Preis dafür mußten Unschuldige bezahlen.

Seit Kriegsende haben nur wenige Tragödien oder Verbrechen solchen Abscheu in der westlichen Welt hervorgerufen. Mit den Greueltaten der Roten Khmer an ihren eigenen Brüdern war ein bislang unbekannter Grad an Grausamkeit in den blutigen Annalen des Kommunismus erreicht. Im Namen einer angeblich fortschrittlichen, perversen Ideologie ist ein ganzes Land in ein Schlachthaus mit verriegelten Türen verwandelt worden.

»Sie hier?« fragte Henry Kamm, ehemaliger Flüchtling aus Österreich, Träger des Pulitzerpreises und berühmter Korrespondent der *New York Times*. Eine rhetorische Frage mit deutlicher Betonung auf dem »Sie«, die keiner Antwort bedurfte, denn er wußte genau, daß ein Jude wie ich oder wie er selber mit seinen Erfahrungen und seinen Erinnerungen nicht zu Hause bleiben konnte angesichts des Hilfeschreis einer solchen Masse von Menschen. Man könnte einwenden, uns habe doch auch niemand die Hand gereicht, als mein Volk und ich so dringend Hilfe benötigten ... Das ist richtig. Und trotzdem! Die Umkehrung des Arguments ist meine Antwort an Henry: Gerade weil sich alle von uns abgewandt haben, bin ich es mir schuldig, hierherzukommen und zu versuchen, den Opfern der amerikanischen Bombardements und der vietnamesischen

Gewehre zu helfen, erst recht aber jenen tausendmal mehr Opfern, die von ihren eigenen Landsleuten, denen der Unterricht Pol Pots die Lehren Moses', Jesus, Mohammeds und Buddhas ersetzt hatte, noch tausendmal grausamer behandelt wurden. Seit der Entdekkung der Massengräber in Kambodscha spürte ich das Bedürfnis, den Überlebenden zu sagen: Wir sind Juden, und deshalb verstehen wir euch, wir werden versuchen, euren Schmerz zu teilen. Als Juden verstanden wir ihre Trauer und ihre Not, denn obwohl diese Tragödie andere Gründe und Ursachen hatte als die Tragödie unserer Generation - ich werde es bis an mein Lebensende wiederholen: Der Holocaust kann als Anhaltspunkt dienen, aber nicht für Vergleiche -, erinnert uns ihr Leiden an die Zeit, als wir Juden auf eine noch größere, stärkere und umfassendere Mauer aus Gleichgültigkeit stießen.

Nun bin ich also in Thailand, im Grenzgebiet zum noch immer abgeriegelten Kambodscha, mache Station in Aranyaprathet, wo hilfsbereite Männer und Frauen versuchen, Flüchtlinge zu ernähren, zu heilen und zu trösten - und bemühe mich, ein Minjan zusammenzubekommen, denn von allen Tagen des Jahres besitzt der 18. Tag des Monats Schiwat für mich eine besondere Bedeutung und birgt Erinnerungen, die mit niemandem geteilt werden können.

Wie oft bin ich in den vielen Jahren auf zugleich objektive wie psychologische Hindernisse gestoßen, wenn ich das Kaddisch aufsagen sollte. Ich fragte mich, wie ein Mensch den Namen des Herrn preisen könne, solange er noch dem Totenreich angehört. Verdiente es dieser Name überhaupt, ausgesprochen zu werden? Und der höchste Richter, es zu hören? An diesem Tag erinnere ich mich intensiver denn je an die von Schmerz und Angst verzerrten Gesichtszüge meines Vaters. Ich sehe auch andere Väter und andere Kinder, ich sehe sie aus ihren Gräbern in den weiten, offenen Himmel aufsteigen und frage mich: Wer wird für sie das Kaddisch sprechen?

Es war wirklich nicht einfach, die neun Männer um mich zu versammeln, die ich für einen improvisierten Gottesdienst benötigte, aber es gelang: Henry Kamm, der Rabbiner Marc Tanenbaum, der sephardische Schriftsteller Guy Suarès, der junge Philosoph Bernard-Henri Lévy, einige israelische Ärzte ... Wenige Schritte von der kambodschanischen Grenze entfernt beten wir im lärmenden Getöse eines Flüchtlingslagers das Mincha. Ich spreche mit zitternder Stimme das Kaddisch.

Plötzlich höre ich, wie ein junger Arzt hinter mir meine Worte aufgreift und wiederholt, jene Worte, mit denen wir den unermeßlichen, heiligen Namen des Erhabenen loben und preisen. Dem jungen Juden stehen dabei Tränen in den Augen. Nach dem Gottesdienst frage ich ihn:

»Für wen sprechen Sie das Totengebet?«

Wortlos sieht er mich an.

»Für Ihren Vater?«

»Nein.«

»Für Ihre Mutter?«

»Auch nicht.«

Er wird nachdenklich, dann streckt er seinen Arm zur kambodschanischen Grenze hin aus und sagt:

»Für sie!«

Ich denke an den Ausspruch eines Weisen aus dem Talmud: »Du kannst stolz auf deine Nachkommen sein, Abraham. Denn siehe: Sie vergessen niemanden.«

Auf einer Hilfsmission an der Grenze zu Nicaragua: Wir wollen Miskito-Indianer treffen, die vom Regime Daniel Ortegas aus ihrer Heimat vertrieben wurden und in einer Gesellschaft, die eine Politik der Abstumpfung und der selektiven Solidarität betreibt, in Vergessenheit geraten sind.

Es ist nicht einfach, zu ihnen zu gelangen. Es ist weit, umständlich und anstrengend. Es gibt keine direkte Flugverbindung. Der Flug New York – Tegucigalpa macht eine Zwischenlandung in Miami. Auf Bitten John Silbers (von der Boston University) begleitet mich Professor Joachim Maître, er kennt die Gegend und die Leute, die wir treffen wollen. Geheime Unterredungen mit ausländischen Diplomaten im Halbdunkel mehr oder weniger anrüchiger Restaurants in der Hauptstadt von Honduras. Dann im Kanu oder Kajak durch den Dschungel (dabei bin ich sogar in meinem eigenen Wohnviertel orientierungslos, und schwimmen kann ich auch nicht …)

Warum hat das prokommunistische Regime harmlose, friedliche Indianer umgesiedelt? Weil sie zu nahe an der Grenze lebten? Ist das ein Grund, sie aus ihrem angestammten Lebensraum zu vertreiben? Noch schlimmer aber ist, daß viele Vorkämpfer für die Menschenrechte lieber ihren Blick davon abwenden. Warum? Weil Daniel Ortega ausgesprochen anti-amerikanisch, also anti-imperialistisch, antikolonialistisch und deshalb unangreifbar ist?

Trotzdem ist es den Miskito-Indianern gelungen, einige Journalisten und linke Intellektuelle in Europa und Amerika aufzurütteln. Diese wiederum üben Druck auf ihre jeweiligen Regierungen aus. Ich spreche mit François Mitterrand über das Problem. Er hört gut zu. So gut, daß das Regime sie schließlich wieder in ihre alte Heimat zurückführt.

»Das Kaddisch-Gebet ist schön, nicht wahr?

»Sehr schön. Es ist der Gesang der Erinnerung bei den Juden.«

»Singst du ihn, weil du gerne singst oder weil du dich gerne erinnerst?«

»Beides.«

»Das Kaddisch erinnert daran, daß man irgendwoher kommt, daß man nicht aus dem Nichts geboren wurde.«

»Ich weiß, woher ich komme und wem ich mein Leben verdanke.«

»Sprichst du das Kaddisch, um dich an deinen Vater zu erinnern?«

»Nicht nur an meinen Vater.«

»Sprichst du das Kaddisch, weil du das Bedürfnis hast, dich zu unterwerfen?«

»Das Kaddisch bedeutet für mich keine Unterwerfung. Außerdem bin ich nicht fromm.«

»Ist das Kaddisch nicht mit dem Tod verknüpft? Und ist der Tod keine Unterwerfung?«

»Ich sage dir doch: Das Kaddisch hat nichts mit dem Tod zu tun.«

»Nur mit Gott?«

»Und mit seinen Waisenkindern.«

»Wer sind sie?«

»Das waren wir. Und ihr seid es noch.«

»Und Gott? Ist er auch ein Waise?«

»Er vor allen anderen.«

Meine außerliterarischen Aktivitäten nehmen mich immer mehr in Beschlag und beanspruchen meine ganze Energie, aber ich gestehe mir nicht das Recht zu, mich ihnen zu entziehen. Zwar bleibt mir weniger Zeit, um mich meinen Romanen zu widmen, aber selbst für Schriftsteller gibt es wichtigere Dinge als die Literatur. Das zeigt sich in aller Deutlichkeit 1982, als ich meine Teilnahme an einem Kolloquium absage, obwohl es meinen literarischen Interessen sehr nahe ist. Das Kolloquium zum Thema Völkermord ist von zwei israelischen Psychiatrie-Professoren, Shamai Davidson und Israel Czerny, organisiert worden und soll unter meinem Vorsitz Anfang Juni in Tel Aviv stattfinden. Alle Vorbereitungen sind getroffen. Wissenschaftler und Historiker mehrerer Kontinente haben unsere Einladung angenommen. Auch Armenier sind darunter. Und zu einem Thema, das sie unmittelbar betrifft, haben sie natürlich ihre eigenen Vorstellungen. Wie hätten sie auch die Massaker an ihren Eltern und Großeltern durch die türkische Armee vergessen sollen? Doch im allerletzten Moment stoßen wir auf ein unerwartetes Hindernis. Auf Druck der türkischen Regierung wird mir von hohen israelischen Beamten zuerst geraten, dann zur Bedingung gemacht, die Einladung an die Armenier wieder zurückzuziehen. Ich lehne das Ansinnen ab, denn das hieße, sie herabzuwürdigen. Ich bin dagegen, Menschen zu demütigen, es ist Blasphemie, es ist Schändung und Selbsterniedrigung. Es bedeutet, sich Rechte anzumaßen, die zur Verdunklung anstatt zur Aufklärung beitragen. Nicht einmal Gott demütigt seine Geschöpfe, selbst dann nicht, wenn er sie bestraft. Aber der Druck wird stärker. Man gibt mir zu verstehen, daß sich die israelisch-türkischen Beziehungen ernsthaft trüben könnten, wenn auch nur ein Armenier an der Konferenz teilnähme. Und daß die Juden in einigen arabischen Ländern unter den Folgen zu leiden hätten. Ja, nicht nur dort, sondern auch in der Türkei, wie mir von jüdischen Abgesandten aus Istanbul persönlich bestätigt wird. Man zeigt mir Dokumente, die keinen Zweifel daran lassen. Ich finde das Verhalten der türkischen Regierung unerhört, aber ich bleibe bei meiner Ablehnung, die Würde der eingeladenen armenischen Wissenschaftler zu verletzen. Schließlich trete ich vom Vorsitz zurück. In einem Interview mit einem Korrespondenten der *New York Times* erkläre ich dazu: »Das Leben ganz gleich welches

Menschen ist mehr wert als alles, was über das Leben von Menschen geschrieben wurde.«

Eine Woche vor Eröffnung der Tagung bricht der Libanon-Krieg aus. Ich schlage den Veranstaltern deshalb vor, den Kongreß nach Paris oder Amsterdam zu verlegen. Und die Armenier? fragen sie mich. Wir gehen natürlich davon aus, daß sie kommen. Wenn das Kolloquium nicht mehr in Israel stattfindet, ist auch keine Einmischung durch die israelische Regierung mehr möglich. Aus technischen und vor allem finanziellen Gründen wird mein Vorschlag nicht aufgegriffen. Die Konferenz findet statt wie vorgesehen. Aber viele der geladenen Wissenschaftler bleiben ihr fern.

Dieses eine Mal versandet mein Engagement in Untätigkeit.

In mir bleibt das Gefühl einer Niederlage zurück. Habe ich richtig gehandelt, oder hätte ich dem Druck aus Israel mehr Widerstand entgegensetzen sollen? Wie schwer wiegen die Drohungen aus Ankara? Ein Zweifel keimt in mir: Die moralischen Standpunkte der Juden in der Diaspora sind nicht zwangsläufig dieselben wie die der israelischen Juden. Und wenn sie jetzt schon unterschiedlich sind, werden sie dann eines Tages völlig auseinanderklaffen?

Der Libanon-Krieg führt überall auf der Welt zu einem Klima des Hasses gegen Israel. Mitte Juni (also noch vor den Massakern von Sabra und Schatila) bin ich auf der Durchreise in Paris. Auf Betreiben Monique Atlans, die das Kulturressort des Fernsehsenders Antenne 2 leitet, werde ich als Gastkommentator zu den 13-Uhr-Nachrichten eingeladen. Ich soll für mehr Objektivität sorgen und ein Gleichgewicht zu der anti-israelischen Stimmungsmache in den Medien schaffen. Ich will mein Bestes dafür tun und frage: Warum wird die Trauer Israels, die Trauer der Menschen in Israel, nie in den Medien erwähnt? Ich spüre, die Botschaft kommt nicht an. Als ich vom Podium steige, werde ich von einem wutentbrannten, bärtigen Reporter angesprochen: »Das hättest du heute nicht tun dürfen …« Ich verstehe ihn nicht. Was hätte ich nicht tun dürfen? »Du hättest Israel nicht verteidigen dürfen. Es wäre deine Pflicht gewesen, Israel und die israelischen Machenschaften anzuprangern und für die Opfer auf der Seite der Araber Partei zu ergreifen!« 1967 galt dieser Journalist – Julien Besançon – als zuverlässiger Freund und Bewunderer Israels; damals hatte er eine sehr schöne Reportage über den Sechs-Tage-Krieg geschrieben.

Auch in Amerika werden Stimmen gegen Israel laut, die Kampagne nimmt an Schärfe zu. Arthur Herzberg, ein konservativer Rabbiner, der es den amerikanischen Juden nie verziehen hat, daß sie ihn nicht zu ihrem König gekrönt haben, startet am Tag vor Jom Kippur unter der Überschrift: »Begin muß gehen« einen heftigen Angriff in der *New York Times.* Als Ankläger und Richter zugleich macht er kurzen Prozeß mit Israels Premierminister (und künftigen Friedensnobelpreisträger) und dem Staat Israel. Als ob die israelische Armee das Massaker an den Palästinensern verübt hätte …

Bei unseren traditionellen Feinden herrscht Feststimmung. Sie nutzen die Belagerung Beiruts für ihre Ziele aus. Der Bombenanschlag auf die Synagoge in Kopenhagen, antijüdische Kommentare in der deutschen Presse zeigen: Hitler ist tot, aber der Antisemitismus ist noch sehr lebendig. Natürlich hat er gewisse Veränderungen erfahren. Früher war er vor allem in den Reihen der Rechtsextremisten zu finden, heutzutage grassiert er auch unter der Linksextremisten. So finden im Judenhaß Leute zusammen, die sonst nichts verbindet.

Und trotzdem hatten nach dem Zweiten Weltkrieg viele von uns geglaubt, der Antisemitismus sei mit seinen Opfern in Auschwitz gestorben. Wie naiv wir waren! Wir irrten uns gewaltig. Der Antisemitismus ist wieder auferstanden. Und er breitet sich immer mehr aus. Untergründig oder in aller Offenheit wird dieses Gift in die fernsten Winkel getragen. Hier nennt er sich Anti-Zionismus, dort gibt er sich als anti-israelisch aus. Und wieder woanders werden Kreuzzüge gegen das Andenken der Juden geführt, das heißt gegen die Erinnerung an den Holocaust und seine Opfer. Wie soll man sich die Allianz zwischen einem Roger Garaudy und den Leugnern der Judenvernichtung erklären? Schämt sich dieser Mann, der schon immer dem Fanatismus nahestand, ob als überzeugter Kommunist unter Stalin oder nunmehr als Antisemit im Lager der rechten Auschwitz-Leugner, schämt er sich denn nicht, ein Pamphlet zu veröffentlichen, das allen Religionen Schande bereitet, die er aufgegeben hat?

Der Antisemit ist auf mehreren Ebenen und in unterschiedlicher

Weise aktiv. Er haßt die Juden in ihrer Gesamtheit, aber auch jeden einzelnen Juden als Individuum. Nach der Bitburg-Affäre (siehe Seite 376ff.) erhielt ich Berge von Post, darunter viele Glückwunschbriefe, aber auch haßerfüllte Beschwerden und Warnungen von der Art: Juden sind unverschämt und arrogant, es wird Zeit, ihnen eine Lektion zu erteilen. Die Absender einiger Drohbriefe scheuten nicht einmal davor zurück, ihren Namen und ihre Adresse anzugeben. Ich sollte wissen, was sie von mir und meinen Aktivitäten hielten und was sie mit mir und meinesgleichen zu tun gedachten: »Wir kriegen euch alle! Schade, daß Hitler sein Werk nicht vollendet hat! Wir werden es für ihn vollenden.« Eine große Wochenzeitschrift in Deutschland stellte »die Macht der Juden« in Amerika heraus. Und eine französische Schriftstellerin publizierte in einer Pariser Monatszeitschrift einen Artikel unter dem Titel: »Die Juden fallen mir auf den Wecker« – tatsächlich gebrauchte sie einen unflätigeren Ausdruck.

Was zeigt uns das? Daß die Gesellschaft krank ist? Der Antisemitismus war schon immer ein Gradmesser für die moralische Verfassung der Gesellschaft. Der Judenhaß hat sich nie ausschließlich gegen Juden gerichtet: Er überschreitet gerne seine Grenzen und richtet sich auf andere Minderheiten. Es beginnt mit dem Haß auf die Juden und endet mit dem Haß auf alle, die anders sind, die von anderswoher stammen, die auf andere Weise denken und anders leben. Deshalb betrifft der Antisemitismus nicht nur Juden, sondern berührt alle Bereiche unserer Gesellschaft.

Wer sich diesem eigenartigen und unheilvollen Phänomen, diesem zugleich sozialen und politischen Übel gegenüber verschließt, zeigt damit, daß ihn das Übel auf der Welt allgemein gleichgültig läßt. Dabei wissen wir heute doch, daß Gleichgültigkeit keine Sünde, sondern schon die Strafe ist.

Schlimmer noch: In allen jüdischen Einrichtungen herrscht Sorge um die Sicherheit. In einigen Städten kann man in keine Synagoge mehr gehen, die nicht »bewacht« würde.

Auch während ich diese Erinnerungen zu Papier bringe, nimmt der Antisemitismus überall unaufhörlich zu. In den Vereinigten Staaten verbreiten fünfundsechzig mehr oder weniger einflußreiche rassistische Gruppen Haß. In Japan stehen antisemitische Bücher auf den oberen Plätzen der Bestsellerlisten. In Österreich erfreut sich Jörg Haider immer größerer Beliebtheit. Und in Deutschland triumphieren junge Neonazis, weil deutsche Gerichte es abgelehnt haben, den Journalisten und KZ-Häftling Carl von Ossietzky, Friedensnobelpreisträger von 1935, und den von der SS ermordeten protestantischen Theologen Dietrich Bonhoeffer zu rehabilitieren. In der ehemaligen Sowjetunion brüllen Schirinowski und seine Bande antijüdische Wahlsprüche und Drohungen. Im Rußland Boris Jelzins erklärt sein Retter, General Lebed, in seinem Vaterland gebe es keinen Platz für die jüdische Religion, und einem Kosaken wirft er vor, »wie ein Jude und nicht wie ein Kosake geredet« zu haben. Und in Westeuropa werden die reaktionärsten rechten Parteien politisch achtbar.

Davon abgesehen läuft alles gut auf der Welt.

Ich entschuldige mich für den Anflug von Ironie. Aber an einigen Orten verändert sich die Welt wirklich zum Besseren. In Südafrika zum Beispiel.

Ich erinnere mich an meine Reise dorthin im Jahr 1975 – es war meine erste Begegnung mit der Apartheid –, an Rassenhaß und Rassismus, willkürliche Verhaftungen, tägliche Blutbäder. Ich erinnere mich an das unheilvolle Bestreben, ganze Stämme, ganze Völker auf Grund ihrer Hautfarbe einzusperren, an das Elend in Soweto. Ich hatte nie auf ein Wunder gehofft. Ich sagte mir, die Apartheid würde jedes Wunder im Keim ersticken oder niedertrampeln. Der Haß schließt Wunder aus. In Südafrika, dachte ich, verzehrt der Haß die Herzen. Vielleicht war es das erste Verbrechen des Apartheid-Systems, im Namen einer unsinnigen Grundannahme, nämlich der Überlegenheit einer Rasse, den Haß für rechtmäßig zu erklären. Unter der Apartheid stellte der Haß keinen Gesetzesbruch dar, der Haß war selbst Gesetz. Und ist der Haß erst einmal entfesselt, kennt er keine Grenzen mehr. Haß tötet das Menschliche im Menschen, bevor er ihn selbst tötet.

Damals war Südafrika wirklich eine hoffnungslose Region. Nichts als Unruhen, Unterdrückung und Beerdigungen: Große Familienverbände trugen mit einer erschütternden, altüberlieferten Würde ihre Toten zu Grabe und gaben ihnen mit Trauergesängen und den

Gesten freier Menschen das letzte Geleit. Hatten die haßerfüllten, schwerbewaffneten Polizisten denn überhaupt keine Achtung vor einer Trauergemeinde, wußten sie nicht, was sich in so einem Fall gehört?

Sicher, in vielen Städten fanden Männer und Frauen die Grausamkeit der Polizei unannehmbar. Der Solidarität der Unterdrücker setzten sie die Solidarität der Opfer entgegen. Und sie verliehen ihrer Überzeugung Ausdruck, daß sich der Widerstand gegen die Demütigung am Ende als stärker erweisen würde. Und daß diejenigen, auf die hier Jagd gemacht wurde, uns brauchten, denn ihre Freiheit hing von unserer ab. Umgekehrt hing unsere Freiheit natürlich nicht weniger von ihrer ab.

Heute, im Jahr 1996, muß ich zugeben, daß es falsch war, pessimistisch gewesen zu sein. Doch wer hätte das Wunder voraussehen können, das Nelson Mandela und Frederik de Klerk vollbracht haben? Sie erfüllen uns mit Stolz, der menschlichen Gemeinschaft anzugehören. Die Welt von morgen, die Welt unserer Kinder verdankt ihnen vieles.

Lassen Sie mich an dieser Stelle zum Thema Kinder kommen.

Alles, was ich seit meiner Jugend geschrieben habe, was ich ernsthaft geschrieben habe, dreht sich um das Thema Kindheit. Kein anderes Thema hat mich so beschäftigt und inspiriert. Denn die Welt, unsere Welt der Erwachsenen, hat ihnen gegenüber große Schuld auf sich geladen. Weil die Schlächter ihr unseliges Werk an ihnen unbehelligt vollenden konnten, hat sich die Gesellschaft um die Früchte ihrer Zukunft gebracht.

Die ersten, die während des Holocaust unter Hunger und Entbehrungen litten, waren die jüdischen Kinder; sie waren auch die ersten, die sich mit unbekanntem Ziel auf die Reise machen mußten. Vielleicht, weil der Feind sie als unnütz, als überflüssig betrachtete? Oder belastete ihn ihre Unschuld, fürchtete er sich vor ihr? Fürchtete er sich vor der Zukunft, die sie verkörperten, vor den Hoffnungen, die sie hegten? Hatte er Angst vor ihren Tränen, vor ihrem Schweigen? Oder vielleicht vor ihrer Weisheit?

Die deutschen Feinde waren nicht die ersten, die bevorzugt jüdische Kinder zur Zielscheibe ihrer Angriffe machten. Alle Feinde des jüdischen Volks gingen auf dieselbe Weise vor. Überall, wo Juden Leid zugefügt wurde, litten die Kinder am meisten. Doch mehr denn je und schlimmer denn je litten sie unter dem Schicksal, das die Nazis ihnen bereiteten und das einem heute noch das Herz zerreißt, sobald man daran denkt.

Auch gegenwärtig ruft mich vor allem das Schicksal von Kindern auf den Plan, ihre durch nichts zu rechtfertigenden Leiden in einer Welt, die von Gewalt und Drogen bestimmt wird. Jedesmal, wenn ich mich für etwas engagiert habe, verdanke ich dies dem Anblick eines Kindes. Ob im Falle von Biafra, der Boat people oder Bosniens, nie konnte ich mich dem stummen Schrei ausgezehrter, gezeichneter und gequälter Kinder entziehen.

Für einen Vater verkörpert das Kind seine Zukunft, seinen Anteil an der Unsterblichkeit. Manchmal verkörpert es auch seine Vergangenheit. Wenn er seinen Sohn betrachtet, sieht er sich selbst wieder.

Wie viele Kinder sind bei den jüngsten Auseinandersetzungen und Kriegen ums Leben gekommen? Die Erwachsenen bekämpfen sich untereinander, und die Kinder müssen dafür mit dem Leben bezahlen.

Soziologen haben erschreckende Statistiken über die Sterblichkeit von Kindern veröffentlicht: ein Kind pro Minute.

Warum gelingt es dem Menschen nicht, in jedem Kind sein eigenes zu sehen?

Ein anderes Thema, das mich nicht losläßt, ist der Ausgeschlossene, der Vertriebene, der unerwünschte und an den Rand der Gesellschaft gedrängte Mensch. Mit welcher Haltung sollen wir dem Fremden, dem Verbannten, dem Flüchtling begegnen?

1985 findet in Arizona eine erste Konferenz statt, die sich mit der Rechtslage des politischen Asyls beschäftigt, das einige Amerikaner für die »Wirtschaftsflüchtlinge« aus El Salvador und Guatemala fordern. In Washington gibt es kurz darauf eine Konferenz zum Flüchtlingsproblem allgemein. Beides bewegt mich zutiefst. Ich war selbst zu lange staatenlos, um vom Schicksal der Heimatlosen nicht betroffen zu sein. Auch wenn ein Flüchtling gut aufgenommen, wenn er gerettet wird, er bleibt für immer entwurzelt.

Für einen Flüchtling bedeuten Entfernungen nichts. Man kann

einen Kilometer entfernt von der Grenze wohnen, und doch ist die Heimat ferner als das Ende der Welt. Herrscht Krieg, kann man sich diesseits der Grenze des Lebens erfreuen und glücklich sein, während jenseits der Grenze der Tod lauert. Hier ist es die Zeit, dort der Raum, der zu einer absoluten Größe wird. Für einen Flüchtling ist *alles* anders: Für ihn ist der kürzeste Weg keine gerade Linie, kurz sind nur die Wege ins Elend und ins Gefängnis. Deshalb stehe ich auf seiner Seite. Auf diesem moralischen Standpunkt bestehe ich. Als Jude gehöre ich der Gemeinschaft der ewigen Wanderer, der Heimatlosen und Verbannten an, all derer, die auf der Suche nach einem Asyl, das heißt nach einer Heiligen Stätte sind.

Der Begriff der Heiligen Stätte hat seine Bedeutung im Laufe der Zeit sehr verändert. In der Bibel wird dafür der Ausdruck *Ir Miklat* gebraucht, das heißt: Ort der Zuflucht. Ihre Bewohner haben allerdings nichts mit denjenigen gemein, die in unseren Tagen Asyl bräuchten. Zu biblischen Zeiten fanden dort nur Menschen Zuflucht, die unabsichtlich den Tod anderer verursacht hatten; sie waren dort außer Reichweite für mögliche Rächer.

Der heutige Flüchtling wird aus anderen Gründen zum Zuflucht Suchenden. Er hat nicht das Blut seinesgleichen vergossen. Im Gegenteil: Sein Blut wird vergossen, und er versucht, der Gewalt, der Diskriminierung oder Inhaftierung zu entfliehen. Unschuldiger als die Polizisten, die ihn verfolgen, sagt er sich von einer Gesellschaft los, in der Mord und Totschlag an der Tagesordnung sind. Deshalb verdient er es, in der Heiligen Stätte aufgenommen zu werden. Die Tradition, auf die ich mich beziehe, siedelt diese Heimstatt allerdings nicht im Raum, sondern im Menschen an. Im Klartext: Die Heilige Stätte ist keine städtische oder architektonische Struktur, sondern ein lebendiges menschliches Wesen. Jedes menschliche Wesen – ob Mann, Frau oder Kind – ist eine Heilige Stätte, und darin wohnt Gott. Deshalb hat niemand das Recht, dieses Heiligtum zu verletzen.

In einigen Ländern werden Flüchtlinge »Illegale« genannt. Dieser Ausdruck ist beleidigend. Ein Mensch ist niemals »illegal«. Seine Handlungen können es sein, aber er als Mensch nicht.

Welche Eigenschaften kennzeichnen einen Flüchtling? Früher hatte das Wort einen zutiefst menschlichen Beiklang. Denn »Zuflucht« leitete sich von Flucht ab, das Wort bedeutete gastfreundliches Haus, Heimstatt, herzlicher Empfang. Der heimatlose Wanderer fand dort Glück, Brüderlichkeit und vor allem Schutz. Heutzutage hat »Flüchtling« einen negativen, abwertenden Klang. Es bedeutet, vaterlandslos zu sein, und der Flüchtling wird als Eindringling betrachtet.

Hoffentlich läßt sich dieses soziale und politische Problem lösen, bevor dieses Jahrhundert zu Ende geht. Aber kann man so etwas hoffen? Stellen wir uns eine menschliche Gemeinschaft ohne Flüchtlinge, ohne Vertriebene und Verbannte vor: Ist es mehr als ein utopisches Gebilde unseres Geistes?

Ein andere Sorge gilt dem Terrorismus. Um die Demokratie zu retten, muß dem Terrorismus eine Ende gesetzt werden. Terrorismus und Demokratie sind unvereinbar, darüber sind sich alle einig. Der Terrorismus ist das Übel schlechthin. Selbst diejenigen, die ihn benutzen, scheuen sich nicht, es lauthals zu verkünden. Aber sie halten ihn für ein notwendiges Übel. Der Zweck heiligt die Mittel, wie es so schön heißt. Ein unerläßlicher Fluch, der nicht lange andauern wird. Während der französischen Revolution dauerte die Herrschaft des Terrors ein knappes Jahr, und diejenigen, die sich seiner bedienten, waren auch seine letzten Opfer. Müssen wir daraus schließen, daß der Terror nur durch Gewalt beendet werden kann? Daß nur Terror mit dem Terror Schluß machen kann?

Was ist der Terror eigentlich? Ist mit der ausschließlichen Herrschaft von Gewalt die Pyramide auf den Kopf gestellt? Oder ist es die Herrschaft der Angst?

Wenn die Angst regiert, kann das einer gewissen Logik entsprechen, und diese Logik kann zwingend erscheinen, es kann gleiches Recht für alle bedeuten, und es kann sogar »höheren Ziele« dienen: Torquemada war ein frommer Christ, der vollkommen gottergeben lebte und sich von allen irdischen Freuden fernhielt. Und wurde Robespierre nicht zu Recht »der Unbestechliche« genannt?

Tatsächlich aber kennt der Terror nur ein Ziel: seine Gegner in den Zustand von Sklaven oder handlungsunfähigen Objekten zu zwingen. Und nicht nur seine Gegner. Ebenso wie auf seine politischen Gegner zielt der Terror auf den anonymen Bürger. Er möchte den (gegnerischen oder möglicherweise aufbegehrenden) Bürger daran hindern, zu wählen oder eigene Entscheidungen zu treffen. Er will ihn so sehr in Angst und Schrecken versetzen, daß ihm sein kostbarstes Gut verlorengeht: seine Sehnsucht nach Freiheit und seine Vorstellung davon.

Der Terror versucht nicht zu überzeugen, sondern zu beherrschen, zu erzwingen und zu unterwerfen. Als allgegenwärtiger, allwissender und allmächtiger Gottheit entgeht und widersteht ihm nichts. Seine Augen sehen alles, seine Ohren hören alles, und er ist so schlau, daß er meint, selbst das Ungesagte erraten und das Ungeschriebene entziffern zu können. Jeder Bürger ist potentiell schuldig, ein Angeklagter, der schnell abgeurteilt ist. Um den Terror in Gang zu setzen, ernennt sich der Terrorist zum Gesetzgeber und Hüter des Gesetzes zugleich, macht er sich zum Ankläger, Richter und Henker in einem. Indem er sich des Todes bedient, arbeitet er dem Tod in die Hände: Beide werden unzertrennlich. Wie Cäsar und anders als die Könige will er weniger geliebt als gefürchtet werden. Seine Waffe wird zu seinem Ziel: die Angst.

Wenn der Terror Erfolg hat, ist der Terrorist das einzige noch lebendige Wesen im Land. Die anderen sind nur mehr Marionetten. Aus Angst unterbleibt jedes Handeln, das ihm mißfallen könnte. Aus Angst wird die eigene Meinung unterdrückt, nicht einmal in Gedanken widerspricht man seinem Tun und Denken. Bald gibt es in diesem Land keine Unterschiede, keine Vielfalt und damit keine Freiheit mehr. Künstler und Dichter sind ohne Eingebung, der Mystiker ist bar jeder erlösenden Vision.

Unter der Herrschaft des Terrors ist der Mensch kein einzigartiges Geschöpf mit unendlich vielen Möglichkeiten, sondern eine Ziffer oder ein Hampelmann – mit dem Unterschied freilich, daß Ziffern und Hampelmänner für Gefühle wie Angst unempfänglich sind.

Worin liegt die Anziehungskraft, die der Terror trotzdem für einige große Geister besaß? Waren es der Wille zur Macht oder Rachegelüste? Daß terroristisches Abenteurertum hie und da in einem romantischen Licht erscheint, will ich gerne glauben. Erinnern wir uns nur an die russischen Sozialrevolutionäre zu Beginn des Jahrhunderts, an die Anarchisten und Nihilisten. In Petrograd wollten die Revolutionäre dem Zaren Angst einjagen, indem sie seine Repräsentanten umbrachten.

Aber ... – Dostojewski und Camus haben bereits über dieses »Aber« geschrieben. Als der Gouverneur, Ziel eines Anschlags, mit seinen Kindern zur Messe ging, verschoben die Terroristen das Attentat, um keinen Unschuldigen zu töten.

Wie sehr sich die Zeiten geändert haben! Heute wählen die Terroristen der Hamas mit Vorliebe wehrlose und unschuldige Opfer aus, darunter auch Kinder. Flugzeugentführungen, die Ermordung der Schüler von Maalot, die Anschläge auf die Busse in Jerusalem, der Mord an dem alten Professor Menachem Stein ... In vielen Gegenden der Welt, in Indien, Sri Lanka, im Libanon, in Irland herrscht blutiger Terror. Sein Ziel ist immer dasselbe: Angst säen, bis die Verzweiflung siegt.

Ziel der Terroristen im Nahen Osten ist es, den Frieden zu verhindern. Eines Tages werden sie sich vor einem internationalen Gerichtshof verantworten müssen, und nicht nur für ihre Morde an Unschuldigen, sondern auch für die »Verbrechen gegen den Frieden«, um einen Ausdruck aus den Nürnberger Prozessen zu gebrauchen.

Beim Lesen dieser Zeilen im Juli 1996 muß ich natürlich an die Ermordung meines langjährigen Freundes Jitzhak Rabin durch einen Fanatiker aus dem Kreis religiöser Rechtsextremisten denken. Durch dieses Verbrechen hat sich der Mörder selbst aus der Gemeinschaft Israels ausgeschlossen. Rabin war jedoch nicht das einzige Ziel seines Hasses. Es war Israel als Ganzes.

Wenn wir uns dem Terror unterwürfen, bedeutete dies den Verzicht auf unsere grundlegenden Rechte am Leben wie das Recht auf Freude, auf Glück, auf Überraschungen und darauf, einem Unbekannten vertrauen zu dürfen. Dem Terror nachzugeben bedeutet, ihn zu stärken. Um ihn zu bekämpfen, genügt es, die Angst vor ihm abzuschütteln.

Das ist leichter gesagt als getan. Aber es ist unerläßlich und dringend notwendig. Jedes Zaudern ist gefährlich. Der Terror besitzt eine lähmende Wirkung, denn es ist seine Strategie, die Kräfte des Lebens, die Macht der Phantasie oder den demokratischen Willen eines Volkes lahmzulegen, bis es die Lust am Leben, am Träumen und an der Freiheit, dem schönsten und erregendsten aller Menschheitsträume, verloren oder vergessen hat.

Eine noch größere Gefahr für die heutige Welt als die soziale Entwurzelung ist die Bedrohung durch die nukleare Vernichtung, die eine Art Entwurzelung planetarischen Ausmaßes darstellen würde. Man kann heute nicht mehr von Terror oder Leid, von Übeln oder Unglück reden, ohne die in Hiroshima entfesselten Dämonen der Zerstörung zu erwähnen. Damit will ich keineswegs den Grünen das Wort reden. Diese Bewegung hat sich in meinen Augen selbst in Mißkredit gebracht, da sie sich weigerte, gegen Saddam Hussein zu protestieren, als dessen Truppen bei ihrem Rückzug aus der »neunzehnten Provinz« des Irak brennende Ölquellen hinterließen. Angesichts der größten ökologischen Katastrophe in der Geschichte blieben die Grünen gleichgültig.

Zwei Namen aus unserem Sprachschatz sind wahrlich furchterregend: Auschwitz und Hiroshima. Der eine beschwört das Ende der Menschheit herauf, der andere die planetarische Apokalypse. Beide symbolisieren den Fluch, der fünfzig Jahre danach noch immer auf uns lastet. Wir werden weiterhin mit dieser Angst leben müssen, denn wir wissen bei diesen Namen, daß das Unmögliche leider möglich geworden ist. Das Böse ist entfesselt worden, und nichts scheint es mehr aufhalten zu können. Auschwitz und Hiroshima: Wenn beide eines Tages zusammenkommen, wird es das Ende des Unternehmens Mensch in der Geschichte sein.

Gleichwohl dürfen wir diese beiden weder vergleichen noch verwechseln, wie es oft aus Leichtsinn geschieht. Selbst ein Staatsmann wie Shimon Peres zögerte nicht, von den »zwei Holocausts« unseres Jahrhunderts zu sprechen: Auschwitz und Hiroshima. Das hätte er nicht tun dürfen. Hiroshima war eine grausame und unmenschliche Entscheidung, aber sie gehörte zur Antwort auf die japanische Aggression und war Teil einer weltumspannenden Militärstrategie, sie war untrennbar mit dem Krieg im Pazifik verbunden. Auschwitz hingegen war ein in sich selbst begründetes Unternehmen. Zwar sind die Todeslager während des Krieges errichtet worden, sie bestanden jedoch unabhängig vom Kriegsgeschehen. Unter streng militärischen Gesichtspunkten betrachtet, kann man sogar mit Bestimmtheit sagen, daß Auschwitz den Kriegszielen der Nazis schadete. Die vielen Tausende von Soldaten, die in den Konzentrationslagern arbeiteten, wären Hitler an der Front weitaus nützlicher gewesen. Die Züge, die die Juden aus allen Ecken des besetzten Europa herankarrten, hätte die Wehrmacht dringend für ihre Truppentransporte benötigt. Die Endlösung war für Adolf Hitler absolut vorrangig; und sie wurzelte nicht in seiner Militärstrategie, sondern in seiner perversen und unheilvollen Weltanschauung.

Auf symbolischer Ebene kennzeichnet Auschwitz die Vergangenheit, während Hiroshima die Zukunft ankündigt. Auschwitz hat Hiroshima möglich gemacht. Die Naziverbrecher in Hitlerdeutschland hatten beschlossen, ein ganzes Volk auszurotten, und die Welt ließ sie gewähren. Dadurch hat sie bewiesen, daß Schrecken und Grausamkeit keine Schranken kennen. Warum also sollte morgen nicht möglich sein, was gestern Wirklichkeit war?

Auschwitz ist Ende und Beginn zugleich, bedeutet also einen Wendepunkt in der Geschichte. Ebenso Hiroshima. Die Bombe, die Hiroshima vernichtete, ist eine Art Gottheit geworden, nicht umsonst nennt man sie schlechtweg »Die Bombe«. Ihr Schatten liegt über dem gesamten Planeten. Es gibt keinen Ort, an dem man vor ihr sicher sein könnte. So läuft die mit der Entdeckung des Feuers geborene Zivilisation Gefahr, im Feuer zugrunde zu gehen. Wie ein zeitgenössischer Philosoph bemerkt hat, besteht unser Unglück darin, daß wir die absolute Waffe entdeckt haben, aber nicht die absolute Wahrheit.

Die Tragödie der Juden in Auschwitz hat die ganze Menschheit in Mitleidenschaft gezogen, aber erst nach Hiroshima sind wir uns dessen bewußt geworden. In diesem Sinne könnte man heute sagen, daß (metaphorisch gesprochen) die ganze Welt jüdisch geworden ist.

Zweitausend Jahre hat das jüdische Volk in Unsicherheit gelebt: Heute leben alle Völker überall auf der Welt in Unsicherheit. Zweitausend Jahre lang war das jüdische Volk in den meisten Ländern der Gnade und den Launen der jeweiligen Machthaber ausgesetzt; heute sind alle Menschen auf der ganzen Welt von den Launen eines sich an die Macht klammernden Diktators oder eines geldgierigen Verbrechers abhängig.

Die bösen Geister der Atomkraft wachsen und vermehren sich so sehr, daß unsere einzige Chance darin besteht, daß die Menschheit sich entgegen allen äußeren Anzeichen zu sterben weigert. Man muß die Menschheit also wachhalten, sie für das Problem empfänglich machen. Man muß ihr einmal mehr sagen, daß Gleichgültigkeit ihren sicheren Tod bedeutet. Um die Gleichgültigkeit zu durchbrechen, um gegen sie zu protestieren, müssen wir uns nur an Auschwitz erinnern. Auschwitz und die Vernichtung der Juden waren durch die Gleichgültigkeit möglich geworden.

Auschwitz und Hiroshima: Diese Namen machen angst. Und das ist gut so. Sie sollen angst machen.

Denn diese Angst wird uns retten.

Vielleicht.

1987 begleitet mich Marion nach Hiroshima. Vor Vertretern der japanischen Regierung erkläre ich: »Wir versprechen Ihnen, daß wir Hiroshima immer in Erinnerung behalten werden. Dafür sollten Sie uns versprechen, Pearl Harbor nie zu vergessen.« Was war daran so schockierend? Wissen diese Menschen denn nicht, daß ein selektives Gedächtnis zwangsläufig zu einer Fälschung der Erinnerung führt?

Im Museum dieser »Geisterstadt« prägt sich mir ein Bild ein: Es ist ein Schatten auf einer Treppe aus Stein. Eine Frau wollte gerade eine Bank betreten, als sich die Explosion ereignete. Ihr verbrannter Leib hatte sich bereits aufgelöst. Nur der Schatten dort auf der Treppe war noch von ihm geblieben. Sollten wir eines Tages aus Unachtsamkeit einen Rechenfehler begehen, blüht uns allen dasselbe Schicksal. Und möglicherweise hinterlassen wir auf einem Planeten, auf dem alles Leben ausgelöscht sein wird, nicht einmal mehr einen Schatten.

Warum haben die Mächtigen der Welt keinen Gipfel zur atomaren Abrüstung in Hiroshima abgehalten? Die Jugend hätte einer solchen politisch dringend gebotenen Geste Beifall gezollt, in Hiroshima gibt man keine leeren Versprechungen. In Hiroshima läßt man sich auch nicht täuschen. In Hiroshima ist die Wahrheit von Hiroshima nicht zu umgehen.

Wir treffen dort auch *Hibiskos*, Überlebende des ersten Atombombenabwurfs in der Geschichte. Männer und Frauen mit verwüsteten Gesichtern und wunden Seelen. Ich frage einen alten Mann: »Wo waren Sie, als ...« Nicht weit davon entfernt, antwortete er, denn nichts sei weit entfernt vom Epizentrum gewesen. Dennoch bedeute es, Glück gehabt zu haben, wenn man »ein bißchen weiter entfernt« war. Glück? Ich frage eine Frau: »Wo waren Sie, als ...« Sie war mit ihren Kindern zu Hause. Ein Ascheregen hat sie ihr geraubt. Die Trauer der Hibiskos ist mir nicht unbekannt. Ebensowenig ihre Entschlossenheit. Alle sind im Kampf gegen Atomwaffen engagiert. Ich spüre die Bedrohung mit ihnen. Zu viele Waffen, zu viele Raketen, zu viele Bomben füllen die Arsenale. Wie sollen wir uns vor einem militärischen Tschernobyl schützen? Wie kann verhindert werden, daß sich kleine Länder mit einer Waffe ausrüsten, die selbst die Großmächte am besten ins Meer kippen sollten?

In Zusammenarbeit mit der Zeitung *Asahi shimbun* veranstaltet die Stiftung, die meinen Namen trägt, im Dezember 1995 ein internationales Kolloquium in Hiroshima. Rund fünfzig Persönlichkeiten aus Politik und Kultur verbringen drei Tage mit intensiven Gesprächen über das Thema »Hat die Hoffnung eine Zukunft?«.

Eine Frage, die offenbleibt.

Am 5. März 1985 beriet der Senatsausschuß für Auswärtige Angelegenheiten über die Ratifizierung der Konvention zum Völkermord. Im Gegensatz zu den meisten Nationen waren die Vereinigten Staaten dem Abkommen noch immer nicht beigetreten und hatten das Vertragswerk jahrelang verschleppt. Ich wurde zu einer Anhörung eingeladen.

An jenem Tag hegte ich viele Befürchtungen. Ich dachte an die Vergangenheit und ihre Schatten. Wie oft hatte dieser Ausschuß getagt, um über die Tragödie der europäischen Juden zu beraten, deren Los niemanden kümmerte?

Es gab aber auch eine aktuelle Sorge. Als ich in Washington erfuhr, daß Jesse Helms den Vorsitz führte, wäre ich am liebsten sofort nach New York zurückgefahren. Dieser Senator aus den Südstaaten und ich hatten wirklich wenig Gemeinsamkeiten. Außerdem war mir gleich zu Beginn der Sitzung aufgefallen, daß er den meisten Rednern überhaupt nicht zuhörte. Und als er mich dem Ausschuß vorstellte, wurde mir klar, daß er mich überhaupt nicht einordnen konnte. Er las einen belanglosen, aber wohlwollenden Text vor, den offensichtlich seine Mitarbeitern verfaßt hatten: Alles klang falsch, sogar mein Name.

Mit einemmal begann er zur allgemeinen Überraschung zuzuhören – und das war meine Belohnung.

Ich plädierte für die Ratifizierung. Den Völkermord zum Verbrechen zu erklären sei nicht nur eine Bestätigung unseres Glaubens, sondern auch ein Akt des Vertrauens auf das Gesetz. Das seien wir unseren Kindern schuldig. Es hänge schließlich von uns ab, ob sie eines Tages jenen Verletzungen ausgesetzt sein würden, die unsere Alpträume bilden.

Ich sei mir darüber im klaren, fügte ich noch hinzu, daß uns die Konvention unsere Toten auch nicht mehr zurückbringen würde. Für sie komme sie zu spät. Mit der Unterzeichnung würden wir uns jedoch wenigstens ihrer erinnern. Denn sich nicht an sie zu erinnern, hieße, sie zu verraten. Sollten wir sie vergessen, würden auch wir vergessen werden.

Die Unterzeichnung und Ratifizierung der Konvention über den Völkermord sei nicht nur ein Akt der Gerechtigkeit, sondern auch und vor allem ein feierlicher und nobler Akt im Dienste der Erinnerung. Natürlich dächte ich nicht, daß durch die Konvention künftige Völkermorde verhindert werden könnten. Meine Naivität habe auch Grenzen. Ich wisse aber, daß es ein unheilvolles Zeichen für all jene wäre, die möglicherweise von einem neuen Völkermord an dieser oder jener Gemeinschaft träumen, wenn wir das Abkommen nicht ratifizieren würden.

Eine Weile saß Senator Helms nur still da. Er schien in Gedanken vertieft zu sein. Schließlich dankte er mir mit so viel Schmeichelei, daß der ganze Saal aufmerksam wurde. Lag es daran, daß er einem Juden zugehört hatte, der als Jude sprach? Oder bezeugte er mir nur jene ausgesuchte Höflichkeit, auf die man sich in den Südstaaten noch immer soviel einbildete? Nach meiner Stellungnahme wurde ich von ihm und anderen Ausschußmitgliedern einer strengen, aber freundschaftlichen Befragung unterworfen. Helms fragte: »Befürchten Sie nicht, daß die Feinde des israelischen Staates ihn eines Tages des Völkermordes an den Palästinensern anklagen könnten?« Meine Antwort war: »Ich halte dagegen, denn ich habe Vertrauen zu Israel.« Am Ende der Anhörung unterbrach Jesse Helms kurz die Sitzung und begleitete mich persönlich zur Tür. Die Anwesenden konnten es kaum fassen.

Dezember 1995 in Buenos Aires: Vor dem Gerichtshof im Zentrum der Hauptstadt hat sich eine kleine Gruppe Menschen versammelt. Jede Woche finden sich dort einige Dutzend Männer und Frauen ein, um mit einer brennenden Kerze und Fotografien in der Hand Gerechtigkeit zu fordern oder einfach nur, um zu weinen. Es sind Angehörige jüdischer Opfer, die bei den einige Jahre zurückliegenden Terroranschlägen ums Leben gekommen waren. Wenn man sie so sieht und weiß, daß sie Woche für Woche dorthin kommen, um ihre Trauer und ihren Schmerz, aber auch ihren Zorn auszudrücken, kann man nicht umhin, ihnen seine Solidarität zu bekunden. »Wie kommt es, daß die Mörder immer noch auf freiem Fuß sind?« Der mit dem Fall beauftragte Untersuchungsrichter erklärt, er kenne ihre Namen, doch es mangele ihm an Beweisen. Präsident Carlos Menem weist auf verschiedene Sachzwänge und Hindernisse hin. Er sucht nach Erklärungen, seine Worte wirken aber wenig überzeugend.

Auf einem Platz in der argentinischen Hauptstadt stellen sich Mütter und Väter vor den Toren des Gerichts auf und sehen den Richtern ins Gesicht, damit sie nicht vergessen.

Ich würde ihnen gerne sagen: Man muß die Trauerzeit einmal beenden, so gebietet es uns das jüdische Gesetz. Doch ich weiß nicht, wie ich es anstellen soll. Sie weinen, und ich bete zu Gott, er möge einen Engel schicken, um ihre Tränen zu sammeln.

Der Preis für mein gestiegenes Ansehen in der Welt ist hoch: Ich habe immer weniger Zeit zum Nachdenken und Schreiben – der Fortsetzung meiner *Chassidischen Feiern* und eines Romans, dessen Held an der Alzheimer-Krankheit leidet. Das Leben ändern, sich eine neue Telefonnummer besorgen, die Prioritäten neu setzen – alles leichter gesagt als getan. Sich von den Übeln nicht betroffen zu fühlen, an denen die Menschen in nächster Nähe oder in weiter Ferne leiden, bedeutet, verantwortungslos zu handeln. Oder tot zu sein. Denn tot ist nicht, wer keine Verletzungen am eigenen Körper spürt, sondern wer den Schmerz nicht mehr spürt, der einem anderen zugefügt wird. Ein Schriftsteller empfindet den Schmerz des anderen. Er muß nicht bis ans Ende der Welt reisen, um es zu bezeugen. Er bezeugt es durch seine Schriften. Muß ich also mein Leben neu ordnen? Mich zurückziehen? In Abgeschiedenheit leben? Ich will es versuchen. Und weniger schlafen. Ortswechsel begrenzen. Lernen, nein zu sagen. Hehre Vorsätze, sehr tugendhaft. Vor allem aber kindlich. Ich muß selbst darüber lachen.

DER KRIEG AM GOLF

Im Januar 1991 bin ich mit Sigmund Strochlitz in Erwartung der irakischen Raketenangriffe nach Israel gereist.

Seit August 1990 hielt die durch den irakischen Einmarsch in Kuwait ausgelöste Golfkrise die Großmächte in Atem. Würde »die Mutter aller Schlachten«, deren Ausgang Saddam Hussein unaufhörlich voraussagte, stattfinden? Wenn ja, wäre sie zweifellos verheerend. Das dachte man zumindest in Washington und in Paris; auch in Jerusalem wurde diese Möglichkeit erwogen. Der Irak besaß eine starke, gut ausgerüstete Armee, die größte, erprobteste und kriegserfahrenste in der arabischen Welt. Hatte sie dem Iran nicht eine Niederlage beigebracht, von der sich die Ayatollahs nur mühsam wieder erholten? Man vermutete sogar, Saddam Hussein verfüge über Atomwaffen, und man wußte, daß er biologische und chemische Waffen besaß. Und was hatte Israel mit der Sache zu tun? Rein theoretisch spielte der jüdische Staat keine Rolle in dem innerarabischen Konflikt. Allerdings hatte der irakische Diktator Israel praktisch zum ersten Ziel seiner Raketen gemacht, und er verhehlte es nicht. Im Falle eines Krieges, erklärte er, werde er halb Israel in Brand schießen. Würde die Welt dies wohl zulassen? Israel blieb auf der Hut vor dieser Gefahr und vertraute nur auf seine eigenen Kräfte.

In den verschiedenen Reden und Debatten auf dem Kolloquium zur »Anatomie des Hasses«, das Ende August in Oslo stattfindet (siehe Seite 552ff.), werden die Ereignisse am Golf kaum erwähnt. Liegt es daran, daß die Teilnehmer keine Verbindung zwischen Haß und Politik sehen wollen? Aufmerksam verfolge ich die Reden von Jimmy Carter, Václav Havel, Nelson Mandela und François Mitterrand: Mit Ausnahme des letzteren zeigen sich die Redner wenig besorgt wegen der Drohung, die Saddam Hussein über der Zukunft des Menschen schweben läßt. Wie kann man sich ihren übertriebenen Optimismus erklären?

Der verrückte irakische Diktator ist zu allem fähig. Präsident George Bush ist sich dessen bewußt, seine europäischen und sowjetischen Verbündeten sind es ebenfalls. Die ersten amerikanischen Soldaten landen in der saudiarabischen Wüste. Bei den Vereinten Nationen verabschiedet der Sicherheitsrat eine Resolution nach der anderen und fordert den sofortigen Rückzug der irakischen Armee aus den kuwaitischen Hoheitsgebieten. Saddam Hussein macht sich darüber nur lustig. Für den Mörder von Bagdad ist das Kapitel abgeschlossen. Alle Appelle, Argumente, Warnungen und Drohungen fruchten nichts.

Trotz des Ultimatums seitens George Bushs und des Sicherheitsrats ist Henry Kissinger skeptisch, als ich ihn Ende Dezember auf Santo Domingo treffe. Seiner Ansicht nach wird es kein militärisches Eingreifen geben. George Bush wird sich nicht rühren. Kissinger kennt Washington besser als jeder andere. Seine Einschätzungen und Voraussagen stimmen meistens. Amer Moussa, der ägyptische Botschafter bei den Vereinten Nationen, ist da ganz anderer Meinung: Der Krieg wird stattfinden, er muß stattfinden, denn es gilt, Saddam Hussein zurückzuschlagen; es handelt sich nicht nur darum, Kuwait zu helfen, es geht darum, die ganze arabische Welt zu schützen ...

Was auch immer geschieht, es gibt Grund genug, sich größte Sorgen zu machen. Und zwar für die ganze Welt. Wenn Saddam Hussein dank seiner diplomatischen Schliche und der Schwäche der Großmächte ungeschoren davonkäme, wäre er zweifellos der neue Saladin, der unangefochtene Führer des Islam. Andererseits, wenn es Krieg gäbe ... Krieg ist niemals gut, und mag er noch so nützlich sein. Für die unter den Nachwehen des Vietnam-Kriegs leidenden Amerikaner wäre er die am wenigsten wünschenswerte Lösung.

In Israel gibt man sich zu diesem Zeitpunkt abwartend. Aber worauf wartet man eigentlich? Saddam Hussein hat noch nie etwas gegen den jüdischen Staat unternommen, aber er ist ein Gesetzloser, der zu den schlimmsten Niederträchtigkeiten fähig ist. Er rechnet mit der Feigheit der Welt. Da er 1988 ungestraft Giftgas einsetzen konnte, um Tausende von Kurden umzubringen, gibt es wahrscheinlich nichts, das ihn davon abhalten könnte, auch die Israelis mit Giftgas anzugreifen.

Am Abend des 12. Januar besteigen Sigmund und ich also eine Maschine der El Al nach Tel Aviv. Auf dem Flughafen Lod begegnen wir zahlreichen Reisenden, die das Land verlassen. Warum sind unter den Touristen so viele Israelis, die gesenkten Hauptes nach Hause zurückkehren? Ist es Panik oder Furcht, die sie aus dem Land treibt? Man kann alles über die Israelis sagen, nur nicht, daß sie feige sind. 1956, 1967 und 1973 kamen sie aus Paris, London und Bangkok herbeigeeilt, um so schnell wie möglich zu ihren Kampfeinheiten zu gelangen. Worin wird sich also dieser Krieg von den vorausgegangenen unterscheiden? Durch die Angst vor dem Giftgas? Hierzulande ist man an die Bedrohung durch Panzer, Flugzeuge und Kanonen gewöhnt. Giftgas ist etwas ganz anderes. Es ruft Erinnerungen an eine nicht sehr weit zurückliegende Vergangenheit wach, deren Schrecken die Menschen noch immer stark bedrücken.

Dieser Israelbesuch wird mir sicher lange in Erinnerung bleiben. Die Nächte voller Angst, die Ungewißheit im Morgengrauen werde ich nie vergessen: Der Krieg verleiht der Zeit eine transzendentale Dimension, in der jedes Zusammenzucken die alten Wunden im Gedächtnis wieder aufreißt.

So verständlich die Nervosität der einen ist, so überraschend ist die Ruhe der anderen. Mein Neffe, Hauptmann Steve Jackson, Militärarzt bei der legendären Golani-Division, erklärt mir am Telefon ganz ruhig, daß wir uns diesmal nicht treffen könnten: Seine Eliteeinheit ist in den Alarmzustand versetzt worden. Ich sehe alte Männer, die den Himmel absuchen, als wollten sie ihn nach dem Sinn dieser neuerlichen Prüfung für Israel fragen; ich sehe endlose Schlangen vor den Geschäften, Autos, die von Tel Aviv nach Jerusalem fahren, das für »sicherer« vor den Raketenangriffen gehalten wird: Die Iraker werden doch nicht eines der Heiligtümer des Islam zerstören …

In einem Gespräch verdeutliche ich Premierminister Jitzhak Schamir, wie sehr das Warten auf die Scudraketen traumatisierend sein muß für Menschen, bei denen das Wort »Gas« quälende Erinnerungen wachruft. »Haben Sie Vertrauen«, antwortet er, »unsere Armee wird sie abwehren.« Am nächsten Tag treffe ich seinen Verteidigungsminister, Mosche Arens. Auch er beruhigt mich mit derselben Antwort. Mit trockenem Humor fügt er hinzu: »Sollte Ihnen durch einen dummen Zufall eine Scud auf den Kopf fallen, wäre das natürlich nicht sehr angenehm.« Er ermöglicht mir den Besuch in einem militärischen Sperrgebiet. Ein Verbindungsoffizier fährt uns »irgendwo« hin. Wir werden von einem Oberst der Luftwaffe begrüßt, der uns seinen Luftwaffenstützpunkt zeigt. Ich plaudere mit seinen Kollegen und Untergebenen. Sollte sich Israel zu einem Gegenschlag entschließen, werden ihn diese Männer ausführen. Offiziere, Piloten und Techniker, sie alle sind auf bewundernswerte Weise zuversichtlich. Ich werde mich immer an ihre tiefe Klarheit und an ihre menschliche Kraft erinnern, in ihrer Gegenwart fühlte ich mich sicherer als sie selbst, ich fühlte mich unbesiegbar.

Sie ließen mich in eine F-16 steigen. War sie startbereit? Ich habe Angst, mich zu bewegen. Was würde passieren, wenn ich aus Unachtsamkeit auf einen bestimmten Knopf drückte? »Es ist besser, Sie wissen es erst gar nicht«, antwortete ein Offizier mit erstaunlich ruhiger Stimme. In seinem Jeep erklärt mir der Oberst die Abwehr- und die Angriffsstellungen seiner Einheit. Der Oberst ist ein beeindruckender Mann: Nicht die Spur von Nervosität oder Ungeduld ist an ihm zu entdecken. Ich frage ihn: »Angenommen, es gäbe in diesem Augenblick einen Alarm, wieviel Zeit würden Sie benötigen, um zu Ihrem Kommandoposten zu gelangen?« Er wirft einen Blick auf seine Uhr und antwortet: »Anderthalb Minuten.« Beim Mittagessen mit seinem Führungsstab höre ich plötzlich einen ungewöhnlichen Wortwechsel vor der Tür. Jemand möchte herein, doch der wachhabende Militärpolizist versperrt ihm den Weg: Der Speisesaal ist für die höheren Offiziere reserviert. »Aber ich möchte doch nicht essen«, sagt eine Stimme, »ich möchte nur meinen Onkel sehen!« Es ist mein Neffe, Steve. Ich renne zum Eingang. Wir fallen uns in die Arme. Wenn ich nur nicht diesen Kloß im Hals hätte ... Solch wunderbare Begegnungen können sich nur in Israel ereignen. »Ich habe zufällig das Fernsehteam gesehen«, sagt Steve. Er hat sie gefragt, weshalb sie hier seien. Um über den Besuch eines Schriftstellers zu berichten, haben sie geantwortet. Wie er heiße? Oh, er heißt, ja, wie heißt er eigentlich? ... Und siehe da, ich bin es! Dabei dachte ich schon, wieder abreisen zu müssen, ohne ihn gesehen zu haben.

Nein, auch diese Begegnung werde ich nicht vergessen. Ich denke an seine Mutter. Wie stolz sie jetzt auf ihren Sohn sein würde.

Nie werde ich vergessen, was ich im Laufe dieses Krieges in Israel gesehen und empfunden habe. Die Gesichter junger und alter Menschen, die schlagartig jede Farbe verloren und einen sehr ernsten, ja gefaßten Ausdruck angenommen haben, wenn zu Beginn eines Raketenalarms im Radio die verschlüsselte Warnung »Vorsicht, Schlangen! Vipern!« durchgegeben wurde. Das schrille und bittere Geheul der Sirenen. Das Echo der Einschläge in der Ferne. Die luftdicht abgeschlossenen Zimmer. Angst und Schrecken in den Gesichtern der Männer und Frauen, die einen schlecht verarbeiteten Alptraum noch einmal erlebten. Und niemals werde ich die Kinder mit den Gasmasken vergessen und die Kleinsten in ihren Schutzzelten. Ebensowenig wie den Blick, mit dem ihre Eltern und Großeltern (manche haben die verfluchte Welt des Bösen *dort* erlebt) sie ansahen und in dem sich eine Mischung aus Trauer und Wut widerspiegelte. Die ewige Frage geistert durch meinen Kopf: Wird es denn nie ein Ende haben? Werden die Juden in ihrer Geschichte immer dazu verdammt sein, daß ihnen Einsamkeit und Tod drohen?

Es wird von allen Kriegen behauptet, aber der Golfkrieg ist wirklich anders als alle anderen. Von einem grausamen und zynischen Feind erzwungen, verläuft er immer nur in eine Richtung: Israel scheint kaum daran beteiligt zu sein, zumindest nicht unmittelbar oder aktiv. Da die Amerikaner und ihre Verbündeten Bagdad bombardieren, greift der Irak Israel an. Ein sinnloser, krimineller und absurder Angriff, aber er kann niemanden mehr überraschen, schließlich geht er von Saddam Hussein aus. Eine völlig neue und unbegreifliche Situation: Raketen fallen auf Israel, und die Zahal muß es hinnehmen, ohne eingreifen zu dürfen. Draußen geht der Tod um, und die Israelis begnügen sich damit, ihm aus dem Weg zu gehen und sich zu Hause einzuschließen. Politik der Zurückhaltung statt Politik der Stärke. Zum erstenmal in seiner Geschichte überläßt es der israelische Staat anderen, ihn zu verteidigen. Und seine Bevölkerung protestiert nicht einmal, im Gegenteil: Die ideologischen

Auseinandersetzungen der Vergangenheit sind vergessen, die Kränkungen seiner Selbstachtung wie weggefegt. Wenn man gegen den äußeren Feind nicht kämpft, wird man sich auch untereinander nicht mehr bekämpfen. Schlagartig gewinnt Israel an Hochachtung bei den meisten anderen Nationen. Es ist seltsam: 1967 wurde Israel bewundert, weil es gekämpft hat, jetzt liebt man es, weil es nicht in die Kämpfe eingreift. Und weil es auf die Provokation nicht eingeht. Dazu fällt mir ein Roman von Hemingway ein: In *Wem die Stunde schlägt* läßt sich ein alter Guerillakämpfer beschimpfen und wiederholt unerschütterlich: »Ich werde mich nicht provozieren lassen.« Auf seine Weise scheint der Staat Israel es ihm gleichzutun. Hartnäkkig und entschlossen verzichtet er freiwillig auf jede Gewalt, auf jeden Kampf. Ein Volk bindet sich selbst die Hände, und die anderen Nationen klatschen Beifall. Wie lange wird ihm diese Welle von Sympathie erhalten bleiben?

Ich bin erstaunt über das friedliche Verhalten und die Großherzigkeit der Zivilbevölkerung während des Bombenalarms. Bringt die Gefahr die Menschen einander näher? Die Leute sind überaus freundlich, ja herzlich. Niemand drängelt, niemand regt sich auf. Selbst im größten Gedränge auf den Treppen wird nicht geschubst oder gestoßen. Niemand beklagt sich, weil es im Aufzug zu eng ist. Keine Tränen fließen, und es gibt keine hysterischen Anfälle. Man verbirgt seine Trübsal, so gut man kann: Man erzählt sich witzige Geschichten, ruft Erinnerungen wach, rezitiert Psalmen. Das Radio sendet ein Programm mit patriotischen und sentimentalen Liedern aus der zweiten Alija. Wir werden überall gegrüßt, von allen Seiten wird uns gedankt. Ein Taxifahrer möchte nicht bezahlt werden. Im Restaurant werden wir auf ein Glas eingeladen. In der Empfangshalle des Hotels, auf der Straße oder in der Synagoge reichen uns Freunde wie Unbekannte die Hand: »Danke, danke, daß Sie gekommen sind. Danke, daß Sie uns beistehen.« Jede Begegnung löst bei mir eine Erschütterung aus, die bis zu den letzten Bildern meiner Erinnerung reicht. Eigentlich läge es an mir, mich zu bedanken, mich dafür zu bedanken, nicht als Fremdling behandelt, sondern wie ein Bruder aufgenommen zu werden, und dafür, daß ich das Schicksal aller Israelis teilen darf.

Es ist eine Zeit des Wartens, beherrscht von individuellen und kollektiven Ängsten. Wird beim nächsten Angriff das Giftgas kommen? Abends hat man Angst beim Einschlafen. Vielleicht wird man von Alarmsirenen geweckt. Angst vor den Worten »Schlange, Viper«. Angst, sich schnell ankleiden und wieder in die luftdicht abgeschlossenen Räume rennen zu müssen. Angst, die Gasmasken aufsetzen zu müssen. Ich weiß gar nicht, wie ich das anstellen soll. Ich bin zu ungeschickt. Jedesmal eilt mir jemand zu Hilfe – Claude Lanzmann, Jean Kahn, François Léotard, der ehemalige Großrabbiner von Straßburg, Max Warschawsky –, meistens leider vergeblich. Es ist zum Verzweifeln. Aber macht nichts. Dann sind wir eben fatalistisch.

Es ist mein fünfter Alarm. Die ersten habe ich nicht miterlebt, da ich meinen Aufenthalt unterbrochen hatte, um an einer Spendenkampagne mitzuwirken, die vom United Jewish Appeal und den *Bonds* in New York und New Jersey organisiert worden war. Als ich zurückkehre, fragen mich Freunde, warum ich nicht in den Vereinigten Staaten geblieben sei. Was soll ich ihnen antworten? Daß ich immer der Meinung gewesen bin, mein Platz sei neben meinen bedrohten Brüdern? Daß ich mir geschworen habe, Israel in seiner Einsamkeit immer beizustehen? Aber ich habe eine Abneigung gegen hochtrabende Sätze. Mein Neffe Steve ist froh, daß ich zurückgekommen bin. Mein Vetter Eli Holländer ebenfalls. »Komm zu uns zum Abendessen«, meint er, »dann warten wir gemeinsam auf die Scud-Raketen.« Was für eine seltsame Einladung, was für eine sonderbare Idee! Aber ich kann sein Beharren gut verstehen. Ein Bild taucht aus meiner Erinnerung auf: unser letztes gemeinsames Laubhüttenfest. Es war 1943 bei seiner Familie in Hust, auf der tschechischen Seite der Karpaten. Damals standen wir uns sehr nahe; das tun wir auch heute wieder, er wünscht sich noch mehr Nähe. Ich nehme seine Einladung an, und wir verabreden uns. Im letzten Moment kommt etwas Unvorhergesehenes dazwischen, und ich muß absagen. Noch in derselben Nacht hört jeder von uns im Radio die Nachricht von den Raketeneinschlägen an diesem Abend. Nach der Entwarnung rufe ich Marion an, um sie zu beruhigen, dann Eli: Ich will fragen, ob alles gutgegangen ist. Aber niemand nimmt den Hörer ab. Am nächsten Tag dasselbe. Einen Monat später bekomme ich einen Brief von ihm, in dem er Gott dankt, daß ich verhindert war:

»Wenn Du gekommen wärst, hätten wir den Abend bestimmt zu Hause verbracht und nicht bei unseren Kindern. Wer weiß, wie es uns ergangen wäre ... Eine Scud hat unser Haus getroffen und es vollständig zerstört. Es ist geradezu ein Wunder, daß du nicht gekommen bist...«

Es gibt viele, die Ähnliches zu berichten haben. Die Scuds haben keine Todesopfer gefordert. Nur in Bnei Brak ist ein Mann an einem Herzanfall gestorben. Andernorts hat sich eine Frau in den Schrank gesetzt und Psalmen gesprochen. Nach einem Einschlag waren ringsum die Wände eingestürzt, nur der Schrank blieb als einziges heil.

Noch ein Wunder: Die Scuds brachten kein Giftgas. Wir waren wie besessen von dieser unbekannten Gefahr, von diesem Tod, diesem Todeskampf ganz neuen, entsetzlichen Ausmaßes.

»Und ausgerechnet deutsche Ingenieure haben Saddam Hussein das Gas geliefert«, murmelt eine alte Frau. Ich weiß genau, was sie denkt und was sie vor Augen hat. »Immerhin«, bemerkt ein Mann, »haben die Deutschen nicht nur dem Irak das Gas, sondern auch Israel die Gasmasken verkauft.« Die Nacht ist angebrochen im King-David-Hotel in Jerusalem. Wir warten auf des Ende des Alarms (es hat einige Verletzte, aber keine Toten gegeben). Ich berühre die alte Dame am Arm und sage »Was für eine Welt, hm?« Sie schüttelt den Kopf und erwidert: »Was für eine Dreckswelt!«

Wer außerhalb Israels interessiert sich noch für Israel? Wo bleiben die Erklärungen, die Demonstrationen der liberalen Intellektuellen, der Humanisten? Zum Glück schlagen sie für gewöhnlich mehr Krach, sind wortgewaltiger und protestieren mit mehr Nachdruck, wenn es darum geht, die Menschenrechte zu verteidigen. Hätte das Volk Israel nicht dasselbe Engagement von ihrer Seite verdient?

Warum gibt es keine öffentlichen Veranstaltungen, keine Demonstrationen? Warum sammelt niemand Unterschriften, schreibt beredte Aufrufe, um den verbrecherischen Gebrauch der Raketen gegen die Zivilbevölkerung eines nicht am Krieg beteiligten Landes anzuprangern? Wo sind die Freunde Israels? Wo sind die Ökologiebewegungen, die sich jedesmal zu Recht empören, wenn Land, Luft oder Meer in Gefahr sind? Ich habe es schon gesagt: Saddam Hussein hat die schlimmste ökologische Katastrophe in der modernen Geschichte verursacht, als er die Ölquellen von Kuwait in Brand setzen ließ, aber die Vorkämpfer des Umweltschutzes blieben stumm. Und niemand soll sich wundern, wenn die Vereinten oder vielmehr zerstrittenen Nationen in Tel Aviv keine gute Presse bekommen.

Dieser Feindseligkeit fallen bisweilen sogar die amerikanischen oder europäischen Juden zum Opfer. In bestimmten israelischen Zeitungen erscheinen Artikel engstirniger Kommentatoren, die den Krieg ausnutzen, um persönliche oder ideologische Rechnungen zu begleichen. Auch wenn sie nicht sehr zahlreich sind, ihr Gift tut dennoch weh. Zwar räumen sie ein, daß in der Diaspora Gelder gesammelt werden (ich weiß, wovon ich rede: Bei der Versammlung in New Jersey, der ich beiwohnte, kamen allein drei Millionen Dollar zusammen, und in New York hat man noch weitaus mehr Geld gesammelt), doch wenn es nach ihnen ginge, könnte Israel gut und gerne ohne diese Spenden auskommen. Sie werfen den Besuchern vor, das Land vor Ablauf des Ultimatums wieder verlassen zu haben. Ein Leitartikler von *Dawar* kanzelt ohne Umschweife alle ausländischen Juden ab, die sich nicht der Gefahr der Raketen ausgesetzt haben; für ihn sind es fast schon schlechte Juden. Sind es vielleicht Abtrünnige? Oder Unterjuden? Dann sollen sie doch zu Hause bleiben, schließt der Leitartikler des Organs der Histadrut. Dieselbe rohe Sprache, denselben grobschlächtigen, vulgären und beleidigenden Stil findet man auch in anderen Artikeln: Warum die Juden aus der Diaspora nicht nach Israel gekommen seien? Und warum diejenigen, die gekommen seien, nicht länger blieben? Und warum diejenigen, die länger geblieben seien, sich nicht endgültig in Israel niederlassen würden? Worauf warteten sie eigentlich noch, schließlich könnten sie jetzt den Gefahren des ach so bequemen Exillebens entfliehen? Ein Artikel aus *Maariw* (dem Konkurrenzblatt von *Jediot Achronot*) treibt diese Verleumdung noch auf die Spitze. Selten habe ich in der israelischen Presse soviel Verachtung und Haß für die Diaspora erlebt. Danach hätten sämtliche Lehrer ihre Schüler, die Kaufleute ihre Kunden, die Ingenieure ihre Labore, die Väter ihre Familien und die Rabbiner ihre Synagogen im Stich lassen und in den Fluren der Hotels von Tel Aviv umherirren sollen. Und wozu? Um mit gefalteten Händen und bedrückten Herzen von morgens bis abends und von abends bis morgens Radio zu hören?

Ein Zwischenfall ähnlicher Art während des Libanon-Krieges hätte mir eine Warnung sein müssen.

Ein Journalist, den ich nicht kenne, möchte mit mir sprechen. Ich empfange ihn in Tel Aviv im Hilton. Er ist reichlich eingenommen von seiner Wenigkeit und wirkt ziemlich unsympathisch, ja, geradezu abstoßend mit seinem Gerede. Er beschreibt mir das Geschehen im Libanon, wo der Krieg die zweite Woche andauert, mit den Worten: »Die israelischen Soldaten führen sich auf wie die SS ...« Will er mich provozieren? Verärgert über diese Gleichsetzung mache ich Anstalten aufzustehen. Doch er nimmt den Faden wieder auf »... und das ist Ihre Schuld.« Angesichts meines entsetzten Gesichtsausdrucks verbessert er sich: »Natürlich meine ich nicht Sie persönlich, sondern ich spreche von Ihnen als einem Juden der Diaspora. Ich meine vor allem die jüdischen Intellektuellen. Wenn Sie hier wären, würden unsere Soldaten diese Greueltaten nicht begehen.« Später hat er in einem Pamphlet geschrieben, die Juden der Diaspora (mich eingeschlossen) seien für Israel gefährlicher als Jassir Arafat. Also aufgepaßt, Henry Kissinger und Emmanuel Levinas, Jesaja Berlin und David von Rothschild, Abe Rosenthal und Saul Bellow, Cynthia Ozick und Arthur Gelb, Ady Steg und André Schwarz-Bart, chassidische Rabbis aus Brooklyn und spendenfreudige Reiche aus Manhattan, London und Paris, Universitätspräsidenten und Professoren: In den Augen dieses Dummkopfs, dessen Nationalität seine einzige Tugend ist, stellen Sie alle eine ernsthaftere, tödlichere Gefahr da als die Terroristen der PLO! Ich sage mir: Der Kerl muß verrückt sein, wie alle Fanatiker, das ist die einzig mögliche Erklärung ... Ich kehre ihm den Rücken zu und überlasse ihn seinen ruchlosen Hypothesen. Ich habe ihn nie wieder gesehen, aber der Zwischenfall hat mich ratlos gemacht. Wenn ein Journalist es wagt, uns en bloc herabzuwürdigen und derartige Beschuldigungen gegen die Juden der Diaspora zu erheben, dann hat er jeden Glauben an die Zukunft des jüdischen Staates verloren und sucht offensichtlich bereits nach Sündenböcken, die er für den mehr oder weniger nahen Untergang verantwortlich machen kann ...

Ich bemühe mich herauszufinden, wie weit solche Ansichten in Israel verbreitet sind. Meine Nachforschungen sind erschreckend. Hier und da höre ich Schriftsteller, Lehrkräfte, Journalisten, Offiziere und Generäle, die weitaus klüger und gebildeter sind als jener Reporter, auf eine geschicktere, zurückhaltendere Weise nahezu verwandte Gedanken aussprechen. Auf einmal verstehe ich, warum es einem Abraham Joshua Heschel nie gelungen ist, eine Professur an einer israelischen Hochschule zu bekommen. Und warum Emmanuel Levinas dort nicht das Publikum gefunden hat, das er verdient hätte: weil sie Repräsentanten der intellektuellen Diaspora sind. Sind sich denn diejenigen, die eine bedingungslose Alija predigen, nicht darüber im klaren, daß sie mit ihrer Haltung Gefahr laufen, einen tiefen Graben zwischen Israel und der Diaspora aufzureißen, der vielleicht nie wieder zugeschüttet werden kann? Oder suchen sie absichtlich den Bruch? Ermessen sie denn nicht die Gefahr, in die sie sich mit ihrem Chauvinismus begeben? Haben Sie die Lektionen schon vergessen, die die Geschichte dem jüdischen Volk beigebracht hat, und die nationalen Katastrophen, die durch die beiden verfeindeten Königtümer ausgelöst wurden, auf die sich unser geteiltes Volk immer berufen hat?

Die ausländischen Berichterstatter beziehen einen völlig anderen Standpunkt. Sie überhäufen mich mit Fragen: »Was hat Sie denn nach Israel geführt?« – »Ist die Gefahr ein besonderer Anreiz für Sie?« Ich versuche ihnen zu erklären, daß ich Israel zu sehr liebe, um mich fern von ihm zu halten, wenn es in Gefahr ist. Nach all dem, was ich erlebt habe, nach all dem, was ich geschrieben habe, kann ich als Jude der Angst nicht entkommen; außerdem liegt mir viel daran, meine Versprechen zu halten. Jeder Krieg Israels ist auch mein Krieg, denn letzten Endes ist mein Schicksal an das Schicksal Israels geknüpft.

Und die Bombardierung irakischer Militärstützpunkte? Ich bin dafür. Und die Bagdad auferlegten Strafen? Ebenfalls. »Aber Sie sind doch als ein Mann des Friedens bekannt?« wirft ein italienischer Journalist ein. »Wie können Sie sich da auf die Seite derer stellen, die Krieg führen?« Normalerweise müßte mich eine solche Frage verunsichern. Aber im Zusammenhang mit diesem Konflikt scheint es mir doch eine dumme Frage zu sein. Diesen Krieg erduldet Israel, ohne ihn zu führen; geführt wird er doch von Saddam Hussein. Und der hat ihn gewollt. Seine Gegner beantworten nur seinen Krieg, und sie antworten mit kriegerischen Mitteln, weil er sie dazu gezwungen hat. Vor einem Angreifer zurückzuweichen hieße, seine Überlegenheit anzuerkennen, letzten Endes also, ihn zu rechtfertigen. Vor ihm in die Knie zu gehen hieße, seinem Hang zur Gewalt, seiner Verlockung durch den Tod Werte beizumessen, die sie nicht verdienen. Man kann den Pazifismus auch übertreiben, und man täuscht sich, wenn man absolutes Nichtstun predigt: Angesichts eines Saddam Hussein hat man nicht das Recht, im Namen hehrer oder ewiger Grundsätze die Waffen ruhen zu lassen. Denn alle Ideen und alle Ideale der Menschheit und des Schöpfers wiegen weniger als seine chemischen Waffen. Seiner Kriegsführung den Krieg zu erklären ist zwingend geboten. Den zerstörerischen Kräften, die er gegen die Menschheit zu Felde führt, müssen noch stärkere Kräfte entgegengesetzt werden, damit die Menschheit überlebt. Denn es geht nicht nur um die Zukunft Israels, sondern um die Sicherheit der zivilisierten Welt und um ihr Recht auf Frieden. Saddam Hussein ist der Feind aller Völker. Leider wird man sich dessen erst jetzt richtig bewußt. Man hätte es bereits an jenem Tag begreifen und die entsprechenden Gegenmaßnahmen einleiten müssen, als er den Einsatz von Giftgas gegen die Kurden befahl. Hätte man damals ein internationales Gericht einberufen, um ihn der Verbrechen gegen die Menschlichkeit anzuklagen und ihn dafür zu verurteilen, wäre der blutige Krieg am Golf verhindert worden.

All das schreibe ich in einem Artikel, der in mehreren Zeitungen veröffentlicht wird. Und ich wiederhole es, als ich zum zweitenmal zu einer Anhörung der Senatskommission für Auswärtige Angelegenheiten geladen werde, der darüber beratschlagt, ob ein internationaler Gerichtshof geschaffen werden soll, um Saddam Hussein vor Gericht zu stellen und zu bestrafen. Der Beschluß wird vom Senat einstimmig gefaßt.

Ausschlaggebend sind nicht Rachegelüste, sondern das Bedürfnis nach Gerechtigkeit.

Und Sehnsucht nach Frieden.

Während der ganzen Zeit rührte Israel sich nicht. Der Druck, den Präsident Bush auf Jitzhak Schamir ausübte, war zu groß; Israel konnte sich nicht über ihn hinwegsetzen. Die Vereinigten Staaten zeigten sich zuletzt auch erkenntlich: Sie sandten ihre Abwehrraketen vom Typ »Patriot« und stellten sie zu unserer Beruhigung an allen strategisch wichtigen Punkten auf. Allerdings lag es nicht an ihnen, daß die irakischen Raketen so geringen Schaden angerichtet haben. Aber woran lag es dann? In Israel wurde viel über die Wunder gesprochen, die sich ereignet hatten. Und nicht nur in religiösen Kreisen. Selbst Jitzhak Rabin erwähnte in einer Rede in jener Synagoge von Manhattan, die ich regelmäßig besuche, drei Wunder, was einen Zuhörer zu der Bemerkung veranlaßte, man müsse noch ein viertes Wunder hinzufügen, nämlich daß Rabin dreimal das Wort Wunder verwendet habe.

An den chassidischen Höfen und in den Jeschiwot ist es üblich, jede Begebenheit im Lichte der biblischen Texte zu erklären. So las man am Sabbat jenen Abschnitt, wo geschrieben steht: »Gott schlägt sich für Euch, und Ihr, Ihr schweigt.« Klingt das nicht wie der Schluß eines Leitartikels, der eine Erklärung des Weißen Hauses zum Golfkrieg kommentiert? In Brooklyn verkündet der Lubawitscher Rabbi seinen Anhängern: »Ihr habt nichts zu befürchten, der Krieg wird noch vor Purim zu Ende sein.« Mein alter Freund aus den Lagern, Haraw Menasche Klein schwört mir feierlich, daß Israel nichts geschehen werde. Und man berichtet mir, ein dritter Rabbi habe Ähnliches verlauten lassen. Dann ist ja alles in bester Ordnung. Denn drei Rabbiner bilden ein Gericht. Und ein Gericht hat die Macht, ein Urteil zu sprechen. Und an ein rabbinisches Urteil muß sich selbst der Himmel halten. Warum also sollten wir uns Sorgen machen?

Ich habe allerdings gelernt, nicht auf Wunder zu vertrauen. Sie verwirren mich nur. Selbst im Zusammenhang mit den chassidischen Erzählungen verwirren sie mich. Und zwar so sehr, daß ich mich in meinen eigenen Erzählungen bemühe, sie nicht deutlich herauszustellen. Als Kind habe ich zweifellos an Wunder geglaubt. Sie übten ihren Zauber auf mich aus wie auf jedes Kind. Heute stellen sie mich vor ein Problem. Denn sie bedeuten, daß Gott und seine Barmherzigkeit selektiv sind. Wenn Gott sich manchmal die

Mühe gemacht hat, sein Volk zu retten, warum war er dann so sparsam mit seinen Eingriffen ins irdische Leben? Er hätte uns doch viel öfter helfen können.

Auf eine paradoxe Weise könnte für Juden meiner Generation alles ein Wunder sein. Ist es nicht ein Wunder, daß wir heute, so viele Jahre nach der Vernichtung, atmen, nachdenken, sehen, lächeln können? Ist es nicht ein Wunder, daß wir in der Lage sind, den Geschmack einer saftigen Frucht, eines warmen, frisch aus dem Ofen kommenden Brotes zu genießen? Und daß wir die Kraft haben, einen unbekannten Passanten einzuladen: Kommen Sie, lieber Freund, lassen Sie uns zusammen essen, trinken Sie ein Glas Wein mit mir, dann werde ich Ihnen den Weg zeigen.

Als Kind sagte ich häufig in meinen Gebeten: Das Wunder wohnt im alltäglichen Leben. Das halte ich noch immer für richtig. Aber heute ist mir die menschliche Dimension des Wunders wichtiger.

»Und wo steckt Gott darin?« fragt eine der Personen aus meinem Stück *Der Prozeß von Schamgorod.* Ich würde heute antworten: Das Wunder liegt in der Frage selbst. Denn was bedeutet eine Frage zu stellen anderes, als die Kraft zu besitzen, die es dem Menschen gestattet, unter dem Zeichen des Absoluten über sich selbst hinauszuwachsen? »Jeden Tag erneuert der Schöpfer seine Schöpfung«, heißt es in einem Morgengebet. Anders gesagt: Wunder gibt es in Hülle und Fülle, doch der Mensch ist mit Blindheit geschlagen.

»Hast du Angst, Kleiner?«
»Ja, ich habe Angst.«
»Wovor? Vor wem?«
»Ich weiß es nicht. Ich weiß nur, daß ich Angst habe.«
»Angst vor Gott?«
»Vielleicht.«
»Aber Gott wäre nicht Gott, wenn Er die Angst nicht zerstreute.«
»Dann will Er es eben nicht anders.«
»Vielleicht. Fürchtest du dich vor der Gefahr?
»Ja.«
»Aber Gott ist Gott, weil Er die Gefahr von dir abwendet.«
»Dann will er es nicht.«
»Fürchtest du dich vor dem Feind?«

»Ja. Wer fürchtet sich nicht vor dem Feind?«
»Gott ist mächtiger als der Feind.«
»Aber Er ist nicht stärker als meine Angst.«
»Dann tust du mir leid.«
»Weil ich Angst habe?«
»Nein. Weil du darauf beharrst, an Gott zu zweifeln.«
»Ich beharre, weil Er mir leid tut!«

Der fünfzigste Geburtstag des jüdischen Kulturzentrums von New York, des YMHA, steht bevor. Seine Leiter, Omus Hirschbein und Judith Rubin, bitten mich, zur Feier eine Kantate zu schreiben, zu der David Diamond, ein Freund und Kollege Leonard Bernsteins, die Musik komponieren soll. Ich wähle das Thema: »Ein Lied für die Hoffnung.«

Ich nenne es absichtlich ein Lied für die Hoffnung und nicht ein Lied der Hoffnung. Zwischen beiden besteht ein gewichtiger Unterschied: Das Lied *für* die Hoffnung stellt eine Aufforderung dar, während ein Lied *der* Hoffnung die Antwort darauf wäre. In der Hoffnung zu leben, ist eine Sache, auf sie zu warten eine andere. In diesem Lied geht es noch um das Warten.

Was können wir tun, um die Hoffnung zu ergreifen, die sich fortwährend davonstiehlt? Wie können wir sie einfordern, festhalten und schließlich rechtfertigen? Das sind brennende und noch immer unbeantwortete Fragen, die sich unserer Generation unaufhörlich stellen. Nachdem sie die ungeheuerlichste Tragödie in der Geschichte der Menschheit überlebt hat, sucht diese Generation bis heute nach der Bedeutung dieser Tragödie für sie. Wie könnte man sie erfassen? Wie sie benennen? Hat sie überhaupt eine Bedeutung? Je mehr wir uns um ein Begreifen bemühen, desto weniger begreifen wir. Je näher wir dem Ziel zu kommen glauben, desto mehr entfernen wir uns davon. Überall klopfen wir an verschlossene, vom Tod verriegelte Türen.

Wie kann man die Beharrlichkeit, mit der ein Mörder zu Werke geht, und die, mit der das Opfer versucht, ihm nicht zu gleichen, miteinander vereinbaren? Und wie die Mittäterschaft oder zumindest Gleichgültigkeit naher und ferner Zuschauer mit dem dringenden Bedürfnis eines jeden Menschen, sich an eine Hoffnung gleich welcher Art und Herkunft zu klammern? Wie kann man in einer Welt der Verdammnis Hoffnung haben, ohne Gott zu lästern und sich selbst zu verleugnen?

Während der dunklen Jahre war alles anders. Man lebte in Angst, man überlebte in der Hoffnung. War das falsch? Die Opfer in den Ghettos und in den Lagern fanden immer unzählige Anlässe, um Hoffnung zu haben: Der Feind würde seine Drohungen nicht wahr machen, die freie Welt würde ihn nicht gewähren lassen; der Krieg würde nicht mehr lange dauern. Der Henker würde rechtzeitig entwaffnet sein. Gott würde rechtzeitig eingreifen. Bei aller vernichtenden Gewalt, bei allem fanatischen Haß, die die Mörder an den Tag legten, würden sie doch gewisse Grenzen nicht überschreiten, die jedes zivilisierte Lebewesen beachtet. Auf diese Weise zur Falle geworden, schien die Hoffnung, oder vielmehr scheint sie jetzt, mit dem zeitlichen Abstand, eine Verbündete des Todes zu sein. Eine skeptischere, weniger vertrauensselige, weniger romantische Haltung hätte viel mehr Opfer gerettet, als man sich vorstellen kann.

Nach der Befreiung stellte sich die Frage umgekehrt. Die Überlebenden bemühten sich verzweifelt, das Vermögen zu hoffen wiederzuerlangen, aber sie bekamen die Hoffnung nicht mehr zu fassen. Denn sie waren sich ihrer Einsamkeit bewußt geworden: Die Gesellschaft hatte sie schlichtweg aufgegeben. Und selbst Gott schien sein Gesicht absichtlich von ihnen abgewandt zu haben.

Und trotzdem. Und trotzdem mußten sie von neuem zu leben beginnen, wieder ein Heim gründen, auf Ruinen bauen, sie mußten wieder lernen zu lachen, zu singen, die Morgensonne und die Abendsonne zu lieben, in den Blicken eines Gegenübers und im Geheimnis einer Begegnung mit dem anderen zu versinken. Wie konnte ihnen das gelingen? Wie haben sie das geschafft? Von einer verwirrenden und unwiderstehlichen Hoffnung beseelt, erteilten sie der Welt eine Lehre, die diese vielleicht nicht verdient hatte. Noch in den Lagern für Displaced persons hatten sie Verlobungen und Hochzeiten gefeiert, hatten sie in den Baracken Schulen und Kulturzentren eröffnet und auf diese Weise die große Bedeutung des Heiligen im Alltagsleben und den Sieg der Hoffnung über den Schmerz und den Schrecken verkündet.

Sicher, ihr Verhalten erscheint uns unverständlich. Aber uns fällt die Aufgabe zu, es im Zusammenhang der jüdischen Geschichte zu sehen. Seit der Zeit unserer ersten Verbannung nach Babylonien hätten wir in Resignation verharren können. Wie läßt sich die Entschlossenheit erklären, mit der wir schon damals der Gewalt und dem Schrecken getrotzt haben? Wie läßt sich die Beharrlichkeit der Überlebenden zur Zeit der Kreuzzüge, der Pogrome und der Judenverfolgungen erklären? Wie ihr Wille, auszuharren und im Namen der Toten ihren gemeinsamen Glauben an Gott und an Seine Schöpfung hinauszuschreien?

Ich gebe zu, daß mich von allen charakteristischen Zügen des jüdischen Volkes sein Vermögen zur Hoffnung am meisten erstaunt. Wie gelingt es uns, daß wir, denken wir nur an die jüngste Vergangenheit, nicht in einen Abgrund von Melancholie stürzen? Was hält uns davon ab, bei der Erinnerung an all die Opfer von Feuer und Schwert nicht im Meer unserer Tränen zu ertrinken?

So stellt sich das Thema dieser Kantate dar. Für mich drückt sie die verzweifelte Anstrengung meiner Generation aus, ihr Recht auf Hoffnung geltend zu machen. Dieses Recht wird zu einer Pflicht. Die Schatten einer in Trauer versinkenden Vergangenheit entmutigen uns nicht, sondern bewegen uns dazu, standhaft zu bleiben. Da Jeremias gelitten hat, kann er guten Gewissens von uns verlangen, daß wir unser eigenes Leiden überwinden. Da unsere Märtyrer das größte Opfer auf sich genommen haben, können sie uns mit gutem Recht einen anderen Weg als den des Todes weisen. Nachdem sie Berge von Asche gesehen haben, die den Berg Sinai verdecken oder zumindest verdunkeln, hätten sich meine Leidensgenossen ganz einfach dafür entscheiden können, bis in alle Ewigkeit zu trauern; doch sie haben sich eines anderen besonnen, weil sie die großen, schweigsamen Stimmen vernommen haben, die vor langer Zeit von den eigenen Leiden und den Prüfungen ihrer Zeitgenossen kündeten. Anders gesagt: Natürlich stellen die Kinder Israels Israel in Frage, die Kinder Israels sind aber auch Israels Hoffnung.

Das soll nicht heißen, daß die Hoffnung eine Antwort auf die Tragödie darstellt. Die Tragödie, die diesem Jahrhundert ihr Brandzeichen aufgedrückt hat, kennt keine Antwort. Sie bleibt ein einziges Rätsel. Und die Hoffnung gehört dazu.

»Erinnerst du dich an unsere Spaziergänge im Schnee?«
»Ich erinnere mich an den Schnee. Er brannte.«
»Ich habe dir die Geschichte von Moses' Tod erklärt.«
»Nicht der Tod, sondern Gott habe Moses getötet, hast du gesagt.«
»Ich habe dir auch gesagt, daß Mose selbst im Augenblick seines Todes unser Meister bleibe.«
»Er lehrt uns die unerbittliche Macht des Todes.«
»Und Achtung vor dem Leben.«
»Achtet der Tod das Leben?«
»Der Tod achtet nichts, außer ... die verbotene Erkenntnis. Habe ich das nicht von dir erfahren?«
»Ja, das habe ich dir erzählt. Der Schnee knirschte unter unseren Schritten, und ich sagte dir, daß ...«
»Den Schnee hast du nicht erwähnt.«
»Habe ich dir nicht gesagt, daß er Verbrennungen verursacht wie das Feuer?«
»Du hast nichts von Schnee gesagt. Auch nichts von Verbrennen. Du hast mir nichts gesagt, Du warst nämlich schon tot.«
»Und du?«
»Ich wollte sterben.«

KRITIK UND POLEMIK

In seinen Memoiren spricht man selbstverständlich von der eigenen Person, aber auch von anderen Menschen. Es läßt sich auch gar nicht vermeiden. Muß man deshalb über andere den Stab brechen?

Im allgemeinen schreibe ich negative Kritiken nur, wenn es sich um schlechte Filme oder Theaterstücke zum Thema Holocaust handelt. Ansonsten spende ich lieber Beifall, auch wenn es nicht immer leichtfällt.

Eine, wie es so schön heißt, »vernichtende« Kritik war meine Besprechung der Fernsehserie *Holocaust*, die von einem großen Sender unter ohrenbetäubendem Reklamedonner ausgestrahlt wurde. Obwohl ich davor zurückschreckte, einen Skandal zu machen, habe ich mich von den Redakteuren der *New York Times* dazu überreden lassen. Hätten die Filmproduzenten ihre Serie als rein fiktives Werk vorgestellt, hätte ich mich zurückgehalten. Aber sie wurde als dokumentarisches Werk, ja sogar als reiner Dokumentarfilm angekündigt. Angesichts dessen war es meine Pflicht, Protest anzumelden.

Meine Kritik hat großes Aufsehen erregt. Die *Times* mußte den Leserbriefen eine ganze Seite widmen. Der Drehbuchautor meldete sich zu Wort; ich erwiderte seine Stellungnahme, kurz: Die Debatte war eröffnet. Und sie war ziemlich heftig.

Hier meine Besprechung:

Die Geschichte, die der Film erzählt, ist spannend, die Schauspieler wirken überzeugend, die Botschaft ist unwiderstehlich – und trotzdem. Die wohlüberlegte Brutalität der Mörder, der stumme Todeskampf der Opfer, die Gleichgültigkeit der übrigen Welt – diese Fernsehserie will zeigen, was einige Überlebende seit vielen Jahren zu berichten versuchen. Und trotzdem stört uns etwas daran. Eine Kleinigkeit? Nein: alles. Dieser Film ist falsch, verletzend und geringschätzig: Als Fernsehproduktion ist er nicht nur eine Beleidigung derer, die umgekommen sind, sondern auch derjenigen, die überlebt haben. Entgegen seinem Titel zeigt dieses »dokumentarische Filmdrama« nicht den Holocaust, wie wir uns an ihn erinnern. Sollte diese Kritik zu hart sein? Oder bin ich zu sensibel? Dem Film jedenfalls mangelt es an Sensibilität. Er versucht alles zu zeigen, was man sich nur vorstellen kann, er verwandelt ein seinem Wesen nach einzigartiges Geschehen in eine Seifenoper. Was auch immer seine Absichten (oder vielmehr die seiner Produzenten) sein mögen, das Ergebnis ist schockierend. Übertreibungen, Effekthascherei, Rührseligkeiten, völlig unglaubwürdige Fügungen: Sollte der Film Sie zu Tränen rühren, so werden Sie aus den falschen Gründen weinen. Warum heißt die Serie »Holocaust«? Wer auch immer diesen Titel ausgesucht hat, er hatte keinen blassen Schimmer von der Bedeutung dieses Wortes. Der Holocaust als großangelegtes Fernsehspektakel! Der Holocaust als bildschirmgerechtes Rührstück! Der Holocaust: zur Hälfte Wahrheit, zur Hälfte frei erfunden! Als hätten nicht schon so viele geistig verwirrte »Wissenschaftler« überall auf der Welt lautstark verkündet, der Holocaust sei nur eine »Erfindung«! Warum hat NBC nicht dieses Wort unter den Titel gesetzt? Auch etwas mehr Aufmerksamkeit und Strenge bei den Recherchen hätten dem Sender gut zu Gesicht gestanden. Juden, denen vor dem Einmarsch der Deutschen die Flucht hinter die russische Grenze gelang, konnten sich dort keineswegs so frei bewegen, wie es der Film darstellt; sie wurden vielmehr verhaftet, verhört und eingesperrt … In Auschwitz durften die Deportierten weder ihre Koffer noch ihre Familienalben, noch ihre Notenhefte behalten … Die Juden tragen abends keinen Tallit … Das Gebet für die Toralesung ist nicht dasselbe wie das für die Hochzeitsfeier – doch im Film verwechselt der Rabbi das eine mit dem anderen. Andere »Fakten« sind noch ärgerlicher, noch schlimmer: Mordechai Anielewicz, der junge Oberkommandierende des Aufstands im Warschauer Ghetto, erscheint wie eine Karikatur seiner selbst … Man sieht stereotype Juden, die stereotypen Deutschen gegenüberstehen … Ganz zu schweigen von der Beharrlichkeit, mit der die Brutalität der jüdischen Ghettopolizei und der jüdischen Kapos in den Lagern hervorgehoben wird oder mit der das Thema der Resignation der Juden aufgegriffen wird, das einen ohnedies geradezu zwanghaft verfolgt. Wollen wir die Debatte über die Passivität der Juden auf der einen und ihr Heldentum auf der anderen Seite wirklich fortsetzen? Haben wir sie nicht während des Eichmann-Prozesses ausführlich und bis an die Grenzen des Erträglichen geführt? Warum sollten wir sie jetzt wieder aufnehmen? Während des Holocaust waren die Opfer selbst Helden, und die Helden waren selbst Märtyrer.

Am meisten stört mich allerdings die Gesamtkonzeption des Films: Er will alles ausbreiten, sowohl das Geschehen während des Holocaust als auch, was vorher und nachher geschah, von Anfang bis Ende. Auf der einen Seite die verbrecherische Mehrheit, auf der anderen die barmherzige Minderheit. Die Bluthunde der SS und Pater Lichtenberg, Himmler und Eichmann, Blobel und Frank, Höß und Nebe, nur wenige Namen fehlen, nur wenige Ereignisse wurden übergangen. Wir werden Zuschauer ihrer ideologischen Diskussionen, und wir sehen sie am Werk. Man zeigt uns, wie sie ihre unterschiedlichen Talente und Begabungen, ihren Erfindergeist und ihren Patriotismus nutzten, um ein perfektes System des Massenmords zu errichten – denn es bedurfte der Fähigkeiten all dieser zivilisierten Wesen, um eine Katastrophe solchen Ausmaßes zu organisieren. Auf der anderen Seite: die ersten Anzeichen, die ersten Verordnungen, die ersten Warnungen. Dann die Enteignungen, Beschlagnahmungen, die Deportation. Die Ghettos und die Menschenjagden im Osten. Der Hunger, die Angst. Die immer enger werdende Welt, die zum Schluß auf das Innere einer Gaskammer geschrumpft ist. Und neben den Opfern zeigt man uns die unerschrockenen Kämpfer: die Partisanen, Widerstandskämpfer und Helden des bewaffneten Aufstands. Mut und Verzweiflung, die von Gläubigen und Nichtgläubigen verkörpert werden: nichts fehlt. Aber was zuviel ist, ist zuviel. Der Film ist viel zu ausführlich, viel zu ehrgeizig. Die Geschichte eines einzigen Kindes, das Schicksal eines einzigen Opfers, der Widerhall eines einzigen Schreis wären auch unter künstlerischen Gesichtspunkten viel wirksamer gewesen. Spar-

samkeit, Mäßigung, Zurückhaltung und Schamgefühl sind Qualitäten, die ein solcher Film benötigt. In diesem fehlen sie leider völlig. Was hier einer einzelnen jüdischen Familie zustößt, ist zuviel, ebenso das, was hier ein einzelner deutscher Offizier an Übeltaten vollbringt. Die Mitglieder der Familie Weiss erleben die Reichskristallnacht, die Euthanasieprogramme, Warschau, Buchenwald, Theresienstadt, Babij Jar, Sobibor und Auschwitz. Die bekanntesten und schändlichsten Ereignisse und Orte werden verzerrt und umgeformt, bis sie in die Biographien zweier Familien hineinpassen. So rettet Joseph Weiss Juden auf dem Umschlagplatz von Warschau; sein Bruder kauft Waffen für den Widerstand; seine Frau bringt den Kindern im Ghetto Shakespeare und Musik bei; sein Sohn gehört zu den Künstlern, die mit ihren Zeichnungen Zeugnis für die Geschichte ablegen; seine kleine Tochter fällt der Euthanasie zum Opfer; sein jüngster Sohn überlebt die Erschießungen von Babij Jar, schließt sich den Partisanen in der Ukraine an und nimmt am Ausbruch von Sobibor teil – und das ist längst nicht alles … Es gibt wirklich nichts, was dieser Familie nicht zustößt.
Dasselbe Drehbuchschema für Erich Dorf: Auch er ist überall, wo sich Bedeutendes ereignet. Wer berät Heydrich bei der Regelung der Versicherungsschäden nach der Reichskristallnacht? Dorf. Wer überwacht die mobilen Tötungseinheiten im Osten? Dorf. Wer sieht das Massaker von Babij Jar mit an? Dorf. Wer arbeitet an den Plänen für Auschwitz? Natürlich Dorf. Wer besorgt das Zyklon-B bei der deutschen Chemie-Industrie? Immer ist es Dorf. Das ist nun wirklich zuviel für einen einzelnen Mann, für wen auch immer. Die Existenz einer solchen Person ist völlig unglaubwürdig. Natürlich hat es weder Erich Dorf noch die Familie Weiss in Wirklichkeit gegeben.
Die Hauptpersonen in diesem »dokumentarischen Filmdrama« sind frei erfunden, die Nebenpersonen hingegen nicht. Dennoch werden aus rein künstlerischen Gründen alle Personen als authentisch vorgestellt. Die Folgen dieser Umgangsweise erscheinen mir äußerst beunruhigend und schlimm: Wie soll der unbedarfte Zuschauer die einen von den anderen unterscheiden? Es ist anzunehmen, daß er entweder denken wird, es habe alle Per-

sonen tatsächlich gegeben oder alle seien frei erfunden. Das Schicksal der beiden Familien ist so sehr mit historischen Ereignissen überfrachtet, daß der normale Zuschauer (sieht man von den Eingeweihten ab) kaum erkennen kann, wo die historischen Tatsachen enden und das romanhafte Geschehen beginnt. Und das konnte den hehren Absichten der Schöpfer dieser Serie nur schaden. Denn auf dem Bildschirm wie auf dem gedruckten Papier ist alles eine Frage der Glaubwürdigkeit. Wäre der Film klar und deutlich als rein fiktives oder aber eindeutig als dokumentarisches Werk zu erkennen, hätte er brauchbar sein können. Die Vermischung von beidem stiftet Verwirrung und drückt sich in Szenen aus, die ich persönlich äußerst geschmacklos finde. Ein schlagendes Beispiel: Zur »passenden« Hintergrundmusik bewegen sich Juden in endlosen Schlangen auf den Graben von Babij Jar zu. Man sieht, wie sie sich ausziehen, an den Rand des Grabens treten, auf die Kugeln warten und in den Graben stürzen. Man zeigt uns blutüberströmte, nackte Leichen – und alles ist nur eine Trickaufnahme.

Ein anderes Beispiel: Frauen und Kinder betreten nackt eine Gaskammer; ihre Gesichter werden ausgeleuchtet; wir hören, wie sich die Türen schließen, ihr Wehklagen, und dann – gut, das genügt: Das weitere Geschehen ist nicht verbürgt. Warum also noch weitergehen? Tricks und Spezialeffekte anzuwenden, um das Unsagbare zu bebildern, ist moralisch unzulässig. Schlimmer noch: Es ist schamlos. Die letzten Augenblicke der Opfer gehören ihnen, und zwar ihnen allein. Ich weiß: Man wird mir entgegenhalten, eine Filmproduktion habe ihre eigenen Gesetze. Bei Kriegsfilmen oder anderen Verfilmungen historischer Ereignisse werde schließlich mit ähnlichen Methoden gearbeitet. Der Holocaust ist allerdings ein einzigartiges Ereignis, doch der Film tut so, als wäre er ein historisches Ereignis neben vielen. Deshalb werfe ich ihm Mangel an Authentizität vor und weise ihn zurück; statt uns eine Annäherung an das Geschehen zu ermöglichen, entfernt er uns davon. Der Ton klingt falsch, die meisten Szenen sind gekünstelt. Da ist zuviel »Drama« und zuwenig »Dokumentation«. Um ehrlich zu sein, muß ich anfügen, daß mehrere jüdische und nichtjüdische Organisationen das Filmprojekt unterstützt haben und unter ihren Mitgliedern für den Film warben. Leider bevor sie ihn gesehen hatten. Das bedeutet nicht, daß die Leute nicht erschüttert sein werden, einige haben den Film in einer Privatvorstellung gesehen und waren zutiefst bewegt. Ich weiß, Sie werden mir auch vorhalten, der Film richte sich ja nicht an Leute wie mich, sondern an diejenigen, die nicht dort waren oder die damals noch gar nicht auf der Welt waren und die jetzt erst langsam beginnen, die Wirklichkeit der Todeslager mitten im hochzivilisierten Europa zu entdecken. Sie haben zweifellos recht. Aber - und das ist ein schwerwiegendes Aber - ich bin entsetzt bei der Vorstellung, der Holocaust könnte eines Tages nach der Fernsehserie bewertet und beurteilt werden, die seinen Namen trägt, und sei es auch nur teilweise. Hören Sie nur, was ein »Studienführer« dazu sagt, den der National Council of Churches zum Start der Serie herausgegeben hat: »Es kann sein, daß *Holocaust* in puncto gewissenhafter Genauigkeit, sorgfältiger Aufbereitung des Stoffs und umsichtiger Einbeziehung der Dokumente aus den Archiven der endgültige Film über den Holocaust bleiben wird ...« Trotz der guten Absicht sind solche gefälligen Erklärungen gefährlich: Denn die Wahrheit sieht anders aus. Als Augenzeuge fühle ich mich verpflichtet zu sagen: Was Sie auf dem Bildschirm gesehen haben, ist mitnichten das, was dort passiert ist. Sie können sich einbilden, Sie wüßten nun, wie die Opfer dort gelebt haben und gestorben sind, doch in Wirklichkeit wissen Sie nichts darüber. Auschwitz kann weder in Bildern gezeigt noch erklärt werden. Ob einsamer Höhepunkt oder einzigartige Verirrung der Geschichte, der Holocaust geht über die Geschichte hinaus. In ihm flößt alles Angst ein, ruft alles Verzweiflung hervor. Die Toten sind in Besitz eines Geheimnisses, das wir, die Lebenden, uns nicht aneignen können: Weder sind wir dessen würdig noch sind wir dazu fähig. Die Kunst und Theresienstadt waren vielleicht in Theresienstadt miteinander zu vereinbaren, in einem Fernsehstudio sind sie es nicht. Dasselbe gilt für das Gebet in Buchenwald, für den Glauben in Treblinka. Ein Film über Sobibor kann kein Film sein; über Sobibor kann man nicht sprechen. Das unvorstellbare Geschehen, das undurchdringliche Geheimnis, das der Holocaust darstellt, wird niemals mitgeteilt oder begriffen werden können. Ein Gefangener in Auschwitz konnte sich leichter die Freiheit vorstellen, als eine in Freiheit befindliche Person sich Auschwitz vorstellen kann. Aber welche Möglichkeit haben wir dann noch? Wie läßt sich eine Geschichte erzählen, die zugleich unmöglich erzählt werden kann und unbedingt erzählt werden muß? Wie läßt sich das Andenken der Opfer schützen? Auf welche Weise können wir die Absichten der Mörder und ihrer Helfershelfer durchkreuzen, die die Opfer ein zweites Mal töten wollen, indem sie sie dem Vergessen anheimstellen? Was wird von unseren Zeugnissen übrigbleiben, wenn der letzte Zeuge gestorben sein wird? Ich weiß es nicht. Aber ich weiß genau, daß sich kein Zeuge in diesem Film wiedererkennen kann. Man muß sich an den Holocaust erinnern, aber nicht als Filmspektakel.

Während des Sturms, den der Film entfachte, erfuhr ich, daß die Produzenten und Regisseure auf zwei gutbezahlte Fachleute zurückgegriffen hatten, um sich beraten zu lassen: auf zwei ehemalige SS-Offiziere. Aber auf keinen einzigen Überlebenden.

Was tun? Ich ziehe die echten Dokumentarfilme vor. *Der 81. Schlag, Nacht und Nebel, Die Partisanen von Wilna* und natürlich *Shoah*. Für letzteren habe ich mit einer ausführlichen und sehr wohlwollenden Kritik in der *New York Times* die Reklametrommel gerührt. Ich wollte die gigantische Leistung und die aufopferungsvolle Arbeit von Claude Lanzmann würdigen. Sein Dokumentarfilm ist und bleibt ein Denkmal.

Einige Sequenzen können aber auch zu Irritationen führen: Das lange Verweilen beim Todeskampf in den Gaskammern zum Beispiel. Bin ich der jüdischen Tradition vielleicht zu sehr verhaftet? Dort wird der Tod als Privatangelegenheit aufgefaßt, dessen Geheimnis nicht berührt werden darf. Deshalb starb Moses allein, an einem Ort, wo ihn niemand sehen konnte. Ich will und ich kann nicht glauben, daß jüdische Mütter auf ihre Kinder geklettert sind, um eine Sekunde länger zu atmen. Und zu oft hat man uns schon eine Beschreibung der Exkremente geliefert, die von den Opfern hinterlassen wurden. Dies sind gewiß keine Bilder, die die Überlebenden von den letzten Augenblicken ihrer Angehörigen behalten möchten. Das soll freilich kein Vorwurf an Claude Lanzmann sein. Er wollte nur zeigen, welch schändliche Erniedrigungen die Deutschen sich ausgedacht und vorgesehen hatten. Das Sonderkommando ist eine deutsche Erfindung, keine jüdische. Seine Mitglieder wurden allesamt gezwungen mitzumachen. Auch sie waren Opfer der Mörder. Und niemand hat das Recht, sie zu verurteilen. Als ich das Vorwort zu ihren »Stimmen in der Nacht«* schrieb, versuchte ich, mit aller Zärtlichkeit die Liebe auszudrücken, die ich ihnen entgegenbringe. Natürlich hatten sich einige der für die Sonderkommandos ausgewählten Häftlinge geweigert, diese Arbeit zu tun; die Deportierten aus Griechenland ließen sich lieber erschießen, als die Öfen zu füttern, und man hat mir erzählt, daß sich der Großrabbiner aus meiner Heimatstadt, Rabbi Jekutiel Jehuda Teitelbaum aus denselben Gründen in die Flammen geworfen hat. Aber diese Tat mindert nicht den menschlichen Wert der anderen. Und wenn ich den Film von Claude Lanzmann vorbehaltlos lobe, so im Andenken an ihr Martyrium.

Es gibt noch andere Filme oder Theaterstücke, die sich des Themas angenommen haben. Und jedesmal, wenn nach meiner Einschätzung das Andenken der Opfer des Holocaust in Wort oder Bild verunglimpft wurde, habe ich meine Stimme erhoben. Nennen Sie mich meinetwegen einen »Hüter der Flamme«. Das berührt mich nicht. Wenn niemand protestiert, ist es meine Pflicht, meine Stimme zu erheben. Und wenn ich gezögert habe, gab es immer jemanden, der mich an meine eigenen Worte erinnerte: Aus Schweigen wird Zustimmung. Und es gab auch immer jemanden, der es mir verübelte. Bei manch einem währt der Groll bis heute. Da ich *Sophies Entscheidung* (nur den Film, nicht das Buch) verabscheuungswürdig fand, reden William Styron und ich nicht mehr miteinander. Ich habe alles gesagt, was ich von *Ghetto* halte, dem Theaterstück des israelischen Dramatikers Joshua Sobol über das Ghetto von Wilna, nämlich überhaupt nichts. Ebenso habe ich etliche Sequenzen aus der Fernsehserie *Feuersturm* angeprangert, aber der Autor des zugrunde liegenden Romans, Herman Wouk, hatte Verständnis für meine Reaktion. Meine Ablehnung richtete sich nicht gegen sein

* Ber Mark, *Voix dans la nuit*, Plon, Paris 1977.

Werk, sondern gegen dessen Verfilmung. Denn wir stoßen dabei immer auf dasselbe Hindernis: Man kann Auschwitz nicht zeigen, man kann das Zentrum dieses finsteren Reiches nicht enthüllen.

Ich weiß: Amerikanische (und französische) Schriftsteller, die über den Holocaust geschrieben haben, weisen meine »puristische« Haltung in dieser Angelegenheit zurück. Sie halten mich ungerechterweise für eine Art Zensor oder Inquisitor, der gewissenhaft über ein Gebiet wacht, das ihrer Meinung nach ihnen genauso gehört wie den Überlebenden. Sie unterstellen mir zu Unrecht, ich würde für mich und meinesgleichen die Exklusivrechte darauf beanspruchen. Das ist nicht der Fall. Weder in der Literatur noch in der Philosophie gibt es ein privates Jagdrevier. Jeder kann über alles und jeden schreiben. Aber es hat auch jeder das Recht, Protest einzulegen, wenn ihm etwas nicht gefällt. Und ich bleibe dabei, daß niemand, ich selbst eingeschlossen, das Recht hat, im Namen der Toten zu sprechen. Niemand darf sich der Erinnerung an sie bemächtigen. Wer mich der Arroganz beschuldigt, weil ich die den Toten gebührende Achtung fordere, hat von meinem Wirken nichts verstanden: Ich plädiere für Demut; Demut von ihrer Seite wie von meiner. Ich plädiere für mehr Vorsicht und mehr Schamgefühl im Verhalten wie in der Sprache (ist es denn nicht dasselbe?); ich wünsche mir, daß jeder, der dieses Thema berührt, einen leisen Ton anschlägt.

Leider gibt es zu viele sich ereifernde Stimmen. All die Wissenschaftler, die immer eine Antwort auf unsere Fragen parat haben. All die Fachleute, die sich über Nacht zu Richtern und Ratgebern aufschwingen und darüber entscheiden, wer gut und wer schlecht schreibt, wer rührselig ist und wer nicht, was gefällt und was mißfällt, wer es verdient, gelesen zu werden, und wer nicht. Das geht so weit, daß die überlebenden Juden sich nicht mehr getrauen, etwas zu sagen. Die anderen wissen immer besser darüber Bescheid. Sie sind die unerbittlichen Zensoren. Wir fühlen uns nicht schuldig, daß wir überlebt haben, aber unter ihren Beleidigungen kann es vorkommen, daß wir uns dafür schämen.

In Frankreich heißt unser Gegner, und mit uns meine ich alle Überlebenden, Jean-Marie Domenach. Er hat das meiste Aufsehen erregt.

Vielleicht hat er ja sogar die Diffamierungskampagne gegen »gewisse Juden« ausgelöst, die im September 1989 in der Folge der Affäre um das Karmeliterkloster von Auschwitz einsetzte. Jedenfalls hat sich Domenach an der Kampagne beteiligt, bei der uns »Judäozentrismus« zum Vorwurf gemacht wurde. Anders gesagt: Wir sollen zu jüdisch sein. Seither kann kein Jude mehr über die Tragödie von Auschwitz sprechen, ohne beschimpft zu werden. Er darf kein gutes Wort mehr über Israel oder das Judentum verlieren, will er nicht angegriffen und abgekanzelt werden. Diese Kampagne droht, in Aufwiegelung zum Haß zu münden, und der Gedanke an ihre Folgen läßt uns erschaudern.

Die Angriffe und Beschimpfungen, die auf meine Person zielen, kommen aus unterschiedlichen Richtungen. An mir stören sich eine Menge Leute. Offenbar bin ich nicht nur den Rassisten und Antisemiten von der reaktionären Rechten ein Dorn im Auge, sondern auch einigen jungen Intellektuellen, die ihre Fähigkeit, jedes Tabu zu brechen, dadurch unter Beweis stellen, daß sie zwischen der Linken und einem gegen das Establishment, gegen die Religion, gegen alles gerichteten Linksradikalismus umherirren.

Manche ihrer Argumente sind durchaus vernünftig, andere völlig irrational. Eine Millionärstochter beschreibt in ihrem ersten Roman ihren Vater, einen orthodoxen Juden, als eine Art SS-Mann. Daher ihr Haß auf die religiösen Juden – und auf die Überlebenden. Und auf einmal gehört sie zu denjenigen, die meinen, sie könnten unsere Erlebnisse besser erzählen als wir selbst.

Was die Linksradikalen unterschiedlichster Richtung vereint, ist ihr gutes Gewissen und ihre ablehnende Haltung der Politik Israels oder sogar der Existenz des jüdischen Staates gegenüber. So bei ihrem Vordenker Maxime Rodinson. Der Antizionist und eingeschworene Gegner Israels, der den jüdischen Staat nicht erst seit 1982 oder seit 1967, sondern seit seiner Gründung 1948 haßt, überträgt seine Feindschaft auch auf jeden, der Israel liebt. Als 1952 in Moskau die »Weißen Kittel« verhaftet wurden, schrieb jener Rodinson in den *Cahiers du communisme*: »Mit dem Zionismus fand der Verrat Eingang in die sozialistische Welt.« Wer diese Worte und viele andere ähnlichen Inhalts geschrieben hat, müßte eigentlich seinen Hochmut und seine Vorurteile abgelegt haben, wenn er von Israel und seinen Verbündeten spricht. Er müßte zurückhaltender und umsichtiger in seinen Äußerungen sein. Doch ich wiederhole: Maxime Rodinson ist nicht wegen des Sieges von 1967, des Libanon-Krieges oder der Zwischenfälle im Westjordanland zum Feind Israels geworden. Sein Haß reicht weiter zurück. Um das festzustellen, braucht man nur seine Schriften zu lesen. Zum Glück wird er von aufrichtigen Menschen kaum noch ernstgenommen.

Noch ein Intellektueller hat sich plötzlich erhoben, um einen Angriff gegen mich zu starten: der Germanist Alfred Grosser. Er kann sich immerhin rühmen, ein weitaus achtbareres Publikum zu haben als Rodinson. Trotzdem wirft er mir – in einem Buch und in zahlreichen Äußerungen in der Presse – vor, ich hätte meine Rede in Oslo nicht den kurdischen Giftgasopfern der Iraker gewidmet. Offenbar hat er keine Angst, sich lächerlich zu machen. Einer seiner Freunde oder ideologischen Kampfgefährten hätte ihn darauf aufmerksam machen sollen, daß mir der Nobelpreis im Herbst 1986 verliehen wurde; das ungeheuerliche Verbrechen gegen das leidgeprüfte Volk der Kurden wurde aber erst zwei Jahre später, nämlich 1988, verübt.

Doch zurück zu Jean-Marie Domenach ... Sowohl Form als auch Inhalt seiner Erklärungen haben für mich etwas Abstoßendes und Verletzendes. Unverblümt drückt er aus, was ihn in Frankreich heute am meisten stört: »die Auschwitz-Dividende«, die gewisse Juden durch ihre politischen, literarischen oder sonstigen Aktivitäten angeblich einstreichen. Ich weiß nicht, welche Schriften dieses Herrn die Zukunft dem Vergessen überantworten wird, aber dieser kleine, sehr »originelle« Satz wird uns immer erhalten bleiben. Wer künftig Domenach erwähnt, wird automatisch hinzufügen: »Ach ja, die Auschwitz-Dividende.« Dieser Satz wird Schule machen, darauf können Sie sich verlassen. Wer auch immer in Zukunft ein Werk über die Tragödie der Juden verfaßt, wird die Quittung dafür bekommen. Historiker und Theologen, Philosophen und Psychologen, Romanciers und Dichter: Aufgepaßt! Hinter der nächsten Kurve lauert ein Domenach auf Sie. Sobald Sie etwas über Auschwitz sagen, wird er Sie anklagen, damit Karriere machen zu wollen. Die Historiker Raul Hilberg und Ascher Cohen, Israel Gutman und Jehuda Bauer, den Antisemitismusforscher Léon Poliakov und den Romancier André Schwarz-Bart, den Memoirenschreiber Ka-Zetnik und den Philosophen Emil Fackenheim, Claude Lanzmann und Steven Spielberg: Sie alle wird ihr Ruhm teuer zu stehen kommen. Zeugen, Chronisten und Überlebende haben kein Recht mehr, über ihre Leiden zu sprechen, sie dürfen nicht mehr zurückblicken: Domenach wird ihnen sogleich vorwerfen, »Gewinn« daraus zu ziehen. Selbstverständlich wird er entgegnen, er beziehe sich nicht auf jene, sondern auf »gewisse« andere Personen (wie er mich in einem etwas zusammenhanglosen handschriftlichen Brief hat wissen lassen, daß seine Bemerkung sich nicht gegen mich, sondern gegen Bernard-Henri Lévy und Zeev Sternhell richte) – doch er hat sich selbst zum Richter ernannt. Er entscheidet darüber, ob »gewisse Juden« das Recht haben, auszudrücken oder zu erzählen, was ihnen am Herzen liegt, und auf welche Weise sie dies zu tun haben. In Wirklichkeit will er dafür sorgen, daß sich ein Jude schämt, wenn er über die Vergangenheit spricht, und daß er sich schämt, wenn er an ihr festhält.

Aber es betrifft nicht nur die Juden. Folgt man Domenachs Argument bis in die letzte, groteske Konsequenz, dürfte der ehemalige Widerstandskämpfer nicht mehr (oder überhaupt nie) über die Résistance sprechen, der Rabbiner nicht über den Talmud und der Priester nicht über das Evangelium: Jeder von ihnen könnte gerügt werden, er habe nur »die Dividende« einstreichen wollen. Zeugt diese Auffassung des ehemaligen Herausgebers der Zeitschrift *Esprit* nicht von einer erstaunlich anti-intellektuellen Haltung?

Fassungslos habe ich den Skandal verfolgt, den Domenach ausgelöst hat. Ich habe seine Interviews in *L'Événement du jeudi* und im *Figaro* gelesen, ich habe seine kleinen, selbstzufriedenen Lacher auf *Europe 1* gehört, ich habe die Warnungen vernommen, die er uns Juden zu geben geruhte. Wir sollen uns also besser vorsehen, um antisemitische Reaktionen zu vermeiden. Die Methode, die er uns vorschlägt, ist einfach, geradezu schlagend: Wir sollen leisetreten, uns nicht zu Wort melden, dem Judentum nicht länger treu ergeben sein (zum Beispiel den Staat Israel anklagen), nicht mehr erwähnen, daß die Opfer Juden waren. Ich gebe zu, diese reizenden Empfehlungen mit ihren perversen Auswirkungen bringen »gewisse Juden« außer sich – vor allem, weil sie den Antisemitismus von jeder Schuld freisprechen. Wie bitte? Der Antisemitismus ist also kein Fehler der Antisemiten, sondern der Juden selbst? Den Judenhaß sollen die Juden durch ihr eigenes Verhalten hervorgerufen haben? Wir werden verachtet, verfolgt und sollen uns an die eigene Nase fassen? Es sei ein Fehler von uns, zu sehr auf unser Judentum zu beharren? Es sei falsch, vom jüdischen Friedhof von Auschwitz zu reden, wenngleich neunzig Prozent der Opfer des Todeslagers Juden waren? Als ich es wagte, in einer französischen Fernsehsendung auf diese Ungeheuerlichkeiten hinzuweisen, wäre Domenach vor Wut beinahe erstickt. Sollen wir etwa, nur um ihm zu gefallen, die Geschichte neu schreiben? Die Wahrheit verbiegen, unsere Toten verraten, uns weniger als Juden zeigen, uns mehr zurückhalten, mehr Verständnis für die Gesellschaft aufbringen, die sich bisweilen so barmherzig gezeigt hat, uns aufzunehmen? Domenach vergißt unter anderem, daß die deutschen Juden zu den am stärksten integrierten und assimilierten Juden Europas gehörten. Und trotzdem entgingen sie nicht dem Sturm.

Er und andere mit ihm übersehen, daß der Antisemitismus alle Juden verabscheut, und am meisten diejenigen, die ihr Judentum verbergen, die heimlichen, assimilierten, schamhaften Juden, das heißt diejenigen, die uns Schande machen …

Die Dummheit Domenachs überrascht mich weniger als seine Unverfrorenheit. In wessen Namen erlaubt er sich eigentlich, den Juden Ratschläge und Lektionen zu erteilen? Wer ist er, um uns Moral zu predigen? Mit welchem Recht lehrt er uns, was sich gehört und was nicht, was wir zu sagen und zu tun haben und was zu unterlassen, auf welche Weise wir etwas sagen oder tun sollen? Wenn es wenigstens ein ehemaliger Lagerinsasse wäre, der seine Befürchtungen, Ängste und seinen Zorn ausdrückt, könnte man es vielleicht noch hinnehmen, selbst wenn sie sich gegen »gewisse Juden« richteten. Aber was weiß Domenach schon von Auschwitz? Er hat die finsteren Nächte und die Todeskämpfe in der Dämmerung jedenfalls nicht erlebt. Schämt er sich denn nicht? Wie kann er es wagen, die Auseinandersetzung mit einer Tragödie herabzusetzen, die schon viel zu sehr verharmlost wurde? Was will er eigentlich? Daß Juden wie ich schweigen? Wann sollte seiner Meinung nach der Überlebende aufhören, Zeugnis abzulegen? Nach einem Monat, einem Jahr oder zehn Jahren? Nach dem zweiten Buch? Oder nach dem fünften? Weiß er, was es die Überlebenden »kostet« (um einen

Wortschatz zu verwenden, den er zu schätzen scheint), ihre Vergangenheit heraufzubeschwören? Wäre er ruchlos genug, ihnen ernsthaft zu unterstellen, daß »Karriere machen« oder Gewinnstreben bei einer solchen Entscheidung eine Rolle spielen? Wäre er nicht mehr in der Lage zu erkennen, daß es einen viel einfacheren, viel menschlicheren Grund gibt, der sie dazu bewegt: das zwingende Gefühl, den Verschwundenen, den vergessenen Toten etwas schuldig zu sein?

Er erklärt, er sei kein Antisemit. Aber festzustellen, wer Antisemit ist und wer nicht, ist ein Vorrecht der Juden. Muß ich es in seinem Fall nicht in Anspruch nehmen?

Jean-Marie Domenach ist nicht irgendwer. Als ich seine erste Erklärung las, war meine spontane Reaktion: Es kann sich nur um einen Irrtum, eine falsche Auslegung handeln; ein ehemaliger Widerstandskämpfer kann doch kein Antisemit sein, das ist undenkbar. Nach einigem Nachdenken habe ich mich aber doch gefragt: warum eigentlich nicht? Ein ehemaliger Widerstandskämpfer ist auch nur ein Mensch, und ein Mensch ändert sich. Ein alter Widerstandskämpfer kann also sehr wohl Antisemit sein oder werden, ebenso wie ein Jude sich als Gegner der Juden erweisen kann. In unserer Geschichte mangelt es nicht an Beispielen dafür.

Bleibt noch zu sagen, daß kein taktvoller, anständiger Mensch es jemals gewagt hätte, laut auszusprechen, was Domenach mit aller Kraft hinausschreit. Schenkt man ihm Glauben, würden sich die Juden – Verzeihung: »gewisse« Juden – des Holocausts nicht nur bedienen, um Geld zu machen, sondern auch, um ihn und andere aufrichtige Menschen zu verfolgen. Und das alles nur, weil er auf Bernhard-Henri Lévy und Zeev Sternhell wütend ist, die ihn an Uriage erinnert haben; und weil irgendeinem jüdischen Intellektuellen, wie er sagt, seine Kritik am Buch eines jüdischen Universitätsdozenten nicht gefallen habe. Leidet er unter Verfolgungswahn? Es ist unglaublich, aber leider nur zu wahr: »Gewisse« Antisemiten fühlen sich verfolgt von den Juden, die sie verfolgen.

Und noch etwas. Wenn Domenach seine Stimme gegen die Juden erhebt, die ihm im Namen von Auschwitz das Recht verweigern würden, sie zu beurteilen und zu kritisieren (von wem spricht er eigentlich? Ich kenne keinen Autor, der nicht seine glücklichen und unglücklichen Erfahrungen mit der Kritik gemacht hätte), lehnt er sich in Wirklichkeit gegen die »Macht« auf, die Auschwitz ihnen angeblich verleiht. Da haben wir das schändliche Wort: »die Macht der Juden«, ein Ausdruck, eine Phobie, die dem traditionellen Antisemiten seit jeher eigen war.

Man muß klipp und klar sagen: Jean-Marie Domenach hat sich entschlossen, eine Einschüchterungskampagne zu führen, die auf die Erinnerung der Juden zielt. Gleichzeitig schwört er, kein Feind der Juden zu sein. Mag sein. Aber er gebraucht die Sprache derjenigen, die es sind.

Nehmen wir noch einen Punkt der Kritik heraus: Einige meiner Gegner werfen mir Judäozentrismus vor. Ihrem Urteil nach interessiere ich mich nur für Juden, kämpfe nur für ihre Rechte, setze mich nur für ihre Anliegen ein, kümmere mich nur um ihr Glück, sorge mich nur um ihr Überleben …

Na, und wenn? Hätte ich nicht das Recht dazu? Wäre es nicht sogar meine Pflicht? Sollte es für jemanden, der die Einsamkeit des bedrohten jüdischen Volks am eigenen Leib erfahren hat, nicht selbstverständlich sein, daß er alles daran setzt, sie zu überwinden, wenn es wieder einmal einsam und verlassen dasteht? Ist es nicht ganz natürlich, daß ein Jude, ein Überlebender wie ich, all seine Kräfte und all seine Energie einsetzt, um sich zuvorderst den Seinen gegenüber solidarisch zu zeigen? Ist ein solcher Vorwurf nicht ungerecht? Wirft man Reverend Tutu oder Nelson Mandela vor, daß sie den Kampf gegen die Apartheid zu ihrer absoluten Priorität gemacht haben? Oder Lech Wałesa, daß er sich in erster Linie um das Wohlergehen des polnischen Volks gekümmert hat? Oder Václav Havel, daß er für die Befreiung und die Freiheit der Tschechen gekämpft hat? Oder Martin Luther King, daß er sein Leben dafür eingesetzt hat, mit dem Rassismus und der Benachteiligung der Schwarzen in den USA Schluß zu machen? Solange der Antisemitismus nicht verschwunden ist, habe ich als Jude das Recht, seine Beseitigung zu meinem ersten Ziel zu machen. Greife ich denn nicht jede Art von Haß gegen den anderen an, wenn ich gegen den Judenhaß kämpfe? Verteidige ich nicht das Recht aller Opfer auf Achtung, Würde und Frieden, wenn ich mich für die Rechte der eingeschüchterten und verachteten Juden einsetze? Habe ich mit meiner Forderung nach Freiheit für die russischen Juden nicht auch die Sache der Dissidenten unterstützt?

Die Argumente meiner Kritiker sind scheinheilig. In meiner Osloer Rede habe ich meine Haltung auf den Punkt gebracht: Mein Engagement gilt vorrangig dem Los der Juden, aber nicht ausschließlich.

Ich glaube, ich kann guten Gewissens von mir sagen, daß ich im großen und ganzen nie gleichgültig geblieben bin, wenn es darum ging, die Menschenrechte zu verteidigen. Aber ...

Nun ja, ich muß auch darauf zu sprechen kommen: Was habe ich getan, um dem Leiden der Palästinenser abzuhelfen?

In diesem Fall muß ich zugeben: Ich habe nicht genug getan, ja, in Wirklichkeit habe ich mich selten für sie eingesetzt. Was heißt »selten«? Ich will ganz offen sein: Auf politischer Ebene habe ich es tatsächlich nie getan. Auf der Ebene humanitärer Hilfe habe ich in einigen Fällen versucht einzugreifen. Viel konnte ich nicht ausrichten, aber ich half, soweit es mir möglich war und soweit es in meiner Macht stand.

Bedarf es einer Erklärung? Trotz des mehr oder weniger starken Drucks, dem ich in dieser Angelegenheit ausgesetzt bin, habe ich mich bisher geweigert, im israelisch-arabischen Konflikt öffentlich Stellung zu beziehen. Da ich nicht in Israel lebe, gestehe ich mir nicht das Recht zu – und ich habe es mir noch nie zugestanden –, Einfluß auf unmittelbar politische Vorgänge in Israel zu nehmen. Es wäre unverschämt, anmaßend und verantwortungslos, wollte ich es versuchen. Natürlich hege ich Sympathien für diese Partei oder jene Persönlichkeit, deren Vorstellungen ich nahestehe, aber ich hüte mich davor, sie in die Waagschale zu werfen, denn ich möchte ihre Entscheidungen nicht beeinflussen. Ich weiß: Man wird mich daran erinnern, daß ich gegen die Einmischung in die inneren Angelegenheiten eines fremden Landes sei, und mir dann vorhalten, daß ich mich im Falle der UdSSR (unter Breschnew) und Chiles (unter Pinochet) in Dinge eingemischt hätte, die mich nichts angingen. Im Unterschied dazu ist Israel für mich aber kein fremdes Land; meine Beziehungen zu ihm sind, was meine Gefühle anbelangt, völlig anderer Natur als die zu anderen Ländern. Fehlt es ihnen vielleicht an Logik und Unvoreingenommenheit? Ich komme noch darauf zurück, wenn ich von meinem Zerwürfnis mit Jean Daniel (und allen, die wie er denken) berichte.

Freilich habe ich nie ein Hehl daraus gemacht, wie sehr mich die Tragödie der Palästinenser, rein menschlich gesehen, betroffen macht. Selbst in *Der Bettler von Jerusalem* ist davon die Rede, obwohl ich diesen Roman zur Feier des Sieges der Juden über ihre Feinde geschrieben habe. Dort beschreibe ich die Bestürzung des Siegers angesichts des Sieges:

> Der Sieg kann das Leiden und Wüten des Todes nicht ungeschehen machen. Wie soll man sich gegenüber den Lebenden verhalten, ohne die Toten zu verraten? ... da er unbedingt überleben wollte, weiß er (der Überlebende) nicht mehr, wer seine Verbündeten, seine Gespenster und seine Führer sind; und er weiß nicht mehr, ob er ihnen Treue schuldet: für ihn ist das alles eine Frage, auch das Wunder, das ihn an der Oberfläche hält.

In meinem Tagebuch habe ich festgehalten, wie sehr mich die traurigen, angsterfüllten Blicke der arabischen Kinder in Verlegenheit bringen und unglücklich machen. Auch in meinem Roman habe ich davon gesprochen. Und (im April 1969) im israelischen Fernsehen.

Nach einem Vortrag an der Universität von Middle West stand ein Student auf und fragte mich: Für so viele Unterdrückte auf der Welt haben Sie so viel getan. Was tun Sie für die Palästinenser? Anderenorts stellt mir ein Student dieselbe Frage auf eine viel direktere Weise: »Ich bin Palästinenser. Was haben Sie mir zu sagen?« In beiden Fällen, die keine Einzelfälle sind, schloß sich den Fragen ein fruchtbarer, freundschaftlicher Dialog an.

In Israel treiben mich Intellektuelle aus dem Westjordanland im Rahmen einer Konferenz zum Thema »Anatomie des Hasses« vor laufenden Kameras (des arabischsprachigen Fernsehsenders) in die Enge: »Es heißt, das Leiden der Palästinenser berühre Sie nicht allzusehr. Stimmt das?« Ich erwidere, daß mich ihr Leid sehr berühre, daß ich mich jedoch außerstande fühlte, es zu lindern. »Helfen Sie uns«, sagen sie daraufhin, »sprechen Sie mit uns. Dann wird es leichter für uns. Helfen Sie dabei, uns Gehör zu verschaffen.« – »Wenn Sie einräumen, daß auch Israel in Angst lebt«, beantworte ich ihre Bitte, »und wenn Sie mir helfen, ihm diese Angst zu nehmen, dann helfe ich Ihnen, Gehör zu finden.« Ein Palästinenser, dessen in *Le Monde* abgedruckten »offenen Brief« ich unbeantwortet ließ, ist Mahmoud Derwich. Seine Dichtung ist voller Haß – »Nehmt Eure Gräber und verschwindet!« –, und selbst die Intifada kann ihn nicht entschuldigen.

Einige Jahre zuvor hat mich ein palästinensischer Dichter allerdings auch am meisten erschüttert. Ich erinnere mich noch an den Augenblick, als das Telefon klingelte. Ein hebräisch sprechender Mann meldet sich: »Ich heiße Rachid Hussein, und ich möchte Sie gerne treffen. Es ist sehr dringend.« Ich bin sprachlos. Zweifellos errät er den Grund meines Schweigens, denn eilig fügt er hinzu: »Sie brauchen keine Angst zu haben, ich bin nicht von der PLO. Ich bin Israeli, israelischer Dichter. Genauer gesagt, ein israelischer Dichter arabischer Sprache.« Beruhigt lade ich ihn ein, mich am nächsten Tag aufzusuchen. »Können Sie mich nicht noch heute empfangen? Es ist wirklich sehr dringend.« Meinetwegen mag er auch gleich kommen. Er macht einen sehr guten Eindruck. Er ist aufrichtig, feinfühlig, leidenschaftlich. Er kommt gleich zur Sache und beschreibt die unerträgliche Lage der Araber in Israel und besonders im Westjordanland. Ab und zu unterbreche ich ihn, weil ich ihm kaum glauben kann. Ich denke, er spinnt, er dichtet sich etwas zusammen, er übertreibt. Aber er fährt fort, als ob ich nichts gesagt hätte: Zensurmaßnahmen, Einschränkungen der unterschiedlichsten Art, willkürliche Verhaftungen. Ich wiederhole: »Das ist doch unmöglich, das kann ich nicht glauben.« Bestimmt alles übertrieben und erfunden. »Entweder sind Sie schlecht informiert oder schrecklich naiv«, erwidert er mir enttäuscht. Und dann liest er mir eine lange Liste mit Namen vor: Alles Araber, die vorbeugend in Haft genommen wurden und ohne Prozeß im Gefängnis sitzen. Statt ihm eine Antwort zu geben, greife ich zum Telefonhörer und rufe in Tel Aviv an. Ich hole einen befreundeten Journalisten aus dem Bett und frage ihn: »In meinem Büro sitzt ein palästinensischer Dichter und teilt mir schreckliche Dinge mit. Kann es sein, daß er lügt, daß er unter schlechtem Einfluß steht, mit falschen Informationen versorgt wird?« Nein. Mein Freund bestätigt alles, was Rachid mir erzählt hat. Als er sieht, wie ratlos ich daraufhin bin, meint mein Besucher, er müsse sich bei mir entschuldigen: »Tut mir leid, daß ich Ihnen solche Unannehmlichkeiten bereite ...« Was er von mir will? Daß ich eine Petition zugunsten seiner in »Administrativhaft« (so der verwaltungstechnische Ausdruck) genommenen Freunde unterschreibe. Andere Schriftsteller und Intellektuelle haben es bereits getan. Ich unterschreibe nichts, was gegen Israel gerichtet ist. Und das sage ich ihm auch. »Das habe ich mir fast schon gedacht«, antwortet er. »Wenn es um uns geht, schweigen Sie.« Dann steht er auf, um sich zu verabschieden. Ich bitte ihn, sich wieder zu setzen. »Ich mache Ihnen einen Vorschlag. Stoppen Sie Ihre Unterschriftensammlung. Ich werde nach Israel gehen und mein Möglichstes tun, um Ihren Freunden zu helfen.« Er ist einverstanden. Einige Tage später klopfe ich bei Golda Meir an. Ich nenne ihr den Grund meines Besuchs. Ein mütterliches oder großmütterliches Lächeln erhellt ihr Gesicht. Dann rät sie mir: »Misch dich da lieber nicht ein. Das ist nichts für dich. Diese Dinge sind viel verwickelter, als du denkst. Davon verstehst du nichts. Überlaß das den Fachleuten.« Es ist nicht so einfach, einer Premierministerin zu widersprechen, aber in diesem Fall muß es sein: »Golda, das können Sie uns, den jüdischen Intellektuellen in der Diaspora nicht antun. Schließlich verteidigen wir fortwährend die Menschenrechte, Sie dürfen uns nicht in die Zwangslage bringen, daß wir uns zwischen unserem Gewissen und der Treue zu Israel entscheiden müssen.« Darüber würde sie lieber nicht mit mir diskutieren, doch es bleibt ihr nichts anderes übrig. Schließlich meint sie: »Im Westjordanland werden diese Angelegenheiten von den Militärbehörden geregelt. Warum besuchst du sie nicht einmal?« Also verabrede ich mich mit dem Oberkommandierenden der Truppen. Auch er möchte nicht mit mir diskutieren, und wir tun es trotzdem. Seine Antwort: »Es gibt keine willkürlichen Verhaftungen. Jede Inhaftierung muß von einer Kommission bestätigt werden, der auch immer ein ziviler Richter angehört.« Ich renne zum Vorsitzenden des Obersten Gerichts. Mit ihm brauche ich nicht zu diskutieren. Recht ist Recht, und seine Aufgabe ist es, das Recht zu schützen, und das geschieht, wenn jeder Bürger, jedes Individuum gegen Machtmißbrauch geschützt wird. Hat er eine Erklärung für die vorbeugenden Inhaftierungen? Der Richter beruhigt mich: Es kann vorkommen, daß die Sicherheitskräfte einen Verdächtigen festnehmen, dessen Schuld feststeht und bewiesen ist, aber ... es wäre zu gefährlich, die Beweise vor einem ordentlichen Gericht, das heißt, vor den Anwälten der Verteidigung auszubreiten. Warum denn zu gefährlich? Weil die Beweise von Spitzeln erbracht werden, von eingeschleusten Agenten. Was sollen wir anderes tun? Die Saboteure freilassen? Und damit das Leben und die Sicherheit friedlicher Bürger in Israel aufs Spiel setzen? Ich kann nicht behaupten, daß mir diese Gewissensfrage gleichgültig wäre. Ich denke an Rachid Hussein und seine Gewissensfrage. Also noch ein Besuch bei Golda. Ich belästige so viele Leute, gehen ihnen so sehr auf die Nerven, daß man schließlich einige Gefangene freiläßt, nur um mich loszuwerden. Triumphierend setze ich mich ins Flugzeug nach New York. Dann rufe ich Rachid Hussein an. Ich verkünde ihm die gute Nachricht, aber er weiß schon Bescheid. Ich möchte mich gleich mit ihm treffen, um den Erfolg unserer gemeinsamen Anstrengung zu feiern. Er sucht Ausflüchte: keine Zeit, ein andermal. Gut, dann eben ein andermal. Vielleicht zum Essen? Auch nicht. Also gehen wir einen Kaffee trinken. Der junge palästinensische Dichter wirkt verlegen. Was ist los mit ihm? Warum sieht er nicht fröhlicher aus? Mit niedergeschlagenen Augen gesteht er mir, daß er weiter Unterschriften für seine Petition gesammelt hat, während ich in Jerusalem war. »Mir blieb keine andere Wahl«, erklärt er mir. »Als ich an meine Freunde im Gefängnis dachte, konnte ich nicht länger warten. Geduld ist etwas für Leute, die glücklich sind, aber nicht für uns, zumindest noch nicht.«

Einige Zeit später besuchen Marion und ich ein literarisches Kabarett im Village, wo er liest. Er trägt seine Gedichte vor, die von der Gewalt künden und voller Bitterkeit sind. Armer Rachid: Er ist entwurzelt und hangelt sich von einer Verzweiflung zur nächsten. Er trinkt viel, wie ich erfahre. Jedem seine kleinen Fluchten. Seine endet in der Flasche. Ich verurteile ihn deshalb nicht; er dagegen scheint mit jedem Glas, das er kippt, ein Urteil zu fällen. Über wen?

Als er einsam und verlassen in Manhattan stirbt, frage ich mich, ob seine Freunde noch immer (oder erneut) in Israel im Gefängnis sind. Und ob die Dichter unter ihnen nun mit weniger Wut und Verzweiflung singen.

Ein anderes Kapitel: Wie steht es mit meinen jüdischen Widersachern?

Nach der Vorstellung von *Ani Maamin* in der Carnegie Hall (siehe S. 101 ff.) suchen Freunde die Künstler und Musiker in ihren Garderoben auf, um sie zu beglückwünschen. Unter den Gratulanten ist ein breitschultriger Mann mit echtem Quadratschädel, Schnauzer und neugierig blickenden Augen. Er stellt sich als Simon Wiesenthal vor. Ich reiche ihm mit großer Herzlichkeit die Hände, wir umarmen uns. Ich kannte ihn vom Namen her, und ich bewundere seine Arbeit. Wie viele Konzentrationslager hat er erlebt? Und war er nicht der erste Nazijäger nach dem Krieg? Ich glaube, ich muß nicht mehr betonen, welche Hochachtung ich vor diesem Mann habe. Ich weiß, daß er in Wien wohnt; ich sage ihm: »Besuchen Sie uns doch, wenn Sie das nächste Mal nach New York kommen.«

Einige Jahre später kommt er tatsächlich zu Besuch. Wir sprechen über dies und das, über Israel und den Antisemitismus, über die Henker der SS, die sich in Südamerika verstecken. Er erzählt mir von seinen Büchern, aber ich möchte lieber einiges über seine Glanzleistungen bei der Jagd auf flüchtige Kriegsverbrecher hören. Ich erwähne den Namen Adolf Eichmanns. Ich weiß, was wir ihm in dieser Sache verdanken; ich weiß es, weil ich seine Ausführungen dazu gelesen habe. Ich teile ihm deshalb meine Empörung über einen Artikel in einer israelischen Zeitung mit, in dem ihn ein ehemaliger Agent des Mossad böswillig der Lüge bezichtigt, weil er vorgebe, eine wichtige Rolle bei der Entführung des Naziverbrechers gespielt zu haben. Wiesenthal antwortet, die israelischen Geheimdienste würden ihn hassen, weil sie neidisch auf seine Erfolge seien. Ich frage weiter: »Und was ist mit Josef Mengele, dem Assistenzarzt und Leiter der Selektionen in Birkenau? Weiß man, wo er sich versteckt?« Wiesenthal weiß es und zieht mich ins Vertrauen; er liefert mir sogar genaue Angaben über seine neue Identität, die Namen seiner Helfershelfer und Beschützer. Aber warum wird er denn nicht verhaftet? Mein Besucher macht alle möglichen Leute dafür verantwortlich. Erneut beklagt er sich über die israelischen Geheimdienste im allgemeinen und den Mossad im besonderen, die alles täten, um seinem Ansehen zu schaden. (Später habe ich in einem unveröffentlichten Manuskript von Isser Harel, dem legendären früheren Chef des Mossad, tatsächlich ein äußerst mißfälliges Porträt Wiesenthals gelesen: Darin wird ihm Angeberei und ein extremer Hang zur Selbstdarstellung vorgeworfen; Wiesenthal wird sogar beschuldigt, eine israelische Geheimaktion zur Festnahme Mengeles torpediert zu haben.) Bevor er sich verabschiedet, bittet er mich um einen Gefallen: Ich möge sein letztes Buch – ich hatte noch keine Gelegenheit, es zu lesen – für die *New York Times* besprechen. Darin erzählt er die Geschichte eines SS-Offiziers in einem Konzentrationslager, der im Sterben liegt und ihn zu sich ruft, um ihn um Vergebung zu bitten. Die Geschichte kommt mir etwas seltsam vor, doch ich habe nicht das Recht, darüber zu urteilen, bevor ich sie gelesen habe. Was allerdings den Gefallen angeht, um den er mich bittet, so erkläre ich ihm, daß so etwas in den Vereinigten Staaten nicht möglich sei. Hier sind die Redakteure der Kulturseiten äußerst empfindlich, wenn es um Kumpanei geht. Aber ich verspreche ihm, mein Bestes zu tun.

Ich empfange ihn noch zweimal bei mir zu Hause. Jedesmal kommt er direkt von Kurt Waldheim, dem Generalsekretär der Vereinten Nationen, mit dem er eng befreundet ist. »Stellen Sie sich vor«, erzählt er mir freudestrahlend, »er bestand sogar darauf, mich persönlich zum Aufzug zu begleiten!« Damals war noch nichts über die fragwürdige Vergangenheit des zukünftigen österreichischen Präsidenten bekannt.

Unsere letzte Begegnung fand Anfang der achtziger Jahre statt. Zuerst komme ich natürlich in den Genuß eines ausführlichen Berichts über seinen Besuch bei Waldheim, der ihn diesmal bis ins Erdgeschoß begleitet hat. Dann sprechen wir über Mengele. (Mengele ist schon längst gestorben, und zwar in Brasilien, aber mein Besucher meint genau zu wissen, an welchem Ort in Paraguay er sich jetzt versteckt halte.) Nachdem die gewohnten Themen abgehakt sind, schneiden wir eine ernste Frage an: An wen sollen wir uns erinnern? Er predigt die Universalität des Leidens, also auch des Gedenkens. Genauer gesagt: Da Hitler in den Lagern nicht nur sechs, sondern elf Millionen Menschen vernichtet habe, sei es unsere Pflicht, niemanden zu vergessen: nicht die Polen, nicht die Ukrainer, nicht die Russen, nicht die Deutschen usw. Wiesenthal benutzt ein verblüffendes Bild: In Auschwitz vermischte sich das Blut der Juden mit ihrem Blut, deshalb müßten alle Opfer im Gedenken an ihr Leiden vereint werden.

Ich antworte ihm, ich wisse nicht, woher er die Zahl von elf Millionen habe. Kein Historiker hat sie je erwähnt. Der einzige, der sie genannt hat, war Adolf Eichmann in seiner Aussage über die Wannsee-Konferenz, auf der die Führer des Dritten Reichs über die Endlösung entschieden. Eichmann sprach von elf Millionen JUDEN, und nur von JUDEN – von den europäischen und von den übrigen Juden, denn die Endlösung zielte auf alle. Glaube er, Wiesenthal, denn wirklich, daß fünf Millionen Nichtjuden in den Lagern eingesperrt, mißhandelt, umgebracht und verbrannt worden seien? Wenn er dies glaube, so möge er mir doch bitte Beweise dafür vorlegen. Daraufhin wirft er mir Judäozentrismus vor: »Sie denken immer nur an die Juden ... in Ihren Augen waren sie alle Heilige ... Ich kann Ihnen beweisen, daß es darunter Dreckskerle von der übelsten Sorte gab und daß sie schlimmer als Nichtjuden waren.« Schockiert über seine Worte schweige ich. Trauer übermannt mich: »Was Sie da sagen, ist nicht sehr schön, Herr Wiesenthal, es ist überhaupt nicht schön. Das hätte ich nicht von Ihnen erwartet ...« Er errötet und entschuldigt sich: Er habe sich schlecht ausgedrückt, das habe er eigentlich gar nicht sagen wollen, ja, in Wirklichkeit wolle er etwas ganz anderes sagen. Wie dem auch sei, ich erkläre ihm meine Haltung dazu in denselben Worten wie vor Präsident Jimmy Carter und dem Kongreß der Vereinigten Staaten: Die Opfer des Holocaust waren nicht alle Juden, aber alle Juden waren Opfer des Holocaust. Ich will damit sagen, daß ich keine Verfälschung, keine Banalisierung von Auschwitz dulde und daß ich alle reduktionistischen Formen des Gedenkens ablehne.

Das habe ich ihm sehr höflich und mit Achtung gesagt. Um nichts auf der Welt hätte ich einen Menschen verletzen wollen, der den Todfeinden des jüdischen Volks in der Vergangenheit soviel Angst eingeflößt hat. Um das Unbehagen zu beseitigen, wechsle ich das Thema. Währenddessen kommt mein noch sehr junger Sohn ins Büro. Ich stelle ihn unserem berühmten Besucher vor. Ob es daran lag, daß mein Sohn sich nicht sehr begeistert zeigte? Wiesenthal wird jedenfalls plötzlich wütend und herrscht ihn an: »Laß uns allein! Wir haben wichtige Dinge zu besprechen!« Gedemütigt verläßt Elisha das Zimmer. Ich muß zugeben: Das hat mir überhaupt nicht gefallen. Ich kann es nicht leiden, wenn man Kinder demütigt. Seither gab es keinen Kontakt mehr zwischen uns.

In den folgenden Jahren – bis zur Verleihung meines Nobelpreises, von dem er immer geträumt hat – ergeht sich Wiesenthal in unfreundlichen und verletzenden Kommentaren zu meinem »Nationalismus«, meinem »Chauvinismus« und meiner Verachtung für Zigeuner, Polen und andere, für alle anderen … Er wiederholt es unablässig vor allen Juden, die ihn in Wien besuchen, vor den jüdischen Führern in Amerika, in Interviews und sogar in einem auflagenstarken Pornomagazin wie *Penthouse*. Man könnte meinen, er leide unter zwei Obsessionen: unter dem Jüdischen Weltkongreß (den er haßt) und unter mir (den er verabscheut). Eines Tages höre ich ihn auf CNN: Er beantwortet Fragen des Reporters Larry King zu einem Werk, in dem ohne jedes Feingefühl seine engen Beziehungen zu Kurt Waldheim angeprangert werden. Das Buch stammte aus der Feder von Eli Rosenbaum, dem Leiter des Büros zur Suche ehemaliger Kriegsverbrecher am Bundesgerichtshof der Vereinigten Staaten, und zog eine ebenso verständliche wie schmerzhafte Auseinandersetzung nach sich. Wiesenthal beklagte sich vor dem Mikrofon der CNN, daß er als Überlebender von einem anderen Juden angegriffen werde. Ich hatte größte Lust, ihm einen kurzen Brief zu schreiben: »Bin ich nicht auch ein Überlebender wie Sie? Warum verleumden Sie mich, einen Juden, mit solcher Hartnäckigkeit? Bin ich vielleicht weniger jüdisch als Sie?« Ich habe ihm nicht geschrieben. Wir hatten schon seit langem kein Wort mehr miteinander gesprochen. Lieberman sagte: »Für eine neue Freundschaft braucht es immer zwei Menschen; um einen Streit zu beenden, genügt einer.« Allerdings habe ich den Kontakt nicht mit der Absicht abgebrochen, unseren Streit zu beenden; ich hatte einfach nur jede Achtung vor dem guten Mann verloren.

In *Penthouse* hat Wiesenthal erklärt: »Er (Elie Wiesel) ist der schlimmste Gegner meiner Haltung, die darin besteht, daß es eine echte Brüderlichkeit unter den Opfern geben muß, und zwar unter allen Opfern.« Einem Journalisten, der ihn fragt: »Warum ist Elie Wiesel nicht einverstanden mit Ihnen?« antwortet er: »Weil er chauvinistisch ist und ich nicht. Das ganze Geheimnis liegt darin, daß ich kein Mann des Hasses bin.« Seine Schmähungen nehmen derart überhand, daß der jüdische Journalist Herb Brin aus Los Angeles, der immerhin zu seinen Bewunderern zählt, ihn 1980 in einem Leitartikel auffordert, mit seinen unberechtigten Angriffen gegen mich aufzuhören. »Mit seiner manischen Fixierung auf Wiesel«, schreibt er, »schadet Wiesenthal nur seinem eigenen Ruf.«

Ich habe nur ein einziges Mal geantwortet: In einer jüdisch-amerikanischen Wochenzeitung habe ich gewisse falsche Behauptungen in allen Einzelheiten widerlegt. Zum Beispiel: Er klagt mich an, ihn zu einer Versammlung von Überlebenden (mit der ich selbst überhaupt nichts zu tun hatte) nicht eingeladen zu haben; des weiteren soll ich an einem Boykott gegen ihn teilgenommen (falsch: meines Wissens nach hat es einen solchen nie gegeben) und in Washington die Berufung eines Zigeuners in den United States Holocaust Memorial Council verhindert haben (dieses Vorrecht hütet das Weiße Haus eifersüchtig, meine verschiedenen Empfehlungen sind meistens nicht berücksichtigt worden). Abgesehen von dieser Richtigstellung schlucke ich seine Beleidigungen und schweige, fest entschlossen, seinen völlig aus der Luft gegriffenen Beschuldigungen (und ich wette mit jedem, daß er nicht eine beweisen kann) nichts zu entgegnen. Ich lasse ihn toben. Und beobachte ihn aus der Ferne. Warum hat ihn Albert Speer, der letzte Rüstungsminister des Reichs, in einer Fernsehsendung in den Vereinigten Staaten seinen »besten Freund« genannt? Und warum verkündete Helmut Kohl, der für die »Normalisierung« in der Bundesrepublik Deutschland verantwortlich ist, kurz nach der deutschen Wiedervereinigung 1990, Simon Wiesenthal sei der zweite gewesen, der ihm telefonisch seine Glückwünsche übermittelte? Warum hat der deutsche Kanzler versucht, die Ausstrahlung eines österreichischen Dokumentarfilms im Fernsehen zu verhindern, der ziemlich peinlich für Wiesenthal ist? Ich gebe zu, daß der Graben zwischen uns immer tiefer wurde. Allerdings habe ich, um es noch einmal ganz deutlich zu sagen, nie etwas davon verlauten lassen. Doch seit man mir einen Preis verliehen hat, den er öffentlich begehrte und für den er einen Feldzug startete, bei dem er mich herabwürdigte, ist er noch einen Schritt weiter gegangen: Er erklärt nach allen Seiten, in seinen Büchern wie in vertraulichen Gesprächen, daß der Nobelpreis rechtmäßig ihm zustünde, daß ich sein Feind wäre, daß ich ihn hassen würde, daß ich ihn mehr als sonst jemand hassen würde. Wie viele Reporter haben mich schon nach den »Gründen« für meinen »Haß« gegen ihn gefragt? Ich habe es immer vermieden, eine polemische Antwort zu geben. Sollen seine »Verteidiger« und Propagandisten doch nach einer Zeitung oder eine Zeitschrift suchen, in der sich eine abfällige Bemerkung von mir über ihn befände ... Nein, das ist nicht meine Art, es liegt mir einfach nicht.

Die Wahrheit sieht leider anders aus: In der Psychologie nennt man diesen Vorgang »Übertragung«. Er unterstellt mir den Haß, der ihn beseelt. Und das stimmt mich traurig. Nicht nur wegen des Schmerzes, den er mir vermeintlich zufügt, sondern auch wegen des Schmerzes, den er sich selbst zufügt: Haß ist der Gesundheit eines Menschen abträglich, er frißt denjenigen auf, der ihn hegt. Ich hoffe, daß er noch nicht zu alt ist, um etwas zu lernen, was seit Hemingway allgemein bekannt ist: Man muß verlieren können, ich meine mit Würde verlieren. Man muß Niederlagen lächelnd einstecken und verdauen können. Und man darf sich seine Enttäuschung nicht anmerken lassen. So ist das Leben: Man kann nicht immer siegreich sein. Jeder von uns hat Höhen und Tiefen. Das gilt für Nazijäger genauso wie für Schriftsteller. Sollte Wiesenthal vergessen haben, daß es auch auf gute Manieren ankommt? Ich vermute, daß ihm der Neid einfach zu Kopf gestiegen ist. Ansonsten hätte er sich kürzlich nicht derart lächerlich gemacht, als er sich einem Journalisten gegenüber beklagte, das angebliche »Lobbying« am Sitz des Nobelkomitees sei für meine Person erfolgreicher gewesen als für ihn. Er hätte auch nicht erzählt, daß »alle politischen Parteien in Holland an das Komitee geschrieben haben, um ihn vorzuschlagen«, womit er nur die Rolle verriet, die er selbst dabei spielte. Und er hätte diese Halbwahrheiten erst recht nicht in einem Brief (vom Februar 1996) an das *New York Magazine* wiederholt: »Elie Wiesel und ich waren beide Kandidaten für den Nobelpreis 1986.« Warum spreche ich von Halbwahrheiten (also halben Lügen)? Weil er den Eindruck erweckt, wir wären die einzigen Anwärter gewesen. Aber weit gefehlt! Es genügt, die amtlichen Verlautbarungen des Nobelkomitees zu Rate zu ziehen: Zu Beginn des Jahres gab es mehr als achtzig Anwärter. Eine witzige Geschichte am Rande: Einen Monat später, im März 1996, veröffentlichte dasselbe Magazin einen Brief der Frau von Brian Urqhart, dem ehemaligen Vize-Generalsekretär der Vereinten Nationen, in dem sie verriet, ihrem Mann sei am Samstag, den 11. Oktober 1986, von einem Journalisten des norwegischen Fernsehens mitgeteilt worden, daß die Entscheidung in Oslo soeben auf ihn gefallen sei. Frau Urqhart hatte mit Blick auf die Siegesfeier ihres Mannes sogar schon eine Flasche Aquavit gekauft ... Der norwegische Journalist erklärte seinen Irrtum damit, daß die Entscheidung über das Wochenende rückgängig gemacht worden sei, weil der Druck zu groß gewesen wäre. Wenn aber Urqhart gewinnen sollte, wie kam Wiesenthal auf den Gedanken, daß er gleichfalls mit dem Preis hätte gekrönt werden können?

In Wirklichkeit entspringt das alles seiner Phantasie. Erstens finden die Beratungen des Komitees im geheimen statt und sind streng vertraulich. Zweitens macht er den Fehler, das Nobelkomitee zu beschimpfen. Ich habe es anderenorts bereits gesagt: Seine Mitglieder, alles höchst ehrenhafte Männer und Frauen, widerstehen jedem Druck; kein Druck von außen kann sie zwingen, gegen ihr Gewissen zu entscheiden. Drittens: Die Entscheidung des Komitees war bereits Ende August gefallen, und sie war einstimmig. Später erzählte mir noch der Präsident des Komitees, Egil Aarvik, den ich sehr bewundere und der mein Freund geworden ist: »Bei der Wahl herrschte eine Atmosphäre der Begeisterung.«

Armer Wiesenthal. Wie lassen sich seine Wut und sein Haß verstehen? Unsere Weisen haben eine Erklärung dafür: Ehrgeiz und Neid. Neid ist gefährlich und schädlich. Nicht nur für denjenigen, der ihm als Zielscheibe dient, sondern auch und vor allem für den, der neidisch ist. »Neid«, so ist in *Sprüche der Väter* zu lesen, »schließt den Menschen von dieser Welt aus«. Seien wir barmherzig und sagen wir im Falle Wiesenthals, der Neid habe ihn nur so weit blind gemacht, daß er die Welt der anderen nicht mehr sieht.

Ich bedaure ihn.

Ich habe lange über das Problem nachgedacht, das Wiesenthal aufwirft. Mit dem Neid verhält es sich wie mit dem Ehrgeiz und der Großzügigkeit: Man findet sie überall und in allen Schichten. Ich werde noch Gelegenheit haben, darauf zurückzukommen, wenn ich mich daransetzen und die Porträts meiner literarischen wie meiner politischen Freunde und Meister zeichnen werde - und zwar sowohl derer, die mich geprägt, als auch derjenigen, die mich verletzt haben ...

DER INTELLEKTUELLE ALS ANKLÄGER

Ich habe einige »offene Briefe« verfaßt: an einen jungen Palästinenser, an einen jungen Deutschen usw. Ich habe auch einige bekommen. Darin geht es fast immer um meine Haltung zu Israel und den Palästinensern. Mal werde ich gebeten, die Falken zu unterstützen, mal sähe man mich lieber bei den Tauben. Der Herausgeber des *Spiegel* widmet mir einen nicht sehr eleganten Leitartikel mit eher dummen als boshaften Bemerkungen, weil ich es gewagt habe, meine Befürchtungen hinsichtlich der deutschen Wiedervereinigung zu äußern. Der in New York lebende israelische Schriftsteller Mati Meged wendet sich in *The Nation* an mich, um mir seinen Rat anzubieten. Von verschiedenen Seiten richtet man, teils auf direktem Wege, teils auch auf Umwegen, Appelle an mich, damit ich für oder gegen die Politik dieser oder jener israelischen Regierung Stellung nehme. Ich gehe selten darauf ein und mache von meinem Recht Gebrauch, mir meine Gesprächspartner selbst auszusuchen. Wenn ich den Absender eines solchen Briefes nicht kenne, muß ich mich nicht zu einer Antwort verpflichtet fühlen, nur weil er es geschafft hat, ihn in einer Zeitung unterzubringen. Und wenn ich ihn kenne, wenn wir bereits in Kontakt standen, warum hat er sich dann nicht direkt an mich gewendet?

Jean Daniel ist allerdings ein Fall für sich. Vorweg muß ich sagen, daß er eine Wochenzeitschrift herausgibt, die mir intellektuell nahesteht und bei der Freunde von mir mitarbeiten. Ich empfinde große Zuneigung für Elisabeth Schemla, deren Beiträge durch Aufrichtigkeit und Engagement bestechen. Leider hat sie 1996 aus politischen Gründen die Zeitschrift verlassen müssen; eine weitere Mitarbeit konnte sie mit ihrem Gewissen nicht mehr vereinbaren. Anders gesagt: Sie steht mir und meiner Position nahe. Auch Nicole Boulanger, die nach der Friedhofschändung von Carpentras wieder den Namen

Leibowitz angenommen hat, besitzt nicht nur viel Charme, sondern auch große Fähigkeiten und den Mut, zu ihren Überzeugungen zu stehen, die ich übrigens meistens teile.

Es gab eine Zeit, da hielt Jean Daniel noch recht viel von mir. Freilich hat seine Wochenzeitschrift meine Bücher nie mit derselben Gunst behandelt, deren sich die Bücher seiner Freunde erfreuten, aber das beeinträchtigte unsere Beziehungen nicht. Schließlich habe ich mich nie darüber beschwert.

Wann habe ich ihn eigentlich kennengelernt? Es muß lange Zeit zurückliegen, sehr lange. Ich weiß noch genau, daß wir damals über Henry Kissinger sprachen, der gerade Außenminister geworden war.

Jean Daniel hatte die Idee, mit mir essen zu gehen. Ich freute mich, ihn kennenzulernen: Ich mochte einige seiner Bücher, vor allem seine Essays über den religiösen Fanatismus, und ich schätzte etliche seiner Leitartikel wegen ihrer beredten Offenheit und ihres erhabenen Stils. Ich erinnere mich noch an seine erste Frage: »Wie bringen Sie Ihr Leben und Ihre religiöse Erfahrung unter einen Hut?« Bravo! sagte ich mir, endlich ein ernsthafter jüdischer Intellektueller, den geistige Fragen genauso interessieren wie Politik. Wir führten ein angenehmes Gespräch. Ob es um die Bibel, den Talmud oder den Chassidismus ging, mir gegenüber zeigte er eine große Lernbereitschaft, und das gefiel mir. Um ihm die Originalität der talmudischen Kurzformen zu veranschaulichen, zitierte ich als Beispiel die Geschichte von der Frau, die einen Weisen mit den Worten *»Beni ha-Katan mibni ha-Gadol«* um Rat fragt: Mein Jüngster ist der Sohn meines Ältesten. In vier Worten ist das Problem des Inzests beschrieben. Ein zeitgenössischer Schriftsteller hätte dazu viele Seiten benötigt.

Es wurde uns zur Gewohnheit, uns immer zu treffen, wenn er in die Vereinigten Staaten kam. Eines Tages lud er mich während eines Paris-Aufenthalts zum Essen zu sich nach Hause ein.

Wir redeten über Gott und die Welt, über die Pariser Kulturlandschaft und über die (wechselnde?) Politik des Weißen Hauses. Wir verglichen Präsident Ford mit seinem Vorgänger und seinem Nachfolger, sprachen über Kissingers Selbstverständnis als Jude, über die Lage im Nahen Osten ... Es war weder ein Interview noch ein Meinungsaustausch, sondern ein zweistimmiger, streng persönlicher, absolut subjektiver Rundumschlag ... *»off the record«*, wie es hierzulande heißt.

Als ich den Nobelpreis erhielt (worüber der *Nouvel Observateur* kein Wort verlor), vertraute er mir seine Hauptsorge an: Wie werde ich das riesige moralische Kapital »verwalten« (an diesem Wort scheint er besonderen Gefallen zu finden), das man mir mit dem Preis in die Hände legen würde? Von nun an war das seine fixe Idee. Er hat sie in einem Leitartikel dargelegt. Auf einmal war ich in seinen Augen kein Schriftsteller mehr, sondern ein Geschäftsführer. Ich weiß nicht mehr, ob ich es ihm vorgeschlagen hatte, jedenfalls erklärte er sich bereit, einen Teil meiner Rede von Oslo vorab zu lesen, um zu sehen, ob ich mein Kapital gut angelegt hätte: »Immerhin«, fuhr er fort, »hat mir auch Camus seine Rede gezeigt, bevor er sie hielt.« Warum bin ich nicht dem Beispiel des Autors von *Die Pest* gefolgt? Als ich auf dem Weg nach Oslo in Paris Station machte, rief ich Jean Daniel an. Leider, oder zum Glück, war er nicht erreichbar.

Zwei Jahre später veröffentlichte er während der Jahreskonferenz der Nobelpreisträger (Januar 1988) einen offenen Brief, in dem er mich, man kann schon sagen, unter Androhung von Sanktionen, aufforderte, auf seine Fragen zu antworten. Warum ich Schweigen bewahrte, während sich in Gaza und im Westjordanland die Wut der Palästinenser in der Intifada entlade? Warum ich ihrem Kampf um Anerkennung ihres Rechts auf einen eigenen Staat mit Gleichgültigkeit begegnete? Warum ich nicht für die linke Opposition in Israel Partei ergriffe? »Ich fürchte«, schrieb er weiter, »der Nobelpreisträger ist sich selbst untreu geworden, wenn er glaubt, er halte den Seinen die Treue, wenn er die israelischen Repressionen in den besetzten Gebieten rechtfertigt.« Anders ausgedrückt, es gereiche mir nur zum Vorteil – zu meinem Seelenheil, hätten die Christen gesagt –, wenn er mich auf den rechten Weg zurückführen und mich an meine Pflicht erinnern würde, mit der »Rechtfertigung der israelischen Repression« aufzuhören ... Einen Augenblick, bitte! Habe ich richtig verstanden? Wann habe ich jemals Repressionen, und seien es israelische, gerechtfertigt? In meiner Weigerung, Israel auf Anhieb, also noch unter dem Eindruck der Ereignisse zu verurteilen, könnte man vielleicht ein Unbehagen, ein Zögern, eine Verlegenheit sehen, aber nur ein äußerst böswilliger Geist würde so weit gehen, mir dies als Rechtfertigung auszulegen!

Während der Intifada hat Ivan Levaï ein langes Interview mit mir im *Provençal* veröffentlicht. Darin habe ich gesagt, wie sehr mich dieser plötzliche Gewaltausbruch auf beiden Seiten erschreckt. Ivan fordert klare Aussagen von mir zum Selbstbestimmungsrecht der Palästinenser (selbstverständlich erkenne ich es an), zum Zeitpunkt, ab wann dieses Recht in Kraft treten könne, und zu den Auswirkungen auf die israelische Sicherheit. Er sagt mir, die öffentliche Meinung habe sich so sehr gegen Israel gewendet, daß ich es mir nicht länger leisten könne zu schweigen. Ich antworte ihm nach bestem Wissen und Gewissen. Im übrigen lehne ich mich durchaus gegen eine Politik auf, die es hinnimmt (oder gar befiehlt), daß die Armee Anhängern der Intifada »die Knochen bricht«. Ich verurteile diese Gewalttätigkeiten natürlich: Alles hat seine Grenzen. Habe ich einen Fehler begangen, als ich auf die Fragen Ivan Levaïs antwortete und Jean Daniels Brief unbeantwortet ließ? Wie dem auch sei, ein Interview ist schließlich etwas anderes als ein offener Brief. Überdies verrät sich darin bereits, was Daniel mir kurz darauf in einem privaten Brief erläutert, nämlich daß er mich gerne als einen Helden der Palästinenser gesehen hätte, wie er ein Held der Algerier war ... Hätte ich nicht soviel zu tun gehabt, hätte ich ihm vielleicht gleich geantwortet. Doch in jener Woche fand die Konferenz der Nobelpreisträger im Elysée-Palast statt, und ich war vollständig von anderen Dingen, anderen Sorgen in Anspruch genommen. Freilich äußerte Daniel seinen Unmut prompt. Die nächste Leserbriefseite stand unter der Überschrift »Die Wiesel-Affäre« und war von einer Kopfzeile gekrönt, in der ich zurechtgewiesen wurde: Was? Ich hatte es gewagt, den Herausgeber warten zu lassen!

Um seiner Ungeduld Abhilfe zu schaffen, beschloß ich, ihm zu antworten. Allerdings nicht im *Nouvel Observateur*, sondern in einer anderen, freundlicheren Zeitung: in *Libération*.

Hier mein Schreiben im Wortlaut:

Am Ende seiner wöchentlichen Lektion hat mir Jean Daniel Mitte Januar liebenswürdigerweise nahegelegt, einen »Offenen Brief an einen jungen Palästinenser« zu schreiben. Selbstverständlich nehme ich mir seine Ratschläge gerne zu Herzen und befolge sie im angemessenen Rahmen, doch leider weiß er offenbar nicht, daß ich diesen Brief schon vor langer Zeit geschrieben habe. Nun, man kann nicht alles gelesen haben. Aber er spricht, als wüßte er alles. Worin liegt der Unterschied zwischen ihm und mir? Ich teile zwar seine Ängste, aber nicht seine Gewißheiten. In jenem 1977 veröffentlichten »Brief an einen jungen arabischen Palästinenser«* blende ich das Leiden meines Ansprechpartners in keinster Weise aus. Ich versuche im Gegenteil, ihm Rechnung zu tragen. Ich verstehe es. Ich füge hinzu, daß ich sogar seinen Zorn verstünde: »Ja, es ist erniedrigend, keiner organisierten Gesellschaft anzugehören, nicht nach Hause zurückkehren zu können. Es ist entmutigend, wenn man sich weder frei bewegen noch frei entscheiden kann. Ja, es ist deprimierend, entwürdigend, am Rand, in den Grauzonen der Geschichte zu leben, ein Instrument zu sein, das die Tagespolitik nach Belieben einsetzt, der ewig Fremde zu sein, der bestenfalls Mitleid und Barmherzigkeit weckt, und der doch Sicherheit und Gerechtigkeit sucht.« Während ich diesen Brief noch einmal lese, fällt mir auf, daß er nichts von seiner Aktualität verloren hat. Nein, im Gegensatz zur Feststellung Jean Daniels gibt es in meiner heutigen Haltung keine Anzeichen dafür, daß ich mir untreu geworden sein könnte. In meinem offenen Brief sagte ich meinem jungen Gesprächspartner auch: »Als Jude verstehe ich, daß Sie die arabische Sache verteidigen. Als Araber müssen Sie verstehen, daß ich als Jude zur jüdischen Sache halte. Ich verlange von Ihnen nicht, objektiv zu sein, verlangen Sie es auch nicht von mir: Es wäre für Sie wie für mich widernatürlich.« Da ich mit Israel solidarisch verbunden bin, fühle ich mich auch für das Handeln Israels verantwortlich. Und was Israel macht, das tut es auch in meinem Namen. Ich teile seine Freude, ich trage mit an seiner Trauer. Von den namhaften Intellektuellen in der Diaspora verlassen, von den Regierungen der freien Welt gerügt und verdammt von der öffentlichen Meinung, der Jean Daniel ebenso folgt, wie er sie prägt, versinkt Israel offenbar einmal mehr in Einsamkeit. Lade ich deshalb

* In: *Jude heute*, deutschsprachige Ausgabe: Wien 1987.

Schuld auf mich, wenn ich als Jude Israel dorthin begleiten möchte? Daraus den Vorwurf abzuleiten, ich sei der Tragödie der jungen Palästinenser gegenüber gleichgültig, ist ein Schritt, den ich wiederum niemandem durchgehen lassen kann. Kein Mensch kann ihren schweren Prüfungen gegenüber teilnahmslos bleiben. Aufgerüttelt von den Berichten und Bildern, die uns aus dem Heiligen und unglücklichen Land erreichen, spüre ich, wie die Angst in mir wächst. Blutige Zusammenstöße, Unruhen, bei denen es Tote gibt ... Kinder liegen am Boden, Mütter wehklagen. Frustriert und verzweifelt greifen die palästinensischen Jugendlichen zu Steinen und Molotowcocktails, während auf der anderen Seite Soldaten, die kaum älter sind als sie, versuchen, sie zu entwaffnen, zu zerstreuen, zu entmutigen. Dazu noch die vier bei lebendigem Leib begrabenen Palästinenser: Es gibt kaum einen Juden, ob in Israel oder in der Diaspora, der die Schmach nicht empfunden hätte. »So etwas können Juden nicht tun«, meinte ein israelischer General. Ich meine: So etwas dürfen Juden nicht dulden. Diese ungeheuerliche Brutalität widerspricht unseren heiligsten Gesetzen ...
Jean Daniel denkt vielleicht, wer die jüdischen Kinder liebe, könne die Kinder der Palästinenser nur hassen. Er irrt sich. Ich habe die Repression niemals »gerechtfertigt«. Weder in Israel noch sonstwo. In mir lehnt sich alles gegen Repressionen auf, ganz gleich, von wem sie ausgehen. Ich habe mein Leben damit zugebracht, sie anzuprangern, ihre dunklen Verästelungen aufzudekken, ihre gefährlichen Auswirkungen zu zeigen. Wenn ich mich weigere, Israel zu verurteilen, hat das vor allem einen Grund: Ein Schriftsteller und Überlebender soll Zeuge sein, nicht Richter. Und noch eines hindert mich daran: die israelische Jugend. Ich weiß genau, wie verletzt sie ist, wie sehr sie sich quält. Niemand kann mir weismachen, daß es ihr Vergnügen bereite, ihre Gegner zu schlagen, daß sie gerne Tränengas gegen Frauen und Kinder einsetze. Was aber bleibt einem jüdischen Soldaten anderes übrig angesichts des »Aufstands«, den die Palästinenser ausgerufen haben? Soll er zurückweichen? Wie weit? Die Flucht ergreifen? Wie lange? Von seiner Empörung getragen, kehrt Jean Daniel der Trauer Israels, den Trauernden in Israel allzu leichtfertig den Rücken.

Aber er hat recht, wenn er erklärt, das israelisch-palästinensische Problem müsse auf die politische Ebene verlagert werden, denn nur auf dieser Ebene wird es sich auch lösen lassen. Ich gebe auch zu, daß ich keine Ahnung habe, wie eine Lösung aussehen könnte. Solange die PLO eine Terrororganisation bleibt, solange sie von ihrem erklärten Ziel - der Vernichtung Israels - nicht Abstand nimmt, hat Israel recht, wenn es mit ihren Führern nicht verhandelt. Wenn die PLO aber als möglicher Gesprächspartner ausscheidet, mit wem könnte es dann verhandeln? Hier liegt das Dilemma. Wir befinden uns in einer Sackgasse. So erscheint der Abgrund zwischen den beiden Völkern unüberbrückbar zu sein. Der Unnachgiebigkeit auf der einen entspricht die Unbeugsamkeit auf der anderen Seite. Wie kann man das Sicherheitsbedürfnis Israels und die Suche nach nationaler Identität der Palästinenser miteinander in Einklang bringen?

Man wird die Gegenwart nicht begreifen, ohne den historischen Kontext zu berücksichtigen. Werfen wir doch gemeinsam einen Blick darauf: 1948 war Israel der einzige Staat, der die Existenz eines palästinensischen Staates rechtlich anerkannt hat. Lesen Sie einmal die ersten Reden und die Unabhängigkeitserklärung von Premierminister David Ben Gurion! Damals schlug er seinen Nachbarn vor, auf der Grundlage des Teilungsplans der Vereinten Nationen in Frieden mit Israel zusammenzuleben. Dieses Angebot wurde von sechs arabischen Armeen ausgeschlagen, die mit einem Angriff auf den jungen jüdischen Staat antworteten. Hätte es diesen Krieg nicht gegeben, wären Jaffa und Lod heute arabisch, und Jerusalem eine unter mehreren Staaten geteilte Stadt. Denn Israel war Frieden immer wichtiger als Eroberungen.

Als Ägypten im Juni 1967 bereits geschlagen war, sandte Premierminister Levi Eschkol drei Boten nach Jordanien zu König Hussein, um ihn nachgerade anzuflehen, sich von Nasser nicht in einen Konflikt hineinziehen zu lassen, bei dem Israel nur gewinnen könne. Hätte Hussein auf den Rat Israels gehört, stünde das Westjordanland heute noch unter jordanischer Kontrolle. Und die Altstadt von Jerusalem ebenfalls. Wann wird man endlich aufhören, Israel als eine eroberungswütige Macht darzustellen? Israel kennt nur eine Obsession: Sicherheit und Frieden.

Ein anderes Beispiel ist Menachem Begin. Für einen Friedensvertrag gab er den Sinai ohne Umstände an Ägypten zurück. Heute bewundert man Sadat, aber man vergißt seinen jüdischen Partner. Man bewundert Sadat für seinen Mut, als er sich entschloß, nach Jerusalem zu reisen – aber man vergißt den Empfang, der ihm dort bereitet wurde. In der Menschenmenge, die ihm mit Tränen in den Augen Beifall klatschte, gab es sicher auch Witwen und Waisen, deren Männer und Väter im Jom-Kippur-Krieg ihr Leben gelassen hatten. Und trotzdem begegneten sie ihm nicht mit Haß, sondern bekundeten lautstark ihre Dankbarkeit und ihre brüderliche Gesinnung. Ein Volk, das in der Lage ist, seinen Groll, seine Bitterkeit und sogar seine Traurigkeit in Schweigen zu hüllen, ein Volk, das sich so schnell als so großzügig erweist, verdient es nicht, daß man ihm das Vertrauen entzieht.
Sie mögen mir meinen Glauben an Israel vorwerfen. Aber das macht mir nichts aus. Ich werde ihn niemals verhehlen, und ich werde auch niemals die Liebe verleugnen, die ich dem jüdischen Volk entgegenbringe: Mit diesem Volk erscheint mir ein weltweiter Humanismus möglich. Als Jude bemühe ich mich um gute Beziehungen zu Christen und Muslimen. Nur in Treue zu meinem Volk kann ich zeigen, daß ich der Menschheit verbunden bin, zu der es gehört.
Sie haben mir vorgeworfen, ich stellte Israel über die anderen Nationen. Oder sollte dies nicht Sinn jener verletzenden Bemerkung sein (Sie sind tatsächlich so weit gegangen, Vergès zu zitieren!), mit der Sie mir vorhielten, ich hätte Israel mit den einstigen Kolonialmächten verglichen? Aber die *International Herald Tribune* hat mich nur unvollständig wiedergegeben. Dabei habe ich mich schon häufig darüber ausgelassen. Und ich habe immer gesagt: Vergleicht man Israel mit anderen Großmächten, kommt es immer gut weg. Aber, so fügte ich hinzu, wir haben kein Recht, ein Volk mit anderen zu vergleichen. Ein Volk kann nur an sich selbst gemessen werden, das heißt, an den Bildern, an der Vision und an den Idealen, die es sich selbst schafft. Dabei stößt Israel, wie ich betont habe, auf ein Problem. Heute ist es allerdings nicht mehr dasselbe Problem.
Wie zeigt sich meine Haltung als Jude zu den Palästinensern? Ihr

Leiden trifft mich, aber nur, wenn sie auf Gewalt verzichten … »Das Leiden verleiht weder Privilegien noch Rechte«, habe ich in meinem »Brief an einen jungen arabischen Palästinenser« geschrieben, denn »alles hängt davon ab, welchen Gebrauch man von ihm macht.« Leiden in zerstörerischen Haß umzuwandeln, bedeutet, es seiner moralischen Größe und seinen ethischen Anforderungen zu entheben. Wenn mit ihm auch noch der Tod anderer gerechtfertigt wird, steht es schließlich ganz im Dienste des Todes.

Was hätte ich einem jungen Palästinenser zu sagen, würde ich mich heute mit einem offenen Brief an ihn wenden? Ich würde ihm dasselbe sagen, was ich den jungen Kämpfern überall auf der Welt sage – den Tamilen, den Sandinisten, den Contras ebenso wie den Juden: Daß sie doch bitte ein anderes Mittel als das der Gewalt erproben sollen. Daß sie mit den jungen Israelis ihrer Altersgruppe in einen Dialog über die Möglichkeiten einer gemeinsamen Zukunft treten sollen. Daß sie lieber an das Mitgefühl und Zusammengehörigkeitsgefühl ihrer Gegner appellieren sollen, statt ihnen Angst einzujagen. Daß die Gemäßigten unter ihnen sich trauen sollen, ihre Überzeugungen öffentlich zu bekennen. Daß sie den Mut haben sollen, den israelischen Soldaten nicht nur mit Steinen in der Hand, sondern auch auf der Ebene des Gesprächs, mit Worten gegenüberzutreten. Daß sie auf ihre politischen Führer Druck ausüben sollen, um sie zu zwingen, den Kreislauf von Haß und Gewalt zu durchbrechen und das Existenzrecht Israels anzuerkennen – denn eines sollten wir nicht vergessen: Israel sieht seine Existenz durch die politischen Führer seiner Gegner auch weiterhin in Frage gestellt. Kurz gesagt, bei den jungen Palästinensern sind vor allem Kühnheit und Phantasie gefragt. Wenn sie diese zeigen, werden sich die meisten von uns mit ihnen freuen und sich als ihre Freunde, ja, als ihre Brüder erweisen.

… Dies sind, lieber Jean Daniel, meine Empfindungen bei der Lektüre Ihres Briefes. Sie sollen wissen, daß er mir Berge von Post eingebracht hat, darunter einige ermutigende Worte, viele haßerfüllte Seiten und auch Drohungen. Sie sehen, hier schwimme ich gegen den Strom, wenn auch zweifellos in anderen Angelegenheiten, als Sie es taten. Die allgemeine Stimmung wendet sich gegen Israel, und ich fürchte, sie spitzt sich noch zu. Für Israel Partei zu ergreifen, ist offensichtlich gefährlich geworden: Man handelt sich Kritik und Beschuldigungen ein. Es erlaubt gewissen Gegnern, die Masken fallen zu lassen. Kurz, man verliert an »Popularität«. In der Auseinandersetzung, die wir führen, geht es allerdings, das wissen Sie genau, nicht um Popularität, sondern um den Begriff, den wir vom Judentum haben. Und ich fürchte, wir haben nicht denselben. Mit dieser Feststellung bitte ich Sie, hören Sie auf, in den Spalten Ihrer Zeitschrift von einer »Affäre« zu reden, die meinen Namen trägt, und gestehen Sie wenigstens ein, daß dieser – boshafte, absurde und lächerliche – Titel eine schlechte Wahl war. Wenn eine solche »Affäre« heute meinen Namen tragen sollte, könnte sie morgen durchaus den Ihren tragen.

In seiner Antwort gibt Jean Daniel zu, daß der Titel der Leserbriefseite »unglücklich« gewählt war, und daß es meinem »gewiß hingebungsvollen« Text weder »an schöpferischer Kraft noch an logischem Zusammenhang« fehle. Er fügt hinzu, daß er mit drei Viertel des Inhalts übereinstimme. Er unterstellt mir jedoch, ich würde den Staat Israel mit dem Volk Israel verwechseln, und vor allem wirft er mir vor, daß ich mich nicht mit der Opposition in Israel solidarisch erkläre.

So weit, so gut. Damit könnte das Kapitel abgeschlossen sein. Einige Monate später treffen wir uns in New York. Nach Erhalt eines Briefes des franko-israelischen Schriftstellers Eliane Amado Lévy-Valensy habe er, wie er mir sagt, den Beschluß gefaßt, nichts mehr über mich zu schreiben. Weder Gutes noch Abträgliches. Ich beglückwünsche ihn dazu. Doch offensichtlich fällt es ihm zu schwer, sein Versprechen zu halten: Er läßt keine Gelegenheit aus, seine Pfeile auf mich zu richten. Meist völlig unangebracht. Als wäre es ein Automatismus, ein bedingter Reflex. Sobald er auf meinen Namen stößt, verliert dieser angeblich maßvolle Mann die Fassung. Er geht so weit, mich einen »ehemaligen Nobelpreisträger« zu nennen, als ob ich es (aufgrund unserer unterschiedlichen Ansichten?) nicht mehr wäre. Lassen wir es dabei, daß es eher sein Problem ist als meines.

Allerdings muß ich auf einen privaten Briefwechsel von uns eingehen. Zur Vorgeschichte: Auf der Leserbriefseite des *Nouvel Observateur* wird – ich weiß nicht mehr, in welcher Angelegenheit – ein schändlicher Schmähbrief von Maxime Rodinson an ein (wenn mich nicht alles täuscht) belgisches Gericht veröffentlicht. Darin breitet Rodinson aus, was er einst Gutes von mir hielt und was er heute Schlechtes von mir denkt. Wie kam es zu diesem Meinungsumschwung? Sie haben es erraten: Meine pro-israelische Haltung war schuld daran. Sie ging ihm so sehr gegen den Strich, daß er sich weigerte, an einer Menschenrechtskonferenz teilzunehmen, zu deren Teilnehmern auch ich zählte. (Ich habe keine Ahnung, um welche Konferenz es sich gehandelt haben soll.) Statt auf seine kränkenden Äußerungen einzugehen, packe ich die Gelegenheit beim Schopf, um einen letzten Versuch bei Jean Daniel zu unternehmen. Ich nehme den Domenach-Skandal zum Anlaß und beglückwünsche ihn zu seinen, die Thesen Domenachs zurückweisenden Äußerungen, und da jener den *Nouvel Observateur* zitiert hatte, füge ich hinzu, daß ich für den Abdruck des Briefes von Rodinson gerne eine Erklärung hätte:

> Sie kennen Maxime Rodinson, Sie wissen, daß er ein Mann des Hasses ist – des unverbesserlichen Hasses gegen Israel. Und natürlich erstreckt sich sein Haß auf alle, die an Israel glauben. Er setzt sich gerne mit den Stalinisten von gestern an einen Tisch, aber nicht mit einem Juden wie mir … Warum haben Sie diese beißende, gehässige und überdies haßerfüllte Schmähung in Ihre Zeitschrift aufgenommen? … Ist Rodinson für Sie ein würdiger Vertreter des Judentums?

Die Antwort läßt nicht lange auf sich warten:

> Ihren persönlichen Brief werde ich mit einem persönlichen Schreiben beantworten. Von meiner Seite aus gibt es also keine Veröffentlichung zu befürchten.
> Es wird Zeit, daß ich Ihnen die Grundlagen meines Denkens darlege. Sie scheinen sich der Bedeutung Ihres Namens, Ihres Einflusses und Ihrer Rolle in der Welt nicht bewußt zu sein. Die

Ehren, die Sie empfangen haben, geben Ihnen eine erdrückende Verantwortung. Vielleicht ist sie zu schwer für Sie, aber Sie müssen lernen, nicht überall nur Feinde und Gegner zu wittern. Sie haben kein Exklusivrecht auf eine enge Beziehung zu Israel. Sie sind nicht der einzige, der glaubt, er stehe in der Schuld eines heldenhaften Staates. Jedesmal, wenn Sie Ihre Zuneigung zu Israel verkünden, scheinen Sie, gelinde gesagt, all jene auszuschließen, die befürchten, es könne vom rechten Weg abkommen, und die sich um seine Zukunft sorgen. Vor wenigen Minuten habe ich eine Depesche eines Freundes bei der *Los Angeles Time* erhalten. Er hat soeben den Präsidenten der israelischen Republik, Chaim Herzog, interviewt. Darin hat sich der Präsident, dessen Patriotismus Sie wohl nicht in Frage stellen werden, gegen Schamir und für den Mubarak-Plan ausgesprochen. Ein bemerkenswertes Ereignis. Was Präsident Herzog gesagt hat, entspricht dem, was eine gewisse Anzahl von Juden – und ich zähle mich dazu – auch schreiben, und zwar ohne ihren Gemütszustand oder insbesondere ihre bedingungslose Treue zu einem Teil der israelischen Öffentlichkeit hervorzukehren. Ich bin der Meinung, daß Sie der israelischen Sache – vor allem seit Sie den Nobelpreis erhalten haben – einen großen Dienste hätten erweisen können, wenn Sie diesen mutigen und einsamen Weg beschritten hätten. So wie es Präsident Mendès-France getan hat, als dessen Schüler ich mich betrachte. Ich gehe noch weiter, denn ich kann nicht umhin, Sie auf meine Weise zu lieben: Durch Ihre Haltung haben Sie zahllose Juden und Israelis, die auf Sie vertrauen, ermutigt, sich blind zu stellen und an ihren Irrtümern festzuhalten. Schließlich und endlich denke ich, daß die Shoa uns nicht nur verpflichtet, der Vergangenheit zu gedenken, eine Pflicht, die ich selbstverständlich für heilig halte, sondern uns auch gebietet, allen leidenden Völkern gegenüber wachsam zu sein, und davon gibt es heute zahllose. Der Fall Südafrikas ist allseits anerkannt. Er fordert kein verdienstvolles Engagement mehr. Heute ist die ganze Welt gegen die Apartheid. Was zählt, ist der Mut zu vorläufiger Unbeliebtheit. Alle Propheten haben diesen Mut aufgebracht. Was Sie über Rodinson sagen, ist viel zu persönlich. Es lohnt sich nicht, dabei zu verweilen. Für mich zählt etwas anderes: In der Stunde der Versöhnung, nämlich um diese zu erleichtern, werden sich die Araber im allgemeinen und besonders die Palästinenser an Männer wie Nahum Goldman, Yehudi Menuhin, Martin Buber und, warum nicht, Maxime Rodinson, Vidal-Naquet oder auch mich erinnern, kurz an jene Juden, die für sie gesprochen haben. Wie übrigens auch Ihr Freund François Mitterrand, der dem Denken und der Botschaft des jüdischen Geistes doch so nahe steht. Ich fand es unerträglich, daß man Sie beschuldigt, die »Auschwitz-Dividende« (welch schrecklicher Ausdruck!) einzustreichen, und das habe ich auch gesagt. Es hat mich allerdings sehr traurig gemacht, daß Sie in Ihrem Interview für das französische Fernsehen wenig über die Verhältnisse in Frankreich wußten. Lieber Elie Wiesel, Sie leben zu viel in den Vereinigten Staaten. Sie vergessen, daß die französischen Juden einflußreicher, wohlhabender und mächtiger sind als im Wien der Jahrhundertwende oder in Deutschland während der Weimarer Republik. Und daß sie darüber hinaus besonderen Schutz durch die katholische Hierarchie genießen. Die französische Bevölkerung muß heute mit ansehen, wie gegenwärtig ein Judentum, dem es prächtig geht, neben die ständige Erinnerung an das entsetzliche Schicksal der Juden in der Vergangenheit tritt. Daher rührt das verschwommene und verworrene Gefühl, daß die unglücklichsten Völker heute nicht jüdisch sind, und daß die am meisten vom Glück verwöhnten Juden die Pflicht haben, dies nicht zu vergessen. Ich teile Ihre Ängste, und es wäre beleidigend, wenn Sie dies bezweifelten. Aber ich weiß auch, daß man weder von libanesischen Kindern unter dem Bombenhagel noch von kambodschanischen Kindern unter der Folter, ja nicht einmal von den arabischen Einwanderern in den westlichen Ländern verlangen kann, den quälenden Gedanken an das Leid der Juden an die Spitze ihrer Sorgen zu stellen. Und wenn ich mir vorstelle, daß ganze Generationen von Palästinensern unter der jüdischen Besatzung in ihrem Herzen und in ihrem Gedächtnis die Bilder von der jüdischen Unterdrückung tragen werden, und daß es palästinensische Elie Wiesels geben wird, die dieses Andenken pflegen werden, dann bekomme ich Wutanfälle. Dies hätte ich Ihnen, lieber Elie Wiesel, gerne behutsam nahegebracht. Es ist noch nicht zu spät. Wenn es nach mir ginge, könnten Sie noch die Gelegenheit ergreifen, die Chaim Herzog mit seinen Worten geschaffen hat, um sich von Ihrer Emigrantendisziplin zu befreien. Ich überlasse es Ihnen, mit diesem Brief zu machen, was Ihnen sinnvoll erscheint. Wenn wir Freunde bleiben sollen, was ich mir wünsche, dann bitte schön in aller Klarheit.

Uff.

Da er Klarheit wünscht, biete ich ihm postwendend ein langes Gespräch an, um den Dingen auf den Grund zu gehen. Wir könnten über alles reden, über Israel, Domenach, die prophetische Moral … »Ich schlage Ihnen dieses Interview vor, weil ich den Eindruck habe, daß Sie meine Haltung und mein Engagement eigentlich nicht kennen.« Er lehnt es kategorisch und wenig höflich ab. Es hieße, sich einem »Narzißmus« hinzugeben, antwortet ausgerechnet der Mann, der in seinen wöchentlichen Leitartikeln mehr als jeder andere Journalist von dem Wörtchen »ich« Gebrauch macht. Er fordert Klarheit, aber unter der Bedingung, daß er sie schafft. Er ist für den Dialog, aber unter der Bedingung, daß er nur in einer Richtung verläuft.

Hätte es etwas genützt, weiterzumachen? Ihm zu sagen, daß er der erste wäre, der mich der ausschließlichen Liebe zu Israel zeihen dürfte, wenn ich für die Apartheidopfer in Südafrika und die Opfer gleich welcher Diskriminierung nichts getan hätte? Und daß auch ich für den Mubarak-Plan eingetreten bin? Und daß die israelische Presse, soviel ich weiß, über die Erklärung Präsident Herzogs nicht informiert war? Daß sie, sollte es sie wirklich geben, in Jerusalem offenbar nicht veröffentlicht wurde? Und daß seine Interpretation der Shoa all diejenigen seiner Freunde, die sie an Leib und Seele erlebt haben, nur bekümmern könne? Und daß ich das Recht habe, an die Juden zu denken, solange er das Recht hat, an die Palästinenser zu denken? Und daß vor Ort, in Paris, in der von der antizionistischen Linken beherrschten Welt der Medien und der Intellektuellen von uns beiden ich es bin und nicht er, der einen einsamen Weg geht? Daß er zu gefallen sucht, wo er nur kann, und der bessere »Geschäftsführer« seines Ansehens ist? Daß er für einige Juden, zu denen ich mich zähle, ein sehr ferner Jude bleiben wird, ein Jude, der sich seines Judentums nur noch erinnert, um andere Juden zurechtweisen zu können, ein Jude, der nur noch auf Stimmen außerhalb des Judentums hört, ein Jude, der vielleicht einen Ehrenplatz in der palästinensischen Geschichte bekommen wird, aber sicher nicht in der jüdischen Geschichte? Nein, es ist besser, den Dialog zu beenden und mit ihm zu brechen. Jemand, der sich zum Sprachrohr der menschenverachtenden Thesen eines Maxime Rodinson macht, der ihn zu seinem Beichtvater und Propheten erhebt, der noch vor kurzem, im November 1995, in einer Jerusalem gewidmeten Ausgabe seiner Zeitschrift schreiben konnte, die israelische Politik drohe einen Weltkrieg auszulösen, und der Peres dazu riet, mehr Zugeständnisse zu machen, jemand, der seit Jahren in dasselbe Horn bläst, jemand, der in derselben Ausgabe des *Nouvel Observateur* geschickt zu verstehen gibt, die Juden sollten nicht länger darauf bestehen, daß Jerusalem einzig und allein die Hauptstadt der Juden bleiben wird – dieser Jemand kann nicht mein Freund sein. Er behauptet, mich gegen Domenach verteidigt zu haben, ich glaube es nicht mehr. Hat er meinen Namen jemals in einem anderen Zusammenhang erwähnt als in Verbindung mit den Ratschlägen, die er mir erteilt, und mit den Fehlern, die ich gemacht haben soll? In seinem Brief schreibt er mir, ich hätte kein Exklusivrecht auf eine enge Beziehung zu Israel: »Sie sind nicht der einzige, der glaubt, er stehe in der Schuld eines heldenhaften Staates.« Zweifellos hat er recht, aber warum schreibt er mir das, warum zielt er damit auf meine Person? Fühlt er sich ausgeschlossen, wenn ich von meiner Liebe zu Israel spreche? Nun ja, das stimmt: Wir empfinden sicher nicht dieselbe Liebe zu Israel. Ich denke an einen Brief, den Gershom Scholem an Hannah Arendt schrieb, als sie über den Eichmann-Prozeß diskutierten: »Es mangelt Ihnen an *Ahawat-Israel* – an Liebe zu Israel.« Dasselbe könnte ich von Jean Daniel sagen. Vielleicht liebt er die ganze Welt und besonders die Araber, aber Israel liebt er nicht. Er liebt höchstens eine bestimmte Idee von Israel, nämlich seine, und er liebt sicher auch einige Juden in Israel, aber nicht die Israelis.

Wenn er vom Wohlstand und Glück der Juden in Frankreich spricht, weiß ich nicht, ob er recht hat. Ich habe vielmehr den Eindruck, daß nur wenige französische Juden mit seiner Diagnose einverstanden wären. In Frankreich soll es also keinen Antisemitismus und keine neofaschistische Propaganda mehr geben? Le Pen und Faurisson zählen nicht, ja, es gibt sie einfach nicht. Sollte er sich in der westlichen Welt ebensowenig auskennen wie in Sachen Israel? Immerhin gehört seine Wochenzeitschrift zu denjenigen, die unermüdlich alle Integristen, Fundamentalisten und Rassisten bekämpfen ...

Sein Beharren auf der Notwendigkeit, sich unbeliebt zu machen, ist nun wirklich grotesk. Ich habe seine Leitartikel noch einmal gelesen: Aus Gründen, die mich nicht weiter interessieren, vom Gedanken an die Araber beherrscht, kritisiert er sie allenfalls, um anschließend mit Israel um so härter ins Gericht gehen zu können. Wem gilt nun, angesichts seiner Urteile über Israel, der Beifall der intellektuellen Kreise in Frankreich? Ihm oder mir? Wer befindet sich in der Minderheit? Während er seine Zeit damit verbringt, Israel anzuklagen und den jüdischen Freunden Israels die Leviten zu lesen, erfreut er sich immer größerer Zuneigung bei seiner Anhängerschaft wie bei der gesamten europäischen Intelligenzia. Was soll daran mutig sein?

Kurz nach einem Interview für den *Nouvel Observateur*, in dem Elisabeth Schemla mich über meine Kontakte zu den amerikanischen Präsidenten interviewt hat, ergriff Jean Daniel eine letzte Gelegenheit, um mit mir in Verbindung zu treten. In dem Gespräch ging es auch um die Haltung George Bushs zum israelisch-arabischen Konflikt. Daniel hatte es furchtbar eilig, mir seine unmittelbare Reaktion darauf zukommen zu lassen, die – ein fast einmaliger Fall – noch in derselben Ausgabe wie mein Interview veröffentlicht werden sollte. Er würde selbstverständlich meine Erwiderung abwarten, fügte er hinzu, »vorausgesetzt, sie käme innerhalb von zwei Stunden nach Ankunft meines Faxes«.

Zwei Stunden! Wäre die Frist verstrichen, würde ich selbstredend die verdiente Strafe erhalten. Und wenn ich bis zum Abend außer Haus gewesen wäre? Dann hätte ich eben Pech gehabt.

Kann Jean Daniel, der ewige Prediger demokratischer Prinzipien, noch von sich behaupten, er verhalte sich anders als jene hohen Herren, für die derartige Ultimaten ein alltägliches Mittel sind? Ich muß wohl nicht mehr ausführen, daß er auch in diesem Fall wieder einen Dreh gefunden hat, um meine Gedanken zu verkehren und ihren Sinn zu entstellen.

Noch ein Beispiel: Woody Allen und ich. Sie werden sich vielleicht fragen: Was zum Teufel haben die beiden miteinander zu tun? Für Jean Daniel liegt der Zusammenhang auf der Hand, denn »Woody Allen ist Teil einer Strömung, die sich gegen *Commentary* und Elie Wiesel richtet ...« Ob er überhaupt weiß, daß ich für diese Monatszeitschrift seit dreißig Jahren nichts mehr geschrieben habe? Ist der Autor des Buchs *Die Verletzung* (das ich sehr schätze) vielleicht ein wenig voreilig, wenn er einen anderen Juden verletzen kann, der sich seinen Weisungen nicht fügt?

Vielleicht habe ich meinen Streitigkeiten mit Jean Daniel zuviel Platz eingeräumt. Normalerweise gehe ich dieser Art von Auseinandersetzungen unter Schriftstellern aus dem Weg, insbesondere, wenn sie eine persönliche Wendung nehmen. Aber an der Person Jean Daniels zeigt sich das Profil des linken jüdischen Intellektuellen, der sich im Sog der antizionistischen Bewegung das moralische Recht anmaßt, gegen den jüdischen Staat Stellung zu beziehen: Warum sollte ich nicht klar sagen, was ich davon halte?

Auf persönlicher Ebene nahm mir Jean Daniel unsere Meinungsverschiedenheit sehr übel: Seine Zeitschrift verschwieg das Erscheinen von *Silences et Mémoire d'hommes**, und Kardinal Lustigers Artikel über den Roman Der Vergessene* blieb in der Schublade liegen. Schwamm drüber. Hier geht es nicht nur um mich. Findet er manchmal auch etwas Lobenswertes an Israel, so hat man doch den Eindruck, er gehe auf glühenden Kohlen, und es ängstige und schmerze ihn. Lohnt es sich noch, ihm Argumente entgegenzuhalten? Ihm zu sagen, daß selbst Mendès-France über Israel nicht so hart geurteilt hat, wie er es tut? Es kann nicht meine Aufgabe sein, ihm Ratschläge zu erteilen. Um so weniger, als ich kaum geneigt bin, auf seine zu hören.

Noch eines, um dieses Kapitel zu schließen: Jean Daniel scheint nicht zu wissen, daß das Bewußtsein die Eigenschaft hat, individuell zu sein. Er hat seines, ich habe meines, er ist gegen Israel oder gegen ein bestimmtes Israel, ich bin für Israel. Er erteilt gerne Lektionen, und ich für meinen Teil lerne lieber dazu.

* Schweigen und Menschengedenken, Paris 1989, noch nicht ins Deutsche übersetzt (Anm. d. Übers.)

Unser Meinungsaustausch fand lange vor dem Handschlag zwischen Rabin und Arafat vor dem Weißen Haus statt – ein Ereignis, das ich, wie Jean Daniel, begrüßt habe, da es Hoffnung aufkommen läßt. Nachdem Jassir Arafat den terroristischen Kampf aufgegeben hat, ist er Shimon Peres' Verbündeter geworden. Israel und Palästinenser machen nun gemeinsam Front gegen die Extremisten auf beiden Seiten. Wie der ägyptische Präsident Hosni Mubarak und König Hussein von Jordanien erkennen sie, daß die größte Gefahr im Inneren liegt. Anders ausgedrückt: Heute, im Sommer 1996, hätte dieses Kapitel anders ausgesehen. Doch an dem, was geschrieben wurde, kommen wir nicht vorbei.

Was die Lage im Nahen Osten angeht, so bin ich weniger pessimistisch als einige meiner Freunde von der Linken. Der Wind wird sich auch nach den Wahlen nicht drehen. Das israelische Volk hat nicht den Frieden abgewählt, sondern Shimon Peres: Er bleibt der Ungeliebte, der Verstoßene. Warum gelingt es ihm nie, das Vertrauen der Wähler zu gewinnen? Ich kann es mir nicht erklären. Aber ich weiß, daß Benjamin Netanjahu das Werk und den Traum Jitzhak Rabins fortsetzen wird. Israelis und Palästinenser müssen und werden weiter nach Frieden und gegenseitiger Achtung streben. Die Geschichte ist unumkehrbar, im Guten wie im Bösen.

Jean Daniel ist freilich nicht der einzige Intellektuelle, der Israel verurteilt und verraten hat, der »seine Seele retten« oder vielmehr Israel »vor sich selbst retten« wollte, um eine der üblichen Wendungen zu gebrauchen. Eine Haltung und Stimmung, die es nicht erst seit gestern gibt. Anders gesagt: Diese Angriffe gegen Israel sind nichts Neues. In einigen Fällen hat es sie schon 1948 gegeben, und seit Juni/Juli 1967 haben sie ein immer größeres Ausmaß angenommen. Schon damals konnten sich die Verteidiger Israels über mangelnde Arbeit nicht beklagen.

Im Juli 1967 gebe ich Jean Martin-Chauffeur, meinem ehemaligen Kameraden aus Buchenwald, einen Artikel für den *Figaro littéraire*. Darin sage ich, daß wir es vorher hätten wissen müssen. Man beneidet Israel um seinen Sieg. Man wirft ihm vor, seine Blitzkriege, seine Feldzüge gegen vier Armeen und rund zwanzig arabische Nationen zu schnell, auf eine zu nachhaltige Weise, ja, sogar sie überhaupt geführt zu haben. Wie kommt es zu diesem Vorwurf? Israel als Siegernation entspricht nicht dem Bild, das sich einige Leute gern von seinem Schicksal machen. Man sähe es lieber als Besiegten, auf den Knien, als Opfer von Irrtümern und Ungerechtigkeiten, um ihm zu helfen, es zu trösten und ihm ehrenvolle Grabreden und Hymnen zu widmen, die vor Barmherzigkeit und vielleicht auch Zuneigung überschäumen. Aber ein Jude, der über den Tod triumphiert? Dieser Gedanke ist selbst für diejenigen unerträglich, die nicht seine Feinde sind.

Leider müssen wir, glaube ich, wirklich davon ausgehen, daß dem Juden in einigen Kreisen anscheinend nicht verziehen wird, daß sich die Welt in ihm getäuscht hat: Der erwartete Holocaust ist ausgeblieben. Das Schaf hat es gewagt, sich der Schlachtung zu verweigern. Es hat nicht die ihm gebührende Haltung an den Tag gelegt! All die Tränen, die über sein Schicksal vergossen worden wären, all das Mitleid, das man den Überlebenden bezeugt hätte, sind jetzt nutzlos geworden. Und daran ist Israel schuld. Der Gipfel seiner Undankbarkeit: Es hat sich nicht damit zufrieden gegeben, seinen Feinden zu entwischen, nein, es hat sie auch noch gedemütigt. Es hätte doch wissen müssen, wie weit es gehen kann. Diejenigen, die gestern noch bereit waren, ihre (politischen oder anderen) Verpflichtungen und Überzeugungen hintanzustellen – natürlich nur für eine gewisse Zeit –, um seine Verteidigung zu ergreifen, gehören nun zu seinen heftigsten Anklägern. Von den Juden, die sich seit jeher für die Unterdrückten dieser Welt einsetzen, machen einige keinen Hehl aus ihren Gewissensbissen darüber, daß sie sich haben hinreißen lassen, ihre Stimme für ihr Volk zu erheben; heute schämen sie sich für ihre Begeisterung von gestern. Auch das Verhalten einiger christlicher Intellektueller verletzt uns. Sie haben ihr Engagement für Israel schon wieder vergessen. Aber wir Juden, wir erinnern uns daran.

Im selben Artikel berichte ich noch von einer weiteren Enttäuschung: Ein großer katholischer Schriftsteller, den ich bewundere, vor dem ich große Achtung habe und dem ich viel verdanke, versucht ebenfalls, als Schlichter aufzutreten, allerdings nicht auf dem

Gebiet der Politik, sondern auf dem der Theologie. Für ihn ist Israel »auf dem Weg in eine gottlose Welt« und setzt all seine geistige Kraft daran, »materiellen Besitz und Herrschaft zu erlangen und sein Machtstreben zu befriedigen«.

Glaubt er wirklich, die Juden hätten Gott aus ihrem Land gejagt, das ja auch seines ist? Meint er ernsthaft, das Heilige Land habe seine Heiligkeit verloren, seit die Juden dort wieder Wurzeln geschlagen haben? Ich antworte ihm:

> Ich habe Israel im Krieg erlebt, deshalb kann ich als Zeuge davon berichten. Ich habe gesehen, wie hartgesottene Fallschirmspringer in der soeben zurückeroberten Altstadt von Jerusalem zum erstenmal in ihrem Leben beteten und weinten, ich habe gesehen, wie sie, von einer uralten, kollektiven Leidenschaft ergriffen, mitten in der Schlacht die Steine der Klagemauer küßten und in einer ebenso unglaublichen wie reinen Stille die Kommunion empfingen; ich habe sie wie im Traum gesehen: Sie überbrückten zweitausend Jahre und knüpften wieder an die Tradition an, die sie mit der Überlieferung, der Erinnerung und dem Gott Israels verbindet. Jetzt sagen Sie mir bloß nicht, sie seien von Machtstreben und Herrschaftsansprüchen bewegt gewesen; nein, sie schöpften ihren Willen und ihre Kraft aus einer geistigen Stärke, die in Israels Vergangenheit liegt. Ihre Erfahrung war mystischer Natur. Selbst die Ungläubigen fühlten, wie ihr Handeln über sie hinausging, und was sie darüber berichteten, zeugt davon: Die Worte, die über ihre Lippen kamen, hatten einen eigenartig brennenden, fernen Klang. Ihren »Herrschaftsanspruch« schienen sie nur auf ihren Stolz zu richten, und sie haben ihn tatsächlich beherrscht, obwohl sie ihm mit gutem Recht hätten Ausdruck geben können. Noch nie hat die Menschheit bescheidenere Sieger gekannt und noch nie zurückhaltendere, maßvollere, mehr nach lauterem Frieden dürstende Kriegshelden.
> Sie beneiden sie um ihren Sieg, das kann ich verstehen. Aber Sie haben unrecht, wenn Sie ihn ihnen zum Vorwurf machen: Die Juden brauchten ihn nicht zum Leben, sondern um zu überleben.

Ich wiederhole: Zu dieser Verteidigungsrede für Israel sah ich mich nicht etwa 1988 während der Intifada gezwungen, sondern wenige Wochen nach der großen und sehr ernsten Bedrohung des jüdischen Staats durch die ägyptischen und syrischen Armeen.

Kaum drei Jahre später mußte ich Israel noch einmal im *Figaro littéraire* verteidigen. Hier einige Auszüge aus meinem Plädoyer »An einen besorgten Freund«:

> Wie Sie mir bei unserer letzten Begegnung mitgeteilt haben, machen Sie sich Sorgen. Es sei die Lage im Nahen Osten, die Sie beunruhigt. Und ich antwortete Ihnen, daß sie mich ebenfalls beunruhige, daß sie mich oft traurig stimme. Ich ahne Schlimmes für die Zukunft. Verletzungen des Waffenstillstands, Artilleriegefechte, Sabotageakte und Vergeltungsmaßnahmen, nächtliche Überfälle, Attentate und Bombardierungen: Die Gewalt leugnet die Ruhe, die ihr vorausging, sie spitzt sich unentwegt zu. Zu viele Mütter auf beiden Seiten tragen schon wieder Trauer, zu viele junge Menschen auf beiden Seiten lassen ihr Leben, bevor sie es gelebt haben. Wird dieser Fluch denn nie widerrufen? Sie und ich, dachte ich, seien Freunde; Sie und ich, dachte ich, hätten denselben Glauben an die Freundschaft. Aber zweifellos hegen wir dieselben Befürchtungen.
>
> Nur daß Sie noch einen Schritt weitergegangen sind, als Sie sagten: »Ich sähe es nicht gerne, wenn Israel eine Macht würde, die sich über ihre Eroberungen bestimmt, doch letzten Endes wird es so sein.« Und Sie fügten noch hinzu: »Ich sähe es nicht gerne, wenn die israelische Jugend eine Besatzermentalität entwickeln würde, aber wenn es so weitergeht, wird sie diese zwangsläufig bekommen, wenn es nicht schon so ist.«
>
> Da wir Freunde sind, habe ich mir vorgenommen, Sie zu beruhigen. Sie machen sich unnötig Sorgen. Der siegreiche Jude wird Sie nicht enttäuschen: Mögen sich seine Lebensbedingungen auch ändern, so bleibt er doch ein Jude. Er ist zwar kein Opfer mehr, aber er wird niemals zum Peiniger werden. Er wird nie versuchen, den Willen seiner Gegner durch den Galgen zu brechen, er wird nicht auf ihn spucken. In der jüdischen Tradition ist der Sieg nicht an die Niederlage des Gegners geknüpft. Jeder

Sieg ist zuallererst ein Sieg über sich selbst. Auch deshalb ist der Jude nie der Henker, sondern fast immer das Opfer gewesen … Sie befürchten, die »jüdische Seele«, wie Sie es nennen, die durch das Leiden geformt wurde und die Verfolgungen gewohnt ist, werde nicht länger jüdisch sein. Sie befürchten, sie könne sich in eine andere Kraft verwandeln, die ähnlich unheilbringend ist wie die ihr gegenüberstehende Welt. Doch ich kann Ihnen eines versichern: Die jüdische Seele hat so vielen Ausbrüchen von Haß widerstehen können, eines Hasses, der Jahrhunderte lang gleichgeblieben ist und die unterschiedlichste Gestalt angenommen hat, sie wird auch dem kurzen Zauber des Kriegsruhms widerstehen können. Haben Sie Vertrauen, denn Israel hat vielfach bewiesen, daß es Ihr Vertrauen verdient. So schnell verformt sich die Seele nicht. Einen Eroberungstrieb, eine Besatzermentalität erwirbt man nicht in wenigen Monaten, auch nicht in wenigen Jahren. Es erfordert vielmehr ein Bemühen von Generationen, es setzt eine Tradition voraus, die die Juden nicht haben. Glauben Sie denn, der Jude, der sich im Laufe seiner jahrtausendealten Geschichte kaum verändert hat, könne sich auf Grund einiger kriegerischer Heldentaten verleugnen oder verwandeln? …

Jener sorgenvolle Beobachter war mein großer, wunderbarer Freund und Wohltäter François Mauriac, immerhin ein Verbündeter und Verteidiger des israelischen Staats und vor allem des Volkes Israel. Wie läßt sich seine zweifelnde Haltung nach 1967 erklären? Vielleicht ist sein christliches Gewissen, der ideale und idealisierende Christ in ihm dafür verantwortlich: Seine Zuwendung und sein Mitgefühl gehören dem Opfer und nicht dem Sieger. Was nicht heißen soll, daß die Kirche über Jahrhunderte hinweg nicht immer wieder und mit mehr oder weniger großer Wirksamkeit Gehorsam gegenüber der Macht gepredigt hätte. Oder täusche ich mich, wenn ich meine, daß die Kirche häufig selbst der Anziehungskraft erlegen ist, die von der Macht ausgeht?

Mauriac bleibt für mich ein großer Humanist mit einem großen Gewissen und ein treuer Freund meines Volkes. Und ich habe diese beiden Artikel aus dem *Figaro littéraire* nur zitiert, um eine These zu bestätigen: Israel braucht seine Verteidiger.

Das soll aber nicht heißen, daß ich es als meine Pflicht ansehe, den Staat der Hebräer bedingungslos und unter allen Umständen zu verteidigen, womöglich noch, wenn seine Politik bestimmte Grenzen überschreitet.

Im Klartext: Hat ein Jude aus der Diaspora das Recht, Israel und was in Israel geschieht zu kritisieren? Diese Frage beantworte ich uneingeschränkt mit Ja. Vorausgesetzt, er hat zuvor seine Verbundenheit mit Israel gezeigt. Anders ausgedrückt: Wer auf seiner Seite stand, als Israel isoliert war und gebrandmarkt wurde, hat auch das Recht - und vielleicht sogar die Pflicht - zu sagen, was ihm auf dem Herzen liegt, wenn Israel seine eigenen moralischen Gebote vergißt. Wer Israel aber sowieso nie zugetan war, wer nie ein Wort oder eine Geste der Solidarität an es gerichtet hat, wer es nie in Schutz genommen hat, der hat dieses Recht verwirkt. Nach diesem Kriterium müßte ein Maxime Rodinson siebenmal schweigen, bevor er auch nur ein Wort gegen Jerusalem sagen dürfte.

Gehen wir noch einen Schritt weiter: Hat ein Jude das Recht, mit den Feinden Israels zu verhandeln? Haben sich die fünf amerikanischen Juden, die im Dezember 1992 nach Stockholm geflogen sind, um mit Arafat zu diskutieren, mit Schande bedeckt, als sie sich von der jüdischen Gemeinschaft absonderten? Ich maße mir nicht an, über wen auch immer ein Urteil zu fällen, aber für meine Person kann ich erklären, daß ich mir nicht das Recht zugestehe, Israel zu umgehen. Auch mir hat man schon nahegelegt, geraten, ja, man hat mich sogar gebeten, einem Treffen mit dem PLO-Führer zuzustimmen. Meine Antwort: Wenn Israel mich dazu auffordert, werde ich es tun, aber nur wenn Israel es ausdrücklich wünscht. Nach dem Golfkrieg habe ich einen Anhänger der israelischen Friedensbewegung gefragt, ob er noch immer von der Richtigkeit seines Treffens mit Arafat in Tunis überzeugt ist … »Auch Moses«, so antwortet er mir, »ist einst nach Ägypten gereist, um Pharao zu treffen.« Ich mußte unwillkürlich lachen. Vielleicht hält sich Arafat ja für Pharao, »aber du«, sagte ich zu meinem Gesprächspartner, »du bist nicht Moses«.

Und ich genausowenig. Ich bin nicht Moses, aber ich halte mich an seine Lehre oder bemühe mich zumindest darum. Wenn Gott das Volk Israel verdammt, ergreift Moses das Wort zu seiner Verteidigung.

Würde ich also nichts ohne Abstimmung mit Jerusalem tun? Sagen wir einmal: nichts, was Israel schaden könnte. Wenn ich zur Ansicht gelangte, daß nunmehr das Maß voll sei, und daß ich meine Stimme erheben müsse, täte ich das in Israel. Während der Intifada habe ich den Gasastreifen besucht. Ich habe den israelischen Behörden unumwunden erklärt, daß ich großen Wert darauf legen würde, Palästinenser zu treffen. Die Regierung hatte nichts dagegen einzuwenden. Und so habe ich mit Palästinensern gesprochen, die für ihre engen Verbindungen zur PLO bekannt sind. Einer von ihnen stand Arafat sehr nahe. Aber ich habe auch junge israelische Soldaten getroffen, die die jugendlichen Aufständischen bekämpften. Die einen wie die anderen habe ich ganz direkt nach den Folgen des Hasses, nach der Rechtmäßigkeit und Wirksamkeit von Gewalt gefragt. Anschließend habe ich meine Eindrücke in der *New York Times* veröffentlicht. Aber ich habe nicht alles erzählt. Denn ich hatte auch erfahren, daß israelische Soldaten innerhalb eines bestimmten Zeitraums in einer Region beklagenswerte »psychologische« Methoden angewandt hatten: Sobald sie einen jungen arabischen Steinewerfer schnappten, brachten sie ihn nach Hause und … schlugen seinen Vater. Durch diese Demütigung, so hofften sie, werde er schon lernen, seinem Sohn Achtung, Beherrschung und Zurückhaltung beizubringen. Sicher, diese unerhörte, unwürdige Methode ist nur von wenigen Soldaten und nur kurze Zeit angewandt worden. Aber ich hätte darüber berichten sollen. Ich habe es nicht getan, weil ich mich dafür schämte.

Ich habe mich ihren Vorgesetzten sowie den verantwortlichen israelischen Militärs und Politikern offenbart. Aber auch diesmal gab man mir zu verstehen, daß ich als Jude aus der Diaspora besser daran täte …

Ich bleibe dabei: Ein Jude aus der Diaspora hat kein Recht, Israel aus der Ferne Lehren zu erteilen. Aber wie weit darf diese Zurückhaltung gehen? Soll ich mich gegebenenfalls und unter allen Umständen nach den »Vorschlägen«, Wünschen oder Weisungen richten, die israelische Regierungsmitglieder manchmal gerne nach Paris, London oder New York übermitteln? Es gab eine Zeit in den fünfziger Jahren, da befolgte ich die Direktiven aus Jerusalem. Da kam es vor, daß ich einen Artikel gegen Deutschland schrieb, nur weil mir ein israelischer Konsul zu verstehen gab, daß es der israelischen Diplomatie von Nutzen wäre oder den Interessen Israels diente. Heute wahre ich hoffentlich ein größeres Urteilsvermögen. Und ich erkläre ganz offen, daß die früheren Kollektivstrafen, die viel zu lange verhängt worden sind, und zwar sowohl unter den Regierungen der Arbeiterpartei als auch unter Likud, mich mehr als verlegen gemacht haben. Nein, der Anblick des zerstörten Hauses einer arabischen Familie, das von der israelischen Armee gesprengt worden ist, nur weil ein junger Palästinenser eine Waffe zur Hand genommen hat, kann mir nicht gleichgültig sein. Ebenso erscheinen mir die Wut und die Macht einiger fanatischer Gruppen in Israel sehr gefährlich. Knapp eine Woche nach dem Massaker an mehr als dreißig betenden Palästinensern in der Höhle des Patriarchen in Hebron durch den Arzt und Familienvater Baruch Goldstein habe ich in einer Rede vor dem Europarat in Straßburg erklärt:

> Einst gebrauchte der Prophet Judäas in Krisenzeiten und Zeiten des Wandels eine wunderbare Wendung, um die verrinnende Zeit zu befragen: »Wächter, wie lange noch dauert die Nacht?« Heute antwortet der Wächter: Die Nacht dort und eigentlich überall ist schwarz und dick, wie es das Blut unschuldiger Opfer immer ist ... Wie kann man heute den Blick davon abwenden, was letzten Freitag in Hebron passiert ist? Dieser Vorfall hat das Volk Israel schockiert und erschüttert. Wie kommt es, daß ein gläubiger Jude andere Gläubige ermordet, nur weil sie Palästinenser sind?

Manchmal kommt es vor, daß ich als Jude meinen Schmerz und meine Angst nicht zum Schweigen bringen kann, zumal sie bis ins tiefste Innere hinein derselbe Schmerz und dieselbe Angst sind, die in Israel jeder Jude mit Herz empfindet.

Gibt es ein Erklärung für die mörderische Tat dieses Mannes, dessen Berufung es doch eigentlich war, Leben zu retten und nicht zu vernichten? Wie konnte es zu dieser Tat kommen? Was waren die Voraussetzungen für dieses Verbrechen, diese Wahnsinnstat? Vielleicht die Atmosphäre, die in Israel herrscht? Die Mentalität seiner Bewohner?

Und was sollen wir zu Yigal Amir sagen, dem Mörder Jitzhak Rabins?

Ich erinnere mich an die Vorwürfe, die Israelis gegen Juden in der Diaspora erhoben und noch erheben, weil sie zögern, ihre Alija zu machen. Baruch Goldstein hatte seine Alija gemacht. Und Yigal Amir ist in Israel geboren. Hätte unsere Anwesenheit im Heiligen Land ihre haßerfüllten Taten in irgendeiner Weise verhindern können? Sollte die Alija die einzige Antwort der Juden auf die Herausforderungen des Schicksals sein?

Wie oft habe ich den mehr oder weniger freundschaftlich vorgetragenen Rat erhalten, ich möge doch endlich nach Israel umziehen? Es gibt Leute, die es mir verübeln, daß ich in der Diaspora lebe und Israel aus der Ferne liebe. Da ich über den Holocaust geschrieben habe, müßte ich ihrer Ansicht nach doch die einzig logische Lehre daraus ziehen und öffentlich erklären, der Platz jedes Juden und insbesondere jedes Überlebenden befinde sich in Israel. Wenn es Israel schon 1939 gegeben hätte, wäre es nicht zum Holocaust gekommen. Für sie bildet Israel die einzige »Antwort« auf Auschwitz. Für mich bleibt Israel ein Fragezeichen.

Das eigentliche Problem sind die Beziehungen zwischen den Menschen, sowohl innerhalb Israels als auch zwischen den Israelis und den Juden in der Diaspora. Das ist mir während des Golfkriegs bewußt geworden. Und ganz besonders während der Konferenz über »Die Anatomie des Hasses«, die von der Elie Wiesel Stiftung in Zusammenarbeit mit der Universität Haifa 1990 auf dem Berg Karmel veranstaltet wurde. Von ihr bin ich mit bedrücktem Herzen zurückgekehrt, voller Sorgen, die mich bis heute nicht verlassen haben.

Was ich nunmehr ausführen werde, wird nicht allen in Israel gefallen. Ich weiß schon, was sie sagen werden: »Warum mischt er sich da ein? Auf seine Ratschläge können wir gut verzichten, schließlich lebt er nicht bei uns, ist kein Bürger unseres Landes; wenn er sich unbedingt Gehör verschaffen will, wenn er an unseren landesweiten Debatten teilnehmen und das bißchen Einfluß ausüben will, das er zu besitzen glaubt, dann soll er doch sein bequemes amerikanisches Paradies aufgeben und zu uns ziehen, dann soll er unsere Sorgen und unsere Bestrebungen, unsere Fehlschläge und unsere

Erfolge teilen.« Ja, ich kenne die Formel in- und auswendig, denn ich habe sie selbst oft benutzt: Wer die Leiden Israels und die Gefahren für seine Bevölkerung nicht vor Ort teilt, hat keine Stimme im Saal. Macht nichts. Ich werde trotzdem reden. Die Lage ist zu ernst, zu schlimm, als daß ich schweigen könnte. Um es mit einem alten Philosophen zu sagen: Wenn die Wahrheit in Gefahr ist, wird Schweigen zur Schuld.

Sollte ich Israel zu sehr idealisiert haben? Das Gelobte Land ist zum Staat Israel geworden, das Versuchslabor unserer Träume und Sehnsüchte hat sich in ein Land mit politischen Strukturen und pragmatischen Vorgaben verwandelt.

Getrieben von einer Liebe, die älter ist als ich, reise ich seit vielen Jahren, eigentlich seit jeher, nach Israel. Aber stets als Tourist. Anfangs war jede Reise mit einer unbestimmten Absicht verbunden. Ich liebte es, durch die Gassen von Jerusalem zu spazieren, namhafte Kollegen und weniger namhafte Bettler zu treffen, mit ihnen über ernste Dinge zu sprechen oder zu scherzen. Ich fühlte mich wie zu Hause. Selbst an Orten, die ich noch nie besucht hatte, fühlte ich mich daheim. Denn in meiner Erinnerung verschmolzen das Volk Israel und das Land Israel zu einer Gemeinschaft. Ich dachte, ein Jude könne Israel auch fern des Landes in der Fremde treu sein. Und ich denke es noch immer. Aber zu meinem großen Bedauern fällt es einem Juden wie mir heutzutage schwer, Israel wiederzuerkennen und sich dort zurechtzufinden.

Eine Künstlerin aus Paris, ein Wissenschaftler aus Boston, ein Hochschullehrer aus San Francisco: Wie viele Juden oder ehemalige Israelis in der Diaspora haben mir hinter vorgehaltener Hand und nachdem ich ihnen geschworen habe, es niemandem zu erzählen, gestanden, daß sie keine Lust mehr hätten, nach Israel zu gehen, nicht einmal als Touristen? Daß sie, wenn sie dort waren, nur zwei Tage genossen hätten, den Tag ihrer Ankunft und den ihrer Abreise? Daß sie sich dort wie Ausgeschlossene vorkämen? Von der einstigen Begeisterung ist nichts mehr zu spüren, die Leidenschaft ist erloschen.

Was hat sich verändert? Die Lebensqualität? Der Umgangston? Ich verfüge nicht über die geeigneten Mittel, dies zu beurteilen. Solche Urteile kann man nicht nach so kurzen, mit festem Programm ausgefüllten Aufenthalten abgeben, das wäre ungerecht. Aber ich spüre, daß die Atmosphäre bedrückender geworden ist: Sie ist voller Groll und Feindseligkeit. Und man komme mir bloß nicht mit dem Argument, es sei schon immer so gewesen. Seit meinem ersten Besuch in Israel im Jahr 1949 habe ich gelernt, genau hinzuhören und die Gerüchte abzuwägen, die wie ein Barometer die Gefühlslage dieses Volks, das auch meines ist, in seinen tieferen Bewußtseinsschichten anzeigen. Was ich während des letzten Jahrzehnts dort aufgeschnappt habe, ist besorgniserregend.

Man möge mich recht verstehen: Ich spreche nicht vom Volk schlechthin, ich spreche von seinen Meinungsführern. Ich spreche von denjenigen, die im allgemeinen Bewußtsein das Land durch ihre Bilder, ihre Worte, durch ihre politischen oder kulturellen Handlungen darstellen und vertreten, von den sogenannten Intellektuellen, den bedeutenden oder unbedeutenden Geistesgrößen, von bestimmten politischen Führern, denen alles gemeinsam ist, was mich von ihnen trennt. Ich spreche ausdrücklich von ihnen und nicht von ihrem Land. Denn es wird ihnen nie gelingen, uns von Israel zu entfremden.

In Krisenzeiten oder dramatischen Zeiten rufen sie die Diaspora natürlich um Hilfe an. Dann schmieden sie den heiligen Bund. Aber wenn sie sich nicht bedroht fühlen, ändern sie plötzlich ihr Verhalten. Die engstirnigen und egozentrischen Kommentatoren, die ungebildeten Redakteure, dieser für seine vulgäre Art bekannte Bildhauer und jener für seine Obszönität bekannte Humorist, sie alle schreien zu laut, regen sich zu schnell auf. Und erst recht die Möchtegern-Journalisten, die Snobs und berufsmäßigen Müßiggänger – wie sehr sie sich gegenseitig beneiden und verabscheuen, ob grundlos oder nicht, Feingefühl haben sie leider selten! Dieses Übel gibt es doch überall auf der Welt, wird man mir entgegenhalten. Vielleicht. Aber in Israel hat es ein ungewöhnliches Ausmaß erreicht. Die Eifersucht geht einfach zu weit, weil sie auf falschem Ehrgeiz gründet. Es sei unmöglich, so wird gesagt, jemanden zu finden, der niemanden haßt. Die fanatischen Laizisten hassen die Gläubigen, die fanatischen Gläubigen hassen alle, die weniger gläubig sind, usw. Auf diese Weise entdeckt man, daß der Haß der Juden untereinander größer ist als der Haß gegen die Araber. Dabei ist das Klima von den Schreihälsen schon genug verdorben. Sie beherrschen die

Presse und die Medien. Die politische Auseinandersetzung ist selten von hohem Niveau. Der Spott hat den Humor ersetzt, die Verhöhnung das Lachen, Beleidigungen den gewitzten Einfall. Statt Klugheit herrscht Boshaftigkeit und Plumpheit statt Feingefühl. Die Debatten schwingen sich nicht mehr zu geistigen Höhen auf, sondern versinken in Vereinfachungen und Verkürzungen. Man spricht nicht mehr von Ideen, sondern von Interessen. Nur selten stützt man sich auf das historische Bewußtsein, noch seltener trifft man es an. Alles wird auf der Ebene von Anekdoten und Tratsch abgehandelt. Die Debatten in der Knesset können eine solche Aggressivität bekommen, daß man am liebsten über sie schweigt. Auch die Diskussionen im Rahmen des israelischen Schriftstellerverbands nehmen manchmal einen gemeinen bis verletzenden Tonfall an. Eine Dichterin herrscht einen Autor an: »Sie sind ein Demagoge und Faschist.« Darauf antwortet er: »Und Sie sind ein aufgeblasenes, von Komplexen aufgedunsenes Weib!« Zu dieser Art »Komplimente« gesellen sich verschiedene, sehr geläufige Anschuldigungen, wie Rassismus, Perversitäten, Korruption ... Wen soll es da wundern, daß der Romancier und Essayist Henoch Bartov während einer stürmischen Sitzung einen Herzanfall erlitt.

Und dann die Gerüchte. Nirgendwo sind sie so gemein, vergiftet, unheilvoll und verderblich. In Windeseile breiten sie sich aus und schleichen sich überall ein.

Bin ich vielleicht zu streng, bin ich ungerecht? Das Bild von Israel, das ich hier nachzeichne, ist nicht von mir geschaffen worden. Aber so habe ich es aus der Entfernung, aus der Presse wahrgenommen. Kann sein, daß es verzerrt ist.

Sind nur die Medien daran schuld? Ich finde die Gemeinheit gewisser Artikel entsetzlich und häßlich. Woher stammt dieses Vergnügen zu verunglimpfen, lächerlich zu machen, herabzuwürdigen, woher kommt dieses Bedürfnis, zu hassen und Haß auf sich zu laden? Ich habe keine Ahnung, Psychologie ist nicht meine Stärke. Ich spüre nur, daß es diesen Haß gibt. Und daß er die Natur der persönlichen und sozialen Beziehungen zwischen den Menschen verändert, daß er die Seele der Nation zermürbt und gefährdet.

Diese Zeilen sind von 1990. Es hatte nicht erst des niederträchtigen Mordanschlags auf Rabin bedurft, um zu befürchten, der auf dem ganzen Land lastende Haß könne schlimme Folgen zeitigen. Mir macht er schon seit langem angst.

Andere Gesellschaften kennen sicher dieselben Streitigkeiten und Widersprüche. Das Recht auf Kritik, auf Gegenrede, auf Widerspruch, ja sogar auf Verleumdung ist der Preis der Demokratie. Was würde aus einem politischen, wirtschaftlichen oder literarischen System ohne Rivalitäten werden? Aber in jedem zivilisierten Land hat dieses Recht freilich seine Grenzen. Nur in Israel nicht. So ist es, und man kann nichts dagegen tun. Israel will sich im Guten wie im Schlechten keinerlei Beschränkungen auferlegen. Warum, fragt der Talmud, vergleicht Gott Israel mit den Sternen und dem Staub? Wenn Israel die Gipfel stürmen will, klettert keiner höher; und wenn es sich in den Abgrund ziehen läßt, fällt keiner tiefer. Daher dieser Hang zur Maßlosigkeit.

Sollte das Problem in der Wiedererrichtung des jüdischen Staats liegen? Von ihrer Überlegenheit überzeugt – lassen wir dahingestellt, ob berechtigt oder nicht –, benehmen sich einige Israelis gegenüber der Diaspora, als ob ihnen alles gebührte. Sie erheben Anspruch auf das Geld der Juden und hinter ihrem Rücken machen sie sich über diejenigen lustig, die es gespendet und gesammelt haben. In anderen Fällen wiederum sind wir für sie die Sündenböcke, die der Himmel geschickt hat. Für alles, was in Israel nicht klappt, sind wir verantwortlich, es ist unser Fehler.

Ezer Weizman, der ehemalige Verteidigungsminister und heutige Präsident Israels, der zum Verfechter des Friedens mit den Arabern geworden ist, hat mich eines Tages in der Öffentlichkeit gefragt, warum ich meine Alija nicht gemacht hätte. Ich fand keine bessere Antwort als: »Was ist wichtiger für einen Juden, daß er Jude ist oder daß er Israeli ist?« Ich gebe zu, daß es die falsche Alternative war. Ich hätte Juden und Israelis nicht einander gegenüberstellen sollen. Aber gewisse Israelis machen es auf ihre Weise: Für sie kann man nur in Israel Jude sein. Dann wäre ich also ein Jude zweiter Klasse. Ein jüdischer Philosoph, ein jüdischer Schriftsteller, ein jüdischer Bankier, ein Chassid, ein jüdischer Wohltäter aus Manhattan, Brüssel oder Marseille wäre also weniger jüdisch als ein jüdischer Gauner aus Tel Aviv.

Und dann auch noch die Religionskriege: Die laizistischen Intellektuellen greifen die Gläubigen nicht erst seit dem Mord an Rabin mit unbarmherziger Härte an. Das geht schon seit Jahren so. Mögen sie meinetwegen den religiösen Integralismus und Fundamentalismus bekämpfen, dabei schließe ich mich ihnen gerne an. Aber machen sie sich nicht desselben Fanatismus schuldig, wenn sie das Bild und die Persönlichkeit eines Uri Zohar »abschießen« (den ich mangels Gelegenheit noch nie gesehen oder gehört habe), dessen einziges Vergehen darin liegt, daß er das Bohemeleben eines illustren Theaterschauspielers aufgegeben hat, um sein Leben dem Studium und der Tora zu widmen? Stellen wir uns doch einmal das Gegenteil vor: Würde man einen für sein Studium der Tora berühmten Weisen, der sich plötzlich von seinem »Joch« befreite und durch die Theater- und Kabarettszene zöge, ebenso lächerlich machen, herabwürdigen und verleumden wie Zohar?

Vielleicht ist es nicht richtig von mir zu verallgemeinern. Die israelische Jugend ist nicht so homogen. Wie überall findet man darunter Streber, Idealisten, Hedonisten, aber auch schöpferische Leute. Wie zu meiner Zeit sind einige auf der Suche nach dem Sinn des Lebens und gehen, um ihn zu finden, bis nach Indien: Es kann wohl nicht bloßer Zufall sein, daß sich eine so große Anzahl junger Israelis in der geistigen Atmosphäre der Aschrams fortentwickelt? Warum suchen sie »die Wahrheit« so fern von ihrer Heimat? Kann es sein, daß für sie »die Tora Zion verlassen hat« und noch nicht dorthin zurückgekehrt ist?

Übertreiben wir nicht. Spiritualität kennt keine geographischen Grenzen. Bnei Brak kann es jederzeit mit Brooklyn aufnehmen. Und natürlich sind nicht alle Künstler neidisch, ebenso wie nicht alle Journalisten eingebildet sind. Wie überall gibt es auch in Israel Gute und Böse, Kluge und Dummköpfe. Leider machen, wie jeder weiß, hohle Tonnen am meisten Lärm.

Wie jedermann bin ich in manchen israelischen Zeitungen ab und zu beleidigt worden, aber ich habe selten darauf reagiert. Nicht, weil ich eine Haltung einnehmen möchte, die Christen lieb und teuer ist, nämlich die andere Backe hinzuhalten. Aber Beschimpfungen kann jeder von sich geben, es ist leicht, und man braucht keine Bildung dazu, es genügt, vulgär zu sein.

So sehr ich Diskussionen zwischen zwei klugen Menschen liebe, so sehr verabscheue ich persönliche Auseinandersetzungen. Wenn die Ehre der Juden beleidigt wird, versuche ich, sie zu verteidigen. Wenn man mich dagegen beleidigt, stecke ich es oft stillschweigend ein und hoffe, ich weiß nicht genau, warum, daß jemand anderes seine Stimme erheben wird, um zu sagen, was ich gesagt hätte.

In solchen Fällen erinnere ich mich immer an die Geschichte von Kamtza Bar-Kamtza, die der Midrasch erzählt: Auf Grund eines Irrtums zu einem Essen bei seinem Gegner eingeladen, wurde Bar-Kamtza dort vor aller Augen beschimpft und fortgejagt. Daraufhin beschloß er, sich zu rächen. Und seine Rache führte zur Zerstörung des Tempels.

Ich habe nie verstanden, warum die um den Tisch versammelten Weisen nicht protestiert hatten ... Sind es alles Feiglinge? Undankbare Flegel? Damals wie heute?

Wie sind diese Bilder von Israel mit meiner Liebe zu Israel zu vereinbaren? Ich liebe an Israel das, was mich traurig macht, ebenso wie das, was mich glücklich macht, ich liebe es in seinen ruhmreichen Stunden ebenso wie in den Zeiten des Zweifels und der Ängste.

Und wenn ich spüre, wie mich Traurigkeit ergreift, denke ich an die jungen Schüler, die bald zur Zahal einberufen werden, an die Träumer vor der Klagemauer, an meinen Neffen Sidney und an seine Kinder, an Steve, an Jitzhaka und ihre Kameraden, an die vor Idealismus überschäumenden Mitglieder der Kibbuzim, und ich denke an all die Eltern, die ihre Söhne im Krieg verloren haben: In ihren Gesichtern sehe ich in den Stunden des Zweifels das ewige Antlitz Israels.

EIN MANN DES WORTES

Und nun die Geschichte, wie ich quasi über Nacht zum Redner wurde, zu einem Mann des Wortes oder, wenn man so sagen darf, zu einem Vortragsreisenden ...

Dow, der Herausgeber von *Jediot Achronot*, der mich 1956 zum New-York-Korrespondenten ernannte, hatte recht: Vorträge halten ist in den Vereinigten Staaten, jeder weiß es, Big Business: Mit etwas Glück können einem Vorträge ein beträchtliches Einkommen verschaffen. Natürlich verdient man nicht soviel wie ein Rocksänger oder ein Baseball-Champion, aber wer kann sich schon mit einem Schlagerstar oder einem Gott der Stadien vergleichen?

Ich erinnere mich an meine ersten Erfahrungen. Es war 1960. In den Vereinigten Staaten war gerade *Nacht* erschienen. Einige Wochen danach (die Eichmann-Entführung beherrschte noch die Schlagzeilen) erhalte ich einen Anruf von der Präsidentin (oder Vizepräsidentin) eines jüdischen Vereins auf Long Island. Sie bietet mir an, vor einem Publikum von ungefähr fünfhundert Ehepaaren über mein Buch zu sprechen – für ein Honorar von hundert Dollar. Fast die Hälfte meines Monatseinkommens. Als ich zögere, fügt sie hinzu: »Wir alle haben Ihr Buch gelesen und sind völlig hingerissen! Kommen Sie doch zu uns, wir möchten unter allen Umständen mehr darüber wissen, und nur Sie sind in der Lage ...« Ihre Stimme ist sehr schön. So schön wie sie selbst, da bin ich mir sicher. Ob ich mich wohl wieder verlieben werde? Es sähe mir jedenfalls ähnlich; es scheint mein Schicksal zu sein ... Kurz, ich willige ein. Wir vereinbaren einen Termin: Paßt es Ihnen in zwei oder drei Monaten? Schade! Ich brauche dringend Geld. Und Liebe. Geduld! sage ich mir, hab Geduld und laß die Dinge auf dich zukommen. So bleibt mir viel Zeit zur Vorbereitung. Worüber soll ich sprechen? Über Literatur und Philosophie. Ich benötige viele Stunden, um meinen ersten Vortrag in Amerika auch auf englisch zu schreiben. Für einen europäisch denkenden Menschen ist ein Referat eine ernste Angelegenheit. Es erfordert ein genaues Erforschen des Gegenstands, viel Überlegung und eine klare Struktur. Während ich an jenem Sonntag mit dem Taxi nach Long Island fahre, lese ich die dreißig maschinegeschriebenen Seiten noch einmal und füge einige Randbemerkungen hinzu. Der Vortrag steht fast: Ich würde gut eine Stunde, vielleicht auch eineinviertel Stunden reden können. Plötzlich durchzuckt mich ein verrückter Gedanke: Die Frau mit der schönen, sinnlichen Stimme hat sich bestimmt in meiner Person geirrt, warum hätte sie mich einladen sollen, einen Anfänger, dessen Namen niemand kennt und der gerade ein Buch veröffentlicht hat? Mit jedem Kilometer werden meine Zweifel größer, und als wir am Ziel ankommen, bin ich mir sicher: Dieses Publikum wartet nicht auf mich. Mein Entschluß steht fest: Ich werde es auf die Probe stellen.

Die Anruferin enttäuscht mich nicht: Sie ist noch schöner, als ich es mir vorgestellt hatte. Anmutig lächelnd bedankt sie sich sehr herzlich für mein Kommen. Wie so oft könnte ich mich auf der Stelle, ja, noch schneller als sonst in sie verlieben, doch sie stellt mich gleich ihrem Gatten vor, einem Buchhalter bei einem großen Elektrogeräteihersteller. Sie führen mich in einen Saal voller weiblicher Schönheiten, die alle, wie vermutet, in männlicher Begleitung sind. Ich bekomme den Ehrenplatz zur Rechten meiner Gastgeberin. Dann folge ich ihr aufs Podium. Wie in Amerika üblich, stellt sie mich der Zuhörerschaft mit Lobeshymnen als großen Schriftsteller vor. Nein, noch besser: als den größten Schriftsteller dieser Generation, und nicht nur dieser, nein, aller Generationen. Anders ausgedrückt: Ich bin genial. Schenkt man meiner Gastgeberin Glauben, sind Shakespeare und Dostojewski schlichtweg aus Eifersucht auf mich verschieden. »Wir alle haben Ihr wunderbares Buch gelesen und anderen zu lesen gegeben!« ruft sie. »Künftige Generationen werden dem zustimmen, was ich Ihnen in unser aller Namen sage: Wir bewundern Ihr Talent, und wir lieben Sie dafür, daß Sie es uns schenken.« Dann erteilt sie mir das Wort. Ich bedanke mich linkisch und werfe mich in eine aus dem Stegreif entwickelte Erzählung, die in keiner Beziehung zu *Nacht* steht. Ich lege die Handlung ins Frankreich des 19. Jahrhunderts: Ein jüdischer Seminarist verliebt sich in ein christliches Fräulein Bovary ... Ich beharre auf der Glaubensfrage ... eine tragische Situation wie bei Corneille ... Pflichtbewußtsein und Leidenschaft ... Religion und Ketzerei ... Ich zitiere Seneca, Kant und, warum nicht, meinen Lieblingsphilosophen Spinoza wild durcheinander. Jeden Moment rechne ich damit, daß mich ein Zuhörer unterbricht, um mir zu sagen, dies sei doch nicht das Buch, das er gelesen hat: Aber nichts dergleichen geschieht. Ich rede eine Dreiviertelstunde, ich weiß schon selbst nicht mehr, was ich eigentlich erzähle. Der Seminarist steht kurz vor dem Selbstmord, als er erfährt, daß sich seine Dulcinea in ein Kloster auf dem Land zurückgezogen hat. Es ist höchste Zeit, einen Schluß zu finden, sonst komme ich womöglich noch auf die Bibel und die mittelalterlichen Mystiker zu sprechen, ja sogar auf die Texte, die uns aus »grauer Vorzeit« überliefert sind (daher der Titel meines Buches: *Nacht* * ...). Der Schluß meiner Rede wird mit donnerndem Beifall quittiert. Ich weiß nicht, was ich davon halten soll. Sollte sich meine Vorahnung bewahrheitet haben? Sollte es in diesem Saal tatsächlich keinen einzigen Ehemann geben, der im Bilde ist, keine barmherzige Gattin, die meinen armseligen kleinen Bericht gelesen hat, das einzige Buch, das meinen Namen trägt? Urteile nicht vorschnell, sage ich mir im stillen. Vielleicht sind sie nur schüchtern, wollen dich nicht verletzen, vielleicht fürchten sie, dich in eine peinliche Lage zu bringen. Und wenn die Gesprächsrunde beginnt, werden sie ihrem Erstaunen darüber Ausdruck geben, wie wenig die Lesung aus meinem Buch mit ihrer eigenen Lektüre übereinstimmt. Nun, die Fragerunde beginnt, und alle Fragen beziehen sich auf die abenteuerliche und unzusammenhängende Geschichte, die ich frei erfunden habe. Warum hat der Seminarist seine Liebe nicht von vornherein aufgegeben? Warum kam es für das junge Mädchen nicht in Frage, zum jüdischen Glauben überzutreten? Als ich zu stottern beginne, läßt meine Gastgeberin noch drei Fragen zu und beendet dann die Lesung. Ich folge ihr in ein Büro, wo sie mir gibt, was sie mir schuldig ist. Da wir allein sind, nutze ich die Gelegenheit, um ihr eine chassidische Legende zu erzählen:

* »In grauer Vorzeit« heißt auf französisch: *»dans la nuit des temps«* (Anm. d. Übers.)

»Eines Tages wird der Rabbi von einem seiner Schüler aus dem Nachbardorf zu einer Beschneidungsfeier eingeladen. Um dorthin zu gelangen, mietet er den einzigen Fiaker im Dorf. Als sich der Kutscher mit ihm auf den Weg macht, sind beide bester Laune: der Rabbi, weil er eine Mizwa durchführen wird, der Kutscher, weil er bei dieser Gelegenheit ein paar Zlotys verdient. Bei der ersten Steigung bleibt das alte Pferd erschöpft stehen. Der Kutscher steigt ab, und beginnt den Fiaker zu schieben. Natürlich steigt auch der Rabbi ab und hilft ihm dabei. Sie schieben und schieben, und schließlich erreichen sie das Haus des Chassiden. Da sagt der Rabbi zum Kutscher: Ich verstehe, warum ich hier bin, möchte doch der Chassid, daß ich an der Feier teilnehme. Ich verstehe auch, warum du hier bist, denn du verdienst deinen Lebensunterhalt. Eines verstehe ich aber nicht: Warum ist das unglückliche Pferd hier, warum haben wir es mitgenommen?«

Meiner Gastgeberin versagt für einen kurzen Augenblick ihre so schöne Stimme, dann gesteht sie mir, daß weder sie noch irgendein Mitglied ihres Vereins meinen Bericht gelesen hatte. Und warum bin ich dann eingeladen worden? Es war ein Irrtum: Sie hat mich mit einem Kritiker der *Times* verwechselt, der in derselben Ausgabe, in der mein Buch rezensiert worden war, einen Artikel über ein anderes Buch veröffentlicht hatte.

Ein anderes Lehrstück in Sachen Bescheidenheit erhielt ich in einem Ferienhotel in den Catskill Mountains. Eine jüdische Vereinigung verleiht mir irgendeinen Preis. Ungefähr fünfzig Personen stehen Schlange, um mir die Hand zu drücken und mich zu beglückwünschen. Da murmelt jemand: »Man sollte nicht glauben, daß er es ist. In seinen Filmen sieht er ganz anders aus ...« Sie haben mich für den Schauspieler Eli Wallach gehalten.

Geschmeichelt sage ich mir: Wenigstens haben wir dieselben Anfangsbuchstaben.

Dreißig Jahre lang fahre ich bis zur Erschöpfung kreuz und quer durch den Kontinent. Durch das viele Reden kommt es vor, daß ich den Klang meiner Stimme nicht mehr ertrage. Von jeder Vorlesung behalte ich ein Gefühl der Frustration und des Verlustes zurück. Oft habe ich den Eindruck, drei Vorträge in einem gehalten zu haben: den, den ich ursprünglich halten wollte, den, den ich tatsächlich gehalten habe, und den, den das Publikum vernommen hat. Mein ewiges Problem: Wie vermeide ich unnötige Wiederholungen, Füllwörter und unbeabsichtigte Sprachspiele? Jedesmal muß man sich aufs neue darum bemühen. Ich bin kein Schauspieler: Wenn ich meinen Text lese, ermüde ich mit der Zeit, und mein Publikum ebenso. Hoffentlich hat noch niemand im Saal meine Ausführungen in anderer Form schon einmal gehört. Falls doch, so hat er hoffentlich Zeit gehabt, sie zu vergessen.

Ich spreche zu jedem Thema, das man mir vorschlägt, nur nicht zum Holocaust. Beim Thema Holocaust fürchte ich die Routine. Es gab eine Zeit, da waren wir nur wenige, die darüber redeten, und es war unsere Aufgabe, den Weg zu weisen. Aber dies ist nicht mehr der Fall, und sollte man mich überhaupt noch dazu brauchen, so weitaus weniger als früher. Trotzdem wird meine Zurückhaltung nicht immer verstanden oder hingenommen: Ich spreche über die Bibel, den Talmud und die chassidische Erfahrung, aber die Fragen, die mir anschließend gestellt werden, beziehen sich trotzdem auf Das Ereignis ...

Manchmal wecke ich auch unerwünschte Geister. In San Antonio, Texas, steht ein Mann auf und sagt zu mir: »Wie können Sie über den Holocaust schreiben, wo er doch eine jüdische Erfindung ist?« In Saint-Petersburg, Florida, versteigt sich ein Verrückter in eine ähnliche Erklärung und macht sich aus dem Staub, bevor er hinausgeworfen werden kann.

In einer Universität von Washington dringt eine Gruppe Schwarzer gewaltsam in den Saal ein. Der Sicherheitsdienst reagiert panisch und trifft Vorkehrungen, sie wieder hinauszudrängen. Zum Glück zeige ich soviel Geistesgegenwart, sie zu bitten, nichts zu unternehmen: »Wenn diesen jungen Leuten soviel daran liegt, sich Gehör zu verschaffen, mögen sie doch näher treten.« Ich lasse sie aufs Podium steigen und sage ihrem Anführer: »Bitte schön, dort ist das Mikrofon.« Auf diese Weise überrumpelt, stammelt er einige Worte über Rassismus und Intoleranz. »Wunderbar«, antworte ich ihm, »genau das ist auch mein Thema.« Er setzt sich ruhig hin, seine Kameraden auch.

Während der Gedenkfeier in Iasi in Rumänien für die dort 1941 bei einem Massaker umgekommenen Juden unterbricht eine Frau meine Ansprache mit hysterischen Schreien: »Lügen! Alles Lügen! Hier ist kein einziger Jude getötet worden! Weder hier noch sonstwo!« Ihre Helfershelfer klatschen Beifall. Man bringt sie hinaus. Die Vertreter der rumänischen Regierung sind beschämt. Der Gouverneur entschuldigt sich bei mir. Der Bürgermeister ebenso. Und der Premierminister. Schließlich auch der Präsident. Später hat man mir gesagt, daß die Frau die Tochter des ehemaligen Polizeipräsidenten unter dem faschistischen Regime Marschall Antonescus war.

Manchmal kommt es vor, daß ich erst den Beiträgen von drei, vier oder fünf anderen Rednern zuhören muß. Nicht alle kennen die Vorteile, die darin liegen, sich möglichst kurz zu fassen. Sie erinnern mich stets an eine Geschichte, die mir Meyer Weisgal erzählt hat, der Freund und Mitarbeiter von Chaim Weizmann: Während eines Dinners zu Wohltätigkeitszwecken erging sich ein Redner in blumigen Ausführungen, ohne das geringste Zeichen von Erschöpfung zu zeigen. Weisgal zupfte ihn am Ärmel und flüsterte ihm nicht gerade unauffällig zu: »Aber Herr Sowieso, jetzt ist es genug! Kommen Sie zum Schluß!« Darauf erhielt er die Antwort: »Ich würde gerne zum Schluß kommen. Aber ich weiß nicht wie.«

Wenn ich mich in der Öffentlichkeit zu Wort meldete, ist es bisweilen auch geschehen, daß mich ein ungeduldiger Zuhörer unterbrach, um seine abweichende Meinung zu bekunden. Während einer Vorlesung am Raschi-Zentrum über das verwirrende Abenteuer Rabbi Akibas und seiner Freunde im Pardess, dem Garten des verbotenen Wissens, störte mich fortwährend eine (wie ich später erfuhr, an Liebeskummer leidende) Frau mit zusammenhanglosen Zwischenrufen. Hinterher sprach sie mich am Ausgang an und erklärte mir, warum sie sich über mich geärgert hatte: Ich hätte Rabbi Akiba verdammen müssen. Warum hätte ich den großen Meister und Begründer des Talmud verdammen sollen? »Weil er seine Frau mit der Frau des Gouverneurs betrog …«

Ein Zwischenfall anderer Art ereignete sich in Washington, wo die Kennedy Stiftung eine internationale Konferenz zum Thema »Wissen und Bewußtsein« veranstaltete. Die Eröffnungssitzung fand an einem Samstag nachmittag statt, und ihr schlossen sich mehrere Gesprächsrunden an. An meiner Runde nahmen Jacques Monod, Mutter Teresa und einige Hochschullehrer teil. Ich sprach darüber, welche Achtung vor dem menschlichen Leben die jüdische Religion zeigt: Um ein Menschenleben zu retten, hat man, ungeachtet der Abstammung des Menschen, das Recht und sogar die Pflicht, sämtliche Gesetze des Sabbats zu brechen. Der Moderator, ein assimilierter Jude namens Charles Frenkel, fühlte sich offensichtlich unwohl dabei, daß ein Jude vor einem so auserwählten Publikum über sein Judentum sprach, und entzog mir deshalb während meines Beitrags das Mikrofon. Aus Verblüffung reagierte ich nicht, aber ein ganz hinten sitzender Priester stand auf und protestierte.

Bei einer Konferenz über »Das globale Überleben« im Januar 1990 in Moskau verlief leider nicht alles so gut. Ich meldete mich zu Wort, um die besondere Rolle der Erinnerung für die Erziehung der Menschen zu verdeutlichen. Auch diesmal sprach ich als Jude. Ich forderte von Michael Gorbatschow eine entschiedenere Haltung gegenüber Rassismus und Antisemitismus. Einen sowjetischen Radiosender wiedergebend, der von »Pogromen« in Armenien berichtete, wollte ich darauf hinweisen, daß alle Arten von Haß miteinander zusammenhängen. Ich bat darum, die stalinistischen Verbrechen als Verbrechen gegen die Menschheit anzuerkennen. Kein Untersuchungsbeamter, Polizist, Folterer, Richter und Henker sollte in den Genuß einer Verjährung kommen. Ich bat den Präsidenten der UdSSR darum, die Archive zu öffnen und die Dokumente über die schändlichen Prozesse der Ära Stalins zugänglich zu machen: Wir haben ein Recht darauf zu wissen, habe ich gesagt, was jüdische Schriftsteller wie Peretz Markisch und Der Nister während ihrer Gefangenschaft und vor ihrer Hinrichtung erlebt haben. Daraufhin drückte ein jordanischer Delegierter seine Unzufriedenheit aus. Er war richtig wütend auf mich und zeigte es offen. Dabei hatte ich nichts über den Nahen Osten gesagt, meine Stimme nicht zugunsten Israels erhoben. Die Gründe für seinen Angriff waren andere. Meine Rede war ihm offensichtlich zu sehr von jüdischen Themen beherrscht. Und war Schamir nicht auch Jude? Folglich mußten alle Juden Falken, also schuldig sein: sich schuldig gemacht haben, weil sie sich zu lange bei der Vergangenheit aufhielten. Schließlich sei er, so erklärte der jordanische Delegierte stolz, auch in Auschwitz gewesen ... als Tourist!

Auf einer Konferenz der Young President's Organisation (YPO) in Madrid spreche ich im Gedanken an den Exodus von 1492 über das Thema des Exils. Am Beginn war die Verbannung. Das Kind wird aus dem Bauch der Mutter verbannt, dann wird es aus dem Hause verbannt, um in die Schule zu gehen, schließlich aus der Familie, um zu heiraten. Abschließend bemerke ich, daß wir heute das letzte Stadium des Exils erreicht hätten: Die Opfer werden nicht länger als Menschen betrachtet und zum Objekt gemacht. Zur allgemeinen Überraschung meldet sich ein deutscher Geschäftsmann mit vor Empörung rotem Gesicht zu Wort: Er habe genug davon, sich schuldig fühlen zu müssen, genug davon, immer an die Vergangenheit erinnert zu werden. Es sei endlich an der Zeit ... Ich verweise ihn ohne lange zu fackeln auf seinen Platz und stelle ihm eine Reihe von Fragen, die alle mit den Worten »Wie können Sie es wagen ...« beginnen. Ein dramatischer Moment. Die deutsche Delegation möchte mich unbedingt sprechen. Ich frage sie, ob der Redner auch in ihrem Namen gesprochen habe. Nach einigem Getuschel verweigern alle übrigen deutschen Teilnehmer ihrem Kollegen die Gefolgschaft. Er verlangt aufs neue das Wort. Ich lehne es ab, ihm zuzuhören, bevor er sich bei mir entschuldigt hat. Schließlich tut er es.

Auf allen Konferenzen, wo ich über jüdische Themen spreche, lege ich den Schwerpunkt auf die Ethik des Judentums, die aus ihrer eigenen Bestimmung jeden Rassismus ablehnt. Ein Jude kann kein Rassist sein; ein Jude ist dazu verpflichtet, jedes System zu bekämpfen, das andere als Untermenschen behandelt. Deshalb kann jeder – ganz gleich, welcher Farbe, Abstammung oder sozialen Herkunft er ist – Jude werden: Er muß nur das Gesetz annehmen. Umgekehrt hat bei den Juden jedes Wesen ein Recht auf Achtung, Würde und Glück: Dafür muß niemand den jüdischen Glauben annehmen.

Von einer großen südafrikanischen Universität zu einem Vortrag eingeladen, stelle ich die Bedingung, daß schwarze Studenten nicht ausgeschlossen werden. Und meine Bedingung wird erfüllt. Man beglückwünscht mich zu meiner mutigen Haltung, aber es handelte sich nicht um Mut. Dann um einen Akt der Gerechtigkeit? Vielleicht handelte es sich einfach darum, mich nicht einem Regime zu beugen, das ich verabscheute.

Am liebsten spreche ich vor einem gemischten Publikum, vor jungen und älteren Zuhörern, vor Juden und Christen, Gläubigen und Atheisten. Ich versuche nicht, den einen auf Kosten der anderen zu gefallen. Soweit es mir möglich ist, trete ich für Toleranz ein, auch wenn sie bisweilen eine Falle ist.

Als ein Redner auf einem Kongreß katholischer Intellektueller erklärt, der Holocaust stelle Christen ebenso wie Juden vor ein schweres Problem, verspüre ich den Drang, ihn zu verbessern: »Vorsicht, meine Freunde! Wir befinden uns nicht in derselben Lage. Mein Problem sind die Opfer, Ihr Problem hingegen sind die Täter«. Ich erinnere mich noch gut an den Schock, den meine Worte auslösten.

Vor dem Eingang einer Kathedrale in Stockholm erkläre ich: »Sie müssen verstehen, daß ich als Jude im Kreuz etwas anderes sehe als Sie. Für Sie stellt es christliche Liebe und Nächstenliebe dar, während es mich an Schrecken und Verfolgung erinnert.«

Anläßlich eines Besuchs der West Point Militärakademie veranstaltet General Palmer, der Leiter der Akademie, eine Parade zu meinen Ehren: »Diese Parade ist für Sie«, sagt er und läßt für mich salutieren. Ich bin platt: Eine Militärparade für meine Wenigkeit. Viertausend Kadetten in glänzenden Uniformen und mit im Wind flatternden Fahnen begrüßen mich wie einen Staatschef oder Oberkommandierenden der Truppen. Das jüdische Kind in mir glaubt zu träumen: Es erinnert sich an die Paraden in seiner Heimatstadt. Ich bin niemals Soldat gewesen. Und nun erweisen mir zukünftige Offiziere und Generäle mit ernsten und feierlichen Gesichtern eine Ehre, die einem Präsidenten zusteht... Wie soll ich darauf reagieren?

In meiner Rede am Abend setze ich ihnen auseinander, »was Freiheit bedeutet«:

> Der Mensch ist frei, denn Gott hat es so gewollt. Alles ist von Ihm vorgesehen, sagen unsere alten Weisen, und trotzdem sind wir in jedem Augenblick unseres Lebens frei zu wählen, nämlich zwischen Leben und Tod zu wählen, das heißt, zwischen dem näch-

sten Augenblick und dem Nichts, zwischen dem Guten und dem Bösen, zwischen Lachen und Weinen, zwischen Mitgefühl und Grausamkeit, zwischen Erinnerung und Vergessen, zwischen Freiheit und Unfreiheit ... Frei zu sein ist die grundlegende Bestimmung des Menschseins. Erst Freiheit macht den Menschen menschlich. Abraham, den Gott zu Seinem ersten Boten auserwählte, hätte seinen Auftrag auch ablehnen können. Er hatte die Freiheit, nein zu sagen. Aber er hat ja gesagt. Denn man darf göttliche Freiheit nicht mit menschlicher Freiheit verwechseln. Beide hängen voneinander ab, sind aber nicht gleichzusetzen. Gott ist frei, aber der Mensch hat die Pflicht, nach Freiheit zu streben ... Doch was ist Freiheit? Für den Folterer hat sie nicht dieselbe Bedeutung wie für sein Opfer. Ein Sklavenbesitzer und ein Sklave haben nie dieselbe Auffassung von Freiheit. Der Sklave muß die Freiheit erst erringen. Für ihn ist sie keine Gottesgabe, er muß kämpfen, um sie zu erlangen. Haben wir sie aber erst einmal erlangt, obliegt es uns, sie mit anderen zu teilen. Anders ausgedrückt: Freiheit ist niemals auf das Individuum beschränkt; sie besteht nur in dem Maße, in dem sie über das Individuum hinausgeht ...

Ein ganz besonderer Augenblick, ein herausragender Moment: Beim Besuch des Kibbuz für ehemalige Ghetto-Kämpfer im Norden Israels lerne ich Antek (Yitzhak Zuckerman), den zweiten Kommandeur der Jüdischen Kampforganisation im Warschauer Ghetto, endlich persönlich kennen. Wir kennen uns seit zwanzig Jahren – aus der Ferne. Jedesmal, wenn wir uns verabredet hatten, mußte einer von uns wieder absagen. Diesmal soll das Treffen unter allen Umständen stattfinden. Wir gehen zu einem Gespräch unter vier Augen in sein Büro. Ohne lange Vorreden stellt sich auf Anhieb ein kameradschaftliches Gefühl ein. Wir verstehen uns blendend. Wir tauschen Ansichten, Erinnerungen und Eindrücke aus. Im Kibbuz halten sich auch ausländische Überlebende auf, die an einem Kongreß in Jerusalem teilnehmen. Man bittet mich, einige Worte an sie zu richten. Ich bestehe darauf, daß Antek mich begleitet. Er kann nicht mehr gehen, deshalb wird er hinausgetragen und auf eine Bank gesetzt. Meine Rede gilt ihm und ist ihm gewidmet:

Antek, mein Freund, ich bin auf Ihre Einladung hier. Sie und Ihre Kameraden haben uns durch Ihren Kampf gezeigt, was Menschlichkeit und Verantwortung für den Juden bedeuten ... Sie haben uns eine neue Sprache beigebracht ... Sie haben uns beigebracht, auf unsere eigene Kraft zu vertrauen ...

Ich vergleiche unsere Erfahrungen. Was taten die Juden von Sighet 1943, als seine Kameraden gegen die Deutschen kämpften? Ich verbrachte meine Tage in der Jeschiwa; wir hatten zu essen, wir feierten unsere Feste, während die jungen Kämpfer des Warschauer Ghettos mit erhobenen Häuptern in die Heldengeschichte Israels eingingen. Und heute?

Was machen wir mit unseren Büchern, unseren Berichten? Wir versuchen, unsere Kinder und alle Kinder auf dieser Welt zu erziehen. Wir sagen ihnen, daß der Mensch fähig ist, ins Unmenschliche abzugleiten; daß er dabei das ihm gegebene Ebenbild Gottes verliert. Daß aber der Jude damals sein Judentum bewahrte und durch sein Judentum seine Menschlichkeit ... Antek, mein lieber Antek, ich werde nach Paris, nach New York, nach Boston zurückkehren. Ich werde meine Augen noch öfter als sonst schließen, und dann werde ich mit großer Sehnsucht, Achtung und unendlicher Zärtlichkeit Sie vor mir sehen.

Beim Abschied umarmen wir uns. Er weint, und auch in mir weint jemand. Am nächsten Tag stirbt er.

Tausende Überlebende versammeln sich vor der Klagemauer in Jerusalem. Premierminister Begin hat soeben eine hingebungsvolle, sehr bewegende Ansprache gehalten. Er hat über die Notwendigkeit für das jüdische Volk gesprochen, stark zu sein und über starke Waffen zu verfügen. Das ist die Lehre, die es seiner Ansicht nach aus der Tragödie zu ziehen gilt. Er sagte auch, daß Hiroshima am anderen Ende der Welt von Gott gewollt war. Er geht so weit, den Versammelten einreden zu wollen, die Atombombe sei ein göttlicher Segen gewesen, da sie den Sieg der Alliierten ermöglicht hätte. Als ich ihm ans Mikrofon folge, kann ich nicht umhin, ihm zu widersprechen: Gott und Hiroshima kann ich in meinem Denken nicht zusammenbringen. Außerdem stellt mich seine Bemerkung über die Stärke des israelischen Volkes vor ein Problem: Sollte es denn die einzige Lektion sein, die uns die Tragödie erteilt hat, auf unsere Stärke zu setzen und sie zu feiern? Ich hielt es für nötig anzufügen:

> Hier in der Ewigen Stadt, in der jeder Traum ein Traum für die Ewigkeit ist, müssen wir uns die schmerzhafte Frage stellen: Haben wir, die Überlebenden, unsere Pflicht erfüllt? Haben wir wie aufrichtige Zeugen gehandelt?

Und ich schloß:

> Was nehmen wir aus dieser unbesiegbaren, aus dieser unzerstörbaren Stadt des Friedens und der Menschlichkeit mit? Wir nehmen einen Funken ihres Lichts, ein Stück ihrer Melodie mit. Sicher, ein Teil von uns allen ist »dort«, in Auschwitz und Belsen, in Majdanek und Treblinka geblieben. Doch ab heute wird etwas in uns für immer mit diesem Ort in Jerusalem verbunden bleiben … Auf Wiedersehen, Freunde. Auf Wiedersehen, Kinder. Wenn Auschwitz das Ende der menschlichen Hoffnung bedeutet, dann ist Jerusalem das Symbol des ewigen Neubeginns.

Eine andere Rede ist mir im Gedächtnis geblieben. Nicht, weil sie besonders bemerkenswert gewesen wäre, sondern weil ich sie vor einigen hundert »versteckten Kindern« gehalten habe, die bei barmherzigen christlichen Familien im besetzten Europa Zuflucht gefunden hatten:

> Haben Sie über Ihre Väter geurteilt, die gezwungen waren, Sie in fremde Hände zu geben, um Sie zu retten, und haben Sie nach strengen Maßstäben entschieden? Haben Sie manchmal wenigstens Mitleid mit ihnen? Von allen Verbrechen der Deutschen bleiben uns diejenigen, die sie an den jüdischen Kindern begangen haben, am schmerzhaftesten im Erinnerung. Indem sie unsere Kinder dem Tod weihten, wollten sie wie die antiken Tyrannen die Kindheit in uns allen zum Schweigen bringen. Indem sie

uns zur Hoffnungslosigkeit verurteilten, hofften sie, uns allen jede Zukunft zu nehmen. Mehr und besser als jeder andere sind Sie für dieses Thema empfänglich; es berührt Sie ganz persönlich. Wenn einige von uns unaufhörlich die Frage an die Geschichte richten: »Was hat man bloß mit unseren Kindern gemacht?« so werden Sie uns fragen: »Was hat man bloß mit unserer Kindheit gemacht?« Die kriminelle Macht des Feindes hat sie Ihnen ausgetauscht, hat Ihre durch eine andere ersetzt, hat Ihnen eine gefälschte, erlogene Kindheit gegeben. Werde ich eines Tages die notwendige Vorstellungskraft besitzen, um zu beschreiben, was sich im Herzen eines Vaters abspielt, der, einer plötzlichen Eingebung folgend, sein Kind einem anonymen Passanten anvertraut, um es zu retten? Was in einer Mutter am Rande des Wahnsinns, die ihr Baby aus einem offenen Fenster wirft, damit ein Bauer es auffängt? Werde ich in ihrem Schmerz den Sinn ihres Tuns entdecken können? Und was mögen Sie wohl in jenem Augenblick in Ihrem noch zarten, aber schon verletzten Unterbewußtsein empfunden haben? Eine Zurückweisung, eine Verleugnung? Wieviel Zeit haben Sie gebraucht, um den ungeheuren Maßstab zu verstehen, den Ihre Eltern anlegen mußten, um die Bedrohung zu ermessen, bevor sie sich entschlossen, sich von Ihnen zu trennen? Dem Tod geweiht, setzten sie alles daran, Sie dem Tod zu entreißen. Wenn sie schon sterben mußten, wollten sie lieber ohne Sie, fern von Ihnen sterben. Verglichen mit dem, was sie tun mußten, scheint das Verhalten Abrahams weniger heldenhaft zu sein. Abraham gehorchte, als Gott ihn dazu aufrief, seinen Sohn Isaak zu opfern. Ein Mann und eine Frau jedoch, die sich von ihrem jüdischen Kind trennten und es einem guten oder bösen Christen überließen, der aus ihm statt eines toten Juden bestenfalls ein lebendes Christenkind machen würde – woran und an wem konnten sie ihren Glauben festmachen, um Trost daraus zu schöpfen? In einer meiner Erzählungen habe ich versucht, mir das Leben eines versteckten jüdischen Kindes vorzustellen. Von einer ehemaligen Hausangestellten seiner Eltern aufgenommen und beschützt, stellt sich der kleine Gregor stumm und gibt sich für ein wenig geistig zurückgeblieben aus, um keinen Verdacht aufkommen zu lassen. In der Schule, wo zu

Ostern ein Stück über den Leidensweg Jesus eingeübt wird, gibt man ihm die Rolle des Judas. Man hänselt ihn, verhöhnt und demütigt ihn so lange, bis er auf einmal zu sprechen beginnt. Wer von Ihnen hat nicht ähnliche Prüfungen durchgestanden, bei denen es um Leben oder Tod ging. Ein unvorsichtiges Wort, eine Geste zuviel, und es wäre Ihr Ende gewesen. Ein verängstigter Blick, ein nicht unterdrückter Seufzer, ein falsch gelerntes Gebet, und Sie wären entdeckt und aus Ihrem Versteck hervorgezerrt worden. Wie haben Sie es nur geschafft, so viele Dinge zu verhüllen und zu vergessen, um den Juden in Ihnen zu verbergen? Wie haben Sie es geschafft, die Angst und die Einsamkeit zu besiegen? Wie haben Sie es geschafft, ohne die Liebkosungen Ihrer Mutter, ohne das Wiegenlied Ihres Vaters einzuschlafen und dabei nicht zu weinen? Eine junge Frau, die einige von Ihnen kennen, hat mir erzählt, daß sie achtzehn Monate lang in völliger Einsamkeit und Stille in einem Schuppen gelebt hat, denn sie durfte absolut kein Geräusch machen. Einmal täglich, meist spät in der Nacht, brachte der Besitzer ihr etwas zu essen. Sie mußte ständig auf sich aufpassen: Sie durfte nicht herumgehen, sich nicht bewegen, nicht laut atmen und nicht im Schlaf sprechen. In dieser Zeit hat sie kein einziges Mal die Sterne am Himmel gesehen oder den Duft der frischen Frühlingsluft geatmet. Wie hat sie es geschafft, ihre Schreie zu ersticken, wenn sie Schmerzen hatte? Eine andere Frau hat mir erzählt, daß sie sich auf einem Heuboden versteckt hielt. Ein Huhn leistete ihr Gesellschaft. Anfangs ging alles gut. Dann wurde das Huhn anmaßend. Als ob es verstanden hatte, daß es sich alles erlauben konnte: Das junge Mädchen würde sich nicht rühren, würde nicht nach ihm schlagen. »Es ist komisch«, sagte sie, »aber ich hatte den Eindruck gewonnen, das Huhn sei antisemitisch geworden!«
Und was sollen wir erst von denjenigen unter Ihnen sagen, die noch zu jung waren, um zu verstehen, was mit ihnen geschah? Was von denjenigen unter Ihnen, die noch Säuglinge waren? Wann haben Sie die Wahrheit über sich erfahren? Wann haben Sie in Ihrem tiefsten Innern entdeckt, daß Sie anderswo zu Hause waren, andere Eltern hatten? Und was haben Sie dann für die Frau empfunden, die Sie adoptiert hatte? Und für jene andere, Ihre

Mutter, die Sie offensichtlich nicht gewollt hatte? Haben Sie Ihre verschwundenen oder toten Eltern mehr geliebt oder weniger? Wie haben Sie von Ihrer Herkunft erfahren? Erinnern Sie sich mit Freude oder mit Schwermut an den Augenblick der Wahrheit? In jedem von uns verbirgt sich eine Kindheit, die zutage treten möchte. Sie nährt unsere Phantasie und drängt sich uns auf wie ein Lichtstrahl, der uns verletzen, der uns aber auch heilen kann. Diese Inspirationsquelle versiegt nie. Sie will immer frisch bleiben, überall ans Licht strömen.

Ihre Kindheit, verehrte Freunde, ist einzigartig. Manchmal fürchtet man sich davor, an sie zu rühren, aus Angst, auf einen zu großen Schmerz, eine zu undurchdringliche Finsternis zu stoßen, bevor man dort das unendliche Verlangen nach Zärtlichkeit und menschlicher Wärme entdeckt.

Diese Zärtlichkeit strömt durch Sie und läßt Sie träumen.

Mir geht es genauso.

Bei einer Gedenkfeier zur Kristallnacht im Berliner Reichstag möchte ich den Deutschen aus der Generation Hitlers sagen, daß ihre Vergangenheit im Zeichen des Fluchs stand, den jungen Deutschen hingegen, daß sie an uns nicht verzweifeln mögen, wenngleich sie allen Grund haben, an ihren älteren Landsleuten zu verzweifeln …

Ich beharre auf meiner Überzeugung: Es gibt keine Kollektivschuld. Die Kinder der Mörder sind Kinder und keine Mörder. Wir müssen es uns untersagen, sie dafür zu verurteilen, was ihre Väter getan haben; aber wir können sie dafür verantwortlich machen, was sie aus der Erinnerung an die Verbrechen ihrer Väter machen.

Während einer offiziellen Wallfahrt nach Sighet spreche ich am Eingang zum Friedhof auf jiddisch zu den Einwohnern und Gaffern. Oberrabbiner Moise Rosen übersetzt:

> Wie konnte eine menschliche Gemeinschaft wie die Ihre eine solche Gefühllosigkeit gegenüber den Meinen an den Tag legen? Wo hatten sich unsere Freunde versteckt? Was ist aus dem menschlichen Herz Sighets geworden?

In der einzigen noch geöffneten Synagoge von Warschau sprechen am Abend von Tischa be-Aw zehn Männer mit lauter, aber vor Trauer belegter Stimme die Klagelieder des Jeremias: »*Echa jaschewa badad* – Weh, wie einsam sitzt da die einst so volkreiche Stadt«.

Ich lese den Text, ich lese ihn noch einmal, und irgend etwas stört mich daran: Die einstige Stadt Davids macht mich nicht mehr traurig. Jerusalem ist heute weder einsam noch verlassen. Sie ist vielmehr quicklebendig und schön, eine Stadt mit einer pulsierenden, überschwenglichen Atmosphäre: Ihre jungen Söhne sind fröhlich und stark, die jungen Mädchen freudestrahlend und von blühender Schönheit. An welche Stadt läßt der Text von Jeremias dann denken? Mit aller Klarheit fällt es mir wie Schuppen von den Augen: Es handelt sich um Warschau. Um das jüdische Warschau von früher. Schlagartig zerreißt es mir das Herz, und Schwermut breitet sich darin aus.

Wenige Schritte vom Weißen Haus entfernt, wo Präsident Ronald Reagan am nächsten Tag zum erstenmal Michael Gorbatschow empfangen wird, bekunden zweihunderttausend Demonstranten in Washington lautstark ihre Solidarität mit den russischen Juden. Eine ungeheure Begeisterung erfüllt mich. Meine Freunde und ich haben es endlich geschafft, unser Volk wachzurütteln, es aus seiner Lethargie zu reißen, es zum Handeln zu bewegen. Anatoli Schtscharanski, Mascha und Wladimir Slepak und viele andere Refusniks marschieren mit uns. Ob mein Artikel in der *New York Times* dazu beigetragen hat? Ich hoffe es. Der Aufruf war neben dem Leitartikel erschienen: Ich rief zu einem Marsch für die Menschenrechte in den achtziger Jahren auf, der an den Marsch für die Bürgerrechte in den sechziger Jahren anknüpfen sollte. Ich weiß nicht, warum, aber dieser Appell fand ein beträchtliches Echo. Ich erhielt Briefe, in denen man mir finanzielle und materielle Hilfe anbot, man bat Organisationen und bekannte Aktivisten um ihre Unterstützung – eine Grundsee brach über das amerikanische Judentum herein. Und während wir marschieren, komme ich um einen Gedanken nicht umhin: Wie viele Opfer wären gerettet worden, wenn es in den vierziger Jahren ähnliche Demonstrationen gegeben hätte?

Am 7. Juli 1996 jährt sich zum fünfzigsten Mal das Pogrom von Kielce, das zu Recht weltweite Entrüstung hervorgerufen hat. Damals waren am hellichten Tag zweiundvierzig Juden von einem aufgeputschten Pöbel ermordet worden. Meine kurze Ansprache trägt die Überschrift: »Wie konnten sie nur?« Ich frage die Bürger der Stadt, warum ihre Bewohner damals dem Blutbad kein Ende setzten. Ich lasse meine Trauer und meine Wut sprechen. Ich komme auch auf die Kreuze zu sprechen, die junge Christen zehn Jahre zuvor in Birkenau errichtet haben. Sie dachten, richtig zu handeln, da sie auch ein paar Davidsterne anbrachten.

Meine Worte riefen eine heftige Kontroverse in der Presse und in katholischen Kreisen hervor. Seltsamerweise nutzte auch Simon Wiesenthal in Wien die Gelegenheit, mein Denken wie schon so oft entstellt wiederzugeben, um es besser angreifen zu können. Statt unsere Toten zu beweinen und ihre Mörder zu verurteilen, schüttet er sein Gift lieber über mich aus. Ich habe ihm nicht geantwortet.

Ich habe Adam Michnik angerufen, den Bürgerrechtler und Herausgeber einer großen, liberalen Tageszeitung, der den folgenden Text abdrucken ließ:

AN EINEN KATHOLISCHEN FREUND IN POLEN

Wie mir zu Ohren kam, hat die den Rechtsradikalen nahestehende Presse in Ihrem Land vor kurzem gegen mich gewütet. Das berührt mich nicht. Ich habe mich daran gewöhnt: Die Fanatiker haben mich nicht zum erstenmal zur Zielscheibe ihres Hasses gemacht. Man hat mir aber auch berichtet, daß einige katholische Führer dasselbe tun. Was sie betrifft, kann ich Ihnen meinen Schmerz nicht verhehlen. Ihre Erklärungen stimmen mich traurig.

Was an meinen Worten kann einige Katholiken so gegen mich aufgebracht haben? Auf Einladung von Premierminister Włodzimierz Cimoszewicz, einem mutigen und unbescholtenen Mann, habe ich an der Gedenkfeier zum fünfzigsten Jahrestag des schändlichen Pogroms von Kielce teilgenommen und eine kurze Ansprache gehalten. Darin habe ich eine Reihe von Fragen zur Vergangenheit gestellt: Wie konnten ganz normale Bürger dieser

friedlichen Stadt am hellichten Tag mit soviel Haß ein solches Massaker verüben, ohne von der Bevölkerung daran gehindert zu werden? Und wie war es möglich, daß die Ordnungskräfte von damals nichts getan haben, um der Bluttat ein Ende zu setzen? War es vielleicht ein Fehler, laut auszusprechen, was sich so viele Männer und Frauen seit langem still und leise immer wieder fragen?
Wenn einige Katholiken nicht wissen, daß der Name Kielce überall auf der Welt sofort an das Wort »Pogrom« denken läßt, wenn sie nicht bereit sind zuzugeben, daß Kielce im jüdischen Andenken für die Schande steht, die das damalige Polen auf sich geladen hat, sind sie entweder blind oder unehrlich. In Kielce sind zweiundvierzig Juden, alles Überlebende aus den Lagern, von einer entfesselten, auf jüdisches Blut gierigen Meute niedergemetzelt worden. Sollten sie den mörderischen Nazismus nur überlebt haben, um ein Jahr später von Polen umgebracht zu werden? Ich habe es in meiner Rede gesagt und sage es hier noch einmal: Wenn der Antisemitismus zu Auschwitz führte, so hat das Pogrom von Kielce dieses nur bestätigt. Auschwitz, Majdanek und Treblinka waren zweifelsfrei deutsche Erfindungen, aber Kielce nicht. Die Mörder von Kielce waren Polen, ihr Haß war polnisch. Sollte man daran nicht erinnern dürfen? Will man mir etwa weismachen, dies entspringe meiner Phantasie und hätte nichts mit der Wirklichkeit zu tun?
Ich verstehe diese Katholiken nicht. Fühlen sie sich vielleicht schuldig? Es sind junge und weniger junge Polen darunter, aber alle sind während des Krieges oder danach geboren. Sie können absolut nichts für diese Tragödie, und ich klage sie nicht an. Ich glaube nicht an eine Kollektivschuld. Warum fühlen sie sich trotzdem angegriffen? Vielleicht werden sie mir sagen, ich hätte kein Recht, mich in die inneren Angelegenheiten Polens einzumischen. Höchste Zeit für sie, aufzuwachen: Wenn irgendwo auf dieser Welt Juden gedemütigt, verfolgt oder umgebracht werden, fühlen sich ihre Brüder und Schwestern allerorts betroffen und gezwungen, einzuschreiten.
Ich gehe noch weiter und behaupte: Ungeachtet seines Geburts- oder Wohnorts hat ein Jude ein Aufenthaltsrecht in Polen, wenn Angehörige von ihm in Oświęcim, Bełżec oder Chełmno umge-

bracht worden sind. Und damit bin ich beim zweiten Problem, das Anlaß meines Besuchs in Polen war: die Kreuze über den unsichtbaren jüdischen Gräbern von Birkenau. Ich bin überzeugt, daß es stimmt, was mir berichtet wurde: Junge, wahrscheinlich romantisch veranlagte und sicher religiöse Polen haben sie dort errichtet, um ihrer Trauer über die Opfer Ausdruck zu verleihen. Sie haben in gutem Glauben gehandelt. Und wenn sie neben den Kreuzen einige Davidsterne angebracht haben, so zweifellos, um auf die Solidarität unter den Toten hinzuweisen, die von einem gemeinsamen Feind getötet wurden. Offensichtlich waren sie sich nicht bewußt, daß ihre Aktion die überlebenden Juden verletzen und beleidigen könnte. Nun war der fragliche Ort unglücklicherweise auch noch den ungarischen Juden vorbehalten gewesen, den gottgefälligsten unter den Frommen, darunter auch meinen Verwandten. Genau an der Stelle wurden sie erstickt und eingeäschert. Ihre Asche liegt noch dort, im Schatten der Kreuze.
Hätten diese jungen Menschen ihren ökumenischen Akt auch dann ausgeführt, wenn sie seine psychologischen Folgen geahnt hätten? Ich hoffe doch nicht. Tatsache ist, daß uns diese Kreuze an jenem Ort - ich sage noch einmal: an jenem Ort! - sehr schmerzen. Ist es so schrecklich, wenn ein Jude wie ich dies öffentlich ausdrückt? Habe ich in meiner Rede denn nicht alles getan, um meine Gedanken darzulegen? Ich bin gegen alle religiösen Symbole in Birkenau. Birkenau bleibt sein eigenes Symbol, sein eigenes Denkmal. Die Überreste der Kamine, die Ruinen der Krematorien, die Baracken, die Bäume, die Asche, die Stille: nichts anderes gehört auf diesen Friedhof, der keinem anderen gleicht. Ist es so schlimm, wenn man darauf beharrt?
Das, lieber Freund, wollte ich Ihnen heute schreiben. Wir kennen uns schon viel zu lange, als daß Sie auch nur vermuten könnten, ich hätte mir Äußerungen erlaubt, die es Ihrem Glauben gegenüber an Achtung hätten fehlen lassen. Die Anhänger Ihrer Religion haben dasselbe Recht wie ich, ihren Glauben zu feiern. Aber ich erwarte von ihnen dasselbe, was ich auch von mir verlange: ein Minimum an Toleranz und Verständnis für den anderen. Wir haben denselben Vater im Himmel, der sich in unserer Sprache

an uns wendet und der uns verschiedene Schlüssel anbietet, um dieselbe Tür zu öffnen. Es käme mir nie in den Sinn, ihre Toten zu verhöhnen. Möge man doch endlich aufhören, unsere zu beleidigen.

Eine Konferenz gegen den Hunger auf der Welt, zehn Konferenzen gegen Haß und Fanatismus, dreißig gegen das Vergessen und die Gleichgültigkeit (»Ich werde immer das Recht auf unterschiedliche Meinung verteidigen, aber nicht die Meinungslosigkeit!«). Und wie viele gegen Rassismus und Antisemitismus? Ein Beitrag zu Krebs und zur Alzheimer-Krankheit auf einer Konferenz, die Professor Claude Jasmin bei der Unesco veranstaltet hat ... Anmerkungen bei der Eröffnung einer Ausstellung über Auschwitz im Haus der Vereinten Nationen in New York ... Eine Rede über Ethik im Stabsquartier der CIA (das Problem dabei: Um nicht in den Büchern der CIA geführt zu werden, lehne ich ein Honorar ab, das aber verstößt gegen die Vorschriften ...). Eine Vorlesung zu Hiob vor sage und schreibe sechstausend katholischen Priestern, Nonnen und Theologieprofessoren ... Ungefähr achtzig Dankesreden anläßlich meiner Ernennung zum Ehrendoktor an verschiedenen Universitäten ... Ich spreche gerne vor jungen Leuten, und ich lege großen Wert darauf, ihnen zu zeigen, wie man auf Ruinen, mit Ruinen baut ... Professor Irving Abrahamson verbringt zehn Jahre seines Lebens damit, die meisten meiner Reden zu sammeln, und veröffentlicht sie unter dem Titel: *Against silence* – Gegen das Schweigen.

Ich halte Reden und Reden und ... trotzdem mag ich es nicht, habe ich es nie gemocht, in der Öffentlichkeit zu reden! Ich habe immer einen ausgearbeiteten Text vor mir liegen, aber oft ziehe ich es vor, aus dem Stegreif zu sprechen. Daher die ständige Gefahr, vom Thema abzuweichen. Darum ist es unmöglich, sich zu verbessern. Ist ein Wort erst einmal ausgesprochen, folgte es seinem eigenen Weg: Man kann es nicht mehr einfangen oder kanalisieren – es ist unweigerlich verloren – und ich werde es nicht in die geschriebene Fassung übertragen. So kommt es bisweilen vor, daß ich nach einer Rede nur das Gefühl des Bedauerns zurückbehalte.

Anders ist es, wenn ich Vorlesungen oder Seminare über biblische, talmudische oder chassidische Themen halte; sie sind mir ohnedies am liebsten. Ihnen widme ich Wochen, wenn nicht Monate des Forschens. Zu den Vorlesungen, die ich am Raschi-Zentrum und am Zentrum für Jüdische Studien an der Sorbonne, am YMHA in Manhattan und an der Universität Boston gehalten habe, bekenne ich mich gerne, und ich bewahre die Manuskripte bei mir auf.

Kurze Ansprachen aus diesem oder jenem Anlaß hingegen halte ich nur widerwillig. Wie vermeidet man Klischees und Allgemeinplätze? Niemand kann bei einem Essen, einer politischen oder kulturellen Veranstaltung ein Thema in zwanzig Minuten tiefgreifend erörtern und dabei auch noch originell sein.

Im allgemeinen mißtraue ich den Wörtern: Kaum ausgesprochen, altern sie und welken. Mündlich wiedergegebene Gedanken gehen falsche Wege, verflüchtigen sich, und nach einer Ansprache beschleicht mich ein Gefühl von Verlust. Die besten Reden sind die nicht gehaltenen.

Und noch immer habe ich Lampenfieber: Dieser verfluchte alte Kamerad läßt mich einfach nicht los. Ich erinnere mich an einen Sabbatnachmittag in Sighet: Ich hatte mir einen Text aus *Sprüche der Väter* ausgesucht, um ihn meinen Schulkameraden im kleinen Lehrhaus zu erläutern. Dabei litt ich Höllenqualen. Herzflattern – das ist der richtige Ausdruck: Bevor ich aufs Podium steige, werde ich auch heute noch von einem Zittern ergriffen, das mein Denken lahmzulegen droht. Mein Auftreten ist nie selbstsicher. Werde ich in der vorgesehenen Reihenfolge mit dem Publikum in Verbindung treten, es anregen, seine Aufmerksamkeit erringen und ihm meine Gedanken darlegen können? Und was ist, wenn ich ein wichtiges Zitat oder einen unerläßlichen Einfall vergesse? Wenn der letzte Satz gefallen ist, verlasse ich fluchtartig das Podium.

Ich habe immer weniger Kraft und Lust zu reisen. Ich trage eine Krankheit in mir, die nur Einsamkeit heilen könnte. Aber auf Reisen werde ich die Einsamkeit nicht mehr finden. Es gab eine Zeit, in der ich sehr gerne reiste. Eine neue Gegend entdecken, mit Männern und Frauen aus anderen Kulturen und anderen Kreisen Bekanntschaft schließen: Ich war bereit, alles aufzugeben, um diesen Zielen nachzugehen, ganz gleich mit welchen Mitteln. Jetzt könnte ich – warum noch den Bescheidenen spielen? – mein ganzes Leben im Flugzeug verbringen. Aber ich mag nicht mehr. Ich sage zehnmal nein, auch wenn ich meine Entscheidung schließlich doch noch widerrufe. Naiv wie ich bin, lasse ich mich immer wieder überzeugen, dorthin zu gehen, wo ich nützlich bin. Trotzdem bilde ich mir nicht ein, ich sei überall unentbehrlich.

Eine Reise habe ich nicht gemacht: Am 31. Dezember 1991 bin ich nicht mit Bernard Kouchner in das von Serben bombardierte Dubrovnik gefahren. Die Unschlüssigkeit und die Befürchtungen waren zu groß: Die jüdische Gemeinde von Belgrad sprach sich erbittert dagegen aus. Und wie sollte ich von dem antisemitischen Buch des kroatischen Präsidenten Franjo Tudjman absehen? »Zum Glück« fing ich mir einen Virus ein: 40 bis 41 Grad Fieber. Ich mußte keine Entscheidung mehr treffen, mein Körper hat es für mich getan.

Zur körperlichen Erschöpfung gesellt sich die geistige Ermattung. Kann man es noch einmal wiederholen? Mir graut vor ... Wiederholungen. Wenn ich mich selbst schon langweile, wie sollte ich da andere nicht langweilen? Am Anfang achtete ich darauf, keine Rede zweimal zu halten. Um meine Zuhörer zu überraschen, mußte ich zuvor mich selbst überraschen. Später bemühte ich mich, wenigstens ein neues Element in jede Rede einzufügen. Eine große Herausforderung, die nur schwer oder unmöglich zu bestehen ist. Ich ziehe daraus den Schluß, daß es besser wäre, wenn ich die Anzahl meiner Reden beschränken würde.

Ich denke an das Wort Rabbi Israels von Rižin: »Manchmal sprechen wir vor einer großen Menge, damit ein einziger Mensch uns versteht; und manchmal schweigen wir für denselben Menschen.«

VERRÜCKTE UND ERLEUCHTETE

Ich habe noch gar nicht von meinen Verrückten gesprochen: Offenbar ziehe ich sie an wie mein Vater in Sighet. Sind wir nicht alle, jeder auf seine Weise, ein bißchen verrückt? Verrückt vor unbändigem Lebenswillen oder in der Lebensverweigerung, im Glauben an die Zukunft oder darin, jeden Glauben an sie aufgegeben zu haben, verrückt von dem Gedanken, wir seien dem Tod und den Toten entgangen ...

Die Verrückten, die mich verfolgen, sind freilich von einem anderen Schlag. Es sind nicht nur Juden. Es sind auch Christen, Buddhisten und Agnostiker darunter. Ehemalige Musiker und künftige Genies, Autoren ungeschriebener Werke und Erlöser, die darauf warten, entdeckt zu werden. Ich begegne ihnen nicht nur mit Abneigung, ich würde sogar sagen, ihre Phantasie ist eine Bereicherung für mich, aber leider kann man sie sich nicht aussuchen, und manche werden zu einer Belastung. Besonders wenn sie einem auf den Fersen folgen. Jeder hat seine »dringende« Angelegenheit, die keinen Aufschub duldet, jeder bietet eine Botschaft oder eine Lösung an. Man redet eine Stunde mit ihnen, und sie kommen zehnmal wieder. Jeder Versuch, sie abzuschütteln, ist zwecklos; sie finden immer die Spur, die zu einem führt. Es nützt auch nichts, sich zu verstecken; dazu sind sie einfach zu schlau.

Eines Tages ruft mich ein Mann an. Er beschimpft mich und läßt keine Obszönität aus. »Wer sind Sie überhaupt?« Er nennt sich Marx, wie Karl Marx. »Sollte ich Sie kennen, verehrter Herr Marx?« Weder »Ja« noch »Nein«. Der nächste Schwall Flüche und Verwünschungen bricht über mich herein. Als hätte ich seine Großmutter gestohlen. Ich lege auf. Er ruft erneut an. Ich lege wieder auf. Am nächsten Tag geht das Spiel von vorne los. Wenn ich aus dem Haus gehe, hinterläßt er eine Nachricht auf Band: »Herr Marx hat angerufen.« Wie werde ich ihn los? Damals gab es noch keine Fangschaltungen. Die Polizei erklärt sich für machtlos. Ich muß also mit ihm leben. Plötzlich hören die Belästigungen auf. Drei Tage (oder drei Nächte) währt die Atempause. Am vierten Tag ist er wieder da: »Ha! Du glaubst wohl, du könntest mir entkommen?« Und er feuert seine Schimpfkanonade ab. Er scheint genau zu wissen, was ich tue und wohin ich gehe. Er weiß, mit wem ich am Abend zuvor gegessen habe, welches Theaterstück ich mir angesehen habe. Eines Nachmittags ist eine Freundin aus Paris zu Besuch da. Das Telefon klingelt. Wieder er: »Wer ist das?« sagt Herr Marx. »Ich kenne sie nicht.« Wenn das so weiter geht, werde ich auch noch verrückt.

Wie die Geschichte ausgeht? Einige Monate später reise ich nach Europa. Nach meiner Rückkehr gibt es Herrn Marx nicht mehr. Keine Briefe, keine Anrufe. Ich fühle mich sehr erleichtert. Ob er wohl endgültig verschwunden ist? Natürlich taucht er wieder auf. Ich werde ungehalten: »Mein lieber Herr Marx! Was ist eigentlich los mit Ihnen? Sind Sie vielleicht krank? Muß ich mir Sorgen machen? Was kann ich für Sie tun, wie kann ich Ihnen helfen?« Von mir überrumpelt, erstickt er fast vor Zorn. Dann komme ich in den Genuß einer letzten Flut von Obszönitäten, und er sucht sich ein anderes Opfer, das empfänglicher für seine Beschimpfungen ist und ärgerlicher reagiert, bis er vielleicht irgendwann wieder zurück in seine Irrenanstalt muß.

Vom Liebeswahn verfolgt: Eine junge Kellnerin aus New Jersey teilt mir allen Ernstes mit, ich sei ihr Ehemann. Das wisse sie ganz genau, auch wenn ich es leugnete. Ich hätte sie in einem früheren Leben geheiratet. Daher ihre feierlich vorgetragene Warnung: Wenn sie mich mit einer anderen Frau sähe, käme es mich teuer, sehr teuer zu stehen. Sie verfüge über viele Beziehungen, läßt sie mich noch wissen, über gute Beziehungen in sehr einflußreichen Kreisen. Es läge ganz in meinem Interesse, mich als treuer Ehegatte zu erweisen, sonst … Auch in diesem Fall weigert sich die Polizei einzugreifen. »Sollte die Frau Sie umbringen, dann sind wir da und nehmen sie fest«, meint ein Polizeiinspektor mit Sinn für schwarzen Humor.

Die Geschichte dauert drei Monate. Tag für Tag erhalte ich von meiner liebenden und zärtlichen »Gattin« Briefe, die so lang sind wie ein Leben in der Verbannung. Sie läßt mich an ihren Freizeitvergnügen, an ihren Träumen und sogar an ihren Ehebrüchen teilnehmen. Und mit wem betrügt sie mich? Mit bekannten Schauspielern, unbekannten Milliardären und irgendwelchen Mafiagrößen …

Bei Verrückten ihrer Sorte weiß man nie so genau. Und man spielt nicht mit der Mafia. Ich gehe also noch einmal aufs Kommissariat und zeige dem Inspektor die Briefe. Ich gestehe ihm, daß ich Angst habe und frage ihn um Rat. Der Hobbypsychologe zuckt nur mit den Schultern: »Lassen Sie sich doch einfach von ihr scheiden.« Zum Glück hat die Kellnerin einen Vater. Er weiß über ihre Krankheit Bescheid und schickt sie wieder zu ihrem Psychiater.

Ganz anders ist die Geschichte mit dem Arzt aus Kanada. Er ruft mich an; er müsse mich unter allen Umständen sofort sprechen; es sei dringend, äußerst dringend. Ich möchte erst wissen, worum es geht. Es gehe um Leben oder … um die ganze Welt. Ob er mir vielleicht Näheres sagen könne. Behutsam versuche ich, ihm die Würmer aus der Nase zu ziehen. Vergeblich. »Nicht am Telefon«, sagt er. »Das ist zu gefährlich. Die Sache ist höchst vertraulich. Supergeheim. Eine undichte Stelle könnte das ganze Vorhaben zum Scheitern bringen. Sie werden sicher Verständnis dafür haben.« Mißtrauisch erwidere ich mit leiser Stimme: »Sind Sie sicher, daß ich …« Er wird ärgerlich: »Ich weiß doch wohl, was ich tue!« Ich bitte ihn, mich am Nachmittag wieder anzurufen, ich bräuchte Zeit, um einige Verabredungen abzusagen. Vor allem will ich ein paar Freunde in Kanada anrufen: Sie sollen herausfinden, ob der gute Mann tatsächlich Arzt ist. Ihre Nachforschungen bestätigen seine Angaben. Er steht im Telefonbuch. Dann soll er meinetwegen kommen. An diesem Sonntag schneit es ohne Unterbrechung. Die Flughäfen sind lahmgelegt, die Bahnhöfe verlassen und die Straßen menschenleer. Er wird nicht kommen, denke ich hoffnungsvoll. Von wegen. Der Pförtner klingelt, um ihn anzukündigen. Neugierig empfange ich ihn. Auf seiner beeindruckenden Visitenkarte reiht sich ein Titel an den anderen. Ich bitte ihn, sich zu setzen, biete ihm einen Kaffee an, doch er lehnt ab. »Sie müssen mich unbedingt begleiten, wir haben nur wenig Zeit«, sagt er mit fester Stimme.

Wohin denn? Nach Kanada? »Nach Nepal«, antwortet er, als wäre es das Natürlichste der Welt. Verdutzt bitte ich ihn, es zu wiederholen. »Ja, nach Nepal. Es ist alles vorbereitet, die Tickets sind gebucht, sehen Sie!« Er überreicht mir ein Flugticket (Abflug am selben Abend) und eine größere Geldsumme. »Aber heute ist doch Sonntag, was soll ich denn an einem Sonntag in Nepal?« stammle ich ungläubig. Er läßt sich nicht aus der Fassung bringen: »Wir kommen erst morgen an. Und morgen ist Montag.« Ich fahre fort mit meiner unsinnigen Fragerei: »Und was soll ich an einem Montag in Nepal tun?« Seine Antwort läßt nicht auf sich warten: »Meditieren.« Ich verstehe nur Bahnhof. Ist er verrückt? Er sieht eigentlich nicht so aus. »Meditieren?« frage ich weiter. »Warum? Worüber?« – »Die Welt ist in Gefahr. Wir müssen nach Nepal, um sie zu retten. Ich weiß noch nicht wie, aber wir werden es dort erfahren.« Ich bleibe hartnäckig: »Warum dort und nicht hier?« – »Das ist nicht dasselbe. Dort werden wir gehört.« – »Wer hört uns dort?« – »Ich weiß nicht. Wir werden es dort erfahren.« Ich beobachte ihn: Er sieht ganz normal aus, ja, wahrhaftig wie ein Ehrenmann; er wirkt ruhig und sanftmütig. Wie kann ich ihn abweisen, ohne ihn zu verärgern? »Ich habe gar kein Visum«, sage ich und tue so, als bedaure ich dies sehr. Daran solle es nicht fehlen. Die Visa lägen bei unserer Ankunft bereit. Der Retter aus Kanada hat auf alles eine Antwort parat. Ich nehme das Wetter zum Vorwand: Es gibt weder eine Fahrzeug, das uns zum Flughafen bringen könnte, noch ein Flugzeug, das starten würde ... Durch das Fenster weise ich auf die vereiste Straße, die wie leergefegt ist. Aber er bleibt stur, das Wetter sei nur wegen mir so schlecht, weil ich so skeptisch sei. Sobald ich seiner Aufforderung nachkäme, würde über New York wieder die Sonne scheinen. Es gäbe schlagartig gutes Wetter, und wir könnten sofort starten. Woher er das wisse? Er weiß, daß es in Nepal schön ist. Und woher bezieht er seine Kenntnisse über die Weltwetterlage? »Ganz einfach«, antwortet er, »ich schließe die Augen, und dann sehe ich es.« Was sieht er? »Nepal.« Jetzt habe ich ihn: »Aber wenn Sie nur die Augen zu schließen brauchen, um Nepal zu sehen, wozu müssen wir uns dann noch dorthin begeben?« Seine Antwort ist einleuchtend: »Ich kann es sehen, aber Sie nicht.« Zuletzt zeige ich ihm meinen Terminkalender: »In dieser Woche habe ich viele wichtige

Verabredungen; es ist unmöglich, sie alle abzusagen.« Jetzt packt ihn die kalte Wut: »Die Welt ist verloren, geht fast unter, und alles, was Sie im Kopf haben, ist Ihr verdammter Terminkalender!« Um ihn zu beruhigen, schlage ich ihm vor, allein nach Nepal zu fliegen und dort alles vorzubereiten, ich würde so schnell wie möglich nachkommen ...

Am nächsten Tag flog er ab. Er kam auch ohne mich zurecht. Denn er ist nicht mehr zurückgekommen. Und die Welt ist noch nicht untergegangen.

Wenn wir schon bei den verrückten Mystikern oder bei den schlichtweg Verrückten sind, darf ich einen Störenfried nicht vergessen, den Erleuchteten aus Colorado. Während einer Vorlesung an der Universität von Denver beginnt plötzlich jemand zu heulen wie ein schwerverwundetes wildes Tier. Die Leute vom Sicherheitsdienst mustern die Sitzreihen. Vergebliche Mühe. Leicht eingeschüchtert nehme ich den Faden wieder auf. Da geht es von neuem los. Diesmal ertönt ein langer spitzer Schrei. Wer mag das nur sein? Und was mag er von mir wollen? Ich versuche wieder, mich zu konzentrieren. Ich kürze meinen Vortrag ab. Kaum habe ich geendet, werde ich von Sicherheitskräften umringt, die Studenten haben keine Chance mehr, mit mir ins Gespräch zu kommen. Sie schubsen mich durch eine Geheimtür, bringen mich zu ihrem Auto und fahren mich unverzüglich zum Flughafen, wo ich die Mitternachtsmaschine nach New York nehme. Unterwegs erklären sie mir, sie seien von dem Vorfall völlig überrascht worden, so etwas sei noch nie vorgekommen, und es sei besser, auf Nummer Sicher zu gehen. »Aber die Studenten werden sehr enttäuscht sein«, wende ich ein. »Da haben sie eben Pech gehabt«, antworten meine Schutzengel. »Ist doch besser, sich über einen Lebenden zu ärgern als um einen Toten zu trauern.« Ein überzeugendes Argument. Ich füge mich. Heutzutage ist es nicht sehr weise, diesen vor Selbstbewußtsein strotzenden Männern zu widersprechen. Schließlich erhalte ich genug Drohbriefe, um mir der Gefahr bewußt zu sein. Ob Antisemiten, Propalästinenser oder lebensverneinende Spinner, sie alle haben es auf mich abgesehen, das steht fest. Deshalb gebietet mir das Wort »Sicherheit« Achtung und Schweigen.

Am Schalter ist alles ruhig. Es gibt nur wenige Fluggäste. Ich werde einen bequemen Sitz haben und im Flugzeug ein Nickerchen halten können. Ich danke meinen um mein Wohlergehen so besorgten Begleitern und biege in den langen, gewundenen Gang ein, der zum Wartesaal vor dem Ausgangstor führt. Ich atme auf: Endlich allein! Plötzlich löst sich ein junger Mann aus dem Schatten und sagt mir in einem Atemzug: »Entschuldigen Sie bitte mein Geheul. Aber wenn Gott mir befiehlt zu schreien, habe ich nicht das Recht zu schweigen. Das werden Sie sicher verstehen ...« Zum Glück entdekke ich eine Telefonzelle. Von Panik ergriffen, stürze ich hinein. Mit pochendem Herz tue ich so, als wählte ich eine Nummer, führte ein Gespräch und verfolgte mit größtem Interesse, was mein vermeintlicher Gesprächspartner am anderen Ende der Leitung sagt. Der erregte junge Mann wartet geduldig darauf, daß ich mein Gespräch beende. Ich verlasse die Zelle erst, als sich weitere Fluggäste auf dem Gang zeigen. Ich folge ihnen, doch der junge Gottgesandte bleibt mir auf den Fersen. Gott sei Dank, er hat kein Ticket. »Nehmen Sie das«, sagt er und streckt mir ein kleines Notizbuch entgegen. »Lesen Sie es im Flugzeug, dann werden Sie alles verstehen.« Seine Botschaft ist eindeutig: Er ist der wahre, der letzte, der einzige Erlöser, er wartet nur noch darauf, daß der Prophet Elija sein Kommen verkündet. Er schreit, damit der Prophet ihn hört und weiß, daß der Erlöser da ist und auf ihn wartet. Ich bedaure den Propheten und schlafe ein.

Viele Monate später stolpere ich wieder über den »Erlöser« der Menschheit: Er wartet vor meinem Büro an der Universität Boston auf mich. Was will er bloß von mir? Es ist ihm kein bißchen peinlich, mir zu antworten: »Seien Sie mein Verbündeter, mein Verkünder! Zusammen werden wir den Planeten und seine Bewohner erlösen.« Bis der Erlöser kommt, erkläre ich ihm, müsse ich meinen Studenten etwas über Kafka und das Gilgamesch-Epos erzählen. Eine Woche später ist er wieder da. Schmächtig, mit eingezogenem Kopf fragt er mich, ohne mich anzusehen: »Hätten Sie heute für mich Zeit?« – »Ich habe jetzt aber ein Seminar, das wissen Sie doch« – »Zu welchem Thema?« – »Es geht um den Propheten Jeremias.« Reumütig erwidert er: »Schade. Ich warte auf den Propheten Elija.« Mehrere Wochen hintereinander sucht er mich in meinem Büro auf.

Wovon lebt er in Boston? Wo mag er schlafen? Es bleibt sein Geheimnis. Eine Studentin, die bei mir im Sekretariat arbeitet, Cindy Margulies, hat eine gute Idee: Sie schlägt ihm vor, nach Israel zu gehen, denn um die Welt zu erlösen, sollte er in Jerusalem sein: »Wenn irgendwo ein Verkünder auf Sie wartet, dann sicher dort.«

Manchmal frage ich mich, wo überall der junge Erleuchtete aus Colorado schon gelebt und auf denjenigen gewartet haben mag, der ihn doch nicht erkennen konnte.

Und wo mögen die vielen anderen sein? Jeder hatte eine Lösung für unlösbare Probleme, einen Schlüssel zu unergründlichen Geheimnissen, eine Botschaft von einem Engel im Himmel ... Ich hatte die Angewohnheit, jeden Brief zu beantworten. Ich war auch neugierig auf jede neue Bekanntschaft. Aber wenn sie mein Antwortschreiben erwiderten und darin um ein Treffen mit mir baten oder zumindest eine erneute Antwort auf ihr Schreiben erwarteten, wurde das natürlich zum Problem. Leider fehlte mir die Zeit dazu, mir fehlt es immer an Zeit. Ich denke oft an Nikos Kazantzakis, der gerne vor die Kirchenportale gezogen wäre, um zu betteln: »Geben Sie mir ein bißchen von der Zeit, die Sie nicht in Anspruch nehmen.«

Auch in Hollywood gibt es eine Menge Spinner: Sie wollen mich um alles in der Welt fürs Kino »entdecken«. Nicht als Star, Gott sei Dank, aber als Drehbuchautor. Angesichts meiner verdutzten Miene nimmt man mich ins Gebet: Ob ich mir bewußt sei, daß auch der berühmte William Faulkner Drehbücher geschrieben habe? Ob ich denn wisse, daß die größten Schriftsteller der Welt für die Nabobs der Leinwand arbeiten? Ob ich es weiß oder nicht, ist eigentlich belanglos. Seit den sechziger Jahren erscheint in mehr oder weniger großen Abständen ein Agent aus Hollywood bei mir und versucht, da ich nicht käuflich bin, mich mit Argumenten zu gewinnen. Bin ich endlich bereit, ihm nachzugeben, macht er einen Rückzieher. Und umgekehrt.

Man schlägt mir vor, *Nacht* zu verfilmen. Ich lehne ab. Schließlich gibt es Dinge, aus denen man keine Aufführung machen darf. Man unterbreitet mir sogar einen Vorschlag von Orson Welles. Ich antworte ihm, daß ich mich geschmeichelt fühle, daß es aber nicht statthaft sei usw. Eric Rohmer mag *Tag* sehr, Samy Halfon ist von *Pforten des Waldes* begeistert, mehrere Regisseure wollen unbedingt die Filmrechte an *Der Bettler von Jerusalem* erwerben. *Morgendämmerung* ist schließlich von Evelyn July als Film produziert worden (Regisseur war Miklos Jancsi), und Frank Cassenti hat *Testament eines ermordeten jüdischen Dichters* verfilmt. Beide sind zu beklagen: Keine Verfilmung hat die Gunst des Publikums errungen.

Meine Sprache bleibt das Wort und nicht das Bild.

KARDINAL LUSTIGER, MEIN FREUND

1980 verbreitet die französische Presse eine sensationelle Nachricht und kommentiert sie ausführlich: Zum Zeichen seiner Philosophie (eher als seiner Theologie) der Öffnung und vielleicht auch der Liberalisierung hat Papst Johannes Paul II. soeben einen Juden, einen konvertierten Juden aus Polen, zum Erzbischof von Paris ernannt: Jean-Marie, ehemals Aaron, Lustiger. Er wird bald eine der populärsten und von den Medien am meisten umschwärmten Persönlichkeiten Frankreichs. Er schmeichelt gerne, ist aber stets aufrichtig und verfügt über ein seltenes Kommunikationstalent, das ihm erlaubt, nicht nur auf der Kanzel seiner Kathedrale immer den richtigen Ton anzuschlagen, sondern auch im Fernsehen, in Zeitungen und egal vor welchem Publikum.

Seine Stellungnahmen in Interviews, Erklärungen oder Kommentaren finden in allen Kreisen Anklang. Akademiker und Minister rühmen seine Gelehrsamkeit, man gibt seine Worte gerne wieder, seine grundlegenden Überzeugungen stoßen auf allgemeine Anerkennung, und man schätzt seine Toleranz. Sein Lebensweg ist makellos, seine Reden ohne jeden falschen Zungenschlag. Der neue Prälat hält mit seiner jüdischen Herkunft nicht hinter dem Berg: Im Gegenteil, er läßt keine Gelegenheit aus, darauf hinzuweisen. Oft erwähnt er seinen jüdischen Namen Aaron und bekennt sich zu seiner Zugehörigkeit zum jüdischen Volk. Selbst als Christ steht er ohne irgendwelche Komplexe zu seinem Judentum. Ja, er nennt sich sogar mit einer solchen Emphase einen »vollendeten Juden«, daß mir dabei unwohl zumute ist, wie man leicht verstehen kann: Denn sollte der Christ gewordene Jude der »vollendete« sein, hieße das nicht, daß er ein besserer Jude ist als diejenigen, die Jude geblieben sind?

Selbstverständlich bin ich mir bewußt, daß die Beziehungen zwischen den beiden Religionen jahrhundertelang von Spannungen und Konflikten geprägt waren. Man denke nur an die haßerfüllten Briefe der Kirchenväter, an die Massaker in der Zeit der Kreuzzüge, an die Inquisition, die Pogrome, die öffentlichen Erniedrigungen ... An das Schweigen Papst Pius XII. Bei den Führern des Dritten Reichs setzte sich der Papst nur für die konvertierten Juden ein. Er kümmerte sich ausschließlich um ihr Schicksal. Nein, auch diesen beklagenswerten Aspekt der Geschichte des Holocausts werde ich nie vergessen.

Ich versuche, mir ein Gespräch mit dem Erzbischof vorzustellen. Was könnte ich ihm sagen? Was habe ich einem konvertierten Juden mitzuteilen? Und was würde er mir antworten? Ich kenne einige katholische Priester. Aber keiner von ihnen behauptet, Jude zu sein. Mir fällt ein, daß mein Meister Saul Lieberman mir seinen unumstößlichen Entschluß anvertraut hat, einem *Meschumad*, einem Abtrünnigen, wolle er niemals die Hand reichen. Und trotzdem: Ist es richtig, so unbeugsam zu bleiben? Schließlich erklärt der Talmud: »*Israel af al pi schechata, Israel hu* – ein Jude bleibt ein Jude, auch wenn er sündigt.« Wie ist Aaron Lustiger einzuordnen?

»Versuche doch, ihn zu treffen«, schlägt Marion vor. »Dann kannst du ihm erklären, was dich verstört.« Weil sich mir die Frage aufdrängt, warum der Erzbischof von Paris seine knapp bemessene Zeit ausgerechnet mit mir verbringen sollte, beschließe ich aus gegebenem Anlaß, kurzfristig meinen alten Beruf wieder zu ergreifen. Über die Pressestelle von Le Seuil teile ich seinem Büro mit, daß ich gerne einen Artikel über ihn schreiben würde, vielleicht für die *New York Times*. Seine Antwort kommt prompt: Er ist bereit, mich zu empfangen, aber *»off the record«*, wie es im Pressejargon heißt; er wünscht also keinen Artikel über sich, würde aber gerne meine Bekanntschaft machen. Nichts ist natürlicher, als daß zwei Juden sich kennenlernen wollen, sieht man einmal davon ab, daß ... Der vereinbarte Termin fällt in die Zeit (im März 1981), in der ich in Paris an einem Treffen von Intellektuellen teilnehme, das Jack Lang zur Unterstützung von François Mitterrand, dem sozialistischen Kandidaten bei den Präsidentschaftswahlen, organisiert hat.

Vor meinen christlichen Freunden habe ich die Pflicht darzulegen, was ich grundsätzlich über das Verhältnis von Christen und Juden denke, und darauf hinzuweisen, was mir die Wahrheit, unsere gemeinsame Wahrheit zu sein scheint. Sie gibt in ihrer ganzen Vielschichtigkeit kaum Anlaß zu religiösen Hoffnungen. Tatsache ist, daß ihre Vorfahren in vergangener Zeit die meinen nur auf Grund ihres Glaubens quälten. Aber das ist nicht alles. Sind die Meister des Todes im 20. Jahrhundert nicht alle, oder fast alle, im Schoß der Kirche geboren und von ihr getauft worden? Natürlich hat es in Italien, aber auch in Frankreich, Polen und Holland Christen gegeben, die sich geopfert haben, um Juden zu retten. Aber es waren so wenige! Es hat unbestreitbar auch einen Johannes XXIII. gegeben, doch in der jüngeren Geschichte des Vatikans stellt sein Humanismus eher einen Ausnahmefall als eine allgemeine Tendenz dar.

Wie sieht mein persönliches Verhältnis zur katholischen Kirche aus? Als Kind weckte sie große Furcht in mir. Als Jugendlicher gab es für mich keinen Grund, mich für sie zu interessieren. Aber von einem konnte ich nicht absehen: Es gab eine Zeit, da waren die Beziehungen zwischen der christlichen und meiner Welt ausschließlich von Gewalt und Vertreibung geprägt. Ein Christ war für mich ein feindlich gesinnter Fremder, einer, der sich zu Unrecht anmaßte, Recht zu sprechen. »Du hast Christus umgebracht«, beschimpften mich meine Schulkameraden. Ich begriff sie nicht: Ich hatte überhaupt niemanden umgebracht, und in der Geschichte waren Juden immer die Opfer und nicht die Mörder. Die Christen um mich glaubten fälschlicherweise die antijüdischen Stereotypen, und ich vereinfachte unsere Beziehungen zu Unrecht.

Nach dem Krieg entdeckte ich die Komplizenschaft der katholischen und der evangelischen Kirche in Deutschland und Österreich mit dem Hitlersystem. Die Dokumente, die ich über Pius XII. zu lesen bekam, bestärkten mich in meinem Mißtrauen. François Mauriac war der erste, der sein Schweigen anprangerte. Dann lieferten die Historiker die meist erdrückenden Beweise. Ich kann bis heute nicht verstehen, warum Adolf Hitler nicht exkommuniziert worden ist. Und warum der Vatikan oder eine seiner Institutionen Adolf Eichmann, Stangl und Mengele zur Flucht verholfen hat. Und ich kann nicht vergessen, daß von den SS-Männern zweiundzwanzig Prozent Katholiken waren, daß viele von ihnen zur Beichte gingen.

Erst als Erwachsener habe ich zu verstehen begonnen, wie wichtig der Dialog zwischen Menschen und auch zwischen Religionen ist. Ich habe begriffen, daß wir nicht in einer Welt aus Stereotypen leben dürfen. Selbst während des Krieges gab es gute Christen, genauso wie es Atheisten gab, die nicht gut waren. Heute habe ich meine inneren Widerstände und meinen Argwohn überwunden: Ein Christ und ein Jude, ein Jude und ein Muslim, ein Buddhist und ein Jude können wunderbar zusammenleben und gemeinsam am Wohl der Menschheit arbeiten. Die Verschiedenheit - oder der Pluralismus, wie es heute heißt - ist vom Schöpfer vorgesehen. Wenn alle Lebewesen dieselbe Sprache sprächen, vom selben Glück träumten, demselben Stamm angehörten und dieselbe Religion ausübten, wäre die Geschichte der Menschheit beendet gewesen, noch bevor sie ihren ersten Höhepunkt erreicht hätte. Adam war kein Jude. Ist er nicht trotzdem unser aller Vater?

Allerdings verabscheue ich jeden Fanatismus - ganz gleich von welcher Seite er kommt und worauf er sich gründet. Aber nicht alle Christen sind Fanatiker. Auch darin unterscheiden sie sich nicht von anderen.

Meine christlichen Freunde wissen, daß ich keineswegs darauf ziele, ihnen Schuldgefühle zu machen: Die heutigen Christen sind nicht dafür verantwortlich, was ihre Vorfahren einst angerichtet haben. Und ich möchte gewiß keinen Streit zwischen unseren Glaubensgemeinschaften auslösen. Im Gegenteil: Ich glaube, daß eine Annäherung in einem nicht von gegenseitigem Gefälligkeiten und Schmeicheleien, sondern von Aufrichtigkeit geprägten Rahmen sowohl möglich als auch notwendig ist. Mein Meister Saul Lieberman hat mich mehr als einmal vor den schädlichen Folgen der Bequemlichkeit in materieller wie in geistiger Hinsicht gewarnt: »Denke stets daran«, sagte er, »daß unser Volk mehr Seelen durch Verführung als durch Verfolgung verloren hat.« Und unsere Weisen führen die Heilige Schrift an: Als Esau seinen Bruder Jakob umarmte, begann dieser zu weinen. Warum weinte Jakob? Weil er begriffen hatte, daß der Kuß Esaus eine Falle darstellte und viel gefährlicher war als sein Haß.

Ich bleibe meiner Tradition treu: Ich möchte niemanden bekehren, und ebensowenig möchte ich von anderen bekehrt werden.

Das Ziel eines Juden besteht nicht darin, andere zu seinem Glauben zu bekehren, sondern ihnen zu helfen, in noch größerer Übereinstimmung mit sich selbst zu leben.

Diese Gedanken gehen mir durch den Kopf, während ich im Auto zum Erzbischof unterwegs bin. Ich würde gerne mit ihm über eine ebenso einfache wie heikle Frage diskutieren: Kann man gleichzeitig Jude und Christ sein? Kann man dem jüdischen Volk weiter angehören, wenn man sich für eine andere Religion entschieden hat?

Der Erzbischof erwartet mich bereits. Der Empfang ist herzlich, doch nicht spannungsfrei. Was mag ich für ihn sein? Eine Aufforderung? Ein Vorwurf? Und er für mich? Ein verirrter früherer Glaubensbruder?

Die liebenswürdigen Worte, die er für mein Werk findet, brauche ich nicht zu erwähnen. Unser Treffen läßt mich an die berühmten »Dispute« im Mittelalter denken, als Juden und Christen Streitgespräche über die Vorzüge ihrer jeweiligen Religion führten – mit dem Unterschied, daß ich freiwillig hier bin und daß unser Gespräch ohne Publikum stattfindet. In jener fernen Zeit fasteten die Rabbiner am Tag, an dem sie sich zum Prälat begeben mußten, und zum Zeichen der Solidarität fasteten alle Mitglieder ihrer Gemeinde mit ihnen.

Wir sind allein in seinem Haus und sitzen im Salon. Ich gehe auf die freundliche Vorrede nicht ein, sondern komme gleich zum Kern der Sache: »Sind Sie eigentlich unser Abgesandter bei den Christen oder ihr Abgesandter bei uns?« Es ist nicht meine Art, jemanden zu verletzen oder herauszufordern, aber diesmal war der Tonfall entsprechend. Mir scheint, als wäre der Erzbischof rot geworden. Er läßt sich jedoch nicht provozieren, sondern erzählt von seiner Kindheit, von seinem laizistischen Elternhaus, von seiner Begegnung mit einem Studentenpriester im Quartier latin: Er sehnte sich nach Geistigkeit und Religiosität. Hätte er damals einen Rabbiner getroffen, säße ich heute wahrscheinlich vor einem Rabbiner ... Ich frage ihn ernst und unerbittlich nach seinem Verhältnis zu seinem neuen Glauben. Er ist aufrichtig und in seiner Aufrichtigkeit ein feinfühliger, im Innersten anziehender Mensch. Ich frage nach seiner Haltung zu seinem Volk, das diejenigen, die seine Religion aufgeben, eher streng verurteilt, und nach der Reaktion seines Vaters (seine Mutter ist in Auschwitz umgebracht worden), als er in der überfüllten und hell erleuchteten Kathedrale seiner Bischofsweihe beiwohnte ... Über die letzte Frage muß er lachen: »Er war stolz. Obwohl er nicht gläubig war, empfand er große Zufriedenheit, daß sein Sohn in seinem Glauben einen solchen Erfolg hatte.« Ich bleibe hartnäckig: »Und was hätte Ihr Großvater, der sich eher hätte umbringen lassen als das Kreuz zu küssen, davon gehalten, wenn er Sie mit dem Silberkreuz auf der Brust gesehen hätte?« Mir scheint, als errötete er noch einmal, bevor er mit leiser Stimme erwidert: »Für mich zählt die Gnade Gottes. Sie ist alles.«

Gegen dreizehn Uhr steht er auf und sagt: »Wollen wir vielleicht etwas essen?« Aber keiner von uns beiden hat Appetit. Wir kehren zu unserem Gespräch zurück, das sich nun ebenso um aktuelle Themen wie um die Vergangenheit dreht. Was wir besprechen, ist und bleibt vertraulich. Immer wieder kommen wir auf seine zwiespältige, doppeldeutige Haltung gegenüber Juden- und Christentum zu sprechen. Wer sind die »wahren Juden«? Sollte es veraltet sein, Moses, Jesaja und Rabbi Jehuda ha-Nassi die Treue zu halten, sollten die Gesetze vom Sinai nicht mehr gültig sein? Freilich, der Erzbischof ist nicht der erste und auch nicht der einzige Jude, der sich zum Christentum bekannt hat, aber seine Vorgänger haben nie von sich behauptet, gute Juden, ja vollendete Juden zu sein. Er hingegen beharrt darauf: Er ist als Jude geboren und er wird als Jude sterben. Ich bemühe mich, ihm darzulegen, warum uns seine Haltung unannehmbar erscheint, ich verweise auf unsere Gesetze und unsere Bräuche, ich halte ihm ein konkretes Argument entgegen: Sein Beispiel könnte all jene ermutigen, die unter dem Namen »Juden für Jesus« durch ihren Bekehrungseifer zu viele, in geistigen Dingen halt- und orientierungslose junge Menschen ausnützen. Schon Abraham hatte eines klar begriffen: Jude sein ist das Ergebnis einer Absonderung und einer Wahl. Man kann nicht zwei Religionen zugleich angehören. Selbstverständlich ist es derselbe Gott, der über unser aller Leben herrscht, aber die Wege zu ihm sind völlig unterschiedlich. Und umgekehrt: Es sind nicht dieselben Wege, die zu Gott führen, aber es ist immer derselbe Gott, unser gemeinsamer Gott. Diese beiden Sätze sind untrennbar miteinander verbunden:

Stehen sie einzeln, sind sie fruchtlos und verstümmelt. »Und trotzdem fühle ich mich als Jude«, erwidert der Erzbischof. »Ich lehne es ab, meine Herkunft, meine jüdischen Wurzeln zu verleugnen. Soll ich vielleicht das Andenken an meine Mutter verraten? Das wäre doch feige und demütigend.« Er stützt sich auch auf ein Argument aus der politischen Gegenwart: Sein Judentum ärgere besonders die Antisemiten, was ihm nicht unwillkommen sei; warum also solle er ihnen den Gefallen tun und dem Volk, das sie verabscheuen, den Rücken kehren? Irgend etwas an ihm berührt mich zutiefst. Vielleicht sein Streben nach Lauterkeit? Oder das Bedürfnis, seine jüdische Vergangenheit mit seiner christlichen Zukunft zu vereinen? »So hören Sie doch wenigstens auf, sich als ›vollendeten Juden‹ zu bezeichnen«, bitte ich ihn.

Wir beschließen, in Verbindung zu bleiben, unsere Diskussion fortzuführen. Wir treffen uns häufig, und unsere Freundschaft wird immer enger. Er verwendet die Formulierung »vollendeter Jude« nicht mehr, aber er beharrt darauf, ein Sohn des jüdischen Volkes zu bleiben. Wer auch immer ihn bittet, die jüdische Sache zu verteidigen, kann auf seine Unterstützung zählen. Man findet ihn überall, wo für die Menschenrechte gekämpft wird. Und wo Fanatismus und Ungerechtigkeit herrschen, stehen wir gemeinsam an der Seite der Opfer. Er entzieht sich keiner moralischen Herausforderung, scheut keine Gefahr und erhebt stets die Stimme zugunsten der Schwachen, Besitzlosen und Unterdrückten. Seit er in den Rang eines Kirchenfürsten gehoben wurde, nimmt sein Einfluß unaufhörlich zu.

Bisweilen kommen wir lachend auf seinen ungewöhnlichen Lebensweg zu sprechen. »Geben Sie doch zu«, sage ich ihm, »daß die jüdische Geschichte von einer wirklich seltenen Vorstellungskraft zeugt.« Dies kann er ohne weiteres anerkennen. Empfindet er aber auch dieses Gefühl von Unwirklichkeit, das mich überkommt, wenn wir uns gegenübersitzen, er, der Sohn polnischer Juden, den Millionen von Katholiken verehren, und ich, der Talmudschüler, aus dem ein jüdischer Erzähler geworden ist? Wer weiß, ob man ihm nicht ein noch höheres Amt antragen wird. Unmöglich, meint er, aber davon bin ich nicht so überzeugt.

Wie ist das Verhältnis seiner Kollegen zu ihm? Von einigen weiß ich, daß sie ihn bewundern und ihm treu ergeben sind. Aber ich habe auch vernommen, daß er auf den jährlichen Versammlungen der französischen Bischöfe eine einsame Figur ist.

Obwohl er dem Papst nahesteht, kommt es vor, daß er mit der einen oder anderen Stellungnahme der Kurie nicht einverstanden ist. Während der skandalösen Affäre um das Karmeliterkloster von Auschwitz beispielsweise haben seine Äußerungen einiges Stirnrunzeln in Rom verursacht. Dasselbe gilt für seine Zuneigung zum Staat Israel, dessen ergebenster Verteidiger innerhalb der katholischen Kirche er ist. Ein mutiger Mann? Auf jeden Fall ein aufrichtiger, seinem Glauben aufs engste verbundener Mann, der auch unseren Glauben hochachtet.

Unsere Freundschaft wird von Dauer sein.

Das Kind oder der junge Talmudschüler in mir wundert sich zu Recht wie auch zu Unrecht über mich. Warum bin ich den Christen damals aus dem Weg gegangen? In meinen Schriften wende ich mich mit derselben Sorgfalt und demselben Streben nach Wahrhaftigkeit an sie wie an die Juden. Was ich den einen erzähle, ist auch für die anderen bestimmt. In meinen Büchern schaffe ich zwar stets eine persönliche Welt, die von meiner Lebenserfahrung bestimmt ist - die Personen, ihre Beziehungen und ihre gesamte Umgebung stammen aus der Welt des Judentums -, die Themen aber, um die es geht, sind universell oder sollen es zumindest sein. Ein Christ wird von einem Juden nur lernen können, wenn dieser an sich selbst, an seiner Vollendung als Jude arbeitet. Deshalb bemühe ich mich in meinen Werken so sehr darum, das Judentum zu vertiefen, und untersage mir zugleich jeden Kommentar zu allem, was mir fremd ist. Wenn wir in meinen Seminaren auf das Neue Testament zu sprechen kommen, lade ich einen christlichen Professor ein, die Stunde für mich zu halten. Ebenso verfahre ich beim Koran: Es ist mir lieber, wenn sein Reichtum von einem Muslim vermittelt wird.

Den einen wie den anderen erzähle ich von meiner jüdischen Tradition, ich zeige ihnen ihre Quellen und ihre Reichtümer, die Feinheiten ihrer Ethik und den erhabenen Charakter der messianischen Erwartung. Vor allem aber die Verbundenheit mit der Vergangenheit, die das jüdische Denken kennzeichnet ... Dabei vermeide ich jeden überlegenen Tonfall, weise jede triumphierende Haltung weit von mir. Ich behaupte nicht, daß meine Wahrheit anderen überlegen ist. Sie ist nur die einzige, die mich mit meinen Vorfahren verbindet, und ich verstehe sehr gut, daß ein Christ dasselbe von seiner Wahrheit sagt.

Als eines der Bücher des Erzbischofs von Paris erschien, bat mich Bertrand Poirot-Delpech um eine Besprechung für *Le Monde*. Ich stellte eine Bedingung: Der Kardinal müsse einverstanden sein. Aus Furcht vor seiner Reaktion und weil ich ihn nicht verletzen wollte, gab ich ihm meinen Artikel vor der Veröffentlichung zu lesen. Zwar wäre ich nicht bereit gewesen, ihn zu verändern, auf seinen Wunsch hätte ich ihn aber zurückgezogen. Er hatte nichts daran auszusetzen. Obwohl die Besprechung keineswegs gefällig war. Ich unterstrich, daß ich trotz meiner großen Zuneigung für ihn nicht umhin könne, angesichts seines Übertritts zum anderen Glauben, mit dem er das jüdische Volk um einen großen geistigen Führer brachte, Trauer zu empfinden. Ich bekräftigte auch noch einmal meine Überzeugung, daß ein Jude nur innerhalb des Judentums zur Vollendung gelangen könne. Einige katholische Leser erachteten meine Haltung als respektlos und hielten in ihren Briefen an mich wie an die Zeitung mit Beleidigungen und Verleumdungen nicht hinter dem Berg.

Ich schrieb damals:

> Es ist kein Geheimnis, daß Kardinal Lustiger für viele Menschen verwirrend ist. Er verwirrt extreme Christen, weil er sich noch als Jude betrachtet, und er verwirrt die Juden, weil er Christ geworden ist. Fügen wir noch hinzu, daß er auch die Ungläubigen verstört und durcheinanderbringt, weil er über seinen Glauben und die ihm eigene Toleranz hinaus Menschlichkeit predigt. Wie bitte, ein humanistisch gesinnter, liberaler Priester? Kann man also zugleich an den Menschen und an Gott glauben? Kann man sich dem einen nähern, ohne sich vom anderen zu entfernen?

Und ich schloß:

> Wenn ich mich bis zu ihren äußersten Grenzen zu meinem Jüdischsein und zu meinem Schicksal als Jude bekenne, fordere ich auch für Christen, Muslime oder Buddhisten das Recht ein, es mir gleichzutun. Jede Religion hat einen Anspruch auf Unterschiedlichkeit und Einzigartigkeit, und wie kein Mensch einem anderen, so ist auch keine Religion einer anderen überlegen. Die Schrift lehrt uns, daß alle Menschen Nachkommen Adams sind. Das sagt Kardinal Lustiger immer wieder, und ich wiederhole es. Alle Kinder haben Gott zum Vater, Seine Sprache durchdringt und bereichert unsere. So sind Kardinal Jean-Marie Aaron Lustiger und ich, der ich Jude geblieben bin, Freunde und Verbündete geworden. Er hat (oder »Gott hat für ihn«) einen anderen Weg gewählt als den meinen, aber beide verdienen es, unter demselben Licht zu erstrahlen, denn sie führen zur selben Wahrheit. Zu welcher? Kurz und bündig: Wie Kardinal Lustiger und mit ihm verkünde ich, daß es nur einen Gott gibt, daß nur dieser eine Gott Gott ist, und daß Er überall ist, in allem, was die Menschen vereint, aber auch in allem, was sie trennt.

Ich bleibe bei meiner Überzeugung, daß für einen Juden der Weg zu Gott nur ein jüdischer sein kann. Wie er für einen Christen ein christlicher sein wird. Das Geheimnis liegt in der Toleranz.

Den Juden versuche ich zu lehren: Wir haben eine Vergangenheit, zu der wir uns bekennen müssen, eine Identität, die wir annehmen sollten, und eine Tradition, die wir bereichern können. Ich sage ihnen dasselbe wie Christen oder Muslimen: Um geben und teilen zu können, müssen wir erst alles in uns aufnehmen, was wir besitzen und was wir sind. Beim Geben etwas von sich selbst anzubieten, um nichts anderes geht es hier. Um jedoch geben zu können, muß man den Schwerpunkt vom Haben aufs Sein verlagern. Je mehr wir Jude sind, desto mehr haben wir dem anderen zu bieten. Dasselbe gilt für Christen und Muslime. Nur in Übereinstimmung mit sich selbst können unterschiedliche Menschen sich wahrhaftig austauschen.

Weil er anders ist als ich, kann mein Gegenüber mich bereichern.

Weil ein Christ christlich ist, kann er mir helfen, ihn zu verstehen und vielleicht auch mich selbst zu verstehen.

Ich lasse keine Gelegenheit aus, meiner Überzeugung Ausdruck zu geben, daß die Menschheit auch nach der Offenbarung des Messias, Davids Sohn, nicht vollständig und ausschließlich jüdisch sein wird. In jener Zeit werden die Menschen einfach nur menschlicher sein, sie werden untereinander großzügiger und toleranter, also wahrhaftiger sein.

In einem alten Band mit Kommentaren und Erzählungen aus dem Midrasch habe ich eine seltsame Geschichte gefunden, die im Mittelalter spielt: die Geschichte eines jüdischen Knaben aus Mainz, dem Sohn des Weisen Rabbi Schmuel, dessen Stern auch an fernen Himmeln leuchtete ... Ein Priester entführte das Wunderkind, als es noch klein war und ließ es taufen, damit es mit seiner außerordentlichen Verstandeskraft der Kirche dienen könnte. Der Knabe wurde zur Frömmigkeit und zum Gebet erzogen. Nachdem er sich entschieden hatte, sein Leben Gott zu weihen, wurde er Priester. Bald darauf ernannte man ihn zum Bischof. Nach Rom berufen, wurde er zunächst Sekretär des Papstes und später sein Nachfolger. Da erhielt er einen schlichten und bewegenden Brief des Priesters aus Mainz. Dieser bat ihn um einen Gefallen: Er würde gerne am Ende eines langen Lebens Bischof werden. Als Argument führte er vor allem an, daß es der neue Papst schließlich ihm, seinem demütig ergebenen Priester aus der tiefsten Provinz verdanke, daß er die Tiara trage. Und dabei enthüllte er ihm die Wahrheit über seine Herkunft. Der Papst antwortete: Er würde ihn zum Bischof ernennen, aber zuerst würde er ihn bitten, der jüdischen Gemeinde zu verkünden, daß nunmehr jede Beschneidung und die Achtung der Sabbatgesetze verboten sei, bis eine Abordnung ihrer Gelehrten nach Rom käme, um ihn, den Papst zu überzeugen, daß diese Erlasse ungerecht wären. Außerdem forderte er, daß ein gewisser Rabbi Schmuel zu der Abordnung gehören müsse. Rabbi Schmuel und seine Kollegen blieben drei Tage im Vatikan. Sie erläuterten dem Papst die Ewigkeit der biblischen Gesetze. Der Papst zeigte sich zufrieden und nahm die Erlasse zurück. Als er sich von der Abordnung der Mainzer Juden verabschiedete, bat er Rabbi Schmuel, seine Abreise zu verschieben, um mit ihm einige Tag über ein Thema der Kabbala zu diskutieren. Endlich allein, offenbarte der Papst dem Besucher seine wahre Identität. Vater und Sohn umarmten sich. Und sie verließen sich nie mehr.

Ich erzähle diese Legende auch dem jüdischen Kardinal. Neugierig und mit großer Aufmerksamkeit hört er mir zu, ohne eine Bemerkung zu machen. Ich füge noch hinzu, daß es mehrere Versionen über das Ende dieses merkwürdigen Papstes gibt. Einmal heißt es, er sei nach Mainz zurückgekehrt und habe dort als guter Jude gelebt. Ein andermal, er habe aus Angst vor Vergeltungsmaßnahmen seitens der Christen im Verborgenen leben müssen. Und nach einer dritten Version ist er umgebracht worden.

Eines Tages werde ich von meinem Freund, dem Kardinal, am Telefon plötzlich geduzt. Ich traue meinen Ohren kaum und weiß nicht, wie ich antworten soll. Daß mich ein Kirchenfürst duzt, erscheint mir äußerst merkwürdig, daß ich als Jude ihn ebenfalls duze, wäre aber noch viel merkwürdiger. Behutsam vermeide ich jede direkte Ansprache, benutze ziemlich ungeschickt eine Reihe von Umschreibungen. Schließlich kann ich nicht mehr anders, als ihm meine Verlegenheit zu gestehen; er jedoch legt großen Wert auf das Du und bleibt beharrlich. So beharrlich, daß wir sogar in einer Fernsehsendung mit Frédéric Mitterrand auf das Sie verzichten, obwohl das nicht zu den Gepflogenheiten beim Fernsehen gehört ... »Sich mit Sie anzureden, wäre doch unnatürlich«, meinte der Kardinal. Die Sendung wurde mehrmals ausgestrahlt und erreichte eine beträchtliche Anzahl von Zuschauern. Das schönste Kompliment dazu kam von Emmanuel Levinas. Zuerst wurde es mir von dem Journalisten Schlomo Malka übermittelt, später sagte er es mir selbst: »Das war *Kiddusch ha-Schem* – damit haben Sie den Namen des Herren geheiligt.«

Dieser religiöse Ausdruck ist tatsächlich angebracht. Was er bedeutet? Auch in der Freundschaft ist für den Gläubigen das Mysterium alles.

Unsere Freundschaft ist unverbrüchlich. Es gibt keine Gefahr, daß sie enden könnte. Wenn irgendwelche Fanatiker Israel beleidigen, kann ich ihn anrufen und ihm meinen Kummer mitteilen. Wenn ich auf ein Problem stoße, das mit dem Verhältnis von Judentum und Christentum zu tun hat, ziehe ich ihn immer zu Rate. Und er macht es ebenso.

Im Jahr 1987 erhalte ich vom Vatikan eine Einladung zu einem Treffen mit dem Papst. Die jüdische Welt befindet sich gerade in Aufruhr wegen der Waldheim-Affäre: Nachdem die Nazi-Vergangenheit des österreichischen Präsidenten bekannt geworden war, hätte der Führer der Christenheit ihn nicht oder zumindest nicht so herzlich empfangen dürfen. Trotzdem ermuntert mich der Kardinal, die Einladung anzunehmen: »Der Heilige Vater kennt dein Werk.« Auch Kardinal O'Connor von New York ist seiner Meinung. Ein Gespräch mit dem Papst könnte nützlich sein und auch positive Auswirkungen haben. Kardinal Casaroli, den ich »irgendwo« in Manhattan treffe, vertritt ebenfalls diese Auffassung. Meine Antwort lautet: Ich bin bereit, in den Vatikan zu gehen, aber nicht zu einer Audienz, sondern für ein Interview. Außerdem lege ich Wert darauf, daß es unter vier Augen stattfindet und daß seine Dauer nicht im voraus begrenzt wird. Kardinal Casaroli erwidert mir, daß er erst Rom »konsultieren« müsse. Ich bekomme tatsächlich eine positive Antwort. Daraufhin mache ich mich an die Arbeit, denn ich möchte alles über den jüdisch-christlichen Dialog seit der Entstehung des Christentums und den ersten Streitgesprächen zwischen talmudischen Weisen und Mitgliedern der neuen Sekte wissen. Ich ergründe die Thesen, die Flavius Josephus gegen Apion vorbrachte und die (im 12. Jahrhundert) von Rabbi Josef Kamschi aus Narbonne gesammelten Argumente, ich analysiere die Streitgespräche zwischen Nachmanides und einem angeblich gelehrten Konvertiten in der Kathedrale von Barcelona ... Es gibt viele Quellen und Texte unterschiedlichster Herkunft. Ich stelle Übereinstimmungen und regelmäßig wiederkehrende Argumente fest, ich vergleiche alte mit modernen Texten, und im August bin ich schließlich gut vorbereitet.

Da wird in der *New York Times* plötzlich mein bevorstehendes Interview mit dem Oberhaupt der katholischen Kirche bekanntgegeben. Wo ist die undichte Stelle? Man sagt mir, im Vatikan habe jemand mein Treffen mit dem Papst verhindern wollen. Wie dem auch sei, das Gespräch, das einen privaten Charakter bewahren sollte, hat keinerlei Sinn mehr, wenn es droht, ein Medienspektakel zu werden. Ein Dutzend Journalisten bestürmt mich: Alle möchten ein Interview. Zwanzig weitere wollen mich unbedingt nach Rom begleiten. Es ist wohl besser, das Vorhaben aufzugeben oder es auf einen späteren Zeitpunkt zu verschieben. Zwischenzeitlich erhalte ich Anrufe von einigen wütenden Rabbinern: Auch sie haben eine Audienz beim Papst bekommen, allerdings eine Woche nach meinem »Gespräch« (ein bedeutender Unterschied), und jetzt befürchten sie, die Presse würde über ihr Zusammentreffen nicht mehr berichten. Sie flehen mich an, auf ihre Würde und ihre Ehre Rücksicht zu nehmen. Ich teile ihnen mit, daß ich nicht nach Rom fahren werde. Sie sind überglücklich.

Tatsächlich hatte ich mich lange Zeit über den Papst geärgert. Ich habe ihm seine erste Rede in Auschwitz zum Vorwurf gemacht, in der das Wort »Jude« nicht auftauchte. Dann hat er dort eine Messe für die Opfer abgehalten. Aber warum hat er nicht einen Rabbiner und neun Juden dazu eingeladen, damit sie für die ermordeten Juden das Kaddisch sprechen? Dachte er vielleicht, eine katholische Messe sei ein geeignetes Gebet zu ihrem Gedenken?

Kurze Zeit später besuchte er die Vereinten Nationen. Auch da bereitete es mir Kummer, daß Israel in seiner Ansprache nicht vorkam.

Und trotzdem.

Während ich diese Erinnerungen niederschreibe, muß ich zugeben, daß mich der Papst in jüngster Vergangenheit angenehm überrascht hat. Wer von uns beiden hat sich verändert, er oder ich? Er kommt mir heute offener und toleranter vor. Anzeichen dafür sind sein Besuch der Synagoge in Rom, das Holocaust-Gedenkkonzert unter seiner Schirmherrschaft im Vatikan, seine Warnungen vor dem Antisemitismus, sein wenn auch später Entschluß, diplomatische Beziehungen zu Israel aufzunehmen – die jüdische Geschichte wird ihn vielleicht als *schel Chessed*, das heißt, als einen wohlwollenden und barmherzigen Papst in Erinnerung behalten.

Können Nichtjuden die Angst und die Hoffnung der Juden verstehen? Einige wollten es, und manche haben es geschafft. Mir kommt es allerdings erstaunlich vor, fast wie ein Wunder.

Kann man zweitausend Jahre des Argwohns und der Verfolgungen unter dem Zeichen des Kreuzes einfach übergehen?, wird manch einer einwenden. Nein, das kann man nicht. Und man darf es nicht. Man darf nichts weglassen. Statt die Erinnerung daran auszulöschen, müssen wir sie vielmehr pflegen und unsere Lehren für die Zukunft daraus ziehen.

Nur wenn wir nichts vergessen, wird es uns gelingen, die Grenzen aufzuheben.

Das weiß auch Kardinal Lustiger.

Und deshalb bin ich sein Freund.

LERNEN UND LEHREN

Was wäre besser geeignet, um dieses Kapitel einzuleiten, als das folgende Zitat aus dem Talmud: »Ich habe vieles von meinen Meistern gelernt, und von meinen Kollegen habe ich noch mehr gelernt; von meinen Schülern aber habe ich mehr als von allen zusammen gelernt.«

Ihnen allen verdanke ich sehr viel.

Mitte der sechziger Jahre wäre ich beinahe schon einmal Hochschullehrer geworden. Ein Dekan aus Yale machte mir ein verführerisches Angebot: In einem herzlichen Brief trug er mir eine Professur an, ohne mich persönlich zu kennen und geprüft zu haben, ob ich die für einen Dozenten notwendigen akademischen Voraussetzungen erfülle. Die Bedingungen waren mehr als verlockend: zwei Seminare pro Semester (ein Literaturseminar und eines über die chassidische Lehre), ein beachtliches Gehalt (ungefähr das Drei- bis Vierfache dessen, was *Jediot* mir gewährte), eine sehr anregende Umgebung und ein hochgeachteter Titel.

Überglücklich schicke ich ihm sogleich meine begeisterte Zusage. Ich laufe kreuz und quer durch meine Wohnung am Riverside Drive Nr. 310 und bereite mich im Geiste schon auf meine neuen Aufgaben vor. Worüber und über wen werde ich im Laufe des ersten Semesters sprechen? Welche Texte Rabbi Nachmans werde ich meinen Studenten vorlegen? Was muß ich tun, damit die glühende Begeisterung des Bescht auch sie erfaßt? Mit einemmal erlebe ich mich als Optimisten. Ich bin mit mir und der Welt zufrieden, restlos zufrieden. Wie viele Söhne Sighets mögen wohl das Angebot bekommen haben, an der Universität Yale zu unterrichten, immerhin eine der besten in den Vereinigten Staaten? Schluß mit den ewigen Sorgen, Schluß mit der Unsicherheit und der Ungewißheit. Ein Hoch auf das Dozentendasein! Meine Kollegen bei den Vereinten Nationen haben mich noch nie so voller Schwung und Tatendrang erlebt, und schon gar nicht so fröhlich. Sie fragen mich, ob ich das große Los gezogen hätte. Ich erzähle ihnen von dem Angebot. Dick Jaffe teilt wie immer meine Freude und bemerkt freundschaftlich: »Damit hat Yale das große Los gezogen, nicht du.« Zwischenzeitlich muß ich verreisen, denn mein Verlag Le Seuil hat mich aus mehreren Gründen gebeten, nach Paris zu kommen. El Al bietet mir einen kostenlosen Flug. Das Glück lächelt mir zu. Mein neuer Roman kommt auch gut an. Der Sender France-Culture schlägt mir eine Reihe von Interviews vor. Warum nicht? Ich befinde mich in einer Stimmung, in der ich nichts ausschlagen kann. Bei einem der Gespräche taucht erstmals ein Zweifel in mir auf. Was soll ich eigentlich in Yale? Wenn ich den Lehrauftrag annehme, wäre ich gebunden, das heißt: keine Reisen mehr, keine Einsamkeit, keine Abenteuer ... Soll ich das alles einfach aufgeben? Nein, soweit bin ich noch nicht. Aber wie teile ich dem Dekan in Yale meinen Verzicht mit? Und was wird aus meinem schönen Argument: Wie viele Söhne Sighets haben schon das Angebot bekommen, in Yale zu lehren? Während ich noch in meinem kleinen Hotelzimmer die Fragen des Rundfunkjournalisten beantworte, fällt es mir wie Schuppen von den Augen: Es stimmt, nur wenige Söhne Sighets haben ein Angebot von Yale bekommen, aber wie viele waren darunter, die das Angebot abgelehnt haben?

Fünfzehn oder zwanzig Jahre später hielt ich an der geisteswissenschaftlichen Fakultät in Yale Vorlesungen. Und 1994 nahm ich an der Abschlußfeier teil, bei der mein Sohn sein Diplom verliehen bekam. Wie immer bei großen Anlässen denke ich an seine Großeltern ...

In der Woche von Elishas Geburt unterbreitet mir der Rabbiner Professor Jitz Greenberg, der das Judaistikseminar an der Universität der Stadt New York leitet, den Vorschlag, ordentlicher Professor an seinem Institut zu werden. Gibt es eine Erklärung für solche Zufälle? Diesmal entziehe ich mich der Aufgabe nicht. Das Zeichen ist zu offensichtlich. Eine Änderung meiner Lebensweise erscheint dringend geboten. Warum also nicht? Der Campus des City Colleges wird das Harvard oder das Yale der kleinen Leute genannt. Es gibt viele Interessenten, aber wenige Auserwählte. Nur die Besten der Besten schaffen die Aufnahme. In seinen Annalen finden sich die größten Namen der amerikanischen Literatur, sei es als ehemalige Schüler oder als Lehrer.

Dem Bendin- und Bergen-Belsen-Überlebenden Jossele Rosensaft zuliebe biete ich seinem einzigen Sohn Menachem die Assistentenstelle bei mir an. Der junge Mann ist intelligent, vielseitig gebildet, ein echter Büffler mit einem Abschluß an der Johns Hopkins University, und er ist der Stolz seiner Eltern.

Seine Aufgabe ist es, meine Stunden vorzubereiten, die Seminartermine zu planen, Seminararbeiten zu lesen, zu korrigieren und auch zu benoten, denn ich bin dazu unfähig. Ich meine, unfähig, schlechte Noten zu geben. Ich ertrage es nicht, einen jungen Menschen unglücklich zu sehen – und erst recht nicht, wenn ich der Auslöser dafür bin. Natürlich bin ich nicht daran schuld, wenn ein Student eine schlechte Arbeit abgibt. Trotzdem fühle ich mich beim Notengeben unwohl. Menachem übrigens auch. Da er jünger ist als ich, ist er aber ein wenig strenger. Die Studenten verübeln es ihm nicht. Er hat eine Organisation für die Kinder der Überlebenden des Holocaust gegründet, und später gehörte er zu den wenigen, die sich während der Bitburg-Affäre gegen Präsident Reagan stellten.

Meine Studenten stehen mir alle nahe: Ich bin immer für sie da. Ich versuche, sie zu Freunden zu gewinnen. Anfangs begegne ich ihnen sehr schüchtern. Würde ich sie richtig führen und anleiten können? Zumindest nehme ich meine Aufgabe sehr ernst: Jeder Seminarstunde widme ich vier Stunden Vorbereitung. Nie zuvor habe ich soviel studiert. Im stillen sage ich mir: Ich bin vielleicht nicht der beste Hochschullehrer, aber ich bin sicher der eifrigste Schüler. Jetzt unterrichte ich bereits seit über fünfundzwanzig Jahren, und trotzdem zittere ich noch, bevor ich den Seminarraum betrete. Zum Glück kann ich es gut verbergen.

Es sind fruchtbare, anregende Jahre. Ja, ich kann es nicht oft genug wiederholen: Ich habe eine Leidenschaft für das Studieren und folglich auch für das Lehren. An der Universität kann ich zeigen, was ich aus dieser Begeisterung zu schaffen vermag.

Es ist doch seltsam, denke ich manchmal. Als Heranwachsender träumte ich davon, Schriftsteller und Rosch Jeschiwa, also Lehrer zu werden. Und heute schreibe ich und lehre ich. Den Weg dorthin hatte ich mir anders vorgestellt, aber Ausgangspunkt und Ziel sind dieselben. Sollte das Schicksal eines Menschen mit seinem ersten Schritt besiegelt sein?

Am Anfang meiner Universitätslaufbahn fiel mir ein eigenartiges Phänomen auf: Fast alle meine Studenten waren Kinder Überlebender. Es brauchte einige Zeit, bis ich die Gründe dafür begriff: Ich war eine Art Vaterersatz für sie. Da jene ihnen ihre Vergangenheit nicht enthüllen konnten oder wollten, wendeten sie sich an mich und interessierten sich für meine Vergangenheit. Anschließend kamen ihre Eltern zu mir. Um sich mit mir über ihre Kinder zu unterhalten. So bin ich zu einer Art menschlichen Brücke zwischen zwei Welten geworden, die durch eine dritte, unsichtbare Welt getrennt sind.

Wie kann man ihnen von der schrecklichen, dunklen Zeit berichten, ohne ihnen die Last dieser Jahre aufzubürden? Wie kann man sie davon überzeugen, daß es trotzdem lohnenswert ist, der Menschheit und ihren lebensbejahenden Kräften zu vertrauen?

Ich erinnere mich an eine neunzehnjährige Studentin, die mit tränenerstickter Stimme eine Frage stellte, die sie bewegte: »Wird mein Vater bis ans Ende seiner Tage immer Überlebender bleiben?« Ich gab ihr einen Text zu lesen, in dem Jean Améry auf diese Frage antwortete. Wie ein Gefolterter für immer von der Folter gezeichnet bleibt, so bleibt auch ein Überlebender für immer ein Überlebender.

Eine andere Studentin verzweifelte, weil sie ihre Mutter nicht glücklich machen konnte: »Nie habe ich sie lachen sehen.« Eine dritte sagte: »Meine Eltern lieben mich zu sehr, ihre Liebe ist zu schwer, sie ist untragbar.« Oder: »Meine Eltern sind zu melancholisch; ihre Trauer hindert sie daran, sich zu lieben.« Privat sprechen wir viel mehr über ihre persönlichen Probleme als über die Seminare.

Eines Tages bricht ein Student in meinem Büro in Tränen aus: Sein Vater hatte seine erste Frau und alle seine Kinder verloren; seine Mutter hatte ebenfalls die Ermordung ihres Mannes und ihrer Kinder erlebt. Sie haben sich nach der Befreiung in einem Lager für Displaced persons in Deutschland kennengelernt, und zusammen haben sie einen Sohn: ihn. »Jedesmal, wenn sie mich ansehen, weiß ich, daß sie nicht mich meinen.« Seine Geschichte gab mir das Thema für den Roman *Der fünfte Sohn*.

Sobald wir im Seminar zu einem Thema kommen, das die Erfahrungen aus dem Konzentrationslager berührt, wird die Atmosphäre bedrückend, ja, beklemmend. In jener Zeit fühlte ich mich moralisch verpflichtet, die Geschichte und Literatur des Holocaust zu unterrichten; ich hatte auch keine andere Wahl, denn es wurde von nur wenigen Professoren angeboten. Außerdem bestand der Leiter der Abteilung für Judaistik darauf. Manchmal vergraben meine Studenten den Kopf in den Händen, bleiben einfach sitzen und sind unfähig, in die nächste Stunde zu gehen, um etwas über Biologie oder Physik zu hören. Auch ich trage schwer an der Last des Themas und leide unter seinen finsteren, zerstörerischen Kräften: Ich habe Schlafstörungen. Ich möchte meinen Studenten mein Wissen darüber mitteilen, doch ich sehe auch die Grenzen: Weder fühle ich mich in der Lage, mich ganz und gar zu offenbaren, noch glaube ich, daß ich dies wirklich tun sollte. Denn es wäre kaum zu verhindern, daß mich meine Studenten als Opfer betrachteten. Wie kann man etwas zugleich geben und zurückhalten? Ich sage ihnen: »Wir werden zusammen dem höchsten Grad von Wahnsinn begegnen, den die Menschheit je erlebt hat, und wir werden aufpassen müssen, daß wir uns nicht anstecken.« Und ich füge noch hinzu: »Was können wir daraus lernen? Wir werden lernen zu lachen, zu weinen, vom Ende des Traums zu träumen und anschließend zu fallen, aber wir werden auch lernen, wieder aufzustehen und einen Schritt zu gehen und dann den nächsten Schritt ...«

Ich lese. Noch einmal lese ich die großen Texte über das Martyrium der Juden, Texte aus der Zeit der Antike und aus dem Mittelalter, über die Verfolgungen unter Kaiser Hadrian, die öffentlichen Hinrichtungen, die Zwangstaufen. Ich möchte herausfinden, welche Erfahrungen aus diesen vergangenen Prüfungen in der Geschichte bewahrt geblieben sind. Ich suche nach Beispielen. Doch ich finde keine. Das »Tal der Tränen« von Mordechai ha-Cohen von Avignon vielleicht? Der Holocaust läßt sich nicht vergleichen. Man kann keine Analogie zu den Kreuzzügen entlang des Rheins, zu den Vertreibungen, Pogromen, Massakern und Massenselbstmorden von früher ziehen. Damals war das Unglück lokal begrenzt und die Rettung durch Flucht oder Konversion möglich. In der »Nacht« hingegen waren alle Ausgänge versperrt. Und dennoch wollen die Studenten alles wissen, mein Wissen erwerben.

Wir lesen die Tagebücher von Anne Frank und Mosche Flinker, die Gedichte der Kinder aus Theresienstadt. Einige Studenten drängt es, die Naivität, die Weisheit und die frühe Reife, das heißt das frühe Altern dieser Kinder damit zu kommentieren, daß sie die ganze Welt verfluchen, die »dies« zugelassen hat. Wir untersuchen gemeinsam die Tagebücher von Emmanuel Ringelblum, Chaim A. Kaplan, Schimon Huberband und die Briefe von Mordechai Anielewicz, die hier einen erstickten Schrei, dort ein blutiges Bild festgehalten haben, damit die freien Menschen davon erfahren und die Menschheit sich daran erinnert.

Ringelblum gründete das Komitee der hundert Chronisten im Warschauer Ghetto. Unter dem Deckmantel des kulturellen und religiösen Vereins *»Oneg Sabbat«* (das Gefallen oder die Freude am Sabbat) versammelten sie sich jeden Samstag. Gemeinsam verkörperten sie das Andenken einer eingeschlossenen jüdischen Gemeinde. Sie kannten und beschrieben den Hunger, die Kälte und die damit verbundenen Erniedrigungen ebenso wie die Erschöpfung alter Menschen, die verheerenden Auswirkungen der Epidemien, aber auch die Geschäftemacher in den Kneipen und die feigen Spitzel, von denen es im Ghetto genug gab, oder die *»Szmalcowniks«*, die polnischen Spitzel, die auf der anderen Seite der Mauer durch die Straßen streiften und die »arischen« Juden aufstöberten, die sie an ihren traurigen Blicken erkannten, sie beschrieben die jüdische Polizei (die erste Kugel des Widerstands im Ghetto galt dem konvertierten jüdischen Polizeiführer Josef Szerynski!), die zu Greisen gewordenen Kinder, die Waisen und ihre verzweifelten Schreie: »Habt Erbarmen mit uns! Habt Erbarmen mit uns!«, die Hoffnungslosigkeit der Ghettobewohner, aber auch den inneren, religiösen Widerstand, den politischen und militärischen Widerstand mit seinen unzureichenden Waffen. Hatte Adam Czerniakow, der Vorsitzende des Judenrats, richtig oder falsch gehandelt, als er sich das Leben nahm?

Chaim Kaplan hat sein Tagebuch auf hebräisch verfaßt. Sein letzter Satz ist ein Angstschrei: Was wird aus seinem Zeugnis, wenn man ihn verhaftet?

Rabbiner Huberband und seine tausend Geschichten kreisen immer um ein Thema: den Mut und den Glauben der Opfer. Selbst die Ungläubigen opferten sich zu Ehren Gottes. Von belustigten deutschen Soldaten umringt, versuchten sie, aus den brennenden Synagogen die Heiligen Schriftrollen zu retten. Nicht alle kehrten aus den Flammen zurück.

Die bestürzenden, herzzerreißenden Berichte von Salmen Gradowski, Salman Löwenthal und Reb Arieh Leib Langfus über ihre armen Leidensgenossen, die Mitglieder der Sonderkommandos, die die Leichen der vergasten Juden in Birkenau verbrennen mußten, sind Texte von unerträglicher Heftigkeit, Texte von Toten gegen den Tod geschrieben. Jeder Bericht ist ein Gedicht, jedes Gedicht ein Gebet. Wie haben ihre Autoren es nur geschafft, nicht den Verstand zu verlieren? Woher nimmt man die Kraft, sich die Tatsachen bewußt zu machen, von denen sie berichten? Sollte es glühende, brennende Worte geben, so gewiß ihre. Meinen Studenten sage ich: »Da diese Männer die Kraft zu schreiben besaßen, obliegt es uns, die Kraft aufzubringen, sie zu lesen.« Auf diese Weise erwidern wir ihre verzweifelten Rufe nach der Hoffnung.

Seit über zwanzig Jahren, lange bevor *Voix dans la nuit* erschien, zu dem ich das Vorwort geschrieben habe, lassen mir diese glühenden Seiten keine Ruhe. Sie brennen so heiß wie die Asche, in der sie vergraben wurden. Wie könnte man auch jenen rabbinischen Richter jemals vergessen, der die Ankunft eines Transports aus Bendin beschrieben hat. Ein Rabbiner begann in der Gaskammer zu tanzen und zu singen. Diesen kleinen Abschnitt lese ich immer wieder, und jedesmal möchte ich … Nein, ich weiß nicht, was ich möchte. Vielleicht aufhören zu singen? Zwei ungarische Juden fragten ein Mitglied des Sonderkommandos: »Sollen wir das *Widdui* (das Sündenbekenntnis, das vor dem Tod aufgesagt wird) beten?« Er antwortete mit Ja. Da zog einer der beiden eine Flasche Schnaps aus seiner Tasche, teilte sie mit seinen Nächsten, und alle tranken mit Freude und riefen: »*Lechajim* – auf das Leben!« – jawohl, der Chronist hat tatsächlich »mit Freude« und »auf das Leben« geschrieben. Und ich fühle ein so unendliches Schweigen in mir, daß alle künftige

Freude darunter zu gefrieren droht. Der rabbinische Richter fährt fort mit seinen Aufzeichnungen, beschreibt die nackten Kinder auf dem Weg in den Tod. Der Rabbi von Bojan schrie den SS-Mördern ins Gesicht: »Glauben Sie bloß nicht, daß es Ihnen gelingen wird, das jüdische Volk auszulöschen!« In äußerster Erregung setzte er seinen Hut auf und rief: »*Schema Israel* – Höre Israel. Der Herr, unser Gott, der Herr ist einzig.« Schon entkleidet rief eine Slowakin auf der Schwelle zur Gaskammer: »Noch ist ein Wunder möglich ...« Ich weiß nicht, warum, aber für diesen rabbinischen Richter, für Reb Arieh Leib Langfus empfinde ich eine fast schon quälende Zuneigung und Liebe.

In seinem Bericht über Treblinka fragt sich Jankel Wiernik: Werde ich jemals wieder lachen können? Salmen Gradowski hingegen zweifelt daran, daß er, sollte er überleben, noch weinen kann.

Schweigend studieren die Studenten, schweigend lehrt der Lehrer, und in diesem Schweigen halten die Toten Einzug in den von einem staubigen, trüben Licht erleuchteten Seminarraum. Wie stellt man sie sich lebend vor? Sie leben in einer Parallelwelt, altern in einer anderen Schöpfung auf der Kehrseite unserer Schöpfung und vielleicht sogar des Schöpfers selbst. Eine verblüffende Tatsache: Während es den Tätern gelingt, die Worte zu finden, um ihre Verbrechen zu beschreiben, scheitern die Opfer bei der Suche nach den richtigen Worten, in denen die Erinnerung an ihr Leiden sie überleben könnte.

Diese Seminare sind unerläßlich und notwendig, aber ich habe sie nicht lange gehalten. Ich lade andere Überlebende ein: Siggi Wilzig, Vladka Meed, Leon Wells. Sie sind froh, den jungen Studenten ihre damaligen und heutigen Erfahrungen mitzuteilen. Später sind jüngere Professoren in meine Fußstapfen getreten. Ich konnte mich anderen Themen zuwenden.

Nach drei Jahren gebe ich die Professur an der City University auf, um eine ähnliche Stelle an der Universität von Boston anzunehmen. Ich bekomme dort einen Lehrstuhl am Institut für Philosophie und Religionswissenschaft, den ich bis heute innehabe. Die größte Ehre für mich: Als *University professor* bin ich befugt, die Themen meiner Seminare und die Studenten selbst auszusuchen.

John Silber, dem damaligen Präsidenten der Universität von Boston (heute ist er ihr Kanzler, während sein Freund und Mitstreiter, Ion Westling, seine Nachfolge angetreten hat), ist es gelungen, mich an seine Fakultät zu holen. Der gefürchtete Kantianer und unerreichte Verwaltungschef besitzt eine außergewöhnliche Überzeugungskraft. Trotzdem hätte ich der Versuchung nicht nachgegeben, wäre das Niveau am City College durch die neue Politik der unbeschränkten Zulassung nicht so stark gesunken. Plötzlich konnte sich dort jedermann einschreiben, und aus der angesehenen akademischen Institution wurde eine Art großes Gymnasium – und zudem nicht gerade das beste. Meine Kollegen klagten: Ließen sie die Faulpelze durchfallen, setzten sie sich der Gefahr aus, von den ethnischen Minderheiten der Rassendiskriminierung beschuldigt zu werden. Es fiel mir schwer, dem Dekan, Ted Gross, meinen Entschluß mitzuteilen. Er zeigte sich schließlich sehr verständnisvoll und beruhigte mich: »Die akademische Welt in Amerika ist ständig in Bewegung.« (Später verließ er selbst das City College und leitete fortan die Geschicke der Roosevelt University in Chicago.) Ich rief auch Jitz Greenberg an, der ein Sabbatjahr in Jerusalem verbrachte; er verstand meine Beweggründe und nahm es mir nicht übel. Auch er blieb nicht mehr lange am City College.

John Silber ist klug, geduldig und beharrlich. Wissen Sie, wie er mich überzeugt hat? »Sie sind doch vor allem Schriftsteller, oder?« – »Das stimmt.« – »Dann brauchen Sie doch Zeit zum Schreiben, nicht wahr?« Auch das stimmte. »Dann sollten Sie nach Boston kommen. Hier brauchen Sie nur ein Seminar pro Semester geben und drei öffentliche Vorlesungen halten.« Ein beträchtlicher Zeitgewinn, wie mir schien: Am City College mußte ich zwei Seminare geben. Aber ich hatte mich verrechnet. Meine wöchentlichen Reisen von Manhattan nach Boston kosteten mich doppelt soviel Zeit wie die sechs Stunden pro Woche, die ich an der Universität von New York zugebracht habe.

John gefiel mir vom ersten Augenblick an. Er führt niemanden an der Nase herum noch läßt er sich von anderen an der Nase herumführen, und er schreckt auch nicht vor unpopulären Entscheidungen zurück. Wenn er will, kann er bezaubernd sein. Er besitzt eine menschliche Wärme, wie man sie heutzutage immer seltener antrifft. Wir wurden schnell Freunde. Der unerschütterliche Optimist verachtet jede Heuchelei und ist im intellektuellen Schlagabtausch nicht zu besiegen; in fünfundzwanzig Jahren ist es ihm gelungen, eine zweitklassige, rote Zahlen schreibende Hochschule in eine der besten Universitäten des Landes zu verwandeln.

Auch in Boston habe ich dankbare Studenten, die mir große Freude bereiten, und umgekehrt haben sie zu ihrer Freude einen dankbaren Lehrer. Kann es für einen Lehrer eine schönere Erfahrung geben, als zu erleben, wie das Wissen eines Schüler erblüht, dieses einzigartige Leuchten der Erkenntnis? Vor ihm reißt der Schleier in den Augen des Schülers, plötzlich öffnet dieser sich, um einen Gedanken aufzunehmen, einen Vers zu bewundern, ein literarisches oder philosophisches Rätsel zu lösen: Gibt es für ihn wie für seinen Lehrer ein wahrhaftigeres Glück?

Wir lesen Texte aus der Bibel, dem Midrasch und dem Chassidismus. Das Buch Hiob: Wie jüdisch oder wie wenig jüdisch ist Hiob? Welche Rolle spielt Satan? Was bedeuten die Tragödie seiner ersten Frau, der Tod seiner Kinder, der Verrat seiner Freunde? Und wie steht es um Gott darin? Warum hat das Buch so ein absurdes, unannehmbares Ende? Hiob wird wieder Vater einer vielköpfigen Familie. Soll das vielleicht heißen, er habe das Glück wiedergefunden? Wie können seine Kinder mit ihrem Schicksal leben? Ob ihnen bekannt ist, daß sie Nachfolger, Ersatzkinder sind?

Wir beschäftigen uns mit dem Bescht und seinen Schülern. Mit der Bedeutung, die der überschwenglichen Freude, der Freundschaft und dem Erzählen von Geschichten im Chassidismus zukommen. Welchen Wert mißt der Bescht den einfachen, unverstellten Beziehungen zwischen Menschen bei? Wie besiegt er die Anonymität? Wo sucht er den Sinn des Lebens?

Die großen Meister des Chassidismus, der weise Rabbi Pinchas von Korez, der zornige Rabbi Mendel von Kozk, der furchtsame Rabbi Bunam von Pžyscha, werden studiert. Jeder Student hat seinen Lieblingsmeister. Mir sind alle gleich lieb.

Verglichen mit meinem Lehrangebot an der City University ist das in Boston breiter angelegt. Wir untersuchen beispielsweise alte Texte, in denen der Tod großer Meister beschrieben wird: das Ende Mose', Sokrates', Buddhas, Jesu', Mohammeds, Giordano Brunos.

Sollte Sylvia Plath vielleicht recht haben: Gibt es eine Kunst der Vorbereitung auf den Tod? Kann es einen anderen als einen einsamen Tod geben?

Zahlreiche neue Themen kommen hinzu: die Freundschaft in der Antike wie in der Moderne, Inbrunst und Wahn, Glaube und Auflehnung in der Literatur, die vielfältigen Beziehungen zwischen Meistern und Schülern seit der Antike, die verschiedenen Haltungen gegenüber dem Bösen und dem Leiden: Gleichgültigkeit oder Einfühlung, moralische Betäubung oder erweitertes Bewußtsein, Schicksalsergebenheit oder Auflehnung, aktive Verzweiflung oder passive Melancholie, die Entmenschlichung des Henkers angesichts der Menschlichkeit seiner Opfer. Gibt es das Böse, das sich zum Guten gewandelt hat? Führt das Leiden zur Erlösung? Andere Themen sind: das Gleichnis und das Paradoxon; Bindungen und Hemmnisse. Wir durchforsten alte und moderne Texte, die babylonische Literatur des leidenden Dieners Gottes und die Sprichwörter König Salomons, die Fabeln des Äsop und Kafka ... Kafka und die Theologie, Kafka und die Psychologie, Kafka und die Politik, Kafka als Schriftsteller, Kafka als Philosoph, Kafka und die Frauen, Kafka und die Juden. Meine Leidenschaft für Kafka zeitigt völlig unerwartete Folgen: 1993 beschuldigt mich die saudi-arabische Tageszeitung *Al Sharq al-Awsat*, ich hätte (mit Max Brod!) eine Verschwörung angezettelt, um die angeblich antizionistische Haltung des Prager Schriftstellers zu verschleiern und einen heißblütigen jüdischen Nationalisten aus ihm zu machen.

Ein weiteres Thema meiner Seminare ist der Selbstmord in der Literatur. Wir kommen von König Saul (ein Mann, der vom Gedanken an den Tod besessen war wie König David vom Gedanken ans Leben) zu Seneca, der beim Anblick des Zuges gefangener jüdischer Soldaten durch Rom begriff, daß die Moral der Besiegten der Moral der Sieger überlegen war. Und natürlich zu Anna Karenina, Stefan Zweig, Anne Sexton, Arthur Koestler und Primo Levi. Der Tod als Versuchung, Verführung oder Flucht.

Um das Thema zu wechseln, tauchen wir in die Welt Rabbi Nachmans von Brazlaw ein. Es ist die Welt des Staunens und der Verzückung. Wir lesen seine Geschichten, folgen seiner Wanderschaft. Wir suchen Fürsten und Narren auf, gefallene Prinzessinnen und Bettler mit schwindelerregender Einbildungskraft: Wie könnte man ihrem Ruf widerstehen? Jede Geschichte schließt andere Geschichten ein, es bilden sich konzentrische Kreise von Geschichten, in denen das Innerste des Menschen unverrückbar im Mittelpunkt steht: das Ich des Individuums im Zentrum des kollektiven Ichs, das Gedächtnis als Zentrum des Bewußtseins. In all diesen Geschichten geht es um den Menschen und nicht um den Juden. Um den gequälten Menschen. Um Menschen, die einander oder sich im anderen suchen, die der Heimsuchung entronnen sind, Flüchtlinge, die alle Menschlichkeit auf sich vereinen, durch die Lande ziehende Boten, Bettler und Kinder, die einst Prinzen waren. Und alle sind auf der Suche nach Liebe.

In der Erzählung *Sieben Bettler* findet sich diese Perle seiner Erzählkunst:

> In der Mitte der Welt steht ein Berg, und auf dem Berg befindet sich ein Felsen, und aus dem Felsen strömt eine Quelle. Jedes Ding aber hat ein Herz, ein Herz, das ein vollständiges Lebewesen ist, mit einem Gesicht und Händen, Beinen, Augen und Ohren. Und dieses Herz glüht, es brennt danach, zur Quelle zu gehen, ans andere Ende der Welt, auf die andere Seite des Abgrunds. Das Herz kennt zweierlei Unglück: Die Sonne quält es, trocknet es aus; um zu überleben, betrachtet es die Quelle. Aber je mehr es sie betrachtet, desto stärker wird sein Wunsch, sich ihr zu nähern. Sowie es sich aber dem Berg nähert, verschwindet dessen Gipfel vor seinen Augen, und mit ihm die Quelle. Da aber verläßt die Seele unser Herz, denn es lebt nur von der Liebe zu dieser Quelle. Und wenn das Herz stehenbliebe, würde die ganze Welt zunichte. Also hält es sich fern, auf der anderen Seite, beschützt von einem Vogel mit ausgespannten Schwingen, dazu verurteilt, die Quelle zu betrachten, und es weiß stets, daß es sich nie mit ihr vereinigen wird.

Muß man den Geschichten des Rabbi Nachman und den Legenden um ihn, zumindest ihrer Absicht und ihrem Inhalt nach, nicht mystischen Charakter beimessen? Wie dem auch sei, ihre Welt ist jedenfalls eine Welt der Wunder und der Phantasie, die vom Wort beherrscht, in Erzählungen verherrlicht und von Liedern bereichert wird. Rabbi Nachman wird unser Freund, unser Halt und unser Meister. Manchmal analysieren wir in einem Semester nur eine einzige Erzählung: Darin zeigt sich, wie sehr ich von der Methode Schoschanis* beeinflußt geblieben bin. Der Bericht Rabbi Nathans von Nemirow vom Tod seines und unseres Meisters rührt uns zu Tränen. Als er unsere Welt verließ, betrachtete ihn sein Schüler und fand ihn schön. Am Jahresende ersuche ich im Namen Rabbi Nachmans um Schutz für meine Schüler. In den Gebeten, die ich auf einer Reise nach Uman an seinem Grab spreche, bitte ich ihn inständig um seine Fürsprache, damit der Schöpfer die Meinen und das Volk Israel beschütze, und ein besonderer Teil meines Gebets gilt meinen Schülern, die wie ich Rabbi Nachman lieben. Da er immer ein Freund seiner Schüler war, ist er auch unser Freund.

Es ist mir Lohn und Freude, wenn ich den bei mir promovierenden Studenten so gut wie möglich bei ihrer Doktorarbeit helfen kann. Wie Rabbiner Nehemia Polin bei seiner Arbeit über das »heilige Feuer« eines chassidischen Meisters, der von den Nazis getötet wurde, Alan Rosen bei seiner Studie über »das Thema der Katastrophe« im Werk Shakespeares, Janet McCord bei ihrer Arbeit über die Selbstmorde überlebender Schriftsteller, dem Jesuitenpriester Jean-François Thomas bei seiner Untersuchung des Denkens Edith Steins und Jossi Ciechanovers, meinem langjährigen Freund, den ich Saul Lieberman vorgestellt hatte. Bei ihm begann er auch mit seiner Doktorarbeit über den »Selbstmord im rabbinischen Gesetz«, die er bei mir beendete. Von ihnen, wie von all meinen Doktoranden, habe ich sehr viel gelernt.

Kaum bin ich in Boston angekommen, erfahre ich, daß John Silber, eine umstrittene Persönlichkeit, bei einigen Mitgliedern der Fakultät nicht gerade sehr beliebt ist: Man wirft ihm autoritäre Methoden vor. Er versucht mich für seinen Kampf gegen sie als Verbündeten zu gewinnen, aber ich lehne ab. Mein Vertrag grenzt den Umfang meiner Verpflichtungen klipp und klar ein: Meinen Studenten bin

* Siehe *Alle Flüsse fließen ins Meer*, S. 160ff.

ich alles schuldig, meinen Kollegen wenig und der Verwaltung überhaupt nichts. Ich bin also nicht verpflichtet, an den internen Versammlungen teilzunehmen, weder an den Sitzungen der Fachbereichsräte noch an denen irgendwelcher anderer Komitees, wo über das Schicksal eines Professors entschieden wird. Da ich als Politiker eine schlechte Figur mache, weigere ich mich, an den akademischen Machtspielen teilzunehmen.

Schließlich habe ich eine Erfahrung aus New York noch nicht vergessen: Um Jitz einen Gefallen zu tun, erklärte ich mich bereit, zu den Sitzungen des Exekutivausschusses unseres Fachbereichs zu kommen. Ich ahnte es schon: Ich würde niemals gegen jemanden stimmen. Hoffte ein Anwärter auf einen Posten oder eine Beförderung, so sollte er wissen, daß ihm eine Stimme, nämlich meine, im voraus sicher war. Jitz dachte, ich würde einen Scherz machen, aber nach einem Jahr entband er mich zur Freude der übrigen Ausschußmitglieder von der Pflicht zur Teilnahme an den Sitzungen.

In meinen zwanzig Jahren an der Universität Boston habe ich nur einmal an einer Vollversammlung des akademischen Personals teilgenommen. John Silber hatte mich ausdrücklich darum gebeten. »Meine Gegner«, sagte er, »wollen einen Mißtrauensantrag gegen mich stellen. Er wird sicher angenommen, denn sie werden mit falschen Argumenten und Lügen aufwarten. Das berührt mich herzlich wenig: Meine Stellung ist deshalb nicht in Gefahr, denn der Verwaltungsrat unterstützt mich. Was mich allerdings berührt, was mich geradezu empört, ist die Anschuldigung, antisemitisch zu sein.« Auf der Sitzung kam es zu einer stürmischen, haßerfüllten Auseinandersetzung, die vielleicht »akademisch« war, aber nicht sehr »intellektuell«. Ein Professor nach dem anderen ging ans Mikrofon, um den Präsidenten anzuklagen, er sei ein Dschingis Khan, ein Torquemada oder ein Stalin. Als ich an der Reihe war, erklärte ich: »Ich habe nur aus einem Grund das City College verlassen und bin an diese Universität gekommen: Weil John Silber ihr Präsident ist. Heute erfahre ich durch Gerüchte, daß man ihn des Antisemitismus verdächtigt. Sollte das stimmen, so möge man es bitte beweisen, und ich werde auf der Stelle kündigen. Niemals würde ich es hinnehmen, unter einem Vorgesetzten zu arbeiten, der Antisemit ist.«

Die Vollversammlung sprach John trotzdem ihr Mißtrauen aus, ließ den Vorwurf des Antisemitismus aber fallen.

Anfang 1980 bekomme ich vom legendären Bart Giamatti eine Einladung nach Yale. Zweifellos weiß er nichts von meinem kurzen Abenteuer oder vielmehr Mißgeschick mit seiner Universität vor fünfzehn Jahren. Aber ich erinnere mich noch gut daran. Zum einen reizt mich Yale aus den oben genannten Gründen: Wie viele Söhne Sighets … Zweitens bin ich der Universität Yale nach meinem Gefühl noch etwas schuldig. Und drittens: Es bedarf keines dritten Arguments mehr. Es gibt aber noch eines. Als ich von Yale die Ehrendoktorwürde verliehen bekam, sagte der Präsident zu mir: »Kommen Sie zu uns, helfen Sie uns zu lehren.«

Zusammen mit dem Leiter der Geisteswissenschaften, Peter Brooks, und seinem Kollegen Geoffrey Hartman, beides Professoren für englische Literatur, stelle ich mein Programm auf. Ein wöchentliches Seminar (mit höchstens zwanzig Studenten) und ein monatlich stattfindendes Seminar für die Mitglieder der Fakultät (die Anzahl der Teilnehmer läßt sich nicht im voraus bestimmen). Für ersteres wähle ich das Thema »Glaube und Auflehnung in der alten und in der modernen Literatur«. Für das zweite Seminar das Buch Hiob. Ich kenne dieses Buch in- und auswendig (schließlich habe ich es mit Josy Eisenberg zwei Jahre regelmäßig für das Publikum des Fernsehsenders TF1 analysiert!), warum also sollte ich mir das Leben nicht leicht machen?

Peter und seine Kollegen bemühen sich, mich davon zu überzeugen, für mein wöchentliches Seminar wenigstens fünfzig Studenten zuzulassen. Ich bin so dumm, hartnäckig zu bleiben. Mein Argument: Um ernsthaft zu arbeiten, ist es unerläßlich, daß Studenten und Professor sich untereinander kennenlernen und sich gegenseitig helfen. Was unmöglich ist, wenn es zu viele sind.

Ich treffe einen Tag vor meiner ersten Seminarstunde in Yale ein und verbringe dort die Nacht, um die Atmosphäre zu spüren. Geoffrey Hartmann, der sich den Vorschlägen Peter Brooks anschließt, unternimmt einen letzten Versuch: Warum Studenten abweisen, die vor allem eines wollen: lernen. In meiner Dummheit versteife ich mich auf meine Ablehnung.

Am nächsten Tag begebe ich mich zu dem Raum, wo ich mein Seminar halten soll: Angesichts des riesigen Saals erschrecke ich. Um so mehr, als er auch noch leer ist. Meine Assistentin, eine junge Studentin, die ihre Doktorarbeit schreibt, beruhigt mich: Die Studenten kämen sicher in großer Zahl, um »Shopping zu gehen«, das heißt, um sich das Seminar anzuschauen, kurz reinzuschnuppern und abzuwägen. Das sei hier so Brauch. Anschließend würden die meisten zu anderen Seminaren abwandern. Ich gehe einen Kaffee trinken. Fünf Minuten vor Beginn des Seminars kehre ich zurück. Ich falle beinahe in Ohnmacht: Der Saal ist noch immer leer. Schweißgebadet renne ich auf die Toilette, um mein Gesicht abzukühlen. Ich denke: Jetzt hast du dich schön lächerlich gemacht; erst wolltest du »nur« zwanzig Studenten zulassen, und nun wirst du nur eine haben, deine Assistentin ... Ich verweile kurze Zeit bei den Waschbecken und kehre dann langsamen Schrittes in den Saal zurück. Doch er ist völlig überfüllt; es ist unmöglich in den Saal zu gelangen. Habe ich mich vielleicht im Ort geirrt? Ich spreche eine Studentin an und frage sie: »Welches Seminar findet hier statt?« Sie fängt an zu lachen: »Na, Ihres!« Dreihundert Studenten sind gekommen; alle warten auf mich. Ich gerate in Panik. Was soll ich tun? Ich flehe sie an, wieder zu gehen. Ich verweise auf meine Verhandlungen mit der Verwaltung - nichts zu machen. Ich warne sie, ich drohe: Es würde ein sehr schwieriges, streng durchgeführtes Seminar werden, sie müßten zwei Bücher pro Woche lesen, ebenso viele Hausarbeiten schreiben und eine Seminararbeit pro Semester abgeben. Doch nichts schreckt sie ab, nichts entmutigt sie.

Es war eines der anregendsten und fruchtbarsten Seminare in meiner ganzen Laufbahn als Hochschullehrer.

Das zweite Seminar, ein *»Faculty seminar«* (das heißt, nur für den Lehrkörper) sollte mir ebenfalls einige Überraschungen bereiten. Ich rechnete mit einer einfachen Aufgabe ohne Fallstricke: Alles in allem kannte ich das Buch Hiob besser als meine Bücher. Leider wußte ich nicht, daß Marvin Pope in Yale unterrichtete. Nun ist Pope aber einer der größten Spezialisten in dieser Sache. Und Bill Hallo ist bekannt für seine Untersuchungen der babylonischen und sumerischen Quellen; er zeigte mir die Übereinstimmungen zwischen dem Buch Hiob und den Texten über »die leidenden Gerechten«. Das Ergebnis: Ich muß jeden Monat eine zusätzliche Anstrengung unternehmen, mich besser als jemals auf ein Seminar vorbereiten, um diesem Publikum gegenübertreten zu können, daß ein wenig zu gelehrt und in der Materie zu beschlagen ist, um es mir bequem zu machen.

Ich unterrichte noch immer. Und ich werde bis ans Lebensende unterrichten. Ich habe Seminare an der Internationalen Universität von Florida und am Eckerd College, ebenfalls in Florida, gegeben und Vorlesungen an vielen großen und kleinen amerikanischen Universitäten gehalten. Ich fühle mich dazu genauso berufen wie zum Schreiben. Als Schriftsteller bin ich auch Lehrender, und als Lehrender bin ich zugleich Schriftsteller. Hauptsache, ich kann etwas weitergeben; Hauptsache, ich habe etwas zu übermitteln; Hauptsache, ich habe jemanden, dem ich etwas weitergeben kann.

Ich lerne mit meinen Schülern, ich lerne von meinen Schülern. Ich könnte aufhören, aber ich tue es nicht. In den Ferien fehlen mir meine Studenten. Ich nehme nur selten ein Sabbatjahr, höchstens mal ein Semester. Der Unterricht erfordert alle Energie, alle Aufmerksamkeit, alle Neugier, die ich besitze. Einen anderen Beruf habe ich nicht, und ich suche auch keinen anderen.

Mein größtes Problem auf dem Lehrstuhl in Boston ist die Entfernung: eine Stunde mit dem Flugzeug. Und das Wetter. Im Winter bringt Schnee den Flugplan durcheinander. Das führt zu nicht hinnehmbaren Verspätungen. Also muß ich auf den Zug umsteigen: fünf Stunden hin und fünf Stunden zurück. Es ist zu lang, zu ermüdend. Vielleicht sollte ich mir eine Stelle suchen, die schneller zu erreichen ist. Schneller? Warum nicht gleich eine Stelle in der Stadt? Da ergibt sich eine außergewöhnliche Gelegenheit. Der Präsident der Universität von New York, John Sawhill, teilt mir mit, ein gemeinsamer Freund von uns beiden sei bereit, einen Lehrstuhl zu finanzieren, wenn ich ihn übernehmen würde. Die Bedingungen sind ausgezeichnet, besser als in Boston: ein höheres Gehalt bei weniger Unterrichtsstunden. Marion ist sofort dafür. Ihre Begeisterung wirkt ansteckend. Keine anstrengenden Reisen mehr und nichts mehr zu befürchten vom Wetterbericht. Von unserer Wohnung aus wäre ich in zehn Minuten im Seminar. Außerdem würde uns die Universität eine Wohnung unserer Wahl zur Verfügung stellen. Marion schwärmt schon davon. Ein Vertrag wird aufgesetzt. Er muß nur noch unterschrieben werden. Aber wie bringe ich es John Silber bei? Wir entwickeln eine Strategie: Ich werde meinen Präsidenten um ein Gespräch bitten, und dann werde ich ihm erklären, daß es mir entgegen unserer ursprünglichen Absprache aus familiären Gründen leider unmöglich sei, meine Versprechen zu halten und nach Boston umzuziehen. Früher oder später wird das zu einem Problem, denn der Inhaber des Mellon-Lehrstuhls kann nicht auf Dauer in New York wohnen und in Boston unterrichten; das wäre nicht seriös. Dies stelle tatsächlich ein Problem dar, würde er zweifellos antworten und hinzufügen, daß wir erst einmal darüber nachdenken sollten … Daraufhin werde ich sagen: Warum sollen wir eine Entscheidung aufschieben, die irgendwann doch fallen wird? Am besten wäre es, wir würden das Problem gleich lösen und uns in aller Freundschaft trennen, wenn ich auch gerne einen gelegentlichen Kontakt zu seiner Universität bewahren würde … Wird er dem noch etwas entgegenhalten können? Darüber würde ich Marion von einer Telefonzelle an der nächsten Straßenecke aus unterrichten und ihr dann grünes Licht geben: Sie würde Sawhill informieren, und alles wäre in Butter.

Am nächsten Montag klopfe ich beim Präsidenten der Universität Boston an die Tür, der mir trotz eines Terminkalenders, der voller ist als der eines Staatschefs, einen Termin gegeben hat, freilich erst, nachdem ich seiner Sekretärin zu verstehen gab, daß es sich um eine dringende Angelegenheit handele. Ich habe ein schweres Problem, sage ich einleitend, bevor ich mit der Sprache herausrükke. Gerissen wie der König unter den Füchsen mustert John Silber mich schweigend. Zweifellos im Glauben, mir entgegenzukommen, entscheidet er dann: »Kein Problem. Ich werde sofort einen neuen Vertrag aufsetzen lassen. Wenn ich die Wahl habe zwischen einem Tag wöchentlich und gar nicht, bin ich für einen Tag wöchentlich.« Nachdem er mir mit diesem Vorschlag den Wind aus den Segeln genommen hat, erwartet er auch noch, daß ich ihm dafür dankbar bin.

Unten in der Telefonzelle sage ich zu Marion: »Ich konnte ihn einfach nicht enttäuschen, verstehst du ...« Also keine Wohnung im Village, keine kurzen Wege, ich bleibe, wo ich bin.

John Silber weiß bis heute nicht, was mich unsere Freundschaft gekostet hat.

Ich hoffe, er weiß wenigstens, was sie mir eingebracht hat.

Sein Sohn David starb an Aids. Ich habe ihn gut gekannt. Ein zarter, empfindsamer junger Mann, der gut zuhörte, wenig sagte und viel Wärme ausstrahlte. Seine Eltern liebten ihn abgöttisch, seine zahlreichen Schwestern mochten ihn alle sehr. Er spielte Theater, trat vor allem in Häusern des Off-Broadway auf, und man sagte ihm eine strahlende Zukunft voraus.

Seine Beisetzung zog viele Leute an. Die Abschiedsworte seiner Vertrauten waren sehr bewegend, die Trauerandacht des Paters geradezu erschütternd. Jeder hatte ein Bild, einen Pinselstrich zum Porträt des Verstorbenen beigetragen. Und selbst diejenigen, die ihn gut kannten, kannten ihn nicht ganz. Die anderen merkten, wie wenig sie ihn kannten. Er konnte viel lachen, und er liebte es zu lieben.

Der Studentenpfarrer verriet in seiner Grabrede, daß David sogar seine Trauerfeier selbst »inszeniert« hatte: Er hat die Rollen verteilt, die Bibeltexte und die Musik ausgewählt. »Spenden wir ihm Beifall«, sagte der Geistliche, »denn hier steht David zum letztenmal auf der Bühne. Unser Beifall gilt der letzten Vorstellung dieses großartigen Schauspielers ...«

Mit Tränen in den Augen klatschten die Trauergäste anhaltend und setzten immer wieder neu ein; sie hörten einfach nicht mehr auf, als wollten sie David für all den Beifall entschädigen, den er noch hätte bekommen können.

EIN MUSEUM FÜR WASHINGTON

Washington im Januar 1979. Es ist ein eisiger Wintertag. Von außen sieht das Weiße Haus tatsächlich weiß aus, eine ruhig daliegende, schlafende Bastion. Der elegante, wohlig warme Salon ist von lautem Stimmengewirr erfüllt. Die Überlebenden des Holocaust grüßen sich, schütteln Hände und umarmen einander. Alle sind sehr aufgeregt, denn zum erstenmal treffen sie sich im Machtzentrum der amerikanischen Politik. »Es ist wie im Traum«, flüstert eine Frau mit tätowiertem Arm. »Das hätte ich mir nie träumen lassen.« Und eine andere meint: »Niemals wäre ich auf den Gedanken gekommen ...«

Ich auch nicht.

»Wir sind heute in diesem Saal zusammengekommen, in dem der Atem der Geschichte weht – seit Generationen hängt hier die Unabhängigkeitserklärung an der Wand –, weil wir gemeinsam nach geeigneten Mitteln und Wegen suchen wollen, daran zu erinnern, was Leben und Sterben im Reich der Finsternis bedeutete.«

Mit diesen Worten eröffnete ich die Sitzung der President's Commission on the Holocaust, die Präsident Jimmy Carter einige Monate zuvor ins Leben gerufen hatte.

Tip O'Neill, der Sprecher des Repräsentantenhauses, ist gekommen, um uns zu vereidigen. Senatoren, Abgeordnete, jüdische Führer, Rabbiner, Priester, Professoren und Journalisten: Von den Gesichtern läßt sich ablesen, wie ergriffen alle sind. Einfühlsam verliest Marion den Text, der ihr vertraut ist, denn sie hat ihn korrigiert. Sigmund lächelt, Tränen stehen in seinen Augen hinter den Brillengläsern. Benjamin Meed, einer der Überlebenden aus dem Warschauer Ghetto, bemüht sich gar nicht erst, seine Tränen zu trocknen. »Das ist der Höhepunkt meines Lebens«, meint er überglücklich. Es ist sein Lieblingssatz. Nach jeder Etappe auf unserem weiteren Weg wird er dasselbe sagen. Auch ich muß mich zusammenreißen, um nicht von meinen Gefühlen übermannt zu werden. Wie immer fürchte ich mich vor dem Moment der Ernüchterung. Anfangs scheint alles offen und klar vor einem zu liegen, ist spannend und höchst dringlich. Steckt man dann mitten drin, merkt man langsam, wie die Wahrheit unter der Routine verblaßt. Wie Tatendrang in Routine steckenbleibt. Im Moment tanzen wir traumwandlerisch durch die Gänge des Weißen Hauses: Endlich nehmen sich die Regierung und die amerikanische Nation auf höchster Ebene unserer Vergangenheit an. Endlich treten wir mit unserer Lebenserfahrung aus dem Verborgenen hervor. Wie können wir verhindern, daß uns der Stolz zu Kopf steigt? Ich fühle mich nicht wohl in meiner Haut. Zum erstenmal in meinem Leben nehme ich eine amtliche Aufgabe wahr. Zum erstenmal führe ich den Vorsitz bei einer Versammlung von so weitreichender Bedeutung. Ich möchte dabei so natürlich wie möglich bleiben. Meine Mitarbeiter haben ein Programm aufgestellt und wie bei einer Theateraufführung den Ablauf skizziert. Und wie immer, wenn etwas Ungewöhnliches eintritt, sehe ich mich wieder in Sighet - es muß sich wirklich um eine Art Krankheit handeln. Wie fern liegt diese kleine Stadt, in der ein jüdischer Junge zu Gott betet, damit Er ihn besser beten und die Heiligen Schriften lesen lehre. Was mußte geschehen, daß er zu den wenigen Auserwählten gehört, die an diesen Ort gelangen? Zum Glück hat Arthur Goldberg, dessen Beruf es ist, Sitzungen zu leiten, mir »Unterricht« gegeben. So lerne ich von ihm, wie man immer geduldig und aufmerksam ist, wie man seinen Mitarbeitern dankt, anderen das Wort erteilt, und - was ganz wichtig ist - eine angenehme Atmosphäre schafft. Die Eröffnungsrede vor den Mitgliedern meiner Kommission entwerfe ich wie das Vorwort zu einem Buch. Hier einige Auszüge daraus:

> Aus einem tiefen Gefühl für meine Pflicht, aber auch mit Stolz und Demut habe ich den Vorsitz dieser einzigartigen Kommission übernommen, in der sich bedeutende Persönlichkeiten der Gesellschaft, des religiösen Lebens sowie aus der Politik zusammengefunden haben.

Ich weiß, daß einige unter Ihnen besser geeignet wären und es eher verdient hätten als ich, diese Aufgabe wahrzunehmen. Mit Ihrer Hilfe und Ihrer Mitarbeit werden wir aber, so hoffe ich, unseren Auftrag gemeinsam erfüllen.
Die Probleme, vor denen wir stehen, scheinen unüberwindbar zu sein. Wir sind aufgerufen, uns zu erinnern und andere zu bewegen, sich ebenfalls zu erinnern.
Doch wie können wir uns einzeln oder gemeinsam an ein Geschehen erinnern, dessen Ziel es war, das Gedächtnis auszulöschen?
In seiner ganzen Unbegreiflichkeit, durch die ungeheure Zahl der Opfer, durch sein Geheimnis und sein Schweigen ist der Holocaust eine äußerste Herausforderung an den Verstand und das Begriffsvermögen eines jeden Menschen.
Ungeachtet aller Dokumente, aller Erlebnisberichte, Zeugnisse und Geschichtsbücher wissen wir, daß wir noch nicht begonnen haben, die Geschichte zu erzählen. Ist es möglich, die rein jüdischen Aspekte der Tragödie und ihre universelle Bedeutung miteinander zu versöhnen? Sicher, alle Juden waren Opfer, aber nicht alle Opfer waren Juden. (Später fühlte ich mich mehr als einmal verpflichtet, diesen Gedanken andersherum auszudrükken: Nicht alle Opfer waren Juden, aber alle Juden waren Opfer. Ein feiner, aber wichtiger Unterschied.) Wie können wir sie ehren und in Erinnerung halten? Durch Denkmäler? Durch die Erziehung? Durch eine besondere Liturgie? Oder durch Gedenkfeiern? Wir haben noch keine Anhaltspunkte dafür. Da es sich um ein einzigartiges Geschehen handelt, wissen wir nicht, wie wir es fassen können. Wir können nicht einmal auf die Geschichte zurückgreifen, um darin ein Beispiel zu finden, dem wir folgen könnten. Aber eines ist sicher: Was wir auch tun werden, wir sollten kühn sein, wenn wir darüber nachdenken. Vor der Größe dieser Aufgabe dürfen wir nicht zurückschrecken.
Mit dem, was wir erlebt haben, wollen wir das Vorstellungsvermögen der Menschen aller Glaubensgemeinschaften, aller Nationalitäten und aller Epochen treffen. Wir wollen ihnen ankündigen, daß unsere Generation – die letzte, die noch aus persönlicher Erfahrung berichten kann – fest entschlossen ist, das Gedenken

an den Holocaust und ihre persönlichen Erinnerungen lebendig zu halten ...

Alle, die sich um diesen Tisch versammelt haben, stehen für eine würdevolle Suche nach angemessenen Formen des Gedenkens und nach Gerechtigkeit. Wir ringen um die Wahrheit. Mögen unsere Ausgangspunkte auch verschieden sein, wir werden jedes Engagement Gleichgesinnter hochachten.

Der Feind der Juden ist zugleich auch immer der Feind der Menschheit - der Holocaust war möglich, weil es dem Feind gelang, die menschliche Gemeinschaft zu teilen, die eine Nation gegen die andere, Christen gegen Juden, Junge gegen Alte aufzubringen.

Eine bittere Randbemerkung: Wie viele jüdische und nichtjüdische Opfer wären gerettet worden, wenn der Präsident der Vereinigten Staaten und seine Berater während des Holocaust dieselbe Aufmerksamkeit und Sorge bezeugt hätten wie ihre Nachfolger heute, wenn der Präsident damals eine solche Kommission ins Leben gerufen hätte?

Aber niemand dachte an die Juden, solange sie noch am Leben waren; jetzt sind sie tot. Behalten wir sie wenigstens in Erinnerung, nehmen wir ihr Gedächtnis in uns auf ...

Alles hat 1978 an einem Sommertag im Sharon-Hotel von Herzlija begonnen. Ich habe Besuch: Oppositionsführer Shimon Peres ist in meinem Zimmer und unterhält sich mit mir über sein neues Buch (eine Reihe von Porträts). Da klingelt plötzlich das Telefon: Stu Eizenstadt, der junge außenpolitische Berater von Präsident Jimmy Carter, möchte mich sprechen. »Bin ich mit Professor Wiesel verbunden?« Die Stimme am anderen Ende der Leitung verrät ein leichtes Zögern. »Ja, am Apparat«. - »Sind Sie der Schriftsteller?« - »Ja, das bin ich.« - »Wunderbar! Seit Tagen versuchen wir schon, Sie zu erreichen. Warum haben Sie denn nicht zurückgerufen?«. Ich muß lachen, denn seit mehreren Tagen hat mir der Portier Nachrichten hinterlassen, ich möge doch bitte im Weißen Haus anrufen. Ich dachte, es könne sich nur um einen Irrtum oder Scherz handeln. Eizenstadt teilt mir mit, der Präsident habe beschlossen, mich zum Vorsitzenden einer Kommission zu ernennen, deren Aufgabe es sei, ihm Vorschläge für ein Mahnmal zu unterbreiten, mit dem der Opfer des Holocaust gedacht werden könne. Ich erinnere mich noch genau, mein erster Gedanke war der eines eingefleischten Journalisten: »Der Name der Kommission ist viel zu lang.« Ich behielt ihn freilich für mich und antwortete: »Übermitteln Sie dem Präsidenten bitte meinen herzlichsten Dank für die Ehre, die er mir zukommen lassen möchte, aber ...« Aber was? Der ranghohe Mitarbeiter des Weißen Hauses kann sich nicht vorstellen, daß es ein Aber geben könnte. Ich erkläre ihm meine Sicht des Dinge: Ich glaube nicht, daß dies eine Aufgabe für mich sein könnte. Ich bin kein Mann der Politik, und ich habe nicht die geringste Absicht, es zu werden; ich bin nicht bestrebt, ein solches Amt zu bekleiden, mein ganzes Streben gilt vielmehr dem Studium und dem Schreiben. Anweisungen zu erteilen entspricht nicht meinem Naturell. »Aber der Präsident besteht darauf«, antwortet Eizenstadt, »denken Sie noch einmal darüber nach.« Ich verspreche es. Shimon Peres sage ich, es handele sich sicher um ein Mißverständnis. Am nächsten Tag ruft Eizenstadt wieder an. Ich teile ihm mit, daß ich immer noch derselben Ansicht sei. Er kann es kaum fassen: »Aber es ist doch eine sehr bedeutende Aufgabe, die mit einem hohen Ansehen verbunden ist, glauben Sie nicht auch? Und trotzdem lehnen Sie ab?« Ich bemühe mich, ihm meine Haltung zu verdeutlichen. Ich bin zu beschäftigt und zu schüchtern für diese Aufgabe. Schließlich meint er, der Präsident wünsche mich auf jeden Fall zu sehen. Das kann ich ihm kaum abschlagen. Also vereinbaren wir einen Termin für die nächste Woche; ich muß ohnehin nach New York zurück.

Eine Stunde später rufen mich Professor Jitz Greenberg (mein ehemaliger Kollege an der New Yorker Universität) und Sigmund Strochlitz in dringender Angelegenheit an: Sie wissen schon Bescheid über meinen Kontakt mit dem Weißen Haus. Jeder berichtet mir auf seine Weise vom Beginn der Geschichte. Der Präsident hatte tausend Rabbiner in den Rosengarten geladen, um sie für sich zu gewinnen: Seine Beziehungen zu Menachem Begin waren sehr gespannt, und es ging darum, die erhitzten Gemüter der amerikanischen Juden zu beruhigen. Die Idee mit dem Denkmal stammte von Stu Eizenstadt.

Ich bin zwar naiv, aber nicht naiv genug, um das Spiel der auf die

Öffentlichkeit schielenden politischen Kräfte nicht zu durchschauen: Eizenstadt tut nur, was sein Chef ihm sagt. Jitz und Sigmund sage ich: »Was ihr mir erzählt, bestätigt mich nur in meiner Zurückhaltung. Meiner Meinung nach darf man sich des Holocaust unter keinen Umständen zu politischen Zwecken bedienen.« Sie flehen mich an, das Angebot anzunehmen. Sigmund versucht, mich mit Gefühlen zu überzeugen, Jitz appelliert an meinen Verstand. Aber ich bleibe widerspenstig: Meine Zeit ist begrenzt, ich brauche sie für meine Bücher und meine Studenten. »Jedenfalls ist es eine einmalige Gelegenheit, auf so hoher Ebene etwas für das Gedenken an die Opfer zu tun«, meint Jitz. »Es wäre schade, sie ungenutzt zu lassen. Schlimmstenfalls ergreift sie ein Opportunist.« Und Sigmund: »Wenn du ablehnst, wird irgendein Politiker zum Vorsitzenden der Kommission ernannt werden. Wer weiß, was der mit unseren Erinnerungen anstellt ...« Um die Diskussion zu beenden, schlage ich vor, mein Gespräch mit Präsident Jimmy Carter abzuwarten. Anschließend werde ich eine Entscheidung treffen. »Das Thema liegt dir am Herzen, und das Vorhaben scheint mir doch sehr wichtig zu sein«, meint Marion, »aber es wird dich viel Zeit kosten.«

Ich bin unzufrieden mit mir und habe das Gefühl, nicht richtig reagiert und meinen Freunden die falsche Antwort gegeben zu haben. Es war falsch, die Tür einen Spalt weit offen zu lassen. Ich hätte mich sofort zu einem klaren Nein durchringen sollen. Was werde ich dem Präsidenten entgegnen, so ungeschickt, wie ich mich immer anstelle? Mit meinem Gestammel werde ich mich doch nur lächerlich machen. Ein Schüler der Jeschiwa aus Sighet, ein Wischnitzer Chassid im Oval Office? Das ist undenkbar ...

In New York folgen viele Zusammenkünfte und Diskussionen mit Jitz und Sigmund. Auch andere Kollegen und Bekannte rufen mich an, um mich zu überreden. Manche preisen das Amt in höchsten Tönen, andere reden mir ins Gewissen. Marion stimmt mir zu: Warten wir erst einmal ab, bis das Gespräch mit dem Präsidenten stattfindet.

Pünktlich bin ich an der äußeren Pforte zum Weißen Haus. Ich habe immer Angst vor Polizisten, aber diese hier sind höflich, hilfsbereit und lächeln, man könnte sie für Diplomaten in Uniform halten. Ja, mein Name steht auf der Liste. Natürlich werde ich erwartet.

Ed Sanders, der Präsidentenberater für Jüdische Angelegenheiten, begrüßt mich und teilt mir mit, daß ich in wenigen Augenblicken empfangen werde. »Stört es Sie, wenn ich dabei bin?« Überhaupt nicht. Im Gegenteil, ich bin froh darüber. So kann er eingreifen, wenn ich Unsinn rede. »Gegen Ende lasse ich Sie mit ihm allein«, fügt er hinzu, »vielleicht haben Sie etwas Vertrauliches zu besprechen.« Ich stimme zu.

Nein, ich bin nicht blasiert und werde es hoffentlich nie sein. Aber ich muß gestehen, ich habe Lampenfieber: Plötzlich bin ich verwirrt, meine Gedanken schweifen ab, und ich kann sie nicht stoppen. Was soll ich, ein jüdischer Schriftsteller aus Sighet, der zu seiner Schande äußerst schüchtern ist, ein ehemaliger Deportierter, Flüchtling und Staatenloser, was soll ich dem Mann sagen, der das Schicksal der westlichen, wenn nicht der ganzen Welt bestimmt? Das Lächeln des Präsidenten beruhigt den Besucher und flößt sogleich Vertrauen ein. Der mächtigste Mann auf Erden ist also auch bloß ein Mensch wie alle anderen. Man könnte sogar meinen, er sei ein wenig bescheidener als gewöhnliche Sterbliche. Wir setzen uns einander gegenüber, während Ed Sanders an der Seite Platz nimmt. Mehr schüchtern als einschüchternd sagt mir der Präsident, er habe einige meiner Bücher gelesen, und zitiert kurze Passagen daraus. Als Skeptiker bewahre ich kühlen Kopf: Ein Mitarbeiter wird ihm einige passende Zitate herausgesucht haben. Ich senke den Kopf und erwidere: »Vielen Dank, Herr Präsident.« Doch er führt schon den nächsten Satz aus einem meiner Werke an. Dann erklärt er mit einem Lächeln, seinem berühmten Lächeln: »Ich habe etwas für Sie.« Etwa ein Geschenk? Vielleicht einen jener Filzschreiber, die viele Präsidenten großzügig verteilen, nachdem sie einen Erlaß unterzeichnet haben? Da habe ich ihn aber unterschätzt. Was er mir gibt, ist von historischem Wert. »Ich habe Stan Turner (den Direktor des CIA) gebeten, unsere Archive durchforsten zu lassen und mir alles zu zeigen, was wir an Dokumenten über die Orte besitzen, wo Sie gefangengehalten wurden ...« Daraufhin überreicht er mir eine Mappe voller Fotografien, die wir gemeinsam durchblättern (Zweitabzüge davon habe ich dem Museum der Gedenkstätte Yad Vashem in Jerusalem zur Verfügung gestellt). Es sind Luftaufnahmen von Auschwitz, die ein amerikanischer Bomberpilot zufällig gemacht hatte, als er 1944 über das Lager flog. Sie zeigen das Lager bei Tag. Später erfuhr ich, daß der Pilot vergessen hatte, die Kamera abzustellen, die den Bombenabwurf filmte. »Ich erinnere mich an jenen Tag«, sage ich dem Präsidenten. »Erzählen Sie!« und ich erzähle. Die amerikanischen Flugzeuge hatten die Fabriken in der Umgebung des Lagers bombardiert. Die Deutschen suchten Schutz in ihren Unterständen. Und wir beteten zu Gott, er möge einige Bomben auf die Stacheldrahtzäune und Wachtürme fallen lassen. Wenn wir schon alle sterben sollten, so wenigstens für etwas. Über die Aufnahmen gebeugt, folgt der Präsident meinem Finger, der sich, von Block zu Block, von Auschwitz nach Birkenau bewegt: Da ist die Rampe, dort sieht man die Kamine! Er hört meinen Kommentaren mit so großer Aufmerksamkeit zu, daß ich gerührt bin. Ich frage: »Diese Aufnahmen standen doch dem amtierenden Präsidenten von 1944 zur Verfügung, nicht wahr?« Ja, in der Tat. »Präsident Roosevelt mußte also wissen, was in Auschwitz passierte?« Bestimmt hat er es gewußt. »Und trotzdem hat er nichts unternommen. Aus welchem Grund? Warum hat er sich geweigert, den Befehl zu geben, die Eisenbahnschienen nach Birkenau zu bombardieren?« Der Präsident versinkt in Gedanken und antwortet nicht. So schmerzlich ergriffen kenne ich ihn überhaupt nicht. Als er schließlich den Kopf hebt, ist sein Lächeln verschwunden. »Was können wir heute tun?« Jetzt schweige ich. Wartet er auf eine Antwort? Er kennt sie selbst: »Wir müssen gegen das Vergessen kämpfen«. Er hält kurz inne, dann fährt er fort: »Ist dies nicht der Sinn Ihres ganzen Schaffens?« Womit wir beim Thema wären ... Werde ich nun meiner Ernennung zustimmen? Ich sage zu, aber ... Aber? »Ich bin gegen die Idee eines Denkmals.« Warum? »Weil die jüdische Tradition, auf die ich mich berufe, keine Denkmäler zuläßt.« (Außerdem hat mein Volk immer seine Bauwerke zurückgelassen, wenn es aus einem Land fortzog.) Was ich statt dessen vorschlagen würde? Ein pädagogisches Unternehmen. Einen nationalen Gedenktag, der am besten im Kongreß (in Form einer gemeinsamen Feierstunde von Senat und Repräsentantenhaus) oder im Weißen Haus begangen würde, möglichst mit seiner persönlichen Teilnahme. Der Präsident gibt seine Zustimmung. Heißt das, er wird auch persönlich bei der ersten Feier anwesend sein? Ja, er wird kommen. Dann rücke ich noch mit einem Anliegen heraus: Ich bitte um die Erlaubnis, eine Untersuchungskommission nach Osteuropa führen zu dürfen, um die Vernichtungsstätten aufzusuchen: Treblinka, Auschwitz und Babij Jar. Warum nicht, antwortet der Präsident, das sei doch selbstverständlich. Ich werfe einen Seitenblick auf Ed Sanders: Tränen stehen ihm in den Augen. Bevor ich mich verabschiede, wende ich mich an den Präsidenten: »Wenn dieses Projekt gelingt, werden Sie für immer einen Ehrenplatz in der jüdischen Geschichte einnehmen.«

Der Wille des Präsidenten, seine Politik in den Dienst der Erinnerung zu stellen, hat mich tief berührt. Denn ich bin mir der tatsächlichen und ständigen Bedrohung bewußt, die das Vergessen darstellt. Von Moses sagt der Talmud, er habe nachts vergessen, was er tagsüber gelernt hat. Und unsere Weisen beschäftigen sich ausführlich mit dem Umstand, daß die Tora bisweilen vergessen wurde. Ja, sogar den unauslöschlichen Namen Gottes kennen wir nicht mehr. Wie können wir da hoffen, daß unsere Erfahrungen in Erinnerung behalten werden?

Als einfacher Bürger bin ich ins Weiße Haus gekommen, als Regierungsbeamter verlasse ich es wieder. Da ich nunmehr für eine Regierungskommission verantwortlich bin, die ich insgeheim bereits The President's Commission on the Holocaust getauft habe, darf ich im Rahmen der mir durch seine Gunst verliehenen Befugnisse im Namen des Präsidenten sprechen. Jitz wird zum Direktor der Kommission. Zu seinem Assistenten hat er Michael Berenbaum gemacht, einen jungen Rabbiner von der Wesleyan University, der seine Doktorarbeit über meine Bücher geschrieben hat. Marian Craig, eine ebenso charmante wie durchsetzungsstarke junge Frau, die zuvor im Weißen Haus beschäftigt war, wird die Seele und professionelle Organisatorin unseres Teams. Ich rufe Marion an: »Hoffentlich gefällt dir Washington, wir werden in Zukunft nämlich öfter dorthin fahren.« Sigmund und Jitz schweben auf Wolken.

Plötzlich hagelt es Anfragen. Glückwünsche, Vorschläge usw. stürmen auf mich ein. Man versucht, seinen Einfluß bei mir geltend zu machen. Ich hätte nicht geglaubt, daß es so viele Menschen gibt, die in ihrem Leben offenbar nur ein Ziel anstreben: Mitglied in der Kommission zu werden. Senatoren und Abgeordnete, Bankiers und

Intellektuelle rufen an, um sich für diesen oder jenen ihrer Geldgeber oder Schützlinge einzusetzen. Der eine war in Mauthausen, der andere hat Reden über Majdanek gehalten, der arme X ist so arm, der bekannte Y möchte so gern noch bekannter werden. Man läßt seine Beziehungen spielen und übt Druck aus. Ich war mir nicht bewußt, wieviel Neid und Eifersucht diese Kommission auslösen würde. Leider kann ich nicht nein sagen, das Weiße Hause kann es aber sehr wohl. Seine Kriterien sind nicht immer dieselben wie meine, schließlich handelt es politisch und ich nicht. Ich würde gerne so viele Überlebende wie möglich um mich scharen. Sigmund, der meine rechte Hand geworden ist, steht mir mit seinem Rat zur Seite. Ebenso Jitz. Das wird schnell publik. So richten sich die Versuche, Einfluß zu nehmen, auch auf sie. Aber wir halten stand. Wir brauchen Leute mit Fähigkeiten. Mark Talisman, ehemaliger Mitarbeiter des Kongreßabgeordneten Vanik, und sein Freund Hyman Bookbinder vom American Jewish Commitee kennen alle bestens, auf die es in der Hauptstadt ankommt. Sie helfen uns, die richtigen Leute zu finden. Leute mit hohem Pflichtbewußtsein, wie Bayard Rustin (der Martin Luther Kings Marsch auf Washington organisiert hatte) und Theodor Hesburg, den Präsidenten der Notre-Dame University. Und selbstverständlich den früheren Richter am Obersten Gerichtshof und Botschafter der Vereinigten Staaten bei den Vereinten Nationen, Arthur Goldberg. Dazu Historiker, Theologen, Philosophen und Hochschullehrer, die sich viele Jahre mit diesem Thema, seiner Erforschung und Interpretation beschäftigt haben. Natürlich fehlt mir Jossele Rosensaft. Aber ich hole seine Witwe in unser Team. Andere Überlebende werden von den zuständigen Stellen im Weißen Haus zurückgewiesen; meine Proteste sind vergeblich. Soll ich deshalb mit Rücktritt drohen? Nein, dieser Waffe darf man sich nur in äußersten Notfällen bedienen. Um die abgelehnten Bewerber zu trösten, ernennen wir sie zu Mitgliedern eines Board of Advisers (einer Art Beraterstab). Doch leider finden auch dort nicht alle Eingang. Und die Zahl der Unglücklichen, die ausgeschlossen bleiben, wächst ständig. Meine Freunde oder alle, die es sein wollen, tröste ich damit, daß es diese Kommission nicht lange geben werde; sie mögen sich doch gedulden, andere würden noch folgen.

Nun aber an die Arbeit. Arthur Goldberg, ich habe es schon erwähnt, läßt mich von seiner großen Erfahrung profitieren. Da er schon in vielen Kommissionen den Vorsitz geführt hat, weiß er, wie man einigermaßen unbeschädigt daraus hervorgeht. Er weiß, in welchen Fällen man nachgeben und in welchen man sich unbeugsam zeigen muß, wen es zu ermutigen und wen es zur Ordnung zu rufen gilt. Ich glaube, ich bin ein guter Schüler. Wie sollte ich es auch nicht sein? Arthur ist einer der geradlinigsten und angesehensten Männer im Land. Selbst Zyniker und Skeptiker erkennen seine Fähigkeiten an. Allein die Tatsache, daß er Mitglied der Kommission ist, hält uns manchen Ärger vom Leib.

Ich hatte ihn bei Jitzhak Rabin kennengelernt, als jener Israels Botschafter in Washington geworden war. Er erzählte mir von seinen Kriegsjahren. Als Offizier des OSS, eines Vorläufers der CIA, hatte er ein Gespräch mit Arthur Zygelbaum, dem jüdischen Sozialistenführer und Mitglied des polnischen Exilparlaments in London. Weinend beschwor Zygelbaum ihn, den Juden im besetzten Polen zu helfen; er war überzeugt, die Amerikaner würden die Deutschen zwingen, den Massenmord zu beenden, wenn sie nur davon wüßten. Als aufrichtiger Mensch fühlte Goldberg sich verpflichtet, ihm die letzten Illusionen hierüber zu nehmen. Wenige Tage später brachte sich Zygelbaum um. Vielleicht liegt darin der Grund, warum Goldberg nach dem Krieg ein so hartnäckiger Verteidiger des Andenkens der Juden und der Menschenrechte wurde.

Es herrscht große Aufregung: Jeder spürt, daß ein Projekt Formen annimmt, das mit ein wenig Glück ins kollektive Gedächtnis unseres Volks wie in das der Vereinigten Staaten Eingang finden wird.

Die erste Sitzung der Kommission beginnt mit der feierlichen Amtseinführung ihrer Mitglieder. Auf die Reden folgt das Blitzlichtgewitter der Fotografen. Nach der traditionellen Schweigeminute bitte ich jedes Mitglied der Kommission, sich vorzustellen. Alle drücken den Führern der amerikanischen Nation ihren Dank für diese Initiative aus. Senator Scoop Jackson kommt vorbei, um seine Zustimmung zu bekunden und Präsident Carter dafür zu danken, daß er mich zum Vorsitzenden der Kommission gemacht hat. Parlamentarier beider Parteien halten mit ihrer Begeisterung nicht hinter dem Berg. Jeder Redner scheint seinen Worten eine besondere Note geben zu wollen. Sie erzählen von verborgenen Bereichen ihres Lebens. Manche sind pathetisch oder gefühlsselig, andere dafür ganz nüchtern, aber alle sehr feierlich und ernst. Und alle hören mit fast religiöser Andacht zu.

Nach der Sitzung am Vormittag bitte ich Jitz, neun Männer in einem Privatraum zu versammeln. Vielleicht ist es ein Zeichen, an diesem Tag jährt sich der Todestag meines Vaters. Ich muß das Kaddisch sprechen. Zu diesem Minjan kommen weit mehr als die erforderlichen zehn Männer zusammen, darunter sogar einige Nichtjuden. Unserer Tradition folgend, halte ich den Gottesdienst. Ich spreche die *Amida*, das Achtzehnbittengebet. Plötzlich versagt mir die Stimme. Aus tiefster Seele steigt mir ein Seufzer empor und erstickt meine Worte. Jetzt sehe ich das Gesicht meines Vaters oder vielmehr eine Reihe von Gesichtern: sein Gesicht am Sabbat zu Hause, dann sein Gesicht auf dem Bahnhof von Sighet, sein Gesicht während der ersten Tage im Konzentrationslager. Sein Gesicht kurz vor seinem Tod. Ich sehe ihn an, und er blickt zurück, als wollte er mich fragen, was ich hier, im Weißen Haus mache ... Das passiert mir wirklich selten: Ich schaffe es nicht, fortzufahren, ich muß die Zeremonie unterbrechen. Während ich meinen Vater anflehe, nicht wegzugehen, mich nicht allein zu lassen unter all den Fremden, versuche ich, meine Tränen hinunterzuschlucken. Habe ich das Kaddisch geschrien? Oder habe ich es gemurmelt? Er bleibt auch am Nachmittag bei mir, während ich wieder die Sitzung leite.

Wir bilden verschiedene Sonderkommissionen für Bildung, Finanzen und internationale Beziehungen. Und eine sogenannte Gewissenskommission, die wir ebenso Kommission für die Menschenrechte hätten nennen können. Sigmund trage ich die Aufgabe an, die jährlichen Feiern in der Gedenkwoche zu organisieren. Die Atmosphäre unter uns ist sehr anregend. Eine neue Brüderlichkeit stellt sich ein. Und es bedrücken uns dieselben Ängste: Einerseits dürfen wir nicht schweigen, andererseits ist es unmöglich zu sprechen: Wo, wie und durch wen wird sich das Gedächtnis öffnen? Wie soll man einer tausendfach niedergemetzelten Gemeinde gedenken? Welches Gebet soll man sprechen, welche Handlungen vollziehen? Wie viele Kerzen soll man anzünden, und wie lange sollen sie brennen? Diese Fragen bleiben ewige Fragen, um es mit den Worten

Rabbi Pinchas von Korez zu sagen, trotzdem müssen wir weiter nach Antworten suchen. Sind wir nicht eine begünstigte Generation? Wir haben Kinder gesehen, die verdammt waren, niemals zu altern, und Greise, die verdammt waren, niemals zu sterben: Sie verschwanden einfach nur, das war alles. Es hat sich gezeigt, daß unsere Einsamkeit durch eine Schuld hervorgerufen wurde, die die Menschheit als Ganzes trifft. Daß unsere Verzweiflung Gestalt angenommen hat, aber namenlos geblieben ist. Daß unser verletztes und verfluchtes Bewußtsein sich weigert, zu verfluchen und zu hassen, daß es statt dessen versucht zu verstehen, ja sogar, verstanden zu werden. Aber wie soll man die Sache anpacken? Welchen Spuren folgen, welche Wege der Vermittlung nehmen?

Von Anfang an beherrscht ein Problem unsere Versammlungen: Geht es um die Besonderheit oder die Universalität des Holocaust? Gilt es, lediglich an die jüdischen Opfer zu erinnern? Schließlich haben auch andere Nationen, ethnische und soziale Gruppen unter den Schrecken der Naziherrschaft gelitten: Sinti und Roma, Polen, Ukrainer, Homosexuelle. Wenn wir das Gedenken aber auf alle Opfer ausweiten, droht es dann nicht, der Beliebigkeit anheimzufallen? Müßten wir beispielsweise nicht auch an die Tragödie der Armenier erinnern, die Hitler in bezug auf die Juden zu der Aussage veranlaßte: »Wer erinnert sich heute noch an das Massaker an den Armeniern?« Und wenn wir die Armenier einschließen, dürfen dann die Kambodschaner ausgeschlossen bleiben? Die Anhänger eines universellen und die eines speziellen Gedenkens stehen sich in leidenschaftlichen Diskussionen und stürmische Sitzungen gegenüber. Als eingefleischter Jurist beharrt Arthur Goldberg darauf, daß sich unser Mandat nur auf das tragische Schicksal der Juden erstreckt: Dies gehe bereits aus dem besonderen Namen hervor, den die Kommission trägt. Einige Kommissionsmitglieder, Amerikaner polnischer, ukrainischer und litauischer Abstammung, sind anderer Meinung. Welche Haltung nehme ich dazu ein? Für mich ist der Holocaust eine jüdische Tragödie mit universellen Auswirkungen; ihre Universalität liegt in ihrer Einzigartigkeit. Jeder Versuch, sie aus diesem Zusammenhang zu reißen oder sie in einen anderen Zusammenhang zu stellen, kann ihren Sinn nur verfälschen. Als Jude ist es meine Pflicht, an die jüdische Tragödie zu erinnern.

Zugleich rufe ich damit die anderen auf, an das Drama der Ihren zu erinnern. Denn für mich ist das Gedenken ein Mittel der Öffnung und der Einbeziehung, nicht des Ausschlusses, aber es bereichert nur durch Vertiefung. Anders ausgedrückt: Je mehr sich das Gedenken eines Juden auf das Judentum konzentriert, desto mehr wächst es über sich hinaus und erlangt allgemeine, universelle Bedeutung.

Obwohl sie nicht zur Kommission gehören, stütze ich mich bei meiner Arbeit auf Saul Lieberman, Jossi Ciechanover und Bernie Fishman.

Und natürlich auf Marion. Ich unternehme nichts, entscheide nichts, ohne sie zuvor um ihre Meinung gefragt zu haben.

Lieberman und Jossi habe ich bereits vorgestellt. Bernie ist der Humanist unter den Anwälten: Ich kenne niemanden, der sich so sehr für den Menschen und seine grundlegenden Rechte einsetzt. Sobald es irgendwo zu einer Verletzung der Menschenrechte kommt, sobald irgendwo ein Antisemit den Kopf hebt, sobald ein Mensch ungerecht behandelt wird, läutet er hinter den Kulissen die Alarmglocke. Er ist der am besten informierte Jude, der am besten informierte Mensch auf der Welt. Und er ist mit größter Hingabe und Leidenschaft bei der Sache. Viele meiner Engagements verdanke ich ihm. Er und sein Kollege Arnie Foster liefern mir die notwendigen Informationen, dank derer ich mich einmischen, für Gefangene und Opfer kämpfen kann.

Drei Monate nach der Gründung und Amtseinführung veranstaltet die Kommission die erste Gedenkfeier. Sie findet im großen Saal des Kongreßhauses, in der Rotunde statt, an dem Ort, wo die Nation auch ihre Helden ehrt. Dort haben ihre Führer 1963 dem jungen, in Dallas ermordeten Präsidenten John F. Kennedy die letzte Ehre erwiesen.

Natürlich ist ganz Washington anwesend. Der Präsident hält sein Versprechen und nimmt an der Feier teil. Zu Beginn bemerkt Carter einen kleinen Jungen, der uns gegenüber neben seiner Mutter sitzt. »Wer ist der Junge?« fragt er mich. »Mein Sohn Elisha.« – »Wie alt ist er?« – »Sieben Jahre.« Der Präsident winkt ihn zu sich. Verblüfft steht Elisha auf und kommt zu uns. Er hat die Zeremonie auf dem Schoß des Präsidenten erlebt. Das Foto zierte die Titelseiten der

Zeitungen. Als ich ihn fragte, wie er sich gefühlt habe, beschied er sich mit der Antwort: »Bequem war es nicht, eher zu hart.«

Die bewegende Rede des Präsidenten, die ihrer historischen Bedeutung gerecht wird, enthält eine verwirrende, ja, peinliche Stelle: Einmal spricht er von »elf Millionen Opfern«. In der Limousine, die uns anschließend zum Weißen Haus bringt, frage ich ihn, woher diese Zahl stammt. Er überlegt kurz und beruft sich auf die Schriften und Reden des Nazijägers Simon Wiesenthal. Er betrachtet es als seine Pflicht, alle Opfer, sechs Millionen Juden und fünf Millionen Nichtjuden, in einen Topf zu werfen. Ich sage dem Präsidenten, daß diese Zahl nicht der Wahrheit entspricht. Er zeigt sich erstaunt: »Meinen Sie denn, es habe nur Juden in den Lagern gegeben?« Natürlich gab es dort auch Nichtjuden, erkläre ich ihm, darunter viele Helden des Widerstands und mutige Humanisten, aber es waren keine fünf Millionen, sie stellten eine Minderheit dar. Und es gab fanatische Antisemiten und sadistische Verbrecher darunter, die von den Deutschen aus ihren Gefängnissen geholt wurden, um die Lager zu führen. »Fänden Sie es denn gerecht, Herr Präsident, wenn ich ihr Andenken ebenso ehren würde wie das meiner Angehörigen?« Der Präsident hat diese Zahl nie wieder erwähnt. Wiesenthal aber, der sich in seiner Ehre als höchste Autorität auf diesem Gebiet gekränkt sah, verübelt mir das Ganze bis heute.

In meiner Ansprache erinnere ich daran, daß

> in jener Zeit des Schreckens und der Zerstörung unerklärlicherweise nur ein einziges Volk, nämlich das jüdische, von allen anderen gänzlich aufgegeben worden war. Ein einziges Volk hatte man auf zynische Weise schlicht und einfach den Henkern ausgeliefert. Ich wiederhole eine Frage, die uns noch immer verfolgt: Was kann man tun, wenn man berufen ist, diese brennenden Erinnerungen, diese Bruchstücke der Verzweiflung mit sich durchs Leben zu tragen? Wie kann man in einer Welt leben, die dem Mord an einer Million Kindern zugesehen hat, ohne selbst vernichtet worden zu sein?

Weiter frage ich:

Was ist in Treblinka und Ponary, Auschwitz und Babij Jar, Majdanek und Bełżec eigentlich passiert? Hat die Menschheit vielleicht den Verstand verloren? Hat Gott Seinen Blick von ihr abgewandt? Hat sich der Schöpfer von Seiner Schöpfung abgewandt? Sollte sich der Gott Israels von Seinem auserwählten Volk entfernt haben? Jeder, der ein Lager betrat, stellte sich diese Fragen: Was hat das alles zu bedeuten? Welche geheimen Pläne stecken dahinter? …

Ich gebe gerne zu, daß ich einer traumatisierten Generation angehöre. Deshalb spreche ich von meinem Volk, dem jüdischen Volk. Wenn ich aber als Jude auf das tragische Schicksal der Opfer hinweise, habe ich die Absicht, das Andenken aller Opfer zu ehren. Wenn eine Gruppe von Menschen verfolgt wird, ist immer die Menschheit als Ganzes betroffen. Um der Wahrheit willen muß allerdings gesagt werden, daß nur die Vernichtung des jüdischen Volks Sinn und Zweck in sich selbst hatte. An die ihrer Identität und ihres Todes beraubten jüdischen Opfer wurde auf der ganzen Welt zu allerletzt gedacht. Die Juden sind nicht für das verdammt worden, was sie getan oder gesagt haben, sondern nur, weil sie Juden waren: Söhne und Töchter eines Volks, dessen Leiden in der Geschichte am weitesten zurückreicht.

Durch eine Verfügung der Kongresses sind diese Gedenkfeiern zu einer jährlichen Einrichtung geworden. Ich beanspruche für mich, sie aus der Taufe gehoben zu haben, Sigmund sorgt für ihren mustergültigen Ablauf. Er bringt dafür seine ganze Zeit, sein Können und seine Leidenschaft auf. Mit vielen anderen Menschen sind wir ihm dafür sehr dankbar. Ich persönlich bleibe Jimmy Carter zu Dank verpflichtet. Als ich ihm bei unserer ersten Begegnung die Idee einer jährlichen Gedenkfeier unterbreitet hatte, war er sofort einverstanden. Von allen Ideen und Unternehmungen, die mit meiner Arbeit in Washington zusammenhängen, erfüllt mich dies am meisten mit Befriedrigung.

Allerdings stoßen wir auch jedes Jahr auf dieselben Probleme: Wir können bei weitem nicht allen Wünschen entsprechen. Deshalb müssen wir vielen absagen, die gerne eine der sechs Kerzen entzün-

len, eine Rede halten oder wenigstens auf die eine oder andere Weise am Programm teilnehmen würden.

Die Ungeschicke sind den kleinen Fehlern in der menschlichen Natur zu verdanken. Es sind immer dieselben Geschichten von Neid und Eifersucht. Warum führt X in jenem Ausschuß den Vorsitz, während der arme Y nur ein gewöhnliches Mitglied ist? Warum hat der eine an jenem Treffen teilgenommen, während ein anderer nicht einmal darüber informiert wurde? Es kostet mich viel Zeit, solche Spannungen abzubauen. Aber auch das gehört zum Spiel der Macht. Ohne das geht es eben nicht.

Auch die Administration im Weißen Haus bereitet uns einige Sorgen. Zweifellos um uns zu überwachen, wird die Stelle des Verbindungsmannes zwischen Kommission und Weißem Haus einem gewissen Simon Bolten (vielleicht ein ehemaliger Mitarbeiter des CIA?) anvertraut. Seine Kollege auf unserer Seite ist Berenbaum. Wie ich später erfahren habe, dachte Bolten, seine Aufgabe bestehe im Wesentlichen darin, zu verhindern, daß die Kommission zu einer ausschließlich jüdischen Angelegenheit gemacht werde. Die Folge: Es kommt zu endlosen Behinderungen, Mißverständnissen und Verzögerungen. Zwar bleibt sein Einfluß in der Hierarchie des Weißen Hauses gering, aber auch eine Katze kann eine Hochzeit empfindlich stören, wie man in Sighet sagte. Ob Stu Eizenstadt sich darüber im klaren ist?

Unterdessen bereiten wir unsere offizielle Reise nach Osteuropa vor, zu der Präsident Carter sein Einverständnis gegeben hat. Mit dem Polen vor Jaruzelski gibt es keinerlei Probleme. Wir bekommen alle Visa, die wir angefordert haben, alle Bitten werden erfüllt. Mit der UdSSR ist es leider anders. Zuerst wird uns mitgeteilt, daß die Entscheidung über unsere Gesuche in Moskau gefällt werde. Um möglichen Schwierigkeiten vorzubeugen, begleitet Arthur Goldberg mich zur sowjetischen Botschaft. Er kennt Botschafter Anatoli Dobrynin gut. Noch hat die Sowjetunion nicht in den Afghanistankonflikt eingegriffen. Das Gespräch ist freundschaftlich, ja herzlich. Trotzdem ist das Mißtrauen nicht ganz verschwunden: Was eine Untersuchungskommission in der UdSSR solle, wenn es darum geht, den Holocaust zu untersuchen, fragt der Botschafter. Er könne gut verstehen, daß wir nach Polen reisen wollen, aber was wollten wir denn in Moskau? Ich erwähne Babij Jar. Gut, auch das kann er noch nachvollziehen, aber Babij Jar liegt in der Ukraine, nicht in Moskau ... Ich kann ihm ja nicht sagen, was er zweifellos ahnt: Daß mein Wunsch, nach Moskau zu reisen, nur sehr lose mit den Zielen unserer Kommission verbunden ist. Daß ich aber seit 1966 davon träume, »meine« mutigen, stillen Juden in der UdSSR wiederzutreffen. Bisher haben mir die Konsulate systematisch ein Visum verweigert unter dem Vorwand, alle Hotels seien ausgebucht. Jetzt, an der Spitze einer Delegation des Präsidenten, würde ich es endlich erhalten.

Trotz der Vorteile, die mir mein offizieller Status einbringt, wird mir längst nicht alles gewährt, worum ich bitte. Anfang August 1979, wenige Tage vor unserer Abreise, weigern sich die Sowjets hartnäkkig, zwei Kollegen das Visum zu geben: Jitz Greenberg und Miles Lerman. Ich erhalte die Nachricht in Frankreich, wo ich einige Wochen mit Elisha und Marion verbringe, um den Roman *Testament eines ermordeten jüdischen Schriftstellers* abzuschließen. Zahllose Telefongespräche über den Atlantik folgen. Meiner Ansicht nach geht Solidarität vor: Man soll den sowjetischen Behörden mitteilen, wir würden unsere Reise annullieren. Doch nur Sigmund Strochlitz unterstützt mich. Bookie (Bookbinder) empfiehlt eine gemäßigte Haltung. Und Berenbaum, der Assistent von Jitz, drängt darauf, trotzdem zu reisen. Seiner Meinung nach sollte die Mission wie vorgesehen durchgeführt werden. Anders gesagt: Pech für die unerwünschten Kollegen. Offensichtlich haben wir nicht die gleiche Wellenlänge.

Ein weiterer Zwischenfall stört die Vorbereitungen: Der sowjetische Schriftstellerverband beabsichtigt, ein Essen zu unseren Ehren zu geben. Ich nehme die Einladung an: Zum erstenmal werde ich Gelegenheit haben, mit Schriftstellern ins Gespräch zu kommen, die meine Helden, Der Nister und Peretz Markisch, vielleicht gekannt hatten. Zuvor möchte ich jedoch eine Liste mit den sowjetischen Gästen sehen. Verärgert antworten die Verbandsfunktionäre, die sowjetischen Gäste seien ihre Angelegenheit. Ich weiß nicht mehr, warum, aber ich bleibe hartnäckig: In diesem Fall könnten wir der Einladung nicht folgen. Am nächsten Tag trifft die Liste ein.

Auch der jiddische Dichter Aaron Vergelis ist darauf zu finden. Dem widersetze ich mich: Er ist ein unverbesserlicher Stalinist. Russisch-jüdische Schriftsteller, die nach Israel oder in die Vereinigten Staaten ausgewandert sind, erheben schwere Anschuldigungen gegen ihn. Ich selbst habe Mitte der sechziger Jahre eine Erklärung von ihm vor Journalisten in New York gehört, in der er behauptete, den russischen Juden gehe es sehr gut, sie würden sich aller Freiheiten erfreuen und die ganze Kampagne zu ihrer Unterstützung beruhe auf Lügen. In seiner Monatszeitschrift ging er so weit, mich einen CIA-Agenten zu nennen: Sonst hätte ich die Sowjetunion und den Kommunismus wohl kaum so sehr bekämpft. Kurz, ich will kein Urteil über ihn fällen, aber ich habe auch keine Lust, ihm die Hand zu reichen. Der Schriftstellerverband reagiert wütend: Er allein entscheide, welche seiner Mitglieder an dem Essen teilnähmen. Meine Antwort: In dem Fall würden auch wir entscheiden, mit wem wir essen gingen. Eine neue Liste wird uns übergeben: Der Name Vergelis ist nicht mehr dabei. Ein Streit unter Juden? Vielleicht. Ich bilde mir nichts darauf ein.

Endlich scheint alles bereit zu sein.

Die Delegation umfaßt mehrere Mitglieder der Präsidentenkommission, des Beratergremiums und Vertreter der jüdischen Gemeinden, darunter Judy und Irving Bernstein vom United Jewish Appeal und die Kunstsammler Irma und Norman Braman aus Miami.

Als gebürtiger Pole besteht Benjamin Meed darauf, als Vorhut und Kundschafter nach Warschau gesandt zu werden. Er beschwört mich, ihm diese wie auf ihn zugeschnittene Aufgabe anzuvertrauen: Er wolle darüber wachen, daß unser Programm wie vorbereitet und nicht nach Maßgabe unserer Gastgeber abläuft. »Ich kenne die Polen«, sagt er, »da muß man schwer aufpassen.« Er bekommt einfache und genaue Anweisungen: Vom Flughafen aus wollen wir zuerst zum Ghettodenkmal und dort der Opfer gedenken. Anschließend sind wir bereit, dem Programm der polnischen Regierung zu folgen. Am Flughafen erwartet uns Meed mit dem Empfangskomitee des Ministeriums für ehemalige Widerstandskämpfer. Er sieht ziemlich mitgenommen aus. Ich wußte nicht, daß er so schwach und ergeben sein kann. Niedergeschlagen erklärt er mir, die Polen hätten entschieden, uns direkt zu ihrem Denkmal in der Hauptstadt zu führen. Seine Unterwürfigkeit hat etwas Pathetisches. Für ihn standen unsere Gastgeber den einstigen Behördenvertretern, die er noch gekannt hatte, in nichts nach. »Ich habe versucht, es ihnen zu erklären«, sagt er mit vor Verlegenheit hochrotem Kopf, »ich habe es wirklich versucht, ich habe ihnen gesagt, daß ...« Noch am Flughafen setzen wir uns mit den polnischen Vertretern an einen Tisch und suchen nach einer Lösung für die erste Krise. Da ich nicht diplomatisch bin, nehme ich zu meiner eigenen Überraschung eine starre Haltung ein. Was ist nur aus dem Sigheter Talmudschüler geworden? Ich erkläre unseren Gastgebern »im Namen des Präsidenten der Vereinigten Staaten« in aller Deutlichkeit, daß uns keine außenpolitischen Gründe hierher führten, sondern einzig und allein Gewissensgründe, nämlich die Erinnerung an den Holocaust. Also: Entweder sie fahren uns zuerst, und zwar jetzt gleich, dorthin, wo früher das Ghetto stand, oder wir kehren um. Ja, wir nähmen tatsächlich das nächstbeste Flugzeug, wohin auch immer. Unsere Gesprächspartner verhehlen ihre Bestürzung nicht. Vielleicht waren sie sich nicht darüber im klaren, was es für uns, die überlebenden Juden, bedeutete, den Boden zu betreten, auf dem einst das Ghetto stand. Sie verstehen nicht, warum wir so sehr auf der Tatsache beharren, daß die Opfer Juden waren. Insgesamt, so erwidern sie in allen Tonlagen, hat Polen unter der Naziherrschaft sechs Millionen seiner Bürger verloren, und nur drei Millionen davon waren Juden. Auf ihre Frage: »Waren wir nicht genauso Opfer der Deutschen?« antworte ich: »Ja, das waren Sie. Aber wir waren zudem die Opfer der Opfer.«

Es ist mein erster Besuch in Warschau, jener Stadt, die ich durch Bücher kennen- und liebengelernt habe. Ich bin seit Auschwitz überhaupt zum erstenmal in Polen. Hatte ich mir meine »Rückkehr« so vorgestellt? In einer bedrückenden Atmosphäre erleben wir eine Enttäuschung nach der anderen. Das Warschau Roman Vishniacs, das jüdische Warschau mit seinen hungrigen Studenten und ihren versiegten Träumen, mit seinen Schriftstellern von der »Tlomatske 13« und den Dichtern um Aron Zeitlin, der Nalewkistraße Isaac Bashevis Singers, dieses Warschau hatte sich mitsamt seinen tollkühnen Arbeitern, schelmischen Jungen, Rabbinern und Intellektuellen in Rauch aufgelöst. Die jüdischste aller jüdischen Städte in der

Diaspora war vollkommen vom Erdboden verschwunden. Wer sagt, der Feind habe den Krieg verloren? Seine Opfer haben ihn jedenfalls nicht gewonnen. Warschau wird nie mehr jüdisch sein. Nie wieder.

Die Funktionäre, die wir kennenlernen, sind höflich, ja liebenswürdig, und trotzdem stellt sich bei mir unweigerlich das Gefühl ein, mich in einem ungastlichen Land zu befinden. Man ist es hier nicht gewohnt, so viele Juden auf einmal zu sehen. Befürchtet man vielleicht, wir wären wie andere Juden aus Mitteleuropa gekommen, um unsere gestohlenen Güter wieder in Besitz zu nehmen? Es sind mir Geschichten zu Ohren gekommen, in denen zurückkehrende Flüchtlinge mit den Worten »Was, Sie sind gar nicht tot?« von den neuen Besitzern empfangen wurden. Erst hat man sie beleidigt und dann davongejagt.

Darüber spricht hier niemand, es gibt nicht einmal Anspielungen darauf, und trotzdem ist es schwierig, das Unbehagen zu zerstreuen, das auf uns lastet. Die Spannung ist ständig spürbar. Unsere Reden entfernen uns voneinander. Der Justizminister, ein durch seine humanistische Bildung beeindruckender Mann, schlägt den Ton seiner Landsleute an. Auch darüber bin ich enttäuscht. Ich hätte mehr erwartet von einem Mann, dessen Aufgabe es ist, dem Gesetz Achtung zu verschaffen. Ich erzähle ihm von den Leugnern, die über alle fünf Kontinente verstreut die historische Einzigartigkeit des Holocausts bestreiten: So werden die Toten auch noch ihres Todes beraubt. Gibt es eine niederschmetterndere Ungerechtigkeit? Wer die Besonderheit des Holocaust bezweifelt, wer bestreitet, daß es dabei um die Vernichtung der europäischen Juden ging, stellt sich in diesen skandalösen Zusammenhang. Denken wir nur an die Juden, die größtenteils alles geopfert hatten, um ihrem Judentum, ihrer Tradition und ihrer Gemeinde treu zu bleiben: Wird man ihnen gerecht, wenn man ihnen diese Treue posthum in Abrede stellt? Endlose Diskussionen, bis zur Erschöpfung. Wir haben den Eindruck, um jedes Fädchen Wahrheit kämpfen zu müssen. Mit den Nerven am Ende werfe ich schließlich ein: »An wen sollen wir uns mit unserer Forderung nach Gerechtigkeit denn wenden, wenn nicht an den Justizminister?« Ich weiß nicht, warum, aber er scheint nachzugeben. Mit einemmal macht er Zugeständnisse, gibt den meisten unserer Gesuche statt: Die Archive werden geöffnet, Dokumente ausgetauscht, eine gemischte Kommission geschaffen, in der alle offenen Probleme behandelt und alle ungelösten Fragen besprochen werden sollen. Später erfuhr ich, daß er nach der Machtübernahme durch Jaruzelski seines Amts enthoben wurde.

Als nächstes brechen wir auf nach Krakau.

Auschwitz. Die Wachtürme. Der Stacheldraht.

Fremdenführer erwarten uns am Eingang des Lagers. Sie plappern zuviel. Jemand gibt ihnen zu verstehen, daß wir keine Erklärungen benötigen. Ich bin zum erstenmal hierher zurückgekehrt. Marion ist an meiner Seite, aber Elisha ist im Wagen zurückgeblieben: In seinem zarten Alter würde ein Besuch ihn überfordern.

Auschwitz als Museum! Das ist also davon geblieben: Ein Museum. Das Schild ist eine Zumutung, eine Lüge: Man könnte meinen, an diesem Ort habe es gar keine Juden gegeben, oder wenn doch, so seien sie hier eher zufällig gelandet wie versprengte Besucher. Aus Rücksicht auf die Empfindlichkeiten ausländischer, vor allem amerikanischer Touristen und um ihre Neugier zu befriedigen, hat man einen der Blocks für jüdische Häftlinge hergerichtet. Aber meistens ist er »wegen Renovierung« geschlossen. Eine Frage Schillers kommt mir in den Sinn: Die Geschichte spricht das Urteil über eine Gesellschaft, aber wer wird das Urteil über die Geschichte sprechen?

Ihre Opfer werden das Urteil über sie sprechen.

Ich gehe an »meinem« Block vorbei. Die ersten Tage, die ersten Nächte in Auschwitz: Wir lernen Hunger und Tod kennen. Der schreckliche Block 11: Das Gefängnis im Gefängnis. Hier kam man höchstens noch fürs Schafott oder zur Hinrichtung an der Todeswand heraus. Wo mag sich die dunkle Zelle Jossele Rosensafts befinden? Sie sehen alle gleich aus. Düster. Zum Ersticken.

Wir gehen weiter nach Birkenau. Eine Eisenfaust klopft in meiner Brust. Es ist taghell, aber die Nacht umhüllt uns. Dort liegt die Rampe, die Scheidelinie zwischen den in Furcht und Schrecken gehaltenen Lebenden und den künftigen Toten. Höre Israel, höre Welt! Gott, warum hast Du uns nicht erhört? Wir erklären, wir schwören: Der Herr ist unser Gott.

Die Stille. Die Stille von Birkenau. Die Stille in Birkenau ist wie keine andere. Sie birgt in sich die Schreie des Entsetzens und die erstickten Gebete von vielen Tausend jüdischen Gemeinden, die der Feind ihrer Heimat entrissen und dazu verurteilt hatte, in die namenlose, endlose Finsternis der Asche einzugehen. Das Schweigen des Menschen inmitten der Unmenschlichkeit. Das Schweigen der Toten inmitten des Todes. Es dringt ein ins Bewußtsein und verläßt es nicht mehr. Dort bildet es ein Geheimnis, das keine Macht der Welt durchleuchten kann. Die ewige Stille unter einem ausdruckslosen Himmel.

Ich bin nach Birkenau zurückgekehrt, zum schwarzen Loch der Geschichte. Eine Ewigkeit, nachdem ich es verlassen habe, bin ich nach Birkenau zurückgekehrt. Dort sehe ich den Jungen wieder, der ich einmal war, ein Eindruck völliger Unwirklichkeit, nur daß jetzt alles ruhig erscheint, beinahe friedlich. Ich schließe die Augen: Aus der Tiefe der Zeit steigen grauenerregende Bilder auf. Der dicke Rauch, die Ascheberge. Unzählige Menschen mit starren Gesichtern rennen in alle Richtungen. Im verwünschten Königreich von Birkenau geht niemand langsam. Selbst der Tod stürzt sich in aller Eile auf seine Beute. Der Tod hat keine Zeit. Er muß überall zugleich sein.

Das Leben, der Tod: In rasender Geschwindigkeit greift alles ineinander. Die Zukunft beschränkt sich hier auf den Augenblick vor der Selektion und dem Abmarsch. »Ich werde mich mein Leben lang an dich erinnern«, sagt ein Mann zu einem anderen, der neben ihm steht. Eine Stunde später lebt er nicht mehr. Hier muß man die Gegenwart festhalten, mit aller Hartnäckigkeit, sonst entwischt sie einem ins Nichts. Man rennt zum Waschen, man rennt beim Anziehen. Man rennt zur Brotausgabe, zur Margarinezuteilung, zum Suppentopf, man rennt zum Appell, man rennt zur Arbeit, man rennt von einem Block zum anderen, von einem Mann zum anderen auf der Suche nach einem vertrauten Blick, auf der Suche nach einem tröstenden Wort.

Mit schmerzhafter Eindringlichkeit erinnere ich mich an das Bellen der Hunde. An das Brüllen der Mörder. An das Krachen der Knüppel, die auf den Nacken niederprasseln. An den stummen Schmerz der hungernden, abgezehrten, niedergeschlagenen Häftlinge, an ihre Demütigung, die so schwer ist wie die Verfluchung. Daran werde ich mich immer erinnern.

Mein Freund aus Kindertagen, Mosche-Chaim Berkowitz, der Sohn des Vorsängers von Sighet, ein Mann von großem Herzen und tiefem Glauben, zeigt mir etwas zu unserer Linken. Woran denkt er? Er war mit dem ersten Zug aus Sighet angekommen, ungefähr eine Woche vor mir. Vielleicht zeigt er mir den Oberrabbiner, den Rabbi von Borsche, den Rabbi von Kretschenew, ihre Familien und die unserer Schulkameraden aus dem Cheder, die hier alle spurlos verschwunden sind. Seine Lippen bewegen sich. Er spricht einen Psalm. Ich schließe mich ihm an.

Wie friedlich jetzt alles hier aussieht. Wie an einem eisigen Januartag. An einem sonnigen Augusttag. Der Wind läßt die weißgrauen Wolken über uns in der Ferne zittern. Hier ist alles fern. Damals war es die dritte Maiwoche. Es war kalt. Hilda und Bea schwiegen. Ein kleines Mädchen mit goldblonden Haaren zog seinen Mantel an, bevor es aus dem Waggon sprang. »Knöpf ihn zu«, sagte seine Mutter zu ihr. Und das schöne, ganz ruhige und stets gehorsame Mädchen mit dem goldblonden Haar hat seinen Mantel zugeknöpft. Ich begleite sie mit meinem Blick. Seither habe ich sie nicht mehr aus den Augen verloren. Ich sehe sie noch durch meine Tränen, ich sehe noch, wie sie von der sich entfernenden Menge mitgerissen wird, ein kleines, ganz braves Mädchen mit einem erschütternd reinen und schönen Lächeln, ein kleines jüdisches Mädchen mit verträumtem Lächeln und umwölktem Blick, ein Blinklicht auf einem untergehenden Schiff. Es genügt, die Augenlider zu schließen, und schon packt einen die Zeit und wirft einen viele Jahre zurück. Dort hat sich nichts geändert. Es gibt eine Ebene des Bewußtseins, auf der das Leben immer gleich bleibt.

Birkenau: Ich hatte nicht gewußt, daß das Lager relativ klein war. Soll das vielleicht jenes schwarze Loch in der Zeit sein, demjenigen ähnlich, das die Wissenschaftler im All ausmachen? Es hat ein ganzes Volk verschlungen mit all seinen Prinzen und Bettlern, Kindern und Greisen, Hoffnungen und Erinnerungen.

Von Auschwitz und Birkenau hat sich Birkenau am stärksten ins Gedächtnis eingeprägt. Auschwitz ist zu gepflegt, zu gut erhalten. Aber die Wirklichkeit von Auschwitz übersteigt alles, was ein Museum zeigen oder bewahren kann. Mit den Jahren werde ich immer mißtrauischer gegen Museen, die den Anspruch haben, heilige Stätten der Erinnerung zu sein. Birkenau ist es nicht. Birkenau sieht heute noch so ähnlich aus wie damals. Es genügt, sich zu bücken, um auf dem Boden die Asche zu entdecken, die einst vom Himmel fiel und mit der die kümmerlichen Überreste der zahllosen schweigsamen und braven, so furchtbar braven jüdischen Kinder in alle Richtungen verstreut wurden.

Ich gehe mit einigen Kameraden und Freunden durch das Lager. Auch hier hält ein Führer es für nötig, uns Erklärungen und Kommentare zu geben. Wir hören ihm nur aus Höflichkeit zu. Da ist die Rampe, dort liegen die Gleise, die diesen Ort mit allen Zentren jüdischen Lebens auf dem ganzen Kontinent verbinden, Gleise, die vor dem riesigen Altarfeuer zusammenlaufen, dessen Flammen zum Himmelsthron emporlodern, ihn berühren müßten. Damals im Mai, am Abend unserer Ankunft, waren wir nicht in der Lage zu verstehen, was diese Rampe bedeutete. Völlig verblüfft dachten wir, in einen Alptraum geraten zu sein. Hier war also die Rampe. Der Umschlagplatz. Joseph Mengele. Eine Bewegung mit dem Stock wies den Weg in den Tod. Im Morgengrauen war von unserem Zug nicht mehr viel übrig.

Ich glaube, über diesen Mittelpunkt des Bösen habe ich alles gelesen. Ich weiß alles, ahne alles über die letzten Stunden der Opfer. Ich werde nichts sagen. Es sich auszumalen, wäre abgeschmackt, davon zu erzählen, schamlos. Als wir uns der Stelle nähern, wo die Massenmörder die Gaskammern und Krematorien errichtet hatten, müssen wir die Zähne zusammenbeißen, um nicht loszuheulen, zu schreien und zu weinen. In jenem Raum, der das Vorzimmer des Todes war, verspüren wir Ehemaligen von Auschwitz das Bedürfnis, uns in die Arme zu nehmen und einander zu stützen. Einen endlosen Moment lang verharren wir stumm. Die Gedanken tragen uns fort. Wohin führen sie uns? Was zeigen sie uns? Ich werde es Ihnen nicht sagen ... Plötzlich beginne ich das Gebet der jüdischen Märtyrer zu sprechen, zuerst ganz leise, dann lauter und immer lauter. Meine Kameraden stimmen ein. Das Murmeln steigert sich zu einem Schrei, zum Schrei einer vor Schmerz und Hellsichtigkeit wahnsinnig gewordenen Gemeinde: »*Schema Israel* – Höre Israel, der Herr ist unser Gott, Gott ist einzig.« Einmal, fünfmal ... Beten wir, weil die Opfer damals, den Tod vor Augen, dieses Gebet gesprochen haben und weil es uns am Herzen liegt, rückschauend Solidarität mit denjenigen zu bekunden, die wir liebten und noch immer lieben? Weil angesichts des Endes, an der Schwelle zum Tod, alle Worte zu Gebeten werden und alle Gebete zu dem einen verschmelzen?

In den offenen Güterwaggons, die uns im Januar 1945 von Auschwitz nach Buchenwald brachten, haben wir, zermürbt von einem heftigen Schneesturm, aus letzter Kraft ebenfalls dieses Gebet geschrien. Mit dem letzten Atemzug wollten wir einer unwürdigen Welt unseren Glauben an Denjenigen kundtun, der Quelle allen Glaubens ist, und das trotz Auschwitz: Gott ist einzig, trotz der Massenmörder; der Herr ist unser Gott, trotz Buchenwald. Höre Israel: trotz Auschwitz.

Wieder umgibt uns eine bedrückende Stille. Sie erinnert an jene, die der Offenbarung am Sinai vorausging. Der Talmud gibt uns eine poetische Auslegung: eine Stille, in der kein Tier mehr blökte, kein Hund mehr bellte, kein Wind mehr wehte, keine Welle sich mehr kräuselte, kein Vogel mehr piepste. Das ganze Universum hielt den Atem an in Erwartung des göttlichen Wortes ...

Dies sollte jeder Besucher tun, der Birkenau betritt oder an Birkenau und seine Bedeutung denkt: den Atem anhalten und warten, warten und den leisen Tönen der drängendsten Stimme dieser Zeit lauschen, nämlich der Stimme der Erinnerung, die brennt und brennt und sich niemals verzehrt.

Wenn ich dieser Stimme in mir lausche, höre ich die eines jüdischen Mädchens mit goldblondem Haar, das sich an den Arm seiner Mutter, meiner Mutter klammert und möchte, daß ... – ja, was möchte sie? Was mag ein kleines jüdisches Mädchen mit goldenem, in der Finsternis glimmendem Haar wollen? Ich weiß es nicht, ich werde es nie wissen, niemand wird es jemals wissen.

Sechzehn Jahre später spreche ich bei den Feierlichkeiten zum fünfzigsten Jahrestag der Befreiung von Auschwitz und Birkenau etwas aus, was einige Christen als Kränkung empfinden:

Barmherziger Gott, hab kein Erbarmen mit denen, die diesen Ort ersonnen haben.
Gnädiger Gott, hab keine Gnade mit den Mördern der jüdischen Kinder.
Vergib weder den Mördern noch ihren Komplizen.
Sieh die langen Schlangen der Kinder am Abend; sieh die immer größere Schar verängstigter Kinder …
Wenn wir jetzt auch nur ein einziges sehen könnten, würde es uns das Herz brechen.
Hat ihr Anblick auch nur einem der Mörder das Herz gebrochen?
Gott, barmherziger Gott, hab kein Erbarmen mit denen, die keines mit den jüdischen Kindern hatten.

Ich habe diese Sätze ohne Haß gesprochen. Auch nicht wütend, sondern erfüllt von großem Schmerz. Denn in Birkenau begegne ich wieder dem Bösen, das alle Freude untergräbt.

Als ich am 6. Februar 1995 in Krakau lande, werde ich am Flughafen vom amerikanischen Botschafter, Nicholas Ray, und Vertretern der polnischen Regierung empfangen. Ich werde als VIP behandelt: »Herzlich willkommen.« Keine Einreiseformalitäten, dafür aber drei Leibwächter, die nicht mehr von meiner Seite weichen. Höflichkeitsrituale, Lächeln. Unsere Fahrzeuge brausen mit Blaulicht und Sirenen über die Straßen, obwohl diese eigentlich leer sind. Kurz: Viel Lärm und feierliche Töne. Schließlich bin ich der persönliche Vertreter Präsident Bill Clintons, in dessen Auftrag ich gemeinsam mit seinem brillanten Staatssekretär Richard Holbrooke, dem Mann, der den Krieg in Ex-Jugoslawien beenden wird, die amerikanische Delegation leite. Ich spüre eine unsagbare Angst in mir anwachsen oder wieder anwachsen. Das Herz wird mir schwer, schwer von Angst und Trauer. Ich frage mich, ob es richtig war hierherzukommen. Dabei habe ich doch schon an so mancher Gedenkfeier oder Gedenkfahrt teilgenommen, mich mit Reden und Gebeten beteiligt. Die Zahl Fünfzig ist allerdings von einer besonderen symbolischen Bedeutung. Deshalb sind auf Einladung des Präsidenten der polnischen Republik Lech Wałesa so viele Staatschefs, Würdenträger und Überlebende hier versammelt.

Ich stehe ungern im Mittelpunkt von Polemiken. Um dieses Ereignis entspannt sich allerdings eine polemische Auseinandersetzung, und sie findet wochenlang ein Echo in der Weltpresse. Dabei stehen sich die Behörden in Warschau auf der einen und die jüdischen Organisationen, besonders der Jüdische Weltkongreß, auf der anderen Seite gegenüber. Es geht um das Programm zur Fünfzigjahrfeier. Bis Anfang November liegt die Organisation in den Händen des Internationalen Auschwitz-Komitees unter Vorsitz eines ehemaligen Deportierten aus Belgien, Baron Maurice Goldstein. Dann übernimmt die Staatskanzlei von Präsident Wałesa diese Aufgabe. Leider scheint sie ihr nicht gewachsen zu sein. Die Bürokratie ist zu schwerfällig, Ungeschicklichkeiten häufen sich: Einladungen werden zu spät oder überhaupt nicht verschickt, man gibt zweideutige Erklärungen ab, ergreift unglückliche Maßnahmen und kränkt damit die Empfindungen der Juden.

Ein Beispiel: Das offizielle – oder zumindest halbamtliche – Programm, das mir nach New York geschickt worden ist, sieht zwar noch das jüdische Gebet für die Toten vor, aber der Platz, der ihm eingeräumt wird, stellt eine Unverschämtheit dar. Zuerst kommen die Sirenen, anschließend die Kranzniederlegungen und die Reden. Wenn die Würdenträger wieder auf und davon sind, können diejenigen, die beten möchten, ihre Gebete sprechen. Anders ausgedrückt: Das Kaddisch und das *El mahle Rachamim* werden bloß ein Anhängsel im Programm sein. Auf eine entsprechende Frage der *New York Times* antworte ich, daß ich auf meine Rede verzichten und statt dessen das Kaddisch sprechen würde, wenn das Programm nicht mehr geändert würde.

Um ehrlich zu sein: Angesichts der offensichtlich skandalösen Haltung der Organisatoren habe ich mir ernsthaft überlegt, ob ich der Veranstaltung nicht besser fernbliebe. Wozu sollte ich nach Polen reisen? Um einem Medienrummel beizuwohnen, bei dem das Gedenken an die jüdischen Opfer nur entehrt werden kann?

Denn eines war klar: Ziel der polnischen Regierungsvertreter war es, Auschwitz als eine Tragödie zu zeigen, die mit dem Judentum nichts zu tun hatte. Das ist nichts Neues. Unter dem kommunistischen Regime wurde seit 1945 und bis in die neunziger Jahre hinein alles getan, um den rein jüdischen Aspekt dieser Tragödie zu verschleiern und herabzumindern. Laut Propaganda gab es nur antifaschistische und antinazistische Opfer, polnische Bürger und politische Gefangene. Der Gipfel: Man unterschlug absichtlich oder vergaß, daß neunzig Prozent der in dieser Todesfabrik umgebrachten Opfer Juden waren, eine Zahl, die auch von nichtjüdischen Historikern bestätigt wird. Und nun geht dieser Skandal unter der Herrschaft des Solidarnošć-Gründers Lech Wałesa einfach so weiter, jenes Wałesa, den ich 1988 zusammen mit anderen Nobelpreisträgern durch die Lager von Auschwitz und Birkenau geführt habe. Hat er denn überhaupt nichts aus unseren Gesprächen gelernt?

Das Problem betrifft freilich nicht nur einzelne Personen, es stellt sich vielmehr auf psychologisch-historischer Ebene: Warum wollten die Polen in ihrem kollektiven Bewußtsein den jüdischen Teil ihrer Vergangenheit vollkommen vergessen? Vielleicht auf Grund von Schuldgefühlen? Oder aus Neid auf das Martyrium der Juden? Oder paßte es besser ins Konzept, das allgemeine Leiden unter der deutschen Besatzung seines jüdischen Anteils zu berauben?

Es mag paradox erscheinen, aber letztendlich habe ich mich entschieden, die Einladung von Präsident Wałesa anzunehmen, gerade weil es solche Kontroversen um den fünfzigsten Jahrestag gab. Habe ich das Recht, mich da rauszuhalten, fragte ich mich. Wer weiß, vielleicht würde es mir in meiner Doppelrolle als Träger des Friedensnobelpreises und als Repräsentant des Präsidenten der Vereinigten Staaten mit etwas Glück gelingen, die Streitigkeiten beizulegen.

Marion fehlt mir; ich brauche ihre Hilfe, ihre Ratschläge. Aber sie hat Gedenkfeiern nie gemocht.

Zwei Freunde begleiten mich: Sigmund Strochlitz, selbst ein Überlebender von Auschwitz, und Pierre Huth, dessen Vater Schreiber im berüchtigten Block 11 von Auschwitz (dort wurden die Gefangenen gefoltert und hingerichtet) war.

Das Forum-Hotel in Krakau ist der reinste Ameisenhaufen. Eine Atmosphäre wie bei einer großen internationalen Konferenz. Überall Offiziere der polnischen Staatssicherheit, mißtrauische Leibwächter, die unaufhörlich in winzige Mikrofone flüstern. Abgesandte und Journalisten rufen sich etwas zu, man hört alle Sprachen Europas. Alle sind sehr geschäftig und haben es eilig. Die ausländischen Delegationen werden in der altehrwürdigen Jagellonen-Universität zu einer Feierstunde erwartet, bei der Präsident Wałesa das Wort ergreifen soll. Ich gehe nicht hin. Der freibleibende Sitzplatz zwischen dem polnischen Präsidenten und seinem deutschen Amtskollegen Herzog sorgt für großes Stirnrunzeln. Alle Welt weiß das Zeichen zu deuten: Es ist meine Form des Protestes gegen die offizielle Marschrichtung bei den Feiern, das Judentum der Opfer zu unterschlagen.

Ich schließe mich lieber den Vertretern der Juden an, die eine rein jüdische Gedenkfeier in Birkenau organisiert haben.

Am Tag zuvor hat mir Marion eine Einladung Wałesas zum Mittagessen zu zweit auf dem Wawel übermittelt. Ich hätte sie natürlich gerne angenommen, und sei es nur im Bemühen um die Lösung des Konflikts. Aber dann wäre ich nicht rechtzeitig nach Birkenau zurückgekehrt. Nach einigem Hin und Her teilt mir der amerikanische Botschafter Nicholas Ray mit, das Treffen sei nunmehr für den heutigen Abend vorgesehen.

Ich fühle mich beruhigt. Wałesa wird sicher Verständnis haben; und sollte er stur bleiben, würde Polens Image großen Schaden nehmen. Was fordere ich denn Großes? Ein paar Minuten für ein paar Gebete. Das kann doch nicht zuviel verlangt sein? Nein, ich mache mir keine Sorgen. Wir werden diese einmalige Gedächtnisfeier in Würde begehen.

Ich fahre nach Birkenau.

Die Feier dort ist sehr bewegend. Der israelische Parlamentspräsident Schewa'h Weiss, selbst polnischer Abstammung, hält eine Rede auf hebräisch und auf polnisch. Ich beginne meine Rede auf jiddisch und fahre dann auf englisch fort. Ich spreche vor allem über ein Thema, das mich seit 1945 verfolgt: die jüdischen Kinder. Ich sehe sie wieder wie am Abend unserer Ankunft. Ich sehe ein wunderschönes kleines Mädchen mit blauen Augen und goldblondem Haar. Ich sehe meine jüngste Schwester: Mein Vater hat sie zum Lachen gebracht. Jedesmal, wenn ich an sie und ihr Lachen denke, muß ich weinen.

Am Nachmittag versammeln sich die Nobelpreisträger (Wałesa, Georges Charpak, ich), die Vertreter mehrerer internationaler Organisationen und die Leiter der ausländischen Delegationen auf dem

Wawel. Unser Ziel ist es, einen »Auschwitzer Appell« zu entwerfen und zu verabschieden, in dem die Völker und Nationen aufgerufen werden, alles zu tun, um ein neues Auschwitz zu verhindern. Wałesa leitet die Sitzung. Er verliest einen Textentwurf, den seine Mitarbeiter vorgelegt haben. Ich traue meinen Ohren kaum: Das Wort jüdisch kommt nicht einmal vor. Schon heute morgen in der Jagellonen-Universität hat er die jüdischen Teilnehmer dadurch brüskiert, daß er jeden Hinweis auf die Tragödie der Juden in Auschwitz unterließ. Wie läßt sich seine Gefühllosigkeit hinsichtlich der Juden erklären? Begreift er denn nicht, daß sein Vorgehen die Dinge nur noch schlimmer macht? Was für ein Ziel verfolgt er damit?

Auf Anraten Holbrookes ergreife ich das Wort, sobald er den Text zu Ende gelesen hat. Höflich, aber bestimmt weise ich auf die Mängel des vorgeschlagenen Textes hin. Mit großem Nachdruck erkläre ich, daß es mir undenkbar erscheine, einen Appell an die Menschheit zu richten, sie möge aus Auschwitz lernen, ohne klipp und klar zu sagen, daß der größte Teil der Opfer Juden waren. Natürlich leugne ich nicht, habe ich nie geleugnet, daß in Auschwitz auch viele Menschen anderer Völker vom verfluchten Königreich der Nacht geschluckt wurden, aber ich beharre darauf, daß die Juden ungewollt die überwältigende Mehrheit bildeten. Schewa'h Weiss unterstützt mich. Weitere Redner beziehen in meinem Sinne Stellung. Die erste Schlacht ist gewonnen. Doch ein bitterer Nachgeschmack bleibt. Ein erbärmlicher Sieg.

Im Laufe der Sitzung ereignet sich ein »diplomatischer« Zwischenfall, der praktisch unbemerkt bleibt. An ein und demselben Tisch sitzend, würdigen sich die Vertreter Serbiens und Bosniens keines Blickes. Verständlich. Doch als der Serbe das Wort ergreift, verläßt der Bosnier den Saal. Zwischen den beiden Männern liegt ein Abgrund aus Blut und Tod.

Hie und da kommentieren einige Delegierte flüsternd den Vorfall. Mehr passiert nicht. Im nächsten Moment ist man schon wieder bei einem anderen Gesprächsthema.

»Dann bis heute abend«, verabschiedet sich Wałesa am Ausgang von mir. »Ja, bis nach dem Konzert«, erwidert der amerikanische Botschafter, der dem Gesandten Präsident Clintons nicht mehr von der Seite weicht, mit großer Genauigkeit.

Auf dem Programm steht das *Polnische Requiem* von Krzysztof Penderecki. Ein schmerzliches, erschütterndes Werk, vom Komponisten selbst auf wunderbare Weise dirigiert, aber … Wäre im Sinne der »Ökumene« ein anderes Werk nicht besser geeignet gewesen? Hätte man nicht wenigstens einige Lieder aus den Ghettos ins Programm aufnehmen können? Ist dies nicht ein Anzeichen mehr für den Versuch der polnischen Seite, Auschwitz zu christianisieren?

In einem Nebenraum des Theaters findet schließlich das Gespräch unter vier Augen mit dem Präsidenten der polnischen Republik statt.

Zu meinem großen Erstaunen kommt er sofort zur Sache:

»Wir kennen uns seit Jahren. Wir waren Freunde. Doch seit ich zum Präsidenten der Republik gewählt worden bin, haben wir keinen Kontakt mehr.«

Ich antworte, daß ich bedeutende Persönlichkeiten nur äußerst ungern stören würde. Ich wisse ja, wie sehr sie von aller Welt in Anspruch genommen werden, wie sehr sie beschäftigt sind. Früher sei das anders gewesen …

Hätte ich ihm sagen sollen, daß ich die antisemitischen Untertöne seiner Wahlkampagne mißbilligt habe? Dafür ist jetzt nicht der richtige Moment. Im Augenblick geht es darum, eine Krise zu lösen und eine Entgleisung zu vermeiden, die sowohl dem Geist als auch dem Ablauf der Feierlichkeiten am nächsten Tag drohen. Das gebe ich ihm mit knappen Worten zu verstehen. Sehr erregt und mit lebhafter Gestik, die seine Gedanken unterstreicht, erwidert er:

»Wenn Sie von einer Krise sprechen, warum haben Sie nicht einfach zum Telefon gegriffen und mich angerufen? Unter Freunden kann man doch miteinander reden. Unter Freunden läßt sich so etwas schnell klären.«

Soll ich ihm sagen, daß er ja auch mich hätte anrufen können? Ich ziehe es vor, ihm zu erklären, daß ich mindestens fünf- oder sechsmal bei seinem für die Durchführung der Feierlichkeiten zuständigen Minister angerufen habe und daß mir jedesmal geantwortet worden sei, ich müsse polnisch reden, der Minister verstehe weder Englisch noch Französisch, noch Deutsch. Wałesa läßt den

Vorwurf gelten und schlägt vor, daß wir jetzt zur Sache selbst kommen sollten.

Ich setze ihm die Beschwerden der jüdischen Gemeinden und Organisationen kurz auseinander und erkläre ihm, warum wir uns gekränkt fühlen. Ich frage ihn, ob er sich noch an unseren gemeinsamen – seinen ersten – Besuch in Auschwitz und Birkenau erinnert. Ja, er erinnert sich. Und urplötzlich tritt eine radikale Veränderung ein, man spürt es förmlich an der Stimmung, die mit einemmal herrscht und die aufgeräumter, fröhlicher zu sein scheint. Nachdem sich die Spannungen gelöst haben, geht alles sehr schnell. Wałesa möchte meine Wünsche wissen. »Es geht um das Kaddisch und die Gebete, die zu diesem Anlaß geboten sind ...« Er läßt mich kaum ausreden, erklärt sich sofort einverstanden. Was noch? Außerdem, antworte ich ihm, würde ich mir wünschen, daß er in seiner Ansprache klipp und klar sagt, was wir Juden unaufhörlich in sämtlichen Sprachen der Welt verkünden, daß der Holocaust zuvorderst eine in ihrer Art einzigartige Tragödie des jüdischen Volkes ist ... Auch damit ist er einverstanden. Zum Schluß fügt er noch hinzu: »Und anschließend sind wir wieder Freunde, versprochen?«

Am nächsten Tag hält er tatsächlich Wort. Erst in Auschwitz, dann in Birkenau spricht er von der Einzigartigkeit des jüdischen Schicksals an diesen Orten. Und zur Eröffnung der Hauptfeier spricht ein Rabbiner das Kaddisch, singt das *El mahle Rachamim* und stimmt danach das Glaubensbekenntnis der Märtyrer an: »*Adoschem hu ha-Elokim* – der Herr ist unser Gott – und *Schema Israel* – Höre Israel, der Herr ist unser Gott, der Herr ist einzig.« In früheren Jahrhunderten gingen die gläubigen Juden, die den Übertritt zum Christentum verweigerten, mit diesem Bekenntnis auf den Lippen in den Tod durch Feuer und Schwert ...

Natürlich haben die Organisatoren auf orthodoxe, katholische und evangelische Priester nicht verzichtet, ja, sie ließen sogar einen muslimischen Kadi kommen. Viele Teilnehmer runzeln die Stirn: Hatte es denn Muslime unter den Opfern in Auschwitz gegeben? Vergißt man die muslimischen SS-Divisionen? Und Hadj Amin el-Husseini, den Mufti von Jerusalem und Freund Heinrich Himmlers, der ihm 1942 hier als Führer diente? Gut, wir wollen nicht kleinlich sein, keine kaum vernarbten Wunden wieder aufreißen. Manchmal muß man eben schlucken und den Blick abwenden. Hauptsache, der Rabbiner konnte die Gebete sprechen, und wir konnten sie nachsprechen.

Journalisten, Gesandte und Überlebende umringen und beglückwünschen mich: So haben wir zuletzt einen Sieg errungen, und was für einen!

Ich denke an diejenigen, deren Friedhof der Himmel ist, und ich fühle mich überhaupt nicht wie ein Sieger.

Kehren wir zur Reise unserer Untersuchungskommission im Jahr 1979 zurück. Als wir wieder in Warschau sind, werden wir vom Parlamentspräsidenten und einigen einflußreichen Regierungsmitgliedern zu einem Abschiedscocktail eingeladen. Sie wissen nicht, daß dieser Tag ein Fastentag für uns ist. Zu Beginn stieß unsere Reise auf Unverständnis, und sie endete mit einer Peinlichkeit.

Unser nächstes Etappenziel ist Kiew, die schöne Hauptstadt der Ukraine mit ihren Parkanlagen – und ihrer antisemitischen Vergangenheit. Kiew ist Babij Jar. Babij Jar oder das Leiden der Juden. Babij Jar oder das Gedächtnis der Juden. Babij Jar oder der Zorn der Juden. Wie alte Fotos mit Büttenrand, so habe ich noch die Bilder von meinem ersten Besuch 1965 vor Augen. Die für immer und ewig verängstigten Greise in der Synagoge, die stumme Frau mit ihrer verschlossenen Erinnerung – nach ihrer Rettung aus der Todesschlucht hatte sie ihre Stimme verloren. Ich verstand es einfach nicht: Das Massaker dauerte zehn Tage, man hörte das Knattern der Maschinengewehre, und kaum ein Jude versuchte zu fliehen oder sich zu verstecken. Und auch das begriff ich nicht: Tag für Tag wurden Juden erschossen, und die übrige Bevölkerung hatte nichts getan, um hier einen Nachbarn, dort einen alten Kameraden oder einen Bekannten zu retten.

Eine schmale, enge Straße diente als Sammelplatz. Am Ende lag eine kleine Schlucht. Dort wurden die Opfer in langen Reihen hintereinander aufgestellt und von Maschinengewehrsalven aus nächster Nähe umgemäht. Die Mörder drückten ab, und die Opfer stürzten tot oder lebendig in die Schlucht. Kiew oder das amtlich verfügte Vergessen, Kiew oder die Schmach der Juden. Wie sollte sich ein Jude hier wohl fühlen?

Unser Zeitplan ist sehr gedrängt. Wir hören Vorträge, man zeigt uns unbekannte Dokumente über Razzien und Folterungen, Demütigungen und Erschießungen, niedergebrannte Dörfer und verstümmelte Leichen ... Mir ist fortwährend übel.

Das Schlimmste erwartet uns beim Denkmal von Babij Jar. Eine Militärkapelle spielt, es gibt Blumensträuße in allen Farben. Dazu einen roten Teppich mit allem Drum und Dran. Alle Regierungsvertreter und alle ukrainischen Presseorgane sind anwesend. Die politische Führung von Kiew ist stolz auf sich. Das Fehlen eines Denkmals in Babij Jar kann man ihnen nicht mehr vorwerfen. Nun, scheinen sie uns zu fragen, seid Ihr jetzt endlich zufrieden?

Das riesige Mahnmal im Stile Stalins ist bombastisch, schwülstig, übertrieben und offen gestanden vulgär. Durch seine Größe und Häßlichkeit hat es eine verheerende Wirkung. Na und, sage ich mir, das ist ihre Sache. Es kann schließlich nicht meine Aufgabe sein, sie der Geschmacklosigkeit zu bezichtigen. Aber ich darf und ich muß ihnen ihren Mangel an Takt, Anstand und Aufrichtigkeit vorwerfen und ihre Absicht, die historische Wahrheit zu verfälschen, kurz, ihren Hang zur Lüge.

Denn das Wort »jüdisch« ist am Mahnmal natürlich nicht zu finden. Gemäß der Inschrift waren die Opfer brave, von den Faschisten ermordete Sowjetbürger.

Die Wut, die in mir aufsteigt, kocht schließlich über. Ich sage den Vertretern der ukrainischen Regierung, wie sehr es mich 1965 bekümmert und empört hat, daß es an diesem verfluchten Ort nichts anderes gab als die Leere, die alles umhüllte, was von den Opfern geblieben war: nämlich ihr Andenken. Aber das war bei weitem nicht so schlimm, wie das, was ich jetzt empfinde.

Ich frage sie: Wie können sie es wagen, die Wahrheit derart zu verfälschen? Wer hat eine solche Entweihung zugelassen, wer hat sie angeordnet? Warum sind die ermordeten Juden umgebracht worden? Weil sie Ukrainer, Sowjetrussen oder Kommunisten waren?

Ich war selten von einer solchen Wut, einem solchen Widerwillen ergriffen. Ich mußte mir in Erinnerung rufen, daß ich als Vertreter des Präsidenten der Vereinigten Staaten hier war: Hatte ich das

Recht, ihn in diese Sache zu verwickeln und womöglich einen diplomatischen Zwischenfall zu verursachen? Daran denke ich erst gar nicht. Morgen ist genug Zeit, darüber nachzudenken.

Der Festakt ist schnell beendet. Fast ohne Verabschiedung steigen wir in den Bus und fahren Richtung Flughafen. Warum hält der Bus unterwegs an? Das Programm, teilen unser Führer und der Busfahrer uns mit, sehe noch eine kleine Mahlzeit vor, um die ukrainische Gastfreundschaft zu zeigen. Aber wer sollte jetzt noch Appetit haben oder etwas trinken mögen? Wir werden es drinnen sehen.

Man könnte meinen, es gebe etwas zu feiern. Ein volkstümliches Orchester spielt schnelle, heitere Tanzmusik. Da ich in müßigen Stunden zu Paranoia neige, bin ich jetzt überzeugt, daß noch etwas zum Programm gehört: Die Ukrainer wollen uns vorführen, sie wollen zeigen, daß Juden wie wir nur Verachtung verdienen. Seht her, wird es heißen: Kaum haben sie Babij Jar verlassen, schlagen sie sich schon den Bauch voll, genießen sie das gute Essen und den Wodka. Da werden sie nicht auf ihre Kosten kommen, denke ich im stillen, keiner von uns wird auch nur einen Happen zu sich nehmen ... Aber nein, ich habe mich getäuscht. Einige Mitglieder unserer Delegation (ich schäme mich für sie, deshalb nenne ich ihre Namen nicht) geben der Versuchung nach, gehen in die Falle. »Um sich wieder zu fassen«, trinken sie zwei oder drei Gläschen Wodka. Von der Musik beschwingt, beginnen sie auch noch zu tanzen. Und das auch noch mit Begeisterung. Die Blicke der Musiker lassen ein ironisches Blitzen erkennen. Noch heute dreht es mir den Magen um vor Pein, wenn ich nur daran denke.

Noch ein Zeitsprung: 1991 besuche ich mit Edgar Bronfman, Israel Singer und Elan Steinberg vom Jüdischen Weltkongreß die Hauptstadt der nunmehr unabhängigen Ukraine.

Präsident Leonid Krawtschuk empfängt uns in Gegenwart seiner Berater und Vertretern der jüdischen Gemeinden aus der ehemaligen UdSSR. Der Präsident ist zufrieden. Er hat Anweisungen erteilt, daß zum fünfzigsten Jahrestag des Massakers von Babij Jar ein Mahnmal nur für die jüdischen Opfer errichtet und aus diesem Anlaß eine Veranstaltung mit Reden, Kolloquien und Konzerten organisiert wird. Kurz: Es lebe die Kultur! Er wünscht sich, daß in Zukunft zahlreiche jüdische Touristen nach Kiew strömen.

Ich stelle ihm mehrere Fragen:

Erstens. Da Babij Jar bei Kiew liegt, mußten die Juden durch ganz gewöhnliche Straßen gehen, um dorthin zu gelangen. Ob er mir sagen könne, wieviel Ukrainer damals ihre Türen geöffnet hätten, um ein Kind, eine kranke Frau oder einen verzweifelten Mann aufzunehmen und sie vor dem Tod zu retten?

Zweitens. Gehen wir einmal davon aus, daß die Einwohner von Kiew über die Massaker Bescheid wußten. Ob er mir erklären könne, wie die Bevölkerung es geschafft habe zu schlafen? Drangen die erstickten Schreie in tiefster Nacht denn nicht bis zu ihren Ohren?

Drittens. Wenn sich die Regierung der unabhängigen Ukraine schon dazu entschlossen hat, des Massakers an den Kiewer Juden zu gedenken, warum hat sie dann kein Datum nach dem jüdischen Kalender dafür ausgesucht?

Krawtschuk und seine Berater richten ihren Blick zu Boden und hören zu. Dann antwortet mir der Präsident der Ukraine mit einem Kompliment ... literarischer Natur! Er beglückwünscht mich zu meinem dichterischen Talent und meiner ethischen Stärke.

Seltsam: Jedesmal, wenn ich Kiew besuche, wird mir übel, es schmerzt mir die Seele, und es schmerzt die Erinnerung.

In Moskau 1979 verfolge ich ein doppeltes Ziel: Zum einen will ich die Freilassung der »Gefangenen Zions« erreichen, zum anderen über die Öffnung der sowjetischen Geheimarchive für amerikanische und israelische Wissenschaftler verhandeln.

Zu unserem zweiten Anliegen erhalten wir freundliche Versprechen und höfliche Versicherungen. Zum ersten nicht einmal das. Ob die Vertreter der sowjetischen Behörden unsere Anweisungen vom Außenministerium kennen, nach denen wir keine politischen Probleme zur Sprache bringen sollen? Es steht uns frei, alles anzusprechen, was die Vergangenheit betrifft, die Judenverfolgungen, den Rassismus, den antifaschistischen Kampf und den Holocaust, aber wir dürfen nicht nach dem Schicksal von Refusniks und Dissidenten fragen; es könnte die Beziehungen zwischen den beiden Großmächten stören. Wir befinden uns in einer heiklen, unsicheren

Lage, ja, wir stecken in einem Dilemma: Sollen wir uns an die Anweisungen halten und nichts tun, oder sollen wir sie unterlaufen und unseren Präsidenten womöglich noch in große Schwierigkeiten bringen, bei dem sich ein leicht verletzbarer Mann wie Breschnew zweifellos sogleich beschweren wird. Meine Kameraden und Begleiter vertrauen auf meine Einschätzung. Was sagt der Talmud zu dieser Art von Problem? Und unser innig geliebter Raschi?

All das geht mir durch den Kopf, während wir in einem weiträumigen Salon des Justizministeriums darauf warten, von Generalstaatsanwalt Roman Rudenko empfangen zu werden, dem einstigen sowjetischen Ankläger bei den Nürnberger Prozessen. In meiner Tasche habe ich eine Liste mit vier Namen, die von den Verantwortlichen einer für die russischen Juden zuständigen Stabsabteilung beim israelischen Premierminister zusammengestellt wurde. Auch der Name Anatoli Schtscharanskis steht darauf. Der Grund: Rudenko hatte persönlich an ihren Prozessen teilgenommen. Aber wie kann ich mit ihm darüber sprechen, ohne daß es zu einem Eklat kommt?

In seiner Paradeuniform, mit vielen Orden behangen, fordert uns der Generalstaatsanwalt auf, an einem langen Tisch Platz zu nehmen. Die Russen lieben lange Tische über alles. In Übereinstimmung mit dem Protokoll (die Russen sind geradezu versessen auf die genaue Einhaltung des Protokolls) sitze ich unserem Gastgeber gegenüber. Alles an ihm strahlt Macht und Stärke aus: seine breiten Schultern, seine funkelnden Schulterstücke über der dunklen Weste, sein Gesicht: Er ist kein Mensch, dem man sich ungestraft widersetzt.

Die Diskussion setzt zunächst mit dem Ziel unserer Reise ein. Ich sage ihm: »Ich kenne Ihre Rolle bei den Nürnberger Prozessen.« Darauf antwortet er: »Sie kennen nur einen Teil meines Lebens, ich hingegen kenne Ihr ganzes Leben. Ich kenne Ihre literarischen ebenso wie Ihre anderen Aktivitäten.« Dabei hat er die »anderen« besonders betont. Ein schlechtes Zeichen? Mit einem schnellen Wechsel des Gesichtsausdrucks beruhigt er uns und verspricht, daß seine Beamten mit der Kommission zusammenarbeiten werden. Meine Gefährten scheinen hocherfreut zu sein, aber ich habe noch eine andere Liste oder vielmehr eine andere Art von Liste im Kopf. Schließlich kann ich sie ihm ja nicht vor aller Welt und vor allem nicht vor seinen eigenen Leuten übergeben. Sollte er sich deshalb ärgern, wäre es mein Fehler. Aber wie soll ich es sonst schaffen, ihm die vier Namen zu übergeben? Fest entschlossen, auf keinen Fall mit der Liste nach Hause zu kommen, warte ich das Ende der Gesprächsrunde ab, bevor ich mich an Rudenko wende: »Herr Generalstaatsanwalt, ich wären Ihnen sehr dankbar, wenn Sie mir ein Gespräch unter vier Augen gewähren würden.« Er möchte wissen, warum. Als Kenner des Talmud antworte ich ihm: »Damit ich ihnen erklären kann, warum es notwendig ist, daß wir unter vier Augen miteinander sprechen.« Ein flüchtiges Lächeln erscheint auf seinem starren Gesicht: »Gut. Kommen Sie.« Er führt mich in sein riesiges Büro. Wir sind zu dritt: Er, ich und sein Dolmetscher. Ich fühle mich gar nicht wohl, denn ich begebe mich aufs Glatteis; rutsche ich aus, werden andere darunter leiden müssen. Ich rufe den Gott der Spieler zu Hilfe und stürze mich in mein Plädoyer: »Sie haben vorhin gesagt, Herr Generalstaatsanwalt, Sie wüßten alles über mich, also wissen Sie auch, daß ich kein Mann der Politik bin ...« – »Sie und unpolitisch?« unterbricht er mich barsch. »Wollen Sie mich auf den Arm nehmen? Mich zum Narren halten? Glauben Sie vielleicht, ich wüßte nicht Bescheid über alles, was Sie gegen mein Land unternommen haben?« Ich merke, wie ich blaß werde, ich öffne den Mund, um Luft zu schnappen. »Ich weiß, daß Sie 1965 hier waren, um ein herabwürdigendes Buch über die Wiege des Sozialismus zu schreiben. Und ein Jahr später sind Sie noch einmal zurückgekommen, um ein Theaterstück zu schreiben, das ebenfalls gegen uns gerichtet war. Leugnen Sie es nicht, von all dem weiß ich sehr genau, wie auch von Ihren übrigen Aktivitäten: Ich kenne Ihre Artikel, Ihre Reden, Ihre Erklärungen. Jetzt sagen Sie mir bloß nicht, Sie würden sich nicht in die Politik einmischen!« Ich spüre, wie ich unter diesem Schwall von Worten immer kleiner werde. Ich ärgere mich über meinen Versuch, die Dinge herbeizuzwingen. Wie ziehe ich mich am besten aus der Affäre? Noch ein Versuch: »Ich versichere Ihnen noch einmal, Herr Generalstaatsanwalt, daß ich kein Mann der Politik bin. Wenn meine Schriften bisweilen eine politische Bedeutung angenommen oder einen Nachhall in der Politik gefunden haben, so liegt das nicht an mir.« Beinahe hätte ich »sondern an Ihnen« hinzugefügt, doch ich konnte mich rechtzeitig bremsen. Er zeigte sich wenig überzeugt davon und bedachte mich nur mit einem Schulterzucken. »Gut. Lassen wir das beiseite. Wie Sie wissen, bin ich ein vielbeschäftigter Mann. Sie wollten mich sprechen? Also, was haben Sie auf dem Herzen?« Jetzt oder nie. Ich gebe ihm meine Liste. Er wirft einen kurzen Blick darauf, dann reicht er sie mir zurück. Ich weigere mich aber, sie zurückzunehmen. Sein Gesicht, seine Stimme, alles an ihm erstarrt. »Ich weiß nicht, um was oder um wen es geht.« Er lügt, da bin ich mir sicher. Ich vertraue auf meine israelischen Freunde: Er und kein anderer hat die Untersuchung gegen die vier Refusniks geführt. »Ich kann es Ihnen erklären«, erwidere ich. »Hören Sie«, wird er langsam ärgerlich, »ich habe keine Zeit. Ihre Erklärungen interessieren mich nicht. Schreiben Sie mir einen Brief über den normalen Amtsweg.« Ich sage ihm, daß er den Brief bereits in den Händen halte. Darauf kann er alles zu den vier Fällen Notwendige finden, die er aus rein humanitären Gründen … »Ich habe Ihnen doch gesagt, ich kenne sie nicht!« Aber er wird doch zweifellos jemanden kennen, der sie kennt, wende ich ein. Jetzt sieht er rot, sein Gesicht läuft puterrot an. »Für solche Angelegenheiten bin ich nicht zuständig!« Stur wie ich bin, antworte ich: »Aber Sie kennen bestimmt jemanden, der dafür zuständig ist.« Unser Gespräch dauert bereits zwanzig Minuten. Sigmund, Marion und Elisha, die draußen warten, machen sich zweifellos Sorgen; vielleicht sehen sie mich schon in einer Zelle der Lubjanka. Ich weiß, daß ich schlimmstenfalls eine Ausweisung und eine Rüge vom Außenministerium zu befürchten habe. Das ist hinzunehmen. Innerlich bin ich fest entschlossen, Rudenko auf keinem Fall mit meiner Liste zu verlassen. Ob er wohl die Anweisung erhalten hat, keinen Zwischenfall oder Bruch mit dem Abgesandten des Präsidenten der Vereinigten Staaten herbeizuführen? Jedenfalls wird er plötzlich wieder umgänglicher: »Ich schlage Ihnen einen Handel vor: Zwei gegen vier. Sagen Sie ihnen, sie sollen an mich persönlich schreiben …« Er weiß also, daß wir über die Möglichkeit verfügen, mit den Gefangenen im Gulag in Kontakt zu treten …

Er hat die Briefe bekommen. Und er hat Wort gehalten.

Am Samstag gehen wir in die Archipenkostraße. Die große Synagoge ist völlig überfüllt. Wer hat die vielen Juden von unserem Kommen informiert? Wie immer in diesem Land hat sich die Mund-zu-Mund-Propaganda als äußerst wirksames Kommunikationsmittel erwiesen. Der Rabbiner ist nicht da. Gewöhnlich »gut unterrichtete« Leute meinen, man habe ihm geraten, den Sabbat anderswo zu feiern. Aber seine Helfer sind da und behandeln uns mit der unserem Status gebührenden Aufmerksamkeit. Viele flüstern uns »persönliche« Botschaften zu: Nachrichten über verweigerte Visa, auseinandergerissene Familien, Schikanen durch die Behörden. Und trotzdem geben diese Juden die Hoffnung nicht auf. Ein Mann schubst seinen kleinen Jungen zu mir: »Nehmen Sie ihn mit nach Jerusalem!« Eine alte Frau ruft: »Es ist mir egal, wenn ich bis an mein Lebensende hier ausharren muß, aber sterben will ich in Israel.« Die Jungen erzählen mir von ihren Geheimtreffen auf den Friedhöfen der Großstädte: Sie studieren dort jüdische Geschichte und Hebräisch. Diese Juden überraschen mich jedesmal aufs neue, setzen mich immer wieder in Erstaunen. Sie sind der Beweis für das Scheitern Stalins, aber auch das Breschnews.

In der Synagoge betrachte ich diese mir nahen und doch so fernen Brüder und Schwestern, die ich seit 1965 in meinem Herzen nicht mehr verlassen habe. Ob sie mich wiedererkennen? Einige sagen es, zweifellos, um mir einen Gefallen zu tun. Ich erkenne sogar diejenigen wieder, die ich zum erstenmal sehe. Obwohl sie arm sind, scheinen sie nicht unglücklich zu sein. Daß sie bei all den Herausforderungen, die ihre Lage für sie mitbringt, nach Geistigkeit suchen, läßt sie wie Schwärmer aussehen. Worauf mag sich ihr Begehren richten, auf Freiheit, auf eine eigene Identität? Ob jung oder alt, ich bewundere sie alle, ich liebe sie, ja, beinahe bestimme ich mich selbst durch die Liebe, die mich mit ihnen verbindet. Was macht es da schon, wenn einige weniger kühn sind, weniger riskieren als andere, und deshalb die Gebete nicht laut sprechen (können sie den *Siddur* überhaupt lesen?). Schließlich sind sie nicht zum Beten hierher gekommen, sondern um uns nahe zu sein.

Man betraut mich mit dem *Maftir*, dem Vorrecht, jenes Kapitel aus dem Buch Jesaja zu lesen, in dem der Prophet sein Volk tröstet. Welch schöne, ergreifende, noble Worte! So einfach sie sind, so gut passen sie zur augenblicklichen Situation. Im Halbkreis um die *Bima* versammelt, wiederholen die Gläubigen leise, die Lippen kaum bewegend, Wort für Wort, das ich laut vorlese. Ob sie die Symbolik der Worte verstehen? Jeder von ihnen möchte getröstet werden. In meiner kurzen Ansprache sage ich ihnen, wie sehr ich mich freue, ihr Bruder zu sein. Und hätte Präsident Carter die Kommission nur für solche Begegnungen geschaffen, *Dajenu*, es hätte sich gelohnt.

Unser Besuch in der Sowjetunion hatte auch eine ganz konkrete Auswirkung, die es, glaube ich, wert ist, an dieser Stelle berichtet zu werden.

Unter den Persönlichkeiten, mit denen die Behörden uns zusammenbrachten, war auch ein stämmiger Mann mit heiterem, freimütigen Gesicht: General Wassili Petrenko, der Befreier von Auschwitz. Als er meinen Elisha sieht, nimmt er einen seiner zahlreichen Orden ab und befestigt ihn an seiner Weste. Jetzt finde ich ihn noch sympathischer. Wir sondern uns ein wenig ab und tauschen in einer Ecke Erinnerungen aus. Er berichtet mir von der Stimmung in seiner Truppe, als sie sich auf den Angriff vorbereiteten, und ich beschreibe ihm den letzten Tag, die letzten Stunden im Lager, die heimlichen Gespräche zwischen Vätern und Söhnen, Freunden und Kameraden. Was sollten wir tun? Uns verstecken? In welcher Baracke? Wird die SS nicht die ganze Todesfabrik säubern, bevor sie sich zurückzieht? Ich sage dem General: »Die Rote Armee war schon so nahe, so nahe; es gab niemanden unter uns, der nicht für Sie und Ihre Männer gebetet hätte. Und kein Gläubiger hat Gott jemals inbrünstiger angefleht ...« Petrenko antwortet, seine Soldaten hätten zwar eine vage Vorstellung gehabt, was sie im Lager vorfinden würden, aber das Unvorstellbare hatten sie sich nicht vorstellen können.

»Wenn Sie Ihren Angriff einen Tag oder wenige Stunden früher begonnen hätten, wären sicher noch viele Gefangenen, Juden wie Russen, gerettet worden ...« – »Es war gar nicht so einfach«, erklärt er, »wir hatten große logistische Probleme und waren an die strategischen Vorgaben des Oberkommandos gebunden ... Wir mußten auf den Befehl von der Starka warten ...«

Während wir uns weiter unterhalten und uns Geschichten von Mut und Verzweiflung erzählen, kommt mir plötzlich eine Idee in den Sinn: Wir sollten ihn und andere Befreier der Konzentrationslager zusammenbringen. Um ihnen zuzuhören. Und ihnen zu danken. Auch sollten wir um ihre Unterstützung bei unserem Vorhaben bitten. Denn unser Zeugnis wird von Nazis und Antisemiten mit perverser Moral immer wieder in Zweifel gezogen; die Stimme der Befreier könnte sie zum Schweigen bringen. So entstand das Projekt zu einer Konferenz der Befreier, die schließlich 1981 in Washington stattgefunden hat.

Im Flugzeug, das uns von Moskau nach Kopenhagen bringt, wo wir dem dänischen Volk unsere Dankbarkeit dafür ausdrücken wollen, daß es der Welt gezeigt hat, wie man damals Juden retten konnte, ruft Elisha, der sich bis dahin noch nicht über die anstrengende Reise beklagt hatte, mit einemmal aus: »Das reicht mir jetzt, ich scheide aus der Kommission aus!«

Die Kommission setzt ihre Arbeit in Israel fort, wo die Erinnerung gepflegt wird wie sonst nirgendwo. Mit den Leitern der Gedenkstätte Yad Vashem haben wir eine Sitzung nach der anderen. Sie fürchten, unser Museumsvorhaben könnte ihnen den Rang ablaufen. Ich hoffe, daß sich ihre Befürchtungen als ungerechtfertigt erweisen. Aber wie können wir sie zerstreuen? Für mich bleibt Yad Vashem der wichtigste Ort des Gedenkens, deshalb verdient er es, eine absolute Vorrangstellung einzunehmen.

Dem Wunsch von Jitz und den meisten Kommissionsmitgliedern folgend, werden wir in unserem Bericht für den Präsidenten einen Vorschlag zur Gründung eines Museums machen. Ihr Argument: Wir leben heute im Zeitalter der audiovisuellen Medien, da genügen Bücher allein nicht mehr. Meine Einwände waren vergeblich: Wir Juden hätten Museen doch noch nie besondere Bedeutung beigemessen. Museen waren Sache der Römer. Hatte Titus nicht eines in Rom gegründet? Er hat es Friedensmuseum genannt. Und was unseren Auftrag durch den Präsidenten betrifft, wie sollen wir die Tragödie denn »zeigen«, wenn es schon nahezu unmöglich ist, darüber zu sprechen? Wären Bilder vielleicht beredter, wirkungsvoller als Worte? Aber welche Bilder? Vielleicht jene, die der Feind aufgenommen hat? Kaum einer hat sich meinen Zweifeln angeschlossen, und schließlich habe ich mich überzeugen lassen: Schlagen wir also das Konzept eines »lebendigen Museums« vor, mit Schwerpunkt auf dem Wort »lebendig«. Nachdem die Kommission zugestimmt hat, geht es jetzt darum, den »Bericht« für den Präsidenten abzuschließen.

Bis auf meine Einführung ist er von einem Mitarbeiter des Direktors verfaßt worden, und leider ist er schlecht und nicht sehr einfallsreich geschrieben. Lily Edelman unternimmt es schließlich, ihn von Anfang bis Ende umzuarbeiten. Sie benötigt drei Tage dafür.

Bei der feierlichen (in Washington wird aus allem eine Feier gemacht) Übergabe des Berichts an den Präsidenten im Rosengarten des Weißen Hauses sind zahlreiche Würdenträger und Parlamentarier zugegen. Der Präsident scheint zufrieden zu sein, die Politiker ebenfalls, und wir sind es auch.

Wir haben vorgeschlagen, die Kommission durch eine neue Einrichtung des Präsidenten zu ersetzen. Der Vorschlag wird angenommen. Aber wie nennen wir sie? Wie schon für die Kommission wählt das Weiße Haus einen Namen, der länger ist als ein Hitzetag ohne Wasser. Und auch diesmal nutze ich die mir vom Präsidenten verliehenen Befugnisse und kürze ihn. So wird die Einrichtung in den verschiedenen Gesetzesvorlagen als The US Holocaust Memorial Council, als Holocaust Gedenkrat der Vereinigten Staaten oder kurz: Gedenkrat geführt. Seine Aufgabe habe ich in einem Satz zusammengefaßt, den man später in die Außenwand des Museums eingraviert hat: »Für die Toten *und* für die Lebenden müssen wir Zeugnis ablegen.« (Warum war mir soviel daran gelegen, das »und« hervorzuheben?)

GEDENKWORTE

Als Jimmy Carter mich zum Präsidenten des neu geschaffenen Holocaust Memorial Council ernennt, weiß ich bereits, auf welche Schwierigkeiten wir stoßen werden. Schließlich bin ich in der Sache kein Neuling mehr. Meine dringlichste Aufgabe ist es, wieder eine Liste zu erstellen. Man könnte meinen, Washington beschäftige sich ausschließlich mit der Erstellung von Listen. Ich schlage Richter Arthur Goldberg vor, an meiner Seite zu bleiben. Er lehnt ab, er glaubt nicht an das Museum: »Du wirst sehen, es geht zu Lasten des jüdischen Gedenkens.« Seiner Ansicht nach sollte man sich lieber nicht in ein Vorhaben hineinziehen lassen, das nur in Kompromissen enden kann. »Ich kenne Washington«, sagt er zu mir, »als dein Freund kann ich dir nur sagen: Das ist keine Arbeit für uns.« Ich flehe ihn an, seine Haltung zu überdenken, mir zu vertrauen. Vergeblich. Ich bin sehr traurig darüber.

Freilich fehlt es nicht an Kandidaten. Wie bei der Bildung der Präsidentenkommission zum Holocaust müssen wir religiöse und geographische Erfordernisse berücksichtigen, die bei allen Entscheidungen auf Bundesebene eine wichtige Rolle spielen. Aber das allein genügt nicht, und das Weiße Haus ermahnt uns: Wir haben einen Faktor vergessen, der politisch mehr Gewicht hat als die anderen, die ethnische Ausgewogenheit. Außerdem stehen wir am Vorabend des nächsten Präsidentschaftswahlkampfs.

Erste Alarmsignale, erste Reibereien: Die Liste mit den von uns vorgeschlagenen Ratsmitgliedern mißfällt Simon Bolten, mithin dem Weißen Haus: Die Juden seien zu stark vertreten, soll der Präsident gesagt haben. Sein Berater Stu Eizenstadt übt im gleichen Sinn Druck aus. Den Kontakt zum Weißen Haus hat der neue Direktor des Rates übernommen, Monroe Freedman, ein berühmter Juraprofessor und Vorkämpfer für die Bürgerrechte. Der assimilierte, dank einer konvertierten Christin, seiner Frau Audrey, zum Judentum zurückgekehrte Jude besticht durch seine vornehmen Umgangsformen und seinen Scharfsinn. Eine herausragende Persönlichkeit. Sein ausgeprägter Gerechtigkeitssinn untersagt es ihm, sich in politische Machenschaften hineinziehen zu lassen. Er verteidigt seine Grundsätze, und Washington macht ihm keine Angst. Die Ereignisse werden seinen Pessimismus bestätigen: Höflich, aber mit Nachdruck legt man uns nahe, einen Polen aufzunehmen, genauer gesagt, einen nichtjüdischen Amerikaner polnischer Abstammung. Einen Mann, der in keiner Beziehung zu unserer Tragödie steht. Er soll auf irgendeine Weise die polnische Nation vertreten, die, das ist nicht zu leugnen, ebenfalls schwer gelitten hat.

Arthur Goldberg hatte also recht. Ich rufe die mir nahestehenden Ratsmitglieder, darunter alle Überlebenden, zu einer Dringlichkeitssitzung: Sollen wir nachgeben oder uns widersetzen? Frank Lautenberg, der superreiche Industrielle und künftige Senator von New Jersey, hält einen Kompromiß für besser als nichts; eine Verweigerung würde sicher das Ende des Projekts und des Gedenkmuseums bedeuten. Manchmal, so sagt er, dürfe man für eine gerechte Sache »seine Seele auch dem Teufel verkaufen«. Zum Glück weist Siggi Wilzig, ein Jude aus Berlin und Auschwitz-Überlebender, ihn in einem Wutanfall zurecht. Wenn es sich um einen Ukrainer handelte, meint der ehemalige Partisan Miles Lerman, würde er das Ansinnen entschieden zurückweisen, ein Pole erscheint ihm aber zumutbar. Wo liegt da der Unterschied? Die Diskussion führt zu nichts. Mein Vorschlag: Wir sollten uns weigern. Und zwar aus einem einfachen Grund: Wenn das Weiße Haus heute die Ernennung eines Polen verlangen würde, der es verdient hätte, weil er deportiert worden ist oder Widerstandskämpfer war, würde ich ohne Zögern ja sagen; ich widersetze mich aber einem rein politischen Argument, mit dem man uns einen Vertreter dieser oder jener ethnischen Gruppe aufzwingen will. Morgen wird es dann ein Vertreter der ukrainischen oder litauischen oder ungarischen oder deutschen Minderheit sein. Die Diskussionen gehen weiter, und alle enden fruchtlos. Schließlich zeichnet sich eine Mehrheit zugunsten eines Kompromisses ab: Haben wir Vertrauen ins Weiße Haus ... Ein Risiko müssen wir auf uns nehmen ... Ein zur Hälfte aus politischen Gründen zusammengesetzter Rat ist besser als gar nichts, und zurücktreten könnten wir später immer noch. Ich berichte Arthur Goldberg von der Lage. »Ich habe es dir gleich gesagt«, antwortet er ernüchtert: »Und das ist erst der Anfang. Mit diesen Leuten kannst du einfach nicht gewinnen.« Der Druck meiner Kameraden und der Überlebenden wiegt jedoch ebenso schwer. Warten wir es also ab. Wenn sich die Dinge zuspitzen, kann ich immer noch das Handtuch werfen. Arthur Goldberg war leider besser beraten und weitsichtiger. Nach dem Polen schlägt man uns einen Ukrainer, dann einen Ungarn, dann einen Litauer vor. Man zwingt sie uns regelrecht auf ... Es sind alles achtbare und vertrauenswürdige Männer, aber das Räderwerk der Macht hat uns erfaßt. Die Folge: Unsere Beziehungen zum Weißen Haus verschlechtern sich. Wie in allen Regierungskreisen kommt es zu immer mehr Intrigen, und es bilden sich Klans heraus. Man versucht, mich gegen diesen oder jenen Funktionsträger aufzubringen. Ich weiß nicht mehr warum, aber Eizenstadt ist verärgert, und ich bin enttäuscht. Es ist unmöglich, auch nur die dringendsten Entscheidungen zu fällen. Man läßt uns im Dunkeln. Sicher, der Kongreß bietet uns seine bedingungslose Unterstützung an, da wir aber von der Exekutive abhängen, ist es praktisch unmöglich, ohne deren Mitwirkung zu arbeiten.

In dieser Situation kommt es zu einer ersten internen Krise: Monroe Freedman sieht sich gezwungen, seinen Stellvertreter Berenbaum von seinen Aufgaben zu entbinden. Unter Ausnutzung des Umstands, daß ich für einige Zeit außer Landes war, hat jener einen Plan eingefädelt, um einen Kandidaten mit mehr oder weniger zweifelhafter Vergangenheit in den Rat zu hieven. Monroe hat das Manöver schnell durchkreuzt. Ergebnis: Da Berenbaum der Administration mitgeteilt hat, ich sei einverstanden gewesen, glaubt das Weiße Haus, ich sei wortbrüchig geworden, und ist wütend auf mich.

Es ist ein einziges Trauerspiel. Als Rabbiner der Wesleyan University war Berenbaum sehr erfolgreich: Die Studenten wußten seine Leistung zu schätzen. Washington hat es schnell geschafft, ihn zu verändern. Die Nähe zur Macht hat ihn, wie andere auch, zweifellos berauscht. Seit er von seiner Frau Linda, einer begabten jungen Autorin, geschieden wurde, ist er einfach nicht mehr derselbe.

Unsere gespannten Beziehungen zum Weißen Haus haben Auswirkungen: Es ist nicht möglich, den Präsidenten zur Teilnahme an der zweiten jährlichen Gedenkfeier zu bewegen. Sie wird also nicht im Weißen Haus stattfinden. Monroe und ich wechseln bittere Briefe mit Präsidentenberater Eizenstadt. Wir werfen ihm vor, den Rat zu politischen Zwecken zu mißbrauchen. Ich bin überzeugt, daß die Absage der Feier in diesem Jahr auf sein Konto geht. Sollte der Jude Eizenstadt ebenfalls dem Politiker Eizenstadt gewichen sein?

Zweiter Konflikt: Ein Ratsmitglied ist Armenier (ein Amerikaner armenischer Abstammung, um auch hier genau zu sein). Set Momjen gehört zu denen, die mir nahestehen. Als überzeugter Humanist hilft er uns, die Tragödie nicht zu vergessen, die sein Volk während des Ersten Weltkriegs erlebte. Das wiederum verstimmt die türkische Regierung, die droht, ihre außenpolitischen Beziehungen zu den Vereinigten Staaten und zur NATO zu überprüfen. »Was hat denn ein Armenier in diesem Rat zu suchen?« fragt Eizenstadt verärgert. »Sie haben ihn doch selbst hineingesetzt«, antworte ich ihm. Und so finde ich mich gegen meinen Willen in die große internationale Politik verwickelt. Wäre es nicht ein Witz, wenn die NATO durch unsere Schuld auseinanderbräche? Aber im Ernst: So ist Washington. Man entgeht dort weder der Politik noch der Farce. Ich persönlich bin sehr zufrieden, daß ein Armenier Mitglied unseres Rates ist. Und ich wäre es noch mehr, wenn auch ein Zigeuner dazugehören würde.

Damit ist das Kapitel der Ernennungen noch nicht beendet. Wie bei der Präsidentenkommission werden Senatoren und Abgeordnete bestürmt und belagert. Sie üben ihrerseits Druck auf uns aus. Die führenden Köpfe beider Parteien greifen ein. Demokrat zu sein, ist von Vorteil, Millionär zu sein, ein Trumpf. Politische Zugehörigkeit zählt mehr als persönliche Verdienste. Meine Vorschläge werden nur selten angenommen: Zu groß sind die Unterschiede zwischen meinem Standpunkt und der Administration. Zum Schluß zählt der Rat fünfundsechzig Mitglieder, darunter zehn Parlamentarier.

Eizenstadt, wieder einmal er, immer wieder er (er ist eben dafür zuständig), wohnt der Eröffnungssitzung bei. Sie ist weniger bewegend, weniger »historisch« als die der Kommission im Jahr zuvor. Ein befreundeter Abgeordneter, John Brademas aus Michigan, der demokratische »Einpeitscher« im Repräsentantenhaus, nimmt uns den Eid ab. In meiner Ansprache schone ich die Administration des Weißen Hauses nicht. Ohne sie namentlich zu erwähnen, kritisiere ich Eizenstadts Mitarbeiter und erkläre in aller Deutlichkeit, daß mir ihre Machenschaften beklagenswert erscheinen. Einige Kollegen versuchen, mich zu besänftigen: Wenn der Apparat erst einmal in Gang gesetzt ist, wird sich schon alles wieder einrenken. Wirklich? Hoffen wir es.

Alles hat sich nicht wieder eingerenkt. Außerdem hat das Weiße Haus ganz andere Sorgen: Das Geiseldrama in Teheran und der fehlgeschlagene militärische Befreiungsversuch haben zu einer schweren Krise geführt. Auf einer internationalen Konferenz in Madrid sehe ich mit Henry Kissinger zusammen die Direktübertragung der traurigen Rede Präsident Jimmy Carters. Er sieht sehr bedrückt aus. Verständlich, man wäre es ja schon bei einem geringeren Anlaß. Die vielen Hubschrauber, die nicht landen konnten, die vielen Soldaten, die ohnmächtig zusehen mußten, wie die iranischen »Studenten« ihre amerikanischen Gefangenen peinigten: Amerika wurde lächerlich gemacht. Welche Hoffnungen auf einen Sieg bei den Präsidentschaftswahlen konnten sich die Demokraten jetzt noch machen? Die verbleibenden Monate verhielten sie sich unentschlossen und abwartend.

Ob es stimmt, daß zu Beginn der Krise ein israelischer Abgesandter nach Washington kam, um dem Präsidenten die Dienste der israelischen Armee und des Mossad anzubieten? Ob es stimmt, daß Israel, das sich geographisch und strategisch in bester Lage befand, bereit war, eine Aktion zur Rettung der Geiseln in Teheran zu unternehmen? Daß Carter dies ablehnte? Tausend Gerüchte machten in den sogenannten »gutinformierten« Kreisen die Runde. Natürlich war nichts überprüfbar.

Wenn Carter zugestimmt hätte, wäre er wiedergewählt worden. Und viele Dinge hätten einen ganz anderen Verlauf genommen. Ja, wenn …

Mit der Amtsübernahme durch Ronald Reagan verändern sich auch unsere Beziehungen zum Weißen Haus. Während ich in Los Angeles bin, besucht mich Ted Cummings, Reagans neuer Berater für Jüdische Angelegenheiten (und künftiger Botschafter in Österreich). Kurz und bündig erklärt er mir, wir müßten die Zusammensetzung des Gedenkrates ändern, weshalb er einen kollektiven Rücktritt wünsche, um ihn auf der Grundlage der politischen Gegebenheiten neu zu formieren. »Sie müssen doch zugeben«, sagt mein Gesprächspartner, »daß im Augenblick kein einziges Mitglied des Gedenkrates Republikaner ist!« Da hat er recht. Ich bin der einzige Unabhängige. »Es ist nur gerecht«, beharrt der jüdische Präsidentenberater, »wenn auch die republikanische Partei ihre Vertreter im Gedenkrat hat.« Er schlägt einen Kompromiß vor: Ein Teil der Mitglieder solle zurücktreten. Ich widersetze mich: »Meinen Rücktritt können Sie gerne jetzt gleich haben; aber Sie müssen schon selbst zusehen, wie Sie mit den anderen zurechtkommen.« Rein rechtlich gesehen kann uns die Administration nicht ohne weiteres vor Ablauf unseres fünf Jahre dauernden Mandats von unserer Funktion entbinden, es wäre allerdings eine Ungeheuerlichkeit, wenn jemand gegen den Willen des neuen Präsidenten im Amt verbliebe. In Amerika ist es Tradition, daß jeder Präsident seine eigenen Mitarbeiter und Vertreter ernennen darf, bis hinunter auf eine so unbedeutende Ebene wie derjenigen, auf der unsere Einrichtung angesiedelt ist. Aber ich bleibe stur: Wer am Council rührt, muß wissen, daß ich dann gehe. Man beläßt ihn also, wie er ist, aber in den oberen Etagen des Weißen Hauses hegt man einen dauerhaften Groll gegen mich. Seither ist die Kontaktperson von Monroe Freedman kein hoher Funktionsträger mehr, sondern ein kleiner Untergebener. Man könnte meinen, man sei uns böse; jedenfalls behandelt man uns wie einen ungebetenen Gast. Macht nichts, wir setzen unsere Arbeit trotzdem fort.

Einige Kollegen meinen, wir kämen nicht schnell genug voran, ein Vorwurf, den wir noch häufig zu hören bekommen sollten. Deshalb sehe ich mich veranlaßt, auf der Sitzung am 10. Dezember 1980 meine Haltung klarzustellen:

> Das Geschehen, mit dem wir uns beschäftigen, ist in seiner Art einzigartig, und unsere Haltung zu ihm muß es ebenfalls sein. Da wir keine gewöhnliche Regierungsstelle sind, können wir andere Regierungsstellen nicht zum Vorbild nehmen. Es fehlt uns also an Erfahrung. Was für andere Regierungskommissionen selbstver-

ständlich und nützlich erscheint, muß es für uns nicht sein. Der Gegenstand unserer Arbeit brennt uns in der Seele, und diese Arbeit schafft eine Art Präzedenzfall in der Geschichte. Künftige Generationen werden von uns wissen wollen, was wir, die Zeugen und Überlebenden, mit unseren Erinnerungen gemacht haben ... Unsere Kinder und deren Kinder werden eines Tages unsere Worte und Taten beurteilen ... Deshalb werden wir unsere Arbeit in zügigem, aber nicht in waghalsigem Tempo vorantreiben, deshalb werden wir leidenschaftlich, aber auch behutsam zu Werke gehen. Folgen wir dem Sinnspruch eines großen französischen Dichters (Boileau): »Hâtons-nous lentement – Eile mit Weile.«

Der Holocaust Memorial Council beschäftigt sich auch mit Problemen, die in keinem direkten Zusammenhang mit der ihm übertragenen Aufgabe stehen, ein Museum zu gründen. Wir versammeln uns, um den wieder vermehrt auftretenden Antisemitismus anzuprangern und die Attentate gegen Juden in Europa zu verurteilen. Nach unserer Charta müßte sich eigentlich unser »Gewissens-Komitee« dieser Aufgabe annehmen, aber das Komitee arbeitet leider unzureichend. Doch dürfen wir es nicht tadeln, denn aus Furcht, das Komitee könnte Erklärungen abgeben oder Initiativen ergreifen, die für die Exekutive peinlich sind, beargwöhnt der Senat seine Tätigkeit und wirft ihm Knüppel zwischen die Beine:

Unterdessen bahnt sich auf persönlicher Ebene zu meiner eigenen Überraschung eine freundschaftliche Beziehungen zwischen dem neuen Präsidenten und mir an.

Wie ist es dazu gekommen?

Die zweite jährliche Gedenkfeier – die erste unter dem neuen Präsidenten – findet nicht in der Rotunde des Kongresses statt, sondern im Weißen Haus. Ronald Reagan ist soeben erst aus dem Krankenhaus entlassen worden, und die Feier ist sein erster öffentlicher Auftritt seit dem Attentat. Der Salon im Ostflügel ist völlig überfüllt. Ganz Washington ist gekommen. Sechs Überlebende zünden traditionell die sechs Kerzen an. Der Vorsänger Isaac Gutfreund aus Atlanta stimmt die zum Andenken der Opfer üblichen Gebete an. Als ich an der Reihe bin, danke ich zuerst dem Himmel, daß er das Leben des Präsidenten verschont hat. Anschließend lese ich ein Gedicht auf jiddisch (zum erstenmal ist im Weißen Haus Jiddisch zu hören), das an die ermordeten jüdischen Kinder erinnert. Dann komme ich auf Israel zu sprechen, auf das Volk Israel mit seiner langen Geschichte und auf das moderne Volk Israel, das es verdient, nicht nach einzelnen Vorfällen beurteilt zu werden. Am Ende meiner Ansprache wende ich mich an den Präsidenten:

> Wenn ein Mensch stirbt, ernennen wir ihn in unserer Tradition zu unserem Boten, der sich dort oben für uns verwenden soll. Kann es sein, Herr Präsident, daß alle sechs Millionen jüdischen Opfer ihrerseits Boten geworden sind? Und für wen sollen wir uns dann noch verwenden?

Der für Gefühle bisweilen sehr empfängliche Präsident ist sichtlich gerührt. Und zwar in einem solchen Maße, das seine Tränen ihn hindern, die Rede abzulesen, die für ihn verfaßt worden ist. Hinter dem Rednerpult sitzend, sehe ich, wie er die Blätter zur Seite schiebt und aus dem Stegreif eine wunderbare Rede gegen Rassismus, Antisemitismus und jede Form von Diskriminierung hält.

Am Abend ließen die Kommentatoren übereinstimmend verlauten: »Die politischen Kreise in Washington sind heute von Präsident Reagan mit einer Rede über die Menschenrechte überrascht worden. Soweit man seinen Beratern Glauben schenken darf, soll dies nicht seiner ursprünglichen Absicht entsprochen haben. Es sei ihm vielmehr unter der Erschütterung seiner Gefühle passiert.« Marion und ich sehen uns bestürzt an: Wie können es seine Berater wagen, ihren Chef derart lächerlich zu machen? Was glaubst denn du, meinen meine Freunde in der Hauptstadt, in der Politik ist alles erlaubt.

Zwei Wochen später klingelt das Telefon in meinem Büro. Eine sehr nette Stimme sagt: »Einen Augenblick bitte, der Präsident der Vereinigten Staaten wünscht Sie zu sprechen.« Ich will schon sagen, sie möge ihre Scherze gefälligst mit jemand anderem treiben, als ich die vertraute herzliche Stimme des ehemaligen Schauspielers höre. Er grüßt mich, und vor Verblüffung fällt mir nichts Besseres ein, als ihn zu fragen: »Herr Präsident, wie haben Sie denn meine Telefonnummer herausgefunden?« Er schüttet sich fast aus vor Lachen und überhäuft mich eine gute Viertelstunde lang mit Liebenswürdigkeiten zu meiner Rede und zu meinen Büchern. Am Ende lacht er noch einmal kurz: »Unter uns gesagt, jedes Wort meiner Rede war wohlüberlegt und vorbereitet.« Unser Gespräch macht die Runde auf allen Cocktailpartys und mondänen Empfängen der Hauptstadt. Immerhin gehört schon einiges dazu, den Präsidenten zu fragen, wie er eine einfache Telefonnummer bekommen hat ...

Einen Monat nach diesem komischen Telefonat gab es erneut einen Kontakt im Zusammenhang mit der politischen Situation Frankreichs in den achtziger Jahren.

Ich wohne der Amtseinführung von François Mitterrand bei. Während des Mittagessens im Elysée-Palast vertraut er mir seine Sorge an: Für die Amerikaner ist er ein unbeschriebenes Blatt, und er kennt sie auch kaum; zweifellos werden sie ihm und seiner politischen Philosophie mit Mißtrauen begegnen. Auf dem Rückflug nach Amerika denke ich über dieses Geständnis nach. Ich frage mich, wie ich dem neuen Präsidenten der Französischen Republik mit meinen bescheidenen Mitteln helfen könnte. Eine ausgefallene Idee kommt mir in den Sinn: Warum sollte ich mich nicht mit einem Brief an Präsident Reagan persönlich wenden? Über das Büro des Gedenkrats lasse ich ihm eine kurze Mitteilung zukommen. Darin erkläre ich ihm, daß ich mich als amerikanischer Staatsbürger verpflichtet fühlte, ein psychologisches Porträt seines französischen Amtskollegen für ihn zu skizzieren: »Ich bin sicher, daß es Ihre künftigen Beziehungen erleichtern würde, wenn Sie ihn einfach anriefen, um ihm zu gratulieren oder ihm guten Tag zu sagen, so wie Sie das bei mir gemacht haben.« Hat er meinen Brief erhalten? Es ist mir unmöglich, etwas darüber herauszufinden. Tatsache ist, daß er unbeantwortet bleibt. Na ja, sage ich mir, zweifellos ist er in einem der berühmten Papierkörbe in seinem Sekretariat gelandet. Auch der Elysée-Palast läßt nichts verlauten. Schade. Vielleicht habe ich mich durch meine Einmischung in die große Politik lächerlich gemacht? Zum Glück weiß niemand etwas davon.

Jahre später erfuhr ich aus gutunterrichteten Kreisen, daß ich mich getäuscht hatte. Eine Sekretärin hatte den Brief tatsächlich an den Präsidenten weitergeleitet, denn sie dachte, sie könne ihm damit einen Gefallen tun. Und er nahm sich tatsächlich die Zeit, ihn zu überfliegen. Mein Vorschlag gefiel ihm. Und die Telefonzentrale im Weißen Haus hatte natürlich auch die Nummer des Elysée-Palasts ... Ich hatte in meinem kurzen Brief vergessen zu erwähnen, daß Mitterrand kein Englisch sprach. Und Ronald Reagan sprach kaum Französisch. Die beiden Präsidenten mußten eiligst ihre Dolmetscher herbeirufen. Aber anscheinend hat es geklappt: Sie haben sich immerhin so gut verstanden, daß sie sich kurz darauf beim Gipfeltreffen der G7 zur Überraschung aller Teilnehmer als Freunde zeigten.

Soll ich gestehen, daß ich in den Angelegenheiten des Gedenkrates weniger Glück hatte? Meine Bitten um eine Unterredung mit dem Präsidenten stießen auf unüberwindbare Widerstände. Dabei drückte er bei jedem unserer Gespräche den Wunsch aus, mich wiederzusehen: »Rufen Sie doch Miss X oder Mister Y an. Sagen Sie Liddy Dole, daß ich Sie unbedingt sehen will.« Natürlich habe ich wortgetreu ausgerichtet, was der Präsident mir auftrug. Einmal wurde ich sogar Zeuge, wie er jemandem eine entsprechende Anweisung erteilte. Aber Sekretäre und Sekretärinnen besaßen mehr Macht als Reagan selbst. Welche Nachteile fürchteten sie aus meiner Unterredung mit dem Präsidenten? Wovor hatten sie Angst? Ich habe keine Ahnung, aber die Tür zum Oval Office blieb mir hartnäckig verschlossen. Ich habe sie erst vier lange Jahre später, während der Bitburg-Affäre, passieren dürfen.

Dann allerdings als Gegner.

Ende Oktober 1981: Zwei Jahre nach unserer Reise hinter den Eisernen Vorhang findet in den Räumen des Außenministerium die Internationale Konferenz der Befreier statt, deren Notwendigkeit mir in Moskau deutlich geworden war. Die feierliche Eröffnungssitzung unter Teilnahme von Außenminister General Alexander Haig und seinem Menschenrechtsreferenten Eliott Abrams ist sehr originell: Als amerikanische Soldaten deutsche Flaggen hereintragen, die dem Feind abgenommen wurden, und zu unseren Füßen vor die Tribüne werfen, können sich selbst hartgesottene Teilnehmer eines leichten Frösteln nicht erwehren. Vor Vertretern aus ungefähr zwanzig Ländern von beiden Seiten des Eisernen Vorhangs gebe ich eine Erklärung ab, die ich an dieser Stelle fast vollständig wiedergeben möchte, denn sie berührt viele Dinge, die ich tief in meiner Seele mit mir trage und die mir sehr am Herzen liegen:

> Vor sechsunddreißig beziehungsweise siebenunddreißig Jahren haben wir zusammen einen schicksalhaften Augenblick ohnegleichen in der Geschichte erlebt, einen Augenblick, den niemand jemals ermessen wird und der nie wieder kommen wird, einen Augenblick wie von der Rückseite der Zeit, wie auf der Kehrseite des Seins.
> Als wir uns auf der Schwelle zu einer dem Fluch des Bösen anheimgefallenen Welt trafen, sprachen Sie und ich verschiedene Sprachen, wir waren Fremdlinge füreinander, stammten von verschiedenen Planeten. Und trotzdem entstand eine enge Bindung zwischen uns. Wir wurden nicht nur Kameraden, sondern auch Brüder; wir wurden zu Ihren Zeugen, und Sie zu unseren.
> Ich erinnere mich an den Tag meiner Befreiung am 11. April in Buchenwald; ich werde mich immer an die schreckliche Stille erinnern und an die Schreie, die sie durchbrachen. An die ersten amerikanischen Soldaten. An ihre aschfahlen Gesichter und an ihre Augen – niemals werde ich diese Augen vergessen. Es waren Ihre Augen. Sie schauten und schauten, unfähig, Ihren Blick abzuwenden; es war, als ob Sie mit Ihren Blicken die Wirklichkeit verwandeln wollten, die Sie dort vorfanden. Ungläubiges Staunen, Bestürzung, unendlicher Schmerz und Wut, ja, vor allem Wut, das alles spiegelten Ihre Augen wider. Ich habe selten eine solche Wut gesehen: eine beherrschte, stumme Wut, die sich aber, von soviel Frustration, Erniedrigung und Ohnmacht überbordend, jeden Moment Luft schaffen würde. Schließlich konnten Sie nicht mehr: Sie begannen zu schluchzen. Ihre Tränen flossen in Strömen, und keine Macht der Welt hätte sie zurückhalten können. In diesem Moment waren Sie unsere Kinder, denn wir, zwölf oder fünfzehn Jahre alt und in Buchenwald, Theresienstadt oder Mauthausen aufgewachsen, wußten soviel mehr über das Leben und den Tod und kannten beides soviel besser als Sie. Sie weinten, wir nicht. Wir waren unfähig zu weinen. Wir hatten

keine Tränen mehr. In gewissem Sinne waren wir tot, und wir wußten es. Alles, was wir noch empfanden, war Trauer.

Und Dankbarkeit. Letztlich war es Dankbarkeit, die uns ins normale Leben zurückgeführt und uns wieder in die Gesellschaft eingegliedert hat.

Erinnern Sie sich noch, meine Freunde? In Lublin und Dachau, Struthof und Nordhausen, Ravensbrück und Majdanek, Belsen und Auschwitz waren Sie umringt von kranken und verletzten, ausgehungerten menschlichen Wracks, die kaum noch atmen konnten. Wie pathetisch sahen sie aus in ihrem kindlichen Bemühen, Sie zu berühren, Ihnen zuzulächeln, Sie zu beruhigen, Sie zu trösten und, vor allen Dingen, Sie im Triumphzug auf ihren schwachen Schultern durchs Lager zu tragen. Sie waren unsere Helden, unsere Idole. Sagen Sie mir, Freunde, hat man Ihnen in Ihrem Leben jemals wieder soviel Bewunderung und soviel Liebe entgegengebracht?

Nur eines haben wir nicht gemacht: Wir haben keine Erklärungsversuche unternommen. Erklärungen waren weder notwendig noch möglich. Befreier und Überlebende sahen sich in die Augen, und was wir damals empfanden, versuchen wir heute im Rahmen einer Zusammenkunft, die für mich ein Wunder für sich ist, uns noch einmal zu vergegenwärtigen.

Nachdem ich Ziel und Arbeitsweise des Gedenkrates dargelegt habe, nehme ich den Faden vom Beginn wieder auf:

Uns alle verbindet eine Obsession: Wir dürfen die Toten nicht verraten, die wir zurückgelassen haben oder die uns zurückgelassen haben. Sie dürfen nicht noch einmal sterben ... Sie waren die ersten Menschen, die in diesen Abgrund gesehen haben, wir waren seine letzten Bewohner. Was wir einander bedeutet haben, ist so einzigartig, daß es zu einem Teil unserer Persönlichkeit und unseres Seins geworden ist.

Nun sind Sie also hier versammelt, meine Freunde aus so vielen Ländern, mit denjenigen vereint, die Ihnen ihr Leben verdanken, so wie Sie ihnen die Flamme verdanken, die in Ihren Erinnerungen brennt.

An jenem Tag, dem Tag unserer Befreiung – in Polen 1944 oder in Deutschland 1945 –, verkörperten Sie für uns das Streben nach dem höchsten Ziel der Menschheit: das Streben nach Freiheit. Für uns waren Sie ein Grund zur Hoffnung. Zwar waren sechs Millionen Juden vernichtet worden, Millionen unschuldiger Männer und Frauen, die die Nazis und ihre Helfershelfer massakriert hatten, doch dürfen wir darüber nicht vergessen, daß auf fünf Kontinenten, über alle geopolitischen und ideologischen Grenzen hinweg riesige Armeen ausgehoben und im Namen der Menschheit in den Krieg geschickt wurden, um den Eroberungszügen der verbrecherischen Faschisten Einhalt zu gebieten. Die Tatsache, daß Millionen Soldaten in den unterschiedlichsten Uniformen vereint in den Kampf zogen, um vereint zu siegen oder, leider auch das, vereint zu sterben, schien – trotz des unmenschlichen Feindes – den Glauben an den Menschen und seine Menschlichkeit zu rechtfertigen. Beim Gedanken an die Mörder waren wir bereit, jede Hoffnung an den Menschen aufzugeben, doch dann dachten wir an jene, die ihnen auf den Schlachtfeldern wie in den Untergrundbewegungen in Frankreich, Norwegen, in den Niederlanden, in Dänemark und in der UdSSR Widerstand leisteten, und dieser Gedanke versöhnte uns wieder mit den Menschen. Ob Sie es glauben oder nicht, wir waren damals naiv genug, um davon überzeugt zu sein, daß wir nach dieser Erfahrung, nachdem wir für eine bestimmte Zeit die Herrschaft des Bösen erlitten hatten, jede neue Erscheinungsform des Bösen zu verhindern wüßten. Auf den Ruinen der Zivilisation strebten wir danach, für unsere Kinder neue Heiligtümer zu errichten, in denen wir das Leben preisen und nicht herabwürdigen, in denen wir Mitgefühl beweisen und andere nicht lächerlich machen würden.

Es wäre so leicht für uns gewesen, in Melancholie und Resignation zu versinken. Aber wir haben uns anders entschieden. Wir haben uns entschieden, ein Sprachrohr der menschlichen Suche nach Großherzigkeit zu werden und die Fähigkeit zu erwerben, das Leiden in etwas Produktives, Schöpferisches zu verwandeln. In jenen Zeiten hofften wir, daß unseren schlimmsten Qualen, unserer endlosen Trauer um die Toten eine noch nie gehörte Bot-

schaft für die kommenden Generationen entspringen werde, eine Warnung vor den Gefahren, die jeder Form von Diskriminierung innewohnen, und vor dem Fanatismus, der absichtlich herbeigeführten Verelendung, den auferlegten Entbehrungen, dem Nicht-wissen-Wollen, vor jeder Form von Unterdrückung, Demütigung, Ungerechtigkeit und vor dem Krieg, der die äußerste Ungerechtigkeit, die äußerste Demütigung darstellt. Waren wir tatsächlich so naiv? Ja, und vielleicht sind wir es noch immer.
Sie und wir, wir stehen gemeinsam für ein unbeschreibliches und einzigartiges menschliches Leid. Darauf müssen wir uns immer wieder berufen, um es anderen zu ersparen. Gemeinsam haben wir das Recht und die Pflicht, einen Appell an die Welt zu richten, dem gegenüber kein Ohr taub bleiben darf: ein Aufruf gegen den Haß, gegen die Erniedrigung des Menschen, gegen die Gewalt und gegen das Vergessen.
Wir haben etwas gesehen, was nie wieder jemand zu Gesicht bekommen wird: ein bis aufs äußerste geschmähtes und erniedrigtes menschliches Dasein. Wir haben gesehen, wo Fanatismus endet: in Grausamkeit, Gefangenschaft und Massenmord in nationalen und planetaren Ausmaßen.
Wir haben die Verwandlung der Geschichte erlebt, und uns obliegt es, davon zu zeugen. Sobald ein Volk verdammt ist, sind auch alle anderen Völker bedroht. Wenn ein Volk beschimpft und beleidigt wird, trägt die Menschheit als Ganzes Wunden davon. Hitlers Pläne zur Vernichtung des jüdischen Volkes und zur Dezimierung der slawischen Völker trugen den Keim zum totalen Ende in sich: Alle Juden umzubringen, bedeutete nichts anderes als den Versuch, die ganze Menschheit zu ermorden.
Sie, meine Freunde und Befreier, Sie haben sie daran gehindert. Darauf können Sie stolz sein. Dafür danken wir Ihnen.
Wenn wir unsere Bemühungen und unseren Willen wieder zusammenführen wie einst, dann ist alles möglich. Vergessen führt zu Gleichgültigkeit, Gleichgültigkeit zu Mittäterschaft und folglich zu Ehrlosigkeit.
Ich wende mich an Sie wie an Brüder: Die Bande zwischen uns sind mächtig und dauerhaft; wir bilden eine unvergleichliche Gemeinschaft, die jedoch von Tag zu Tag kleiner wird. Wer von uns

wird der letzte Botschafter sein? Wir können gar nicht anders, als ein Urteil über die vergangenen und gegenwärtigen Ereignisse zu sprechen. Unsere Ehre hängt davon ab. Lassen Sie uns deshalb gemeinsam erklären, daß wir gegen Gefängnisse sind, gegen Diktaturen, gegen die Angst, gegen die verheerende Wirkung von Atomwaffen und konventionellen Waffen. Wir sind der lebendige, aufrüttelnde Beweis, daß es unter Menschen möglich ist, sich zu vereinen, um gemeinsam das Recht auf Leben zu behaupten und vom Frieden zu träumen.

Noch einmal: Ich bin zutiefst überzeugt davon, daß der Tod nicht triumphieren wird, wenn wir mit unserer ganzen Kraft sprechen. Um es mit Nietzsche zu sagen: Wir haben in den Abgrund gesehen, und der Abgrund hat uns seinen Blick zurückgeworfen. Niemand nähert sich dem Königreich der Nacht, ohne davon betroffen zu sein. Wir haben darüber gesprochen oder es zumindest versucht. Wir haben allen Versuchungen widerstanden, uns in einsames Schweigen zu hüllen, wir haben uns entschieden, unserem verzweifelten Glauben in unseren Zeugenberichten Ausdruck zu geben. Manchmal haben wir uns Gewalt angetan, um sprechen zu können, und wäre es nur ein armseliges Gestammel. Vielleicht haben wir nicht die passenden Worte gefunden, aber gibt es überhaupt welche, die angebracht sind? Das Unsagbare bleibt unsagbar. Wir haben uns aber entschlossen, trotz der fehlenden Sprache zu sprechen, trotz ihrer Grenzen und trotz der Unterschiede, die es gibt zwischen dem, was wir sagen, und dem, was die anderen hören. Wir haben gesprochen … und trotzdem hat es in Paris Explosionen gegeben, sind in Antwerpen Bomben gezündet und in Wien tödliche Attentate verübt worden. Ist es denkbar, daß der Nazismus es wagen kann, sich so schnell wieder offen zu zeigen, während wir noch leben, während wir noch in der Lage sind, seine bösartige, vergiftete Natur anzuprangern?

Wir hatten geglaubt, wir hätten das Tier, wie es bei Brecht heißt, bereits besiegt. Doch schon zeigt es wieder seine Krallen. Was kann eine Versammlung wie die unsere bewirken? Es kann das Tier zwingen, seine Krallen wieder einzuziehen. Wenn es uns gelingt – und ich hoffe, daß es uns gelingen wird –, über die zwischen Ost und West üblichen Nörgeleien in der Politik, über alle vereinfachende Propaganda hinwegzusehen und der Welt ganz einfach zu sagen, was wir, Befreier und Befreite, gesehen haben, wird sich hier wie anderswo etwas verändern, und die Welt wird der Bedrohung ihrer Zukunft mehr Aufmerksamkeit schenken.

Wenn es uns gelingt, davon abzusehen, was uns trennt – und was uns trennt, sind nur Oberflächlichkeiten –, wenn wir uns nicht nur dem Andenken jener widmen, die gelitten haben, sondern auch der Zukunft derjenigen, die heute noch leiden, werden wir der Menschheit unsere Entschlossenheit zeigen, es niemals zuzulassen, daß die Erde zu einem Gefängnis gemacht wird oder daß der Krieg als Lösung für egal welche Probleme taugt. Denn der Krieg ist das eigentliche Problem. Wenn uns dies gelingt, wird unser heutiges Treffen als ein gemeinsamer Sieg in die Geschichte eingehen.

Wenn nicht wir unsere Stimme gegen den Krieg erheben, wer soll es dann tun? Wir sprechen mit der ganzen Autorität von Männern und Frauen, die den Krieg erlebt haben; wir wissen, was er bedeutet. Wir kennen die niedergebrannten Dörfer, die verwüsteten Städte, die verlassenen Häuser, wir sehen noch heute die wahnsinnig gewordenen Mütter, deren Kinder vor ihren Augen abgeschlachtet wurden, wir folgen noch heute den nächtlichen Menschenschlangen zu den Flammen, die immer höher schlagen und bis in den Himmel aufsteigen, wenn nicht noch höher …

Wir haben uns hier versammelt, um gemeinsam davon zu berichten – als Zeugen. Unsere Geschichte handelt von Einsamkeit, von Angst und von einem anonymen Tod, aber auch von Mitgefühl, Mut und Solidarität. Sie, die Befreier, und wir, die Überlebenden, verkörpern gemeinsam ein treues Gedenken, dessen Eindringlichkeit nie verloren geht. In seinem Namen werden wir weiterhin unsere Sorgen und unsere Hoffnungen aussprechen, nicht zu unserem, sondern zum Wohle der Menschheit. Ihr Überleben hängt von ihrer Fähigkeit und ihrem Willen ab, uns zuzuhören. Und sich zu erinnern.

Man möge mir diese kleine Schwäche verzeihen. Ich habe hier ganze Auszüge aus meiner Rede wiedergegeben, weil ich das ihr zugrundeliegende Ereignis so sehr schätze. Ich habe es bereits gesagt: Nie werde ich die Tränen des amerikanischen Soldaten vergessen, der im kleinen Lager von Buchenwald den Zusammenbruch seiner und unserer Welt erlebte. Meine Dankbarkeit ist ihm für alle Zeiten sicher. Die Befreier der Lager sind und bleiben mir teuer. In der Bilanz meines Lebens nimmt die Erinnerung an sie einen hohen Stellenwert ein.

Freilich stellen sie mich auch vor Probleme. Es ist immer dieselbe Frage, die ich amerikanischen wie sowjetischen Offizieren stelle: Haben sie zur Befreiung eines Konzentrationslagers ihre Marschpläne geändert, haben sie deshalb einen Tag oder ein paar Stunden früher als vorgesehen angegriffen? Bis heute habe ich immer dieselbe Antwort erhalten: Nein, denn für die militärische Vorgehensweise waren allein die Führungsstäbe (eines Regiments, einer Division oder Armee) zuständig. Ich habe kürzlich Verteidigungsminister William Perry gebeten, nach geheimen Unterlagen des Pentagon zu dieser Frage suchen zu lassen. Wird man welche finden? Wie dem auch sei, diese Frage ändert nichts an meinen von Dankbarkeit beherrschten Gefühlen für die Befreier.

Wie sollte man auch jemals die Güte und Wärme vergessen, die sie uns entgegengebracht haben? Wie ihre ungläubigen Augen und ihre Traurigkeit? Seit der Konferenz von Washington erinnert man sich ihrer in vielen Gemeinden, man beglückwünscht sie, lädt sie ein, zu berichten und zu schreiben, man widmet ihnen Reportagen, Filme und ehrt sie, man beteiligt sie an den Bemühungen der Überlebenden, die Erinnerung an das Geschehen zu bewahren. Ich bin stolz darauf, diese Entwicklung in Gang gesetzt zu haben.

Eine andere internationale Konferenz, an die ich mich gerne erinnere, war »The courage to care«. Ich würde sie einfach »Mut zum Engagement« oder auch »Mut zu Mitgefühl und Hilfe« nennen.

Die Idee dazu hatte Dr. Carol Rittner. Diese barmherzige Schwester (sie gehört dem Orden *»Sisters of Mercy«* oder »Schwestern der Barmherzigkeit« an) ist eine der tatkräftigsten Nonnen, die ich kenne. Nach Monroe Freedmans Ausscheiden aus politischen Gründen – er gehörte der »falschen« Partei an – habe ich ihr vorgeschlagen, die Leitung des Memorial Council zu übernehmen. Sie war bereit dazu, aber das Weiße Haus verweigerte uns sein Einverständnis. Lag es daran, daß auch sie kein Mitglied der Republikaner war? Das hinderte uns aber keineswegs, viele Jahre lang zusammenzuarbeiten. Und später wurde sie die erste Direktorin der Stiftung, die ich mit Marion nach meiner Auszeichnung mit dem Friedensnobelpreis schuf.

Der Holocaust ist ihre Obsession. Er ist das Hauptthema der Seminare, die sie an einer von ihrem Orden geführten Universität gibt. Schonungslos im Umgang mit der katholischen Kirche, was deren Haltung im Zweiten Weltkrieg betrifft, strömt sie geradezu über vor Bewunderung und Zuneigung für jene, die in Yad Vashem »die Gerechten unter den Nationen« genannt werden, für die Nichtjuden, die ihr Leben aufs Spiel setzten, um Juden zu retten. »Warum veranstaltet der Rat kein internationales Kolloquium, das ihr menschliches Verhalten entsprechend würdigt?« fragte sie mich eines Tages. Ein begeisternder Vorschlag: Man sprach viel zu wenig von jenen Männern und Frauen, die mit ihrer Opferbereitschaft die Ehre der Menschheit gerettet haben.

Fünfundsiebzig Juden und Christen aus vielen Ländern sind zu dieser Zusammenkunft eingeladen. Sie findet in denselben Räumlichkeiten des Außenministeriums statt wie die Konferenz der Befreier. George Shultz, der Nachfolger von Alexander Haig, ist bei der Eröffnungsveranstaltung anwesend. Die Wiederbegegnung »Geretteter« mit ihren »Rettern« führt zu ergreifenden Momenten. Auf den Fluren fließen die Tränen, und man liegt sich in den Armen.

Gaby Cohen (in Ambloy wurde sie einst Niny von uns genannt*) ist gekommen, um uns von den jüdischen Kindern zu berichten, die man in Frankreich versteckte oder auf geheimen Wegen in die Schweiz brachte. Madame Trocmé erzählt die Heldengeschichte von Le Chambon. Die Witwe Pastor Heinrich Niemöllers (zu Beginn der neunziger Jahre konvertierte Sybille Niemöller zum Judentum und nahm den Namen Sarah an) erinnerte an die mutigen Aktivitäten ihres Mannes. Wir alle erinnern uns, was er über die Gefahren der Gleichgültigkeit gesagt hat:

* Siehe *Alle Flüsse fließen ins Meer*, S. 146.

Als die Nazis die Kommunisten holten, habe ich geschwiegen; ich war ja kein Kommunist. Als sie die Sozialdemokraten einsperrten, habe ich geschwiegen; ich war ja kein Sozialdemokrat. Als sie die Gewerkschafter holten, habe ich geschwiegen, ich war ja kein Gewerkschafter. Als sie mich holten, gab es keinen mehr, der protestieren konnte.

Polen, Holländer, Belgier, Dänen, Franzosen – wie sollte man nicht bewegt sein, wenn man daran denkt, was sie getan haben?

Wie könnte ich jemals die Person vergessen, die am Tag vor dem ersten Deportationszug an unser Fenster geklopft hatte, um uns zu warnen? Es ist mir nie gelungen, sie ausfindig zu machen. Wie gerne hätte ich sie zu dieser Konferenz eingeladen.

»Menschen mit Mut« waren in meiner Stadt wie im übrigen besetzten Europa eine winzige Minderheit. Ein Tatbestand, der mich immer wieder verstört: Warum waren jene Gerechten so selten, die sich gegen die Deutschen und ihre mit einer erdrückenden Macht ausgestatteten Kollaborateure für die verfolgten und ausgehungerten Juden einsetzten?

Ich frage sie, ich nutze alle Sprachen, die mir zur Verfügung stehen, um sie zu befragen, in meinen Augen bilden sie eine eigene Gattung Mensch. Sie haben es gewagt, dem Unterdrücker die Stirn zu bieten. Sie haben seine Pläne durchkreuzt. Sie haben gezeigt, daß es möglich war, dem Mörder seine verängstigte Beute zu entreißen und das Königreich des Todes zu begrenzen. Ich führe ständig zwei Fragen im Munde: »Warum haben Sie sich für gefährliches und heldenhaftes Handeln statt für Schicksalsergebenheit und abwartende Untätigkeit entschieden?« Und: »Warum gab es so wenige Menschen wie Sie?«

Es ist unmöglich, halbwegs rationale Antworten von ihnen zu erhalten. Sie und Helden? Das können sie offenbar nicht begreifen: Warum belästigt man sie mit diesen Heldengeschichten? Sie haben doch nichts Besonderes geleistet, nichts, was nicht jeder Mensch an ihrer Stelle ebenso getan hätte, oder?

Das erinnert mich an die wunderbare Geschichte einer Berlinerin, der Yad Vashem eine Ehrenurkunde verliehen hat, weil sie unter Einsatz ihres Lebens mehrere Juden gerettet hatte. Den Journalisten, die sie fortwährend mit Fragen nach ihren Beweggründen in Verlegenheit brachten, gab sie schließlich eine beeindruckende Antwort: »Wollen Sie wirklich wissen, warum? Ich werde es Ihnen sagen: aus Selbstachtung.«

Wenn ich zugegen gewesen wäre, ich hätte sie umarmt.

Ich muß zugeben: Abgesehen von den jährlichen Gedenkveranstaltungen sind mir diese Zusammenkünfte von allen Unternehmungen des Gedenkrates die liebsten. Die Konferenzen und Kolloquien, die geteilten Erfahrungen. Der Austausch von Gedanken und Erinnerungen. Die Rolle des »Ehestifters«, des Vermittlers von Begegnungen und Freundschaften paßt am besten zu mir. Ich finde es einfach anregend, wenn Männer und Frauen unterschiedlichster Herkunft um einen Tisch versammelt sind und Vorstellungen und Meinungen austauschen, wenn sie einander offenbaren, was einen jeden einzigartig macht, wenn sie gemeinsam daran arbeiten, ihren Mitmenschen verständlich zu machen, daß sie auf diesem unruhigen Planeten friedlich zusammenleben können und müssen. Und wenn der Rat nur für den Dialog zwischen Menschen, für philosophische Debatten und ethnoreligiöse Diskussionen gegründet worden wäre, *Dajenu*, es hätte sich gelohnt.

Einige Projekte, an denen ich beteiligt war, gingen schief. So zum Beispiel das Kolloquium zum Völkermord 1982 (siehe Seite 145) oder die Reise nach Bosnien (siehe Seite 575 ff.). Die gemischte deutsch-amerikanische Kommission dagegen war einfach von zu kurzer Dauer. Vom Memorial Council geschaffen, versammelte sie amerikanische und deutsche Intellektuelle – man hat uns versichert, daß letztere alle eine unbescholtene Vergangenheit hatten –, um gemeinsam über den Holocaust nachzudenken und zu forschen. Jährlich waren zwei Zusammenkünfte vorgesehen, eine in New York, eine in Berlin. Das erste Treffen steht ganz unter dem Eindruck gegenseitiger Bekenntnisse: Ehemalige Deportierte sitzen fünf deutschen Hochschulprofessoren und aktiven Politikern gegenüber. Auf beiden Seiten fallen wahre und schmerzhafte Worte. Klaus Schütz, der ehemalige Bürgermeister von Berlin und (sehr beliebte) Botschafter in Tel Aviv, bewegt uns alle durch seine Demut. Peter Petersen, ein Bonner Abgeordneter (von der Partei Helmut Kohls!) gesteht, daß er Mitglied der Hitlerjugend war. Ein Philosoph stellt sein Bemühen um Wahrheit unter Beweis. Es herrscht eine vertrauensvolle und von Sympathie geprägte Atmosphäre.

Als ich im Flugzeug mit meiner Delegation in Berlin lande, fällt mir plötzlich ein, welchen Tag wir haben: den 20. Januar. Eine entsprechende Bemerkung zu unseren offiziellen Gastgebern stößt auf Unverständnis. »Ach so!« sagen sie. Ich weise noch einmal darauf hin: Hat dieses Datum, der 20. Januar, nicht symbolische Bedeutung? Sie schütteln nur den Kopf. Ruft es denn wirklich keine Erinnerung bei ihnen wach? Schließlich ... das weiß man doch! Am 20. Januar 1942 fand die Wannsee-Konferenz statt! Ach ja, natürlich! Jetzt ist bei meinen deutschen Gesprächspartnern der Groschen gefallen. Ob wir den Ort wohl besichtigen können, der eine so verheerende Rolle in der jüngsten Geschichte gespielt hat? Unmöglich, antworten unsere Gastgeber, das Programm lasse keine Zeit mehr dazu. Es gibt zu viele Besuche und zu viele offizielle Essen, alles würde durcheinander geraten. Wir sind trotzdem hingegangen. Gibt es ein Schild am Eingang? Soviel ich mich erinnern kann, ja, aber es fehlt jeder Hinweis auf die Vergangenheit. Bevor sie von der Gestapo beschlagnahmt worden war, gehörte diese Villa einer jüdischen Familie. Dort fand unter dem Vorsitz von Reinhard Heydrich und der aktiven Beteiligung von Adolf Eichmann die berühmte – nein: schändliche – Versammlung hoher Beamter aus allen Ministerien des Reiches statt, auf der die Grundsätze und die Strategie der Endlösung ausgearbeitet wurden.

Ich gehe durch die Villa. Schweigend befrage ich die Wände, die Decken. Da die Menschen nichts verlauten lassen, müssen die Mauern sprechen. Das sage ich auch in meinen öffentlichen Ansprachen. Beschämt versprechen die verantwortlichen Politiker in der Villa eine Gedenkstätte einzurichten. Wie mir vor kurzem (1996) mitgeteilt wurde, haben sie ihr Versprechen gehalten.

In Washington gehen die Dinge unterdessen langsam voran, zu langsam. Streitigkeiten und Intrigen zwischen unterschiedlichen Persönlichkeiten mit unterschiedlichen Zielen, offener Schlagabtausch oder schwelende Konflikte: Der Hunger nach dem bißchen Macht, über das wir verfügen oder das wir verteilen sollen, treibt einige

Mitglieder um. Da ich es allen recht machen will, habe ich zunächst die Bildung von ungefähr zwanzig verschiedenen Komitees zugelassen. Jeder kann sich das Durcheinander vorstellen. Die Plenumssitzungen führen zwar immer wieder zu Debatten und Untersuchungen auf einem sehr hohen Niveau, aber auch zu Wortgefechten, und hinter den Kulissen gibt es kein Pardon. Da ich schon von Amts wegen der Vermittler bin, verbringe ich Stunden am Telefon, um die erhitzten Gemüter zu beruhigen. Langsam spüre ich den Druck, der durch den Zeitverlust entsteht.

Auch die Auseinandersetzung um die Universalität der Tragödie spitzt sich unaufhörlich zu. Das Problem kommt bei jeder Sitzung des Rates zum Vorschein. Der Theologe Robert McAfee Brown und einige christliche Denker können unsere Empfindlichkeit verstehen. Andere hingegen stellen sich stur. Und dieselbe Uneinigkeit erleben wir sogar bei den Juden. Ein Überlebender aus Warschau – Benjamin Meed – erklärt eines Tages, daß er die *Jahrzeit* für seine Mutter nicht beachte, daß er jedoch jedes Jahr eine Kerze anzünde, um den Todestag der Christin zu ehren, die ihm während der Besatzung Unterschlupf gewährt hatte. Wie schaffe ich es, Harmonie zwischen allen herzustellen, ohne dem Andenken und seiner Wahrhaftigkeit zu schaden?

Schließlich stellt sich die Frage der Finanzierung unserer Vorhaben immer deutlicher. Zahllose Sitzungen sind ihr gewidmet. Sollen wir einen deutschen Beitrag dazu annehmen, falls Bonn uns einen solchen anbietet? (Die Mehrheit spricht sich dagegen aus.) Sollen wir eine Spezialagentur damit beauftragen, Gelder für uns zu sammeln? (Ja.) Wer nimmt Kontakt zu Millionären auf, wer spricht private Stiftungen an? Jeder hat seine Meinung, seine Ideen, seine erprobten Mittel. Ich verstehe nichts davon. Sollen sich andere darum kümmern, Miles Lerman zum Beispiel, er ist bekannt in den Kreisen der Bonds für Israel. Und Sigmund Strochlitz natürlich, der für die Universität von Haifa schon soviel getan hat. Zum Glück sind sie befreundet. Gemeinsam besuchen sie ihre reichen und auch weniger reichen Bekannten. Ich begleite sie zu Henry Ford III. Dann zu einem Essen mit dem Gouverneur von Texas. Die Aussichten sind gut, doch bald folgen die Enttäuschungen. Man sollte meinen, die überlebenden Juden stünden an der Spitze der Spender. In der Gegend von New Jersey leben einige, die es sich wirklich leisten könnten. Wir machen ein Arbeitsessen mit fünfzehn Personen. Insgesamt versprechen sie uns 600 000 Dollar, verteilt auf mehrere Jahre. Wir brauchen jedoch etliche zehn Millionen Dollar (1992 klettert das vorgesehene Budget für das Museum auf über 160 Millionen Dollar). Architekten, Bauunternehmen, Ingenieure, Bibliothekare, Spezialisten aller Art wollen bezahlt werden. Das kostet einiges, und wir haben fast nichts.

Dank der Bemühungen meines Vizepräsidenten Mark Talisman und Hyman Bookbinders (Bookie) hat uns der Kongreß ein Gebäude zugewiesen, das fast an der Mall liegt, dem berühmtesten Platz in der Hauptstadt, nicht weit vom beeindruckenden Denkmal zur Erinnerung an Abraham Lincoln, den berühmten Präsidenten, der die Sklaverei abgeschafft hat.

Das Backsteingebäude scheint uns gut geeignet. Es ist schlicht und fügt sich bestens in die Umgebung ein. Innen muß freilich alles vollkommen neu gestaltet werden. Na und? Das notwendige Können steht uns doch zu Verfügung, wenn auch noch die Mittel dazu fehlen. Machen wir uns erst einmal ernsthaft ans Werk, dann werden wir sie schon auftreiben. Letztendlich kann es sich doch nur um ein paar Millionen handeln!

Einmal wecken mich Miles und Sigmund um drei Uhr nachts. Sie frohlocken, denn sie haben eine gute Nachricht. Nein, sie konnten nicht warten. Miles hat den weißen Raben gefunden. Einen echten Multimillionär. Es handelt sich um einen jüdischen Arzt ungarischer Abstammung, der auch im Immobiliengeschäft tätig ist. Er sei bereit, für alles aufzukommen. Für alles? Voll und ganz. Er wisse, wie man es richtig anstellt. Man möge ihm nur vertrauen, das sei alles, was er wünscht. Dafür besorgt er uns ein Gebäude, das unseren Erwartungen entspricht. Nachdem ich richtig wach geworden bin, sagen mir Miles und Sigmund, ich könne nun ruhig schlafen. Nur … Es sei wichtig, daß ich ihn treffe. »Was, jetzt?« schreie ich auf. »Nein«, antwortet Miles, »nicht jetzt gleich. Aber morgen.«

Ich treffe ihn. Ich treffe mich auch noch mit anderen wohltätigen Kandidaten. Sie alle reden gerne und hören sich gerne reden. Der erste, unser mutmaßlicher Retter, legt großen Wert darauf, bei einer Gedenkfeier im Kennedy Center in Washington das Wort zu ergreifen. Und wenn nicht? Wir sollten ihn lieber nicht verärgern, sagen Miles und Sigmund. Gut, soll er ein paar Sätze sagen, schließlich hängt die Zukunft des Museums davon ab. Andere Wohltäter haben andere Wünsche. Sie sprechen mich nicht direkt darauf an: Sie reden mit Miles, der spricht mit Sigmund, der, wie man weiß, als Fürsprecher bei mir unschlagbar ist. Alles läuft wie am Schnürchen.

Und so vergeht die Zeit.

Eines Tages verkünden Miles und Sigmund stolz, sie hätten soeben einen neuen Retter ausfindig gemacht, der den Arzt-Industriellen-usw.-Mäzen ersetzen soll: Sonny Abramson. Er ist ein bekannter Unternehmer in der Hauptstadt, ein erfolgreicher Geschäftsmann. Man erkennt ihn auf Anhieb als Millionär, als Entscheidungsträger. Eine vornehme, selbstgefällige, hochmütige Erscheinung. Sieht aus wie ein Filmschauspieler: silbergraues Haar, stahlharter Blick. Er möchte uns unbedingt helfen. Anscheinend »muß« ich, wie Miles und Sigmund meinen, mit ihm essen gehen. »Was, jetzt gleich?« rufe ich erschrocken. Nein, beruhigen sie mich, nächste Woche. Aber es ist zwingend geboten. Wenn Sonny mitmachen würde, hätten wir keine Sorgen mehr. Und niemand würde mich mehr um drei Uhr früh wecken.

Sonny macht einen recht guten Eindruck. Er ist praktisch veranlagt, ein Pragmatiker. Obwohl er kein Mitglied des Rates ist, sichert er uns seine volle Unterstützung zu. Er redet wie der Arzt-Baulöwe, aber seine Stimme ist klangvoller. Wie jener verlangt er nichts, bittet um nichts, er glaubt an uns und unser Projekt; wir brauchten ihm nur zu sagen, worum er sich kümmern solle, er würde alles erledigen. Alles? Alles, was die Renovierung des Gebäudes betrifft. Es heißt, er habe zahlreiche Verbindungen zu höchsten Kreisen und könne seine Beziehungen spielen lassen. Sein bester Freund ist ein einflußreicher Abgeordneter des Repräsentantenhauses. In der Folgezeit sollte ich sie häufig zusammen sehen; jedesmal, wenn Schwierigkeiten aufgetaucht sind.

Zu Beginn ist es der reinste Honeymoon. Gott ist groß, und die Arbeit geht voran. Alle sind glücklich. Miles, Sigmund und Sonny, das vollkommene Trio. Miles treibt die Mittel auf, Sigmund überwacht das Programm, und Sonny läßt die notwendigen technischen

Untersuchungen an unserem Bau durchführen, vor allem am Mauerwerk und in den Untergeschossen. Endlich herrscht Frieden. Ich verbringe keine sechs, sondern höchstens noch zwei Stunden pro Tag am Telefon, um irgendwelche Probleme zu lösen, die eigentlich nicht in meine Zuständigkeit fallen.

Eines Tages erhalte ich über die üblichen Umwege - Sonny scheucht Miles auf, der alarmiert Sigmund, und letzterer ruft mich an - eine erschreckende Nachricht: Unser Gebäude taugt nichts mehr; das Mauerwerk ist überall feucht und droht einzustürzen. Die Instandsetzung würde ein Vermögen kosten; deshalb wäre es besser, das Gebäude ganz abzureißen und ein neues zu bauen ...

Es ist ein Trauerspiel. Ich habe dieses Backsteingebäude sehr gemocht. Eigentlich haben es alle gemocht. Man braucht nur zu lesen, was meine Ratskollegen während der Plenumssitzung darüber gesagt haben. Die einen finden, es hätte Ähnlichkeit mit den Blocks von Auschwitz (!), die anderen rühmten seine Einfachheit. Was könnte es Gewöhnlicheres geben als roten Backstein? Wieder andere loben seine Funktionalität. Oder seine harmonische Außenansicht. (Meed: »Das ist der größte Tag meines Lebens!«) Eine Gruppe von Fachleuten hat unter der ausgezeichneten Leitung von Anna Cohen (vom Smithsonian-Institut) und David Altshuler (ebenfalls Hochschullehrer) ein Rotbuch vorgelegt, das einen Plan mit allen Einzelheiten für das künftige Museum umfaßt. Bis ins kleinste ausgearbeitet, ist er in seiner Genauigkeit wie in seiner Kreativität beeindruckend. Alles ist vorbereitet. Jetzt könnte die Maschine endlich in Gang gesetzt werden. Wenn Sonny aber recht hat, müssen wir ganz von vorne beginnen. Wir diskutieren die Frage mit ihm, mit seinem Freund, dem Abgeordneten, mit ihren Freunden und mit ihren Gegnern - bisweilen sind es dieselben -, mit zahlreichen Bauunternehmern und Architekten: Es tut mir wirklich in der Seele weh, das Gebäude aufzugeben. Könnten wir es behalten, wäre das Museum bald fertig, spätestens in zwei Jahren. Und die finanzielle Belastung wäre erträglich. Aber Sonny bleibt stur. Er besteht auf der Notwendigkeit eines Abrisses. Und er ist der Fachmann. Sein Freund aus dem Abgeordnetenhaus unterstützt ihn. Zum Schluß geht es wieder nach dem Kettenprinzip: Sonny bearbeitet Miles, der wirkt auf Sigmund ein, dem es schließlich gelingt, mich zu überzeugen.

Also weg mit den roten Ziegelsteinen, die sich in unserem Gremium so großer Zuneigung erfreuten: Das Gebäude wird abgerissen. Das Kapitel ist abgeschlossen.

Sonny nimmt eine immer bedeutendere Stellung ein. Für den Neubau des Museums scheint er unersetzlich zu sein. Er stellt uns einen seiner Freunde vor: Harvey (Bud) Meyerhoff, einen reichen Geschäftsmann aus Baltimore. Die beiden bilden das Gegenpaar zum Gespann Miles – Sigmund. Aber die Chemie zwischen den beiden Paaren stimmt nicht immer. Eine Machtfrage: Wer hat das letzte Wort? Theoretisch ist es Sigmund, denn er leitet die Planungskommission. Sonnys Einwand: Im Gegensatz zu ihm wohnt Sigmund nicht in Washington; doch täglich müßten Entscheidungen getroffen werden, die keinen Aufschub duldeten; man könne einfach nicht immer auf die nächste Versammlung warten. Endlose Diskussionen, Auseinandersetzungen und Krisen sind die Folge. Ich bilde neue Strukturen, Komitees und Subkomitees. Auf der Suche nach Leihgebern, Museumskundlern, Pädagogen und Archivaren strecken wir unsere Fühler in alle Richtungen aus. Eine Versammlung folgt der nächsten, eine Vereidigung der nächsten, sie ähneln sich alle.

Und die Zeit vergeht.

Eine Anekdote, die Joseph Wiseman (er hat die Hauptrolle in *Salmen** gespielt) berichtete:

Am Broadway spielte einst ein Schauspielerpaar: die Lunts. Ganz New York besuchte die Vorstellungen der Stars. Während einer Spielzeit traten sie in einer Komödie auf. Jedesmal, wenn der Ehemann um eine Tasse Tee bat, war das so witzig, daß die Zuschauer Tränen lachten. Eines Abends wandte er sich während der Pause an seine Frau und fragte sie bekümmert: »Ich verstehe das nicht, heute abend haben sie überhaupt nicht gelacht.« Darauf antwortete seine Frau: »Das ist doch ganz einfach zu erklären, mein Guter, bislang batest du immer um eine Tasse Tee, heute abend hingegen hast du um das Lachen gebeten.«

In unserem Fall lautet die Frage eher: Wie können wir die Museumsbesucher zum Weinen bringen?

* Siehe *Alle Flüsse fließen ins Meer,* S. 577.

In mir kommen immer mehr Zweifel auf, und ich spreche mit denjenigen darüber, die mir nahestehen. Vielleicht sollte ich zurücktreten? Zu Irving Bernstein, der mich von dem Gedanken wieder abbringt, sage ich: »Ich spüre, daß wir einen Fehler gemacht haben. Wir hätten uns nie gegen Carter stellen dürfen: Er wollte nur ein Mahnmal; ein Museum bringt zu viele Probleme mit sich.«

Sonny hat den Auftrag, einen guten Architekten zu finden – möglichst den besten. Der soll einen passenden Entwurf ausarbeiten. Hat er wirklich danach gesucht? Wenn ja, so hat er schnell aufgegeben und sich mit den in seinem Unternehmen angestellten Architekten begnügt. Auf Empfehlung von Freunden, denen ich vertraue, habe ich meinerseits einen israelischen Architekten (Salman Einav) mit einem Entwurf beauftragt.

Inzwischen befinden wir uns im Jahr 1985.

Dem Jahr der Bitburg-Affäre.

DIE BITBURG-AFFÄRE

Alles beginnt Anfang 1985 mit einer scheinbar harmlosen Erklärung des Pressesprechers des Weißen Hauses: Präsident Ronald Reagan wird die Bundesrepublik Deutschland besuchen. Nach dem offiziellen Programm, so betont der Sprecher ausdrücklich, sei kein Besuch in einem ehemaligen Konzentrationslager vorgesehen. Sofort werden Stimmen laut: Man wundert sich, man ist empört. Hätte der Pressesprecher diese Einzelheit nicht erwähnt, wäre es den Journalisten nicht in den Sinn gekommen, sie aufzugreifen. Sie tun es, weil sie darin eine Herausforderung sehen. Als hätte Ronald Reagan seinem Land und der Welt ein Zeichen für seine neue Haltung zu dem von Helmut Kohl regierten Deutschland geben wollen: ein »normales« Verhältnis, gewachsen aus den Beziehungen zwischen zwei Völkern, die zu Bündnispartnern und Freunden geworden sind. Die Vergangenheit ist begraben oder zumindest verdeckt, vertuscht. »Normalisiert«, wie Kanzler Kohl es ausdrücken würde.

Dann kommt der zweite Hammer. Der Pressesprecher des Weißen Hauses kündigt an, der Präsident werde bei seinem Deutschlandaufenthalt einen deutschen Soldatenfriedhof besuchen. Welchen, weiß man nicht. Erst später wird der Name bekanntgegeben: Bitburg. Die Korrespondenten sehen sich verdutzt an: Der Ort sagt ihnen nichts. Doch bald schon kennt ihn jeder.

Man wird sich noch lange an den Wirbel erinnern, den diese Nachricht auslöste. Nicht nur unter den Juden, sondern auch bei den Veteranen der beiden Kriege. In vielen Leitartikeln wird die Entscheidung scharf kritisiert, bissige Kommentare folgen. Ehemalige Soldaten geben die Orden zurück, die sie für ihren Einsatz auf den europäischen Schlachtfeldern verliehen bekamen. Etwas Unglaubliches geschieht: Zum erstenmal seit seinem Wahlsieg hat Ronald Reagan die Bevölkerung nicht mehr hinter sich. Der »große Vermittler« kann seine Absicht nicht mehr vermitteln. Zu seiner Rechtfertigung führt das Weiße Haus höhere Interessen an: die Staatsräson, die Verpflichtung zur Aussöhnung, das Nordatlantische Verteidigungsbündnis, die europäische Sicherheit. Die Nation läßt diese Gründe nicht gelten. Trotzdem glaubt bei Ausbruch der Polemik noch jeder, auf dem fraglichen Friedhof seien einzig und allein Soldaten und Offiziere der Wehrmacht beigesetzt. Das Schlimmste erfährt die Nation kurz darauf: Auf dem Friedhof von Bitburg gibt es auch Gräber der SS.

Jetzt fühlt sich die ganze Nation gekränkt. Die Öffentlichkeit schreit einhellig: Skandal. Man erinnert sich an die Vergangenheit und an die Grausamkeiten, die die SS verübt hat. Das Wort »SS« verbreitet Entsetzen. Man sagt Bitburg und denkt an Auschwitz. Das Weiße Haus wird belagert und wehrt sich, so gut es kann. Da ist nicht viel zu machen. Niemand will seinem Kurs folgen. Ein Fehlschlag auf der ganzen Linie. Jäher Absturz Reagans bei den Meinungsumfragen. So endet der Mythos von seiner Unbesiegbarkeit.

Auch ein Friedhof, auf dem nur Wehrmachtsangehörige liegen, hätte es freilich nicht verdient gehabt, von einem amerikanischen Präsidenten besucht zu werden.

Ich weiß, daß man in Deutschland gerne auf dem Unterschied zwischen den »guten« Soldaten der Wehrmacht und den »schlechten« SS-Männern besteht und daß der Westen nichts dagegen einwendet, um sich die Gunst der Deutschen zu erhalten. Und ich bestreite auch nicht, daß es einen Unterschied gibt. Doch von dieser Haltung bis zum Reinwaschen der Wehrmacht ist es nur ein kleiner Schritt, den man nicht überstürzen sollte. Ist die logistische Unterstützung schon vergessen, die den Einheiten der SS bei ihrem Wüten gegen die Juden von der Wehrmacht geleistet wurde? Sie ist durch unwiderlegbare, historische Dokumente bewiesen. Ohne die aktive Mithilfe der Wehrmacht hätten die Einsatzkommandos, die mobilen Tötungseinheiten der SS, in Babij Jar, in Minsk und überall in der Ukraine, in Weißrußland und in Warschau nicht ohne weiteres gegen die Juden vorgehen können. Allerdings hat die SS sich in weit größerem Umfang schuldig gemacht. Schließlich hat das Nürnberger Gericht die kollektive Schuld aller Gliederungen der SS nicht zufällig und auch nicht grundlos festgestellt.

Und jetzt rüstet sich also der Präsident der Vereinigten Staaten, sie im Namen der Nation mit einer feierlichen Kranzniederlegung zu ehren!

Zu Tausenden häufen sich Telegramme bei der Poststelle des Weißen Hauses. Es hagelt Bittschriften und Aufrufe aus allen Ecken des Landes. Senat und Repräsentantenhaus sind sich einig: Bitburg ist ein schwerer Fehler, ein Willkürakt, eine Provokation. Die republikanischen Abgeordneten raufen sich die Haare. Reagan setzt Himmel und Erde in Bewegung, um von irgendwoher Zustimmung zu finden. Henry Kissinger ruft mich an: Er versteht meine Haltung, aber der Präsident hat mit ihm telefoniert. Er kann ihm seine Unterstützung nicht versagen. Um so schlimmer für ihn, denn auch seine Unterstützung ändert nichts an der Situation.

Um wenigstens die Gemüter der Juden zu besänftigen, lädt Donald Regan, der Stabschef des Weißen Hauses, führende jüdische Republikaner zu einer Aussprache ein. Obwohl ich kein Republikaner bin, werde auch ich eingeladen. Vielleicht in meiner Eigenschaft als Präsident des US Holocaust Memorial Council?

Um den Tisch sitzen Max Fisher, der steinreiche Wortführer der jüdischen Interessenvertreter bei der republikanischen Regierung, seine politischen Freunde Gordon Zaks und Richard Fox, der New Yorker Anwalt und Gemeindevorsitzende Kenneth Bialkin und ich.

Die Regierung ist durch Donald Regan, Patrick Buchanan und Ed Rollins vertreten. Regan, ein Mann von der Wall Street, war früher Finanzminister. Der Journalist Buchanan ist ein enger Berater des Präsidenten für Medien, Rollins sein politischer Berater. Von diesen dreien ist mir nur Regan persönlich bekannt.

Die Juden drücken ihre Ablehnung des geplanten Besuchs von Bitburg aus; die einen in aller Entschiedenheit (Gordy Zaks), die anderen setzen mehr auf Verhandlungsgeschick (Bialkin). Fisher, der leicht nachgibt, ist offenbar fügsam: Er räumt der Regierung das Recht ein, sich um die Folgen des diplomatischen Zwischenfalls Sorgen zu machen, zu dem es sicherlich kommen wird. Soll man die Spannungen zwischen Amerikanern und Deutschen unnötig verschärfen? Den Amerikafreund Kohl in eine unangenehme Lage bringen? Vor allem dürfen wir die Luftwaffenstützpunkte, die taktischen Atomwaffen und die Kurzstreckenraketen nicht vergessen, die Amerika in Deutschland stationiert hat. Seinen Widersachern ist klar: Hier betrachtet ein führender Vertreter der Juden die Judenfrage unter globalen strategischen Gesichtspunkten! Die allgemeine militärpolitische Lage soll wichtiger sein als die Ehre der Juden, wichtiger als ihre Erinnerung. So muß es auch während des Holocaust gewesen sein. Die jüdischen Führer waren hierher gekommen, um sich für die europäischen Juden einzusetzen, doch zuletzt redeten sie ihren Gastgebern nach dem Mund. Man sprach viel über die Lage an der Front, über die bevorstehenden Kämpfe, und weniger oder überhaupt nicht über die Massaker in Polen.

Die ehemaligen politischen Mitstreiter von Max Fisher – Norman Braman, Stanley Margulies und Irving Levy, alle aus Florida – sind bestürzt, doch keineswegs verwundert. Sie bemängeln seine persönliche Schwäche und halten ihn für kleinmütig. Sie sprechen aus Erfahrung: Als Präsident Reagan beschloß, die mit Spitzentechnologie und modernsten Radarsystemen ausgestatteten AWACS-Flugzeuge an Saudi-Arabien zu verkaufen, schloß sich Fisher als Vertreter der jüdischen Republikaner ihrem Protest nicht an.

Von den Beratern des amerikanischen Präsidenten spricht sich Ed Rollins gegen Bitburg aus. Aus politischen wie moralischen Gründen predigt Buchanan Unnachgiebigkeit: Man dürfe vor allen Dingen nicht den Eindruck erwecken, der Präsident gebe dem Druck der jüdischen Gemeinde nach. Ich halte ihm entgegen: Aber wenn er dem Druck aus Deutschland nachgibt, ist Ihnen das gleichgültig? Regan schlägt einen in seinen Augen annehmbaren Handel vor: Der Präsident solle »auch« Bergen-Belsen besuchen. Er besteht auf dem »auch«. Bitburg bleibt also auf dem Programm? Ja. Ich mache den Vorschlag, auf Bitburg *und* auf Bergen-Belsen zu verzichten. Nichts zu machen.

Vor dem Weißen Haus dreht sich Kenneth Bialkin zu mir um und sagt: »Haben Sie bemerkt, daß Patrick Buchanan während der gesamten Diskussion ständig nur in das gelbe Notizbuch kritzelte, das vor ihm lag? Ich saß an seiner rechten Seite, deshalb habe ich einen Blick darauf geworfen. Sie werden es nicht glauben, wenn ich Ihnen sage, was er hineingekritzelt hat. Es waren nur drei Worte: Juden machen Druck, Juden machen Druck. Als ob das alles wäre, was ihm bei der ganzen Angelegenheit Sorgen macht!« Als uns die Privatmaschine von Max nach New York zurückbringt, erzählt Bialkin es immer wieder und immer mit derselben Verblüffung.

(Lassen Sie uns vorgreifen: Marvin Kalb, der berühmte Reporter und Kommentator der NBC, hat Wind von der Sache bekommen. Er erzählt davon in seiner Sendung. Der Skandal ist groß. Buchanan widerspricht. Er ruft Bialkin zur Hilfe. Und Bialkin fügt sich. Er hat eine Erklärung dafür: In der Politik darf man die langfristigen Ziele nicht aus den Augen verlieren ... Zur journalistischen Ehrenrettung von Kalb habe schließlich ich dem doppelten Dementi von Buchanan und Bialkin widersprochen.)

Der peinliche Fehler des Präsidenten zog eine Reihe weiterer Mißgriffe nach sich. Präsident hin, Präsident her, Ronald Reagan redet viel und manchmal zuviel.

In diese Zeit fällt die feierliche Verleihung eines bedeutenden Ordens an mich: Der Kongreß der Vereinigten Staaten befindet mich seiner Ehrenmedaille in Gold für würdig, eine seltene und ruhmreiche Auszeichnung, die in der ganzen amerikanischen Geschichte erst ungefähr zweihundert Menschen zuteil wurde.

Die Worte der Anerkennung durch die Kongreßmitglieder können wir übergehen: Wer will, kann sie im amtlichen Nachrichtenblatt des Kongresses nachlesen. Oder in den Privatarchiven von Sigmund, der eine entscheidende Rolle bei dieser Geschichte spielte und dem ich zu Dank verpflichtet bin.

Die Zustimmung zur Gesetzesvorlage Nr. S-2597 erfolgte im Frühjahr 1984. Sie ermächtigt das Finanzministerium, eine goldene Münze zu meinen Ehren und mit meinem Bildnis prägen zu lassen. Es folgen einige Vorbereitungen praktischer Art: Zu ihrer Gestaltung muß ein Künstler gefunden werden. Das ist nicht schwierig: Mark Podwal ist ein Zeichner, der seinesgleichen sucht. Wir haben gemeinsam an dem Buch über den Golem des MaHaRals von Prag gearbeitet und später gemeinsam eine Aggadah veröffentlicht. Er gibt uns sein Einverständnis. Auf der Vorderseite der Münze soll ein Foto von mir gezeigt werden, das Roman Vishniac gemacht hat. Drei Worte krönen es: AUTOR – LEHRER – ZEUGE. Für die Rückseite zeichnet Mark ein offenes Buch: Auf der einen Seite Jerusalem, auf der anderen Seite das Schtetl, das typische jüdische Stadtviertel in Osteuropa. Auf der Seite, die die Stadt Davids zeigt, steht der mit bloßen Augen kaum lesbare Vers »Wenn ich dich je vergesse, Jerusalem ...« aus dem Buch der Psalmen.

Dann beginnen Verhandlungen mit dem Weißen Haus über den Tag der Verleihung. Die Münze wird zwar vom Kongreß verliehen, doch üblicherweise vom Präsidenten überreicht. Der Kongreß schlägt Oktober, dann Januar, dann April vor. Die Mitarbeiter des Präsidenten stimmen zu, überlegen es sich noch einmal, ändern mehrmals ihre Meinung und das Datum, bis sie schließlich den 19. April 1985 festhalten. Uns paßt dieser Tag ausgezeichnet, denn er ist mit einem unvergeßlichen historischen Ereignis verbunden und hat daher Symbolcharakter. Am 19. April 1943 begann der Aufstand des Warschauer Ghettos. Tausend Einzelheiten für den Verlauf der Feier müssen noch geregelt werden. Die Verleihung soll im Salon im Ostflügel stattfinden. Auf dreihundert Plätzen sollen die Mitarbeiter des Sicherheitsdienstes (die dem Präsidenten nie von der Seite weichen), die Kabinettsmitglieder, die Gäste des Präsidenten, meine Gäste, die Mitglieder des Gedenkrates und die Vertreter der Medien Platz finden.

Als jedoch die Bitburg-Affäre publik wird, beschließt das Weiße Haus die feierliche Verleihung zu verlegen. Sie soll nunmehr im Roosevelt-Salon stattfinden. Der ist allerdings viel kleiner und kann höchstens vierzig Personen aufnehmen. Ich darf noch vier Gäste einladen. Es ist klar: Die verantwortlichen Mitarbeiter des Präsidialamts versuchen, der Feier einen möglichst kleinen Rahmen zu geben für den Fall, daß ich auf die umstrittene Reise zu sprechen käme. Alles ist so eingerichtet, daß sie schnell und fast unbemerkt über die Bühne gehen kann. Es ist uns äußerst unangenehm, aber wir sind gezwungen, die Einladungen an unsere parlamentarischen Freunde, an unsere Ratskollegen und an unsere ausländischen Freunde zurückzunehmen. Senatoren lassen ihre Beziehungen zum Weißen Haus spielen, damit die Entscheidung zurückgezogen wird: vergeblich. Mein Vorstoß bei Ronald Reagan scheitert ebenfalls.

In der Zwischenzeit hält der Gedenkrat eine außerordentliche

Sitzung ab. Der einzige Tagesordnungspunkt: Bitburg. Worte der Enttäuschung, der Wut. Auf mein Anraten und unter höchster Geheimhaltung schlägt Sigmund Strochlitz, den die Gefühle so überwältigen, daß er den Tränen nahe ist, zum Zeichen des Protests einen gemeinsamen Rücktritt des gesamten Gremiums vor, falls der Präsident Bitburg besucht. Eine verfrühte Maßnahme, erwidern unsere Kollegen. Wir sollten lieber noch Geduld haben, schließlich seien es noch drei Wochen bis zur Reise. Aber irgend etwas muß doch getan werden! Und sei es nur, um unsere Mißbilligung auszudrücken. Ich frage mich, ob ich den Orden nicht ablehnen sollte. Insofern es sich nicht um eine Ehrung des Präsidenten, sondern um eine Auszeichnung handelt, die mir im Namen des amerikanischen Volkes verliehen wird, würde ich dieses mit einem Boykott beleidigen. Zuletzt geben wir unseren Gefühlen und Befürchtungen mit einer einstimmig angenommenen, kurzen und feierlichen Resolution Ausdruck. Wir appellieren an die humanistische Gesinnung des Präsidenten, an sein Geschichtsverständnis, und bei unserer Bitte, von einem Besuch des SS-Friedhofs abzusehen, überschütten wir ihn mit Komplimenten. Damit gehen wir in eine eiligst einberufene Pressekonferenz. Sie ist kaum vorbereitet, denn seit 1978 haben wir uns noch nie auf diese Weise der Öffentlichkeit mitgeteilt. Wir sind zweifelsohne die einzige Regierungskommission, die keinen Pressesprecher hat. Aus übertriebener Sparsamkeit? Ich war der Meinung, Holocaust und öffentliche Selbstdarstellung paßten nicht zusammen. Wir taten unsere Arbeit, sollte die Presse gefälligst ihre tun. Und zwar ohne Mittelsmann. Das ist nicht immer gelungen, und eine Vielzahl unserer Unternehmungen blieb allgemein unbemerkt. Was nicht schlimm war. Aber diesmal interessiert man sich für uns. Wie kann man vor laufenden Fernsehkameras, Mikrofonen, Scheinwerfern und Tonbandgeräten Entschlossenheit und Zurückhaltung, Widerstand und Achtung miteinander in Einklang bringen? Es ist nicht meine Art, mit der Faust auf den Tisch zu schlagen. Auch zu drohen liegt mir nicht. Als mich ein Reporter fragt, ob ich zurücktreten wolle, antworte ich: »Ich glaube nicht, daß das nötig sein wird. Ich glaube nicht, daß der Präsident Bitburg tatsächlich besuchen wird.« Man fordert Erklärungen: Sollte ich etwas wissen, was den Medien noch nicht bekannt ist? Sollte ich vertrauliche Informationen aus einer für gewöhnliche Sterbliche unzugänglichen Quelle haben? Meine Antwort: »Ich vertraue auf meine Intuition, das ist alles. Und ich habe Vertrauen in den Präsidenten. Ich kenne ihn ein wenig, er ist ein ehrbarer, würdiger Mann. Er wird den Willen des amerikanischen Volkes achten und wird keinem SS-Friedhof die Ehre seines Besuches geben.« Ich selbst bin davon weniger überzeugt, doch ich sage mir, daß ich mir nichts vergebe, wenn ich mich zuversichtlich zeige.

Es scheint, als steckte das Land in einer Krise, zumindest gärt es an allen Ecken und Enden. Man spricht nur noch über Bitburg. Warum bleibt Ronald Reagan beharrlich? Warum befreit er sich nicht aus dem Gefängnis, in dem Helmut Kohl ihn offenbar festhält?

In New York lade ich die Mitglieder des Gedenkrates erneut zu einer außerordentlichen Sitzung ein. Sigmund Strochlitz, wie immer an meiner Seite, unterbreitet noch einmal seine Entschließung, mit der wir dem Präsidenten unseren gemeinsamen Rücktritt anbieten sollten. Ich bin dafür und sage es diesmal auch ganz offen, doch wieder ist die Mehrheit dagegen. Eines verstehe ich nicht: Warum fürchten sich meine Kollegen so sehr davor, dem Willen des Präsidenten entgegenzutreten? Warum klammern sich meine Mitstreiter, die wie ich die Lager überlebt haben, so sehr an Amt und Würden? »Es wäre voreilig, zurückzutreten«, sagen manche. »Bis zum Beginn der Reise sind es noch mehr als zwei Wochen. Wir wollen nichts überstürzen ...«

Meine Ehrung rückt näher. Tag und Nacht werde ich von Journalisten bestürmt. Wie oft werde ich in dieser Zeit wiederholen, daß der Besuch moralisch ein Fehler und politisch einen Fallstrick darstellt? Und daß ich überzeugt bin, der Präsident werde bestimmt nicht die SS reinwaschen, deren Verbrechen unsere Generation bis heute verfolgen?

Aus Washington wird uns die Ankunft eines gewissen Marshall Breger gemeldet, des für Jüdische Angelegenheiten zuständigen Beraters im Weißen Haus. Mir wird mitgeteilt, er sei ein praktizierender, orthodoxer Jude. Dann müßte er unsere Haltung eigentlich verstehen. Er ruft mich an. Ich teile ihm mit, was ich von der Reise des Präsidenten halte. Ob er diese Auffassung teile? Nein, er ist anderer Meinung. Wie kann ein frommer Jude im Dienst einer antijüdischen Politik stehen? Er sollte zurücktreten. Doch kaum ein Regierungsbeamter ist dazu bereit. Ist es ihr Gehalt, ihr Arbeitsplatz oder ihr Geltungsbedürfnis, daß sie so an ihrem Posten kleben? Um so schlimmer für sie, um so schlimmer für ihn, wenn es so ist. Wo bleibt da die Ehre, wo die Selbstachtung? Wo die Würde der Juden?

Abe Rosenthal und Arthur Geld, die allmächtigen Herausgeber der *New York Times*, begleiten mich überall hin. Nicht in ihrer Eigenschaft als Journalisten, sondern als Freunde, als Juden. Zwei gewissenhafte Männer, die ein ideales Gespann bilden. Manche fürchten sie, andere wiederum schwören auf sie. Aber alle bewundern ihre professionelle Einstellung. Marion und ich halten sie über alle Entwicklungen der Affäre auf dem laufenden. Sigmund hat die Kontakte zum *Hill*, zum »Hügel« übernommen, wie man Senat und Repräsentantenhaus nennt. Die Spannung wächst, die Stimmung wird immer gereizter. Die Feierlichkeiten für den kommenden Freitag sind bereits bis ins kleinste festgelegt. Wir fiebern ihm entgegen wie am Vorabend eines historischen Ereignisses. Einige Fragen sind noch offen: Werden wir diesen oder jenen ausländischen Gast zusätzlich einladen können? Wird es uns in letzter Minute noch gelingen, auf die Berater des Präsidenten Einfluß zu nehmen? Wird der Kampf um Bitburg stattfinden? Auch von den Journalisten, die mir hinterherlaufen, wird der Fragenkatalog ergänzt: Werde ich am Festakt teilnehmen oder nicht? Um es spannender zu machen, weigere ich mich, eine endgültige Antwort zu geben. Aber meine Rede steht. Beinahe jedenfalls. Abe und Arthur geben mir freundliche Ratschläge. Der Tenor der Rede ist respektvoll, aber standfest und kompromißlos. Wie immer bei den wenigen, auf englisch verfaßten Schriften, schlägt Marion einige wertvolle, wenn nicht gar unerläßliche Korrekturen vor.

Am Mittwoch, den 17. April nehmen wir den Pendelzug nach Washington. Elisha begleitet uns. Im Juni wird er seine Barmizwa feiern. Ich finde, er sieht bekümmert aus. Sorgt er sich wegen seiner Feier oder wegen unserer Angespanntheit?

Per Ahlmark, der frühere stellvertretende Ministerpräsident

Schwedens, ein entschiedener Feind der Antisemiten sowie ein Dichter und Schriftsteller, der für sein mutiges moralisches Eintreten und sein Können bekannt ist, ließ es sich nicht nehmen, aus Stockholm anzureisen.

In den Räumen des Gedenkrates teilt mir Marian Craig mit, Mike Deaver habe aus Bonn angerufen, um mit mir zu sprechen. Deaver ist unser Gegner. Als Berater, um nicht zu sagen: als schlechter Geist Ronald und vor allem Nancy Reagans trägt er – auf amerikanischer Seite – die meiste Verantwortung für Bitburg. Er gilt als durchtrieben, hochnäsig, selbstgefällig. Unter den Beamten des Weißen Hauses schlägt er in der Skala der Unbeliebtheit alle Rekorde. Er leitet die Gruppe, die Monate zuvor nach Deutschland gereist war, um die Reise des Präsidenten vorzubereiten. Er war auch auf dem Friedhof von Bitburg. Hat man ihm gegenüber die SS-Gräber erwähnt? Die Deutschen schwören es. Ich habe keine Lust, mit ihm zu sprechen, aber vielleicht, denke ich, hat er eine gute Nachricht für mich … Ich rufe ihn an. Er ist nicht mehr zu erreichen, der Botschafter übernimmt das Gespräch. Ich kenne Arthur Burns. Wir sind uns in Newport, Rhode Island, bei einer Gesprächsrunde über die ersten jüdischen Einwanderer in Amerika begegnet. Er ist keiner, der sich schämt, Jude zu sein, und er hat nie einen Hehl daraus gemacht. »Man« hat ihn gebeten, mit mir zu sprechen und zu versuchen, mich zu überzeugen. »Da der Präsident auch Bergen-Belsen besuchen wird, können wir, meine ich, Bitburg hinnehmen.« Ich widerspreche. Er greift noch einmal die alten geopolitischen und diplomatischen Argumente auf. Er weist auf die Notwendigkeit hin, Kohl, den großen Verbündeten Washingtons, nicht zu versetzen. Ich lasse ihn ausreden, aber ich bleibe bei meinem Nein: »Es geht um das Andenken der Juden. Bitburg wird es schänden. Das muß verhindert werden. Helfen Sie mir dabei.« Ich glaube, er hat getan, was er konnte. Auch er ist gescheitert. Schade. Was für ein Unglück!

Am Donnerstagvormittag wohnen wir der jährlichen Holocaust-Gedenkfeier bei. Sie findet traditionsgemäß in der Rotunde des Kongresses statt. Die Einheiten, die die Lager befreit haben, ziehen mit ihren Fahnen vorüber, die üblichen Lieder werden gesungen, sechs Kerzen angezündet. Wegen Bitburg ist alles gefühlsmäßig aufgeladen. Das ist verständlich.

Die Führer der Parteien im Kongreß sind vollzählig anwesend, dazu einige Persönlichkeiten aus der politischen und religiösen Welt. Außenminister George Shultz vertritt die Regierung. Er genießt den Ruf, ein wahrheitsliebender Mensch zu sein. Auf sein Wort ist Verlaß, er ist gerecht und unbescholten. Seine Ansprache, in jenem gediegenen, würdigen Tonfall vorgetragen, den man von ihm kennt, ist beredt, ja sogar aufrüttelnd. Ich wundere mich nicht darüber. Ich weiß, was George Shultz zu leisten vermag. In Ronald Reagans Mannschaft ist er der Humanist.

In meiner Rede, die nur zum Teil der uns alle beschäftigenden Affäre gewidmet ist, gebe ich mir größte Mühe, die Unmenschlichkeit hervorzuheben, für die die SS steht. An einer bestimmten Stelle wende ich mich unmittelbar mit einer Bitte an George Shultz: »Sprechen Sie für uns.«

Er erhört mich, wie mir sein Sprecher, Bernie Kalb, später anvertraut hat. Der Außenminister telefoniert mehrmals mit seinem Botschafter in Bonn. Sein Ziel ist es, Kohl davon zu überzeugen, nicht auf Bitburg zu beharren. Umsonst. Kohl legt größten Wert auf den Besuch dieses Militärfriedhofs und auf den Eindruck, den ein vor den Gräbern deutscher Soldaten, SS inbegriffen, kniender Reagan machen würde. Shultz spricht auch mit dem Präsidenten und rät ihm von dem Besuch ab. Ohne Erfolg. Reagan hört lieber auf die Argumente Kohls, der einen Besuch von Bitburg für politisch geboten, weil lohnenswert hält. Auch eine eingeschränkte Rehabilitation der SS stärke seine Popularität in den nationalistischen Kreisen der deutschen Rechten. Peter Petersen, ein alter, Kohl allzu nahe stehender Parlamentarier, will mich überzeugen: »Sie irren sich, wenn Sie die gesamte SS verteufeln. Es waren schlechte Männer dabei, aber es gab auch gute. Nicht alle haben Konzentrationslager geleitet, viele haben an der Front gekämpft.« Ich erwidere klipp und klar: »Es gab keine guten SS-Männer.« Doch ich verstehe die deutsche Strategie. Das also ist das wahre Ziel Kohls: Er will die SS reinwaschen. Das wird der letzte Schritt eines sorgfältig durchgeführten Plans sein. Zuerst mußte Deutschland die sanfte, die reine, die unschuldige Wehrmacht rehabilitieren. Und jetzt ist, dank Kohl, die SS an der Reihe. Zuerst die »Guten«. Später dann, langsam und ganz vorsichtig, alle anderen. Ist die Tür zum Vergessen erst einmal aufgestoßen, werden auch die Folterknechte und die Mörder darin verschwinden. In Bitburg geht die Tür auf. Von einem rein pragmatischen und zynischen Standpunkt aus kann man Kohl gut verstehen. Nur Reagan nicht. Warum versteift er sich darauf, sein Ansehen mit dieser Geschichte zu beschmutzen? Er kann nichts dabei gewinnen. Ist er sich dessen überhaupt bewußt? Weiß er, daß Michael Deaver und Patrick Buchanan ihm Schaden zufügen? Meine Freunde im Außenministerium sagen, Kohl sei für dieses Debakel verantwortlich, ihn müsse man bloßstellen: Es sei ihm gelungen, Reagan davon zu überzeugen, daß eine Absage des Besuchs sein, Kohls, Ende bedeutete – und damit das Ende des deutsch-amerikanischen Bündnisses.

Im Anschluß an die Gedenkfeier versammeln sich die Mitglieder des Gedenkrates traditionell zu einer Plenarsitzung. Auf der Tagesordnung: die dringend notwendige Entscheidung über das künftige Museum. Wir müssen uns zwischen dem Entwurf des israelischen Architekten (Salman Einav) und dem von Sonny Abramson entscheiden. Der erste Vorschlag ist nüchtern und bescheiden. Er gefällt mir besser als der andere, der eher an einen Supermarkt erinnert. Wen wundert es, schließlich ist das Sonnys Stil. Doch am Tag vor dem Festakt im Weißen Haus ist jeder von uns mehr mit Bitburg beschäftigt als mit Architektur-Modellen, die nur für Eingeweihte durchschaubar sind. Es herrscht ein endloses Kommen und Gehen. Die Abstimmung findet statt, während ich ein Fernsehinterview gebe. Der triviale Entwurf von Abramson trägt den Sieg davon. Als ich in den Versammlungsraum zurückkehre, erfahre ich, daß die Entscheidung gefallen ist. Aber ist es auch die richtige? Ich lausche der Lobrede von Ben Meed: Er ist begeistert von dem Modell, er glaubt daran, ja, jetzt weiß er, daß das Museum gebaut wird, und deshalb ist dies der schönste Tag in seinem Leben. Jemand teilt mir mit, bei der Abstimmung habe es einen Verfahrensfehler gegeben, die Versammlung sei eigentlich nicht beschlußfähig gewesen. Aber das klären wir am besten später.

Im Flur kann man keinen Schritt machen, ohne auf einen Fotografen oder Reporter zu stoßen. Alle wollen wissen, ob ich ins Weiße Haus gehen werde oder nicht. Für ein paar Stunden bleibt es noch spannend.

In meinem Hotelzimmer warten Marion und Elisha, Sigmund und Per. Ich überfliege noch einmal meine »Antwort« auf die Verleihung des Ordens durch Reagan, dann lasse ich dem Weißen Haus ein Exemplar zukommen. Es wurde von niemandem verlangt, doch Höflichkeit und Achtung gebieten es. Ich lege Wert darauf, daß der Präsident weiß, was ich ihm morgen zu sagen gedenke. Wer weiß, ob es nicht doch noch ein Wunder gibt?

Ein Journalist ruft mich an: Ob ich weiß, daß in meinem Hotel eine Etage unter mir eine geheime Versammlung stattfindet? Marshall Breger, der Berater für jüdische Angelegenheiten im Weißen Haus, hat führende Juden um sich versammelt, um mit ihnen über Bitburg zu sprechen, und setzt sie unter Druck, damit sie Druck auf mich ausüben.

Das erstaunt mich keineswegs. Die Mehrzahl der jüdischen Führer hat es abgelehnt, mich zu unterstützen. Im Gegenteil, ihr Vorschlag war, Umsicht und Geduld zu zeigen. Und Verständnis. Moral und Politik sollten versöhnt werden. Senator Frank Lautenberg aus New Jersey riet mir unumwunden, den Kopf nicht zu hoch zu tragen: Eine Auseinandersetzung mit dem Präsidenten würde zu nichts führen. Andere jüdische Persönlichkeiten predigen mit mehr Takt Mäßigung und Beschwichtigung. Schließlich sei Bitburg nur eine kleine Episode in den Beziehungen zwischen der jüdischen Gemeinde und dem Präsidenten. Es wäre besser, ihn zu schonen. Äußerstenfalls müsse man darüber hinweggehen. Es werde andere Probleme, andere Krisen geben, bei denen wir Reagans Unterstützung bräuchten. Nach dem Festakt werden dieselben Führer es eilig haben, mich zu grüßen, mir zu gratulieren, mich zu meiner Kühnheit oder meiner Redegewandtheit zu beglückwünschen, und sie werden hinzufügen: »Wissen Sie, ich war von ganzem Herzen auf Ihrer Seite, das können Sie mir glauben, ich war ...«

Es wird ein lebhafter, häufig von »dringenden« Anrufen unterbrochener Abend. »Enge« Freunde wollen mir die neuesten Informationen »aus sicherer Quelle« nicht vorenthalten oder mir einen allerletzten Rat »von höchster Stelle« übermitteln. Elisha übernimmt talentiert und humorvoll die Rolle als Telefonist, Sekretär und Sprecher. Einige Journalisten verbringen die Nacht neben dem Aufzug unten in der

Hotelhalle auf der Lauer nach einem Scoop. Das erinnert mich an meinen früheren Beruf.

Am Freitag morgen fährt nichts Geringeres als eine schwere Limousine vor und bringt mich zu den Studios der CBS, NBC und ABC. Ich werde wie ein Star behandelt. Ich spiele die Rolle schlecht, sie paßt nicht zu mir. Es ist Jahre her, daß ich Journalist war, doch wenn ich die Wahl hätte zwischen der Rolle des Interviewers und des Interviewten, gäbe ich ersterer immer den Vorzug. Am liebsten aber sehe ich mich über Büchern sitzen, in denen die Weisen aus längst vergangener Zeit zu mir sprechen und mich führen.

Die Interviews erschöpfen mich. Ich kenne die Fragen im voraus, die man mir stellt: Werde ich die Medaille aus den Händen des Präsidenten annehmen? (Ja. Sie zurückzuweisen, hieße, das amerikanische Volk zu beleidigen.) Was werde ich ihm sagen? (Er möge von seinem Entschluß absehen.) Welchen Standpunkt beziehe ich zu der Vorstellung einer Kollektivschuld? (Ich lehne sie ab.) Seltsamerweise zeigt sich keiner der ernstzunehmenden Journalisten mir gegenüber feindselig. Weil sie fast ausnahmslos den Besuch in Bitburg bedauern oder ablehnen? Oder weil sie die Stimmung unter der Bevölkerung spüren? Gegen zehn Uhr machen wir uns auf zum Weißen Haus. Vor dem Gitter treffen wir den israelischen Botschafter, meinen alten Freund Meir Rosenne, den ich eingeladen hatte. Auch Marshall Breger kommt gleich auf mich zu: Wir sind uns auf Anhieb unsympathisch. Er sagt, ich würde seine Schwiegereltern kennen. Um mich zu gewinnen, läßt er keine Gelegenheit aus, den Talmud zu erwähnen. Da ich nicht darauf eingehe, kommt er ohne Umschweife zur Sache: Meine Rede erscheint ihm zu lang. Im Klartext: Ich soll sie kürzen, die kritischen Passagen weglassen.

Ich gehe noch immer nicht darauf ein. Im Vorzimmer treffe ich Abe Rosenthal und Arthur Gelb. Marion kommt zu uns. Zu viert ziehen wir uns zu einer allerletzten, kurzen Unterredung in eine Ecke zurück. Ich berichte von meiner hastigen und unangenehmen Unterhaltung mit Breger und kündige ihnen an, daß ich mich bemühen werde, den Präsidenten noch vor dem Festakt zu sprechen. Ich will einen letzten Versuch starten, ihn zu überzeugen. Sie zweifeln am Erfolg, ich auch. Ich frage sie, was ich tun solle, wenn man versucht, meine Rede zu beschneiden. »In diesem Fall«, meint Abe, »hältst du deine Rede eben nicht. Du bedankst dich für die Medaille und verliest den Text draußen auf dem Rasen vor den Kameras und der Presse.« Atemlos platzt Marshall Breger in unser Gespräch und teilt mir mit, Donald Regan erwarte mich in seinem Büro. Auf dem Weg zu ihm läßt Breger nichts unversucht. Ich reagiere nicht. Regan empfängt mich herzlich. Ich frage ihn, ob er meine Rede gelesen habe. Ja, er hat sie gelesen. Keine Einwände? Nicht im geringsten. Und der Präsident? Hat auch keine Einwände. Dann war es also einzig und allein Breger, der mir vorschreiben wollte, was ich zu sagen habe. Warum bezeugt ein Mann, der aus Osteuropa stammt und vielleicht noch Bindungen dorthin hat, einen solchen Eifer? Warum verfällt ein Jude, und ein orthodoxer dazu, auf eine so niederträchtige Machenschaft? Will er seinen Vorgesetzten damit gefallen? Seine Bestrafung erfolgt quasi auf der Stelle. Regan führt uns ins Oval Office. Peggy Tishman begleitet uns, eine schlanke, vornehme Frau, die sich der jüdischen Sache angenommen hat. Sie leitet eine jüdische Kulturvereinigung, die jedes Jahr »die Woche des jüdischen Kulturerbes« organisiert, ein Ereignis, das dieses Jahr unter der Schirmherrschaft des Präsidenten stattfinden wird. Warum hat man diese beiden Veranstaltungen zusammengebracht? Sicher handelt es sich um eine List von Breger, um die Bedeutung zu schmälern, die der Verleihung der Medaille zukommt. Regan stellt Peggy dem Präsidenten vor, der, höflich wie er ist, antwortet, er habe von ihr gehört. Dann stellt Regan mich vor. Der Präsident fällt ihm ins Wort: »Ist nicht nötig, wir kennen uns bereits.« Erinnert er sich an die Geschichte mit der Telefonnummer? Später trafen wir des öfteren aufeinander, und jedesmal war er mir mit großer Herzlichkeit begegnet. Jetzt ist Breger an der Reihe. So ein Pech: Der Präsident weiß nicht, wer er ist. Regan muß ihm erklären, daß er der für jüdische Angelegenheiten zuständige Referent ist. Armer Breger. Dabei hatte er sich überall seiner persönlichen Beziehungen zum Präsidenten gerühmt. Mehr noch, er hatte in seinem Namen gesprochen, seine Wünsche ausgedrückt, seine Anmaßungen gedeckt, seinen Ärger gerechtfertigt. Ich sehe, wie er blaß wird: Für den Präsidenten ist er ein Unbekannter und ein Eindringling noch dazu.

Nachdem wir Platz genommen haben, legen Peggy und ich dar, was uns bedrückt und bekümmert. »Es ist noch nicht zu spät, Herr Präsident«, sage ich, »Stellen Sie sich vor, was geschehen könnte: Sie halten Ihre Ansprache, überreichen mir die Medaille, ich ergreife das Wort, Sie kennen meine Antwort, und ... am Ende meiner Rede gehen Sie einfach zum Mikrofon zurück und sagen schlicht: Gut, ich werde nicht nach Bitburg gehen. Wenn Sie das tun, Herr Präsident, werden Sie überall auf der Welt ein Held sein! Juden und Nichtjuden, jung und alt, Republikaner und Demokraten werden Sie zu Ihrer Geste, zu Ihrer menschlichen Meinungsänderung, zu Ihrem Lob der Erinnerung beglückwünschen! Man wird sagen: Seht, der Präsident der Vereinigten Staaten braucht keine Berater, er ist wirklich Herr im Haus und Herr seiner selbst. Man wird sagen: Wie sich dieser Präsident von anderen unterscheidet! Moralische Beweggründe sind ihm wichtiger als politische Notwendigkeiten. Und: Amerika hat einen Staatschef, auf den es stolz sein kann ...«

»Zu spät«, erwidert er ernst und bedrückt, aber lächelnd. Er hat schon mit Kanzler Kohl telefoniert. Der deutsche Kanzler erklärte, eine Absage des Besuchs in Bitburg würde eine »nationale Katastrophe« für sein Land bedeuten. Der Präsident hat zugesagt. Soll er etwa sein Versprechen brechen? Unvorstellbar. Heute kann ich getrost zugeben, daß es schmerzhaft für mich war. Ich wußte, wenn es von ihm abhinge, würde er anders handeln. Doch er pflegte sich auf seine Mitarbeiter zu verlassen. Im Grunde hatten Regan, Deaver und Buchanan die Entscheidung für ihn getroffen.

Es ist fast elf Uhr. Wir verabschieden uns vom Präsidenten und begeben uns in den Roosevelt-Salon. Die Gäste haben sich bereits eingefunden, vierzig bis fünfzig im Höchstfall. Es ist eng wie in der U-Bahn zur Stoßzeit. Neben Vizepräsident George Bush sind die wichtigsten Berater des Präsidenten anwesend, dazu meine Fürsprecher, die vier Parlamentarier, die die Gesetzesvorlage für die Verleihung der Medaille an mich formuliert hatten. Dann der Medien-Pool. Die NBC sendet den Festakt in einer Direktübertragung. CNN ebenfalls. Elisha und Marion sitzen in der ersten Reihe. Hinter ihnen haben Sigmund und Arthur mit ihren Frauen Platz genommen. Punkt elf Uhr betritt der Präsident den Saal. Die Zuschauer erheben sich und warten, bis er Platz genommen hat. Im Saal steigt die Spannung. Natürlich gehen mir Bilder aus alten Zeiten durch den Kopf. Ich sehe mich in der Kleinstadt, die mein Zuhause war. An einem Morgen auf dem Weg ins Gemeinschaftshaus. Es ist Winter. Schnee fällt. Die Straße ist menschenleer. Nein, da ist jemand. Ich höre Schritte. Jemand verfolgt mich. Ein Angreifer? Oder ein Beschützer? Wie kann man je den Weg von Sighet bis zum Weißen Haus ermessen? Der Präsident redet gut, besser gesagt, er liest die Rede gut. Jüdische Geschichte, Judentum, die Last des Vermächtnisses, Ethik und Kultur, das Leiden der Juden: niemand liest so gut wie er. Doch er ist angespannt. Wie ich. Und die Zuhörer sind es offensichtlich auch. Soll man es einen historischen Augenblick nennen? Mit meiner Person hat es gar nichts zu tun. Ein anderer jüdischer Überlebender hätte an meiner Stelle sein können. Wieder einmal stehen wir vor dem Geheimnis des Überlebens: Warum ich und kein anderer? Womit habe ich das verdient?

Der Präsident überhäuft mich mit Lob, als ginge alles Gute, das die Menschheit in diesem Augenblick hervorbringt, auf mein Konto. »Niemand hat uns besser gelehrt ... Sein Leben ist ein Symbol für ... Wie die Worte der Propheten, so hat die Menschheit aus dem, was er ihr zu sagen hat, für alle Zeiten zu lernen ...« Fühle ich mich geschmeichelt? Nein, nicht wirklich. Aber auch nicht verlegen. Wie immer beherrscht mich ein anderes Gefühl, das Gefühl der Unwirklichkeit. Es durchdringt mich jedesmal, wenn man von mir spricht. Im Augenblick ist es stärker als je zuvor. Als wäre ich nicht hier, sondern Jahrhunderte zurückversetzt. Ich höre meinen Namen und stehe auf. Ich gehe zum Präsidenten, der mir mit einem Lächeln die Feder reicht, mit der er soeben die Erklärung zum Jüdischen Erbe unterzeichnet hat. Dann überreicht er mir die goldene Münze. Beifall ertönt. Wem gilt er? Dem jüdischen Kind aus Sighet? Mit einem Seitenblick sehe ich Marion und Elisha. Wie so oft bin ich zutiefst bewegt. Ich brauche nur meinen Sohn richtig anzusehen, dann spüre ich einen Kloß im Hals. Weiß er, was er für seinen Vater bedeutet? Für ihn habe ich gearbeitet, für ihn habe ich gelebt, ihm habe ich meine Erinnerungen vermacht, in ihm werden sie fortleben, er wird ihnen Sinn geben. Er und seinesgleichen. Außerplanmäßig steige ich von der Bühne, gehe auf ihn zu und lege den Orden in seine Hände.

Und meine Ansprache? Ich werde keine falsche Bescheidenheit an den Tag legen. Sie zeigte Wirkung im In- und Ausland. Sie hat überall Schlagzeilen gemacht. Die *New York Times*, die *Washington Post* sowie die meisten amerikanischen Zeitungen haben sie vollständig abgedruckt. Die Wochenzeitschrift *Time* schrieb, es sei einer der großen Augenblicke in der Geschichte amerikanischer Präsidenten gewesen. Chris Wallace von NBC sagte: »Es war einer der außergewöhnlichsten Auftritte, die ich seit Beginn meiner Berichterstattung aus dem Weißen Haus vor drei Jahren erleben konnte. Elie Wiesel wandte sich an den Präsidenten wie ein Lehrer an seinen Schüler, um ihm zu sagen ...«

Ich habe versucht, das Problem in fünfzehn bis zwanzig Minuten zu umreißen und ebenso kurz mein Leben zu skizzieren. Mit der dem obersten Staatsdiener geschuldeten Achtung und der Zuneigung für einen Mann, der sich mir gegenüber immer freundschaftlich gezeigt und immer Verständnis für die Juden aufgebracht hat, habe ich ihm in aller Deutlichkeit gesagt, »daß es hier nicht um eine Frage der Politik geht, sondern um Gut oder Böse ...« Ich unterstrich, wovon alle Amerikaner überzeugt sind, nämlich daß »diese Stätte (der Friedhof von Bitburg) kein Ort ist, den Sie, Herr Präsident, besuchen sollten. Ihr Platz ist an der Seite der Opfer ... Als Sie sich zu diesem Besuch entschlossen«, sagte ich weiter, »wußten Sie, Herr Präsident, nichts von den SS-Gräbern. Aber jetzt wissen Sie es. Deshalb sollten Sie Abstand nehmen ...« Ich sage ihm, warum. Ich beschreibe ihm in wenigen Worten das unmenschliche Ausmaß der SS-Verbrechen. »Ich habe gesehen, wie sie am Werk waren. Ich kannte ihre Opfer. Es waren meine Freunde, meine Eltern ...« Ich erinnerte ihn an die Kämpfer, die an diesem 19. April den Aufstand des Warschauer Ghettos begannen, und daran, wie sie von den Alliierten im Stich gelassen wurden: Alle Widerstandsorganisationen im besetzten Europa wurden von London, Washington oder Moskau mit Waffen und Geld unterstützt, nur der Widerstand in den jüdischen Ghettos nicht ... Ich erinnerte an das Gefühl der Abgeschnittenheit, der Verlassenheit und der Enttäuschung, das diese Widerstandskämpfer empfanden. Und an das Verhalten der Staatsmänner in der freien Welt: Sie wußten Bescheid und taten so wenig oder gar nichts, um die jüdischen Kinder zu retten ... Eine Million jüdische

Kinder sind umgekommen, wollte ich in meinem Leben nichts anderes tun, als ihre Namen aufzusagen, ich würde sterben, bevor ich zum Ende gelangte. »Ich habe, Herr Präsident, mit eigenen Augen gesehen, wie man jüdische Kinder lebendig in die Flammen warf ...« Hatte ich ihn überzeugt? Im Fernsehen wirkte er niedergeschlagen, sein Gesicht war von Kummer gezeichnet. Lag auch Furcht darin? Sollte es mir vielleicht gelungen sein, ihm eine Ahnung von dem Schmerz zu geben, den er unzähligen Opfern mit ihren Familien und ihren Freunden zufügte?

Nach dem Festakt verschlingt mich der Medienrummel auf dem Rasen vor dem Weißen Haus. Nie hätte ich mir vorgestellt, daß es im Weißen Haus so viele akkreditierte Journalisten gibt. Von allen Seiten werde ich mit Fragen bestürmt. Und noch immer ist alles am Bildschirm zu sehen. Wie lassen sich die Fragen von zehn Journalisten, die immer dasselbe wissen wollen, jedesmal mit neuen Wendungen und neuen Formulierungen beantworten?

Der Sektempfang findet in einem eleganten Saal des Weißen Hauses statt. Ein Marineoffizier bringt mir einen versiegelten Umschlag. Ich ziehe mich zurück, um ihn zu öffnen. Es ist ein hastig geschriebener Brief: »Ich bin im Büro nebenan, aber ich darf nicht in Erscheinung treten, denn ich bin inkognito hier. Ich habe Dich vorhin im Fernsehen erlebt und bin stolz auf Dich.« Es ist die Schrift von Jacques Attali.

Derselbe Offizier kommt noch einmal: Donald Regan wünscht mich in seinem Büro zu sprechen. Will er mich zurechtweisen und mir sein Mißfallen darüber bekunden, daß ich dem Ansehen seines Chefs geschadet habe? Im Gegenteil: Er beglückwünscht mich. Noch besser: Er dankt mir in seinem Namen und in dem des Präsidenten für den höflichen und hochachtungsvollen Ton meiner Rede. Ich hätte schließlich sagen können, was ich wollte und wie ich es wollte, ja, ich hätte vor den Augen des ganzen Landes meine Enttäuschung und meinen Verdruß zum Ausdruck bringen können. »Wir ziehen den Hut vor Ihrer Mäßigung und Ihrem Takt«, sagt Donald Regan, »und um uns erkenntlich zu zeigen, möchten wir Ihnen einen Vorschlag machen: Begleiten Sie uns nach Europa. Sie werden in der Präsidentenmaschine reisen, ja, mit der Air Force One. Sie haben heute zusammen mit dem Präsidenten ein Stück Geschichte geschrieben, und Sie können es fortsetzen ...« Während ich ihm zuhöre, denke ich kindisch: Bravo, du hast es geschafft, sie laden dich zur Teilnahme an der Reise ein, weil du sie überzeugt hast. Ich habe nur noch ein Problem. Wie komme ich wieder zurück? Angenommen, ich begleite den Präsidenten nach Europa, wie komme ich wieder rechtzeitig zu meinem Seminar an der Universität Boston? Man wird mir wohl kaum ein anderes Flugzeug, sei es vom Präsidenten oder nicht, zur Verfügung stellen. In der Zwischenzeit malt Regan unsere künftigen Unternehmungen aus. Hier eine Zwischenlandung, dort ein Empfang. Der Präsident wird eine Rede halten, ich werde sie erwidern. Der heute begonnene Dialog wird sich auf diese Weise zum Ruhme aller gutwilligen Menschen fortsetzen. Auf jeden seiner Vorschläge folgt meine Frage: »Und dann?« Das soll heißen: Wie komme ich wieder in die Vereinigten Staaten zurück? Aber Regan ist richtig in Fahrt gekommen und läßt sich nicht unterbrechen. Dann, sagt er, gehen wir dorthin und dorthin. Ich bleibe hartnäckig: »Und dann?« Dann, sagt Regan, machen wir schnell einen Abstecher in dieses verdammte Bitburg und ... Jetzt falle ich ihm ins Wort: »Herr Regan, ich verstehe Sie nicht: Obwohl ich nicht will, daß der Präsident dorthin geht, wollen Sie allen Ernstes, daß ich ihn dorthin begleite?«

(In seinen Erinnerungen schreibt er, ich hätte versprochen, bei der Verleihung der Ehrenmedaille keine Rede zu halten. Meine Anwälte forderten eine sofortige Zurücknahme dieser Aussage sowie eine Entschuldigung dafür. Aus Furcht vor den rechtlichen Auseinandersetzungen kam er meiner Forderung nach.)

In den verbleibenden drei Wochen bis zum schicksalhaften Tag wird aus allen Ecken des Landes weiter Druck auf das Weiße Haus ausgeübt. Der schwarze Parteiführer Jesse Jackson teilt uns bei einem Besuch mit, er werde mit einer Delegation nach Dachau reisen. Er wolle es mit eigenen Augen sehen und davon berichten. Die Zeitungen quellen über von Artikeln und Leserbriefen.

Ich wollte mir bis zuletzt den Glauben erhalten, der Präsident werde den geplanten Besuch in letzter Minute absagen. Zu allen Journalisten sage ich: Er wird nicht hingehen, Sie werden sehen, er wird nicht hingehen. Ich habe mich getäuscht. Zum Schluß ging

Präsident Reagan doch nach Bitburg. An jenem Tag war ich auf einer Tagung in New Jersey. Das Kamerateam eines Fernsehsenders war vor Ort. So nahm ich in einer Live-Sendung Stellung zum Präsidentenbesuch. Anstatt ihn zu verfluchen, beschränkte ich mich auf eine symbolische Deutung seines Gangs entlang der Gräber: »Mit diesen wenigen Schritten des Präsidenten sind vierzig Jahre Geschichte ausradiert worden.«

Als er mit Kohl in Bergen-Belsen ankommt, bereiten ihm Menachem Rosensaft und Überlebende aus dem Lager einen respektvollen Empfang, bei dem sie gleichwohl ihren Protest bekunden. Die Polizei versucht, gegen einige hart vorzugehen, doch vor den Augen der Weltöffentlichkeit übt sie sich schließlich in Zurückhaltung.

Bitburg war ein Wendepunkt. Kohl wußte dies, und wir wußten es auch. Die Beziehungen zu Deutschland sollten sich dadurch ändern. Die alten und neuen SS-Männer müssen sich nicht mehr schämen. Bitburg wird für immer die Antwort auf Nürnberg sein.

Nie zuvor – und auch danach selten – habe ich soviel Post erhalten, sowohl was den Umfang als auch was den Inhalt betrifft. Als der ehemalige Flüchtling Elie Wiesel dem mächtigsten Mann der Vereinigten Staaten oder sogar der ganzen Welt die Stirn bot, hatte er in wenigen Minuten tausendmal mehr Menschen erreicht als mit all seinen literarischen Werken und allen Stellungnahmen zuvor. Das Land stand nahezu geschlossen auf unserer Seite. Zum erstenmal genoß ich echte Berühmtheit in allen gesellschaftlichen Schichten. Auch im Ausland. Nie zuvor war ich als Gesprächspartner so gefragt. Werner Perger, einer der begabtesten jungen deutschen Journalisten, hat mich auf meinen Reisen begleitet. Durch unsere Unterhaltungen habe ich viel über die Haltung und das Denken der deutschen Jugend erfahren.

Eines Abends esse ich mit Marion und Freunden in einem Restaurant. Am anderen Ende des Saales feiert ein Admiral in Uniform mit seiner zahlreichen Familie Geburtstag. Plötzlich sieht er mich. Er steht auf, kommt an unseren Tisch, grüßt mich mit militärischen Ehren und erklärt mit lauter Stimme: »Darf ich mich vorstellen, Admiral X. Ich möchte Ihnen gerne sagen, daß ich stolz auf Sie bin, auch wenn der Präsident mein Oberkommandierender ist.«

Später sagte ein Kommentator zu mir: »Im Grunde hatte Bitburg ein Gutes: Es ermöglichte Ihnen einige Wochen lang, Amerika den richtigen Umgang mit der Geschichte beizubringen.«

Mag sein. Ich hätte trotzdem gut darauf verzichten können.

Wie Sünde aus Sünde hervorgeht, so folgt Schande auf Schande.

Im Zuge des aufsehenerregenden Besuches von Bitburg gab der Präsident Erklärungen ab, die noch verletzender, noch beleidigender waren als der Besuch selbst. Um seine Entscheidung zu rechtfertigen, hat Reagan in eigenen Worten nicht mehr und nicht weniger behauptet, als daß die in Bitburg begrabenen SS-Leute in gleichem Maße und gleichem Umfang Opfer waren wie die ermordeten Gefangenen in den Konzentrationslagern ...

Der Zornesausbruch bei den Überlebenden konnte niemanden überraschen. Vor Reagan hatte es noch niemand gewagt, in der blasphemischen Verkürzung so weit zu gehen. Die SS mit ihren Opfern zu vergleichen, überschreitet alle Grenzen des Anstands.

Die Witwe Jossele Rosensafts, Hadassah, die in Auschwitz und Bergen-Belsen war und die ich als Mitglied der Kommission und anschließend für den Gedenkrat vorgeschlagen hatte, ruft mich verzweifelt an. Sie ist mit den Nerven am Ende: »Mein Herz verkraftet das nicht ... Wie konnte er nur, wie konnte er es wagen, so etwas zu sagen?« Jetzt bedauert sie, nicht für den gemeinsamen Rücktritt aller Mitglieder des Rates gestimmt zu haben. Ich versuche sie zu beruhigen: »In zwei Tagen findet wieder eine Sitzung statt. Würden Sie jetzt für uns stimmen, wenn ein Mitglied des Rates noch einmal die Entschließung einbringen würde, unsere Ämter gemeinsam niederzulegen?« Ihre Antwort kommt unumwunden: »Unbedingt. Sie können auf mich zählen.«

Auch diese Sitzung verläuft angespannt und lebhaft. Die unglückseligen Worte des Präsidenten lasten auf uns. Man kann nicht über sie hinweggehen, sie ausklammern. Man kann auch nicht, wie es hier heißt, »mit ihnen leben«. Was soll man tun, welche Gangart einschlagen? Sigmund erneuert seinen Vorschlag. Traurig muß ich feststellen: Er und ich, wir bleiben in der Minderheit. Irving Bernstein, Bob McAfee Brown, Siggi Wilzig sind auf unserer Seite. Natürlich auch Norman Braman. Doch die meisten unserer Kollegen (darunter auch Überlebende) ziehen eine Fortsetzung der Arbeit im Rahmen des Council vor. Die Argumente lassen sich ahnen: Es ist leichter, aus dem Inneren des Regierungsapparates etwas zu bewegen, und außerdem gibt es keinen Grund, die Dinge zu überstürzen. Ich ergreife als letzter das Wort:

> Im Leben eines jeden von uns kommt irgendwann der Augenblick, wo wir rechtfertigen müssen, warum wir diesen oder jenen Platz eingenommen haben. Für uns ist dieser Augenblick jetzt gekommen. Ich sehe nicht, wie wir weiterhin für einen Präsidenten arbeiten können, der das Andenken unserer Toten beleidigt hat. Wir sind von ihm berufen worden, deshalb bleibt uns keine andere Wahl, als ihm durch unseren Rücktritt unseren Unmut zu zeigen. Anderenfalls verlieren wir das moralische Recht, dieses Andenken zu verteidigen. Unser Rücktritt wird nur eine kleine Narbe hinterlassen, aber immerhin eine Narbe: Zwei oder drei Sätze in einem amtlichen Dokument werden daran erinnern, daß wir den Lockungen der Feigheit widerstanden haben.

Ich schaue in die Runde. Ich habe den wunden Punkt berührt. Viele haben die Augen niedergeschlagen.

Während der Sitzung werde ich ans Telefon gerufen. Es ist dringend. Der Senator von New Jersey, Frank Lautenberg, ist empört, außer sich. Er will mich warnen: Offenbar ziehen einige meiner Kollegen ihren Rücktritt in Erwägung. Ich möge ihnen in seinem Namen mitteilen, daß er in diesem Fall Maßnahmen ergreifen und sie in den Medien anprangern werde. Man würde schon sehen, zu was er imstande sei ... Ich streite mich nicht mit ihm herum. Wozu auch? Ich erinnere mich an meinen Besuch bei ihm kurz nach seiner Wahl in den Senat. Er hatte mich im Flur gesehen und mich in sein Büro gebeten. Er wollte sich aufblasen: Gehörte er jetzt nicht zum geschlossensten Zirkel der Welt? Dann wurde er plötzlich vertraulich: Der israelische Botschafter habe ihn angerufen und ihm nahegelegt, sich für die Verabschiedung einer Gesetzesvorlage einzusetzen, die gerade im Senat verhandelt wurde und mit der Jerusalem als Hauptstadt des jüdischen Staates anerkannt werden sollte. »Der Botschafter eines fremden Landes wagt es, Druck auf einen

Senator der Vereinigten Staaten auszuüben. Was glaubt der eigentlich, wer er ist?« ruft Lautenberg. Dazu fiel mir nur ein Wort Golda Meirs ein: Manchmal bete sie zu Gott, daß kein Jude außerhalb Israels jemals in ein wichtiges Amt gelange ... Ich war anderer Meinung und bin es noch immer. Denken wir nur an Arthur Goldberg, Max Kampelman, Pierre Mendès-France oder Simone Weil – man sollte nicht gleich alle in einen Topf werfen. Manche Juden entfernen sich immer weiter von ihrem Volk, je weiter sie die Stufenleiter hinaufklettern. Andere dagegen kommen ihm dabei immer näher.

(Noch eine Enttäuschung: Ronald Reagan erzählt in seinen Erinnerungen, George Bush habe ihm an jenem verhängnisvollen 19. April während seines Telefongesprächs mit Helmut Kohl eine handschriftliche Notiz überreicht, um ihm zu bedeuten, daß »er in der Sache richtig handle« und daß Bush bereit sei, »sich an seiner Seite dafür einzusetzen und die Schlacht zu führen«. Und derselbe George Bush hat mir in aller Herzlichkeit seine Bewunderung für meine Rede ausgedrückt ... Es steht mir nicht zu, diese Geste der Loyalität gegenüber seinem Präsidenten zu bewerten. Politik hat ihre eigenen Gesetze. Immerhin half er mir später gegenüber der polnischen Regierung, meine Rede auf der Konferenz der Nobelpreisträger zu halten. Und im Golfkrieg hatte er das ganze Land hinter sich.)

Am Tag jener bedauerlichen Abstimmung entschließe ich mich, das Handtuch zu werfen. Bei der erstbesten Gelegenheit werde ich beim Präsidenten meinen Rücktritt einreichen. Marion unterstützt mich. Schon seit Monaten, wenn nicht seit Jahren will sie mich dazu bewegen. Washington raubt mir zuviel Zeit. Außerdem ist die Arbeit im Gedenkrat unbefriedigend. Es ist immer dasselbe: Intrigen und Eifersüchteleien. Dazu die ständigen Auseinandersetzungen um Partei- und Volkszugehörigkeiten, die Forderungen der einen, die Nörgelei der anderen, auf der einen Seite die meckernden Millionäre aus Washington, auf der anderen die Menschenfreunde, die ganz andere Schwerpunkte setzen. Und es fehlt an Geld. Habe ich nicht klipp und klar gesagt, daß es beim besten Willen nicht meine Sache ist, sammeln zu gehen? Unterstützt von Sigmund, kümmert sich

Miles mit anerkennenswertem Eifer darum, doch wir kommen kaum voran. Wir greifen auf professionelle Beratungsunternehmen zurück, ihre Vorschläge sind teuer und taugen nicht viel. Ich nutze Lesereisen und Reden, um Miles zu unterstützen. Hier und da hält man uns mit Versprechungen hin. In Los Angeles versuche ich Leute aus Hollywood zu gewinnen. Steven Spielberg geht seinen Kollegen mit gutem Beispiel voran. Der eine will eine elektronische Anlage im künftigen Museum einbauen, der andere wird sich um die Videoanlage kümmern. Und trotzdem machen wir noch immer keine Fortschritte. Mein »Einfluß« bei der Ernennung der Mitarbeiter ist gleich Null. In den höheren Etagen der Verwaltung bin ich zur Unperson geworden. Von überall her erhalte ich eindeutige Signale: Auf eine fruchtbare Zusammenarbeit mit der Reagan-Administration brauche ich nicht zu hoffen. Wie werde ich das Gefühl der Frustration los, das mich begleitet?

Sigmund ist gegen meinen Rücktritt. Irving Bernstein auch. Eine Amtsniederlegung zum jetzigen Zeitpunkt könnte mißverstanden werden; schließlich wolle ich den Rat und seine Aufgabe nicht zum politischen Instrument machen. Sie schlagen vor, ich solle noch ein paar Wochen oder Monate warten. Sonny und Bud, die immer aktiver geworden sind, fordern mehr Verfügungsgewalt zu Lasten von Sigmund. Zwischen ihnen herrscht tatsächlich nur noch Feindschaft. Ich lasse es mir zwar nicht anmerken, aber meine Geduld geht zu Ende.

Um so mehr, als ich weiterhin Zweifel an der Aufgabe hege, die uns anvertraut wurde. Vielleicht hatte Jimmy Carter doch Recht gehabt, und das Museum war ein Fehler. Das Andenken der Juden hat auch bisher ohne Museum überlebt, nämlich durch die Schriften, durch Bücher und Schulen. Neben dem Gedenktag hätte man ein Archiv und ein Bildungsprogramm schaffen können. All unsere Probleme, all unsere Schwierigkeiten sind Folgen des Museumsprojekts. Wie viele große und kostspielige Fallen wären uns erspart geblieben! Wir hätten wenigstens das Backsteingebäude annehmen sollen, das man uns angeboten hatte. Holocaust und Prachtentfaltung passen nicht zusammen. Jetzt ist es zu spät. Unmöglich, das Rad zurückzudrehen.

Also heißt es weitermachen. Sonny besteht darauf, seinen Freund

Schaike Weinberg, den jetzt in Washington lebenden, früheren Direktor des Bet ha-Tefutsot (des Diaspora-Museums) von Tel Aviv anzustellen. Ich zögere. Ich kenne dieses Museum. Es steht bei den jungen Israelis hoch im Kurs, denn sie sind beeindruckt von den technischen Mitteln, über die es verfügt. Hier nennt man sie *gimmicks:* technische Spielereien, Tricks, Elektronik. Zweifellos nützlich, um Gymnasiasten etwas zu zeigen, aber keineswegs für ein Museum, das dem Holocaust gewidmet ist.

Die technische Abteilung in Washington durchläuft manche Krise. Monroe Freedman beschließt, an die Universität zurückzukehren. Ich schlage dem Weißen Haus vor, Leon Jick, Professor für Zeitgeschichte an der Universität Brandeis, auf seine Stelle zu berufen. Der Vorschlag wird abgelehnt. Ich schlage Schwester Carol Rittner vor. Die Empfehlung wird zurückgewiesen. Schließlich tritt ein aktives Mitglied der Republikaner, Richard Krieger, die Nachfolge Monroe Freedmans an.

Sonny und Bud verlieren die Geduld. Sie verstehen sich schon mit Sigmund kaum, doch mit Krieger kommt es innerhalb kürzester Zeit zu offener Feindschaft. Er ist übertrieben kleinlich, läßt sich aber nicht alles gefallen, und schließlich rasen sie vor Wut über ihn. Da er für die Durchführung unserer Beschlüsse verantwortlich ist, fordert er die Kontrolle über alle Ausgaben. Sonny Abramson bekommt Wutanfälle. Er möchte nichts mehr mit Sigmund oder Krieger zu tun haben; meine Autorität erkennt er an, doch von ihnen läßt er sich nichts sagen. Im Grunde hofft er, Sigmund an der Spitze des Bauausschusses für das Museum abzulösen. Ich stelle mich dagegen, denn ich habe nicht die Absicht, einen Überlebenden zu demütigen. Sonny wird offen feindselig. Und Bud ergreift natürlich Partei für ihn. Unter einem bestimmten Gesichtspunkt verstehe ich sie: Bauen ist ihr Beruf. Besonders der von Sonny. Was mischen wir uns da ein? Er will nichts weiter, als daß man ihn machen läßt. Sollte das Museum für ihn nur ein Bauwerk sein wie jedes andere auch? Nichts als Ziegel und Kies? Ich kann es nicht glauben.

Am 2. Juli 1986 fahre ich wieder einmal nach Washington, um Frieden zwischen den Gegnern zu stiften. Meine Aufzeichnungen spiegeln meine Gemütsverfassung wider:

> Ich konnte einfach nicht glauben, was ich gelesen und gehört habe. Was ist nur in sie gefahren? Woher kommt diese Gegnerschaft? Warum sind sie sich so spinnefeind, warum verdächtigen sie sich gegenseitig? Anfangs dachte ich, unsere Mannschaft sei ganz erfüllt von der Größe ihrer Mission, ich dachte, daß wir froh sein würden über unsere Zusammenarbeit, daß wir es kaum abwarten könnten bis zum nächsten Treffen. Und was erlebe ich statt dessen? Einen absurden Wettstreit, schäbige Ränkespiele ...

Zum letztenmal versuche ich sie zu überzeugen. Der Frieden hält gerade einmal bis zum nächsten Wortwechsel. Überdies hat Sonny einen neuen Grund, unzufrieden zu sein. Sein Entwurf findet keinen Anklang. Ein Artikel in der *Washington Post* hat ihn scharf kritisiert. Ein neuer Architekt muß gefunden werden. Sonny treibt den Kunstsachverständigen Arthur Rosenblat auf, der wiederum entdeckt einen klugen Architekten, James Ingo Freed (ein Mitarbeiter von I. M. Pei, dem Erbauer der Pyramide im Louvre), von dem man viel Gutes hört. Ich treffe sie einzeln. Beide sind Juden. Beide hinterlassen einen recht guten Eindruck bei mir. Aber wie kommt es, daß weder der eine noch der andere jemals das Bedürfnis verspürte, nach Israel zu reisen? Es kommt noch schlimmer: Der Architekt gibt mir gegenüber zu, daß er zwar aus einer Flüchtlingsfamilie aus Deutschland stammt, sich jedoch niemals für den Holocaust interessiert hat. Nicht für Filme, nicht für Bücher, nicht für Veranstaltungen dazu. Er hat seine ganze Vergangenheit verdrängt. Er ist wirklich ein besonderer Fall! Sollte ich mich besser vor ihm hüten? Ich werde von verschiedenen Seiten mit Briefen überschüttet, die ihn empfehlen, ja, für ihn bürgen: Er sei ein ausgezeichneter Architekt, sei klug und zuverlässig. Ich erkundige mich bei I. M. Pei persönlich. Er bestätigt es. Gut, man hat mich überzeugt. Er wird engagiert. Vor dem Gedenkrat erkläre ich:

> Durch sein Ausmaß widersteht der Holocaust der Sprache und der Kunst, trotzdem brauchen wir Sprache und Kunst, um die Geschichte darzustellen, denn die Geschichte verlangt danach, erzählt zu werden. Mit James Freed haben wir einen Archi-

tekten gefunden, der imstande ist, diese einzigartige Herausforderung zu bewältigen.

Sonny und Bud unterstützen seine Kandidatur, doch sie beharren weiterhin auf ihren übrigen Forderungen. Sonny läßt seinen Freund im Repräsentantenhaus Einfluß nehmen. Und Bud verfügt durch seine Frau, die ein einflußreiches Mitglied der Republikaner ist, über gute Verbindungen zum Weißen Haus. Sie verfolgen dasselbe Ziel: Sigmunds Einfluß zu schwächen. Zu meinem Erstaunen wie zu meinem Bedauern werden sie von Miles Lerman unterstützt. Er verteidigt sie nicht nur, sondern hat sich mit ihnen verbündet. In einem vertraulichen Gespräch eröffnet er mir, daß sich die Washingtoner Stadtväter aus dem Projekt zurückziehen könnten, wenn Sigmund weiterhin im Museumsausschuß bliebe. Ob das stimmt? Mein Instinkt sagt mir, daß Lerman nicht lügt.

Der Beweis läßt nicht lange auf sich warten. Einige Tage später kommt Bud zu mir, er steuert direkt auf sein Ziel zu und treibt mich in die Enge: Wenn ich Sigmund halte, werden Sonny und er ausscheiden.

Obwohl er unglücklich darüber ist, erklärt sich Sigmund, dem ich von der Unterhaltung erzähle, widerwillig bereit, nachzugeben. Ich aber nicht. Im Namen eines unerbittlichen Pragmatismus, den ich zwar verstehe, aber ablehne, setzt Lerman alles daran, meinen Widerstand zu überwinden. Ich frage ihn: »Warum sollen wir einen Mann wie Sigmund, der unserer Sache so ergeben ist, öffentlich abkanzeln, bestrafen und erniedrigen? Ist er nicht Ihr bester Freund? Soll das alles nur geschehen, um der Stadt Washington einen Gefallen zu tun?« Seine Antwort läßt keinen Ausweg offen: Wenn ich mich nicht an ihr Ultimatum (er gebraucht ein anderes Wort, aber es bedeutet dasselbe) halte, fällt das Museumsprojekt ins Wasser. Das Museum, so beharrt er, sei jedoch wichtiger als einzelne Personen …

Ich verhehle ihm meine Enttäuschung nicht. Wo bleibt da die Freundschaft? Wie kann man einen engen Freund opfern, wenn nicht gar verraten? War es nicht Sigmund, der ihm zu seiner Chance verholfen und ihn im Rat mit allen Mitteln unterstützt hat? Wäre er überhaupt berufen worden, wenn mich Sigmund damals, zur Zeit

Carters, nicht angefleht hätte, seinen Namen auf die Liste zu setzen? Und ganz allgemein: Hat er denn nach 1945 nicht begriffen, daß ein Mensch mehr wert ist als alle menschlichen Vorhaben?

Ich fühle, daß ich am Ende bin. Ich bin an die rote Linie gelangt, die zu überschreiten ich nicht bereit bin. Einerseits weigere ich mich, einen Freund zu verletzen, andererseits würde ich es mir ewig vorwerfen, einem Projekt geschadet zu haben, das zu diesem Zeitpunkt ohne die Unterstützung der Stadt Washington wenig Aussichten auf Verwirklichung haben würde. Die Lösung liegt auf der Hand: Aufgeben und zurücktreten. Bei der nächsten ordentlichen Sitzung des Council werde ich meinen Entschluß bekanntgeben.

An einem Abend im Dezember machen Sigmund und ich auf dem Weg nach Washington in New Jersey halt, wo ich an einer örtlichen Universität einen Vortrag halten soll. Wir essen bei Sam Halperin im Kreis seiner Geschäftspartner. Sam gehört zu den reichen Überlebenden in dieser Gegend. Ich erzähle ihnen nichts von meiner Entscheidung. Sigmund und Marion sind die einzigen, die Bescheid wissen. Siggi Wilzig, das Energiebündel, verspricht mir, daß die Dinge ohne Sonny und Bud besser laufen würden. Er setzt alle Hebel in Bewegung, um uns vierundzwanzig Stunden nach ihrem Rücktritt einen neuen Bauträger vorstellen zu können. »Ich möchte ihn vorher sprechen«, sage ich ihm. Sofort bringt er mich mit dem berühmten Architekten Zackendorf in Kontakt. Der bestätigt seine Worte. Doch ich bin es leid, auf Versprechungen zu bauen, sei es von Leuten, die ich kenne, oder von Unbekannten. Auf wen kann man sich noch verlassen? Dennoch mache ich einen letzten Versuch und spreche Halperin an: »Sie sind doch in der Wohnungs- und Baubranche tätig, warum nehmen eigentlich nicht Sie das Bauvorhaben in die Hand?« Nein, meint er, er könne nicht, jetzt nicht, er habe zu viele andere Dinge um die Ohren. Ich bleibe beharrlich. Umsonst.

Gut. Mein letzter Versuch ist gescheitert. Die Würfel sind gefallen. Am nächsten Tag reiche ich beim Präsidenten der Vereinigten Staaten mein Rücktrittsgesuch ein. Donald Regan ist erstaunt: »Was? Sie wollen zurücktreten? Der Präsident hat Sie doch (trotz Bitburg) soeben erst für weitere fünf Jahre im Amt bestätigt! Hat es irgend etwas mit uns zu tun?« Er fürchtete politische Auswirkungen. Ich beruhige ihn: »Nein, Sie haben nichts damit zu tun.« Die Gründe liegen im persönlichen Bereich. Das stimmt nicht ganz, aber fast. Seit der Geschichte mit Bitburg fühle ich mich nicht mehr wohl in meiner Haut. Wie sollte ich unter einem Präsidenten »dienen« können, der die SS mit ihren Opfern gleichsetzt und ihnen einen Persilschein ausgestellt hat? Aber das war beileibe nicht der einzige Grund, wie ich auch dem Personalchef Robert Tottel, der die Berufungen ausspricht, noch einmal versichere.

Ich weiß, daß das Gerücht schon vor mir da ist, als ich vom Weißen Haus zurückkehre. Sigmund ist traurig, doch er enthält sich jeder Bemerkung, die meine Entscheidung rückgängig hätte machen können. Marion ist froh, Marian Craig dagegen unglücklich. Lerman schlägt vor, ich solle mir ein Sabbatjahr genehmigen. Ich zucke nur mit den Schultern. Jitz Greenberg und Alfred Gottschalk beschwören mich im Namen all der Bücher, die ich geschrieben habe, nicht aus dem Projekt auszuscheiden. Meine Antwort lautet: Es ist zu spät. Es hätte sich zwar machen lassen, ein schlichter Anruf bei Regan hätte genügt, und alles wäre wie zuvor gewesen. Aber genau das wollte ich nicht.

Die Sitzung des Gedenkrates ist ... pathetisch. So viele rührselige Reden, so viele herzzerreißende Aufrufe, alle flehen mich an, dazubleiben. Außer Bud und Sonny melden sich fast alle Ratsmitglieder zu Wort. Sie zu zitieren, wäre mir peinlich. Ich fühle mich eher belästigt denn geschmeichelt. Man dringt in mich, bittet mich inständig, macht mir Versprechungen, beschwört mich, fleht mich an. Einige sind erregt und bewegend, andere setzen lieber auf Einsicht und Vernunft. Man könnte sie für unglückliche Kinder halten, die Angst haben, einen Elternteil zu verlieren.

Ich höre ihnen wie immer aufmerksam zu. Seit meinen Anfängen an der Universität habe ich versucht, ein Beispiel zu geben: Ich bin es meinen Schülern und meinen Kollegen schuldig, mich nicht ablenken zu lassen. Ich konzentriere mich auf das, was ein jeder zu sagen hat. Meine persönliche Meinung oder meinen Kommentar spare ich mir bis zuletzt auf.

Mit gemischten Gefühlen schaue ich in die Runde: Es ist, als ob ich etwas abgeschlossen, aber doch nicht vollendet hätte. Werde ich meine Entscheidung bedauern? Ich hatte Verbündete, Helfer und Freunde unter ihnen, aber zweifelsohne auch Gegner. Trotz allem haben wir gute Arbeit geleistet. Trotz der Hindernisse, der objektiven und subjektiven Schwierigkeiten. Alle haben sich der Wahrung des Andenkens verschrieben und sind entschlossen, gegen das Vergessen und die Verzerrung anzukämpfen. Wir haben manches zustande gebracht, haben Auseinandersetzungen geführt und Siege errungen, auf die wir zufrieden und stolz zurückblicken können. Waren es zu wenige? Und wenn schon! Ich lehne es ab, andere zu beurteilen, die der Sache vielleicht nicht gewachsen waren. Ich habe es schon oft gesagt: Ich erzähle gerne, ich bezeuge gerne, aber ich möchte kein Urteil fällen. Selbst von Sigmunds Gegnern, die zweifellos wegen meiner Treue ihm gegenüber auch zu meinen Gegnern wurden, möchte ich nicht behaupten, daß sie von niederer Gesinnung oder schäbig waren. Jeder hat seine Art und seine Methoden, das zu tun, was er für seine Pflicht hält.

Meine Pflicht sehe ich jetzt darin, die Zügel abzugeben. Ich weiß um meine Fehler: Ich bin ein kläglicher Manager, ein schlechter Lenker, weder liegt es mir, anderen Befehle zu erteilen, noch habe ich Führungstalent, ich kann niemandem weh tun, nicht einmal dann, wenn es um Prinzipien oder vermeintlich unantastbare Ziele geht. Ich mag niemanden entlassen, tadeln, strafen, und ich versuche, niemandem meinen Willen aufzuzwingen. Kurz, für eine solche Tätigkeit bin ich nicht geschaffen. Ich schreibe gerne, ich studiere und lehre lieber, als daß ich »den Vorsitz führe«. In meinem Brief an Präsident Reagan, den ich vor dem Plenum verlese, schlage ich vor, da das Projekt in die Phase seiner Umsetzung und Verwirklichung eintritt, einen Nachfolger zu suchen, der die Fähigkeiten eines Unternehmensführers, eines Industriekapitäns mitbringt, der verwalten und organisieren kann und der sich im Labyrinth des Haushaltsrechts zurechtfindet ...

Einige Wochen darauf ernennt das Weiße Haus Harvey (Bud) Meyerhoff zu meinem Nachfolger. Er wird gemeinsam mit seinem Freund Sonny Abramson die Arbeit des Gedenkrates kontrollieren. Sie bringen Berenbaum und Weinberg mit, rächen sich an Sigmund (zuerst schließen sie ihn aus dem Exekutivausschuß aus, dann wird sein Mandat als einfaches Ratsmitglied nicht erneuert), entlassen später Krieger und Professor Pfeferkorn (den besten Kenner der Materie). Kurz, alle, die mir nahestanden oder auf meiner Seite waren, werden ausgeschaltet.

Wenn mich irgendein Überlebender besucht und mir erzählen will, was in Washington bei den Sitzungen und hinter den Kulissen geschieht, unterbreche ich ihn: Ich will es lieber nicht wissen. Nach meinem Rücktritt steht es mir nicht mehr zu, herumzukritisieren. Ich lege Wert darauf, daß meine Nachfolger ihre Arbeit machen können, ohne von mir oder meinen Freunden bemäkelt oder gar behindert zu werden. Wenn das Vorhaben verwirklicht ist und das Museum steht, werde ich sagen, was ich davon halte – nicht früher und auch nicht später.

Es gibt Dinge, die mich schmerzlich berühren und enttäuschen. Als Sigmund aus dem Exekutivausschuß ausgeschlossen wurde, zu dem er von Beginn an gehörte, hat sich kein einziger Überlebender für ihn ausgesprochen oder sich mit ihm solidarisch erklärt. Ein Gefährte, ein Kollege, ein Mitstreiter wurde herabgewürdigt, und alle haben ihn fallengelassen. Das gleiche Schicksal ereilte Eli Pfeferkorn. Niemand hat sich auf die Hinterbeine gestellt, um diesem Überlebenden des Holocaust seine Arbeit zu erhalten.

Wie können diese Menschen an der Bewahrung der Vergangenheit mitwirken, wenn sie in der Gegenwart die Würde Lebender verhöhnen?

Alles in allem habe ich vielleicht zuviel von ihnen erwartet. Es sind eben auch nur Menschen. Und deshalb sind sie, wie alle Menschen, zu allem fähig.

Soll heißen: Die neue Mannschaft verdient großes Lob. Miles, Bud und Sonny beherrschen es glänzend, Geld zu sammeln. Leute, die zuvor ihre Unterstützung versagt hatten, erweisen sich jetzt mehr als großzügig. Die Spende der New-Jersey-Gruppe beläuft sich auf mehrere Millionen. Das Vorhaben nimmt Gestalt an. Hunderte von Fachleuten und Arbeitern wirken daran mit.

Januar 1993: Ich besuche den Hauptteil des Museums. Mein erster Eindruck ist eher enttäuschend. Das Museum will alles darstellen und deshalb sagt es paradoxerweise zuwenig. Zwei elendige Fotografien müssen für die Darstellung der Tragödie der ungarischen Juden herhalten. Das Leid der polnischen jüdischen Gemeinden ist besser dokumentiert. Die Ghettos, der gelbe Stern. In Angst und Schrecken versetzte Menschen. Hungerleidende Kinder. Leichen auf der Straße. Die Grausamkeit der Folterknechte und das Elend der Opfer. Der aus Polen kommende Viehwaggon: Durch ihn betritt man die Ausstellung. Dann geht man über das Straßenpflaster aus dem Ghetto. Die »Ausweise«, die Besucher am Eingang erhalten können. Alles soll möglichst wirklichkeitsnah sein, soll dem Besucher den Eindruck, wenn nicht gar das Gefühl vermitteln, *dort* zu sein. Wenn er aus dem Museum kommt, soll er sagen können: »Jetzt weiß ich alles. Ich verstehe.« Später wird er sagen: »Ich war dort.« Ich hatte eine andere Vorstellung von dem Museum. Meine Absicht war, bei den Besuchern einen Eindruck zu hinterlassen, der sie dazu bringen würde, hinterher zu sagen: »Ich verstehe es nicht.«

Und dann: ein großes Basrelief, das den Ablauf der Zerstörung und der Vernichtung zeigt. Ja, es zeigt ihn! Der polnische Bildhauer stellt die Menschenmenge bei der Ankunft dar, ihre Aufstellung an der »Rampe«, die Selektion, den Gang zu den »Duschen«, die Mitglieder des Sonderkommandos beim Antreiben der Opfer, während sie sich im Vorraum entkleiden, die Opfer beim Betreten der Gaskammer. Dann »sieht« man die Leichen, an denen sich die »Zahnärzte« zu schaffen machen, bevor sie in die Öfen befördert werden ... Man »sieht« alles, man zeigt zuviel.

Ich erinnere mich an einen Abschnitt aus Wassilij Grossmans Meisterwerk *Leben und Schicksal*. Sein Held beschreibt die letzten Tage, die letzten Stunden seiner Mutter im Ghetto, dann im verplombten Eisenbahnwaggon. Als sie an der Schwelle zur Gaskammer steht, wendet sich der Autor mit ungefähr diesen Worten an den Leser: Hier wollen wir stehenbleiben; weiter dürfen wir nicht gehen. Diese Grenze gilt auch für das Sichtbare, für den Blick.

Denn wer mit Kunstwerken zuviel enthüllt, zuviel darstellt, zuviel verrät, der vereinfacht, verfälscht.

Wer das Konzentrationslager erlebt hat und versucht, von seinen Erlebnissen dort zu berichten, kennt die Grenzen seiner Sprache: Er spricht nur, um zu sagen, daß keine Sprache der Welt imstande ist, das Unsagbare auszudrücken. Wenn man alles zeigen will, verbirgt man das Wesentliche. Beim Anblick der »Rampe« von Birkenau wird der Besucher keineswegs nachvollziehen, was die gerade angekommenen Juden auf dem Weg zur Selektion empfanden. In diesem Fall trifft das amerikanische Sprichwort zu: *»Less is more«*. In der Literatur: Je weniger man offenbart, um so mehr wird begriffen.

Ist denn das Gebäude nicht zu weiträumig, zu prachtvoll? Die Vielfalt der Absichten und die Fülle der Mittel sticht ins Auge. Als hätten die Ausstellungsmacher, wie immer in den Vereinigten Staaten, beschlossen, daß dieses Museum *»the best, the greatest in the world«* werden sollte. Zahllose Computer, Videoapparate, technische Verfahren und mit ultramoderner Elektronik ausgerüstete Spielereien, dazu die vielen Knöpfe, auf die man drückt, diese Anhäufung von Fotos, die den Betrachter schockieren und ihm nahegehen sollen: Als hätten sich die Verantwortlichen vorgenommen, den amerikanischen Traum zu erfüllen und am erschütterndsten, am prunkvollsten, am teuersten, am niederschmetterndsten zu sein. Das Museum ist ein Unternehmen von riesigem Ausmaß, das einer Hauptstadt würdig ist, in der alle Maße gesprengt werden. Ist der Architekt daran schuld? James Freed hat ausgezeichnete Arbeit geleistet. Der Fehler, wenn es einen Fehler gibt, liegt bei denjenigen, die über den Inhalt und seine Darbietung entschieden haben.

Ich enthalte mich jeder öffentlichen Stellungnahme dazu, doch ich muß gestehen: Mir wäre eine zurückhaltendere, bescheidenere Umsetzung lieber gewesen, eine, die das Unausgesprochene, die Stille, das Geheimnis hätte ahnen lassen.

Ich denke an einen Satz aus dem Talmud: Die Befreiung der Kinder Israels aus Ägypten war der Lohn dafür, daß sie ihr Geheimnis bewahrt hatten. Hier merkt man nichts davon. Man hat nicht die Zeit, darüber nachzudenken.

Und trotzdem. Nach meinem zweiten Besuch des Museums ändert sich mein erster Eindruck. Es ist unbestreitbar großartig. Der erste Teil der Ausstellung, der den Aufstieg des Nazitums unter Hitler behandelt, ist hervorragend. Die Karten, die Statistiken, die Fotos: wunderbar. Dasselbe gilt für die Darstellung der fehlenden »Antwort« von seiten der Alliierten und der neutralen Staaten. Man spürt den Arbeitseifer der Erbauer so stark, daß in mir jegliches Bedürfnis, daran herumzumäkeln, zum Erliegen kommt. Im Gegenteil: Am liebsten würde ich sie preisen. Und ihnen zur Seite stehen.

An der Seite der Präsidenten Bill Clinton und Chaim Herzog bin ich Gast bei der offiziellen Eröffnung am 19. April 1993. Wieder ein symbolisches Datum: der fünfzigste Jahrestag des Aufstandes im Warschauer Ghetto. Der Tag ist kalt und regnerisch. Ich bin völlig durchnäßt, mein Text löst sich im Wasser auf. Ich hatte bis drei Uhr früh daran gearbeitet. Jetzt ist er unleserlich. Ich muß aus dem Stegreif sprechen. Ich erinnere an den Anfang des Museumsprojekts unter Präsident Carter. Dann spreche ich über die tieferen Gründe, die mich dazu bewegten, seinen Sinn mit einem Satz deutlich zu machen: »Für die Toten *und* für die Lebenden müssen wir Zeugnis ablegen.« Ich erzähle von einer Frau, die im Jahr 1943 in ihrer Küche bei den Vorbereitungen zum Pessachmahl die neuesten Nachrichten aus Warschau kommentierte: »Warum mußten sich diese jungen Juden dort erheben? Sie hätten doch in aller Ruhe abwarten können, bis der Krieg zu Ende ist …« Ich schloß meine Rede mit dem kleinen Zusatz: »Diese Frau war meine Mutter.«

Drei Wochen vor der Eröffnung wird mein Nachfolger an der Spitze des Gedenkrates, Bud Meyerhoff, urplötzlich seiner Ämter enthoben. Aus welchem Grund? Seltsame Gerüchte sind im Umlauf: Angeblich soll er sich geweigert haben, Chaim Herzog bei der Einweihung Redezeit zu gewähren. Andere Gerüchte sprechen auch hier wieder von politischen Gründen. Es heißt auch, Lerman und Meed hätten etwas damit zu tun. Ach, man muß nicht immer alles glauben, was geredet wird.

Hie und da werden im Kongreß und in der Gemeinde Rufe laut, ich möge wieder auf meinen ehemaligen Posten zurückkehren, den Miles seit langem begehrt. Sigmund ist dafür, Marion dagegen. Meine Freunde sind beharrlich: Jetzt, wo das Museum fertig sei, bräuchte ich mich nicht mehr um Verwaltungsaufgaben kümmern. Ich lehne ab. Da ich fast sieben Jahre nichts mehr mit dem Museum zu tun hatte, bin ich nicht der richtige Mann, um die Zügel zu übernehmen. Außerdem kann man nicht rückgängig machen, was bereits geleistet wurde. Miles hat jahrelang seine ganze Arbeitskraft in das Projekt gesteckt, hat sich dafür aufgeopfert, er verdient es, an seiner Spitze zu stehen. Seinen Gegnern und meinen Freunden sage ich in aller Deutlichkeit, daß ich keine Kampagne zu meinen Gunsten wünsche. Noch deutlicher, unmißverständlicher äußere ich mich gegenüber Journalisten: Ich wünsche keine Petitionen, keine Fürsprache höheren Orts. Wenn Präsident Clinton mich berufen wollte, wäre das etwas anderes. Dann hätte ich Zeit, darüber nachzudenken. Von meiner Seite aus tue ich nichts dafür. Ich habe keine Ansprüche. Ich habe gesehen, allzu deutlich gesehen, was die armseligen Hoffnungen auf ein winziges bißchen Macht in Washington bei Leuten anrichten können, die nach einem Namen, nach Einfluß oder Macht gieren. Macht zu haben war für mich nie verlockend. So sehr mich die Vorstellung reizt, ein Vorhaben voranzubringen, so wenig interessiere ich mich später dafür.

Das Museum kommt doch gut ohne mich aus. Wie die Presse berichtet, stehen die Besucher am Eingang Schlange: Juden und Christen, groß und klein, Leute aus allen Himmelsrichtungen, besonders viele junge Menschen, insgesamt mehr als zwei Millionen Besucher innerhalb von zwei Jahren. Die Eintrittskarten müssen mehrere Tage bis Wochen im voraus bestellt werden.

Das Beste kommt noch: Jeder, der die Ausstellung gesehen hat, verläßt sie erschüttert, aber auch voll des Lobes und der Bewunderung. Alle sind ergriffen von dieser Ausstellung. Unter der Leitung des Psychiaters und Schriftstellers Walter Reich erfüllt das Museum eine pädagogische Funktion ersten Grades. Nun finde ich es richtig gut. Ich unterstütze es, wo ich kann. Schließlich wurde das Museum nicht für mich oder für diejenigen eingerichtet, die Bescheid wissen und sich erinnern, sondern für die anderen, für die zahllosen Menschen, die nichts darüber wissen und für die der Holocaust nur eine Kriegsepisode unter vielen ist. Ich habe allen Grund, mich darüber zu freuen, daß so viele Menschen endlich begierig darauf sind, etwas über die finstere Geschichte dieses Jahrhunderts zu erfahren. Das war das Ziel meiner Arbeit und der Arbeit meiner Leidensgenossen. Ja, ich sollte Gott oder dem Schicksal dafür danken, daß ich meinen Teil zu diesem Projekt beitragen durfte. Dessen bin ich mir gewiß. Und ich sage danke. Danke dem amerikanischen Volk, Danke allen, die uns geholfen haben: den Spendern, den Stiftern, den Mitarbeitern, den Fachleuten. Danke auch den Besuchern.

Es widerspricht dem nicht, wenn ich noch einmal sage, was ich schon immer gesagt habe: Für meine Generation ist noch längst nichts abgeschlossen. Unser Wissen über die Katastrophe und ihre Darstellung ist unzulänglich. Bei aller Zufriedenheit besteht in mir doch ein ängstlicher Vorbehalt weiter, und deshalb wiederhole ich meinen üblichen Satz: »Das alles ist gut, es ist großartig und nützlich. Aber trotzdem …«

Ja. Trotzdem.

VON SIGHET NACH OSLO

Im Traum spreche ich mit meinem Vater und frage ihn, natürlich auf jiddisch: Wie ist es da oben? Wen hat er wiedergetroffen? Worüber unterhalten sie sich? Was wissen sie von uns, von mir? Seltsam: Wir gehen durch ein Haus, in dem ich nie zuvor war. Die Zimmer sind leer.

Für gewöhnlich folge ich ihm. Jetzt geht er hinter mir. Hört er mir zu? Ist er zufrieden mit mir? Ich höre ihn schwer atmen. Ich fürchte sein Urteil. Ich habe Angst, ich könnte ihn an einen Ort führen, den man nicht betreten darf.

Wir kommen in ein unmöbliertes Zimmer. Die Wände sind kahl. Auch an der Decke hängt nichts. Drei Türen mit Scheiben aus Craqueléglas. Draußen schneit es. Es sind schmutzige, rotbraune Flocken. Plötzlich drängen sie in das Zimmer. Ich weiß nicht, was sie sind. Sind es Menschen? Tiere? Wörter?

Es ist dunkel. Sie wirbeln umher und fangen an, sich an den Wänden festzusetzen. Dort beginnen sie zu leuchten. Das ist kein Schnee mehr, das ist Feuer. Das Zimmer beginnt zu brennen. Ich rufe um Hilfe: »Rette mich, rette mich!«

Ich will aufwachen, aber es gelingt mir nicht. Ich schlage um mich, wehre mich, doch ich weiß nicht mehr, gegen wen.

Gegen meinen Vater vielleicht?

Gegen mich selbst?

Wer mehr als ein Leben führt, wird schließlich auch mehr als einen Tod sterben. War es Oscar Wilde, der diese Weisheit ausdrückte?

Ich habe viele Leben geführt. Wie lassen sie sich untereinander verbinden? Wo ist das Leben des Knaben aus Sighet im Leben des verlassenen Waisen in Buchenwald?

»Wie schaffen Sie es nur, sich nicht zu verlieren, wie kommt es, daß Sie nicht übergeschnappt sind?« fragt mich ein Journalist, der klüger ist als die anderen. »Wenn Sie an den Weg denken, der Sie von Ihrer kleinen Stadt nach Auschwitz und von Auschwitz ins festlich gestimmte Oslo geführt hat, können Sie das überhaupt fassen?« Nein, ich kann es nicht fassen. Ich denke häufig darüber nach, und immer überkommt mich ein Gefühl der Verlegenheit und der Ungläubigkeit. Wer hat dem kleinen jüdischen Jungen diesen schwindelerregenden Aufstieg vorgezeichnet und ihn, der sich mehr als einmal zu den Toten verirrt hatte, bis hierher geführt, wo er an einem kalten Dezembermorgen die höchste Auszeichnung entgegennimmt, die die Menschheit zu vergeben hat? Manchmal beschleicht mich ein lästiger Zweifel: Und wenn der Nobelpreis eine Art Ausgleich für alles andere wäre? Ich verscheuche diesen Gedanken augenblicklich. Nein, das gibt es nicht, es wird niemals einen Ausgleich für »alles andere« geben. Weder für einen einzelnen noch für unser Volk. Als Jude, der Israel verbunden ist, möchte ich sagen, daß selbst Israel kein Ausgleich ist. Das einzige, was ich vielleicht als Wiedergutmachung annehmen könnte, wäre die Ankunft des Messias, damit der Gattung Mensch Friede und Glück beschieden würde.

Tatsächlich empfinden viele Überlebende dieselbe Verwunderung, wenn sie sich ihre Vergangenheit in Erinnerung rufen. Bin ich es, der hier nach Belieben mit seinem Freund oder seiner Frau auf den Champs-Elysées spazierengeht? Bin ich es, der hier im feinen Anzug die Wolkenkratzer der 5th Avenue betrachtet? Bin ich es, der ißt, wenn er Hunger hat? Bin das wirklich ich, der ein Essen zurückgehen läßt, weil es zu kalt oder nicht gar ist? Bin ich es, der lacht oder andere zum Lachen bringt? Bin ich es, der weinen möchte wie ein Kind, wenn ihm ein großes Glück widerfährt?

Denn wir kommen aus dem Reich der Nacht. Oder vielmehr: Das Reich der Finsternis läßt uns nicht los. Es wohnt in uns. Die Toten wohnen in uns. Sie beobachten uns, zeigen uns den Weg. Sie warten auf uns. Sie helfen uns, indem sie uns zwingen, den Dingen und den Erlebnissen ihr wahres Gewicht zu geben. Sie sind unsere Richter.

Die Toten lassen sich nicht hintergehen. Sie lassen sich nicht mit Lügen abspeisen. Und auch nicht mit Triumphen.

Sicher, ihre Wahrheit ist nicht die Wahrheit der Lebenden.

Doch wo steckt die Wahrheit der Lebenden? Im Glück der anderen vielleicht.

In meinem etwa nicht?

Jom Kippur 1986. Seit dem frühen Morgen bin ich in der Synagoge. Mir gefallen die feierlichen Sprechgesänge des Versöhnungstags, in denen wir Gott an Sein Versprechen erinnern, unserer zu gedenken. Das Fasten fällt mir niemals schwer. Ein bohrender Migräneschmerz wütet in meinem Kopf, als wolle er ihn in Stücke reißen. Nach dem *Mussaf*-Gebet gehe ich (gegen sechzehn Uhr) nach Hause, um mich kurz auszuruhen. Ich habe es nicht weit, nur zehn Minuten zu Fuß. »Sie werden von einem Herrn erwartet«, kündigt der Hausmeister mir an. Ich frage mich, wer es sein könnte. Wer sollte mich an dem Tag stören, der ganz der inneren Sammlung und dem Gebet gewidmet ist? Ein strahlender Mann kommt mir entgegen und stellt sich vor: Es ist der New-York-Korrespondent der norwegischen Tageszeitung *Dagbladet.* Er hat eine wichtige Nachricht für mich ... Ich unterbreche ihn: »Ich bitte Sie, mein Herr, keine Interviews, keine Erklärung. An einem Tag wie heute geht das nicht. Kommen Sie an einem anderen Tag wieder, morgen.« Der Kerl ist hartnäckig: Er will mir keine Fragen stellen, ich solle ihm nur zuhören, denn was er mir zu sagen habe, dulde keinen Aufschub. Ich schneide ihm erneut das Wort ab: »Wissen Sie denn nicht, daß heute Jom Kippur ist? Ich bin Jude, und als Jude bete ich heute mit den anderen Juden.« Er weiß, er weiß, doch er *muß* mir etwas *überaus* Wichtiges mitteilen. Er bittet darum, mich in meine Wohnung begleiten zu dürfen. Nur für eine Minute, länger brauche er nicht. Er schwört: Nur eine Minute, mehr nicht ... Im Aufzug zerbreche ich mir den Kopf: Was könnte so wichtig sein, daß er mich an Jom Kippur damit belästigen dürfte? Ich habe keine Ahnung. Bestimmt verhindert diese Migräne jeden klaren Gedanken, so daß ich beim besten Willen nicht erraten kann, was sich hinter diesen Andeutungen verbirgt ...

Marion ist überrascht, mich in Begleitung zu sehen. Auf ihre stumme Frage – »Wer ist das? Was ist los?« – antworte ich: »Ein Journalist; er wird uns gleich sagen, was er will.« Währenddessen überreicht der norwegische Gast meiner Frau einen Blumenstrauß. Wo hat er den nur herbeigezaubert? Wo hatte er ihn versteckt? Ich hatte die

Blumen nicht gesehen. Die eigentliche Überraschung hat sich der Besucher für mich aufgespart: »Ich möchte Ihnen mitteilen«, sagt er, »daß der Titel der morgigen Ausgabe unserer Zeitung Ihnen gewidmet sein wird.« Langsam dämmert es mir. Ich weiß nicht, warum, doch ein eigenartiger Schreck durchzuckt mich: »Sie sind verrückt, das kann nicht wahr sein ...« Doch, doch, er nickt, der norwegische Journalist weiß, wovon er spricht. Ich bin außer mir, flehe ihn an, seinen Chefredakteur anzurufen. Er soll den Aufmacher ändern, andernfalls würden wir uns lächerlich machen, und ich mich an erster Stelle. Das muß unter allen Umständen verhindert werden. »Zu spät. Es ist nicht mehr möglich, noch irgend etwas zu ändern«, meint der Journalist. Ich flehe ihn an, es wenigstens zu versuchen. Nichts zu machen. Der Kerl bleibt unerschütterlich und dabei strahlt er über beide Backen. »Ich möchte Sie jetzt nicht weiter stören«, verabschiedet er sich, »aber morgen müssen Sie mir ein Exklusivinterview geben, einverstanden?« Ich verspreche es. Ich würde ihm alles versprechen, Hauptsache er verschwindet und läßt mich in Ruhe, denn es ist Zeit, mit meiner Familie in die Synagoge zurückzukehren, wo bald das *Neila*-Gebet beginnen wird, der beängstigende Höhepunkt des Jom Kippur, bevor die Tore des Himmels geschlossen werden.

Wir halten es für ratsam, Elisha vorzubereiten, deshalb kündigen wir ihm unterwegs an, daß morgen etwas Aufregendes geschehen könnte. Gelassen fragt er zurück: »Du meinst den Nobelpreis?« Wie hat er das nur erraten? Unglaublich, was er mit vierzehn Jahren schon alles weiß! Wie wäre es für ihn, wenn ich diese Auszeichnung erhielte? Er zuckt mit den Schultern, als wollte er sagen: Lassen wir es auf uns zukommen.

In der Synagoge beenden die Gläubigen gerade das *Mincha*-Gebet. In ihren Gesichtern deutet sich bereits das Neila an. Sie werden andächtiger, scheinen sich in ihr Innerstes zurückzuziehen. Das Neila ist die letzte Möglichkeit zur Buße, bald werden sich die Tore des Himmels und des Gebets schließen. Nur noch vierzig Minuten bleiben sie geöffnet. Wie finde ich jetzt schnell die Worte, damit das Urteil widerrufen wird? Jetzt gilt es schnell zu bitten und zu flehen, bevor der Urteilsspruch besiegelt ist. Hunger, Durst und Erschöpfung sind vergessen, mein Kopfschmerz ist vorüber. Wie alle Versammelten bete ich für das nächste Jahr um Gesundheit und Wohlergehen für meine Angehörigen, um Frieden, vor allem um Frieden, Frieden für das israelische Volk und für alle anderen Völker auf der Erde. Doch ich muß zugeben: Immer wieder drängt sich mir der Gedanke an den norwegischen Journalisten auf. Ich bete im stillen mit eigenen Worten: Herr, hilf, damit ich morgen nicht beschämt werde. Ich sage nicht »enttäuscht«, ich sage »beschämt«. Ich versuche, den Gedanken abzuschütteln, der mir wie Frevel erscheint. Was würde mein Großvater sagen, wenn er wüßte, welche Sorgen mich während des heiligen Neila-Gottesdienstes bewegen? Ich sehe ihn, Reb Dodje Feig beim Borscher Rabbi. Ein Frösteln läuft mir den Rücken hinunter, ich fühle mich wieder an eine glückliche, weniger ehrgeizige Welt erinnert.

Wir haben den Brauch, das Ende der Fastenzeit mit unseren Freunden Nizza und John Heyman zu feiern. Ihre Kinder Dalia und Daniel wollen mit mir spielen. Also spielen wir, schließlich bin ich ihr Pate. Weitere Gäste stoßen hinzu. Während der Gespräche bei Tisch bin ich zerstreut. Meine Gedanken führen nach Oslo. Die morgige Ausgabe des *Dagbladet* ist schon gedruckt. Entweder es stimmt, oder ich bin erledigt. Werde ich morgen eine lächerliche Figur sein? Oder wird man mich, was noch schlimmer ist, bedauern? Das kann ich nicht leiden. Ich mag keine Beschimpfungen, aber noch weniger ertrage ich es, wenn man mich bedauert. So bin ich eben.

Auf dem Nachhauseweg beschließen wir, einige enge Freunde anzurufen: Sigmund und Jossi essen noch rasch zu Ende, dann eilen sie herbei. Per Ahlmark, der auf der Durchreise in New York ist, stößt im Fahrstuhl zu ihnen. Mit überschwenglicher Zuversicht legen sie sich zurecht, was sie diesem oder jenem morgen sagen werden. Soll ich Hilda in Nizza anrufen? Soll ich sie wecken? Was könnte ich ihr sagen? Auf jeden Fall muß John Silber, der Präsident der Universität von Boston, darauf vorbereitet werden. Wo könnte ich die Pressekonferenz abhalten? Der umsichtige, praktisch veranlagte Jossi besteht auf einer Generalprobe, bei der ich seinen Fragen Rede und Antwort stehe, denn ich könnte mit »heiklen« Fragen zum Thema Israel und die Palästinenser konfrontiert werden.

Jossi denkt an alles. Das ist seine Art. Nicht zufällig haben ihn

David Ben Gurion, Mosche Dayan, Menachem Begin und Jitzhak Schamir in ihre Mannschaft aufgenommen. Seine Einschätzung bestätigt sich häufig.

Auch diesmal? Ich gebe mir Mühe, seine und meine Begeisterung zu dämpfen, alle zu beruhigen, ihnen meine Befürchtungen nahezubringen: Vorsicht, Freunde, laßt uns vernünftig sein, es ist nicht gut, wenn wir uns gehenlassen. Wir wissen doch, wohin Gerüchte führen ... Alles könnte sich noch als Witz herausstellen, das wäre dann die Strafe für unsere voreilige Gewißheit und verfrüht gehegten Hoffnungen. Abergläubisch wie ich bin, fürchte ich ernsthaft, das Nobelpreiskomitee könnte in letzter Minute seine Entscheidung ändern, und sei es nur, um das *Dagbladet* für seine Indiskretion zu bestrafen. Unbeirrt machen sich meine Freunde über meine ewigen Zweifel lustig. Marion ist nachdenklich und schweigt. Könnte man nicht Rabbiner Michael Melchior anrufen? In Oslo ist es jetzt drei Uhr früh. Am Tag nach Beendigung der Fastenzeit kann man ihn unmöglich um diese Zeit aus dem Bett holen! Doch dann ruft er an. Warum schläft er nicht? Er ist noch zuversichtlicher als Sigmund, Per und Jossi. »Sie sollten jetzt schlafen gehen«, sagt der Oberrabbiner von Norwegen, »denn morgen wird man Sie sehr früh behelligen.« Es stimmt, denn die übliche Pressekonferenz des Nobelpreiskomitees ist auf elf Uhr angesetzt. In New York wird es dann fünf Uhr früh sein. Kurz darauf werden das Gedränge und der Wirbel losgehen ... »Und wenn es nicht stimmt?« flüstere ich. »Beiß dir lieber auf die Lippen, bevor du noch ein Wort sagst«, erwidert Sigmund.

Ich habe Angst. Ich habe Angst einzuschlafen, Angst zu träumen, Angst aufzuwachen. Um vier Uhr, schlägt Marion vor, sollten wir aufstehen. Für den Fall, daß ... Orangensaft und heißer Kaffee stehen bereit. Wird das Telefon klingeln? Der Nachtportier kündigt mit verwunderter Stimme erst Sigmund, dann Jossi, zuletzt noch Per an: Es ist halb fünf Uhr morgens, nicht gerade die Zeit, in der man Höflichkeitsbesuche erwartet. »Und?« fragen sie. Ich zucke mit den Schultern: Noch nichts Neues. Im stillen bete ich: Wenn sie nur nicht umsonst aufgestanden sind. Wir warten schweigend. Plötzlich klingelt im Wohnzimmer das Telefon; ich muß mich zwingen, nicht loszurennen. Vielleicht ist es nur ein neugieriger Journalist, ein

Nachbar oder sonstwer. Dann müßte ich mich kurz fassen, damit die Leitung frei wird. Am anderen Ende ist kein Freund, sondern Jakub Sverdrup, der Vorsitzende des Nobelpreiskomitees und des Nobelinstituts. »Entschuldigen Sie, wenn ich Sie so früh, beziehungsweise erst so spät anrufe ...«, beginnt er mit einem doppelsinnigen Satz, wie ihn die Norweger lieben: »Leider hatten wir Ihre Telefonnummer nicht. Es dauerte eine Ewigkeit, sie ausfindig zu machen.« Fiebernde Blicke ruhen auf mir: Ist das die Entscheidung? Darf man jetzt aufschreien, jubeln vor Freude? Sverdrup läßt sich Zeit: »Es war gar nicht so leicht, Ihre Privatnummer zu bekommen, verstehen Sie.« Ach, die verdammten roten Listen ... »Und dann, als wir sie endlich hatten, dachten wir, es wäre vielleicht noch sehr früh für New York, Sie schliefen sicher noch, und deshalb wollten wir warten, bis ...« Endlich kommt Sverdrup zum Ziel: »Ich habe die Ehre, Ihnen im Namen unseres Präsidenten Egil Aarvik mitteilen zu dürfen, daß ... Die Entscheidung fiel einstimmig ... Herzlichen Glückwunsch ... Die technischen Einzelheiten besprechen wir später ...«

Soll ich es glauben oder nicht? Warum verschwimmt mein Blick? Ich bin überwältigt. Ich muß mich verbessern, im Plural sprechen: Wir sind überwältigt. Marion nimmt meine Hand. Jossi und Sigmund sind fassungslos; sie wollen etwas sagen, wissen aber nicht wie und was. Per lächelt. Wir haben Tränen in den Augen. Gleichzeitig senken wir den Blick, reichen uns die Hände und bilden einen stillen Kreis zur Besinnung. Wie lange haben wir reglos zusammengestanden? Das Telefon, das verdammte Telefon hat den Zauber gebrochen. Unter den Anrufern ist Herman, Chaim-Hersch Nasescher aus Sighet, mit dem ich als Kind befreundet war und der jetzt in Oslo lebt. Völlig aufgelöst ruft er: »Ich stehe vor dem Fernseher. Egil Aarvik verliest eine Erklärung, das ist der Präsident des ... Kannst du es hören? Kannst du es hören?« Aarvik spricht norwegisch, Herman übersetzt ins Jiddische. Der verdutzte Portier meldet den Rummel in der Eingangshalle: Dort drängen sich aufgeregte Journalisten, gehetzte Pressefotografen, Kamerateams. Der Ärmste ist völlig außer sich. Er versteht nicht, was vor sich geht, und er ist völlig überfordert. Hätte er das gewußt, hätte er einen Helfer vom Wachdienst angefordert. »Dann ist da noch ein norwegischer Journalist. Er war der erste und wartet schon seit drei Stunden ...« Er darf als erster zu uns hinauf und hat noch einen Rosenstrauß für Marion dabei. Überglücklich erinnert er mich an das versprochene Exklusivinterview. Das norwegische Fernsehen trifft ein: Jan Otto Johansen aus Washington und der Sonderkorrespondent Eric Bö. Wir sind live auf Sendung. »Welche Nachricht!« meinen die Journalisten aus Oslo: »Und überall wird sie mit Beifall aufgenommen.« Ich rufe Hilda an. Sie ist so aufgeregt, daß sie kein Wort hervorbringt. Wieder meldet sich der Portier: »Was mache ich mit NBC?« Dann wieder: »Und mit ABC? Was mit CBS?«. Die *New York Times*, die Französische Presseagentur, TF1, Antenne 2 - meine Wohnung hat sich in ein Schlachtfeld verwandelt. Es ist noch nicht sechs Uhr, und Aufnahmeleiter, Toningenieure, Beleuchter, Reporter und Produzenten treten sich auf die Füße. Ständig klingelt das Telefon. In Tel Aviv, so höre ich von Dow und Eliahu, wartet man gespannt auf die Erklärungen von Präsident Chaim Herzog, Premierminister Jitzhak Schamir und Außenminister Shimon Peres. Ausnahmsweise herrscht im Heiligen Land einmal ungewöhnliches Einvernehmen. Jacques Attali läßt mich wissen, daß Präsident François Mitterrand jeden Augenblick anrufen wird. Auch Paris ist sich verblüffend einig: Ich bin gerührt von den herzlichen Worten, die Premierminister Jacques Chirac findet, um mir sein Lob auszusprechen. Ich hatte noch keine Gelegenheit, ihn persönlich kennenzulernen. Henry Kissinger meint: »Auf meinen Nobelpreis war ich nicht stolz, doch auf Ihren bin ich es.« Und der Lubawitscher Rabbi sagt: »Sie haben Ihr Leben dem Wohl unseres Volks gewidmet, von nun an werden Sie es noch besser machen.« Aus London, Melbourne, Genf, Antwerpen, Berlin, Amsterdam schicken mir meine Verleger Glückwünsche und Blumen. Inzwischen ist es elf Uhr morgens, und noch immer stehen die Reporter auf dem Flur Schlange. Ein Gedanke schießt mir durch den Kopf. Ich habe noch nicht gebetet. Ich lasse alles stehen und liegen, schließe mich in ein Zimmer abseits des Rummels ein und lege meine Tefillin an. Selbst als die Presse gegen vierzehn Uhr verschwunden ist, kann man sich in der Wohnung noch nicht bewegen.

Elisha konnte sich in diesem ganzen Durcheinander über einen schulfreien Tag freuen. Ich frage ihn, wie er sich bei dem Rummel fühlt. Mit trockenem Humor stellt er fest: »Och, ganz gut. Aber ...« Aber was? »Ich denke, jetzt ist vielleicht der richtige Augenblick dazu: Ich möchte um eine Erhöhung meines Taschengelds bitten, geht das?«

Ein dringender, überaus dringender Anruf aus Jerusalem: Der Rundfunkdirektor Dan Shilon bittet um ein sofortiges Interview. Wir kennen uns aus der Zeit, als er Amerikakorrespondent der *Kol Israel* war. Ich antworte, ich sei auf dem Weg zu einer Pressekonferenz. Er ist verärgert. Ich kann ihn verstehen: Er ist Jude und ich bin Jude, Israel sollte mir wichtiger sein als die Weltpresse. Stammelnd beantworte ich einige Fragen, während mir von allen Seiten bedeutet wird, ich müsse mich beeilen: Wir sind schon zu spät dran. Ich merke, daß Dan wütend ist. Es bedrückt mich, doch heute kann ich zum erstenmal nicht frei über meine Zeit verfügen. Man möge mir das Wortspiel verzeihen, das sich aufdrängt: Dies ist der Preis, den der Preis hat ...

Die Pressekonferenz unter Vorsitz von John Silber findet in der Aula des jüdischen Kulturzentrums YMHA statt, an dem ich seit zwanzig Jahren jährlich vier Vorlesungen halte. Zu Beginn gebe ich eine kurze Erklärung ab: Die Ehre, mit der ich soeben bedacht wurde, teile ich mit allen Überlebenden aus den Lagern und ihren Kindern. Und um den Fragen zuvorzukommen, die die Presse mir gleich stellen würde, füge ich hinzu, daß der Nobelpreis seine Preisträger nicht über Nacht zu Experten und Weisen in allen politischen, wirtschaftlichen und soziologischen Fragen macht. Ich verstehe heute nicht mehr davon als gestern.

Eine der ersten Fragen, wenn nicht gar die erste, trifft mich überraschend: »Was werden Sie mit dem Geld anfangen?« Ich denke an den Test, dem Jossi und Per mich am Abend zuvor unterzogen haben. Sie haben mit allem gerechnet, bloß nicht mit Fragen, die aus schlichter Neugier gestellt werden? Ich sitze in der Klemme: »Ich weiß nicht. Ich hatte noch keine Zeit, darüber nachzudenken ...«

Komisch: Diese Frage wird mir noch oft, und nicht nur von Journalisten gestellt. Meine übliche Antwort: »Ich habe den

Scheck noch nicht erhalten; Wenn ich ihn habe, können wir darüber reden.«

Oslo hält uns über die Reaktionen im In- und Ausland auf dem laufenden: »Man hat eine vorzügliche Wahl getroffen, unbestreitbar. Seit Albert Schweitzer hat man so etwas nicht mehr erlebt ... Noch wurde keine kritische Stimme laut. Überall ist man begeistert ...« Ich bin der Star des Tages. Anscheinend bin ich auf sämtlichen Bildschirmen aller fünf Kontinente zu sehen. Ich höre zu. Ich höre zu und fühle mich abgestumpft, als würde ich unter all den Phrasen begraben.

Am Abend gehen wir essen, in ein französisches Restaurant. An diesem Abend bin ich wirklich baff: Als wir an einer Menschenschlange vor dem Eingang eines Kinos vorbeikommen, klatscht man mir mitten in Manhattan plötzlich Beifall. Einfach so, auf der Straße.

Im Restaurant ist der Wirt ganz verlegen, uns »einmal mehr« stören zu müssen, und doch glücklich, an uns herantreten zu dürfen, um uns mitzuteilen, daß uns »der Tisch dort hinten in der Ecke« eine Flasche Wein spendiert. Dann gibt es eine Flasche Champagner vom Tisch neben der Küche. Dann vom Tisch hinten links. An diesem Abend hätte ich zehn Flaschen mit nach Hause nehmen können. Wo mich bereits oder noch immer Journalisten und Fotografen erwarten, um »ein letztes Interview« für die Elf-Uhr-Nachrichten, ein »letztes« Foto für die Morgenausgabe zu erhaschen ... Während ich mich den Fragen stelle, höre ich, wie die Tür aufgeht. Es sind der norwegische Generalkonsul und seine Frau. Im Namen Jo Benkows, des norwegischen Parlamentspräsidenten, überreichen sie Marion den schönsten, prächtigsten Rosenstrauß, den wir je gesehen haben. Der Hausmeister bringt uns einen Stapel Telegramme. Die meisten sind nicht vollständig adressiert: ELIE WIESEL – NEW YORK steht darauf, das genügt.

Eine Folge des ganzen Wirbels: Ed Koch, der populäre Bürgermeister der Stadt New York, teilt mir mit, daß Berühmtheit ihre eigenen Erfordernisse habe und die Polizeichefs deshalb beschlossen hätten, mich zu schützen. Man nennt es »Personenschutz aus nächster Nähe«. Ich habe also ein Anrecht auf zwei Sicherheitsbeamte, die jeden aufs Äußerste beargwöhnen, der sich mir nähert. Sie begleiten mich sogar, wenn ich zur Sukkotfeier (dem Laubhüttenfest) in die Synagoge gehe. Das Ganze gibt mir den umwerfenden Charme eines VIP; doch wenn ich mich so sehe, muß ich lachen.

Noch ein witziges Erlebnis. Eine Telefonistin mit schöner Stimme, einer Stimme, die einen träumen läßt, fragt an, wann ich Zeit hätte, mich telefonisch mit »dem Kommissar« zu unterhalten. In mir steckt noch der Flüchtling, der ein Zittern nicht unterdrücken kann, wenn er das Wort Kommissar hört. Kommissar, das bedeutet Polizeikommissar - was will er von mir? Ist es vielleicht ein Vergehen, mit einem Nobelpreis ausgezeichnet zu werden? Um die Sache möglichst schnell zu erledigen, lasse ich mich mit ihm verbinden. »Hier spricht Peter ... Peter Ueberoth. Wir sind uns vor einigen Jahren in Madrid begegnet.« Es dauert eine Weile, bis sich der Knoten in meinem Hals gelöst hat: Es ist ein Unternehmer und Geschäftsmann aus Los Angeles, der sich jetzt um alles kümmert, was mit Baseball zu tun hat. 1980 haben wir in der Tat beide an einer Tagung in Madrid teilgenommen. Gut. Hauptsache, er ist nicht von der Polizei. »Was kann ich für Sie tun?« In feierlichem Ton verkündet er mir: »Wir haben beschlossen, Ihnen die große, die höchste Ehre zuteil werden zu lassen ...« Er läßt sich durch mein Schweigen nicht beirren. Er bekräftigt: »Eine Ehre, die nur wenigen Menschen zuteil wird.« Das interessiert mich jetzt aber doch: Sollte der Nobelpreis also nicht »die höchste« Ehre sein? »Wir laden Sie ein, beim ersten Spiel der Weltmeisterschaft den ersten Wurf auszuführen und damit die World Series zu eröffnen«, fährt der Kommissar fort. Soll ich ihm sagen, daß ich überhaupt nichts von Baseball verstehe? Ich möchte ihn nicht kränken und belasse es bei einer kleinen Nachfrage: »Warum ausgerechnet ich?« Er lacht, und dann bekomme ich Liebenswürdigkeiten zu hören. Ich nehme all meinen Mut zusammen, um ihm eine zweite Frage zu stellen: »Angenommen, ich werfe den ersten Ball, wer wird ihn fangen?« Jetzt bricht Peter Ueberoth in schallendes Gelächter aus. Er ist überzeugt, daß ich mich über ihn lustig mache. Es käme ihm nie in den Sinn, daß es in diesem Land, wo Baseball eine Art nationale Religion ist, auch nur einen einzigen Menschen gibt, der keine Ahnung von dieser Sportart hat, in die die Massen vernarrt sind. Ich beuge mich über meinen Kalender, denn wer weiß, mit ein wenig Glück habe ich an dem Tag oder dem

Abend schon etwas vor: »Wann soll das bedeutende Spiel stattfinden?« Er nennt das Datum, und ich schicke ein Dankgebet zum Himmel: Danke Herr, daß Du Gott bist und uns befohlen hast, unsere Feste zu feiern und keine Wettkämpfe zu veranstalten. Ich sage dem Kommissar, es täte mir leid, aber das sei der zweite Tag des Sukkotfestes. Er versteht den Zusammenhang nicht, deshalb gebe ich ihm seine erste Lektion in Sachen Judentum: Ein praktizierender Jude darf während der Festtage weder reisen noch Sport treiben. »Schade«, erwidert er. Er möchte wissen, ob angesichts der Bedeutung des Ereignisses keine Ausnahme vom Rabbinat zu erwirken sei. Meine Antwort ist klar: Gesetz bleibt Gesetz. Als Kommissar müßte er das verstehen. Schade, aber so ist das eben.

Ich verabschiede mich gerade von Ueberoth, als Elisha aus der Schule kommt. Er sperrt die Augen auf: »Du hast mit Ueberoth telefoniert? Mit Peter Ueberoth?« Ich nicke. »Mit dem Baseball-Kommissar?« Ja, mit dem Baseball-Kommissar. »Was wollte er?« Ich berichte ihm von unserer Unterhaltung. »Was? Du hast es abgelehnt, den ersten Wurf zur Eröffnung der World Series zu machen? Du hast diese unvergleichliche Auszeichnung zurückgewiesen?« Nichts hält ihn mehr auf seinem Stuhl. Ich spüre, wie er in seiner Ehre als amerikanischer Jugendlicher zutiefst getroffen ist. »Ist dir klar, was meine Freunde sagen werden, wenn sie hören, was du da verbockt hast?« Er besteht darauf, daß ich Ueberoth anrufe und ihm sage, ich hätte meine Meinung geändert und einen Weg gefunden, die traditionellen Gesetze zu umgehen. Ich bleibe standhaft. Zum Glück ruft Ueberoth wieder an: »Aus Achtung vor Ihren religiösen Empfindungen haben wir noch einmal nachgedacht. Unseren neuen Vorschlag werden Sie bestimmt nicht zurückweisen: Ausnahmsweise werden wir dieses Jahr niemanden zur Eröffnung des ersten Spieles einladen, aber Sie werden das zweite Spiel eröffnen.« Elisha ist noch bei mir im Arbeitszimmer. Er errät den Inhalt unseres Gesprächs. Mit erstickter, aufgeregter Stimme bittet er, fleht er, befiehlt er: »Sag ja, sag ja!« Schüchtern frage ich: »Es wird also noch ein zweites Spiel geben?« Peter prustet vor Lachen. Ich frage weiter: »Und wann ist das zweite Spiel?« Er nennt mir den Tag. Beim Blick auf meinen Kalender spüre ich, wie mich die Kraft verläßt: Es ist ein Sabbat. »Was hat das mit Baseball zu tun?« fragt Ueberoth leicht verärgert.

Also gebe ich ihm eine zweite Lektion in Sachen Judentum. Niedergeschmettert läßt Elisha mich wissen, daß er mir das nie verzeihen würde. Wie soll ich ihm erklären, daß ich zwar das Recht habe, alle Gebote des Sabbats zu verletzten, um ein Menschenleben zu retten, aber nicht das Recht, auch nur einen einzigen Sabbat für das zweifelhafte Vergnügen zu opfern, vor den Augen zahlloser Baseball-Fans einen Ball zu werfen ... Ueberoth hilft mir aus der Klemme: Er meldet sich ein drittes Mal: »Ich habe mich bei einem orthodoxen Rabbi erkundigt. Nach Anbruch der Nacht dürfen Sie reisen, und dann können Sie ins Stadion kommen. Wenn die Polizei Sie eskortiert, schaffen Sie es rechtzeitig ...« Elisha jubelt: Alle seine Freunde und Kameraden sind ins Stadion eingeladen. Plötzlich verdüstert sich sein Gesicht: »Weißt du überhaupt, wie man einen Ball wirft?« Nein, ich weiß es nicht, in Sighet habe ich es nicht gelernt. Das soll aber kein Hinderungsgrund sein: Er will es mir beibringen. Immerhin werden mir fünfundsiebzigtausend zahlende Zuschauer dabei zusehen, und wenn man die vor dem Fernseher (das Spiel wird direkt übertragen) mitrechnet, werden es dreißig oder vierzig Millionen sein. Da darf ich meinem Sohn keine Schande bereiten. War ich ein guter Schüler? Die Mannschaft, die meinen ersten Wurf inmitten des ohrenbetäubenden Gebrülls auffing, hat das Spiel verloren. Doch am nächsten Tag krönte mein Foto zum ersten- (und zum letztenmal) in meinem Leben die erste Seite des Sportteils der Zeitungen, in denen, wie man mir sagte, Fachleute mein Spiel mit geschultem und gnadenlosem Blick analysierten.

In der Synagoge sind die Leute zum Glück zurückhaltender und reagieren ungezwungener. Dafür bin ich ihnen dankbar. Ich werde mit einer Alija beehrt, das heißt, ich darf bei der Toralesung mitwirken; der Vorsänger Joseph Malovany singt einen besonderen Segen, das ist alles. Rabbiner Sol Roth begnügt sich damit, mir *masl-tow* zu wünschen. Wir sind Gottes Geschöpf, und vor seinem Angesicht sind alle gleich. Der Nobelpreis zählt im Himmel offenbar nicht viel.

Die letzten Festtage und Simchat Tora bin ich in Moskau. Der Aufenthalt war seit langem geplant und kommt sehr gelegen. Vielleicht kann ich mit Hilfe des Preises Ida Nudel, Andrej Sacharow, Wladimir Slepak und anderen Dissidenten und Refusniks meine Unterstützung zukommen lassen. Der Nobelpreis eröffnet mir die

Möglichkeit, viele Tabus zu überschreiten. Den Repräsentanten des öffentlichen Lebens behagt das nicht? Ihr Pech.

Wir sollen Auszeichnungen, die wir verliehen bekommen - oder vielleicht besser geliehen bekommen -, zum Wohle anderer nutzen. Wer ihnen zuviel Gewicht beimißt, dem bereiten sie die Hölle auf Erden: Er wird nie zufrieden sein und nach immer mehr Ehren streben. Doch es schadet nicht, wenn andere sich an ihre Bedeutung halten, denn so können Auszeichnungen genutzt werden, um humanitäre Ziele zu erreichen. Jede Gunst verpflichtet gegenüber den weniger Begünstigten. Der einsame Ruhm ist zugleich eine Illusion und unfruchtbar.

Ruhm - darüber sollten wir uns unterhalten, meinen Sie nicht auch?

Sprüche der Väter lehrt, daß der Ruhm jeden flieht, der ihm hinterherjagt. Wer ihn aber meidet, den wird er einholen.

Wollte ich Ruhm erlangen? Ehrlich gesagt, ich habe nicht geschrieben, was ich geschrieben habe, und nicht getan, was ich unter diesen oder jenen Umständen getan habe, um irgendein Diplom zu erlangen und diese oder jene Auszeichnung oder Ehrung zugesprochen zu bekommen. Man schreibt keinen Roman, man setzt sich nicht mit anderen auseinander, um einen Preis zu bekommen. Aber in den allermeisten Fällen habe ich die Preise und Auszeichnungen keineswegs zurückgewiesen.

Um deutlich zu werden: Zu keiner Zeit habe ich mich meines Einsatzes für die Menschenrechte, meines Kampfes gegen den Rassismus und gegen den Antisemitismus und meiner Zeugnisse über den Holocaust »bedient«, um, wenn ich so sagen darf, den Doktortitel honoris causa von Yale, Notre-Dame oder der Sorbonne, den Freiheitsorden des Präsidenten, die Goldene Medaille des Kongresses oder gar den Nobelpreis zu erhalten. Und niemand hat das Recht, mir so etwas zu unterstellen. Diese Art von Beschuldigung ist taktlos, ungebührlich und verleumderisch, weil kein Mensch sich dagegen wehren kann: Wie könnte man den Beweis erbringen, daß man aufrichtig gehandelt hat? Gott allein bleibt nichts verborgen; Ihm allein ist man Rechenschaft schuldig. Hienieden wird sich immer jemand finden, der sagt: Sie praktizieren Menschenliebe aus

Egoismus, Sie beuten Ihr Leid und das Leiden anderer für eigennützige Ziele aus, Sie wollen sich herausheben, Aufmerksamkeit auf sich ziehen, Sie wollen ein Amt … Als könnte man dem Nobelpreis hinterherjagen …

Natürlich war mir der Friedensnobelpreis nicht gleichgültig; ich würde sogar sagen, er hat mich gefreut. Der Nobelpreis bedeutet die Krönung eines Werks, er wird nicht zu seinem Abschluß oder am Ende einer Karriere verliehen. Er stellt einen wertvollen Schlüssel dar, der einem Zugang zu nicht wenigen Türen verschafft. Er ist auch ein Verstärker: Plötzlich hört man Ihnen zu, auch wenn man Sie vielleicht nicht versteht. Auf die Frage, welche Veränderungen der Nobelpreis bei mir verursacht, antworte ich: Ich habe mich nicht verändert, aber die Menschen, denen ich begegne, sind anders geworden. Vorher redete, schrieb und sagte ich nichts anderes als jetzt; doch heute sieht mich deshalb keiner mehr schief an oder hört mir nur halb zu.

Habe ich ihn mir aus diesem Grund gewünscht, hatte ich nur diese gänzlich uneigennützigen Beweggründe? Ich bin kein Heiliger. Ich bin nur ein Mensch, habe Ziele und Schwächen, und bisweilen komme ich vom Weg ab. Die jüdische Überlieferung spricht von »gerechten« Menschen, nicht von Heiligen. Der Unterschied der beiden Auffassungen liegt darin, daß der Gerechte in der Gesellschaft lebt, während der Heilige sich von ihr absondert. Der Nobelpreis läßt niemanden gleichgültig, er ist verführerisch. Und die Vorstellung, daß der ehemalige Schüler einer Jeschiwa, den die SS und ihre Helfer als Untermenschen behandelten, der dazu verurteilt war, ohne Grab zu sterben, von dem nur eine Handvoll Asche zurückbleiben sollte, die Vorstellung, daß ein solcher Mensch diese hohe Auszeichnung der Menschheit erhalten könnte, führte mich in Versuchung.

Wenn meine Freunde darüber sprachen, errötete ich, doch ich widersprach ihnen nicht. Habe ich ihnen etwas vorgemacht? In gewissem Umfang war ich darüber unterrichtet, daß meine engsten Freunde und Kampfgefährten zahllose Empfehlungs- und Unterstützungsschreiben verfaßt hatten. Aus Feinsinn und Takt haben sie die Einzelheiten für sich behalten.

Später, viel später, habe ich erfahren, wie nutzlos diese Vorstöße waren. Das Nobelkomitee steht über allem und läßt sich weder einschüchtern noch kaufen. Es trifft seine Entscheidungen in völliger Unabhängigkeit und Abgeschiedenheit, selbst wenn sie ungerechtfertigt, selbst wenn sie bedauerlich sind. Mit Bittschriften und Empfehlungen beschäftigt es sich so gut wie gar nicht. Persönlichen Druck auszuüben kann zum Bumerang werden. An ein Mitglied des Komitees heranzutreten, ist die schlimmste Ungehörigkeit und Dummheit, es sei denn, man will schon im voraus seine Unterstützung verspielen. Selbst wenn sich die fünf Großmächte einig wären, sie hätten nicht den geringsten Einfluß auf die Mitglieder dieser besonderen, einzigartigen Jury. Warum entscheidet sie sich ausgerechnet in diesem Jahr für diesen und nicht jenen Anwärter? Warum wurde mir das Glück 1986, und nicht das Jahr zuvor zuteil? Lech Wałesa hätte der Preis 1982 zugesprochen werden können und sollen, nicht 1983. Wer stimmte für ihn, wer gegen ihn? Es gab Gerüchte. Sie sind unglaubwürdig und häufig auch unbegründet. Ich kann das mit Fug und Recht sagen: Ein einflußreiches Mitglied der Jury, der später mein Freund wurde, hat mir, nachdem ich nicht mehr zum Kreis der Anwärter gehörte, einiges darüber anvertraut.

Als Träger des Friedensnobelpreises lernt man einiges dazu. Der Friedensnobelpreis schafft Klarheit und hilft einem, die wahren und die falschen Freunde zu entdecken. Entgegen der Volksmeinung ist ein Freund nicht, wer das Leid mit einem teilt, sondern derjenige, der in die Freude einstimmt. Einige überraschten mich angenehm, von anderen wurde ich bitter enttäuscht.

Neider und Eifersüchtige finden sich überall. Sie gehören zum menschlichen Spektrum. Manche hielten große Stücke auf das, was ich schrieb, solange ich arm und unbekannt war; jetzt verübeln sie es mir, »reich« und »berühmt« zu sein. Als wollten sie mich jeden Dollar und jede gute Kritik, die ich erhalte, büßen lassen. Andere waren mir ergeben, solange ich nur für einen eingeschränkten Kreis schrieb, und ärgern sich heute darüber, meinem Namen auch auf nichtliterarischen Seiten zu begegnen. Noch toller: Manche »Bewunderer« haben sich von mir abgewandt oder zurückgezogen, nachdem ich den Nobelpreis erhalten hatte, als wollten sie mich für den »Erfolg« bestrafen, zu dem sie selbst mir bisweilen verholfen haben. Sie schmerzen mich am meisten. Worauf läßt sich ihre Ablehnung zurückführen? Vielleicht auf die menschliche Natur? Das wäre zu einfach!

Ich habe im ersten Band meiner Erinnerungen berichtet, wie ich eines Abends I. B. Singer über die gehässigen und eifersüchtigen Angriffe sprechen hörte, deren Ziel er nach der Verleihung des Nobelpreises war. Singer erwähnte sie lachend. Er schätzte sich glücklich darüber, all diese Menschen unglücklich zu wissen. Dazu fällt mir ein, was für betrübte und erschütternde Jahre für Camus nach dem Nobelpreis kamen, der geradezu niederschmetternd für ihn war. Linke wie rechte Intellektuelle ließen ihn ständig spüren, daß er ihnen etwas schuldete. Er litt darunter. Ich meinerseits bemühe mich, dem Weg zu folgen, den Spinoza aufgezeigt hat: nicht lachen und nicht weinen, sondern verstehen. Doch leider gibt es Gehässigkeiten, die ich wohl nie verstehen werde.

Daran ist nichts zu ändern. Meine Freunde werden es bestätigen: Ich kann einstecken, schlucken. Ein paar hinterhältige Verleumdungen oder persönliche Angriffe in der Presse können meine Handlungsweise oder meine Haltung nicht mehr beeinflussen. Meine Freunde werden es bestätigen: Ich habe mich nie beklagt.

In den Tagen zwischen Beginn und Ende des Sukkotfests fliegen Marion und ich nach Moskau. Begleitet werden wir unter anderem von Sigmund und dem Osloer Rabbiner Michael Melchior.

Wir folgen einer Einladung maßgeblicher sowjetischer Regierungsstellen zur Vorbereitung der nächsten Internationalen Konferenz des Memorial Councils in Washington.

Vor den zu unserem Empfang auf dem Flughafen versammelten Journalisten erkläre ich meine vollständige Solidarität mit Andrej Sacharow und kündige an, ihn in Gorki besuchen zu wollen. Sicher, das Los der Refusniks liegt mir besonders am Herzen, doch die Verbannung des sowjetischen Nobelpreisträgers stellt in meinen Augen ebenso eine Ungerechtigkeit und Schande dar. Täglich komme ich zwei- bis dreimal auf dieses Thema zurück, ich nutze jede Gelegenheit dazu, wenn ich mich mit Funktionären oder Moskauer Auslandskorrespondenten unterhalte.

Einige meiner offiziellen Gastgeber sind unzufrieden. Im äußersten Fall räumen sie mir ein, daß ich mich für »meine« Juden einsetze, doch keinesfalls, daß ich Sacharow mit einbeziehe. »Sacharow ist Wissenschaftler«, sagen sie verärgert. »Er ist Träger von Atomgeheimnissen, die die Regierung schützen muß; aus Gründen der Staatssicherheit ist er aus Moskau verbannt worden. Mischen Sie sich da bitte nicht ein.« Ihnen allen halte ich entgegen: »Er ist der einzige Friedensnobelpreisträger der Sowjetunion. Es liegt auf der Hand, daß ich ihn kennenlernen will.« Sie stellen sich dumm und weigern sich, auf meine Nachfragen zu antworten. Jedesmal wenn ich den Namen Sacharow erwähne, verdunkeln sich die Mienen von Funktionären und halbamtlichen Mitarbeitern. Unsere Beziehungen bleiben davon nicht unberührt. Das schert mich wenig, denn ich bin nicht in die UdSSR gekommen, um an einem Beliebtheitswettbewerb teilzunehmen. Wenn ich zurückflöge, ohne etwas für die Befreiung Sacharows und die Emigration der Refusniks getan zu haben, müßte ich meinen Besuch als gescheitert betrachten.

Überall bekomme ich zu hören, die Entscheidung läge in den Händen von Michael Gorbatschow. Marions Schlußfolgerung ist logisch wie immer: Sie rät mir, mich direkt an ihn zu wenden. »Warum bittest du nicht einfach um ein Treffen mit ihm?« sagt sie. Ich sperre die Augen auf. Habe ich richtig gehört? »Wie bitte? Du schlägst vor, ihn zu treffen? Wem und wie sollte ich deiner Meinung nach eine solche Bitte unterbreiten?« Und wie immer ist ihre Antwort klar und einleuchtend: »Schreib ihm doch.« Gut, ich schreibe ihm einen Brief. Und dann? »Dann gibst du den Brief Andrej, dem jungen Funktionär, der für unsere Sicherheit zuständig ist. Er wird schon wissen, was er damit tun muß.« Meine Frau hat das auf eine so ungezwungene Weise erwogen, daß ich entwaffnet bin. Was auch immer daraus wird, ich kann nichts dabei verlieren. Auf einem Briefbogen des Hotels entwerfe ich einen hastigen Brief an den Generalsekretär der Kommunistischen Partei. Ich übergebe ihn Andrej, der uns zu einer Versammlung ins Stadtzentrum fahren soll: »Das ist für Ihren Chef.« Er wirft einen ungläubigen Blick auf den Umschlag und läuft knallrot an: »Warten Sie in Ihrem Appartement auf mich«, sagt er mir ohne Umschweife, »in einer knappen Viertelstunde bin ich wieder zurück.« Nach einer Stunde ist er wieder da. Ich frage ihn: »Hat es geklappt?« Er weicht aus: Wir kommen zu spät zu unserer Verabredung im Ministerium der Kriegsveteranen. Ich verstehe: Er kann mir nichts sagen, es ist top secret.

Am Abend flüstert er mir zu, er habe meinen Brief in den Kreml gebracht. Dort werde man sich auf höchster Ebene darum kümmern. Danke. Zu Marion sage ich: »Du wirst sehen, es kommt nichts dabei heraus.«

Als wir am nächsten Tag beim Frühstück sitzen, kommt Andrej und bittet mich, ihm auf den Flur zu folgen: »Ich habe die Antwort. Sie ist positiv.« Ich kann einen Aufschrei der Verwunderung und des Dankes nicht unterdrücken, doch Andrej legt den Finger auf den Mund und bedeutet mir, daß es besser wäre zu schweigen.

Wir gehen in die Synagoge in der Archipowastraße. Heute wird das Sukkotfest gefeiert, die Freude der Tora. Vergessen wir für einen Augenblick meinen Kampf mit den Vertretern der Obrigkeit.

Die große, hell erleuchtete Synagoge ist brechend voll. Tausende von Gläubigen drängen sich darin. An diesem Tag obliegt es uns, bis zur Ekstase zu feiern. Und wenn man keine Lust zum Feiern hat? Dann muß man sich dazu zwingen, befiehlt das Gesetz. Man kann und man muß die Freude zum Überschäumen bringen, damit sie sich wie eine gewaltige Welle über den bunten Haufen der Versammelten ergießt. Das verlangt die Tora. Simchat Tora unterscheidet sich von anderen Festen dadurch, daß es ganz und gar der Freude gehört. Es wird getanzt, gesungen, man schwelgt in Hoffnungen und Erinnerungen, man beschwört die Seele, sich in den Himmel und höher zu erheben, und die brave, gute Seele will nichts als gehorchen.

Ich bin glücklich. Ja, ich bin von ganzem Herzen glücklich. Wolodia Slepak, der Älteste der Refusniks, begleitet mich. Ich habe das Versprechen gehalten, das ich ihm Jahre zuvor gegeben habe: Ich bin zu »meinen« russischen Juden zurückgekehrt.

Vor uns und hinter uns drängeln sich die Gläubigen. Sie rufen einander zu, machen einander bekannt, umarmen sich, schenken sich ein Lächeln oder tauschen Glückwünsche aus und beobachten dabei die Prozession, bei der die Torarollen mit Mühe durch den Saal getragen werden. Ich presse die heiligen Schriftrollen an meine Brust, grüße nach rechts und nach links, erkenne ein Gesicht, stoße auf einen Greis, der mir wie früher einen Zettel in die Tasche steckt. Ich schwitze, ich bekomme kaum Luft, ich habe Angst, ich könnte ausrutschen, hinfallen und plötzlich fern von diesen nach Freiheit und traditionellen Lebensformen dürstenden Juden aufwachen, die mir mit lachenden Gesichtern entgegentreten, die lachen und dabei weinen, als wollten sie mir sagen: Wir Juden teilen auch die Tränen. Ängstlich frage ich mich, ob ich von Wolodia nur geträumt habe. He, Freund, wo bist du?

Es sind besondere Augenblicke, in denen ich fruchtbare Erfahrungen mache, Momente der Erfüllung erlebe.

Es ist meine vierte Reise in die Sowjetunion. Bei meinem ersten Aufenthalt 1965 hatte ich »die verschwiegenen Juden« entdeckt. Sie erzählten mir mit ihren Augen von ihrem leidvollen Leben, ihrer Einsamkeit. Doch am Abend von Simchat Tora verloren sie alle Angst. Lassen Sie uns nie vergessen, daß sie die ersten waren, die die Herrschaft des Terrors zurückwiesen. Sie waren die ersten, die dem Kreml die Stirn boten, die ersten, die offen und ohne das Gesicht zu verbergen ihr Recht auf freie Ausübung ihrer Religion, auf Freiheit und auf ihr Andenken forderten.

Seither hat sich vieles geändert. Der Kampf der jungen Männer war von Erfolg gekrönt. Der Kreml mußte die Tore öffnen, und mehr als zwanzigtausend Juden konnten nach Israel auswandern. Dank des Drucks von außen. Und auch dank Simchat Tora. Seit 1965 haben diese jungen Menschen, die die Straßen füllen und ihren Stolz über ihre Zugehörigkeit zum jüdischen Volk laut bekunden, das Wesen und die Einstellung der Älteren verändert und sie zum Kampf und zur Hoffnung angestiftet.

Ihnen gegenüber empfinde ich jedesmal aufs neue Bewunderung und Zuneigung. Siebzig Jahre kommunistischer Erziehung und diktatorischer Herrschaft haben es nicht vermocht, ihnen ihre jüdische Identität zu rauben. Wie ist es ihnen gelungen, ihre jüdische Lebensform zu bewahren, ohne Schulen und ohne kulturelle Begegnungsstätten, ohne Einrichtungen, wie man sie zur Pflege der eigenen Identität braucht und wie sie anderen ethnischen Minderheiten eingeräumt werden? Wie pflanzt sich das Wissen unter ihnen fort? Unterricht in jüdischer Geschichte und hebräischer Sprache, Kommentare zu Bibelstellen, Studienzirkel zum Talmud, Einführungen in die Geheimnisse der Religion, literarische Vorträge: Das alles gibt es, und nur aufgrund ihrer Initiative. Sicher, manchmal müssen sie im Untergrund handeln. Aber daran sind sie gewöhnt.

Tatsächlich überraschen sie mich immer wieder. Nehmen Sie nur Wolodia. In gewisser Weise ist er freier als die Menschen der freien Welt. Ich frage ihn: »Haben Sie keine Angst? Erschreckt Sie das Gefängnis überhaupt nicht?« Seine Devise ist, nicht die Hoffnung zu verlieren, nicht aufzugeben. Das ist nicht einfach? Na und? Wer sagt denn, Jude zu sein - vor allem: Jude in der UdSSR zu sein -, sei jemals einfach gewesen?

Dennoch überrascht die Kraft, die mein Freund Wolodia Slepak ausstrahlt. Kaum im Hotel angekommen, habe ich ihn angerufen. Wir fallen uns in die Arme. Lange haben wir auf diesen Augenblick gewartet. Siebzehn Jahre. Siebzehn Jahre, die einzig durch das erzwungene Schweigen von seiner Seite unterbrochen waren. Siebzehn Jahre der Angst und der Hoffnung. Jetzt weichen wir nicht voneinander. Marion und ich haben ihn und seine Frau Mascha »adoptiert«. Sie begleiten uns überall hin. Die Funktionäre und unsere Führer mag es freuen oder nicht: Die beiden Paare sind unzertrennlich.

Als politischer Dissident und Kämpfer für die Menschenrechte war Wolodia Vordenker für zahlreiche junge Juden, denen er einen Weg zurück zum Judentum wies. Auch Anatoli Schtscharanski verdankt ihm sein Engagement für die Juden. Er wurde beim Verlassen der Wohnung der Slepaks festgenommen. Schließlich wurde auch Slepak selbst inhaftiert. Gefängnis, fünf Jahre Verbannung nach Sibirien, Schikanen aller Art folgten. Wolodia hat sich nicht brechen lassen.

Wolodia und sein unwiderstehlicher Frohsinn. Wir versprechen uns, einander in Jerusalem wiederzusehen und gemeinsam Seder zu feiern. Glaubt er daran? Auch seine Kraft zum Glauben ist ansteckend. Gorbatschow ist nicht Breschnew. Es lebe die Perestroika! Zu meinen Führern sage ich: »Laßt ihn doch gehen. Warum wollt ihr ihn behalten? Was nützt es euch?« Sie antworten mir nicht oder sagen, daß sie keine Antwort wüßten.

Es gibt eine Menge Dinge, auf die die Sowjetbürger »keine Antwort wissen«. Täglich verlange ich die Erlaubnis zu einem Besuch bei Andrej. Immer wird meine Forderung abgelehnt. Warum? Sie wissen es nicht. (Jahre später hatte ich die Ehre, Sacharow vorgestellt zu werden. Er drückte mir sehr lange die Hand und sagte, er sei über meine Bemühungen unterrichtet gewesen.)

Tatiana Zonshein ist eine junge Brünette mit dunklem, hitzigem Blick. Alles was sie tut, tut sie schnell. Sie bewegt sich schnell, sie redet schnell, sie versteht schnell. Doch sie versteht nicht, warum sie dazu verurteilt ist, alleine zu leben, warum ihr Ehemann Zachar im Gefängnis ist. Er wird beschuldigt, die Sowjetunion verleumdet zu haben. Am 28. Juni 1984 wurde ihm in Riga der Prozeß gemacht. Mit siebenunddreißig Jahren hat er schon die Hälfte seiner Strafe abgesessen. Es bleiben noch zwei Jahre. Wird er die Haftentlassung erleben? Tania fürchtet, nein. Zachar ist krank. »Was tun?« fragt Tania: »Sein Gesundheitszustand wird immer schlimmer.«

Die Vorschriften erlauben drei Besuche jährlich. Wie hält sie das aus? Sie ist zerbrechlich, zierlich, verwundbar. Ihre Freunde helfen ihr. Die Solidarität zwischen den Familien der Inhaftierten und Refusniks ist außerordentlich. Das Netz funktioniert. Es erstreckt sich über alle Gegenden, in denen Juden leben. Nichts kann ihnen geschehen, ohne daß die anderen nicht sofort Kenntnis davon erhalten.

Das jüngste Beispiel: Ida Nudel. Die Unglückliche ist aus Moskau verbannt worden. Jeder Schritt von ihr wird polizeilich überwacht. Doch das Netzwerk sorgt dafür, daß sie nicht einfach verschwindet: In Moskau oder Leningrad weiß man, wann Ida das Haus verläßt, und wann sie zurückkehrt.

Am Abend meiner Ankunft äußerte ich den Wunsch, mit ihr zu telefonieren. Nichts leichter als das, meinten meine Freunde. Sie wird um 21 Uhr bei XY sein. Wir vereinbarten, daß ich sie um 22.30 Uhr bei XY anrufe. Ich erreichte sie zur vereinbarten Zeit und konnte mich mit ihr unterhalten – es »ein Gespräch« zu nennen, wäre allerdings übertrieben. Was kann man einer Frau sagen, die seit Jahren alles durchgemacht hat, von Drohungen bis zu schlimmsten Unglücken? Sie gilt als die Mutter der Bewegung. Sie paßte auf jeden auf, kümmerte sich um jeden Fall. Ich sagte zu ihr: »Ida, ich würde viel darum geben, wenn ich Sie in die Arme schließen könnte.« Sie antwortete, sie wüßte es. »Ida«, fahre ich fort, »wir werden uns bald sehen, ich verspreche es Ihnen.« Freilich hat sie versucht, mein Versprechen zu halten. Noch am nächsten Tag stieg sie in den Bus nach Moskau. Ohne Erlaubnis. Doch die Polizei zwang sie auszusteigen. Dabei wurde Gewalt angewandt. Tags darauf erhielten wir in Moskau Kenntnis davon. Ich protestierte lautstark: »Schämen Sie sich denn nicht, gegen eine Frau Gewalt anzuwenden?« – doch die Leute, die ich fragte, erwiderten natürlich, sie wüßten nichts.

Inna Begun ist eine feinsinnige und romantische Frau. Sie spricht wenig und träumt viel. Sie wirkt wie eine Gestalt aus einem russischen Roman. Wenn sie träumt, ist sie bei Josif, ihrem Mann, der seit 1977 im Gefängnis und im Arbeitslager ist, weil er, so die Anklageschrift, Hebräisch unterrichtet hat. Er ist in dem zu trauriger Berühmtheit gelangten Gefängnis von Christopol inhaftiert. »Sie haben ihn zu den gewöhnlichen Strafgefangenen gesteckt«, sagt Inna: »Soll ich Ihnen sagen, was er dort macht? Er bringt ihnen Hebräisch bei ...« Bewundernswert, dieser Josif Begun. Er kann nicht leben, ohne zu unterrichten. Nicht einmal im Gefängnis.

Wie alle anderen Ehefrauen von Gefangenen nutzt auch Inna jede freie Stunde, jede freie Minute, um für ihre Entlassung oder wenigstens ihre Hafterleichterung zu kämpfen. Sie schreibt Briefe an den Kreml, Bittschriften an das Gericht, Aufrufe für das Ausland. Inna ist unermüdlich. Enttäuschung folgt auf Enttäuschung, Ablehnung auf Ablehnung, und dennoch bemüht sie sich immer weiter. Sie klagt nicht einmal darüber.

So existiert neben der sichtbaren sowjetischen Gesellschaft eine andere, unsichtbare Gesellschaft. Gründet die erste auf Angst, so erwächst die zweite aus einer Solidarität, die ein besonderes Licht auf den Zusammenhalt zwischen diesen heldenhaften Ehefrauen wirft. Es ist eine entschlossene, unerbittliche Solidarität, und man muß sie erleben, um ihre Kraft begreifen zu können.

Wie ist es all den Menschen gelungen (es dürften an die hundert sein), ihre Beschatter abzuhängen und in diese Wohnung zu kommen? Wer hat sie eingeladen? Ich frage nicht. Ich bin viel zu glücklich, um den Detektiv zu spielen. Ich bin glücklich, endlich den

Freunden zu begegnen, die ich bisher nur vom Namen oder von Fotos kannte: ein namhafter Professor, dem seit zehn Jahren das Visum verweigert wird, ein bekannter Ingenieur, seit zwölf Jahren ohne Visum ... Wir reden offen miteinander. Alle stellen immer wieder dieselbe Frage: »Wie lange noch werden wir wie Aussätzige leben?«

In der Menge treffe ich alte Bekannte wieder. Ein Lehrer spricht mich auf hebräisch an: »Ich habe Sie 1966 gesehen, doch ich hatte nicht den Mut, Sie anzusprechen.« Eine Frau mischt sich ein: »Erinnern Sie sich noch an mich? Es war 1979 ...« Ja, ich erinnere mich: »Bei Doktor ...« Sie schenkt mir ein Lächeln, das so groß ist wie ihr Herz: »Stellen Sie sich vor, er ist auch hier.« Ich fahre hoch: »Hier? Doktor Kogan ist hier?« Man ruft ihn, er eilt herbei. Er ist alt geworden, doch ich hätte ihn auch auf der Straße erkannt. Er hat seine Frau verloren und lebt allein: »Ich habe Ihnen versprochen, daß wir uns wiedersehen«, sage ich zu ihm. – »Versprechen Sie mir diesmal, daß wir uns das nächste Mal anderswo begegnen.« Ich verspreche es. Ich tue es gern. Ich würde ihm alles versprechen, was er will.

Ein noch junger Mann, der schüchtern und verschlossen wirkt, zieht mich in eine Ecke. Er möchte mir etwas anvertrauen. »Bitte«, sagt er aufgeregt mit belegter Stimme, »es lag mir daran, Ihnen mitzuteilen, ja, also, ich habe vor Jahren Ihr erstes Buch übersetzt ... Im Samisdat natürlich. Ich habe ein Exemplar davon aufbewahrt. Es ist für Sie. Ich wußte, daß ich Ihnen eines Tages begegnen würde ...« Wie danke ich einem Mann, der seine Freiheit aufs Spiel gesetzt hat, damit seine Freunde einen meiner Romane lesen können? Ich überlege noch, da hat er mir schon einen Umschlag in die Hand gedrückt und ist verschwunden.

Eine Stunde später in einem anderen Zimmer der Wohnung überreicht mir ein älterer Mann von großer, schlanker Statur ebenfalls einen Umschlag. »Ich habe Ihr erstes Buch übersetzt«, sagt er mir und lächelt dabei. »Im Samisdat. Hier ist das erste Exemplar. Es gehört Ihnen ...«

Sie wissen nichts voneinander. Jeder hat in seinen Kreisen diese einsame Arbeit verrichtet, ohne zu ahnen, daß in einer anderen Stadt ein Mitstreiter aus denselben Beweggründen denselben Weg beschritt. Plötzlich weiß ich, wie ich mich bei ihnen bedanken kann. Wortlos nehme ich den zweiten Übersetzer am Arm und führe ihn zum ersten. Als sich die Verwunderung gelegt hat, umarmen sie sich so, wie nur Russen es können. Und dann brechen sie in Gelächter aus, wie nur Juden es können. Am liebsten spräche ich ein Dankgebet. Allein dieses Lachen war die Reise in die Sowjetunion wert ...

Ich notiere ihre Namen auf einer meiner Listen. Und ich schicke ein Gebet zum Himmel: Herr, der Du alles liest, sieh diese Menschen: Beschütze sie!

So komme ich dank des seligen Herrn Alfred Nobel dazu, Simchat Tora, mein Lieblingsfest, in Moskau zu feiern.

Einzigartige, traumhafte, unvergeßliche Erinnerungen: Wir tanzen mit den Slepaks, trinken auf die Gesundheit von Inna Begun, lachen mit Tatiana. Wir machen tausenderlei Versprechungen für Hunderte von Menschen, deren Blicke uns aufwühlen, uns umschmeicheln, uns betroffen machen und uns segnen. Wenn dieses Fest nur fortdauern, bis zum nächsten Jahr dauern könnte, wenn bei uns ausländischen Gästen nur ein wenig von der wahren Unbeschwertheit, vom Feuer und von der Sehnsucht dieses Festes zurückbliebe. Wenn ich leben könnte wie sie, wenn ich mit ihnen leben, für sie leben könnte.

Sind das die »verschwiegenen Juden« in der UdSSR? Keineswegs. Aber es sind die Juden der ewigen Hoffnung.

(Im Laufe des Jahres 1987 sind alle Refusniks durch Gorbatschow freigekommen. Ich habe sie alle mit ihren Ehefrauen in Jerusalem wiedergetroffen.)

Kehren wir zu Gorbatschow zurück.

Während die Tora herumgereicht wird, flüstern mir Unbekannte ins Ohr: »Wenn Sie den Chef sehen, sagen Sie ihm ...« Woher wußten Sie, daß ich Gorbatschow treffen würde? Marion und ich haben niemanden ins Vertrauen gezogen. Hat Andrej es verraten? Er begleitet uns, doch er schweigt. Zu den tausend Geheimnissen des Lebens in der UdSSR ist ein weiteres hinzugekommen.

Die Menschen in der Synagoge wissen im übrigen so gut wie nichts. In einem totalitären Regime ist der Zugang zum Wissen beschränkt, wenn nicht gar völlig abgeschnitten. Man vermutet, man zieht Schlüsse und tastet sich vor, versucht zu erraten – mehr geht nicht. In diesem Fall hoffen sie vergeblich. Der Beweis erwartet uns im Hotel: Es ist keine Antwort auf meinen Brief gekommen. Und am nächsten Tag reisen wir nach Paris ab.

Um fünfzehn Uhr schlüpfe ich in meinen Regenmantel und mache mich in die amerikanische Botschaft auf. Dort soll ein Treffen mit etwa hundert Dissidenten und Refusniks stattfinden. Ich will gerade die Wohnung verlassen, da klingelt das Telefon. Ein englisch radebrechender Mann, der seinen Namen nicht nennen will, möchte mich treffen. Sicher ein Dissident, denke ich. »Kommen Sie in zwei Stunden«, schlage ich vor. »Zu spät«, erwidert mein anonymer Gesprächspartner, »ich muß Sie gleich sehen.« Dann soll er in die amerikanische Botschaft kommen. Auch das geht nicht: »Ich kann nicht in die amerikanische Botschaft kommen.« Bestimmt hat er Angst, denke ich. Vielleicht wird er verfolgt. »Übrigens glaube ich, Sie sollten auch nicht hingehen«, meint er weiter. In was mischt er sich da ein? Weiß er vielleicht mehr als ich? Wer ist er überhaupt? Als ich ihn fragen will, fährt er flüsternd fort: »Ich habe eine Botschaft für Sie.« Eine Botschaft? Von Ida Nudel? Oder vielleicht von Sacharow? »Eine Botschaft des Mannes, den Sie treffen möchten ...« Ich springe auf. Eine Botschaft von Michael Gorbatschow? Das ändert alles. »Kommen Sie!« rufe ich. Er kommt. In zwanzig Minuten wird er da sein. Ich sehe Marion an: »Du bist phantastisch! Du hattest recht! Man muß nur etwas schreiben, schon gehen die Türen des heiligen Kreml auf.« Plötzlich durchzuckt mich ein Gedanke: Und wenn mir der KGB eine Falle stellt? Vielleicht soll ich auf diese Weise die Gebote der Vorsicht lernen! Oder für meine Hartnäckigkeit im Fall Sacharow büßen? Bei diesen Leuten weiß man nie. Mit einem Telefonanruf informiere ich den amerikanischen Botschafter und bitte ihn, mir jemanden zu schicken, der bei unserem Gespräch zugegen ist. Er bestätigt meine Befürchtungen und will mir seinen ersten Botschaftsrat schicken. Zu meiner Erleichterung kommt er rechtzeitig. Er ist jung, klug und flößt Vertrauen ein. Wenige Minuten später ist der Sowjetrusse da: ein ernst dreinblickender, stämmiger Mann von mittlerer Größe, der uns begrüßt, ohne seinen Namen zu nennen. Zwei Männer begleiten ihn. Einer davon ist sein Übersetzer, der andere, ein Mann mit Pausbacken und Glatze, schweigt die ganze Zeit über. Nach den üblichen Höflichkeitsfloskeln wünscht der Bote, mich allein zu sprechen. Ich bestehe unter allen Umständen darauf, daß Marion dabei ist. Er hat keine Einwände. Ich bitte den Emissär und seinen Übersetzer, ins Schlafzimmer zu kommen. Ohne darum zu bitten, schließt sich der stumme Glatzkopf an. Wir setzen uns, doch sogleich erhebt sich der Bote wieder: »Ich habe eine Botschaft von Michael Sergejewitsch Gorbatschow für Sie«, sagt er mit feierlicher Stimme: »Er heißt Sie im Namen der Sowjetunion willkommen und beglückwünscht Sie.« Ein trockener Vortrag blumiger Komplimente schließt sich an. Dann kommt er zur Sache: Darüber hinaus wäre es Gorbatschow eine Freude, mich am Dienstag nachmittag zu empfangen. Dann könnten wir über alles sprechen, was uns am Herzen liegt. Bote und Übersetzer nehmen wieder Platz. Mit meiner Erwiderung breche ich das Schweigen, das kurze Zeit herrscht: »Sagen Sie dem Generalsekretär, daß ich mich über seine liebenswürdige Botschaft sehr gefreut habe, doch zu meinem großen Bedauern kann ich die Einladung nicht annehmen, da ich Sonntag abend in Paris erwartet werde.« Der Emissär wartet die Übersetzung meiner Antwort nicht ab, sondern springt auf wie von der Tarantel gestochen: »Das ist doch unmöglich, wirklich, das ist unmöglich. Das können Sie nicht tun! Vorgestern haben Sie uns geschrieben, heute antworten wir bereits. Sie müssen zugeben, daß wir sehr schnell reagiert haben. Und jetzt ...« Gorbatschow ist bereit, mich zu empfangen, und ich schlage die Einladung aus! Für wen halte ich mich eigentlich? Der Bote des Kremls ist außer sich. Kann ich ihn beruhigen? Ich erwidere: »Wenn Sie dem Generalsekretär den Grund für meine Abreise erklären, wird er sicher Verständnis dafür haben: Meine Frau und ich haben Präsident François Mitterrand versprochen, seinen siebzigsten Geburtstag mit ihm im Kreise seiner Familie zu feiern.« Der Bote ist schlagfertig: »Ich bin überzeugt, Präsident Mitterrand wird Verständnis dafür haben, wenn Sie ihm erklären, warum Sie zwei Tage länger bleiben.«

Wir konnten einander nicht überzeugen.

Ich habe ihn am nächsten Tag auf dem Flughafen wiedergesehen. Diesmal kam er ohne seinen Übersetzer. Er zückt ein Notizbuch, um die Namen von meiner »Wunschliste«, wie er sie nennt, zu notieren.

Ich nenne die Namen bekannter Refusniks, liste noch einmal die kulturellen Bedürfnisse der jüdischen Gemeinden auf, spreche von der Gefahr, die ihnen durch den Antisemitismus droht, und natürlich erwähne ich Sacharow. Er verspricht, sich kundig zu machen und sich darum zu kümmern. Er will mich in New York kontaktieren.

Er hat tatsächlich Wort gehalten.

Ich erzähle François Mitterrand von der Sache, sie scheint ihn zu amüsieren. Im Verlauf dieses Gesprächs habe ich ihm den Vorschlag zu einer Konferenz der Nobelpreisträger unterbreitet.

Und Gorbatschow? Fünf Jahre später werden wir uns unter weitaus dramatischeren Umständen begegnen. François Mitterrand wird bei dieser Begegnung eine wichtige Rolle spielen.

Was den Emissär angeht, so ist er bis heute geheimnisumwittert geblieben. Ich konnte seinen Namen ausfindig machen, doch nicht, was seine eigentlichen Aufgaben waren. Zwischenzeitlich haben wir mehrfach miteinander telefoniert. Im letzten Gespräch ging es nur um Andrej Sacharow. Ich teile ihm mit, daß ich es nicht versäumen werde, den Fall Sacharow in meiner Nobelpreisrede zu erwähnen, wenn die Verbannung des Wissenschaftlers nach Gorki nicht aufgehoben würde. Die sowjetische Führung scheint über die Wirkung dieser Rede besorgt zu sein. Kurz nach diesem Gespräch ruft mich ein Mitglied des Zentralkomitees der Kommunistischen Partei Frankreichs an und bemüht sich ebenfalls, mich zu überreden, den Fall Sacharow nicht zu erwähnen. Hängen ihre Befürchtungen mit der allgemeinen Anerkennung des Nobelpreises und der wunderbaren Feierstunde zusammen, während der er verliehen wird? In Moskau machte mir der Gesandte Gorbatschows Versprechen, zahlreiche Versprechen. Ich will sie eingelöst sehen. Als ich in Oslo ankomme, ist er der erste, der mich anruft. Es geht wieder um den Fall Sacharow. Und wie immer verspricht er mir, man würde ihn bald aus der Verbannung entlassen. Er gibt mir sein Wort darauf. Mit der ihm gebührenden Hochachtung lehne ich es ab, seinen Zusagen zu vertrauen. Und in meiner Dankesrede zur Verleihung des Nobelpreises bin ich auf Sacharow zu sprechen gekommen.

9. Dezember 1986 in Oslo. Ich bin melancholisch. Ich denke an meine Osloer Freunde, die nicht mehr da sind.

Nach dem offiziellen Empfang am Flughafen treffe ich im Grand Hotel meine Gäste aus Israel, Amerika, Frankreich ... In der Suite der Nobelpreisträger werde ich mit Blumen und Schokolade begrüßt. Schnell unter die Dusche, umziehen. Dann fährt uns der Sprecher des Außenministeriums zur Pressekonferenz.

In der ersten Reihe sitzt Daniel Morgaine. Dreißig Jahre ist es her, da waren wir beide Zeitungskorrespondent, er beim reichen *France Soir*, ich bei der armen *Jediot Achronot.* Einen besseren Kollegen kann man sich nicht wünschen. Seine Großzügigkeit ist so hoch anzusetzen wie seine Begabung. Nach meinem Unfall* besuchte er mich täglich im Krankenhaus, obwohl er wußte, daß man ihn um eine Blutspende bitten würde. In Begleitung des großen Schauspielers Claude Dauphin bereitete er in meinem Krankenzimmer die Nullnummer seines *Paris-Jour* vor.

Viele Journalisten warten im Saal. Ihre Fragen? Eine überrascht mich: »Wie erklären Sie sich, daß Ihr Begleitschutz größer ist als der des norwegischen Königs?« Da ich keine Ahnung habe, worauf der Journalist anspielt (ich wußte nicht, daß bei der Polizei Drohungen gegen mich eingegangen waren und daß die Leugner des Holocaust eine Demonstration gegen mich veranstalten würden), antwortet ein hoher Funktionär des Außenministeriums, der die Pressekonferenz leitet, an meiner Stelle: »Weil der König von Norwegen von seinen vier Millionen Staatsbürgern beschützt wird.« Die anderen Fragen gehören zum Kanon wie die Bußgebete zum Jom Kippur. Sie greifen meistens die Lage im Nahen Osten auf: das Selbstbestimmungsrecht der Palästinenser, die Politik der Regierung Schamir, die Chancen für einen künftigen Frieden mit den Arabern ... Mit der Zeit reagiere ich verärgert: Warum die übertriebene Beharrlichkeit der Journalisten, die mir unbedingt Stellungnahmen entlocken wollen, die sie eigentlich längst kennen müßten? Eine, zwei, sogar drei Fragen zu Israel scheinen mir annehmbar. Aber zehn? Sind sie mit den früheren Preisträgern ebenso umgesprungen? Soweit ich weiß, hat niemand Wałesa über Südafrika befragt, noch Bischof Desmond

* Siehe *Alle Flüsse fließen ins Meer,* S. 400 f.

Tutu über die Politik der Perestroika in der UdSSR, noch Mutter Teresa über den Antisemitismus. Für mich ist das kein neues Phänomen. Seit Jahren ist es so: Jedesmal wenn ich vor Medienvertretern stehe, winken sie mit dem israelisch-arabischen Konflikt wie mit einer dem Feind geraubten Fahne. Mal wollen sie von mir eine Kritik der Regierung der Rechten hören, ein andermal erwarten sie, daß ich die Regierung der Linken anprangere. Doch wie immer bin ich bemüht, jedes Mißverständnis zu vermeiden. Es wird ihnen nicht gelingen, mich vom Prinzip der Nichteinmischung in die inneren Angelegenheiten abzubringen. Und ich werde es am folgenden Tag bei der Preisverleihung wiederholen ... Ich sollte mich besser nicht aufregen. Als ehemaliger Journalist tadle ich mich: Man muß der Presse gegenüber Gelassenheit an den Tag legen.

Ein deutscher Korrespondent, der sich seit Jahren für seinen jüdischen Schützling aus Wien abplagt, den Nazijäger Simon Wiesenthal, versucht mich in Verlegenheit zu bringen: Er fragt nach meinem Ausscheiden aus dem Memorial Council. (Woher wußte er davon? Wer hat ihn in Kenntnis gesetzt? War es sein Freund aus Wien?) Ich erwidere ihm, daß ich meine Gründe hatte und daß sie privater Natur waren. Man muß lernen, Fallen zu umgehen, damit man nicht mehr sagt, als man sagen will, und nicht das, was die anderen gerne hören würden.

Am Morgen der feierlichen Auszeichnung findet ein Gottesdienst statt, für den extra ein Zimmer gemietet wurde. Ein Minjan tritt zusammen. Ich zelebriere den Gottesdienst, als wäre es ein Jahrzeit-Tag. Was ich empfinde, was mir dabei durch den Kopf geht, möchte ich lieber für mich behalten.

Einer Tradition entsprechend holt mich der Präsident des Nobelkomitees, Egil Aarvik, ab und fährt mit mir ins Schloß, wo mich der König zu einer Privataudienz empfängt. Der kluge Regent ist auch im hohen Alter noch über alle Ereignisse auf der internationalen Bühne gut informiert. Er erinnert sich an die Kriegsjahre, die er in Großbritannien und den Vereinigten Staaten verbracht hat. Sein Volk liebt ihn wegen seiner Weisheit und seinem Mut; mich bewegt seine Schlichtheit, oder soll ich sagen, seine Menschlichkeit? Die

Herzlichkeit, die er mir entgegenbringt, verwirrt mich. Irgendwann gesteht er mir mit einem schüchternen Lächeln: »Als König habe ich nicht das Recht, dem Nobelkomitee einen Namen oder eine Einrichtung vorzuschlagen. Aber Sie hätte ich gerne empfohlen.« Selbstverständlich wird er bei der feierlichen Verleihung zugegen sein, umringt von seiner Familie, den Mitgliedern der Regierung, des Parlaments und des diplomatischen Corps.

Warum etwas Großartiges kleinmachen? Die feierliche Auszeichnung ist eine der eindrucksvollsten Zeremonien, die es gibt. Ich weiß, daß dieses Ereignis tiefe Spuren bei mir hinterlassen wird. In dieser Feierstunde sind, wie man sagt, die Augen der Welt auf mich gerichtet.

Als ich in die hell erleuchtete, zum Bersten volle Aula der Universität von Oslo trete und durch die erwartungsvoll schweigende Menschenmenge gehe, denke ich an all diejenigen, die ich nicht darunter finden kann. Machen Sie sich über mich lustig, wenn es Ihnen gefällt: Die Gefühle, die mich ergreifen, sind so mächtig, daß ich kaum einen Schritt vor den anderen setzen kann. Lachen Sie, wenn es Ihnen Spaß macht, doch meine Kehle ist zugeschnürt, ich bin verkrampft, ein Stein lastet auf meiner Brust. Vertraute Gesichter grüßen mich, lächeln mir zu, als ich mich neben Elisha und seine Mutter setze.

Das philharmonische Orchester von Oslo spielt Grieg, doch ich höre kaum etwas davon. Dann hält Aarvik eine Rede. Auf norwegisch. Er ist berühmt für seine fesselnden Reden. Man sieht ihm seine Bewegtheit an. Und er ist glücklich. Später, sehr viel später, hat er uns erzählt: »Als ich im August hörte, daß die Entscheidung auf Sie gefallen war, hätte ich am liebsten angefangen zu singen, und als ich dann im Zug saß, der mich nach Hause brachte, hatte ich den Eindruck, daß selbst die Bäume zu singen begonnen hatten.«

Für die ausländischen Gäste ist eine Übersetzung seiner Rede ins Englische verteilt worden. Sie enthält einen biographischen Abriß, eine Einschätzung meines literarischen Gesamtwerks, Auszüge aus meinen Romanen und Essays und eine philosophische und ethische Auslegung meiner Schriften. Er stellt mich als »Zeugen für die Wahrheit und die Gerechtigkeit« und als »Botschafter der Menschlichkeit« vor, »der nicht Haß und Rache, sondern Brüderlichkeit und

Vergebung verkündet ...« Meinetwegen können Sie mit den Zähnen knirschen, doch ich werde einige Auszüge aus seiner Ansprache zitieren:

»In ihm erblicken wir einen Mann, der nach den schrecklichsten Demütigungen einer der wichtigsten geistigen Führer und Wegweiser unserer Zeit geworden ist.

Sein Ziel ist es nicht, Anteilnahme für die Opfer oder die Überlebenden zu wecken; sein Ziel ist vielmehr, unser Gewissen aufzurütteln, denn die Gleichgültigkeit gegenüber dem Bösen macht uns zu Mittätern.

Das Schicksal seines Volkes war stets der Ausgangspunkt seiner Werke. Doch seine Botschaft wurde im Laufe der Jahre zu einer universellen Botschaft, zur Botschaft eines einzelnen Menschen an die Menschheit. Sein Engagement kennt keine Grenzen und schließt alle ein, die leiden, wo auch immer sie leben.

Sein Weltbild wird nicht von einer gequälten Untätigkeit gegenüber einem zu erduldenden, tragischen Weltlauf beherrscht; es beruht vielmehr auf dem wiedergefundenen Glauben an Gott, an die Menschheit und an die Zukunft.

Ich bezweifle, daß es irgendeinen anderen Menschen gibt, der in so friedvoller Sprache soviel bewirkt, soviel Gehör gefunden hat. Seine Worte sind einfach, und er spricht sie mit leiser Stimme aus. Es ist die Stimme des Friedens. Doch ihre Macht ist riesig.

In Anerkennung seines moralischen Sieges über die Kräfte des Todes und des Untergangs und um den Kampf des Guten gegen das Schlechte in der Welt zu unterstützen, zeichnet das norwegische Nobelpreiskomitee Elie Wiesel heute mit dem Friedensnobelpreis aus. Dies geschieht im Namen von Millionen von Menschen aller Völker und Rassen ...

Während Aarvik spricht, lese ich die Übersetzung. Ich höre und lese gleichzeitig, doch die Worte schwirren mir um die Ohren, dringen nicht in mich. Spricht er von mir? Beschreibt er mein Leben, mein Schicksal? Ich sehe mich wieder in meinem Elternhaus, ich sehe meinen Vater und meine Mutter, meine Schwestern, und ich denke: Wie gerne hätte ich ihnen meinen Sohn gezeigt, wie gerne hätte ich ihnen versichert, daß ich sie weiter lieben, ihnen treu bleiben werde. Aarvik hält seine Rede, und ich bin weit weg, auf einem anderen Stern. Ich schlendere mit Elisha und Marion durch die Stadt meiner Kindheit, wo meine Meister, meine Spielkameraden, meine Träume auf mich warten …

Plötzlich stockt der Gedanke. Aarvik spricht nicht mehr norwegisch, sondern wendet sich auf englisch direkt an mich. Was er mir sagen will, läßt sich wie folgt zusammenfassen:

> Sie waren an der Seite Ihres Vaters, als er starb. Das war der düsterste Tag in Ihrem Leben. Heute ist für uns und für Sie ein ruhmreicher Tag. Ich möchte gerne, daß Ihr Sohn neben Ihnen steht, wenn Sie mit dem höchsten Preis ausgezeichnet werden, den die Menschheit einem der Ihren verleihen kann …

Und bei dieser Raffung, als er in wenigen schlichten, ganz schlichten Worten das Band zwischen meinem Vater und meinem Sohn knüpft, übermannt mich ein Gefühl der Trauer und vielleicht der Verzweiflung.

Elisha kommt zu mir auf die Bühne. Ich sehe ihm zu und höre den Beifall nicht, ich höre nichts. Doch: Ich höre meine Seele unsichtbare Tränen weinen, ich höre die Gebete meiner toten Eltern im Himmel, ich höre die Rufe meiner kleinen Schwester Zippuka, durch deren Leid die Sonne ein für allemal ausgelöscht wurde.

Ich bin allein. Aarvik und Elisha haben sich gesetzt. Auch das Publikum hat wieder Platz genommen. Man wartet auf meine Rede. Sie ist bereit, vor mir liegen ein paar Schreibmaschinenseiten. Doch es gelingt mir nicht zu lesen. Ich versuche es vergeblich. Später hat Danielle Mitterrand mir erzählt, daß sie um mich fürchtete. Vielleicht dachte sie, ich könnte den Mund nie wieder öffnen. Ich sehe zu meiner Frau, zu meiner Schwester Hilda, zu meinem Sohn. Hinter meinem Sohn steht mein Vater, um ihn zu schützen. Deshalb fällt es mir so schwer, ist es mir beinahe unmöglich zu sprechen. Ich habe nie ein Wort gesagt, ohne nicht zuvor ihn um Erlaubnis gebeten zu haben, das gebot mir die Achtung vor ihm.

Doch bevor ich ihn um Erlaubnis bitte, muß ich ihn bitten, mir zu verzeihen. Denn Aarvik hat sich geirrt. Ich sehe meinen Vater und mich an seinem letzten Tag wieder. In der letzten Nacht. Ich stand ihm in seiner Agonie bei, doch in der Stunde seines Todes war ich nicht bei ihm. Mir geht durch den Kopf, was ich in *Nacht* erzählt habe. Mein Vater ruft mich. Leise, kaum hörbar, doch ich höre sein Stöhnen. Ich höre seine Rufe. Sie zerreißen mich, und sie tun es heute noch. Trotz der Gefahr hätte ich von meinem Schlafplatz springen und zu ihm eilen sollen. Um ihn zu sehen, um ihn zu trösten. Um ihm zu sagen: Ich bin hier, Vater. Dein Sohn wird dich nie verlassen. Oder etwas anderes. Ich hätte ihm irgend etwas sagen sollen. Doch es war uns verboten. Ich wäre geschlagen worden. Man hätte mich totgeschlagen. Man hätte mich getötet. Ich hatte Angst. Und auch jetzt habe ich Angst.

Wie lange hat es gedauert, bis ich am Rednerpult stand? Waren es einundvierzig Jahre? Waren es einundvierzig Jahrhunderte?

Mit einer unverhofften Kraftanstrengung – woher schöpfe ich die Energie? – rüttle ich mich wach, um einem König und einem Königreich gegenüberzutreten, die es gut mit mir meinen.

Nach der Rückkehr in unser Hotel essen wir mit Aarvik und seiner Familie zu Mittag. Dann opfere ich einige Stunden, um die Refusniks in der Sowjetunion anzurufen. Sie sollen wissen, daß wir weiter an sie denken, daß ihre mutige Prüfung heute erwähnt und gefeiert wurde. Rabbiner Melchior weicht nicht von meiner Seite: Er kennt ihre Telefonnummern auswendig. Es ist nicht einfach durchzukommen, denn die Gespräche gehen über die Vermittlung. Auch sind nicht alle zu Hause. Macht nichts, wir rufen sie später noch einmal an. Wenn es sein muß, versuchen wir es zwanzigmal.

Am Abend findet der traditionelle Fackelzug zu Ehren des Preisträgers statt. Ein glanzvolles, atemberaubendes Schauspiel. Unvergeßliche Bilder: Junge und alte Menschen aus allen Ecken des Landes, Studenten und Arbeiter, Lehrer und Schüler, Flüchtlinge aus Asien und Palästina (sagt man mir), Homosexuelle und Seminaristen, Vertreter der politischen Parteien und der Wohlfahrtsverbände ergießen sich wie ein brennender Bach von weit, sehr weit her bis vor mein Fenster. In allen Sprachen ruft man mir zu: »Schalom, Schalom!« Danke. Tausend Dank. Ich weiß nicht, warum, aber auch jetzt erinnere ich mich wieder an meine Kindheit, an den 10. Mai, den rumänischen Nationalfeiertag, an dem Soldaten und Pfadfinder in

Sighet eine Art lokalen Fackelzug veranstalteten. Es waren nicht dieselben Fackeln. Und erst recht nicht dieselben Menschenmassen. Jeder Vergleich wäre töricht ... Damals nahm ein Oberst in Paradeuniform die »Hurra«-Rufe entgegen, heute bin ich es. Zum Glück bin ich völlig benommen; sonst würde ich an meinem Verstand zweifeln, mich gehen lassen. Hinter mir meint ein Journalist: »Seit Schweitzer hat man so etwas nicht gesehen.« Immer wieder höre ich den Vergleich mit Albert Schweitzer. Und die anderen Preisträger? Ist doch völliger Unsinn, sie in große und weniger große teilen zu wollen! Was man von angeblichen Fachleuten nicht alles hört ... Der Tag war so reich, so bewegt, die Ereignisse überschlagen sich in meinem Kopf.

Die letzten Fackelträger ziehen an uns vorbei, der Zug löst sich auf. Wir haben noch ein wenig Zeit, um uns für das offizielle Abendessen anzukleiden. Aarvik erzählt: »Mutter Teresa hat das Festessen ausgeschlagen. Sie bat darum, man möge ihr die entsprechende Summe auf das Konto ihres Hilfswerks überweisen.« Ein guter Einfall, den die Norweger jedoch nicht wiederholt sehen möchten, denn die traditionellen Gepflogenheiten sollen erhalten bleiben. Und trotzdem hat sie »mein« Abendessen reichlich Mühe gekostet, denn das Essen sollte vollständig nach den rituellen Regeln zubereitet sein ... Neues Geschirr, phantastische Gerichte, deren Zubereitung Oberrabbiner Melchior persönlich überwachte, besondere, aus Israel und Frankreich eingeführte Weine. Ich war zu aufgeregt und auch zu erschöpft, ich konnte kaum etwas zu mir nehmen. Wenn meine Gedanken abschweifen, habe ich keinen Appetit. Später hieß es aber, das Essen sei ein Erfolg gewesen. Die Schriftstellerin Gieske Anderson, Vizepräsidentin des Nobelkomitees, hielt eine glänzende, kluge und feinsinnige Rede. Als Überlebender äußerte sich Leo (Schua) Eitinger mit ergreifendem Zartgefühl. In meiner unvorbereiteten Ansprache lenke ich das Augenmerk auf die Bedeutung der Dankbarkeit als einen menschlichen und sozialen Wert. Das Abendessen dauert bis weit in die Nacht. Die Tafel will sich nicht auflösen, sondern ließe diesen Tag am liebsten ewig dauern. Einige Gäste begleiten uns auf unser Zimmer, um mit uns weiterzuplaudern. Jedem fällt ein Augenblick in seinem Leben ein, bei dem ich eine Rolle spielte. Witzige Äußerungen und spaßige Erinnerungen ergeben zusammen eine Art mehrstimmige Lebensgeschichte. Erst als der Morgen dämmert, trennen wir uns.

Schon wenige Stunden später treffen wir uns in der Aula der Universität wieder, wo ich – so will es die Tradition – eine »Nobelpreisrede« halten muß. Jetzt leitet der augenblickliche Präsident des Komitees, Francis Sajerstadt, den Festakt: Seine Einleitung ist die eines echten Universitätsgelehrten. Die nüchterne Rede ist dem Thema Frieden als dem höchsten ethischen Gebot gewidmet. Er vergleicht antike und moderne Auffassungen über Gewalt und die Mittel, ihr zu begegnen. Zur allgemeinen Überraschung beginne ich meine Rede mit einem Lied: »*Ani Maamin* – Ich glaube an das Kommen des Messias …« Wenn mich jemand in Sighet gefragt hätte, was ich eher erwartete, meine Auszeichnung mit dem Friedensnobelpreis oder die Ankunft des Messias, ich hätte sicher auf die Ankunft des Messias gesetzt. *Ani Maamin, Ani Maamin* … Alle, die das Lied kennen, sind eingeladen mitzusingen. Es ist das Lied der Märtyrer in den Ghettos, und ich möchte sie ehren. Noch eine Neuerung im offiziellen Programm: Ich bin der erste Preisträger, der gesungen hat. Aber schließlich war ich im Chor von Sighet und Chorleiter in Versailles!

Vor meiner Abreise aus Oslo (von wo ich nach Stockholm, Kopenhagen und Jerusalem fliege) fragt mich ein Journalist: »Wenn man Ihnen in Sighet gesagt hätte, daß Ihnen eines Tages diese Ehre zuteil würde, was hätten Sie geantwortet?« Eine gute Frage, und sie trifft mich wie ein brennender Schmerz: »Ich hätte geantwortet: Sie sind verrückt und Sie stören mich beim Lernen.«

Wenn mir jemand in Auschwitz gesagt hätte, daß ich Auschwitz überleben würde, hätte ich ihn aufgefordert, er solle aufhören zu träumen oder mich träumen zu lassen.

Und auch den, der mir in Sighet prophezeit hätte, daß ich eines Tages in Auschwitz landen würde, hätte ich für einen armen, unzurechnungsfähigen Wirrkopf gehalten.

Stockholm. Glückliche Tage. Essen mit den führenden Persönlichkeiten der Stadt, darunter Gunnel Valquist von der Nobel-Akademie. Seine Proust-Übersetzung sei, so sagt man, ein ebenso beachtliches Meisterwerk wie das Original. Ich unterhalte mich mit Lars Gyllenstein, auch er ein Mitglied der Akademie, der ernst und verschlossen zuhört, ohne zu verraten, was er denkt. In meiner Rede in der Kathedrale erinnere ich daran, daß ein Jude wie ich früher nur in eine Kirche geladen wurde, um sie als Konvertierter zu verlassen.

Den Abend im Stadttheater von Kopenhagen eröffnet der Oberrabbiner Bent Melchior (der Vater von Michael) mit einem Segen, den man spricht, wenn man einem Weisen begegnet. Anschließend werde ich von Liv Ulman vorgestellt. Seit unserer Reise an die kambodschanische Grenze haben wir mehr als einmal gemeinsam für die Menschenrechte gekämpft. In den letzten Jahren hat sie sich in ihrer Eigenschaft als Botschafterin der Unicef für bedürftige, hungernde und verlassene Kinder eingesetzt. Kaum ein Filmstar hat je so viel für notleidende Kinder getan wie sie.

Als wir in Israel landen, begrüßt uns Jossi Ciechanover mit seinen Beamten vom Außenministerium. Eine junge Rundfunkjournalistin hält mir ihr Mikrophon unter die Nase: »Was halten Sie von der Kritik, die in Israel über Ihre Auszeichnung laut geworden ist?« Ich erwidere: »Wie wäre es, wenn Sie mich zuerst mit einem Schalom oder guten Abend begrüßten? Wird an den Journalistenschulen von Israel keine Höflichkeit mehr gelehrt?« So habe ich erfahren, daß Israel mit Ausnahme zweier arabischer Staaten das einzige Land ist, in dem die Entscheidung des Nobelpreiskomitees in der Presse nicht nur auf Lob stieß, sondern auch negativ aufgenommen wurde. Es waren zwar wenige Kritiker, doch genug, um mich traurig zu stimmen. Ein Berichterstatter der extremen Rechten wirft mir vor, daß ich nicht in Israel lebe, sein Gegner von der extremen Linken verübelt mir, daß ich die Sache der Palästinenser nicht zu der meinen mache. Ein reaktionärer Kommentator spielt mit offenen Karten: Daß ich mich nach der Befreiung für ein Leben in der Diaspora entschieden habe, sei als Sünde gegen Israel zu bewerten. Wieder einmal zeigt sich der ewige Konflikt zwischen Israel und der Diaspora in seiner ganzen Schärfe.

Sicher, die meisten Artikel sind wohlgesonnen. Doch ist bekannt, daß in Israel nicht einmal in den heiligen Büchern Konsens oder Einhelligkeit herrscht. Als Dow Judkowski, der Chef von *Jediot Achronot*, Schaike Ben-Porat bittet, drei Interviews mit mir vorzubereiten, die alle Aspekte meines Lebens beleuchten sollen, fällt mir ein Satz von Saul Lieberman ein: »Es kommt bisweilen vor, daß ein Mann sich entscheiden muß, ob er Mitleid oder Neid erwecken will.« Er sagte auch: »Manchmal antworten wir mit Abscheu, manchmal mit einem Lächeln.« Und beides ließe sich nicht vereinen? Gut, ich habe meine Wahl getroffen.

Im allgemeinen begegnet man mir freundschaftlich und mit Zuneigung. Ein Jude, dem das Glück zugelächelt hat, wird mit Orden behängt, mit Titeln überhäuft: Er wird gefeiert wie ein Sieger: Rabbiner und Gelehrte kommen einer nach dem anderen, um ihn zu beglückwünschen. Nathan (Anatoli) Schtscharanski will sich am Telefon mit mir verabreden. Seine erste Frage ist typisch für seinen unerschöpflichen Pragmatismus: »Haben Sie sich an Ihre neue Rolle schon gewöhnt?« Soll ich zugeben, daß ich enttäuscht bin? Ich hatte ein paar Worte des Dankes erwartet für das, was ich im Rahmen meiner Möglichkeiten für seine Freilassung unternommen habe ... Es gibt auch herzlichere Begrüßungen. Eine Frau bringt mir eine Schachtel Pralinen. Sie ist überzeugt, ich hätte wesentlich dazu beigetragen, daß ihr Vater aus Rußland ausreisen konnte. Eine andere schenkt mir die Mesusa, die ihr Mann ihr aus Litauen mitgebracht hat.

Von der Regierung werde ich wie ein hochrangiger Staatsgast behandelt. Marion und ich sind Ehrengäste eines Abendessens, das Präsident Chaim Herzog gibt. Wir sind Ehrengäste eines Mittagessens bei Premierminister Jitzhak Schamir und eines weiteren, zu dem Außenminister Shimon Peres einlädt. Die Atmosphäre ist wohlwollend, die Ansprachen drücken ihre Zuneigung und ein wenig Stolz auf mich aus. Nur ein Millionär – entschuldigen Sie: ein Milliardär – könnte mit einem überschwenglicheren Empfang rechnen.

Haraw Menasche Klein, mit dem ich seit Buna, Buchenwald und Ambloy befreundet bin, nimmt die Gelegenheit meines Besuchs in Jerusalem wahr, um die Schaffung eines Bet ha-Midrasch anzukündigen, eines Lehr- und Bethauses, das den Namen meines Vaters tragen soll. Rabbiner, chassidische Meister, Abgeordnete und Schulleiter sowie der Bürgermeister von Jerusalem, Teddy Kollek, sind dazu eingeladen. Ich will ihre Ansprachen nicht wiedergeben. Ich lausche ihnen zerstreut. Gern hätte ich mehr solches Lob verdient. Es bewegt mich mehr als alle Lorbeeren, die ich bisweilen auf den Literaturseiten der Zeitungen einheimse. In meiner Familie gab es einen Traum, der mich betraf. Meine Eltern hätte es gerne gesehen, wenn ich Rosch Jeschiwa geworden wäre. Ob er sich eines Tages erfüllt?

Reb Menasche erzählt: »Im Lager erschien einmal in den Tagen vor Jom Kippur ein SS-Mann bei unserem Kommando. Nachdem er einige unserer Kameraden mißhandelt hatte, brüllte er triumphierend: Wo ist nun euer Gott, Juden? Damals waren wir zu verängstigt, um ihm antworten zu können. Doch hier, in Jerusalem, geben wir ihm heute die Antwort: Der Herr Israels, der Herr ist unser Gott. Und Er ist bei Seinem Volk.«

Wir besichtigen die Stelle, an der das Lehrhaus errichtet werden soll. Sie liegt auf einem der Hügel, die die Stadt Davids umgeben. Wir sehen auf die schönste Landschaft der Welt und umarmen sie mit unseren Blicken. Ein Gefühl unendlicher Erhabenheit kommt in uns auf.

Nach der Feier fragt mich ein Rundfunkreporter: »Warum unterstützen Sie das religiöse Lager?« – Warum sollte ich es nicht unterstützen? Ich tue es doch mit meinem Geld. – »Sie mischen sich damit in die inneren Angelegenheiten Israels ein«, erwidert er. Sollte es einem nicht mehr gestattet sein, ein Lehrhaus in Jerusalem zu bauen? Wenn mich die Lust packte, einen Pornoclub zu gründen, würde er mir daraus einen Vorwurf machen? Die Intoleranz mancher israelischen Linken ist wirklich eigenartig.

BEGEGNUNGEN

Oktober 1986. Nach meiner Rückkehr aus Moskau erzähle ich Präsident François Mitterrand, daß alle Journalisten wissen wollten, was ich mit dem Geld aus dem Nobelpreis anfangen werde, als hätten sie sich vorher abgesprochen. Die meisten scheinen sich mehr für meine finanziellen Nöte und Pläne zu interessieren als für meine politischen, philosophischen und religiösen Ansichten, nach denen sie erst anschließend fragen. François Mitterrand setzt ein schelmisches Lächeln auf: »Und was haben Sie nun tatsächlich mit dem Geld vor?« Ich zucke mit den Schultern: »Ich bin mir noch unsicher. Ich habe mit Marion darüber gesprochen. Wir erwägen, eine Stiftung zu gründen.« – »Ach ja! Eine Stiftung? Und was soll sie tun?« – »Ich weiß noch nicht recht. Stiftungen, die sich für die Einhaltung der Menschenrechte engagieren, gibt es schon so viele. Ich überlege, ob wir nicht Kolloquien veranstalten könnten, die besonders brisanten Themen gewidmet sind ...« Beim Sprechen kommt mir eine verrückte, weil aussichtslose Idee: »Eigentlich würde ich gerne eine Zusammenkunft aller Nobelpreisträger organisieren, ein Gedankenaustausch von Preisträgern aus allen Fachgebieten ... Das gab es noch nicht. Es könnte eine spannende Sache sein ... Zum erstenmal würde eine große Zahl von Nobelpreisträgern über die Sorgen und Hoffnungen der Menschheit für das kommende Jahrhundert diskutieren.« Ich erzähle von meinen Erlebnissen in der UdSSR. Dank dem seligen Herrn Nobel habe ich mehreren Refusniks zu Ausreisevisa verhelfen und Dissidenten im Kampf gegen polizeiliche Verfolger unterstützen können. Außerdem ist es mir gelungen, Funktionären einen Anstoß zur Freilassung Sacharows zu geben, dessen Verbannung nach Gorki andauert. Man stelle sich vor, was möglich wäre, wenn sich zehn oder zwanzig Preisträger gemeinsam stark machen und für humanitäre Hilfe ihre Freundeskreise mobilisieren würden. Präsident Mitterrand ist interessiert und fordert mich auf, das Vorhaben näher zu umreißen und Einzelheiten auszuarbeiten. Ich bin gerne dazu bereit. Mit Kolloquien kenne ich mich aus. Und sie begeistern mich. Denn aus den Debatten, an denen ich teilnehme, lerne ich sehr viel. In meinen Augen ist der Ausdruck »Dialog« einer der geistreichsten Begriffe unseres Wortschatzes. Nebenbei bemerkt, haben Mitterrand und ich auf Initiative von Jack Lang beschlossen, gemeinsam ein Buch in Dialogform zu schreiben. Im Dialog verliert der andere seine Fremdheit. Denn Dialog bedeutet Austausch zwischen Individuen, Gemeinsamkeit über das Trennende hinweg. Ich mag auch den Begriff »Kolloquium« (»Gesprächskreis«). Solange Menschen miteinander sprechen und sich zuhören, ist noch alles möglich. Mein Vorschlag an Präsident Mitterrand: »Wenn das Vorhaben Sie reizt, könnten wir es gemeinsam verwirklichen ...« Mit anderen Worten: Meine (noch zu gründende) Stiftung würde sich an der Finanzierung beteiligen.

Präsident Mitterrand war einverstanden, und so wurde ich, wenn man so will, zum Partner der Republik Frankreich. Bei der praktischen Umsetzung arbeite ich mit Jacques Attali zusammen. Er bereitet mir keine Probleme. Wir verstehen uns blendend und ziehen an einem Strang. Wir haben uns 1982 bei der von Jack Lang organisierten Gesprächsrunde an der Sorbonne kennengelernt. Vielleicht hielt er mich für ein Mitglied der Sozialistischen Partei, denn er duzte mich sogleich. Das schmeichelte mir. Ich kenne einige seiner Veröffentlichungen und bewundere seinen glänzenden, ehrgeizigen Verstand. Er interessiert sich für das Judentum, möchte mehr über den Talmud, die Mystik wissen. Und schließlich kennt er sich auf zahlreichen Gebieten – Ökonomie, internationale Politik, Wissenschaftsgeschichte – weit besser aus als ich. Wir sehen uns jedesmal, wenn mich der Präsident empfängt, denn der Weg zu dessen Arbeitszimmer führt durch Attalis Büro. Sein Büro liegt ihm sehr am Herzen. Einmal erklärt er mir halb scherzhaft, er hätte den Posten als Sonderberater nicht angenommen, wenn er das Büro nicht bekommen hätte. Manche werfen ihm vor, er sei hochnäsig und machthungrig. Man sagt, er behandle seine Untergebenen schlecht. Es wird soviel erzählt, kaum einer bleibt davon verschont. Unser Verhältnis könnte nicht besser sein. Wir verstehen uns auch privat und vertrauen einander. Manuskripte werden ausgetauscht und kommen mit Anregungen versehen zurück. Für eine Pariser Tageszeitung schreibe ich eine Besprechung zu seinem Buch über die Familie Warburg. Ich weiß, daß ich auf seine Hilfe zählen kann, wenn ich ihn brauche. Kurz, unsere Freundschaft ist gänzlich unbelastet. Ich besuche ihn zu Hause, er kommt zu mir. Wenn ich ihn telefonisch nicht erreiche, ruft er mich umgehend zurück. Ein einziges Mal konnte ich ihn trotz wiederholter Versuche nicht erreichen. Wütend schrieb ich ihm einen Brief, um ihm zu sagen, daß mich sein Verhalten ärgere. Bevor ich den Brief einwarf, folgte ich wie immer Marions weisem Rat, rief noch einmal in seinem Büro und schließlich bei ihm zu Hause an. So klärte sich alles auf: Er hatte einen Unfall gehabt und lag im Krankenhaus. Zur Sühne für meine grundlose Beschuldigung habe ich ihm meinen Roman *Abenddämmerung in der Ferne* gewidmet.

Jacques findet es eine glänzende Idee, die Nobelpreisträger zu einem Kolloquium einzuladen. Wir widmen diesem Thema etliche Mittag- und Abendessen. Ganz der Pragmatiker, bildet Attali im Elysée-Palast eine Arbeitsgruppe, die mit der kleinen New Yorker Mannschaft unserer Stiftung zusammenarbeiten soll.

Die erste Aufgabe besteht darin, eine Liste mit den zweihundert lebenden Preisträger zusammenzustellen. Nichts leichter als das! Dann geht es um eine genaue Beschreibung des Hauptgesprächsthemas – das 21. Jahrhundert – und um die Ausarbeitung eines Programms. Schließlich muß ein Termin gefunden werden. Hier wird die Sache schon ein wenig verzwickter.

Wir schreiben das Jahr 1986. Wenn wir uns gleich an die Arbeit machen, genügen sechs bis acht Monate zur Vorbereitung. Doch im Elysée-Palast bleiben so manche Dinge liegen. Hängt es mit der Kohabitation zusammen? Hier und da könnte man die Andeutungen so verstehen. Wochen vergehen, ich werde unruhig. Wenn man im Elysée andere Schwerpunkte setzt, soll man es mir mitteilen. Wenn Präsident Mitterrand das Interesse an dem Projekt verloren hat, möchte ich, bitte schön, darüber informiert werden. Jetzt haben wir 1987 und noch immer kein grünes Licht. Je länger wir abwarten, desto weniger Preisträger werden kommen, was mir, egoistisch betrachtet, nicht ungelegen käme, da die Finanzdecke der Stiftung trotz der Beteiligung des Elysée-Palasts zu dünn ist und sie bankrott zu gehen droht. Objektiv betrachtet würde das Ausbleiben einer großen Zahl von Preisträgern den Erfolg der Konferenz allerdings schmälern, von der man sich doch einigen Widerhall versprechen darf. Bei der Finanzierung hat uns später eine große Versicherungsgesellschaft, Mutual of America (ihr Präsident Bill Flynn ist mein Freund), mit einer überaus großzügigen Spende unterstützt.

Der Frühling liegt in der Luft. Paris erstrahlt in der Lebensfreude seiner Liebespärchen, doch wenn ich aus dem Elysée-Palast komme, bin ich niedergeschlagen. Ich habe nicht den Mut, Präsident Mitterrand mit meinen Sorgen zu behelligen. Es könnte den Anschein haben, ich wollte mich beklagen. Ich spreche mit Jacques, und er rät mir zu Geduld: Der Grund für die Verzögerung seien die vielen Verpflichtungen, der enge Terminkalender, doch in Kürze werde man darüber entscheiden. Es kann sich nur noch um Tage handeln ... Es wird Sommer, bis endlich feststeht: Die Konferenz wird in der dritten Januarwoche 1988 stattfinden. (Im Mai sollen die Präsidentschaftswahlen sein, doch naiv wie ich bin, habe ich keinen Zusammenhang zwischen den beiden Ereignissen gesehen.) Wenn sich die Rädchen im Elysée-Palast endlich in Bewegung setzen, werden wir es auch schaffen, bis zu diesem Zeitpunkt alles vorzubereiten. Wie trommelt man alle zusammen? Wie überzeugt man die Zweifler? Die französischen Botschaften tun ihr möglichstes. Der weise, überaus großzügige Joshua Lederberg, Träger des Biologienobelpreises und Präsident der Rockefeller University, ist mir eine unentbehrliche Stütze. Er versteht sich darauf, Gegensätze auszugleichen. Bischof Tutu ist verhindert, Saul Bellow ebenfalls. Und Solschenizyn verläßt Vermont nie. Henry Kissinger zögert. »Unter Wissenschaftlern bin ich nicht gerade beliebt«, meint er. Das hängt mit seiner Asienpolitik unter Richard Nixon und besonders mit seiner Kambodscha-Politik zusammen. In Harvard wirft man ihm vor, ein Falke zu sein. Er befürchtet, mich mit seinem Auftritt in Verlegenheit zu bringen. Man könnte ihn auspfeifen. Ich bleibe beharrlich, und er sagt schließlich zu. Später wird er mir dafür dankbar sein.

Die Zeit rennt uns davon. Die Mannschaft im Elysée-Palast ist tagein, tagaus mit technischen und logistischen Fragen beschäftigt.

Wie konnte man nur vergessen, daß Amerikaner für die Einreise nach Frankreich ein Visum benötigen? Alle Grenzübergänge erhalten die Anweisung, die Friedensnobelpreisträger ohne Visa einreisen zu lassen.

Und wo soll man sie unterbringen? Kissinger wird in der Botschaft der Vereinigten Staaten wohnen. Für Willy Brandt werden besondere Vorkehrungen getroffen. Die anderen werden im Méridien und im Bristol Hotel untergebracht. Ein von motorisierten Sicherheitsbeamten begleiteter Sonderbus wird zwischen den Hotels, dem Elysée-Palast und Marigny pendeln, wo die Sitzungen stattfinden sollen und gemeinsam zu Mittag gegessen wird.

Wir verbringen viele Stunden mit der Ausarbeitung des Programms und der Zusammenstellung von fünf Kommissionen. Wer soll den Vorsitz innehaben? Wie und nach welchen Gesichtspunkten soll ein Preisträger den Vorzug vor seinen Kollegen erhalten? Die Lösung: Wir laden die Vorsitzenden der Jurys aus dem Nobelpreiskomitee ein, die Leitung der Debatten zu übernehmen. Auf französischer Seite sind François Gros vom Collège du France und die Rektorin und Kanzlerin der Pariser Universitäten, Hélène Ahrweiler, bereit, diese Aufgabe zu übernehmen. Ich werde mit Zustimmung von François Mitterrand die Vollversammlungen leiten. Lachen Sie nicht, auch wenn ich selbst darüber lachen muß: Das Protokoll führt mich neben dem Präsidenten der französischen Republik als »Gastgebermacht«, als wäre ich ein einflußreicher Staatsmann. Wie dem auch sei, das Wort »Macht« paßt zu mir wie ein Smoking zu einem orientalischen Asketen. Aber für das Protokoll bin ich nicht verantwortlich ...

Alles Weitere fällt jedoch in meine Zuständigkeit als Mitinitiator der Konferenz. Und »alles Weitere« ist sehr viel. Ein ernstes Problem taucht auf: Sollte man nicht auch den Premierminister einladen? Ich bin dafür. Man kann ihn doch nicht einfach im Programm übergehen und damit brüskieren. Ich schlage vor, daß er an der Eröffnungssitzung teilnimmt. Schließlich ist er auch Bürgermeister von Paris. Ein hoher Beamter des Elysée-Palasts erhebt Einspruch. Ich bleibe hartnäckig: Dann soll er wenigstens die Vollversammlung begrüßen. Wieder Einspruch. Und wie wäre es, wenn er zu einem Toast beim Abendessen eingeladen würde? Einspruch. Das Problem, sagt man mir, sei politischer Natur. Ich bleibe stur und argumentiere: Wenn Jacques Chirac von der Konferenz ausgeschlossen bleibt, wird es heißen, wir würden die Konferenz politisieren. Nichts zu machen.

Im nachhinein muß ich zugeben, daß ich wirklich naiv war. Obwohl das Kolloquium fernab aller tagespolitischen Erwägungen geplant war, sollte es sich doch für die Präsidentschaftswahlen im Mai als nützlich erweisen.

Was Jacques Chirac angeht, so gebe ich mich nicht geschlagen. Ohne Rücksprache zu nehmen, fahre ich zum Amtssitz des Premierministers, dem Matignon. Der Bürgermeister von Paris, den ich 1987 an seinem dortigen Amtssitz kennengelernt habe, empfängt mich freundschaftlich. Ich erkläre ihm, daß ich die Ehre habe, ihn in meiner Funktion als Kopräsident zur Eröffnungsversammlung einzuladen. Er bedankt sich für die Einladung, doch er zieht es vor, der Veranstaltung fernzubleiben.

Eine grundlegende Frage steht noch offen: Wie viele Nobelpreisträger werden der Einladung folgen? Werden es nur zehn sein oder vielleicht zwanzig? Hoffen wir, daß es fünfzig sein werden. Voller Panik stellen wir fest, daß wir neunundsiebzig Schriftsteller, Wissenschaftler und Staatsmänner empfangen müssen. Dennoch betrübt uns manche Absage. Lech Wałesa würde gerne teilnehmen, doch General Jaruzelski verweigert ihm das Visum. Unsere Antwort kommt prompt: Wenn man unseren Kollegen daran hindert, zu uns zu kommen, werden wir zu ihm nach Polen gehen.

Bleibt die Frage, wie man durch den Eisernen Vorhang kommt. Der britische Verleger George Weidenfeld erklärt sich bereit, uns zu helfen: Seine Freundin und Geschäftspartnerin, die Millionärin Ann Getty, könnte uns ihr Privatflugzeug zur Verfügung stellen. Ich verspreche ihr als Dank einen Platz im Paradies, doch Weidenfeld wünscht sich etwas Konkretes für sie: Ann Getty möchte mit uns fliegen. Ich erwidere: »Das ist doch selbstverständlich. Schließlich ist es ihr Flugzeug.« Er ruft mich ein drittes Mal an: Ob er sich uns nicht auch anschließen könne? Ich antworte: »Aber sicher, schließlich ist es ja beinahe Ihr Flugzeug.« Ist jetzt alles unter Dach und Fach? Der britische Verleger ruft ein viertes Mal an: Werden sie auch zur Eröffnung des Kolloquiums eingeladen? Ich sage zu, schließlich sind sie und er etc. Ist die Geschichte mit dem Flugzeug jetzt geklärt? Kurz darauf ist Weidenfeld wieder am Apparat: Ob sie zum Festessen ins Elysée geladen würden? Ich halte Rücksprache. Die Antwort ist abschlägig: Nur die Teilnehmer werden beim Festessen dabei sein ... Weidenfeld läßt nichts mehr von sich hören. Er schickt ein Telegramm: Dringende Reparaturarbeiten am Flugzeug machen einen Start unmöglich ...

Notbesprechung mit Jacques Attali: Könnte die Regierung uns nicht ein Flugzeug zur Verfügung stellen? Daran ist in der Zeit der Kohabitation jedoch nicht zu denken. Sollen wir ein Flugzeug chartern? Jacques kennt den Präsidenten von Air Inter, doch die Maschinen dieser Fluggesellschaft dürfen den französischen Luftraum nicht verlassen. Also bleibt nur die Air France. Und wer übernimmt die Kosten? Unsere Stiftung. Jacques kümmert sich um die Visa, er hat aus diesem Grund schon Kontakt mit dem polnischen Botschafter aufgenommen. Alles ist vorbereitet: Wir sollen ein Gruppenvisum für die Route Paris-Krakau-Paris bekommen. Jetzt haben wir Donnerstag, am Sonntag wollen wir abfliegen. Gegen fünfzehn Uhr platzt Attali der Kragen: Der polnische Botschafter läßt uns wissen, daß uns das Gruppenvisum verweigert wird. Der Grund liegt auf der Hand: Jaruzelski ärgert sich über das Interesse, das die Friedensnobelpreisträger dem Führer der Solidarität bezeugen. Sollen wir auf die Reise verzichten? Wir spielen unseren amerikanischen Joker aus. Ronald Lauder, Republikaner aus New York und ehemaliger Botschafter Amerikas in Wien, unterbreitet dem Vizepräsidenten der Vereinigten Staaten, George Bush, unsere Schwierigkeiten. Der verweist uns an seinen Stabschef. Ich rufe ihn an. In wenigen Sätzen unterrichte ich ihn über den Stand der Dinge. »Machen Sie sich keine Sorgen. Das bekommen wir in den Griff«, versichert mir der Stabschef. Ich sage ihm noch, daß die Sache eilig sei. Aber der Vizepräsident hatte die Sache schon in die Hand genommen. Er lädt den polnischen Botschafter in Washington für Freitag früh zu sich. Ich weiß nicht, was er ihm gesagt hat, jedenfalls läßt Attali mir noch am selben Tag gegen sechzehn Uhr (in Washington war es zehn Uhr früh) mitteilen, daß der polnische Botschafter in Paris mich unbedingt sprechen wolle. Er bringt die gute Nachricht: Das Problem ist geregelt, wir erhalten unsere Visa umgehend. Der Druck aus dem Weißen Haus hatte mehr bewirkt als der Elysée-Palast.

Wałesa erwartet uns am Flughafen von Krakau. Er ist mit seinen engsten Mitarbeitern gekommen: Bronisław Geremek, Tadeusz Mazowiecki, dem Priester Henryk Jankowski (der 1995 vor Präsident Wałesa und anderen Führern der Solidarität eine gehässige, antisemitische Predigt gehalten hat). Unter den Augen von Jaruzelskis Geheimdienstleuten drücken wir ihm unsere Bewunderung aus. Es tut gut, Freunde beruhigen zu können und glücklich zu machen.

Besonders bewegend ist die Begegnung zwischen Wałesa und Egil Aarvik. »Wissen Sie, Herr Wałesa«, sagt Aarvik, »daß Ihr Scheck noch immer bei uns auf Sie wartet?« – »Ich weiß«, antwortet jener. »Aber ich denke nicht mehr daran. Was sollte ich mit all dem Geld hier anfangen?« Plötzlich hat er einen Einfall: »Geben Sie es Elie. Der kann es brauchen.« Aarvik erkundigt sich bei mir, ob ich seinen Scheck annehmen würde?« »Kommt nicht in Frage«, kann ich da nur sagen.

Wir pilgern nach Birkenau und Auschwitz. Wir wollen dort das Kaddisch sprechen und die Konferenz von Paris symbolisch eröffnen: Man kann nicht über die Zukunft nachdenken, ohne einen Blick zurück zu werfen auf das sich seinem Ende zuneigende Jahrhundert, das in Auschwitz sein Denkmal gefunden hat. Wałesa verbirgt nicht, wie sehr ihn der Ort betroffen macht. Erstaunt erfahre ich, daß es sein erster Besuch dieses Ortes ist. In meiner kurzen Ansprache wende ich mich an ihn: »Wir werden die Botschaft der Solidarität in der Welt verkünden, das verspreche ich Ihnen. Versprechen Sie uns, daß Sie uns hier vertreten, um das Andenken der jüdischen Opfer, ihre sichtbaren und unsichtbaren Grabstätten zu hüten.« Er verspricht es mir. (Daher hat es mich so enttäuscht, als er Jahre später mit einer von antisemitischen Tönen begleiteten Kampagne versucht hat, die Wahlen zu gewinnen. Enttäuschend war auch, daß er im zweiten Band seiner Autobiographie zwar meine Ansprache zitiert, doch die Bitte vergißt, die ich an ihn gerichtet hatte. Er enttäuschte mich ein drittes Mal, als er zum fünfzigsten Jahrestag der Befreiung von Auschwitz eine feierliche Rede halten wollte, in der die Juden, die dort ermordet und vernichtet worden sind, nicht einmal erwähnt wurden.)

Bernie Fishman, der Verwaltungschef unserer Stiftung, begeht an diesem Tag die Jahrzeit für einen Verwandten. Er wird in der alten Synagoge, die den Namen von Rabbi Mose Isserles (dem ReMa) trägt, das Kaddisch sprechen. Zum erstenmal betritt der strenggläubige Katholik Wałesa eine heilige Stätte der Juden.

Damals wußte ich noch nicht, was ich Anfang der neunziger Jahre entdecken sollte: Hinter den Ruinen der Gaskammern und Krematorien, in denen die ungarischen Juden vernichtet wurden, sind ein gutes Dutzend Kreuze über der Erde und der Asche errichtet worden. Einige sind mit Davidsternen beklebt.

Wie ist diese Schändung zu erklären? Wer hat es gewagt, diese christlichen Symbole auf den unsichtbaren Gräbern der frömmsten unter den frommen Juden zu errichten? Offenbar waren es junge Polen, die sie zum Zeichen der Versöhnung oder der Sühne in den Boden gerammt haben. Mag ihre Absicht auch ehrbar gewesen sein, das Ergebnis ist deshalb nicht weniger verletzend.

Warum hat die katholische Kirche Polens keinerlei Anstoß daran genommen? Welche Rechtfertigung gibt es für die Gleichgültigkeit der jüdischen Persönlichkeiten in Europa und Amerika?

Birkenau ist kein Platz für religiöse Gegenstände, seien sie jüdisch oder christlich. Seine Ruinen sind das beste Symbol für das, was dieses Lager in der Geschichte vollbracht und zerstört hat.

Am nächsten Tag wird die Konferenz im Ehrensaal des Elysée-Palasts eröffnet. Für mich ist es ein bedeutsames Datum. Am 18. Januar wurde ich aus dem Lager Auschwitz evakuiert.

Die beeindruckende Eröffnungssitzung wird im Fernsehen direkt übertragen: Nie wieder sollte man so viele Preisträger aus so vielen Ländern vereint sehen, um gemeinsam über die Zukunftsfragen der Menschheit zu beraten. Was hat sie dazu bewegt, von so weither anzureisen und ihre sicherlich ausgebuchten Terminkalender durcheinanderzubringen? Ich frage meinen älteren Vorgänger, den weisen Joshua Lederberg. Seine Antwort: »Wir haben den Gipfel erklommen, was könnten wir noch erlangen? Den Nobelpreis haben wir bereits. Jetzt müssen wir uns nützlich machen.«

Mit ehrerbietiger und bewundernder Stille lauscht diese außergewöhnliche Versammlung von intelligenten Köpfen – darf man von einer Summe der Intelligenz sprechen? – der Begrüßung durch

Frankreichs Präsidenten, in der er auch einige liebenswürdige Worte an mich richtete (damals standen wir uns noch nahe).

> Als Elie Wiesel vor nunmehr zwei Jahren gemeinsam mit mir den Plan faßte, Sie nach Paris einzuladen, hatten wir nicht gedacht, daß wir Sie hier so zahlreich vorfinden würden. Elie Wiesel ist ein großer Schriftsteller, der auf französisch, aber für die Welt schreibt. Er ist auch ein Mann des Glaubens: Sein Glaube sucht das Gespräch. Am liebsten versetzt er Berge, und wie man sieht, gelingt es ihm. Denn er begnügt sich nicht damit, Entwürfe zu machen, Träume und Symbole zu verknüpfen, sondern er ist ein Mann der Tat. So sind wir von der Idee zu einem Vorhaben, vom Vorhaben zu seiner Verwirklichung gelangt …
> Sie werden gemeinsam über »die Gefahren und die Chancen des 21. Jahrhunderts« nachdenken. Welche Gemeinsamkeiten haben Sie? Sie alle sind ausgezeichnet worden mit der vielleicht höchsten Auszeichnung, die einem Menschen verliehen werden kann. Sie sind Nobelpreisträger. Das ist eine Ehre. Und es ist ein Auftrag. Denn diese Auszeichnung verbindet sich mit einer moralischen Pflicht. Davon zeugt Ihr Kommen. Unter Pflicht verstehe ich eine bestimmte Verantwortung dem allgemeinen menschlichen Bewußtsein gegenüber … Sie sind die Träger einer uralten Hoffnung … und doch haben wir gelernt, mußten wir lernen, daß die Wissenschaft, die der Menschheit so viele Wohltaten brachte, auch Leid hervorbringen kann …

Diese Rede zählt zu seinen besten. Sie finden alles darin: Geist, Stil und Wissen.

In meiner Erwiderung, die ich auch nutze, um mich mit ein paar Sätzen bei Jacques Attali zu bedanken, nehme ich die Worte des Präsidenten der Republik auf und gebe ihnen eine andere, persönliche Deutung.

> Als einer von uns Ihnen den Vorschlag zu diesem Kolloquium unterbreitete, haben Sie, ohne zu zögern, ja gesagt. Als Denker und Schriftsteller, als Mann der Tat und großer Staatsmann teilen Sie unsere Ängste vor den Möglichkeiten des Menschen ebenso

wie unsere Hoffnungen darauf, daß der Mensch die Fallen zu umgehen vermag, die ihm seine Siege immer wieder stellen.
In gewissem Sinne ist damit das Ziel unserer heutigen Versammlung ausgesprochen. Mit Blick auf das kommende Jahrhundert wäre es aufschlußreich, ja, hilfreich, einer von niemandem mehr in Abrede gestellten Beschleunigung der Geschichte einen Sinn zu weisen. Wie wird das kommende Jahrhundert beschaffen sein? Und über welche Mittel verfügen wir, um seine Gestalt mitzubestimmen? Genauer gesagt: Wenn es dem Menschen gegeben ist, das Geschehen auf Erden zu beeinflussen, was kann er dann tun, damit die Welt zum Licht geführt wird und nicht in den Abgrund stürzt?
Um mit den Worten Paul Valérys zu sprechen: Weil die Zukunft nicht mehr das ist, was sie einmal war, müssen wir ihr mit Vorsicht begegnen. Wir haben in der Vergangenheit zu viele Fehler gemacht, und doch können wir uns in mehr als in einer Hinsicht etwas auf sie einbilden und stolz auf sie zurückblicken. Der augenscheinliche Beweis dafür ist die Zusammensetzung dieses Kolloquiums. Wenn soviel Wissen und soviel Ruhm unter einem Dach vereint sind, besteht da nicht die Gefahr, dem letzten Rest an Demut auf dieser Welt den Todesstoß zu versetzen? Wäre es übertrieben, Ihre Bedeutung daran zu messen, daß seit der Antike mit Ihren gelehrten Vorläufern kein Jahrhundert eine solche Blüte der Wissenschaft und der Intelligenz erlebt hat wie das Jahrhundert, an dem Sie mitgewirkt haben? ...
Der Sieg über Epidemien und Geißeln der Menschheit, die medizinischen Entdeckungen und technischen Revolutionen, die höhere Lebenserwartung und die neuen Errungenschaften: Innerhalb von fünfzig Jahren hat die Menschheit größere Fortschritte gemacht als in zwanzig Jahrhunderten zuvor ...
Von Ihnen wird erwartet, daß sie alle Probleme lösen, selbst solche, die es noch gar nicht gibt. Wie läßt sich abrüsten, während aufgerüstet wird? Wie läßt sich ein Krieg gewinnen, indem man ihn verliert? Wie lassen sich die politischen Ziele von großen und kleinen Mächten mit den Tränen von hungrigen Kindern vereinbaren? Denn in unserer Zeit hängt alles miteinander zusammen. Das dichterische Werk mit dem Bemühen um Selbstvergewisse-

rung, die ökonomischen Erschütterungen mit der Kriminalität in den Städten, die Geheimnisse der Wettervorhersage mit denen der Wahlprognosen: Nicht nur die Welt, sondern auch die Geschichte scheint kleiner geworden zu sein: Wo auch immer etwas geschieht, keiner bleibt davon unberührt ... Unsere Vorgänger haben das Prinzip formuliert, das uns heute hier zusammengeführt hat und zu dem wir uns öffentlich bekennen: Der Mensch ist Mensch nicht nur durch seinen Erkenntnisdrang, sondern auch durch sein Gefühl der Verbundenheit mit anderen Menschen, durch sein Verantwortungsgefühl.

Manchmal scheinen Wolken am Himmel aufzuziehen, und wir müssen uns die Frage stellen: Haben wir irgendwo Fehler gemacht? Worin bestehen sie? Im Namen welcher Wahrheit wurden sie begangen, welches Trugbild sollten sie rechtfertigen? Wann hat sich das Unternehmen Mensch gegen den Menschen gewandt? Gestern haben einige von uns eine außergewöhnliche, schmerzhafte Pilgerfahrt unternommen. Eine Pilgerfahrt zu dem Ort, wo die Nacht beginnt. Ich gebe zu, dieser Einfall stammt von jemandem, der als Jugendlicher von dort zurückkehrte, der aber für immer ein Gefangener der Toten bleibt. Er wollte sich noch einmal dort, in der Ferne, auf der anderen Seite sehen. Auschwitz wurde am 18. Januar 1945 evakuiert. Ist das ein Zufall? Unsere traumatisierte Generation glaubt nicht an Zufälle. Alles hat eine Bedeutung, weist über sich hinaus ...

In Auschwitz hat sich das Unternehmen Mensch gegen den Menschen gewandt. Die Asche von Auschwitz ist jedoch überall zu finden. Sie macht unseren Versuch noch dringlicher. Es geht um die Rettung der Menschheit, zumindest aber um die Rettung unserer Menschlichkeit. Es geht darum, hinter den Abstraktionen die Menschen zu sehen, deren Leben und deren Würde bedroht sind. Wir sitzen alle in einem Zug, der auf den Abgrund zurast, wir können nicht umsteigen, also müssen wir den Zug stoppen. Ist diese Aufgabe zu verwickelt, zu schwierig? Wir dürfen ihr nicht ausweichen, selbst wenn wir sie nicht erfüllen können. Ein Merkmal der Intelligenz ist es, daß sie sich niemals geschlagen gibt.

Wir werden auch Problemen begegnen, die Angst erwecken.

Hunger, Unterdrückung, Elend, rassistische, wirtschaftliche und ideologische Diskriminierung. Religiöser Fanatismus. Aids. Terrorismus und die atomare Bedrohung ...

Es genügt, auf das Rumoren allerorten zu horchen, um die Gefahren zu ermessen, die eine in ihrer Souveränität und ihren Träumen bedrohte Menschheit heimsuchen. Vielleicht gelingt es uns wie durch ein Wunder, diese Gefahren in ein Versprechen für die Zukunft zu verwandeln.

Von allen Kolloquien, an denen ich teilgenommen habe, war dies das eindrucksvollste. Ich habe viel dabei gelernt. Über Frieden und Gerechtigkeit. Über die Herausforderung durch die Intelligenz und die Herausforderung zur Intelligenz. Über die Sehnsucht nach der verlorenen Zeit und nach der Zukunft. Über die Pflichten und die Grenzen der Wissenschaft. Über die Dritte Welt und die reichen Länder. Über die Forschung in der Biologie und die Herausforderungen der Gentechnik. Man muß diese großen Geister gesehen haben, die einander kennenlernten, Freunde wurden, und die ihre Fähigkeiten und ihren Willen vereinigten, um der Geschichte einen heilvollen, rettenden Weg zu weisen; man muß gesehen haben, wie sie sich gemeinsam auf höchstem Niveau um die unterschiedlichsten Denkansätze bemühten, sich auseinandersetzten, zusammen lachten, der Musik von Slawa Rostropowitsch und seinem Trio lauschten, das Wissenschaftsmuseum von Orsay bewunderten (oder kritisierten) ... Dann wird einem klar, welche Segnungen die Wissenschaft bringen kann, wie sehr sie uns erlaubt zu hoffen.

Ich beobachte, wie die übersprudelnde und unerschrockene Irländerin Betty Williams zu Henry Kissinger tritt und ihm laut und für alle vernehmbar sagt, wie sehr sie ihn früher verachtet habe: »Ja, Doktor Kissinger, es gab eine Zeit, da verabscheute ich Sie, verfluchte Sie und erzählte überall, was ich von Ihrer Politik in Kambodscha und Vietnam hielt. Jetzt habe ich Ihren Vortrag gehört. Und ich muß Sie um Verzeihung bitten.«

Kissinger ist sprachlos wie ich. Er errötet. Ich habe ihn nur wenige Male so verlegen gesehen, daß ihm keine humorvolle Antwort einfällt. Sie küßt ihn auf beide Wangen. Plötzlich schüchtern geworden, läßt er es wortlos geschehen. Und wie immer in ähnlichen

Situationen denke ich: Alle Hoffnung aufzugeben ist unter keinen Umständen berechtigt, wie auch Gleichgültigkeit nie eine Möglichkeit zu handeln darstellt.

Henry Kissinger hat sich bei mir für die Beharrlichkeit bedankt, mit der ich darauf bestand, daß er an dem Kolloquium teilnimmt. Ich habe bereits erwähnt, daß er Angriffe von seiten pazifistischer Wissenschaftler befürchtete. Tatsächlich teilte ich seine Sorgen. Doch ich vertraute auf ihn. Ich wußte, daß er diesem Problem gewachsen war und dies auch zeigen würde. Statt des Vortrags über geopolitische Probleme, den er vorbereitet hatte, hielt er aus dem Stegreif eine sehr persönliche Rede, die fast ein Credo war: »Ich spreche nicht in meiner Rolle als ehemaliger Minister zu Ihnen und auch nicht in meiner Eigenschaft als Politikwissenschaftler. Ich spreche zu ihnen als Jude, der sechsundzwanzig Mitglieder seiner Familie in Auschwitz verloren hat ...«

Es gefällt mir, wenn ich wie ein Ehestifter Seelen zusammenführen kann.

In meiner Kindheit begegnete man dem professionellen Ehestifter, dem Schadchan, mit zwiespältigen Gefühlen. Er war Zielscheibe des Spottes, obwohl man seinen Scharfblick brauchte. Er kannte alle, war über alles auf dem laufenden und wußte, wann es Zeit war, einen Vater mit Andeutungen darauf hinzuweisen, daß es für seine siebzehnjährige Tochter, möge sie das gesegnete Alter von einhundertzwanzig Jahren erreichen, an der Zeit sei, ihr Elternhaus zu verlassen. Auch kannte er bereits den glücklichen Bräutigam, dessen Tugenden er gleich denen eines großen Rabbiners herausstrich und dessen Fähigkeiten alle Schätze der Reichen aufwogen. Warum trug er sogar bei strahlendem Sonnenschein ständig einen schwarzen Regenschirm à la Chamberlain mit sich herum? Die Devise dieses ewigen Skeptikers war wohl: Man kann nie wissen ... Er mußte alles im Auge haben, für alle Fälle gewappnet sein und sich mit allen angenehmen oder lästigen Umständen herumschlagen. Wie die Organisatoren eines Kolloquiums.

Unser Kolloquium verläuft reibungslos und ohne störende Zwischenfälle. Es ist bestimmt von der Bereitschaft, etwas zu erfahren, zu verstehen und sich aus den vertrauten Bereichen herauszuwagen. Deshalb beteiligen sich Wissenschaftler mit Vorliebe an Gesprächen über Kultur, und umgekehrt debattieren Kulturschaffende gerne über die Wissenschaft. Über die ewigen, immer wiederkehrenden Fragen kommt es zu höflichen, aber dramatischen Wortwechseln zwischen Optimisten und Pessimisten, Pragmatikern und Visionären. Sollten sie alle recht haben? Stolz stellt sich ein, wenn man auf den Weg zurückblickt, den man geschafft hat; und wenn man ins Auge faßt, welcher Weg noch vor einem liegt, kann man mit Recht besorgt sein. Unter all den bemerkenswerten Stellungnahmen gibt es herausragende Wortmeldungen. Gemeinsam erleben wir viele Höhepunkte, aber auch manchen Tiefpunkt.*

Pech für uns: Das Treffen wird von den Ereignissen im Gelobten Land überschattet. Die Intifada nimmt tragische Ausmaße an: Sie fordert immer mehr Opfer. War es ein Fehler, in meiner Eröffnungsrede auf diese Ereignisse nicht weiter eingegangen zu sein? Hätte ich entschlossener einen Aufruf zur Vernunft an beide Parteien richten sollen? Nur drei Redner erwähnen – in sehr zurückhaltenden Worten – die gewalttätigen Auseinandersetzungen zwischen israelischen Soldaten und palästinensischen Jugendlichen. Im privaten Gespräch werde ich gefragt: »Was denken Sie darüber? Was sollte getan werden?« Ich schlage die Schaffung einer Kommission von Nobelpreisträgern vor, die sich vor Ort begeben sollte. Die Ankunft der Nobelpreisträger würde zweifellos nicht unbemerkt bleiben. In Fahrt gekommen, schlage ich darüber hinaus – freilich nur im privaten Gespräch – die Schaffung einer Vereinigung von Nobelpreisträgern vor, die immer, wenn irgendwo eine schwere Krise ausbricht, eine Kommission vor Ort schickt, um zu helfen oder wenigstens als Zeuge zu berichten. Die Mehrheit meiner Gesprächspartner ist einverstanden. Eine Minderheit fürchtet allerdings, eine solche Vereinigung könne zuviel politische Macht erlangen. Mangels Einigkeit und finanzieller Mittel, vor allem der Mittel, sei es besser, davon abzusehen.

Doch während der zweimal täglich stattfindenden Pressekonferenzen und der Fernsehsendungen wird häufiger nach der Intifada

* Siehe *Promesses et menaces à l'aube du XXIe siècle* (Aussichten und Bedrohungen zu Beginn des 21. Jahrhunderts), Éd. Odile Jacob, Paris 1988.

als nach unseren Diskussionen gefragt. Ich habe mich selten so in der Zwickmühle gefühlt: Kann man einfach zusehen, wenn bewaffnete Soldaten Jugendliche verfolgen, auch wenn diese in der Lage sind und den Wunsch haben, zu verletzten und zu töten? Kann man auf der anderen Seite die Teilnehmer der Intifada und ihre Aufwiegler verteidigen, wenn sie im Westjordanland in höchster Erregung bestrebt sind, jüdisches Blut zu vergießen?

Trotz der Prognosen von Jitzhak Rabin, der die Meinung vertrat, es handele sich um eine vorübergehende Erscheinung, dauern die blutigen Auseinandersetzungen an. Wie viele Opfer müssen auf beiden Seiten ihr Leben lassen, bis Israelis und Palästinenser bereit sind, sich am Verhandlungstisch und nicht auf dem Schlachtfeld zu versammeln? Doch das ist eine andere Geschichte. Kehren wir zum Kolloquium zurück. Am Nachmittag wird es zu Ende gehen. Das Fernsehen strahlt die Abschlußfeier in einer Direktübertragung aus.

Bei Trompetengeschmetter und Trommelwirbeln der Republikanischen Garde herrscht im Elysée-Palast eine feierliche, festliche Atmosphäre. Den Preisträgern gefällt es. In jedem steckt noch ein Kind, das weiter träumt. Ich gebe zu, ich bin zufrieden. Es stimmt, es gab keine konkreten Entscheidungen, doch die Zusammenkunft für sich allein bleibt ein gelungenes Ereignis. In meinem Bericht gebe ich eine Zusammenfassung der wesentlichen Ergebnisse unserer Arbeit:

> Diese Konferenz neigt sich ihrem Ende zu, unsere Runde löst sich nun auf. Ihre Eröffnung stand im Zeichen des Dankes, und wir beenden sie im Zeichen der Anerkennung. Man wird uns fragen, was wir im Verlauf dieser vier Tage gelernt haben. Zunächst sind wir uns nähergekommen, und vielleicht haben sich die einen in den anderen wiedererkannt. Wir haben erfahren, daß wir über unser Fachwissen hinaus selbstverständlich Sorgen und Ängste teilen, daß es jedoch auch ein gemeinsames Bemühen und eine Hoffnung für die Zukunft unserer Kinder gibt ...
>
> Ist es uns gelungen, Lösungen für einige Fragen unserer Gesellschaft zu finden? Die Probleme sind ebenso vielfältig wie verschlungen. Wie sollte man in vier Tagen die Rätsel lösen, die die Menschheit seit fünfzig Jahren, wenn nicht gar seit fünftausend

Jahren, seit Kain und Abel höchstens umgehen oder antippen konnte? Wie den Nobelpreisträgern mit dem weltweiten Ruhm auch noch universelle Weisheit verliehen werden könnte, bleibt ein Rätsel, das die Nobelstiftung noch nicht gelöst hat …

Der Erfolg dieser Konferenz ist in ihrem Zustandekommen zu suchen und zu finden. Allein die Tatsache, daß diese Veranstaltung stattgefunden hat, ist bedeutsam und wichtig.

Doch welches Ziel haben wir uns gesetzt? Es besteht darin, die Probleme zu erkennen und ihnen einen Platz zuzuweisen, die Übel zu benennen … Seuchen. Hunger. Fanatismus. Terrorismus. Folter. Umweltverschmutzung. Aids. Die atomare Bedrohung. Die Verzweiflung mißhandelter Kinder, die die Menschheit und vielleicht Gott selbst aus den Augen verloren hat. Schon die bloße Auflistung der Probleme könnte einen entmutigen. Doch gerade darin liegt die Stärke unserer Konferenz: Sie läßt uns den Mut nicht verlieren. Jeder Teilnehmer ist der Beweis dafür, daß jeder einzelne in der Lage ist, zum Wohle des anderen etwas zu tun, daß jeder einzelne etwas bewirken kann.

Dann folgt die Aufzählung unserer Schlußfolgerungen. Zugegeben, sie sind nicht besonders originell: Beharren auf die Menschenrechte, Vorrang des Bildungswesens, wissenschaftliche Zusammenarbeit, Förderung der molekularen Biologie, Abrüstung, Unterstützung für Entwicklungsländer … Man könnte sagen: ein Haufen Klischees. Ein Leitartikel vergleicht dies ironisch mit den ersten Fahrversuchen eines Fahrschülers. Das ist richtig. In dieser Hinsicht haben wir nicht mehr zustande gebracht als andere Intellektuelle auf ihren Tagungen auch. Die Entschließungen sind immer belanglos, wenn nicht gar platt. Unsere sind davon nicht ausgenommen.

Nehmen wir zum Beispiel das siebzehnte und letzte Ergebnis unserer Arbeit:

Die Tagung der Nobelpreisträger wird in zwei Jahren erneut zusammentreten, um diese Probleme zu erörtern. Bis dahin werden, falls nötig, jeweils mehrere Nobelpreisträger den Ort oder die Stätten besuchen, an denen eine Verletzung der Menschenrechte droht. (Können Sie sich vorstellen, was es hieße, wenn fünf Nobelpreisträger der Chemie oder der Medizin Bhopal oder Tschernobyl besuchen würden?)

Inzwischen sind viermal zwei Jahre vergangen, ohne daß etwas geschehen ist. Ich habe Präsident Mitterrand mehrfach darauf angesprochen. Ich erinnerte ihn an »unsere« Versprechen, unsere öffentlichen Auftritte. Er begnügte sich jedesmal mit einem »Ach ja?« Übrigens ist dies nicht das einzige öffentlich gegebene Versprechen, das der Präsident nicht gehalten hat. In seiner Rede auf einem Kolloquium an der Sorbonne 1982 übertrug er mir die Aufgabe, eine internationale Konferenz zum Thema Haß zu organisieren. Dazu fanden mehrere Arbeitstreffen mit Wissenschaftlern und Philosophen statt, unter ihn auch Emmanuel Levinas. Mit der Kohabitation fiel dieses vielversprechende Vorhaben ins Wasser, das sich die Bekämpfung des wachsendes Rassismus und der Fremdenfeindlichkeit in Europa zum Ziel gesetzt hatte. (Ich habe das Thema mit den Teilnehmern des Seminars meiner bescheidenen Stiftung wieder aufgenommen.) War es falsch, daß ich damals nicht gleich protestiert habe?

Heute nacht werde ich im Traum wieder meinen Vater sehen. Er wird ganz nah bei mir sein unter einem grauen Himmel, der nicht der Himmel Jerusalems ist. Ich glaube, meine kleine Schwester steht hinter ihm. Ich ahne, daß sie dort ist, denn mein Vater lächelt auf eine Weise, wie er es nur für Zippuka tat.
Er blickt zu mir, doch er sieht mich nicht. Ich rufe ihn. Keine Antwort. Ich versuche, ihn anzusprechen. Er hört nichts. Plötzlich scheint er zusammenzuzucken. Ich drehe mich um und sehe eine fremde Frau, eine Witwe, denn sie geht in Schwarz. Ich frage sie: Seit wann tragen Sie Trauer? Da sie nicht antwortet, spreche ich die rituelle Formel: Möge Gott Sie trösten und alle, die um den Tod von Zion und Jerusalem weinen. Ich sehe, daß sich ihre Lippen bewegen, doch kein Laut kommt über sie. Ich sage: Ich kann Sie nicht hören. Mit einer Kopfbewegung bestätigt sie es: Ja, du kannst mich nicht hören. Warum ergreift mich plötzlich ein so rasender Schmerz? Hilfesuchend sehe ich mich nach meinem Vater um, doch er ist nicht mehr da.

Mal verbirgt er den Horizont vor mir, mal leuchtet er ihn für mich aus.

Und das ist gut so.

Was hat sich durch den Friedensnobelpreis in meinem Leben verändert? Nadine Gordimer hat es mir verraten: Er ist eine Art Ganztagsjob. Und man ist viel unterwegs. Von allen Seiten hagelt es Einladungen. Wenn es Ihnen gefällt, können Sie die nächsten zehn Jahre im Flugzeug oder auf dem Schiff verbringen: als Gast des einen oder anderen Industriekapitäns, dieser oder jener Universität ... Die Welt liegt Ihnen zu Füßen, und Ihre Aufgabe ist es, sie durch Ihr Wissen zu bereichern (so drücken sich Ihre Wohltäter aus) oder sie zu unterhalten (wenn Ihnen genug Klarsicht bleibt, sich dessen bewußt zu werden). Welch eine Ehre, einen Kinostar am Tisch oder einen Nobelpreisträger auf der Rednerliste zu haben. Es ist schick und macht einen guten Eindruck. Man sagt Ihnen von vornherein: »Nennen Sie uns Ihre Bedingungen.« Reisen erster Klasse oder mit der Concorde. Luxushotels. Vorausbezahlung. Sie werden gefeiert, dabei aber so in Beschlag genommen, daß Sie Ihre Bewegungsfreiheit verlieren. Man hat Sie für Ihre Taten oder für Ihr Werk gekrönt, doch Sie haben keine Zeit mehr, es fortzusetzen.

Ich erkläre mich bereit, ein Seminar am Raschi-Zentrum von Paris zu halten. Im Rathaus überreicht mir Jacques Chirac den Großen Verdienstorden in Vermeil. Auf Initiative der Universitätsrektorin Hélène Ahrweiler und des Präsidenten der Universität Paris I, Jacques Sopelza, verleiht mir die Sorbonne die Ehrendoktorwürde. Ich brauche mich nicht dafür schämen, daß mir die Feier, die in Gegenwart einiger Minister und Professoren im grünen Gewand abgehalten wird, zu Herzen geht: Sie bringt mir meine Studentenjahre in Erinnerung. Jeden Morgen hatte ich die Wahl, entweder zu Fuß von der Porte de Saint-Cloud ins Quartier latin zu gehen und mir ein Käsesandwich leisten zu können, oder den Bus zu nehmen und zu hungern. Und nun läßt man mich wissen, wie sehr ich, der müßige und schüchterne Student der Sorbonne, dieser großen und ehrwürdigen Einrichtung zur Ehre gereiche. Der Geiger Ivry Gitlis spielt seine neueste Komposition für uns. Hélène Ahrweiler ist wunderbar klug und belesen. Sie besteht auf der Beziehung zwischen Autoren-

und Zeugenschaft. Ich weise auf den wunden Punkt jeder Bildung hin: Wie könnte man vergessen, daß die Kommandeure der Einsatzkommandos studierte Männer waren? Ein Universitätsabschluß bildet keine Garantie für Moralität und Menschlichkeit. Mit anderen Worten: Ein wenig Demut stünde den Intellektuellen gut zu Gesicht.

Im persönlichen oder beruflichen Bereich erhalte ich von meinen Verlegern eine ernste Lektion in Sachen Bescheidenheit: Zwischen Berühmtheit und Erfolg gibt es eine Klippe, die ich bisher noch nicht genommen habe und die ich wahrscheinlich nie nehmen werde. Zum Beweis: Meine rasch wiederaufgelegten Bücher verkaufen sich mäßig, bisweilen auch recht gut, doch nicht gut genug, um damit »Unheil anrichten« zu können, wie man so sagt. Anders als meine Neider glauben, bringt der Nobelpreis keinen Geldsegen, jedenfalls nicht mir. Der Prix Médicis war einträglicher.

Was die Berühmtheit anbelangt ... Manchmal werde ich von jemandem mit freundlichem Lachen angesprochen: »Sie sehen aus, als müßte man Sie kennen. Wer sind Sie?« Oder man sagt mir: »Mein Vater verehrte Sie.« Oder: »Meine Frau liest Ihre Bücher gerne.« Oder weiter: »Meine Kinder bewundern Sie.« Immer ist es jemand anderes, der mich liest. Das verwirrendste Kompliment, das ich recht häufig zu hören bekomme, lautet: »Ich lese Ihre Bücher abends im Bett, dann kann ich besser einschlafen.«

Wenn auch keine höheren Verkaufszahlen, so verschafft der Nobelpreis einem doch Aufmerksamkeit. Egil Aarvik hatte es mir beim offiziellen Abendessen in Oslo ins Ohr geflüstert: »Von nun an verfügen Sie über ein Forum, eine Tribüne. Ihre Worte werden nicht ins Leere fallen. Ich will nicht sagen, daß man Ihnen zustimmen wird, aber ich verspreche Ihnen, daß man Ihnen zuhört.«

Es regnet weiterhin Einladungen. Welche soll ich annehmen? Seminare, Kolloquien, Konferenzen auf allen Kontinenten werden mir vorgeschlagen, als hätte man plötzlich entdeckt, daß ich meine Erfahrung als Redner nicht eingebüßt habe.

Für eine Ehrung Schua Eitingers reise ich wieder nach Oslo. Eigentlich mag ich nicht mehr von zu Hause fort, und trotzdem bin ich es: London, Amsterdam, Vancouver, Brüssel, Los Angeles, Mexiko, Genf, Marseille, Madrid und Toulouse. Ich mag nicht mehr vor einem Saal von Zuhörern stehen, und trotzdem tue ich es. Wenn man den Meistern des Talmud glauben darf, schützt die Stille Weisheit und Wissen. Aber kommt es wirklich darauf an, immer weise zu sein? Oder sich häufiger als nötig zurückzuziehen? Ist es wirklich so angenehm, bei sich zu bleiben?

Ein Blitzbesuch in Brasilien. Der Philanthrop David Pincus aus Philadelphia begleitet mich. Kaum sind wir in São Paulo gelandet, verschwindet er. Er erkundet auf eigene Faust die Situation notleidender Kinder. Kinder sind seine »Sache«. Er macht sich auf die Suche nach ihnen und unterstützt sie, wo immer er hingeht. In Ruanda ebenso wie in Bosnien. Als er von Brasilien zurückkehrt, hinterläßt er eine von ihm finanzierte Einrichtung für die Kinder aus den *favelas*, den Armenvierteln.

Die jüdische Gemeinde Österreichs lädt uns ein. Unsere New Yorker Freunde Harriette und Noel Levine begleiten uns. Ich begegne dort Rita wieder, die in meinem Chor in Versailles sang. Auch eine Frau treffe ich dort, die in Sighet in derselben Straße wie ich zu Hause war. Sie und ihr Ehemann ziehen mich in eine verschwiegene Ecke, um mir von ihrem »Problem« zu erzählen: Ihre Tochter wird heiraten. Der Bräutigam ist kein Jude. Er will zum jüdischen Glauben übertreten, sagen sie unter Tränen. Wo ist da das Problem? Aus dem Stegreif erkläre ich ihnen die Gesetze des Übertritts: Tritt ein Mann zum jüdischen Glauben über, wird er Abrahams Sohn, eine Frau wird Sarahs Tochter, und sie haben dieselben Pflichten und dieselben Rechte wie wir alle.

David Burger, ein Überlebender aus Auschwitz, erzählt mir seine Lagererfahrungen. Sie wären es wert, in einem Buch festgehalten zu werden. Wenn ich nur die Zeit hätte, ihm dabei zu helfen. Seit jeher drängt es mich, die Überlebenden erzählen zu lassen, sie zu ermuntern, Zeugnis abzulegen, ihre Erinnerungen zu Papier zu bringen ...

Marion muß eiligst mit Elisha nach New York zurück. Ihre älteste Schwester ist gestorben.

Und das Leben geht weiter. Und die Reisen auch.

Sieht man von Indien ab, so kenne ich Asien kaum. Doch nicht um Asien zu entdecken, reise ich nach Japan, sondern um ein eigenartiges, besorgniserregendes Phänomen in Augenschein zu nehmen:

den wachsenden Antisemitismus. Beliebte Buchveröffentlichungen rufen zum Haß gegen alles Jüdische auf. *Die Protokolle der Weisen von Zion* und andere gegen Juden gerichtete Werke sind Publikumsrenner. Ich begreife es nicht: In diesem Land gibt es kaum Juden (nicht mehr als fünfhundert, die alle aus dem Ausland kommen) – wie läßt sich der grassierende Antisemitismus erklären? Bei meinen Gesprächsrunden in Tokio und Osaka stelle ich verwundert fest: »Sollte es in Japan einen Antisemitismus ohne Juden geben? Wissen Sie denn nicht, daß es sich beim Antisemitismus um ein westliches Übel handelt? Warum importieren Sie es?«

Schriftsteller und Universitätsangehörige tun ihr Bestes, um mich zu beruhigen. Der Japaner hasse die Juden nicht, im Gegenteil, er bewundere sie. Indem er Bücher über Juden lese, wolle er sich ihre Weisheit aneignen. Wenn sich der treue kaiserliche Untertan an antisemitischen Hetzschriften weide, dann geschehe dies, weil er die Juden besser kennenlernen will, denn wie es scheint, beherrschen sie die Welt mit ihrem Geld, mit ihrer Solidarität untereinander, mit ihrem Einfluß auf die Presse und mit ihrer internationalen Außenpolitik. Die Japaner wollen die Juden studieren, um sie nachzuahmen. So einfach sei das. Mit Antisemitismus habe das nichts zu tun. Wozu noch ein Wort darüber verlieren? Ehrlich gesagt, sie überzeugen mich nicht. Das jüdische Volk ist weder reicher noch intelligenter und bestimmt nicht mächtiger als andere Völker. Es gibt solche Juden und solche. Mit anderen Worten: Nicht alle Juden sind mächtig, und nicht alle Mächtigen sind Juden. Wie immer ist alles eine Frage der Genauigkeit.

Im Flugzeug, das uns an einem kalten Oktobermorgen von Paris nach Kiew bringt, bilden wir ein Minjan zum Schacharit. Wir haben den Tallit angezogen und die Tefillin angelegt, um unsere Gebete zu sprechen. Ein junger Brazlawer Chassid hält den Gottesdienst. Er hat eine wohlklingende, glühende Stimme voll Anmut und Melancholie. Marion und unsere Reisebegleiter, darunter die Mutter von Jacques und Bernard Attali, beobachten uns schweigend. Nie zuvor schien mir Marion von einem Gottesdienst so ergriffen zu sein ...

Alles begann mit einer Frage, die mich überraschte. »Hättest du

Lust, gemeinsam mit mir und einer Gruppe Chassidim nach Uman zu reisen?« fragte mich eines Tages Clément Vaturi.

Ich hatte Clément bei seinem Schwager Daniel Morgaine kennengelernt, meinem ehemaligen Kollegen bei *France-Soir.*

»Habe ich richtig gehört? Uman in der Ukraine?« – »Ja«, bestätigt Clément: »Sagt dir der Name etwas?« Und ob mir der Name etwas sagt! Er ist Teil meiner innersten Landschaft, Teil meiner Traumwelt. Uman ist der letzte Wohnort Rabbi Nachmans von Brazlaw, dem wundervollen Erzähler aus der Bewegung, die sein Großvater, der Bescht, ins Leben rief. Dort befindet sich auch das Grab von Rabbi Nachman.

Rabbi Nachman ist mir in mehr als einer Hinsicht lieb und teuer. Er weckt meine Träume. Ich liebe alles, was mit ihm zu tun hat, alles, was ein Hinweis auf sein Leben, auf sein Werk ist. Ich liebe alles, was von seinem Universum beeinflußt ist, die Erzählungen über die verirrten Prinzen und die überschwenglichen Bettler, diese Geschichten aus einer anderen Welt, die Gedanken und Kommentare zur Bibel, die Tischgespräche … »Macht Gebete aus meinen Geschichten«, sagte Rabbi Nachman. Wir werden für uns Geschichten aus seinen Gebeten machen.

Am Flughafen von Kiew erwartet uns ein klappriger alter Bus. Der Reiseführer ist da, der Busfahrer fehlt. Der Reiseführer macht sich auf die Suche nach dem Busfahrer. Jetzt ist der Busfahrer da, aber der Reiseführer nicht. Wir entdecken ihn in einer Art Bar. Schließlich sind alle bereit zur Abfahrt. Wir sind unterwegs nach Uman. Nach einer anstrengenden Reise durch Felder und Dörfer, wo Bauern und Kinder uns mit ernüchterten Blicken mustern, kommen wir am späten Nachmittag an.

Wir haben nichts von Uman gesehen. In der Ortschaft lebt kein einziger Jude mehr. Wir sind hierhergekommen, um dem toten Meister unsere Liebe zu seiner lebendigen Lehre zu bezeugen. Wir wollen an seinem Grab in uns gehen und beten. Wir wollen um seine Fürsprache bitten. »Wer seine Gebete auf meinem Grab spricht (und sich an die vorgeschriebene Reihenfolge hält), dem werde ich im Himmel beistehen«, hatte Rabbi Nachman seinen Anhängern versprochen.

Es ist schon dunkel. Ein scharfer Wind bläst in die Kerzen, die wir in unseren Händen halten, damit wir in unseren Psaltern lesen können. Die Flammen widerstehen. Unsere Schatten tanzen auf der Mauer, vor der das Grab errichtet wurde. Einige Dorfbewohner kommen auf der Straße vorbei. Sie wundern sich nicht, denn für sie ist das ein gewohnter Anblick. Besonders in der Zeit um Rosch ha-Schana kommen Brazlawer Chassidim hierher. Sie kommen und erfüllen damit den Wunsch des Meisters, Uman möge während der hohen Feiertage das Ziel möglichst vieler seiner Anhänger sein. Sogar zu Stalins Zeiten kamen sie illegal über die Grenze, um bei ihrem Rabbi zu sein, der seinen Schülern vor dem Tod versprach, daß seine Flamme bis zur Ankunft des Messias leuchten würde. Einige seiner Anhänger wurden auch festgenommen und ins Gefängnis gesteckt.

Rabbiner Koenig aus Safed, Sohn des berühmten Rabbi Gedalia, spricht uns die Psalmen vor. Etwas Geheimnisvolles liegt in unserer Zusammenkunft an diesem Grab, denn normalerweise kennt das Judentum keinen Kult um die Toten. Und trotzdem kommt der Augenblick, an dem sich die Anhänger Rabbi Nachmans auf dem Grab ihres seit mehr als zweihundert Jahren verstorbenen Meisters ausstrecken. Auch ich lege mich darauf und sammle mich. Wie sie. Und in Gedanken richte ich meine geheimen Bitten an Rabbi Nachman.

Dann beginnt ein Chassid ein Brazlawer Lied zu singen. Wir stimmen in seinen Gesang ein und wiederholen seine Worte, die einem Psalm König Davids entnommen sind. Voller Inbrunst nehmen wir sie auf, wir schließen die Augen, und unsere Köpfe glühen vor Begeisterung. Dann beginnen wir, um den Grabstein zu tanzen. Es ist spät geworden, aber das schadet nichts: Bei Nacht betet sich's besser. Es ist kalt. Wir kümmern uns nicht darum. Wir tanzen nach Art der Chassiden: Hand in Hand werfen wir die Arme vor und zurück, heben und senken den Kopf. Zuerst ist unser Tanz langsam, dann wird er immer schneller. Mit geschlossenen Augen und weit geöffnetem Herzen, mit einer Seele, die wie eine tiefe, brennende Wunde klafft, tanzen wir, als ob wir auf den Höhen der Gebete bis in den siebten Himmel emporgetragen würden. Wir tanzen wie Verrückte, deren Dasein sich zum Sein aufschwingt, deren Begeisterung sie zur Weißglut bringt. Niemand könnte uns jetzt stoppen, keine Macht der Welt den Mund verbieten. Wir singen und weinen dabei, wir weinen und singen dabei, und ich meine von weither, von sehr weither eine fremde Stimme zu hören, die mir jedoch unerhört bekannt vorkommt, und sie erzählt wunderschöne, beängstigende Geschichten von Prinzen und Bettlern, die sich in Zauberwäldern treffen und sich Böses zufügen, bevor sie gegen das Böse und die Niedergeschlagenheit kämpfen … Dann und wann versucht einer von uns entkräftet und völlig außer Atem den Tanz zu stoppen oder ihn wenigstens langsamer werden zu lassen; dann beeilen sich unsere Gefährten, ihm neue Kräfte einzuflößen. Und wir tanzen weiter.

Nur mit Widerwillen trennen wir uns von Rabbi Nachman. Ich wußte, daß ich ihn liebte, doch ich hatte keine Ahnung, wie tief meine Bindung zu ihm war. Obwohl ich ein Wischnitzer Chassid bin, berief ich mich auch auf die Brazlawer. Doch ich wußte nicht, daß es sich um eine echte Leidenschaft handelte.

Wieder im Bus, schweigen wir. Der junge Rabbiner Gabbai verteilt Mandeln und Datteln, die er aus Safed mitgebracht hat. Sie haben für mich einen ganz besonderen Geschmack.

Ich denke an Rabbi Nachman und an seine abenteuerliche Fahrt ins Heilige Land. Kaum war er dort angelangt, fühlte er, daß er sich gleich wieder losreißen und nach Hause zurückkehren mußte.

Ich glaube, ich habe etwas von mir in Uman zurückgelassen.

Noch eine denkwürdige Reise, wenngleich anderer Art: Wir folgen einer Einladung des Oberrabbiners von Rumänien, Dr. Moise Rosen, und nehmen an der Gedenkfeier zum fünfzigsten Jahrestag des mörderischen Pogroms von Iasi teil. Die rumänische Regierung legt offenbar Wert auf unseren Besuch. Man ist unbestreitbar bemüht, den ausländischen Gästen zu gefallen. Wir wohnen in einer der offiziellen – und luxuriösen – Residenzen des Präsidenten. Der ständige Vertreter Rumäniens bei den Vereinten Nationen, Aurel Munteanu, begleitet uns überall hin. Ich lasse ihn wissen, wie sehr mich der wiederaufflammende Antisemitismus in seinem Land empört, der dort schon immer sehr stark war. Zwei auflagenstarke Wochenzeitschriften schüren den Haß gegen die fünfzehntausend Juden, zumeist in greisem Alter, die noch in Rumänien leben, und gegen alle anderen Juden auf der Welt, die sie aller nur denkbaren und undenkbaren Verbrechen anklagen. Die antisemitischen Hetzer haben keine Angst, sich lächerlich zu machen, unter anderem scheuen sie sich nicht zu schreiben, Israel beabsichtige, aus Rumänien eine israelische Kolonie zu machen. Natürlich ist das Unsinn, ich weiß, aber Rumänien ist ein Land, in dem Dummheit, äußert sie sich nur mit genügend Fanatismus, für politische Demagogen noch nie ein Hindernis auf dem Weg zur Macht war. Doch nicht die Dummheit der Antisemiten ärgert mich – daran bin ich gewöhnt –, sondern die Tatenlosigkeit derjenigen, die sie gewähren lassen. Es ärgert mich, daß sie ihnen nichts entgegenhalten, sie nicht von der öffentlichen Bühne verjagen, indem sie sagen: Seid ihr wirklich überzeugt davon, daß auch nur eine ehrbare Person euren aberwitzigen Lügen Glauben schenkt? Meint ihr wirklich, auch nur ein aufgeschlossener Mensch könnte glauben, daß die Juden in Rumänien Konzentrationslager errichtet hätten, in denen Völkermord betrieben wurde? Und doch behaupten dies die Antisemiten immer wieder. Und können es ungestraft sagen!

Während der Privataudienz bei Präsident Iliescu und seinem Premierminister Petru Roman werden wir vor allem gebeten, uns für schnelle Wirtschaftshilfe, besonders von seiten Washingtons, einzusetzen. Meine Antwort lautet, daß ich nichts für sie tun werde. Warum sollte man eine Regierung unterstützen, die dem Haß keine Zügel anlegt? Ich verweise auf die Schweigeminute im Senat zum Gedenken an den faschistischen Diktator Antonescu, auf die antisemitische Hetzkampagne bestimmter Presseorgane, auf die fremdenfeindlichen Erklärungen einiger selbstherrlicher Herren ... »Haben Sie denn die hungrigen Kinder vergessen?« wirft Petru Roman ein: »Sollen sie darunter leiden, wenn die Erwachsenen Schuld auf sich laden?« Ich antworte ihm: »Für ihren Leidensweg können Sie nicht uns verantwortlich machen. Sie tragen die Verantwortung dafür! Setzen Sie dem Haß in Ihrem Land ein Ende, und die ganze Welt wird Ihnen und Ihrem Land zu Hilfe eilen.«

Dennoch hatte ich von Präsident Iliescu den Eindruck, er sei aufrichtig. Er ordnete ein Gerichtsverfahren gegen die Redakteure und Herausgeber der antisemitischen Wochenschriften an. Er lud mich auch ein, ihn nach Sighet zu begleiten, um ihm meine Heimatstadt zu zeigen, und ihn dann in das Dorf Rezavilia zu begleiten, aus dem er stammt. Rezavilia kenne ich vom Namen. Es liegt in der Nähe von Sighet. Später habe ich aus der Zeitung erfahren, daß die rumänische Regierung beschlossen hat, in meinem Geburtshaus ein

Museum einzurichten. Und was wird aus den Menschen, die jetzt darin wohnen? Ich verspreche ihnen, daß sie so lange in ihrem Zuhause, oder vielmehr in meinem Zuhause bleiben können, bis man ihnen eine andere, annehmbare Wohnung anbietet.

Ende Juli 1995 habe ich zusammen mit Elisha und seinem Vetter Steve Präsident Iliescu wiedergetroffen. Die Lage im Land ist immer noch dieselbe. Die antisemitischen Zeitschriften versprühen weiterhin ihr Gift. Antonescu wird immer mehr zum Volkshelden. Ich versuche Iliescu deutlich zu machen, daß es seine Pflicht ist, sich öffentlich und mit aller Entschiedenheit dagegen zu wenden. Es ist für den Ruf seines Landes überaus wichtig. Es geht um seine Ehre. Doch der rumänische Präsident fürchtet, er könne viele seiner Staatsbürger vor den Kopf stoßen: Zu viele sehen in Antonescu nur den Kämpfer gegen die Sowjetunion. Ich entgegne: Auch Hitler kämpfte gegen die Sowjetunion. Iliescu verspricht, bei einer passenden Gelegenheit eine Erklärung abzugeben und den Marschall anzuprangern, der sich während des Krieges mit Hitler verbündet hatte.

Ob er die Kraft aufbringt und sich künftig mehr zutraut? Ich wünsche es ihm, denn ich habe Vertrauen zu ihm.

Wien 1992. Ein echtes Happening. Zwischen sechzig- und siebzigtausend junge Österreicher haben sich auf dem Heldenplatz versammelt, um gegen den wiederauflebenden Faschismus in ihrem Land zu demonstrieren. Liedermacher und Rockmusiker bestreiten den Hauptteil des Programms. Darunter einige Weltstars. Ich hätte nie gedacht, daß ich ein solches Konzert jemals mit so großem Wohlwollen besuchen würde. Bisher habe ich bei so vielen Dezibel immer die Flucht ergriffen.

Einige Monate zuvor erhielt ich einen Brief vom österreichischen Minister für Kultur und Bildung. Er lud mich zu einem »Elie-Wiesel-Tag« ein. An diesem Tag sollten meine Bücher an allen Schulen besprochen werden. Ich antwortete ihm: »Danke für Ihre freundliche Einladung. Ich nehme sie an, doch ich werde erst nach Wien kommen, wenn Kurt Waldheim Wien verlassen hat ...« Bedarf es noch einer Erklärung? Die Vergangenheit des ehemaligen Generalsekretärs der Vereinten Nationen ist bekannt. Oder vielmehr seine Lügen über seine Tätigkeiten als Soldat der Wehrmacht. Nachdem ihn die Vereinigten Staaten zur unerwünschten Person erklärt hatten, wurde er praktisch von der gesamten zivilisierten Welt mit einem Bann belegt. Nur die Führer der arabischen Staaten (und Helmut Kohl und unglückseligerweise auch Papst Johannes Paul II.) waren noch bereit, ihn zu besuchen oder ihn zu empfangen.

Nachdem Österreich sich einen neuen Präsidenten gewählt hat, ist es mir möglich, die Wiener Jugend zu treffen. Die Organisatoren informieren mich über die Einzelheiten der Demonstration und den Ort, an dem sie stattfinden wird.

In der Presse wird die Veranstaltung durch die Bank begrüßt. Es ist verständlich, daß Österreich das Kapitel Kurt Waldheim gerne schließen möchte. Damit dies gelingt, muß Österreich den faschistisch angehauchten Nationalisten Jörg Haider zurückweisen, der ein Jahr zuvor erklärt hat, daß die Politik des Dritten Reichs besonders im Hinblick auf das Beschäftigungsproblem nicht zu verachten sei. Der demagogische Politiker scheint der Liebling der Medien zu sein. Offensichtlich sehen die Österreicher, die sich niemals mit ihrer Vergangenheit (ihrem Anschluß an Hitlerdeutschland) auseinandersetzen mußten oder wollten, in gewissem Umfang in seinem fremdenfeindlichen Parteiprogramm ihre Interessen gut vertreten. Die Umfragen sind besorgniserregend: Noch immer gibt es Antisemiten in Österreich, und ihre Zahl steigt ständig. Ein namhafter Leitartikler hat in der *Kronenzeitung*, einer auflagenstarken Tageszeitung, einen Artikel veröffentlicht, in dem die Existenz von Gaskammern bestritten wird ... Man sagt mir, es gäbe Todesdrohungen gegen mich ... Also sind die bösen Geister noch immer am Werk! Deshalb möchten die Demokraten »für Österreich« reinen Tisch machen. Für sie ist diese Demonstration die erhoffte Gelegenheit dazu.

Der Veranstaltungsort ist symbolträchtig: Auf diesem riesigen Platz, dem Heldenplatz, versammelten sich 1938 am Tag nach dem Anschluß eine halbe Million Österreicher, um Hitler als ihren geliebten Führer zu begrüßen. Stolz lächelnd teilt man mir mit, daß ich meine Rede vom selben Balkon aus halten werde, von dem aus er die Massen mit seiner Rede in Ekstase versetzte. Eine spannende Aussicht, wie ich gerne zugebe. Mehr noch: Es ist verführerisch. Marion kann sich noch an die Demonstration damals erinnern. Sie erinnert sich daran, wie ihre Nachbarn sich plötzlich abwendeten. Sie hat erlebt, was sie heute gerne vom Tisch wischen wollen. Sie hat das Gebrüll gehört, das vom Platz kam. Und von diesem Balkon. Seit Hitler war es niemandem mehr erlaubt, auf ihm zu erscheinen. Eigenartig, aber ich spüre seinen teuflischen Schatten, spüre, wie er sich über diesen Platz, diese Stadt, dieses Land legt. Ich spüre ihn so stark, daß ich darauf verzichten werde, das *Schehechejanu*-Gebet dort zu sprechen, mit dem man Gott für die Gnade dankt, »diesen Tag erleben zu dürfen«. Der Ort ist zu unrein.

Doch die Jugend, die sich unter mir auf dem Platz versammelt hat, um die bösen Geister auszutreiben, verdient es, die Wut hinter sich zu lassen. Ich habe eine Rede vorbereitet. Ich lese sie nicht. Ich rede lieber frei:

Ich bin mir nicht sicher, ob die Geschichte Sinn für Gerechtigkeit hat, aber bestimmt hat sie Sinn für Humor, davon überzeugt mich der heutige Abend. Der Redner, der vor vierundfünfzig Jahren auf diesem Balkon stand, hatte meine Vernichtung, die Vernichtung meiner Eltern, meiner Familie und meines Volkes beschlossen ... Wer hätte jemals gedacht, daß ein jüdischer Schriftsteller eines Tages seinen Platz hier einnehmen würde, um gegen den Haß zu reden. Merken Sie sich eines: Die Menschenmenge, die sich 1938 nach dem Anschluß hier versammelt hatte, um ihn zu begrüßen, war größer, ihr Jubel lauter ... Junge Wiener, behalten Sie eines in Erinnerung: Damals, 1938, folgten Ihre Eltern und Großeltern willig Hitlers Lektionen und sahen gleichgültig oder begeistert auf diese Juden, die man zwang, mit Zahnbürsten die Gehwege zu putzen, darunter auch den Vater meiner Frau, die aus Wien stammt ... Heute dagegen ziehen Sie einen Schlußstrich unter die Lügen und Enttäuschungen der Ära Kurt Waldheim, und es ist an Ihnen, ein neues Kapitel aufzuschlagen: machen Sie den Anfang, doch radieren Sie die vorausgegangene Geschichte nicht aus, gehen Sie der Zukunft entgegen, doch töten Sie nicht die Erinnerung an die Vergangenheit, lernen Sie, mit der Wahrheit zu leben. Lernen Sie, dieser Wahrheit zu begegnen und sie auf sich zu nehmen ...

Ist das eine Anstiftung zur Revolte? Ich rufe dazu auf, der Generation der Eltern und Großeltern abzuschwören. Heute würde man das Einmischung in die inneren Angelegenheiten eines Landes nennen. Aber wir haben das Recht und die Pflicht dazu. Österreich hat sich lange in scheinheiliger und, sagen wir es frei heraus, heuchlerischer Unbescholtenheit gewiegt. Es muß endlich aufwachen. Ich habe Vertrauen in seine Jugend, die es aufrütteln wird.

CHRONIK EINER ZEUGENAUSSAGE

Frühjahr 1987. Ich soll im Barbie-Prozeß als Zeuge aussagen? Kommt nicht in Frage! Was für ein komischer Einfall! Ich bin Klaus Barbie nie begegnet. Als er seine Opfer in Lyon terrorisierte und folterte, war ich meilenweit von Frankreich entfernt: erst in Ungarn, dann in Auschwitz. Im Ernst: Obwohl ich den Prozeß gespannt verfolge und er mich betrifft, obwohl ich ihm höchsten symbolischen Wert beimesse, halte ich es für geboten, nur über die Medien an ihm teilzunehmen, als Beobachter und nicht als Zeuge.

Das sind die Argumente, die ich dem Anwalt Alain Jakubowicz entgegenhielt, der mich im Namen der jüdischen Gemeinde von Lyon um eine Zeugenaussage gebeten hatte. Andere Anwälte schlossen sich ihm an. Auch einige Freunde, die ich um ihre Meinung bat (Bernard-Henri Lévy, Marc Kravetz) waren der Ansicht, ich solle aussagen. Ich blieb erst einmal ablehnend.

»Ihr seid ja alle verrückt«, sagte ich: »Der Anwalt der Verteidigung braucht mich nur über die geographischen Verhältnisse oder meinen Lebenslauf zu befragen – ›Waren Sie während der Besatzungszeit in Lyon? Lebten Ihre Eltern in Frankreich?‹ –, und schon bin ich als Zeuge unhaltbar ... Wenn die Überlebenden und die Opfer in den Zeugenstand treten, müßte das doch hinreichend sein.«

Aber die Anwälte der Nebenkläger, unsere gemeinsamen jüdischen Freunde und die Spezialisten für zeitgenössische Geschichte bestanden darauf. Natürlich komme es hauptsächlich auf die Zeugenaussage der Opfer an, aber ... »Aber was?« rief ich. Vom Gesamtzusammenhang war die Rede, von der Atmosphäre, vom öffentlichen Interesse an bestimmten Zeugenaussagen ... Schließlich blieb mir nichts anderes übrig. Wenn es um die Belange oder die Ehre der jüdischen Gemeinde geht, läßt sich ein Jude wie ich überzeugen.

Blieb noch die Terminfrage zu klären. Rechtsanwalt Jakubowicz schlug den 12. Juni für meine Zeugenaussage vor, doch an diesem Tag war es mir praktisch unmöglich zu kommen. Mir paßte der 3. Juni besser, der Tag vor dem Schawuotfest. Rechtsanwalt Jakubowicz erhielt vom Vorsitzenden Richter Cerdini die Zusage, daß ich als erster Zeuge aufgerufen würde, damit ich vor Einbruch der Nacht und damit vor Beginn des Festes wieder in Paris zurück sein könnte.

Jetzt bin ich zum erstenmal in meinem Leben Zeuge in einem Prozeß gegen einen Mann, der zu den Mördern meines Volkes zählt.

Wochenlang habe ich zwischen New York, Chicago und Japan die Auseinandersetzungen um den Prozeß verfolgt und für France-Inter kommentiert. Ich studierte Zeitungen und Zeitschriften und machte mich mit den Eigenschaften aller Beteiligten vertraut. Mit dem feierlichen Ernst des Vorsitzenden Cerdini, mit dem sarkastischen Lächeln Barbies und der bissigen Heftigkeit seines Verteidigers, mit den Anwälten der Nebenkläger, die sehr überzeugend waren, vor allem aber mit den Zeugen und Überlebenden, mit den Müttern, die sich bemühten, die Tränen zurückzuhalten und die weinten, und mit den Männern, die mit leiser Stimme versuchten, die Angst der Widerstandskämpfer, ihre Folterungen durch Barbie und seine Helfershelfer in Worte zu fassen. Ich bewundere den Mut und die Opferbereitschaft der Widerstandskämpfer; mein Herz schlägt für jene Frau, die als Jugendliche mit ansehen mußte, wie ihr Vater erschossen wurde, und es schlägt für jene Lehrer und Lehrerinnen, die ihr Leben aufs Spiel gesetzt haben, um jüdische Kinder zu retten. Bereits vor Prozeßbeginn habe ich erklärt, was ich hier wiederholen will: Es ist vor allen Dingen den Zeugen zu verdanken, daß dieser Prozeß in die Geschichte eingehen wird. Endlich haben sie das Wort, um über ihre Vergangenheit zu sprechen, die von den einen bestritten und von anderen verleugnet wird, um sie zu erklären und ihr Andenken zu schützen. Der Prozeß scheint schon allein deshalb notwendig gewesen zu sein, um wie ein Verstärker bestimmten Aussagen Gehör zu verschaffen und den Ton zu vermitteln, in dem sie vorgetragen wurden.

Nach der ersten Enttäuschung über Barbies Fehlen im Gerichtssaal finde ich mich schnell damit ab. Er wird seine Opfer nicht mundtot machen. Schade nur, daß seine Zelle nicht mit einer Kamera ausgestattet ist, und man ihm nicht die Bilder von der Verhandlung überspielt. Leider kann man ihn nicht zwingen, zuzuschauen, leider kann man ihn auch nicht sehen. Natürlich wäre es nicht dasselbe. Auch mir wäre es lieber, er säße seinen einstigen Opfern in einer Glaszelle gegenüber. Es sollte nicht sein. Wie es ihm in der Vergangenheit nicht gelang, seine Gefangenen zum Sprechen zu bringen, so wird es ihm jetzt nicht gelingen, sie stumm zu machen. Selbst wenn er es ablehnt, ihnen zuzuhören, die Welt hört ihnen zu.

»Was wird in diesem Prozeß von mir erwartet?«

Bernard-Henri Lévy, den ich als Freund darüber befrage, verfolgt die Sitzungen mit ihren Höhen und Tiefen vom ersten Tag an. Er meint, man erwarte einen Text oder eine Botschaft zum Thema Erinnerung. »Über die Rolle der Erinnerung bei der Rechtsprechung?« Ohne lange nachzudenken, antwortet er mir: »Ja, genau das wird erwartet.«

Ich mache mich an die Arbeit. Ich bin mir bewußt, was dieser Augenblick bedeutet, und nehme mir deshalb vor, in einem kurzen, prägnanten Text zusammenzufassen, was ich mein Leben lang durch meine Schriften zu vermitteln versucht habe: meine Befürchtungen in Hinblick auf die Ausdrucksfähigkeit von Sprache, meine Zweifel am Leistungsvermögen von Bildung und Kultur, meine Sorge angesichts der überaus belastenden Verpflichtungen, die die Erinnerung dem Überlebenden auferlegt.

Zwischendurch reise ich viel. Hier eine Konferenz, da eine Konferenz. Michel Bartélémy von France-Inter ruft mich in Los Angeles und in Hiroshima an und bittet mich, meine Gedanken über jene unsichere Zeit festzuhalten, in der die Vergangenheit zum Alptraum für die Gegenwart wird und das Schweigen der Toten in das Murmeln der Überlebenden einstimmt.

Tokio–Oslo–Paris. Ein Telefongespräch mit Rechtsanwalt Jakubowicz. Mit Verwunderung nehme ich zur Kenntnis, daß meine Arbeit umsonst war: Das Gesetz untersagt es dem Zeugen, seine Aussage vorzulesen. Nur dem Anwalt ist es gestattet, sie vorzutragen. Dann gebe ich sie eben Marc Kravetz, der sie in *Libération* veröffentlichen wird.

Lyon am 2. Juni: Besuch bei Kardinal Decourtray. Die gewohnte brüderliche Verbundenheit. Besuch bei Oberrabbiner Klinger, der mich herzlich begrüßt und mir seine Unterstützung anbietet. Dann eine Verabredung mit Rechtsanwalt Jakubowicz. Und mit den Klarsfelds. Wir besuchen die Gedenkstätte. Ich betrachte die Fotos: Kinder, Greise, ausgezehrte Körper, vor Angst aufgerissene Augen. Diese Bilder sollten von Holocaust-Museen aufbewahrt werden. Ja, sie sollten in allen Museen zu sehen sein. Was sie mit Kunst zu tun haben? Ganz einfach: Die Mörder waren Kunstliebhaber.

Der Gerichtssaal ist voll wie jeden Tag. Es sind immer dieselben, vertrauten Gesichter. Wie jedesmal, wenn ich über die damalige Zeit sprechen muß, überkommt mich eine rätselhafte Ängstlichkeit. Was soll ich sagen? Wie soll ich mich ausdrücken? Ein Gesang geht mir durch den Kopf: »Herr, mach, daß meine Stimme nicht zittert«. So heißt das Gebet des *Chasan* (des Vorsängers), mit dem er an den hohen Feiertagen seiner Bescheidenheit vor der Größe der ihm gestellten Aufgabe Ausdruck verleiht.

Die Richter. Die Förmlichkeiten, die es zu erfüllen gilt. Dann werden die Zeugen aufgerufen. Wir ziehen uns in einen angrenzenden Raum zurück. Während wir dort warten, stellt der Vorsitzende Richter fest, daß der Angeklagte abwesend ist. Er schickt einen Gerichtsboten in seine Zelle, um ihn zur Teilnahme an der Verhandlung einzuladen. Zwanzig Minuten vergehen, dann kommen die Gerichtsboten zurück und teilen wie immer mit: Der Angeklagte lehnt die Teilnahme ab.

Mit einer Gefühlsregung, die mich selbst überrascht, setze ich vor den Richtern meine Kippa auf, um den Eid zu leisten. Am liebsten würde ich über Dinge reden dürfen, die ich bisher in mir zurückgehalten habe. Das Andenken meiner Großmutter: eine liebenswürdige, stille Frau, die Milde und Güte ausstrahlte. (Ich habe zu Beginn meiner Erinnerungen von ihr erzählt.) Und dann die Tage und Nächte, in denen sie kein Wort mehr über die Lippen brachte … Soll ich ihre stummen Gebete vor den Richtern wiederholen? Soll ich von dem fröhlichen, glücklichen Lachen meiner kleinen Schwester erzählen, das mich mein Leben lang begleitet? Soll ich es einmal über mich bringen und davon erzählen, was ich fühle, wenn ich mich an meine Mutter erinnere, wenn ich sie auf den dunklen Umschlagplatz zugehen sehe, der im Licht von riesigen, finsteren, schrecklich finsteren Flammen liegt?

Für den Zeugen stellt sich eine schier unlösbare Frage: Welches Gesicht soll er schildern, welchen Namen nennen, welches Schicksal in die Erinnerung hereinholen. Soll ich von dem Rabbi sprechen, der sich bei lebendigem Leibe begraben ließ, weil er sich weigerte, die Sabbatruhe zu brechen? Oder von den Jungen aus den Ghettos, die unter Einsatz ihres Lebens durch die Löcher in den Mauern schlüpften, um für ihre verhungernden Familien Brot und Kartoffeln zu besorgen?

Soll ich die jungen Kämpfer in Erinnerung rufen, die, einer gegen hundert, zur Ehrenrettung der Juden das brennende Ghetto von Warschau verteidigten? Oder die griechischen Juden, die lieber starben, als sich in Birkenau ins Sonderkommando stecken zu lassen? Oder die unzähligen Opfer, die wie in Trance auf die Massengräber von Babij Jar und Ponary zugingen? Es scheint fast, als wären sie ohne Bedauern aus einer von Haß und Niedertracht verpesteten Welt geschieden.

Ich will an dieser Stelle nicht wiederholen, was ich in den zehn Minuten meiner Zeugenaussage mitzuteilen versucht habe. Ich erinnere mich auch nicht mehr daran. Ich weiß nur noch, daß ich mich besonders stark darum bemühte, dem Gericht darzulegen, warum unsere Erfahrung eigentlich nicht mitteilbar ist. Ich erinnere mich an die schändlichen Fragen des Verteidigers, der sich alle Mühe gab, die Vereinigten Staaten, Frankreich und Israel zu verunglimpfen, indem er sie mit Nazideutschland verglich. Ich erinnere mich auch, daß ich mich weigerte, ihn anzusehen (der Talmud verbietet es, einem Unreinen ins Gesicht zu blicken); ich erinnere mich, daß ich mich bei meinen Antworten dem Vorsitzenden zuwandte und nicht dem Verteidiger von Barbie. Ich erinnere mich an die Reaktion im Gerichtssaal, an die warmen Blicke, die mir die ehemaligen Deportierten, die Opfer Barbies schenkten, und an die jungen Männer und Frauen, die gespannt lauschten, damit ihnen nur ja kein Satz, kein Seufzer, kein Murmeln in diesem Gerichtssaal entging. Ich erinnere mich an den strahlenden Sonnenschein über der Stadt an jenem Nachmittag, und ich erinnere mich an den lauten, völlig überfüllten Bahnhof. Ich erinnere mich an alles, nur nicht an das, was ich dem Gericht gesagt habe. Doch an den Ton, in dem ich meine Zeugenaussage vorbrachte, erinnere ich mich noch: Ich redete wie ein dreizehnjähriger Junge, der in einer fernen Kleinstadt während seiner Barmizwa die üblichen Sprüche der Propheten aufsagt und dabei vor Angst zittert.

So ist das eben mit mir: Alles führt mich in meine Kindheit zurück, zu den Kindern von damals und zu all den jüdischen Kindern Europas, deren Leben in den Augen von Barbie und seinen Komplizen unvereinbar mit dem ihren war.

P. S. Unerfreuliche Begleiterscheinungen: ein beleidigender Artikel, der dem schlechten Geschmack von Dominique Jamet zu verdanken ist, und ein herzlicher Händedruck, den ein immer freundlicher, immer höflicher jüdischer Schriftsteller, den ich gut kenne und den ich gerne habe, beim Verlassen des Gerichtssaals Jacques Vergès gab, dem Verteidiger von Barbie.

FRANÇOIS MITTERRAND UND DAS JÜDISCHE ANDENKEN

Hiob und Jack Lang verdanke ich meine Begegnung mit François Mitterrand, wegen René Bousquet haben sich unsere Wege wieder getrennt. Was hat denn der von Gott und Satan auserwählte Leidensmann mit dem künftigen Staatschef Frankreichs zu tun? Scheinbar nichts – doch warten Sie ab: In der Bibel wie in der Politik hängt alles mit allem zusammen.

Philippe Nemo hat ein Buch über Hiob, seine Strafen und seine Leiden verfaßt. Er zählt zu den jungen »Neuen Philosophen« der Rechten und hat mir später meine Freundschaft mit Mitterrand zum Vorwurf gemacht, der, wie allgemein bekannt sei, eine rechte Vergangenheit und eine linke Zukunft habe. Nachdem also Philippe Nemo meine Ausführungen zur Heiligen Schrift gelesen hat, schlägt er mir ein Gespräch für France-Culture vor. »Warum sollten wir nur über den bedauernswerten Hiob sprechen«, gibt er zu bedenken, »schließlich gibt es auch andere biblische Gestalten, die unsere Aufmerksamkeit verdienen.« Philippe Nemo verweist auf mein Buch *Adam oder Das Geheimnis des Anfangs.* Wir einigen uns auf eine mehrteilige Sendereihe über Abraham und Isaak, Jakob und Moses. Was nun passiert, gehört eigentlich ins Reich der Märchen: Ein hochkarätiger Politiker dreht am Knopf seines Autoradios und hört ein Stück über die alte Geschichte von Jakob, den schwächsten, farblosesten, ungeschicktesten und biegsamsten unter den Patriarchen. Ihm gefällt die neue, eigenwillige Art, sich der Bibel zu nähern. Nachdem er mehrere Sendungen verfolgt hat, besorgt er sich die Kassetten. Er würde sie gerne seinem Freund Charles Salzman zum Geschenk machen, doch sie scheinen vergriffen zu sein. Vom Autor der Sendung kannte er bereits den Bericht über *Die Juden in der Sowjetunion.* Hatte er auch meine Romane schon gelesen? Ich habe keine Ahnung.

Während des Wahlkampfs 1980 bekommt der geistreiche, der kunstbeflissene, der unübertreffliche Impresario Jack Lang Wind vom Interesse des sozialistischen Kandidaten an meiner Person. Er lädt mich zu einem seiner Gesprächskreise ein, deren eigentliches Ziel es ist zu zeigen, wie gut François Mitterrand im Ausland ankommt.

Ich bin mir natürlich darüber im klaren, daß es nicht ohne Hintergedanken zu dieser Einladung gekommen ist: Die Wahlen werfen Licht und Schatten auf den politischen Horizont. Als amerikanischer Staatsbürger sollte ich mich lieber nicht einmischen. Aber ich spiele das Spiel mit.

Unsere erste Begegnung findet in vertraulicher, entspannter Atmosphäre bei einem Freund Mitterrands statt. Wir wechseln ein paar belanglose Worte, doch zu einer Unterhaltung kommt es nicht; wir sind umringt von Menschen. Macht nichts, vielleicht beim nächsten Mal.

Unsere nächste Begegnung sollte im Elysée-Palast stattfinden. Später habe ich ihn dort noch häufig besucht.

Ich habe den Wahlsieg Mitterrands als einen Akt der Gerechtigkeit begrüßt. Und ich hielt ihn, warum sollte ich es nicht zugeben, für ein Zeichen des Schicksals.

Zur feierlichen Amtseinführung Mitterrands werde ich mit anderen »Freunden des Präsidenten« im Bristol untergebracht, dem gastlichsten und freundlichsten aller Pariser Hotels. Mit Arthur Miller, Carlos Fuentes und William Styron teile ich die Freude der begeisterten Menschenmassen.

Klatschhafte, böse Zungen behaupten, Arthur Miller, der Autor von *Tod eines Handlungsreisenden*, sei aufgrund eines Irrtums gekommen. Der Präsident habe eigentlich Norman Mailer einladen wollen, doch ein Mitarbeiter, der sich verhörte, verstand Henry Miller. Der Autor von *Wendekreis des Krebses* hätte einer Einladung des Elysée-Palasts allerdings kaum folgen können, denn er war im Vorjahr verstorben. Daher die übereilte, aber logische Schlußfolgerung des beflissenen Mitarbeiters, der Präsident habe zweifellos den einstigen Ehemann Marilyn Monroes, Arthur Miller, im Auge gehabt, der glücklicherweise noch am Leben und bei Kräften ist …

Was macht das schon! Überall herrscht Hochstimmung. Die

Hauptstadt feiert, besonders rund um die Place de la Bastille. Man feiert die Sozialisten. Es wird gesungen und getanzt. Ihr Sieg ist den Sozialisten so sehr zu Kopf gestiegen, daß sie den scheidenden Präsidenten mit Buh-Rufen empfangen, als er den Elysée-Palast verläßt. Ein bedauernswerter, durch nichts zu entschuldigender Mangel an Anstand.

Wo sind wir glücklicher, am Arc de Triomphe oder im Panthéon? Ergreifender ist sicherlich die Feier im Panthéon unter der Leitung von Roger Hanin. Man ist bewegt vom majestätischen Bild des neuen Präsidenten, der andächtig, aber schon einsam vor dem Grab Jean Moulins steht.

Draußen regnet es in Strömen. Ohne Hut, stoisch und regungslos verfolgt der frischgebackene Präsident den vierten Satz der Neunten Symphonie von Beethoven, die Daniel Barenboim dirigiert. Ein wohlmeinender künftiger Minister läßt dem Maestro eine Botschaft zustecken, er möge doch bitte ein wenig schneller dirigieren. Ich bin bis auf die Haut durchnäßt, als ich in mein Hotel zurückkehre.

Der Präsident lädt mich für den nächsten Tag zu sich ein. Eine schmeichelnde und verlockende Einladung, doch leider kann ich meinen Rückflug nicht mehr länger hinausschieben: Zum Wochenende muß ich in Yale sein. Schade. Man wird nicht alle Tage ganz offiziell zum »Freund des Präsidenten« ernannt. In Yale hätte man dafür jedoch kein Verständnis. Wird es ein nächstes Mal geben?

Der einmal aufgebaute Kontakt erweist sich als beständig und trägt Früchte. Mitterrand äußert mehrfach den Wunsch, mich jedesmal zu treffen, wenn ich in Paris bin. Meine Befürchtung, ihm Ungelegenheiten zu bereiten, weist er weit von sich: Für seine Freunde habe er immer Zeit. 1982 sehen wir uns beim Kolloquium an der Sorbonne wieder. Er ist überrascht und meint bedauernd: »Sie kommen so oft nach Paris, aber nie rufen Sie mich an.« Ich verspreche ihm, mich das nächste Mal bei ihm zu melden. Schließlich mache ich den Versuch, obwohl ich mir ziemlich sicher bin, an einer jener Hürden zu scheitern, hinter denen sich die Großen und weniger Großen dieser Welt verbergen. Die überraschende Antwort: Der Präsident will mich empfangen.

Ich kann mein Unbehagen kaum verbergen, so eingeschüchtert bin ich von seiner Persönlichkeit und seiner Macht. Anfangs beantworte ich seine Fragen oberflächlich. Ich benötige Zeit, um meine Hemmungen zu überwinden. Allmählich fällt der Druck von mir ab, und ich kann selbstsicher von den Dingen sprechen, in denen ich mich auskenne. Es beeindruckt mich sehr, wie er mir aufmerksam und lächelnd zuhört, als gäbe es nichts, was ihn von mir trennt.

Manchmal treffen wir uns zum Mittagessen in seinen privaten Räumen im Elysée-Palast. Dabei bietet es sich an, daß wir uns über die komplizierten Regeln der Speisegesetze unterhalten: Warum ist dieses Fleisch im Gegensatz zum anderen rituell rein? Warum dürfen wir nicht Fleisch zusammen mit Milchprodukten essen? Worin besteht der Unterschied zwischen den biblischen Geboten und ihrer Auslegung durch die Rabbiner? Und was hat es mit der Unsterblichkeit der Seele auf sich?

Unsere Beziehung wird enger, auch die Freundschaft zu seiner Frau Danielle. Wer sie kennt, ist hingerissen von ihrer Anmut und Aufrichtigkeit. Sie hat feste Standpunkte und kann durchaus selbst überzeugen. Ihr Einsatz für die Menschenrechte hat ihr viel Bewunderung eingebracht, ja, man verehrt sie. Manchmal muß der Präsident sie mit einem Lächeln entschuldigen: »Danielle kann heute leider nicht. Sie ist irgendwo in Lateinamerika oder in Afrika unterwegs.« Oft komme ich kaum zum Essen, so sehr nimmt mich die Unterhaltung in Anspruch. Entweder der Präsident ißt, und ich spreche; oder er spricht, und ich höre zu. Mit Interesse verfolgt er alles, was Marion und ich unternehmen. Er lädt mich ein, ihn zum vierzigsten Jahrestag der Landung der Alliierten in die Normandie zu begleiten. Ich gäbe viel darum, an der Feier dieses Ereignisses teilzunehmen: Es hat das Rad der Geschichte herumgerissen. Doch 1984 fällt das Schawuotfest auf den 6. Mai. (Zur Feier des fünfzigsten Jahrestags wird er seine Einladung erneuern, und diesmal werde ich ihn begleiten.) Ich erkläre ihm, welche Bedeutung Feiertage für uns haben. Alles, was den jüdischen Glauben, was Religionen allgemein betrifft, reizt sein Interesse. Seine Neugier ist echt. Manchmal diskutieren wir stundenlang. Er gäbe einen ausgezeichneten Religionslehrer ab, könnte aber genausogut mit seinem Wissen über Literatur sein Brot verdienen. Er kennt Klassiker und Moderne von Grund auf. Wenn er zitiert, dann stimmen und sitzen die Zitate. Er irrt sich nur selten. Selbst wenn er auf Bibeltexte zu sprechen kommt, bewegt er sich, wie man bei uns sagen würde, wie im Garten seines Elternhauses. Jakob belustigt ihn, Moses beschäftigt ihn, und über Jeremias ärgert er sich: »Dieser Prophet raubt seinem Volk zuerst den Mut, und dann jammert er über seine Niederlage.« Er nennt ihn einen »außerordentlich ehrgeizigen Schreihals, dessen Verbindungen zu den Babyloniern überaus zwiespältig sind«. Ich hingegen mag den Verfasser der Klagelieder. Aus den verschiedenen Auffassungen ergeben sich endlose Diskussionen. Zuletzt schlage ich vor, den Text selbst zu Rate zu ziehen, um zu einem Schluß zu kommen: Vielleicht gelingt es mir auf diese Weise, dem Mann aus Anatot, der mich jedesmal aufs neue erschüttert, bei Mitterrand wieder zu Ansehen zu verhelfen. »Ein andermal«, meint der Präsident. Wird es ein anderes Mal geben?

Wie durch eine stillschweigende Übereinkunft klammern wir die französische Innenpolitik bei unseren Gesprächen aus. Für gewöhnlich halten wir uns daran. Dagegen kommen wir häufig auf die Lage in Israel zu sprechen. Ich erfahre von seiner Bewunderung für David Ben Gurion und den ehemaligen Chef der Palmach, Yigael Allon, von der Achtung, die er - bei aller Zurückhaltung - vor Menachem Begin hat, von seiner Verbundenheit mit Shimon Peres. Obwohl er die Politik von Jitzhak Schamir nicht unterstützt und ihn für einen Extremisten hält, meint er, er würde vielleicht genauso handeln, wenn er Israeli wäre. Er besteht auf der Tatsache, niemals von »besetzten Gebieten« gesprochen zu haben, sondern immer vom Westjordanland, denn das Wort »Besetzung« hat eine besondere Bedeutung für ihn.

Seine Besuche bei uns in New York sind mit unvergeßlichen Erinnerungen verknüpft.

Als er das erste Mal unser Gast war, kam er aus Washington von einem Staatsbesuch bei Ronald Reagan. Der Präsident oder Vizepräsident der Telefongesellschaft rief uns höchstpersönlich an, um uns mitzuteilen, daß man in unsere Wohnung eine besondere Telefonleitung legen würde, die nur für unseren Ehrengast bestimmt sei. Neugierig erkundige ich mich nach dem Grund. Um die Verbindung zur Atomstreitmacht der französischen Armee sicherzustellen, erklärt er mir. Für den Fall ... Halb belustigt, halb beunruhigt, lasse ich den

Apparat zwischen lauter Spielsachen im Zimmer meines noch kleinen Sohnes aufstellen. Als man dem Präsidenten die streng geheime Vorrichtung zeigt, erkläre ich ihm mit aller ihm gebührenden Achtung: Wenn dieses Telefon klingelt, werde ich an den Apparat gehen und sagen: Falsch verbunden. Ich möchte nämlich nicht, daß der dritte Weltkrieg in meiner Wohnung beginnt. Alle sind zufrieden. Nur bei den Nachbarn unserer Wohnanlage herrscht alles andere als Begeisterung: Sicherheitskräfte haben die Straße abgesperrt und einen der Aufzüge außer Betrieb gesetzt.

Immer, wenn Mitterrand bei uns zu Gast ist, laden wir Intellektuelle ein, damit sie ihn kennenlernen können – Künstler, Journalisten, Schriftsteller, Hochschullehrer. In ihrem Kreis fühlt er sich wohler als unter Politikern oder Diplomaten, und durch seine Redegewandtheit und sein umfangreiches kulturelles Wissen weiß er sie zu beeindrucken. Oft wird er mit neidischen Seufzern mit den anderen westlichen Staatschefs verglichen: Weder in Frankreich noch im Ausland wird seine herausragende, wenn nicht gar beherrschende Stellung auf dem Gebiet der Kultur bestritten.

Wir unterhalten uns selten, eigentlich nie über meine Bücher. Ist es schamhafte Zurückhaltung oder eher Taktgefühl? Wenn ich ihm ein neu erschienenes Buch schenke, dreht sich unser Gespräch unvermeidlich um alles, was mit der Veröffentlichung zusammenhängt, aber nicht um das, worüber ich geschrieben habe. Ist es ein Roman, sprechen wir über das Schreiben allgemein. Bei einem Essay über den Talmud verstricken wir uns in ein Gespräch über die augenscheinliche Vielschichtigkeit der Texte, über ihre Stärke, Synthesen zu ziehen, oder über ihren bezaubernden Stil. Und ein Buch über den Chassidismus läßt ihn verschiedene mystische Wege miteinander vergleichen.

Einmal lädt er mich zum Abendessen ein. Doch nicht in seine Wohnung, sondern in ein Restaurant. Wohin gehen wir? Er überlegt einen Augenblick: Ins »Le Train bleu«. Eine Viertelstunde später sind wir da. Am Nebentisch sitzen zwei Leibwächter. Ich frage ihn, ob er sich keine Sorgen um seine Sicherheit mache. »Was soll mir schon passieren?« erwidert er. »Woher sollte ein Terrorist oder Attentäter von unserem Ausflug wissen, wenn ich selbst es vor einer halben Stunde noch nicht gewußt habe?« Sein damaliger Innenminister

Pierre Joxe hat mir später erzählt, Mitterrand habe keine Ahnung gehabt, daß sich unter den Gästen des Restaurants etwa zwanzig Leibwächter und Polizisten befanden. Ob Mitterrand Fatalist war?

Vielleicht überrascht es diejenigen, die ihn besser und längere Zeit kannten als ich, doch ich habe ihn nie Schlechtes über seine Gegner sagen hören. Selbst mitten im Wahlkampf oder während der Zeit der ersten Kohabitation, die für ihn sehr schwierig war, verbot er sich jeden herabsetzenden Angriff auf sie. Freilich erging er sich auch nicht in Lobeshymnen. Und wenn sich sein Gesicht urplötzlich verschloß, spürte ich genau, daß er die eine oder andere Person oder Persönlichkeit nicht mochte. Er konnte seinen bisweilen bissigen Humor und seine Vorliebe für Ironie gezielt einsetzen, doch seine geistreichen Worte waren selten verletzend, sie fügten niemandem Schaden zu - oder bin ich zu parteiisch? Wenn er einmal diesen oder jenen Mitarbeiter oder Berater in meiner Gegenwart neckte, tat er dies immer mit einem Lächeln, manchmal mit einem gezwungenen Lächeln, aber nie mit der Absicht, ihn zu demütigen.

Dennoch kenne ich seine Biographie genügend, um zu wissen, daß er streng, ungerecht, ja erbarmungslos sein konnte, wenn irgend jemand das Pech hatte, ihm in die Quere zu kommen. Er duldete keinen Widerspruch. Und wenn sein Gesprächspartner anderer Meinung war, konnte er ihm nicht zubilligen, möglicherweise recht zu haben. Nun, er war alles andere als ein Heiliger. Und seine Fehler? Wer ist schon fehlerlos? Ich verzeihe ihm jene Fehler, die mir wie vielen anderen aufgefallen sind. Damals wußte ich noch nicht, daß er auch andere hatte ...

Ich weiß, daß er Klatsch liebte (ob politischen oder anderen), doch er zeigte dies nur, wenn wir nicht allein waren. So hat er sich im offiziellen und privaten Leben mit einigen Intellektuellen umgeben, deren Begleitung er schätzte, weil sie ihn mit ulkigen Geschichten über Personen des öffentlichen Lebens unterhielten.

Die Schlichtheit sowohl seines Auftretens als auch seines Charakters gefiel mir. Zu Beginn seiner siebenjährigen Amtszeit kehrte er abends in die Rue de Bièvre zurück. Der Elysée-Palast sei für ihn nur ein Arbeitsplatz gewesen, erklärte er mir, ein Büro zur Führung der Amtsgeschäfte.

Was war seine hervorstechende Eigenschaft? Für manche war es seine Intelligenz. Für andere wiederum seine Zähigkeit. Für mich war es seine Treue gegenüber Freunden. Seine Freunde bestätigten es mir häufig genug: Für ihn ging Freundschaft über alles, sie allein zählte. Er ließ keinen Freund im Stich, selbst wenn dieser einen Fehler begangen hatte. Das gefiel mir und nahm mich für ihn ein. Sicher, das alles war vor den Enthüllungen …

In meinen Aufzeichnungen habe ich die Eindrücke festgehalten, die unsere Treffen bei mir zurückließen. Jedesmal, wenn ich auf der Schwelle zu seinem Amtssitz stand, fiel mir ein, woher ich kam. Was mag den ersten Staatsdiener Frankreichs, einen der bedeutendsten Männer der Welt, an einem Schüler der Jeschiwa von Sighet interessiert haben? Aus Hochachtung und Unbeholfenheit ließ ich ihn lang und breit reden, ohne ihn zu unterbrechen. Sogar bei unseren »Gesprächen« – ich werde später darauf zurückkommen – förderte ich eher seine Redebeiträge, als daß ich selbst meine Gedanken zum Ausdruck brachte. Ich nahm gerne auf, was er mir anvertraute, und hörte genau zu, damit ich die große internationale Politik besser begreifen lernte. Manchmal wurde der Journalist in mir wach und ich neckte mich selbst: Du jagst wohl immer noch einem Scoop hinterher? Nein, an einem Scoop lag mir nichts mehr, ich war neugierig auf den Menschen. Ich sah in ihm ein lebendes Symbol der Résistance und bewunderte seine Geradlinigkeit und seine Redlichkeit. Wenn ich aus dem Elysée-Palast kam, hatte ich das Gefühl, Berührung mit einer jener Persönlichkeiten gehabt zu haben, die die Geschicke der Welt lenken. Dann beeilte ich mich, ins Bristol zurückzukehren und alles in meinem Tagebuch festzuhalten.

Wie steht er zu Gott? »Ich bin Agnostiker«, meint er. Ein seltsamer Agnostiker, den Geheimlehren faszinieren.

Wie reagiert er auf die atomare Bedrohung? Sie beschäftigt ihn, das versteht sich. Ich frage: »Stellen Sie sich das folgende Szenario vor: Spät in der Nacht klingelt Ihr rotes Telefon. Ein General teilt Ihnen mit, die Sowjetrussen hätten eine Atomrakete auf Frankreich abgeschossen. Sie soll in sieben Minuten einschlagen. Was werden Sie tun? Wen rufen Sie zuerst an? Worauf berufen Sie sich, wenn Sie den Befehl zum Gegenschlag geben?« Er schweigt. Ich bleibe beharrlich: »Wissen Sie schon jetzt, was Sie tun würden?« Er leise: »Ja, das weiß ich.« Und sogleich fügt er hinzu: »Aber ich weiß auch, daß wir alles tun müssen, damit es nicht soweit kommt.«

Was für ein Verhältnis hat er zu den Juden? Israel nimmt im politischen Denken von François Mitterrand eine übergeordnete Rolle ein. Er kennt das Land. In seinen Augen wird es überwiegend durch seine Geschichte und weniger durch seine geographische Lage bestimmt. Israel ist für ihn das Land, in dem die Bibel und ihre Gestalten lebendig bleiben, aufeinander eingehen und zu immer neuer Entfaltung gelangen. Ein Ort, wo vielleicht Gott wohnte, sicher aber Abraham, David und Hiskija.

Wie sieht er den Nahostkonflikt? Für ihn besteht die Tragödie darin, daß zwei Völker am selben, größtenteils unfruchtbaren Land hängen. Auf der einen Seite sieht er den historisch begründeten Anspruch der Juden, andererseits auch den der Araber: »Da die Araber sich im Laufe der Jahrhunderte dort niedergelassen haben, ist es auch ihre Heimat«, meint Mitterrand. Deshalb ist die Lage, in der wir uns heute befinden, »unglaüblich verzwickt«: »Da sind zwei Völker, zwei Gottheiten, zwei Religionen, zwei Propheten auf ein und demselben Flecken Erde ...«

Was bedeutet die politische Herausforderung Israels für ihn? Sie reicht weit über die politische Dimension hinaus. Politik befaßt sich nur mit der Gegenwart, in der sie ein Tor in die Zukunft schafft. Israel ist durch seine Vergangenheit bestimmt. Israel, das ist für ihn Jerusalem, und Jerusalem, das ist das Unsagbare. Als er einmal davon träumte, was er nach Ablauf seiner Amtszeit gerne tun würde (seine siebenjährige Amtszeit ging gerade zu Ende), ließ er eine Art Wunsch oder Hoffnung durchblicken: »Ich werde nach Israel gehen, nach Jerusalem. Ich würde dort gerne einige Zeit leben. Und dort schreiben ... Es ist nicht der einzige Ort, der eine ganze Reihe von Sehnsüchten in mir weckt, aber es ist vielleicht der Ort, an dem die meisten geistigen, intellektuellen, historischen und politischen Erfahrungen zusammentreffen.« Ich erzähle ihm, daß ich seit frühester Kindheit mein Leben lang das Lob Jerusalems gesungen habe, Loblieder auf seine Leuchtkraft, seine Ausstrahlung. »Nicht nur in Jerusalem«, antwortete er, »in der ganzen Gegend tritt alles in gesteigerter Form hervor. Man muß sich fragen, warum all diese Völker Jahrhunderte hindurch mit einer solchen Inbrunst ihrem Glauben anhingen. Als besäße dort jeder Stein eine Kraft, als würde dort jedes kleinste Teilchen religiösen Zündstoff in sich bergen ... Dieses Land hat geglüht vor Inbrunst ...«

Was fasziniert ihn mehr, das Volk, das Land oder die Geschichte Israels? Sagen wir: das Schicksal Israels. Alles, was mit dem Judentum zusammenhängt, erregt sein Interesse. Die jüdische Haltung gegenüber dem Tod oder dem Fremden. Das Judentum und sein Verhältnis zum Leiden. Die Rolle des Exils in der Überlieferung. Gibt es eine besondere jüdische Ethik? Kann man Jude sein, wenn man nicht in Israel lebt oder gegen Israel eingestellt ist? Mehr noch: Kann man ohne Anbindung an die jüdische Gemeinde Jude sein? Was bedeutet es folglich genau, Jude zu sein?

Er hat für all diese Fragen eine Antwort. Wie ich auch. Oft stimmen wir nicht überein.

Während ich in den Jahren 1988 bis 1989 und dann im Sommer 1993 meine »Gespräche« mit François Mitterrand vorbereitete,* nahm ich mir vor, das Thema der Erinnerung bis zuletzt aufzusparen. Ich meine die Erinnerung an den Holocaust. Wir haben oft über den Zweiten Weltkrieg gesprochen, auch über die Todeslager, aber nie über Vichy und Pétain. Das war noch vor der äußerst bedauerlichen und für mich damals völlig unbegreiflichen Geschichte mit den Blumensträußen auf Pétains Grab und vor der Veröffentlichung des Buches von Pierre Péan. Mitterrand wußte von den Deportationen, von den Konzentrationslagern, von der Erhebung des Warschauer Ghettos, er wußte alles aus den Untergrundpublikationen. Wußte er auch, was in Vichy gespielt wurde? Wußte er von der Komplizenschaft der französischen Behörden? Wie läßt sich seine Zurückhaltung im Hinblick auf Vichy erklären? Warum sagte er kein Wort zu Pétain? Ich hoffte, der ehemalige Widerstandskämpfer würde es mir eines Tages erklären. Vor der Bousquet-Affäre wußte ich noch nichts von den dunklen Flecken in seiner Vergangenheit.

* Vgl. F. Mitterrand/E. Wiesel, *Nachlese,* Hamburg 1996.

1994 war unsere schwerwiegendste Meinungsverschiedenheit der Besuch Jassir Arafats. Ich hatte einige Wochen zuvor von dem geplanten Treffen Wind bekommen und vertraute mich einem israelischen Freund (Jossi Ciechanover) an. Dieser informierte umgehend Jitzhak Schamir. Schamir wollte es erst gar nicht glauben: »Warum sollte Präsident Mitterrand Arafat empfangen, wo er mich gerade mit soviel Herzlichkeit willkommen geheißen hat?« War Schamir naiv? Ein erfahrener Diplomat hätte verstanden, daß beide Ereignisse miteinander zusammenhingen. Mitterrand hatte ihm einen so herzlichen Empfang bereitet, um sich ein Alibi für die Einladung Arafats zu verschaffen.

Wer war auf diese Idee gekommen? Bei einem unerquicklichen Abendessen mit Jacques Attali (bei dem auch seine Frau Elisabeth, Marion und sein Verleger Claude Durand zugegen waren), beanspruchte Attali die geistige Urheberschaft für dieses Treffen. Was hatte ihn dazu bewegt? Die Dinge im Nahen Osten sollten in Bewegung kommen. Die Regierung Schamir sollte unter Druck gesetzt werden. Man wollte Israel vor seiner eigenen Politik retten. Für Attali verkörpert Israel die Heilige Schrift, mit anderen Worten den Sieg des Geistes, die Macht seiner ethischen Botschaft. Folgerichtig ging er so weit zu sagen, seine Wahl stünde fest, wenn er sich zwischen dem Staat Israel und der Schrift Israel zu entscheiden hätte ... Um bei der Wahrheit zu bleiben und ihm nicht Unrecht zu tun, muß ich hinzufügen, daß wir uns in der Zeit der Intifada befanden. Seiner Meinung nach lief Israel Gefahr, seine Seele zu verlieren - und ich meine Glaubwürdigkeit, wenn ich mich nicht öffentlich gegen Israel wendete.

Später vertraute mir Attali an, daß er dem Besuch des PLO-Chefs durchaus mit gemischten Gefühlen entgegengesehen und darunter gelitten habe. An jenem Tag (zufällig war es der Tag des Gedenkens an den Holocaust) hatte er eine schwarze Krawatte angelegt.

Fest steht, daß Mitterrand von bestimmten jüdischen (und nichtjüdischen) Intellektuellen darin bestärkt wurde, Arafat die Hand zu reichen. Man hat dem Präsidenten wohl gesagt: Wenn amerikanische Juden und Juden anderer Nationen Arafat treffen, warum wollen Sie sich weiter gegen eine Begegnung sperren?

Ich hingegen war sowohl aus persönlichen als auch aus objektiven Gründen gegen ein Treffen. Ich spürte, daß der Präsident dabei war, einen Fehler zu begehen, der Israel und den jüdischen Gemeinden, aber auch ihm selbst schaden könnte. Und vor den Journalisten, die mich sogleich in Manhattan aufsuchten, um meine Reaktionen einzufangen, verbarg ich meinen Kummer und meine Enttäuschung nicht: »Meiner Ansicht nach hat Arafat es noch nicht verdient, im Elysée-Palast empfangen zu werden. Noch ist Zeit, die Einladung rückgängig zu machen. Wenn es der Präsident für zweckmäßig hält, soll er meinetwegen die Kontakte zwischen Frankreich und der PLO enger gestalten, das ist sein gutes Recht. Soll doch sein Außenminister oder der Premierminister mit Arafat verhandeln – aber nicht der Präsident der Republik ...« Hinter meinen höflichen und wohlmeinenden Worten blitzte jedoch Enttäuschung auf. Ich machte mir nichts vor: Unsere Freundschaft stand auf dem Spiel. Jemand aus Paris riet mir zu einem vertraulichen Gespräch mit Mitterrand. Ich fragte: »Und wenn es mir gelingt, den Präsidenten zu überzeugen, wird er seine Einladung zurückziehen?« Die Antwort lautete: »Nein. Es ist zu spät. Arafat wird kommen.« Also blieb ich in New York.

Ich schreibe diese Zeilen Ende 1995. In der Zwischenzeit hat der Händedruck von Rabin und Arafat das Bild und die Rolle des Palästinenserführers verändert. Der neue Bürger Gasas und Präsident des palästinensischen Autonomierates ist in den Augen der Öffentlichkeit ein gemäßigter Politiker. Für die Regierung von Shimon Peres ist er der einzige verläßliche Gesprächspartner. Aus dem Terroristen von gestern ist ein Verbündeter Israels geworden. Um so besser! Ich unterstütze ihre Politik der Versöhnung und ihre Bemühungen um Frieden von ganzem Herzen. Aber den Besuch Arafats im Elysée-Palast halte ich noch immer für einen Fehler. Mit seiner blutigen Vergangenheit und jenem Passus in der Charta der PLO, der die Auslöschung Israels ausdrücklich festlegte, war der PLO-Führer eines solchen Empfangs noch nicht würdig. Nein, eine solche Aufmerksamkeit hatte er nicht verdient. Man erklärte mir, ich müsse bestimmte protokollarische Einzelheiten berücksichtigen: Es habe nicht sieben, sondern nur drei motorisierte Polizisten als Begleitschutz gegeben, keinen roten Teppich, keine Begrüßung durch den

Außenminister oder Protokollchef, sondern nur durch einen Beamten ... Aber was soll das? Hier ging es doch um das Bild, um die Symbolträchtigkeit, und nicht um Einzelheiten.

Kaum hat Arafat Paris verlassen, erhalte ich einen Anruf aus dem Elysée-Palast. Der Präsident wünscht mich zu treffen. Es ist wichtig. Ich lasse alles stehen und liegen. Gespannt treffe ich bei ihm ein. Der Präsident will mir seinen Schritt erklären: »Versuchen Sie mich doch zu verstehen. Ich bin kein Israeli, auch kein Zionist. Ich bin für die französische Politik verantwortlich, und die muß auf die arabische Welt Rücksicht nehmen.« Er erzählt mir von seinem Treffen mit Arafat. Der PLO-Führer kennt sich aus in seinem Fach, er wußte, wie er seinen Gesprächspartner für sich einnehmen konnte. Er erzählte Mitterrand vom Tod seines Bruders, den man wie einen Dieb irgendwo in Ägypten verscharrt hat. Und der Terrorist Arafat? Er sagt sich vom Terrorismus los. Und was ist mit der niederträchtigen Charta der PLO? Nichts als tote Buchstaben. »Unwirksam«. Diese Bezeichnung wurde im Arbeitszimmer des Präsidenten vorgeschlagen, man erwog sie und verständigte sich schließlich darauf ...

Was Präsident Mitterrand damals nicht wußte (hat er es je erfahren?): Während Arafat sich ihm friedliebend, wenn nicht gar pazifistisch zeigte, plauderte sein Stellvertreter Faruk Khadumi im Vorzimmer mit hohen französischen Regierungsmitgliedern und erklärte ihnen mit verblüffender Offenherzigkeit: »Der Alte spricht ins Blaue. Die Palästinenser lehnen jeden Kompromiß ab. Wir wollen nicht einen Teil von Palästina. Wir fordern ganz Palästina.«

Mitterrand glaubt weiter, er habe zum Wohle Israels gehandelt, und niemand hat das Recht, daran zu zweifeln. Als ihn jüdische Extremisten angreifen, wiederholt er mehrfach: »Eines Tages wird man sehen, wer der wahre Freund Israels ist.« Denn er legt Wert auf sein besonderes Verhältnis zum israelischen Volk und bekräftigt es vor mir. Hat er nicht als erster französischer Präsident einen Staatsbesuch in Jerusalem gemacht? Hat er sich nicht vor der Knesset für einen palästinensischen Staat ausgesprochen? Warum wirft man ihm das jetzt vor? Unter strengster Geheimhaltungspflicht berichtet er mir von verschiedenen Aktionen für den jüdischen Staat, die er seit 1981 unternommen hat. Wie kann man nur auf den Gedanken kommen, er sei kein Verbündeter Israels oder er sei keiner mehr?

Nach seiner Überzeugung erging die Einladung an Arafat zum Wohle Israels. Obwohl ich seine Einschätzung nicht teile, maße ich mir nicht an, ihm schlechte Absichten zu unterstellen: Ich weiß, daß er in gutem Glauben handelte und weder psychologisch noch moralisch fähig ist, Israel zu schaden.

Welches Verhältnis hat er zu Arafat und dessen Vergangenheit? Er vertraute ihm. Nicht vollständig, doch genug, um nicht an seiner Aufrichtigkeit zu zweifeln. Sollte er kurz darauf seine Meinung über ihn geändert haben? Nach dem Sturz Nicolae Ceausescus wunderte sich Mitterrand über den letzten aufsehenerregenden Kongreß der kommunistischen Partei, zu dem der rumänische Diktator eingeladen hatte: »Wer hätte gedacht, daß Arafat dort eine Art Ehrengast wäre ...« Er wollte, daß ich es ihm erkläre. Ich erwiderte ihm, das könne er selbst am besten.

Was den Besuch Arafats betrifft, so hat er mich nicht überzeugt, aber ich habe ihn deshalb nicht verurteilt. Man kann einen Menschen nicht an einer einzigen Handlung messen. Es zählt vielmehr sein ganzes Leben. Unter diesem Blickwinkel – die Bousquet-Affäre lag noch in ferner Zukunft – hielt ich François Mitterrand weiterhin für einen mit Israel in treuer Freundschaft verbundenen Staatschef und erklärte dies auch öffentlich. Wer hätte seine Teilnahme an der Demonstration nach der Schändung des jüdischen Friedhofs in Carpentras vergessen? Oder seinen zweiten Staatsbesuch in Israel? Oder – eine symbolische Geste – seinen Beschluß, den 16. Juli zum nationalen Gedenktag für die jüdischen Opfer der Internierung im Vel d'hiv zu erklären? Oder seine zahlreichen Erklärungen gegen Rassismus und Antisemitismus?

Unsere Freundschaft brachte mir eine Menge Kritik und Vorwürfe von jüdischen Extremisten ein. Man fragte mich nach unserer Freundschaft, und manchmal waren die Fragen kaum zu ertragen. Sie erschienen mir unbegründet, und ich bedauerte sie.

Bedauerlich, ja gräßlich waren die Beleidigungen, die von den fanatischen Extremisten der Rue des Rosiers verbreitet wurden. Beklagenswert und beschämend das Geschrei, mit dem ein Mann gekränkt wurde, der so viel dafür getan hat, um der jüdischen Gemeinde näher zu kommen.

In dieser Zeit interviewt mich eine der besten Journalistinnen von Paris, Elisabeth Schemla, für den *Nouvel Observateur.* Sie fragt mich, ob ich François Mitterrand noch immer vertrauen würde. Meine Antwort ist unmißverständlich: »Ich habe keinen Zweifel daran, daß für den Menschen Mitterrand das Existenzrecht Israels unantastbar ist. Seine Loyalität steht für mich außer Frage. In der Stunde der Wahrheit, wenn alle Masken fallen, ist François Mitterrand ein Freund des jüdischen Volkes und des Staates Israel. Wenn das nicht so wäre, würden wir uns wohl kaum noch treffen.«

Und wir besuchen uns weiterhin.

Eine Frage bleibt offen: Hat er mich benutzt? Hat er sich unserer Freundschaft als Alibi gegenüber der jüdischen Gemeinde bedient, wie er sich nach dem Staatsstreich in Moskau meiner bediente, um Gorbatschow seine Unterstützungserklärung zukommen zu lassen? Man sagt es. Doch ich glaube es nicht.

Sommer 1991. Ich verbringe die letzten beiden Augustwochen mit Marion und Elisha der Côte d'Azur.

Beim Frühstück erfahre ich von der Festnahme Michael Gorbatschows. Es ist Montag früh. Ist dies das Ende der Perestroika? Wäre die Geschichte, um es marxistisch-leninistisch auszudrücken, umkehrbar? Werden wir eine Wiederkehr der Breschnew-Doktrin erleben? Oder die Auferstehung des Stalinismus vielleicht? Aufgeregt verfolge ich die Nachrichten auf allen Sendern. Besorgniserregende Gerüchte werden laut: Das Leben des sowjetischen Staatschefs soll in Gefahr sein. Auch das Boris Jelzins. In den Hauptstädten des Westens wächst die Unruhe. Handelt es sich um einen Staatsstreich des Militärs? Niemand weiß, worauf das Ganze hinauslaufen wird. Es stimmt also: Wenn sich in Moskau etwas bewegt, zittert die Welt. Am Nachmittag erhalte ich einen Anruf aus New York: Jack Lang möchte sich dringend mit mir treffen. Natürlich sprechen wir über die Lage in der UdSSR. Die Befürchtungen scheinen sich zu bewahrheiten: Der Demokratisierungsprozeß droht gestört, unterbrochen, ja, gewaltsam beendet zu werden. Beunruhigt, doch wie immer voller Ideen und überschäumender Phantasie äußert der Kulturminister den Wunsch, ich möge unverzüglich nach Paris kommen. Gemeinsam mit ihm soll ich den Vorsitz eines internationalen Komitees zur Rettung der Demokratie in der Sowjetunion übernehmen. Ich bin einverstanden. In aller Eile stellen wir eine Liste mit Persönlichkeiten zusammen, die nicht darin fehlen sollten. Morgen werden wir das Komitee der Presse vorstellen. Dann rückt er mit einem zweiten Anliegen heraus: Ich soll Gorbatschow und Jelzin eine Note des Präsidenten der Republik überbringen, in der er ihnen seine Unterstützung zusagt. Warum ausgerechnet ich? Die Erklärung leuchtet ein: Gorbatschow ist Friedensnobelpreisträger, und ich bin es auch. Nichts liegt näher, als wenn ein Preisträger dem anderen zu Hilfe eilt. Da gibt es für mich nichts zu überlegen, ich willige sofort ein.

Die politischen Gegner Mitterrands werden später behaupten, beide Unternehmen hätten das Ziel gehabt, den Fehler auszumerzen, den er Montag abend im Fernsehen begangen hatte. Dort hatte er wohl angedeutet, es könne sich in Moskau nur um eine vollendete Tatsache handeln, und sogar einen Brief verlesen, den er von General Genadij Janajew, dem Anführer des Staatsstreichs, erhalten hatte. War ich ein Opfer von Machenschaften auf höchster Ebene geworden? Der Präsident erklärte mir, er habe von Anfang an eine Doppelstrategie verfolgt: Einerseits verlas er die Versprechen der Putschisten (ohne sie zu begrüßen), andererseits sandte er mich mit der vertraulichen Botschaft zu ihren Gefangenen oder Opfern. Heißt das, daß er anfänglich an die Möglichkeit eines – vielleicht auch nur vorläufigen – Sieges der Putschisten glaubte? Zu Beginn war die Lage undurchsichtig. »Die Franzosen mußten beruhigt werden«, erklärte mir François Mitterrand, als er mir die Botschaft anvertraute, die ich in seinem Namen in Moskau übermitteln sollte: »Es ging darum zu zeigen, daß Frankreich auf alle Eventualitäten vorbereitet ist.«

In aller Bescheidenheit tue ich mein möglichstes, um ihm zu helfen. Zur Pressekonferenz im Kulturministerium ist eine große Zahl Journalisten gekommen. Yves Montand, Jorge Semprún, Jack Lang geben politische Erklärungen ab, zeigen ihre Empörung und ihre Entschlossenheit. Sie nehmen kein Blatt vor den Mund. In wenigen Sätzen erkläre ich meine Haltung: »Begegnen wir dem Mann, der das Schweigen in der Sowjetunion gebrochen hat, nicht mit Schweigen.«

Schnell kehre ich an die Côte d'Azur zurück, um mein Gepäck zu holen. Elisha und Marion sind keineswegs überzeugt, daß es vernünftig ist, nach Moskau zu reisen. Ich meine, einen solchen Auftrag dürfe man nicht ablehnen. Gorbatschow verdient es, daß Mitterrand ihn unterstützt, und Mitterrand verdient es, daß ich bereit bin, sein Gesandter zu sein. Mein Sohn diskutiert gerne und mit großer Überzeugungskraft, doch diesmal gibt er bald nach.

Während ich meinen Koffer packe, erkundigt sich Marion nach den praktischen Umständen meines Auftrags. Ein Flugzeug soll mich am nächsten Tag abholen. »Hast du deinen Paß?« – »Ja, hab ich.« – »Und das Einreisevisum?« Mist, daran habe ich nicht gedacht. »Glaubst du, die lassen dich ohne Visum einreisen?« Sie hat natürlich recht. Ich stürme zum Telefon und rufe Jack Lang an, der telefoniert mit dem Elysée-Palast, der Elysée-Palast mit der sowjetischen Botschaft. Dort schweigt man. Offenbar will sich Botschafter Juri Dubinin nicht zu weit aus dem Fenster lehnen, solange die Angelegenheit nicht klar ist. Seinen Mitarbeitern geht es ebenso. Stunden vergehen, bis es gelingt, einen Botschaftsrat aufzutreiben. Er erkundigt sich, ob ich mein Ersuchen um ein Visum beim Konsulat eingereicht hätte. Was für eine Frage, er kennt doch die Antwort! In diesem Fall könne er mir leider kein Visum ausstellen. Zum Glück gibt es schon das Fax. Und die Paßbilder? Wir suchen schnell einen Fotografen und lassen welche machen. Dann teilt mir der sowjetische Botschaftsrat mit, nur Moskau könne ein Visum ausstellen. Und das dauere seine Zeit. Wie lange? Mindestens ein paar Tage. Im Elysée-Palast ist man außer sich und schlägt mir vor, ohne Visum zu fliegen. Ich springe auf. Ohne Visum? Als ehemaliger Flüchtling sträubt sich alles in mir: »Niemals! Hören Sie: Niemals! Selbst mit einem ordentlich ausgestellten Visum zittere ich vor jeder Grenzkontrolle, und da glauben Sie, ich würde ohne den wundersamen Stempel eines unbedeutenden Konsulatsbeamten nach Moskau (nach Moskau!) reisen?!« Als ob es keinen Gulag gegeben hätte oder nur in der Phantasie von Solschenizyn! Im Elysée-Palast beruhigt man mich: Wenn ich mit einem Regierungsflugzeug reise, habe ich nichts zu befürchten, kann mir nichts geschehen. Ich bin kein Held, und mein Herz rät mir, dazubleiben und mich nicht unnötig in Gefahr zu begeben. Aber ich schäme mich, meine Feigheit zu gestehen, und fliege deshalb ohne Visum nach Moskau.

Außerdem teilt man mir mit, daß ich nicht alleine reisen würde.

Jean Lecanuet und Michel Vauzelle sollen mich begleiten. Sie sind in einer besseren Lage als ich: Ihre Visa warten bei der Ankunft auf sie. Jean Lecanuet reist als Vertreter des Senats, Michel Vauzelle als Vertreter der Nationalversammlung. Ich habe den Auftrag, die Botschaft des Präsidenten zu übermitteln. Vorausgesetzt natürlich, man läßt mich einreisen und nimmt mich nicht fest ...

Nach der Landung stellt sich heraus, daß ich mir tatsächlich umsonst Sorgen gemacht habe. Trotz der späten Stunde erwartet uns eine eindrucksvolle Begrüßungsdelegation. Der Botschafter von Frankreich gibt uns einen Bericht über die Ereignisse: Der Staatsstreich ist gescheitert. Gorbatschow soll am nächsten Tag nach Moskau zurückkehren. Wir verbringen die verbleibenden Nachtstunden in der französischen Botschaft. Wir kommen in den Genuß aller Annehmlichkeiten, werden mit ausgesuchter Höflichkeit und Liebenswürdigkeit betreut. Trotz unseres überraschenden Besuches scheint alles bis ins kleinste vorbereitet zu sein, als hätte man uns seit langem erwartet. Mit ein wenig Glück und Überredungskunst werden wir am nächsten Tag die Möglichkeit haben, unsere Mission zu erfüllen.

Ein Angehöriger der Botschaft hat bereits Kontakt zu den Mitarbeitern Jelzins und zu einem hohen Funktionär im Kreml aufgenommen. Auf höchster Ebene weiß man also schon Bescheid über unseren Besuch und unsere Absicht.

Ein Botschaftsrat kümmert sich um die Formalitäten. Alles ist so unkompliziert, wie auf russisch guten Abend zu sagen. Im Grunde gibt es keine Formalitäten zu regeln. Ich traue mich nicht zu erwähnen, daß ich kein Visum besitze. Es fragt auch niemand danach. Ich erinnere mich nicht einmal mehr daran, ob überhaupt jemand meinen Paß sehen wollte.

Am Morgen werden wir ins »Weiße Haus« gebracht. Dort, im russischen Parlament, hat uns Jelzin mit allen uns zustehenden Ehren empfangen.

Auf der rasanten Fahrt durch die Hauptstadt gewinnen wir den Eindruck, alles gehe seinen gewohnten Gang. Abseits des Parlamentsviertels scheint alles friedlich zu sein und noch zu schlafen. Es herrscht Ruhe. Wo ist denn die revolutionäre Stimmung, von der die Medien berichteten? In Paris 1968 war viel mehr los. Hier und da stehen Frauen vor einem Laden Schlange. Auf den Hauptverkehrsadern sind Taxis unterwegs. *Business as usual*, würde man in den Vereinigten Staaten sagen. Ein Morgen wie jeder andere. Nichts deutet darauf hin, daß die Stadt mitten in einem Umsturz, einer Krise oder einer »historischen« Bewährungsprobe steckt. Es ist, als wäre nichts Besonderes geschehen.

Erst beim Parlamentsgebäude bemerken wir die Unruhe. Viele Soldaten stehen untätig herum, während vorwiegend junge Menschen sich in zahlreichen Gruppen zusammengefunden haben. Wie im Quartier latin, als sich die Achtundsechziger um Daniel Cohn-Bendit scharten: Man diskutiert, man baut die Welt um und erfindet den Menschen neu.

Das Parlament tagt. Der Saal ist überfüllt. Die Abgeordneten haben seit Beginn des Putsches kein Auge zugetan. Auf etlichen Bänken sind junge »Revolutionäre« eingenickt. Da auf der Galerie kein Platz ist, zwängt man uns zwischen die Abgeordneten. Auf dem Podium nimmt Jelzin an einer erregten Debatte teil. Ich weiß nicht, worum es geht, und denke darüber nach, daß ich ebenso wie die neben mir sitzenden Abgeordneten abstimmen könnte: Ich bräuchte nur einen der drei Knöpfe vor mir zu drücken.

Man wartet auf die Ankunft von Gorbatschow, doch nach mehrmaligen falschen Ankündigungen rechnet niemand mehr mit seinem Erscheinen. Außerdem verläßt auch Jelzin die Sitzung. Vor dem Gebäude findet eine Demonstration statt. Vom Balkon aus halten zehn hitzige Redner Ansprachen an die ständig wachsende, Beifall spendende Menschenmenge.

Plötzlich sehe ich Eduard Schewardnadse. Von Jelzins Anhängern gemieden, zeigt er ihnen die kalte Schulter und hält sich abseits der Menge und ihrer Aufwiegler. Er steht allein da, ein Einzelkämpfer, der sich aus allem raushält und nachdenkt. Der mutige Außenminister der Perestroika zählt beinahe nicht mehr. Als wäre er gar nicht da. Ein *has been*, würden die Amerikaner sagen, die pragmatisch, aber boshaft auf treffende Worte ebensoviel Wert legen wie auf Tatsachen. Als unsere Blicke sich begegnen, stürmen wir aufeinander zu und umarmen uns. Er lädt mich und die beiden Parlamentarier für den frühen Nachmittag zu sich ein. Ich sage zu ihm: »Ich habe Sie vorhin beobachtet. Sie schienen traurig, nachdenklich zu sein.

Was ist der Grund? Es ist doch alles gutgegangen. Der Putsch ist gescheitert, die Perestroika gerettet. Gorbatschow bleibt an der Macht. Die Freiheit hat sich durchgesetzt, die Demokratie trägt den Sieg davon. Sie sollten doch glücklich sein?« Er räumt ein, daß er nicht glücklich ist. Wie könnte er auch? Es steht überall schlecht im Land. Die Sowjetunion befindet sich in Auflösung. Es herrscht Elend. Wenn keine Hilfe aus dem Westen kommt, droht eine Hungersnot. Ja, man müsse auf alles gefaßt sein, sogar auf das Schlimmste. Wir fragen ihn, was er Gorbatschow anlaste, den er in einem Interview mit überraschender Offenheit kritisiert hatte. Ja, er ist verärgert über ihn. Er hätte nicht auf die Krim in Urlaub fahren dürfen. Er hätte sich der Gefahr eines Putsches bewußt sein und Vorkehrungen treffen müssen. Sicher gibt es für seinen Ärger noch andere Gründe, über die er lieber schweigt. Um ihn ein wenig aufzuheitern, frage ich ihn vor unserem Abschied: »Werde ich Sie eines Tages als Präsident anreden müssen?« – »Niemals«, erwidert er lachend: »Ich habe gesehen, was einem die Macht einbringt. Darauf kann ich gerne verzichten.«

Sein Amtsantritt als Präsident seines Heimatlands Georgien hat mir auf angenehme Weise eine volkstümliche Redensart bestätigt: Ein Politiker soll niemals nie sagen.

Auf Gorbatschows erster Pressekonferenz nach seiner Rückkehr von der Krim geht es stürmisch zu. Er gibt einen bewegenden Bericht von seiner Lage. Man wagt kaum zu atmen, während er spricht, ist ganz eingenommen von seinem Mut. Er erzählt vom Verrat seiner Genossen, von der Isolierung, in die er und seine engsten Vertrauten sich getrieben fühlten. Von der Videokassette, die er einem Getreuen anvertraut hat. Einer der beiden mächtigsten Männer der Welt ist von der Welt abgeschnitten: Das kann man sich eigentlich gar nicht vorstellen. Hätte sich eine kleine Gruppe von Leibwächtern nicht absolut loyal verhalten, er wäre gestürzt worden. Doch warum hielt er es für notwendig, den Kommunismus zu verteidigen? Die Enttäuschung im Saal ist spürbar. Man hört ihm zwar noch zu, aber nicht mehr so wie früher. Ahnt er, daß dies der Anfang des Endes für ihn sein würde?

Der französische Botschafter fährt uns zu ihm. Drei Sperrgürtel schwerbewaffneter Sicherheitskräfte beschützen den Zurückgekehrten. In seinem Gesicht sind die Spuren der Erschöpfung, der schlaflosen Nächte und vielleicht der Bitternis zu sehen. Seine Erscheinung bewegt mich so sehr, daß ich nicht höre, was Michel Vauzelle und Jean Lecanuet ihm sagen und er ihnen antwortet. Ein französischer oder russischer Student ist unser Übersetzer. Bei mir bedankt er sich für die weite Reise, die ich auf mich genommen habe. Ich überbringe ihm Mitterrands Botschaft. Dann füge ich hinzu, wie froh ich bin, die weite Reise gemacht zu haben. Als Jude bin ich es ihm schuldig: War es nicht sein Verdienst, daß die Juden in der UdSSR nach Israel ausreisen konnten? Es kann sein, daß ich mich täusche, doch mir kommt es vor, als füllten sich seine Augen mit Tränen. Rasch faßt er sich wieder und entgegnet: »Ich weiß, wer Sie sind, doch ich wußte nicht, wie groß Ihr Einfluß ist ...« Auf meinen erstaunten Blick hin erklärt er lächelnd: »Sie müssen für Präsident Mitterrand von sehr großer Bedeutung sein, sonst hätte er mich nicht dreimal wegen Ihnen angerufen.« Für einen Augenblick bin ich versucht, ihm zu erwidern: »Und doch bin ich auch der Mann, der Ihnen jahrelang geschrieben hat, um Dissidenten wie Schtscharanski, Sacharow, Slepak und Nudel zu unterstützen ... derselbe, der Sie jahrelang anflehte, sich persönlich und am besten über das Fernsehen gegen den Antisemitismus auszusprechen, der in Ihrem Land noch immer grassiert. Keinen meiner Briefe haben Sie beantwortet ...« Aber dies ist nicht der Zeitpunkt dafür. Er ist zu angegriffen. Wir werden bei einer anderen Gelegenheit darüber sprechen.

Als wir wieder im Flugzeug nach Frankreich sitzen, versuche ich darüber nachzudenken, was ich gesehen und erlebt habe: den Volkshelden Jelzin, die Passivität der Moskauer, die Gefühlsbewegung bei Gorbatschow. Vor allem über Gorbatschow denke ich nach. Ich habe selten einen so ernüchterten, so einsamen Mann gesehen. Er hatte geglaubt, er hätte Freunde. Fast alle haben ihn verraten. Seine Mitstreiter haben ihn fast alle verlassen, seine Mitarbeiter verleugnet. Und schlimmer noch: Er glaubte, über große Macht zu verfügen. Von dieser Macht ist nichts geblieben als die Illusion und die Erinnerung. Und seine Religion, der Kommunismus, hat Bankrott gemacht. Was bleibt ihm noch außer Trümmern?

In meinem Bericht, den ich nach meiner Rückkehr aus Moskau für Präsident Mitterrand schreibe, erweist sich meine ganze Unbedarftheit in der Außenpolitik: Gorbatschow sei nicht am Ende, versichere ich. Er würde die Zügel wieder fest in die Hände nehmen. »Und Jelzin?« erkundigt sich der Präsident. »Jelzin? Hat keine Chance!« lautete meine Antwort.

Und Mitterrand? Er bleibt an der Macht, doch die Bevölkerung ist nicht gut auf ihn zu sprechen. Bei Meinungsumfragen verliert er dramatisch an Popularität. Seine eigene Partei scheint ihm den Rükken zu kehren. Ich höre noch, wie einige sozialistische Führer sagen: »Früher war er uns hilfreich. Jetzt ist er ein Hindernis.« Andere gehen noch weiter: »Früher war er die Lösung, jetzt ist er das Problem.« Und darüber hinaus gibt es welche, die sagen: »Wenn wir die Wahlen verlieren, ist es seine Schuld.«

Das alles ist ungerecht. Und, gelinde gesagt, enttäuschend. Wenige können sich rühmen, seinen weltpolitischen Weitblick zu besitzen. Doch die Götter scheinen ihm ihre Gunst entzogen zu haben. Biblisch ausgedrückt: »Die Gnade ist von ihm gewichen.« Früher liebte man selbst seine Schwächen, jetzt mißbilligt man sogar seine Tugenden.

Bis zur Bousquet-Affäre dachte ich, die Geschichte würde für ihn sprechen. Seither glaube ich es nicht mehr. Ich sage dies mit großer Traurigkeit. Sobald der Name René Bousquet fällt, kommt einem nun automatisch ein anderer Name in den Sinn: der seines Freundes Präsident Mitterrand.

Wie ein Donnerschlag platzte die Bousquet-Affäre in den September 1994, so als sollte sie ankündigen, daß die hohen jüdischen Feiertage Rosch ha-Schana mit ihrem Bangen ins Haus standen.

Ich war gerade in Paris, um den ersten Teil meiner Erinnerungen *Alle Flüsse fließen ins Meer* beim Verkaufsstart zu begleiten. Während ich bei France-Inter auf ein Interview im Mittagsmagazin warte, höre ich jemanden über Pétain und Mitterrand sprechen. Das ist Pierre Péan, sagt man mir. Der sympathische Mann ist für seine Ausgewogenheit bekannt, doch seine Ausführungen bringen mich in Verlegenheit. Wie kann er Mitterrand in einem Atemzug mit

Pétain nennen? Während ich zuhöre, ahne ich noch nicht, daß Péans Auftritt im Radio der Auslöser dafür werden sollte, daß ich mich vom Präsidenten der Republik entfernt habe.

Noch bevor ich Péans Buch *Eine französische Jugend** gelesen habe, erlebe ich ein Gewitter in den Medien, das seinen Enthüllungen eine Tragweite gibt, die mich fast an die Anfänge des Watergate-Skandals erinnern.

Meine erste Reaktion: Ich bin wie vor den Kopf gestoßen. Ich kann nicht glauben, was ich lese. Es scheint mir undenkbar, daß ein Mann wie François Mitterrand nicht nur seine Vergangenheit unter der Vichyregierung verschleiert, sondern auch vertrauliche Beziehungen zu ehemaligen Mitgliedern der Cagoule, des rechtsextremen Geheimbundes in Frankreich, unterhalten und mit René Bousquet Freundschaft geschlossen haben soll, jenem ständig von SS- und Gestapo-Leuten umgebenen französischen Polizeichef, der die Deportation der französischen Juden organisiert hatte. Nein, das alles paßte nicht zu dem Mann, dessen Charakter und Leben ich so gut zu kennen glaubte.

Von Zeit zu Zeit waren mir natürlich üble Gerüchte zu Ohren gekommen. Nicht immer wurde deutlich, worum es ging. Manchmal handelte es sich nur um ein kurzes, beredtes Lächeln oder einen Satz, der in der Schwebe blieb. Wie jedermann hielt ich diesen Klatsch für Stimmungsmache seiner Gegner der Rechten. Ich fragte mich, was man noch alles aushecken würde, um ihm zu schaden. Und wie es die Ethik des Talmud vorschreibt, wies ich solche verleumderischen Äußerungen von mir und weigerte mich, auf sie einzugehen. Denn das rabbinische Gesetz verbietet es nicht nur, Verleumdungen von sich zu geben, sondern auch, ihnen zuzuhören.

Mit Péans Buch steht es allerdings anders. Hier handelt es sich nicht um Verleumdungen. Angesichts seiner und der seinem Buch folgenden Enthüllungen kann ich meine Haltung unmöglich beibehalten: Wie soll ich einen Politiker verteidigen, der René Bousquet hochhält, einen Mann also, dem in der Vergangenheit Verbrechen gegen die Menschlichkeit angelastet und nachgewiesen wurden? Der Präsident findet ihn auch noch »sympathisch«; er »freute sich«,

* Paris 1994. Deutsch: München 1995.

wenn er ihn traf! Ist das alles, was er zu dem früheren Komplizen der SS zu sagen hat? Gegenüber Nicole Leibowitz-Boulanger vom *Nouvel Observateur* gestehe ich, wie sehr mich das bedrückt und wie verletzt ich mich fühle. Ich wiederhole es im Fernsehen und vor den Besuchern meiner Lesungen in Nancy und Lille. Aber ich bin nicht bereit, weiter zu gehen. Ich belle nicht mit der Meute, erst recht nicht, wenn der Betroffene krank, schwer krank ist. Dennoch werde ich von der Öffentlichkeit angefeindet. Hier und da wird mir erklärt, man könne nicht begreifen, wie ich der Freund des Freundes von Bousquet sein konnte. Ich entgegne: »Die Freundschaft des Präsidenten ehrt mich; der Präsident verdient es, daß ich abwarte, was er dazu zu sagen hat. Wir werden so bald wie möglich darüber sprechen.« Doch die hohen Feiertage rücken näher, und ich muß zu Rosch ha-Schana in den Vereinigten Staaten zurück sein.

In New York holt mich das Beben ein, das ein Fernsehinterview Jean-Pierre Elkabbachs mit Mitterrand ausgelöst hat. Ich bin ebenso schockiert wie die französische Öffentlichkeit und teile ihre Schmach. In der französischen Presse erscheinen auch kränkende Kommentare, sie stammen ausgerechnet von Leuten, die bisher stets wohlwollend über ihn berichteten und zu ihm hielten. Überall stoße ich auf ernüchterte Fragen. Wie bitte, dieser kluge, aufmerksame, über alles informierte Mann will tatsächlich nichts von den antijüdischen Gesetzen des Vichyregimes gewußt haben? Die Plünderungen, die Verfolgungen, die Verhaftungen, die Aushebungen – von alldem will er nichts bemerkt haben? Vom Vel d'hiv will er keine Ahnung gehabt haben, ausgerechnet er, der immer über alles auf dem laufenden sein will? Wenn er aber Bescheid wußte, ist es dann vorstellbar, daß er alldem gleichgültig gegenüberstand? Das wäre ja noch tausendmal schlimmer! Ich leide unter diesen Fragen. Es wird von Tag zu Tag schlimmer. Nachdem ihn zahlreiche politische Verbündete und persönliche Freunde verlassen haben, verwahrt sich François Mitterrand gegen die Vorwürfe, statt der Sache ins Auge zu sehen. Letzteres hatte ihm, wie man mir sagte, eine enge Mitarbeiterin vorgeschlagen. Sie zog damit den Zorn des Präsidenten auf sich. Noch am selben Tag unterbreitete die fragliche Mitarbeiterin ihm ihr Rücktrittsgesuch. Der Präsident lehnte es ab. Was muß geschehen, damit er begreift, in was er sich verwickelt?

Ich rufe Anne Lauvergeon an, die Nachfolgerin Attalis im Vorzimmer des Präsidenten. Sie ist liebenswürdig, verschwiegen und von herausragender Klugheit. Dazu noch überaus durchsetzungsfähig. Sie versteht meine tiefe Bestürzung und schätzt meine Zurückhaltung. Wir vereinbaren ein Treffen mit dem Präsidenten in der Woche von Sukkot.

Er empfängt mich mit denselben freundschaftlichen Gefühlen wie früher, ja, seine Zuneigung ist noch eine Nuance herzlicher geworden. Die Krankheit hat sein Gesicht gezeichnet. Dunkle Schatten umspielen seine Augen. Seine Stimme ist angespannt, sie klingt gebrochen. Müde erzählt mir der Präsident von der Behandlung, der er sich unterziehen muß. Ich frage mich, ob ich ihm meine Fragen stellen kann. Sicher sind sie schmerzlich für ihn. Doch ich habe keine andere Wahl. Zur Einleitung zitiere ich eine Äußerung Rabbi Nachmans von Brazlaw: »Über zwei Dinge irrt sich die Welt. Der erste Irrtum liegt darin, zu glauben, ein großer Mann könne keine Fehler machen, der zweite ist der Glaube, ein einmal begangener Fehler bedeute das Ende eines großen Mannes.« Ich denke, ich habe ihm eine goldene Brücke gebaut, doch er ergreift die Chance nicht. Er sagt mir geradeheraus, er habe keinen Fehler begangen. Keinen einzigen? Keinen. Er hat sich also nichts vorzuwerfen, hat nichts zu bedauern? Und was ist mit den judenfeindlichen Gesetzen der Vichyregierung? – Er hat nichts davon gewußt. – Aber als Beamter von Vichy hat er doch einen Fragebogen ausgefüllt, in dem er erklären mußte, daß er kein Jude war? – Er war kein Regierungsbeamter, sondern lediglich angestellt. – Und worin bestand der Unterschied? – Um es genau zu sagen: Er mußte diesen Fragebogen nicht ausfüllen. Kurz und gut, er hat sich nichts vorzuwerfen. Und was ist mit Bousquet? Wie konnte er freundschaftliche Beziehungen zu einem hohen Beamten von Vichy unterhalten, der den SS-Führern Heydrich und Oberg zugeordnet war und die Deportation der französischen Juden nach Auschwitz organisiert hatte? Mit einem Schulterzucken erwidert er mir, daß Bousquet schon von der Justiz rehabilitiert und bestens in die Pariser Finanzwelt eingeführt gewesen sei, als er ihn kennenlernte. Auch sei er von allseits bekannten und geachteten jüdischen Persönlichkeiten umgeben gewesen. Warum hätten Zweifel an seiner Unschuld aufkommen sollen? Außerdem: Man könne dies nicht Freundschaft nennen. Schließlich habe er ihn höchstens ein dutzendmal gesehen. Und sie hätten sich niemals mit Du angeredet. Als ich darauf poche, wie seltsam das Bild ihrer Verbindung ist, gibt Mitterrand schließlich zu, daß er vielleicht »wachsamer« hätte sein sollen. Ich schlage ihm vor, das nächste Fernsehinterview zu folgender Erklärung zu nutzen: »Ich war damals noch jung und unerfahren, wenn man jung ist, begeht man manchmal Dummheiten – doch ich habe seither auch anderes vollbracht.« Wenn er sich so äußerte, würde die Öffentlichkeit das Kapitel schließen. Er lehnt es ab. Ich halte ihm entgegen: »Selbst Gott gibt zu, daß er sich getäuscht hat. Sie können es in der Genesis nachlesen. Und Sie wollen nie einen Fehler gemacht haben?« Dann schlage ich ihm ein Treffen vor, bei dem wir unser Gespräch weiterführen und aufzeichnen könnten, um die Sache zu vertiefen und zu einem Ende zu bringen. Ich kann nicht anders, ich suche eine Erklärung. Das Gespräch könnten wir irgendwo veröffentlichen ... Der Präsident willigt ein, doch er möchte, daß ich ihm meine Fragen zuvor schriftlich zukommen lasse.

Nach eineinhalb Stunden begleitet er mich zur Tür. Er ist herzlicher als sonst. Ahnt er, daß wir uns nicht wiedersehen werden? Mit schwerem Herzen bleibe ich noch ein wenig bei Anne Lauvergeon im Büro, bevor ich zum Flughafen fahre. Ich erzähle ihr, wie sehr mich unser Gespräch betrübt: Warum ist es mir nicht gelungen, den Schleier zu durchdringen, den der Präsident über seine Vergangenheit legt? Wie kann ein Mann von seiner Intelligenz und seinem Spürsinn nicht wahrhaben, daß unsere persönliche Freundschaft auf dem Spiel steht? Ich verschweige ihr nicht, daß ich überzeugt bin, diese Angelegenheit werde einen schwarzen Fleck auf Mitterrands Bild in der Geschichte hinterlassen. Sein Hang zur Undurchsichtigkeit schadet ihm.

Meine Fragen an Mitterrand habe ich ihr zugefaxt. Sie sollte sie dem Präsidenten vorlegen. Es sind Fragen zu Vichy, zu Pétain und den Blumen auf seinem Grab, zu Bousquet, zu seiner Mitarbeit an einer antisemitischen Zeitschrift und zur Vichyregierung. Sicher hat er die Fragen gelesen. Doch eine Reaktion bleibt aus. Ob es ihn enttäuscht, in mir keinen Verteidiger gefunden zu haben? Zweifellos. Alles in allem sieht er nicht ein, warum er sich rechtfertigen müßte. Mit anderen Worte: Er wird auf meine Fragen nicht eingehen, und es wird kein weiteres Gespräch geben. Der Dialog ist beendet. Schade darum, aber es ist nicht zu ändern.

Ich bin enttäuscht. Manchmal bezweifle ich, ob das Wort den Sachverhalt auch nur annähernd wiedergibt.

Denn ich begreife plötzlich, daß in der politischen Laufbahn François Mitterrands alles wunderbar zusammenpaßt und einer Logik folgt. Seine Weigerung, die nazistische Vergangenheit einiger Franzosen auszuleuchten und sie vor Gericht zu stellen, seine Angewohnheit, jedes Jahr heimlich einen Blumenstrauß auf Pétains Grab legen zu lassen, seine Verbindungen zu ehemaligen Mitgliedern der Cagoule und anderen Kollaborateuren, sein Bestreben, diesen Teil seines Lebens zu verschleiern, auch seine Eigenart, sich mit Juden zu umgeben: All das muß sich doch erklären lassen!

Ich kann beim besten Willen nicht glauben, daß der Präsident mich absichtlich an der Nase herumgeführt hat, daß ich seinem Talent, andere vor seinen Karren zu spannen, aufgesessen bin und er mich zum Narren gehalten haben könnte. Ich denke, daß es noch eine andere Erklärung dafür geben muß. Wird er sie mir geben? Ich hoffe darauf, und sei es nur, um unsere Gespräche abzuschließen, auf deren Veröffentlichung die Verlegerin Odile Jacob schon drängt.

Dieses alte Vorhaben hat sich mit der Affäre um sein Verhältnis zu Vichy-Pétain-Bousquet überschnitten und dabei einen neuen, bitteren Beigeschmack erhalten.

Die Idee zu einem Buch mit Gesprächen zwischen François Mitterrand und mir stammt aus dem Jahr 1985. Jack Lang hatte den Einfall, und der Präsident war einverstanden. Zwei Jahre später nutzt Lang die Vorbereitungen zum Kolloquium der Nobelpreisträger, um das Vorhaben mit mehr Nachdruck anzukurbeln. Hat er dabei die Präsidentschaftswahlen im Mai im Hinterkopf? Vielleicht, doch ich sehe nicht, wie ein solches Buch dem Kandidaten der Sozialisten nützen könnte. Die Stimmen der Juden sind ihm von vornherein sicher. Und schließlich schreibt sich ein Buch nicht in drei Monaten, zumal, wenn es mit zwei Stimmen spricht. Außerdem kennt Jack Lang meine Zurückhaltung, mich in die französische Innenpolitik einzumischen. Kurz, das Unternehmen fesselt mich nicht. Als hätte ich im voraus geahnt, daß es mir zahllose Schwierigkeiten bereiten würde. Auch den Präsidenten drängt es nicht. Monate vergehen. Anscheinend hat es keiner von uns eilig.

Nur Jack Lang ist ungeduldig: »Es ist Zeit, die Dialoge anzugehen. Das Projekt zieht sich schon zu lange hin.« Schließlich setzt er sich durch. Mitten in der aufregenden Zeit des Kolloquiums, das Ende Januar 1988 stattfindet, mache ich mich an die Arbeit. Der Grundgedanke ist, zwei Männer miteinander ins Gespräch zu bringen, die freundschaftlich verbunden sind, obwohl alles sie zu trennen scheint: ihre ethnischen Wurzeln, ihre soziale Herkunft, ihre religiöse Erziehung. Zwanglose Unterhaltungen über allgemeine, zeitlose Themen. Nach einigen Wochen des Nachdenkens habe ich die Themenliste zusammen: Macht, Freundschaft, Krieg, Kindheit, Tod, Gott, die Bibel, Israel, der Glaube, das geschriebene Wort. Attali ist einverstanden. Der Präsident ebenso. Jetzt kann's losgehen! Natürlich wollen wir mit dem Thema Kindheit beginnen: ein Vergleich zwischen seiner und meiner Kindheit, zwischen der Kindheit eines Staatschefs, der auf dem Gipfel seiner Macht steht, und der Kindheit eines jüdischen Schriftstellers, dem es nie gelingt, sich von seiner Jeschiwa loszureißen.

Zwei Toningenieure oder Tontechniker machen sich hinter einem Wandschirm zu schaffen. Da streikt plötzlich – es ist ein Witz und dennoch ärgerlich – das Aufzeichnungsgerät. Hat die ach so moderne, hochentwickelte französische Nation mit ihrer Atom- und Raumfahrttechnik kein funktionstüchtiges Aufzeichnungsgerät für ihren Präsidenten? Zufälligerweise ist Jacques Attali anwesend – ein Umstand, der uns später, im Jahr 1993, nicht wenig Kummer und Kopfzerbrechen bereitet hat. Doch bei diesem ersten Gespräch bin ich froh darüber. Attali macht sich nützlich: Da man sich auf die Technik nicht verlassen kann, wird er die Äußerungen des Präsidenten und nach Möglichkeit auch meine (die Rangfolge muß gewahrt bleiben) mitschreiben. Aber ich besitze ein gutes Gedächtnis. Und bis zu den nächsten Gesprächen soll das Tonband repariert sein.

Unsere Gespräche, die ein bis eineinhalb Stunden dauern, finden in einem freundschaftlichen Rahmen statt. Ich stelle Fragen, der Präsident antwortet. Mit anderen Worten: Es handelt sich eigentlich nicht um einen echten Dialog. Der Präsident spricht, weil ich ihn anspreche. Selten stellt er mir eine Frage. Infolgedessen gerate ich wieder in die Rolle eines Interviewers, die ich seit langem hinter mir gelassen habe. Ich fühle mich nicht sehr wohl dabei.

Sicher, ich könnte provozierender fragen, doch meine eingefleischte Schüchternheit und die Hochachtung vor meinem Gesprächspartner hindern mich daran. Ich wage es nicht, auf Fragen zu beharren, denen er lieber ausweicht. Ich umgehe heikle Themen und berühre nichts, was ihn in Verlegenheit bringen könnte. Noch nicht. Schließlich und endlich soll dieses Gespräch nur ein erster Entwurf sein. Wir werden beide Gelegenheit haben, ihn zu überarbeiten. Dann bleibt immer noch Zeit, ihn in die Enge zu treiben. Es eilt nicht damit. Er hat gerade die Wahlen gewonnen. Sieben Jahre sind eine lange Zeit, fast schon eine Ewigkeit.

Im allgemeinen ist er offen, und es ist nicht schwer, ihn zum Erzählen zu bringen. Was er über sich sagt, gefällt mir. »Ich hatte keine Spielkameraden in meinem Alter«, meint er über seine Kindheit. Und zu seiner Jugend: »Ich entdeckte eine Wunderwelt nach der anderen.« Seine Eltern charakterisiert er: »Sie waren sehr wohlhabend. Sie redeten nicht viel. Mein Vater sagte, man erfahre nichts aus Worten, sondern aus Taten.« Über seine Mutter, die mit Dreyfusgegnern in einem Zug fuhr und antisemitische Äußerungen hörte, sagt er: »Meine Mutter machte immer größere Augen.« Über Besuche Fremder heißt es, er und seine Familie hätten sie mit Neugier betrachtet, und sie hätten »das Haus sozusagen wie Einbrecher betreten«. Er geht mit De Gaulle hart ins Gericht, ist skeptisch gegenüber Mendès-France. Seine Lieblingsschriftsteller sind Barrès und Chardonne.

Oft findet er mühelos die ihm passenden Antworten. Bisweilen bittet er mich, meine Fragen zu wiederholen, da er sie, wie er gesteht, nicht verstehe. Dann wechsle ich lieber das Thema, als mich in Erklärungen zu ergehen. Unser Hauptproblem ist die knapp bemessene Zeit, seine Zeit als Präsident, aber auch meine, denn ich lebe in New York und unterrichte in Boston. Zwischen zwei Gesprächen können Monate liegen, und mehr als einmal habe ich das Vorhaben bereits aufgegeben. Doch ganz gleich, wieviel Zeit vergangen ist, wir nehmen das Gespräch immer wieder auf. Sieben von zehn Themen sind behandelt. Drei stehen noch aus. Dann werden wir das Ganze überarbeiten. Wir haben Zeit.

Auf meiner Seite erfordern die Gespräche ein hohes Maß an Konzentration. Er ist weniger beansprucht. Selten werden wir durch einen Telefonanruf gestört. Er ist aufmerksam und doch entspannt. Er erkundigt sich nach Elishas Fortschritten in der Schule, läßt Marion seine Grüße ausrichten und bittet mich, ihn jedesmal zu besuchen, wenn ich in Paris Station mache: »Sie sind mir immer herzlich willkommen. Mein Haus steht Ihnen offen.« Ich besuche ihn häufig, doch wir sprechen nur noch wenig über das Buch. Läßt bei beiden von uns das Interesse daran nach? Vielleicht möchte der Präsident einfach warten, bis seine zweite Amtszeit abgelaufen ist.

Weder er noch ich konnten ahnen, welchen Streich uns unser gemeinsamer Freund mit *Verbatim* spielen würde.

Wenn ich an Jacques Attali denke, überkommt mich Wehmut. Ich denke mit Bedauern an unsere gemeinsame Zeit zurück. Ich glaubte an unsere Freundschaft. Für mich war es eine schöne, fruchtbare Gemeinsamkeit. Der gewandte Tausendsassa liebte seine Stellung im Nervenzentrum des politischen Lebens von Frankreich und der Welt. Wie schaffte er es nur, an so vielen Orten zugleich zu sein? An so vielen Projekten beteiligt zu sein? Er wußte über so viele Dinge Bescheid. Ich hatte vollständiges Vertrauen zu ihm. Und er zu mir. Er erzählte mir von seinem Leben, von seinen Erfahrungen im Elysée-Palast, von den Niederlagen und den Kämpfen, von seinen persönlichen Träumen und seinen Plänen als Schriftsteller. Er gewährte mir Einblick in seine vertrackten Beziehungen zum Präsidenten. Er hatte begriffen, daß ich ein Geheimnis für mich behalten kann. Was hat unsere schöne Freundschaft zerstört?

Ich wußte, daß er ein Buch mit Tagebuchaufzeichnungen aus der Zeit von 1981 bis 1986 plante, doch ich wußte noch nicht, welchen Titel es haben würde. Er wußte, daß ich an meinen Memoiren schrieb. Am Telefon hatte ich ihm (er war schon an die Spitze der Europäischen Entwicklungsbank in London berufen worden) sogar von meiner Absicht erzählt, darin über meine Gespräche mit dem Präsidenten und den damit verbundenen Schwierigkeiten zu berichten. Doch nicht im entferntesten hätte ich daran gedacht, daß Attali sich dieser Gespräche bedienen könnte, zumal der erste Band seiner Aufzeichnungen mit dem Jahr 1986 enden sollte, also lange bevor meine Gespräche mit dem Präsidenten begonnen hatten.

Als *Verbatim* erscheint, selbstverständlich mit viel Getöse, halten Marion und ich uns gerade in Europa auf. Auf der Durchreise in Paris treffen wir Odile Jacob. Sie erkundigt sich, ob wir die Besprechung zu Attalis Buch im *Nouvel Observateur* gelesen hätten? »Sie werden darin erwähnt«, merkt sie an. Wir holen die Lektüre nach und finden darin vor allem den liebenswürdigen Jacques wieder mit seiner großen Gabe, Interesse zu wecken und aufhorchen zu lassen. Der Artikel zitiert in Kursivschrift auch einige Sätze, die vom Präsidenten stammen sollen und die mir bekannt vorkommen. Na, wenn schon - am besten ich lese das Buch, um dieses Rätsel zu lüften.

Wir sind in Venedig bei der Abschlußsitzung des Internationalen Presseinstituts, als wir aus New York erfahren, daß Odile Jacob verzweifelt versucht, uns zu erreichen. Sie ist außer sich: »Ich habe gerade *Verbatim* gelesen. Ihre Gespräche mit dem Präsidenten sind darin abgedruckt. Das ist unglaublich! Ein Skandal! Niemand hat die Genehmigung dazu!« Sie schickt uns per Eilboten ein Paket von fünfundneunzig Seiten, Kopien aus unserem Manuskript und Kopien von Auszügen aus *Verbatim* ...

Denn es gibt tatsächlich ein Manuskript von meinen sieben Gesprächen mit François Mitterrand. Es handelt sich dabei um die Niederschrift von sieben noch unbearbeiteten Kapiteln, die das Schreibbüro des Elysée-Palastes, in erster Linie also Attalis eigenes Sekretariat, angefertigt hatte. Ein Exemplar davon besitzt Odile Jacob, die der Präsident bereits mit der Herausgabe der Beiträge zum Kolloquium der Nobelpreisträger betraut hatte und in deren Verlag auf seinen Wunsch auch unsere Gespräche veröffentlicht werden sollten. Ich hatte den Eindruck, es wäre ihm lieber gewesen, wenn der mit Attali befreundete Claude Durand sie bei Fayard veröffentlicht hätte, während ich zwischen Le Seuil und Grasset schwankte. Aber der Präsident gab Odile Jacob den Zuschlag, weshalb ich ihr mit seiner Erlaubnis eine Kopie des Manuskripts überlassen hatte. Entweder hat Attali das nicht gewußt ober aber vergessen.

Der Vergleich, den Odile Jacob in allen Einzelheiten für uns vorbereitet hat, ist niederschmetternd. Marion und ich sind sprachlos. Betroffen bringen wir Stunden mit der Lektüre zu. Wir nehmen die Akte mit nach Oslo, wo wir als Gäste des Parlamentspräsidenten am schönsten Nationalfeiertag der Welt teilnehmen, denn im Mittelpunkt des norwegischen Nationalfests stehen Kinder, die feiern und gefeiert werden. Am 16. Mai, einem Sonntag, rufe ich Jacques Attali in seiner Pariser Wohnung an. Ich habe Glück, er ist zu Hause. »Ich muß dir etwas zeigen. Es ist dringend, äußerst dringend ...«, sage ich ihm: »Ich würde sofort zu dir fliegen, wenn ich könnte. Aber ich bin nicht abkömmlich. Komm du zu mir. Ich wohne im Grand Hotel. Es handelt sich um eine sehr ernste Angelegenheit, die auch dich betrifft ...« Er versteht nicht, was ich meine, oder tut so, als ob er mich nicht verstünde. Hat es mit dem Gesundheitszustand des Präsidenten zu tun? Geht es um die nationale Sicherheit? Ich bleibe beharrlich: »Darüber kann man nicht am Telefon reden ... Glaube mir, ich bitte dich nicht umsonst zu kommen ...« Ich bin fest überzeugt, wenn er gekommen wäre, hätten wir die Sache unter uns ausgemacht. Doch aus Gründen, die ich nicht kenne, folgte er meiner Einladung nicht. Später sagte er, er könne sich nicht an meinen Anruf erinnern.

Er hat wie ich bei dieser Geschichte Schaden genommen. Doch davon erzähle ich vielleicht in einem anderen Zusammenhang.

Ich glaube nicht mehr daran, daß das Buch mit den Gesprächen erscheinen wird, zumal ich den Präsidenten seit der Bousquet-Affäre nicht mehr getroffen habe. Odile Jacob rackert sich ab wie sonst niemand, damit das Vorhaben nicht zu den Akten gelegt wird. Da der Präsident es nicht für nötig erachtet, auf meine Fragen bezüglich Bousquet und Vichy zu antworten, ist mir das Buch nicht mehr wichtig. Im Innern weiß ich, daß es zwischen François Mitterrand und mir nicht mehr wie früher ist.

Von seinen engsten Vertrauten bekomme ich jetzt zu hören, daß er wütend auf mich sei, weil ich es – im Zusammenhang mit der Bousquet-Affäre – gewagt habe, ihn im Fernsehen zu kritisieren. Er glaubt, wenn ich sein Freund sein wolle, wäre es meine Pflicht, mich vor ihn zu stellen. Aber hat nicht er durch seinen Entschluß, mit Bousquet befreundet zu bleiben, unsere Freundschaft verletzt und geopfert? Hat nicht er seine Wahl getroffen, als er Bousquet bei sich zu Hause empfing – vielleicht sogar am selben Tag, an dem ich bei ihm zu Gast war? Wenn ich mir vorstelle, jemandem die Hand gedrückt zu haben, der gerade einem Komplizen der SS-Mörder die Hand geschüttelt hat …

Kurz: Das Buch beflügelt mich nicht mehr. Es scheint glücklicherweise in messianische Zeiten verschoben zu sein.

Deshalb bin ich völlig überrascht, als mich Odile Jacob im März 1995 anruft: Der Präsident wünsche, daß das Buch erscheine, da sein Gesundheitszustand sich immer mehr verschlechtere. Es eile, meint sie. Erstaunt rufe ich aus: »Es soll jetzt erscheinen? Wie das? Es ist doch gar nicht fertig! Wir müssen es noch überarbeiten! Bisher ist es allenfalls ein Entwurf! Außerdem hat er meine Fragen bezüglich Vichy und Bousquet nicht beantwortet. Glauben Sie, mein Name könnte bei einer Veröffentlichung neben seinem stehen, solange das nicht geklärt ist?« Odile sieht es ein. Sie ruft mich zurück, um mir zu sagen, daß auch der Präsident Verständnis dafür habe. Er bittet mich, ihm die Fragen noch einmal zu senden. Da ich mich weit entfernt von New York aufhalte, stelle ich eine neue Liste mit Fragen zusammen und schicke sie per Fax an Odile. Auch er schickt seine Antworten an die Herausgeberin. Was seine Vergangenheit anbelangt, hegt er »weder Bedauern noch Reue«. Bereits bei unserem letzten Zusammentreffen im September verschanzte er sich in der Rolle des Unfehlbaren. Schon damals war er zu stolz, um zuzugeben, daß Irren menschlich ist. Seine Mitarbeiter haben es mir oft bestätigt: Er ist nicht in der Lage einzugestehen, daß er dieses oder jenes nicht hätte tun sollen.

Wie soll ich ihm begegnen? Wie soll ich mit ihm sprechen, ohne verletzend zu werden, wie soll ich ihm zuhören, ohne meine Mißbilligung und meine Enttäuschung zu zeigen? Mehrmals war ich in Paris, ohne ihn anzurufen. Mir liegt nichts mehr daran, ihn zu treffen, und ihm geht es umgekehrt genauso. Zwischen uns steht das Geheimnis um die Phantomgestalt Bousquet und macht jeden direkten Kontakt unmöglich. Wir standen uns zu nahe, als daß wir jetzt etwas anderes tun könnten als uns zu unserem Schutz zurückzuziehen. Unsere Kontakte laufen über Odile Jacob. Sie ist so sehr vom Gedanken besessen, das Buch vor den Wahlen herauszubringen, daß sie es in weniger als einer Woche drucken läßt. Sie bringt es ebenfalls fertig, daß wir einige Tage nach Erscheinen des Buches ein paar nichtssagende, höfliche Worte am Telefon wechseln. Ich sage dem Präsidenten, daß er gute Arbeit geleistet hat. Er, nicht ich, ist stillschweigend damit gemeint. Ich bin wirklich nicht stolz auf meinen Beitrag. Ich hätte mindestens einen Monat gebraucht, um meine eigenen Beiträge zu korrigieren und zu erweitern, denn ich hätte seine Antworten gerne erwidert.

Den Titel hat François Mitterrand ausgesucht. Mir wäre ein zurückhaltender, unauffälligerer Titel lieber gewesen. Vor allem hätte er mehr der Wahrheit entsprechen sollen. Denn eigentlich handelt es sich nicht um »zweistimmige Erinnerungen«*, da meine Stimme kaum zu vernehmen ist. Außerdem werde ich den Eindruck nicht los, daß auch der Präsident dieses Buch nicht als ein Werk von uns beiden erachtet, sondern als eine Schrift, deren Verfasser er allein ist. Andernfalls hätte er es wohl kaum einer gewissen Lucia gewidmet, ohne mich zuvor darüber zu informieren. Zumindest hätte die Höflichkeit es geboten.

Journalisten rufen mich an. Den meisten gehe ich aus dem Weg. Nur zur Information der Öffentlichkeit äußere ich mich gegenüber Annette Levy-Willard von *Libération* und im *Info-Matin*. Ich bin vorsichtig und respektvoll, denn ich will einem kranken Mann keinen Kummer bereiten. Zugleich liegt mir jedoch daran, daß bekannt wird, warum ich von einem Unternehmen Abstand nehme, das mir fremd geworden ist.

Alles wird noch schlimmer durch ein Interview, das der Präsident Bernard Pivot gibt. Als dieser ihn auf meine Äußerungen zu seinen Beziehungen mit dem ehemaligen Polizeichef anspricht, schneidet Mitterrand ihm quasi das Wort ab: »Wohlgemerkt: Ich war es, der darauf bestand ... Ich habe Elie Wiesel aufgefordert: Fragen Sie mich über Bousquet, sonst wird dieses Buch nie erscheinen!«

* Der Titel der französischen Originalausgabe lautet: *Mémoires à deux voix.*

Ich erfuhr erst davon, als die Sendung in New York ausgestrahlt wurde. Marion zeichnete sie auf, und ich muß zugeben, daß ich sie fünf- oder sechsmal hintereinander ansehen mußte, so sehr hat mich die Aussage des Präsidenten vor den Kopf gestoßen. Selten ist es mir so schwergefallen, meine Enttäuschung und meinen Zorn im Zaum zu halten. Unter dem Schock verfaßte ich mehrere Entwürfe zu Briefen, in denen ich so hart mit ihm ins Gericht ging, daß sie schließlich bei mir in der Schreibtischschublade landeten.

Am 23. April 1995 sandte ich eine gemäßigte Fassung als Fax an Anne Lauvergeon mit der Bitte, es wie immer an François Mitterrand weiterzugeben:

Verehrter Herr Präsident,

soeben habe ich die Sendung *Bouillon de culture* vom 14. April gesehen, die auf TV5 lief und heute abend von einem amerikanischen Sender ausgestrahlt wurde.

Ich würde Ihnen lieber keinen Kummer bereiten. Aber in Ihrem, übrigens bewegenden und sehr erhellenden Interview kommen Sie in einer Weise auf unsere Gespräche zu sprechen, die mich betrübt und bedrückt. Sie behaupten darin, Sie hätten mir gegenüber persönlich darauf bestanden, daß das Buch auch Fragen zu Bousquet enthält, sonst hätten Sie dem Erscheinen des Buches nicht zugestimmt. Nun haben wir allerdings seit letztem September bis zum Erscheinen des Buches nicht mehr miteinander gesprochen.

Mit Ihren Aussagen erwecken Sie den Eindruck, Sie hätten mich quasi zwingen müssen, Ihnen Fragen zu Bousquet zu stellen. Zur Richtigstellung: Bin nicht ich im letzten September extra aus New York zu Ihnen gereist, um mit Ihnen über dieses Thema zu sprechen, und vor allem, um zu erfahren, was Sie dazu zu sagen haben? Habe ich Ihnen nicht gleichwohl wie vereinbart einige Tage nach unserem Treffen meine Fragen zukommen lassen? Zwei Seiten voller Fragen, die zu beantworten Sie nicht für nötig befanden. Glauben Sie, Herr Präsident, ich wäre ohne eine Klärung der Sache Bousquet mit der Veröffentlichung dieses Buches einverstanden gewesen? Ich habe Anne Lauvergeon gebeten,

Ihnen mitzuteilen, daß diese Angelegenheit für mich ebenso schmerzhaft wie unerfreulich ist.
Ich kann Ihre Äußerungen nicht verstehen, Herr Präsident, und bitte Sie daher um eine Erklärung.

Die Antwort des Präsidenten bleibt aus. Ich frage Anne Lauvergeon, ob ich weiter warten soll. Nachdem sie Rücksprache genommen hat, verneint sie es. »Dieser verdammte Bousquet!« sage ich mir, »nicht genug, daß er sich an meinem Volk vergangen hat, jetzt ist es ihm auch gelungen, eine Freundschaft zwischen zwei Männern zu beenden, an der jedem der beiden auf seine Weise gelegen war!«

Ich greife zu meinem Füller und schreibe:

Verehrter Herr Präsident,

dies wird der letzte Brief sein, den Sie von mir erhalten. Ich schreibe ihn mit Widerwillen und voller Trauer. Dieser Brief besiegelt das Ende einer Freundschaft, die mein Leben vierzehn Jahre lang begleitet hat. Sie sind krank, und Sie leiden. Vielleicht ist es nicht richtig, wenn ich zu Ihrem Leid noch etwas hinzufüge. Doch aus Hochachtung für den Mann, dem meine Bewunderung galt, und weil es mir wie Verrat erschiene, ihn zu belügen, sehe ich mich gezwungen, Ihnen die Gründe für meine Entscheidung auseinanderzulegen.

Es folgt eine dreiseitige Erklärung, die ich nicht absende. Andere Entwürfe erleiden dasselbe Schicksal. In der Zwischenzeit bittet mich die *New York Times* um einen Beitrag über François Mitterrand und seinen Schleuderkurs. Ich greife wieder zum Füller:

Ich bedaure, diese Zeilen schreiben zu müssen. Ich bedaure vor allem, sie zu einem Zeitpunkt schreiben zu müssen, an dem der Mann, von dem hier die Rede sein soll, alt und schwerkrank ist und am Ende seiner politischen Laufbahn steht. Es ist nicht mehr die Frage, ob ich schweigen kann. Ich kann es nicht mehr. Nichts zu sagen, bedeutet in der Tradition, in der ich stehe, seine Zustimmung zu geben.

Der Artikel ist vier Seiten lang – und landet in meiner Schublade. Dem Redakteur der *New York Times* teile ich mit, daß ich nicht in der Lage sei, einen kranken Mann zu verletzen. Dieselbe Antwort gebe ich dem Chef einer großen Pariser Zeitung. Ich will nicht behaupten, daß ich keine Lust dazu gehabt hätte. Daß François Mitterrand es nicht für nötig befand, mir zu antworten, empört mich. Doch ich ziehe es vor, die Beleidigung einzustecken und zu warten, bis mir dieser Band meiner Erinnerungen Gelegenheit gibt zu sagen, was mir auf dem Herzen liegt.

Ich erhielt schließlich doch noch eine Antwort. Sie kam mit zwei Monaten Verspätung. Die Amerikaner würden es *»the understatement of the year«* (die Untertreibung des Jahres) nennen, wollte ich behaupten, ich sei sprachlos gewesen. Im wesentlichen schreibt François Mitterrand mir folgendes: Er räumt ein, die Fragen zu René Bousquet, die ich in unserem gemeinsamen, noch »in der Schwebe« stehenden Buch behandelt haben wollte, erhalten zu haben. Als er das druckreife Manuskript vorgelegt bekam, dessen Redaktion er schließlich allein übernommen hatte, habe er allerdings feststellen müssen, daß unser »Dialog über Bousquet« darin fehlte. Dieses Versäumnis sollte nachgeholt werden, und genau das hätte er gegenüber Bernard Pivot erklärt.

Von einem Mißverständnis kann hier nicht mehr die Rede sein. Hier handelt es sich um Widersprüche und, wie ich zu meinem Bedauern feststellen muß, um eine Verdrehung der Tatsachen. Gegenüber Pivot hat er behauptet, er habe mich persönlich dazu angehalten, Fragen zu Bousquet zu stellen. Laut seinem Brief jedoch hat er nicht mich, sondern Odile Jacob dazu aufgefordert. Der Ton seiner Äußerungen, seine Mimik und sein Gebärdenspiel auf dem Bildschirm sind vielsagend, die Botschaft dagegen ist kurz und trokken. Zwischen beiden klafft ein Graben. Geht man der Sache auf den Grund, stößt man auf eine erbärmliche Wahrheit: Der Mann ist verhärtet. Ich habe seinen Brief nicht beantwortet. Wozu soll ich meine Argumente wiederholen? Ganz offensichtlich weigert er sich, sie zu verstehen. Vielleicht ist er nicht fähig dazu.

Ob dies das Ende unserer Freundschaft ist? Ich fürchte, ja. Der Bruch ist unübersehbar, zumal François Mitterrand mich und die Meinen im Mai erneut brüskiert. Es handelt sich um seine Berlinrede. Darin rühmt er Deutschland, doch nicht nur das Deutschland von heute, sondern das Deutschland aller Zeiten. Also rühmt er auch das Dritte Reich. Helmut Kohl strahlt vor Stolz und Glückseligkeit, als er vor ihm die deutschen Armeen von einst rühmt, also auch Hitlers Wehrmacht. Es komme nicht darauf an, erklärt er, in welcher Uniform deutsche Soldaten kämpften oder welche Ziele sie verfolgten, sondern daß »sie Mut zeigten«. Das allein habe gezählt und zähle noch heute für ihn. (Am folgenden Tag wird er in Moskau den Mut der russischen Soldaten mit dem Mut der deutschen Soldaten, das Leiden des russischen Volkes mit dem Leiden des deutschen Volkes vergleichen!) Läßt sich diese Art von Geschichtsklitterung noch erklären? Haben Uniformen für ihn also keine Bedeutung? Und was ist mit den Uniformen der Gestapo? Hat er vergessen, daß diese Polizisten durchaus von bestimmten Vorstellungen besessen waren? Wie kommt er dazu, in der vorletzten Rede seiner Amtszeit die deutsche Soldateska auf diese Weise reinzuwaschen? Will er provozieren, will er seinen Gastgebern gefallen, will er die Bedeutung der Versöhnung in seiner politischen Weltanschauung unterstreichen? Seine Rede für Frieden und Aussöhnung begeistert die einen und schockiert die anderen. Jean d'Ormesson, der mit ihm befreundet ist, rühmt ihn dafür. Im *Nouvel Oberservateur* erscheint hingegen eine ausgezeichnete und mutige Analyse von François Schlosser über die Verbrechen der Wehrmacht, die ausgerechnet vom scheidenden Präsidenten der Französischen Republik für ihren Mut gefeiert worden ist. Und *Le Monde* veröffentlicht eine vernichtende Karikatur, die einen riesigen Jelzin neben einem kleinen Mitterrand zeigt, der gebeten wird, etwas Nettes über den Mut der russischen Soldaten in Tschetschenien zu sagen. Die Kritik der Kommentatoren ist sehr ernst.

Ich hätte den Präsidenten sogar in beide Hauptstädte begleiten können. Er hatte mich über seine Mitarbeiter dazu eingeladen. In seiner Concorde und in den Hotels war ein Platz für mich reserviert. Ich habe abgelehnt. Ich bedaure es nicht. Im Gegenteil, ich habe richtig gehandelt. Wenn ich ihn nach Berlin begleitet hätte, wäre ich mitten in seiner Rede aufgestanden und hätte den Saal verlassen.

Doch obwohl ich mich von ihm und seiner Welt entfernt habe, tut mir dieser Mann leid. Ich hatte mir seinen Abschied aus meinem Leben anders vorgestellt.

Am 8. Januar 1996 befinde ich mich im Süden der Vereinigten Staaten bei meinem jährlichen Besuch an einer kleinen, städtischen Universität. Um sechs Uhr früh klingelt das Telefon in meinem Zimmer. »Ich habe dir etwas Trauriges mitzuteilen«, sagt Elisha: »Dein Freund Mitterrand ist gestorben.« Woher hat er die Nachricht? Er wurde von ihr geweckt. Aus Paris haben schon zwanzig Journalisten angerufen.

Ich fühle, wie langsam Stille in mir einkehrt und mich eine gewohnte Trauer ergreift. Ein ganzer Lebensabschnitt steht mir vor Augen. Im Buch meiner Freundschaften handeln viele Kapitel von Mitterrand. Reisen, Entdeckungen, Versammlungen. Sternklare Momente, helle, strahlende Bilder, pittoreske Geschichten. Ich kannte meinen Freund auf dem Höhepunkt seines Ruhms, ich kannte ihn, als er von der Krankheit gezeichnet war. Wie ist er gestorben? Ich stelle ihn mir in seinem bescheidenen, mönchischen Zimmer vor, allein mit seinem Arzt, allein mit seiner Vergangenheit. Ob er Einsamkeit und Askese gesucht hat, bevor er für alle Ewigkeit in sie einging? Ob er sich mit Gott versöhnt hat, als er Seine Schöpfung verließ? Die von ihm zurückgewiesene Religion hatte ihn trotz allem immer wieder angezogen. Das Heilige fesselte ihn, es war ihm sowohl Herausforderung als auch Zuflucht. Vielleicht war er ja auf seine Weise ein Narr Gottes, der davon träumte, in die Geschichte einzugehen?

Die meisten Interviews lehne ich ab. Wozu die Flut der Worte noch vergrößern, die über Frankreich hereinbricht? Gegenüber Christine Pouget von *Agence France-Presse* erkläre ich, daß es die jüdische Tradition gebietet, nach dem Tod eines Mannes nur Gutes über ihn zu sagen: Der Tod François Mitterrands stimmt mich traurig. Für *Paris Match* verfasse ich einen Beitrag im selben Sinne. Ich spreche darin nur über die guten Zeiten. Ich erinnere mich an die früheste Phase unserer Freundschaft, als er diejenigen, die er liebte, mitreißen und zum Träumen bringen konnte. Ich will nicht über

René Bousquet und auch nicht über Vichy sprechen. Nein, ich werde sein letztes Lebensjahr nicht heraufbeschwören ... Heißt es nicht im Talmud, der Tod lösche alle Sünden aus?

Was aber bleibt dann?

Das Fernsehen und die Presse berichten über die Trauer, die in Frankreich herrscht. Es ist eine aufrichtige, tiefe Trauer. Natürlich: Dieser Mann hat sein Zeitalter geprägt, darüber ist die Welt sich einig. Man lobt sein europäisches Denken, sein politisches Genie, wieder andere werden nie vergessen, wie sehr er für die Freiheit des Menschen gekämpft hat.

Die Szenen in der Öffentlichkeit rühren einen zutiefst. Schweigende Menschenmengen. Tränen, Rosen, Erinnerungsstücke: Die Franzosen müssen sich sogar in seiner Zwiespältigkeit wiedererkannt haben. Sein Begräbnis in Jarnac. Die stille Andacht der Ansässigen. Die heilige Messe in Notre-Dame. So schließt sich der Kreis wieder.

Woran mag er gedacht haben, als er die lebendigen Schatten verließ und sich zu jenen gesellte, die ihm vorauseilten? An das große Spiel, das er spielte? War es denn ein Spiel? Hat er, wie man sagt, in diesem letzten Augenblick sein gesamtes Leben noch einmal gesehen?

Ich beuge mich über meine Tagebücher. Wie oft haben wir darüber gesprochen, was uns nach dem Tod erwartet? Das Paradies, die Hölle, das Jüngste Gericht, die Apokalypse? Er wollte es wissen. Oder sollte das Leben eines Menschen auf ein bloßes Zucken mit den Lidern zusammenschrumpfen? Was bliebe dann von all dem, was er empfangen, was er gegeben hat?

DER SELBSTGEWÄHLTE TOD

Benno Werzberger in Israel, Tadeusz Borowski in Polen, Paul Celan in Paris, Bruno Bettelheim in den Vereinigten Staaten: Insbesondere die Schriftsteller aus dem immer kleiner werdenden Kreis der Überlebenden erlebten nach dem Holocaust eine zweite Tragödie: Einige von ihnen haben sich aus Verzweiflung über die geringe Macht des geschriebenen Wortes für das Schweigen entschieden.

Für das endgültige Schweigen, den Tod.

Fühlten sie sich als Hüter der Erinnerung unverstanden, ungeliebt, von der Gegenwart ausgeschlossen? War das der Grund? Fühlten sie sich schuldig, meinten sie, ihre Aufgabe verfehlt zu haben? Befürchteten sie, zuviel gesagt zu haben – oder zuwenig? Haben sie sich geschlagen gegeben, sich vielleicht sogar nutzlos gefühlt angesichts der Dramen, die die Gesellschaft entzweien?

Ich habe einige von ihnen gekannt, drei darunter sehr gut.

Ihre letzte Tat läßt mir keine Ruhe.

Primo Levi spricht von den »Experten« des Holocaust: »Diese Zeitdiebe schlüpfen heimlich durch Schlüssellöcher und Ritzen, bemächtigen sich unserer Erinnerungen und verschwinden spurlos damit.«

Warum hat sich Primo, mein Freund Primo, das Treppenhaus hinuntergestürzt, gerade als das Publikum auch außerhalb Italiens seine Werke endlich wahrgenommen hat?

Wir lernten uns in den siebziger Jahren in Mailand kennen und waren seither miteinander befreundet. Eigentlich war es eine Wiederbegegnung. Nachdem wir unsere Erinnerungen ausgetauscht hatten, stellten wir fest, daß wir uns *dort,* in Buna, schon häufiger »über den Weg gelaufen« waren. Ich hatte einige Zeit mit ihm in derselben Baracke zugebracht. Ich hatte ihn also gesehen, ohne ihn bewußt wahrgenommen zu haben, und umgekehrt war es genauso. Selbst dort gab es soziale Unterschiede.

Über alles Trennende hinweg gingen wir später Seite an Seite und blieben dabei denjenigen verbunden, die von uns gegangen waren. »Vielleicht bin ich tot, ohne es zu wissen?« Wer von uns beiden sagte dies? Und wer antwortete: »Vielleicht sind wir Gestalten aus den Träumen der Toten.« Ich denke wie er, daß unsere Erfahrungen uns von anderen Menschen trennen: Wer in der Gegenwart oder in der Zukunft lebt, wird uns nie verstehen.

Mit unserem inneren Auge sahen wir dieselbe Welt: die Selektionen, die Kommandos, die »Appelle« im eisigen Wind, die Erhängung des kleinen, zum Tode verurteilten »Widerstandskämpfers«. Ja, er erinnerte sich daran genauso wie ich. Manchmal fragte er mich nach einer Stelle aus meinen Büchern und Essays, und ich antwortete, ich sei ein schlechter Interpret meiner eigenen Schriften. Lieber würde ich seine kommentieren.

Warum hast Du den Tod gewählt, Primo? Welche Wahrheit über wessen Leben wolltest Du uns mitteilen?

Wollte er ans Ende seines Denkens, seiner Erinnerungen gelangen? Suchte er wirklich den Tod? Ich weiß nicht mehr, warum, aber kurz vor seinem Tod habe ich ihn angerufen. Vielleicht hatte ich eine Vorahnung. »Es geht nicht mehr«, sagte er, »es geht einfach nicht mehr.« Seine Stimme war schleppend und belegt. »Was geht nicht mehr, Primo?« – »Die Welt. Die Welt ist in einem fürchterlichen Zustand.« Er weiß nicht, was er in einer Welt verloren hat, auf der es so schrecklich zugeht. »Hast du Schwierigkeiten, Primo?« Nein, er habe keine Schwierigkeiten, er wisse überhaupt nicht, was Schwierigkeiten im Leben sind. In Italien wird er viel gelesen, man bewundert ihn, man verehrt ihn, und trotzdem geht es schlecht. Wir unterhalten uns über gemeinsame Freunde, über seine Pläne, über seinen Sohn Renzo. Ich schlage ihm vor, einige Tage zu uns nach New York zu kommen. Er sagt nicht nein, aber er sagt auch nicht zu, er geht in seiner Antwort einfach nicht darauf ein, als befände er sich bereits woanders, hinter Mauern, die ihn einschließen. Um ihm Mut zu machen, erzähle ich ihm, welche Erfolge seine Bücher an den amerikanischen Universitäten feiern. Sein Weg verlaufe umgekehrt wie meiner, sage ich, um ihm ein Lächeln zu entlocken, ihn habe man zuerst links liegenlassen, und jetzt habe ihn der Ruhm eingeholt. Keine Antwort. »Hörst du mich, Primo? Bist du noch dran?« Ja, er ist noch am Apparat, aber in Wirklichkeit ist er nicht mehr da.

Ein amerikanischer Schriftsteller veröffentlichte einen Artikel, in dem es hieß, Primos Freunde hätten ihn zu einer Behandlung drängen sollen; eine gute Therapie hätte ihn geheilt. Viele in meinem Bekanntenkreis reagierten mit Entrüstung auf diese typische Banalisierung eines existentiellen Schmerzes, einer ewig brennenden Verletzung der Seele und des Lebens: Plötzlich werden daraus einfache Depressionen, wie sie bei Männern in einem gewissen Alter oder bei Schriftstellern, die unter Schreibblockaden leiden, häufig vorkommen.

Sollte es keine andere Erklärung geben? Doch, und sie hat vor allem mit der Haltung zu tun, die der ehemalige KZ-Häftling als Schriftsteller gegenüber der Erinnerung und ihren Aufgaben, der Literatur und ihren Fallen, der Sprache und ihren Grenzen einnimmt. Wie Kafkas unglücklicher Bote muß er feststellen, daß seine Botschaft nicht angekommen, ja, nicht einmal weitergeleitet worden ist. Oder noch schlimmer: Sie ist zwar angekommen, aber nichts hat sich geändert. Weder auf die Gesellschaft noch auf die Natur des Menschen hat sie sich ausgewirkt. Alles geht weiter wie zuvor, als ob der Mann die Toten vergessen hätte, deren Bote er war. Als ob ihm ihr letzter Wille abhanden gekommen wäre.

Wir hatten natürlich auch Meinungsverschiedenheiten. Ich bin auf meine Weise gläubig, er nannte sich einen Atheisten. Ich achte stets darauf, im Rahmen unserer Tradition zu handeln, er steht ihr fern. Seine linksradikalen Standpunkte teilte ich ebensowenig wie er meine Verbundenheit mit Israel. Außerdem war er, wie ich fand, zu streng mit den Überlebenden. In diesem Punkt gingen unsere Ansichten vollkommen auseinander: Er gab ihnen zuviel Mitschuld. Seine Theorie von der »Grauzone«, in der sich jeder Häftling zumindest potentiell mehr oder weniger schuldig oder mitschuldig gemacht habe, nur weil er überlebte, scheint mir doch sehr vereinfachend und ungerecht zu sein. Indem er ihre Unschuld in Frage stellt, relativiert er die Schuld der Mörder. Glaubte er denn ernsthaft, die Opfer hätten unter anderen Umständen ebensogut Henker sein können? Schuldig sind allein die Täter, entgegnete ich ihm, nicht aber ihre Opfer. Sollten die Opfer potentielle Henker sein, hieße das, sie mit ihren Peinigern zu vergleichen. Henker wären demnach alle und die Täter nicht viel schuldiger als ihre Opfer, sie wären zwar die tatsächlichen, die echten Henker, aber ihre Opfer kämen zumindest theoretisch als Henker und Mittäter in Betracht.

Primo erinnert mich an den Rat, den Karl Jaspers Hannah Arendt gegeben haben soll, nämlich sich vor »der falschen Unschuld der Opfer« zu hüten. Wen meint Jaspers eigentlich damit? Die Kinder, die Kranken und die Greise vielleicht? Die Heranwachsenden waren vollkommen unschuldig, ebenso wie Rabbiner und Priester, wie die entkräfteten, abgezehrten Männer und Frauen, die alle Schläge reglos hinnahmen. Zu behaupten, jeder hätte ein Folterer werden können, hieße doch, die ganze Welt anzuklagen, hieße, die »Prominenten« mit den »Muselmanen« gleichzusetzen, hieße, die Unschuldigen, die schon genug gelitten haben, noch einmal zu bestrafen.

Ich glaube, Primo fühlte sich mehr hinsichtlich der Gegenwart schuldig als in Hinblick auf die Vergangenheit: Alle Schriftsteller unter den Überlebenden werden von Ohnmachtsgefühlen und Gewissensbissen beherrscht. Vielleicht meinen sie, es liege an ihnen, daß es weiterhin so schrecklich auf der Welt zugeht: Möglicherweise werfen sie sich vor, nicht die richtige Sprache gefunden zu haben, um ihre Erfahrungen mitzuteilen, und daß es ihnen nicht gelungen ist, den Lauf der Welt zu beeinflussen.

Vom ersten bis zum letzten Tag habe ich seine Verzweiflung gespürt. »Es ist noch schlimmer als gestern, schlimmer denn je«, sagte er immer. Was wollte er damit ausdrücken? Daß es schlimmer ist, über die Vergangenheit zu sprechen als sie erlebt zu haben? Als sie noch immer zu erleben? Daß es für den Überlebenden keine größere Verzweiflung gibt, als sich überflüssig zu fühlen? Als zu erfahren, daß aus seinen Berichten über die Vergangenheit nichts gelernt wird? Ist er deshalb zu den Toten zurückgekehrt, weil die Lebenden nicht auf ihn hören wollten?

Er hat sich umgebracht, weil er es nicht mehr ertragen konnte.

Und ich ertappe mich dabei, wie ich ihm zuflüstere: »Das hättest du nicht tun dürfen, Primo … Das nicht, nicht das. Der Tod ist nie eine Lösung, das weißt du doch genau …«

Und trotzdem kann ich ihn im Innersten gut verstehen. Das bin ich ihm zumindest schuldig.

Jerzy Kosinski: Die erste Besprechung seines Romans *Der bemalte Vogel* stammt von mir. Ich schrieb sie für die *New York Times*. Der arme Jerzy konnte andere so gut unterhalten und kam in seinem Leben kaum zurecht. Wird man ihn, der sich Zeit seines Lebens unverstanden fühlte, nach seinem Freitod besser verstehen?

Er rief mich damals an. Ich war noch Junggeselle und lebte am Riverside Drive. Jerzy ist ein nervöser, äußerst ungeduldiger junger Mann, der gerne blendet und verunsichert. Ich stelle ihm zwei Fragen: Bezieht er sich in seinem Roman auf persönliche Erlebnisse oder ist das Geschehen frei erfunden? Und: Ist er Jude oder nicht? »Sie müssen nicht glauben, daß es für mich einen Unterschied macht«, sage ich ihm. »Ich würde es nur gerne wissen, weil Sie ein Zigeunerkind zur Hauptperson Ihres Romans gemacht haben. Außerdem wird das Wort Jude kaum erwähnt.« Die erste Frage bejaht er, die zweite verneint er. »Was? Sie haben all diese entsetzlichen Grausamkeiten erlebt, obwohl Sie kein Jude sind?« Das verdient wirklich mehr Beachtung, und deshalb füge ich meinem Artikel noch ein paar lobende Bemerkungen hinzu. Für die begeisterte Kritik ernte ich einige Schmähbriefe von polnischen Juden. Sie sind der Ansicht, ich hätte diesem Juden, der seine Herkunft verleugnet, zu Unrecht soviel Zuneigung entgegengebracht. Sie hätten ihn gekannt in Polen. Sein Buch sei nichts als ein Haufen phantastischer Hirngespinste ... Ich will es nicht glauben: Jerzy soll ein Jude sein? Soll sich verleugnet und mich belogen haben? Das erscheint mir unmöglich, unfaßbar! Ich rufe ihn an: »Ich muß unbedingt mit Ihnen sprechen.« – »Ha! Sie haben sich also bei Ihnen gemeldet«, lautet seine Antwort. »Wer sind ›sie‹?« Seine Feinde. Wer sind seine Feinde? Warum hat er überhaupt welche? Wie dem auch sei, ein Gespräch ist für mich unabdingbar. Ich lade ihn zum Essen ein. Beim Essen frage ich ihn erneut: »Sind Sie Jude?« Er antwortet dasselbe wie beim erstenmal. »Warum behaupten diese Juden es dann ...?« Weil sie seine Feinde sind. So geht das wochenlang, wenn nicht gar monatelang. Als der Roman in Frankreich erscheint, schreibt Piotr Rawicz eine Besprechung für *Le Monde.* »Ist Jerzy nun Jude oder nicht?« frage ich ihn. »Natürlich ist er Jude«, antwortet Piotr. – »Hat er dir das selbst gesagt?« Nein, das hat er nicht. Im Gegenteil, er leugnet es. »Und woher weißt du es dann?« – »Ich weiß es eben«, bekräftigt Piotr. – »Aber warum verhehlt er seine jüdische Abstammung? Vielleicht kannst du ihn das einmal fragen?« Piotr fragt ihn tatsächlich; er bestreitet es weiter. Piotr will wissen, ob er beschnitten ist. Jerzy verweigert die Antwort. Erst als Piotr androht, ihn mit Hilfe von ein paar Kumpel auszuziehen, bekennt er sich zu seiner jüdischen Herkunft.

Als sein zweiter Roman erscheint, schreibe ich eine Besprechung für den *Forverts:* Der Roman sei gut, sein Autor jedoch seltsam; sein bizarres Verhalten könne als Versuch gedeutet werden, eine Philosophie der Unbestimmtheit zu entwickeln. Jerzy ist verärgert: Er schreibt an die Zeitung und droht mit einer Klage vor Gericht, falls ich das Gesagte nicht widerrufen würde. Er behauptet, sein Judentum niemals verleugnet zu haben. Ich veröffentliche seinen Brief und meine Antwort: Ich habe den Brief von Piotr und noch ein paar Beweise; wenn er es unbedingt darauf ankommen lassen wolle, würde ich sie abdrucken. Außerdem hätte ich etwas mehr Dankbarkeit von ihm erwartet. Schweigen. Keine Klage, nichts. Etliche Monate später bekomme ich einen Anruf: Jerzy will mich treffen. Und zwar sofort. Zuerst verlange ich eine Entschuldigung von ihm. Er entschuldigt sich. Also nehme ich unseren Dialog wieder auf: »Warum haben Sie Ihr Judentum verborgen? Der Krieg ist zu Ende, Jerzy. Die Juden müssen sich nicht mehr verstecken, sie müssen sich auch keine gefälschten Ausweise mehr besorgen …« Er meint, er wisse nicht, wie ihm das passiert sei. Er habe in den Wolken gelebt. Im übrigen sei es besser so, zumindest für Polen und die polnische Bevölkerung: Eine jüdische Tragödie von einem jüdischen Autor hätte sie völlig kalt gelassen, ein Nichtjude, der verfolgt worden ist, ein Nichtjude, der von seinen Leiden erzählt, das sei doch etwas ganz anderes … Arthur Gelb von der *Times* glaubt, er hätte sich aus Angst vor den Antisemiten, aus Angst vor neuerlicher Verfolgung so seltsam aufgeführt.

Unser Zwist ist ausgeräumt. Jerzy hat zu seinen Wurzeln zurückgefunden. Und mit seinem Selbstbewußtsein hat er auch wieder meine Zuneigung gewonnen.

Andere sind strenger mit ihm ins Gericht gegangen. In *Village*

Voice wird er in einem langer Artikel als Hochstapler bezeichnet. Eine vor kurzem erschienene Biographie versucht, ihn zu entmystifizieren: Da er den Krieg bei seinen Eltern verbracht habe, könne er die furchtbaren Grausamkeiten gar nicht erlebt haben, von denen in *Der bemalte Vogel* berichtet wird, und folglich könne er das Buch nicht allein geschrieben haben …

Die Nachricht von seinem Freitod – auf dieselbe Weise wie Bruno Bettelheim – hat mich schwer erschüttert. Dieser Genießer war also zutiefst unglücklich, unglücklicher noch als seine verrückten und tragischen Romanfiguren.

Piotr Rawicz: Warum hat sich mein Kamerad und Gefährte von dieser Welt zurückgezogen? Ich habe ihn noch vor Augen: Sein Gang ist gebeugt, sein Blick verzweifelt und ironisch, sein Geist wach und von grausamer Scharfsichtigkeit. *Le Sang du ciel* (Das Blut des Himmels) wird für immer ein Meisterwerk seiner Zeit bleiben. In einem Beitrag zu diesem Roman (für den *New Leader*) schrieb ich:

> Über die Ausrottung einer von Gott und der Welt verlassenen jüdischen Gemeinde kann man nur schluchzend oder gotteslästerlich schreiben. Piotr Rawicz hat sich entschieden. Sein Buch ist ein Schrei, kein Echo, es ist eine Herausforderung, keine Ergebenheit. Er steht aufrecht vor den Leichen im Massengrab: Er spricht nicht das Kaddisch, er vergießt keine Tränen …

An den Leser gerichtet, heißt es dort:

> Es braucht Mut und Stärke, um dieses Buch zu lesen. Wenn Du es aber liest, wirst Du verstehen, daß die Tragödie von Boris (der Hauptperson des Romans) nicht erst mit ihm begonnen hat. Du wirst auch verstehen, daß es nach Auschwitz nichts mehr zu verstehen gibt, weil die Vernunft selbst im Blut des Himmels ertrunken ist.

Ich erinnere mich an unsere ausgedehnten Spaziergänge durch Paris auf der Suche nach den verlorenen Suchern, an seinen scharfsinnigen, fröhlichen Pessimismus – es fehlte nicht viel, und er hätte mich optimistisch, ja, euphorisch gestimmt. Ich erinnere mich an seine Monologe: geflüsterte Monologe, in denen das philosophische Denken (Gedanken zu den Ghitas und zu Laotse, zu Spinoza und Wittgenstein) mit seinem Witz wetteiferte. Für ihn war alles eine Frage der Metaphysik, sogar das Lächerliche. Er erinnerte sich gern an Deutschland, an das Deutschland, das er einst gekannt hatte, und an das, das er wiederentdeckte, die geteilte Hauptstadt zog ihn magisch an, er betrachtete es als gespenstische Farce: Berlin mit seinen unangepaßten, völlig ungezwungen lebenden Menschen, mit seinen falschen und echten Aristokraten, aus denen falsche und echte Zyniker geworden waren, mit seinen gefährlichen und seinen lachhaften Spionen, Berlin mit seinen hübschen, sinnenfreudigen und so leicht zu erobernden Frauen.

Wenn wir abends gemeinsam in ein kleines Restaurant im Quartier latin Essen gingen, beschwor er häufig das Lemberger Ghetto mit seinen romantischen Gelehrten und Bettlern herauf. Manchmal erzählte er auch von seinen Erlebnissen im Lager von Leitmeritz. Was hatte ihn gerettet? Den größten Anteil an seinem Glück führte er auf seine Kenntnisse der deutschen und der ukrainischen Sprache zurück. Man hielt ihn für einen Christen. Trotzdem war er unglaublich oft unter den jüdischen Gefangenen. »Und hattest du keine Angst, Piotr?« fragte ich ihn: »Wie hast du sie nur ausgehalten?« – »Oh, ich lachte vor Angst«, antwortete er, und ohne eine Erwiderung abzuwarten, erklärte er: »Das alles war doch nur eine Farce, eine Farce von kosmischen Ausmaßen.« Ich erinnerte ihn an eine Erzählung Rabbi Nachmans aus Brazlaw: Ein Prinz, der sich nachts verirrt hatte, hört plötzlich ein Lachen, ein Lachen wie aus dem Jenseits, aus einer anderen Welt. Piotr nickte bedächtig: Er kannte Rabbi Nachman.

Mein Freund Piotr kannte vieles, sein Wissen war enorm.

Manchmal nahm ich ihn zum Gottesdienst mit. An einem Jom Kippur haben wir gemeinsam in einer kleinen, improvisierten Synagoge bei der Place de la République gefeiert. Am nächsten Tag berichtete er mir von den hohen Feiertagen in Lwów. Er versuchte, witzig zu sein, doch es gelang ihm nicht. Jom Kippur war der einzige Tag, an dem es ihm unmöglich war zu lachen.

Warum hat er sich selbst getötet, obwohl er dem Leben noch so viel zu geben gehabt hätte?

Eine Kugel in den Mund hat sein Schicksal besiegelt, das einzigartig war und lachhaft wie er.

Wenn ich an Piotr denke, schnürt es mir die Kehle zu. Als Romancier, Ethnologe, Anthropologe, Essayist und Dichter hätte er ebensoviel Ruhm und vor allem auch Glück (die beiden stellen sich ohnedies zusammen ein) verdient gehabt wie andere, ja, noch mehr als andere. Warum hat er sich aus dem Leben verabschiedet, zu dessen Feier er beitrug, indem er es komischer machte? Waren es Krankheit und Tod seiner Frau und Komplizin Anna? Fürchtete er sich vor der Einsamkeit? Oder vielleicht vor dem körperlichen Verfall?

Ich sehe ihn noch vor mir: keinen Sou in der Tasche, wie so oft, aber dennoch sehr elegant und immer großzügig. Er hatte furchtbar viel um die Ohren und doch für jeden Zeit. Er war verzweifelt und doch ein Genießer. Ich werde unsere gemeinsamen Abende nie vergessen. Wir konnten kein Ende finden. Er redete leidenschaftlich gern, und er sprach mit der Klarheit und Schärfe eines Wissenschaftlers. Sein Französisch hatte einen ausgesprochen russischen Akzent, war jedoch von pedantischer Genauigkeit, dazu lächelte er mal melancholisch, mal sarkastisch. Er bemitleidete Emporkömmlinge, feierte die Demütigen, die Anfänger und die Unbekannten. Hat er seine Erlebnisse im Konzentrationslager, die Erinnerungen an seine Kindheit in Lwów irgendwo aufgeschrieben? Wo könnten diese Notizen sein? Wem könnte er sie anvertraut haben? Oder sollte die Vergangenheit mit ihm begraben sein? Ich glaube, er selbst gab uns den Schlüssel dazu.

Er trank viel, rauchte viel, lachte und liebte viel. Warum schrieb er nicht mehr? Oh, doch, protestierte er heftig, er schreibe, er schreibe sehr viel, aber in seinem Kopf. Für wen schrieb er denn? Er zuckte nur mit den Schultern und sagte: »Komm, ich zeige dir etwas.« Dann führte er mich in sein kleines Zimmer, in dem man keinen Schritt gehen konnte, ohne nicht über Bücher und Zeitschriften zu stolpern, die in völliger Unordnung herumlagen. Er zeigte mir einige Manuskripte, ließ mich ein paar Seiten lesen: mystische Gedichte! Trotzdem gab er sich als Agnostiker aus.

Mystiker und Ungläubiger zugleich, Prophet und Häretiker in einem? »›Warum‹ ist ein Wort, das Gott dem Menschen aus Versehen gegeben hat«, sagte er. »Gott ist Gott, wie kann man da behaupten, Gott glaube nicht an sich selbst? Oder Er glaube nicht an den Menschen?«

Warum ist er in den Tod gegangen? Welche Botschaft hat er uns hinterlassen, als er den Mund öffnete, um den Tod zu empfangen?

VERSTEHEN

Mit den Jahren nehmen mich meine außerliterarischen Tätigkeiten immer mehr in Beschlag, rauben mir zuviel von meiner Zeit, aber das ist einfach unvermeidbar.

Wie schaffe ich es, meinen gewohnten Zeitplan einzuhalten und vier Stunden pro Tag dem Schreiben zu widmen, das für mich eine vorrangige Pflicht bleibt? Ich nutze jede freie Minute und auferlege mir eine noch strengere Disziplin. Der Ekklesiast glaubt nicht an Bücher, aber für mich sind sie lebenswichtig. Was würde aus mir werden, wenn ich aufhörte zu schreiben? Ich habe noch so viele Geschichten zu erzählen, so viele Themen zu erforschen, so viele Personen und Figuren zu erfinden oder ans Licht zu bringen. Dabei treibt mich immer dieselbe Angst: Zwar habe ich schon einiges geschrieben, aber eigentlich habe ich noch gar nicht richtig begonnen. Warum ich dann meine Bücher geschrieben habe, könnte man jetzt fragen. Um zu verstehen und um verstanden zu werden.

In der wunderbaren Erzählung vom Auszug aus Ägypten in der Aggada, die am Pessachabend gelesen wird – jedesmal bestürmen die Kinder hinterher die Älteren mit Fragen –, lesen wir:

> Gelobt sei der Herr, gelobt sei Er,
> Dies sind die vier Söhne, von denen die Tora spricht:
> einer ist weise, der zweite gottlos,
> der dritte ist nicht in der Lage, die Frage zu verstehen,
> während der vierte sie nicht einmal kennt.

In einem (von Mark Podwal illustrierten) Buch* griff ich auf die

* *Das Geheimnis des Golem*, Freiburg 1985.

traditionellen Kommentare zu diesem Abschnitt zurück. Plötzlich kam mir eines Abends die Frage in den Sinn: Warum spricht der Text von nur vier Söhnen? Sind es denn nicht mehr? Doch, es gibt noch einen fünften: den, der nicht mehr zurückgekommen ist. Ich nehme ihn in mein Gedenken auf, indem ich ihn in meinen Roman *Der fünfte Sohn* einbeziehe.

Es ist die Geschichte einer gescheiterten Existenz, einer fehlgeschlagenen Rache, einer furchtbaren Entstellung des Menschen und Gottes. Sie handelt vom tragischen Schicksal der Familie Tamiroff. Der Vater, Reuwen, ein Überlebender des Ghettos Davarowsk, kämpft mit dem Gespenst des »Engels«, einem SS-Mörder, der die Juden marterte und vernichtete, um dem Bösen zum Triumph zu verhelfen. Die Mutter ist in einen wohltuenden Wahn versunken, lebt im Vergessen eingeschlossen wie in einer anderen Welt. Und Ariel, ihr einziger Sohn, versucht zu verstehen; vor allem will er verstehen, aus welchen Gründen sie ihm das Leben geschenkt haben.

Sie wohnen in Brooklyn unter den dortigen Chassidim. Reuwen ist Bibliothekar; »er plaudert mit Homer und Saul, mit Jeremias und Vergil«, sein Lieblingsautor ist jedoch Paritus der Einäugige, dessen *Meditationen eines Querdenkers* großen Einfluß auf die mittelalterliche Philosophie hatten. Sie leben in einem Kreis gläubiger Schwärmer wie Bontscheck, der sich an alles erinnert, und Simha dem Finsteren, der sich Schattenhändler nennt. Auch sie stammen aus Davarowsk und kommen regelmäßig zusammen, um ihre Erinnerungen an die gemeinsame Vergangenheit auszutauschen. Und welche Rolle spielt der Sohn in diesem Kreis? Langsam entdeckt er ihre Vergangenheit und beginnt darin zu leben: ihre betrogenen Hoffnungen, die langen Nächte des Wartens im Ghetto, die schrecklichen Szenen, als der Engel die Maske eines blutrünstigen Gottes aufsetzte und zum Verbündeten und Diener des Todes wurde …

So sehr ich mir jede Vorstellung davon untersage, was sich in den Gaskammern abgespielt hat, und mich darauf beschränke, die Lebenden mit meinem Blick bis zu jener Tür zu begleiten, hinter der sie den Erstickungstod starben, so sehr bemühe ich mich, die Massaker an den Juden in Babij Jar, Ponary, Romboli und Kolomey zu sehen. Worin besteht der Unterschied? Ich habe keine Ahnung. Aber ich will unbedingt, und sei es nur in meiner Phantasie, bei denen sein, die dort das Kaddisch für ihre Toten und für sich selbst sagten. Oft betrachte ich die Fotografien, die von den Deutschen gemacht wurden und lange Reihen von Männern und Frauen zeigen: Wie eine Prozession schreiten sie auf die Massengräber zu. Woran denken sie? Was sagt das Kind zu seinem Großvater, der einen so gefaßten Eindruck macht. In fast allen Berichten und Dokumenten wird die Passivität der Verdammten und Opfer bezeugt. Ein SS-Offizier, Mitglied der Einsatzgruppen, gesteht irgendwo, es habe ihn ganz verrückt gemacht: Er konnte einfach nicht verstehen, warum sich diese Menschen ohne den geringsten Widerstand von ihm und seinen Soldaten erschießen ließen. Ein Jude legte sich an den Rand des Grabens und fragte die Deutschen: »Ist es so richtig?« Calel Perechodnik, ein jüdischer Polizist aus dem Ghetto von Otwock in der Nähe von Warschau, schreibt in seinem Zeugenbericht, daß die Männer und Frauen aus dem Ghetto hätten fliehen können, es aber vorzogen, in aller Ruhe – ja, in aller Ruhe – auf die »befreienden« Kugeln zu warten. Nie werde ich die Geschichte einer Gruppe flüchtiger Juden vergessen, deren Lager ein polnischer Polizist durch Zufall entdeckt hatte: Langsam erschießt er einen nach dem anderen, bis ihm die Munition ausgeht. Er schickt einen kleinen Jungen weg, um Munition zu holen. Er steht also ohne die Macht seiner Waffe vor diesen Juden, die sich jetzt auf ihn werfen und ihn unschädlich machen könnten. Statt dessen warten sie auf die Rückkehr des Jungen und die Fortsetzung des Massakers.

Läßt sich ein solches Ausmaß an Resignation verstehen? Es könnte sein, daß diese unglücklichen Juden, die von allen verlassen waren, und auf die nur noch der Tod wartete, genug davon hatten, sich zu verstecken, zu fliehen, zu hoffen und in dieser dreckigen Welt zu leben, in der menschliche Wesen unschuldige jüdische Kinder mordeten, ohne die geringsten Gewissensbisse, den geringsten Schmerz zu empfinden.

Wie viele Juden sind auf diese Weise von der SS unter Mithilfe der Wehrmacht abgeschlachtet worden? Eine Million? Oder mehr? Die Einsatzgruppen arbeiteten um die Wette: Wer tötete die meisten Juden in einer Woche? Sie haben sehr genau darüber Buch geführt, und ihre Statistiken sind erhalten.

In *Der Bettler von Jerusalem* hatte ich schon einmal vom Verschwinden einer jüdischen Gemeinde erzählt. Darin findet sich auch dieser »Dialog« zwischen einem SS-Offizier und dem letzten Talmudisten, den er nicht umbringen kann: »Du wirst sprechen, aber deine Worte werden auf taube Ohren stoßen ... Du wirst Skandal schreien, zum Aufstand blasen, doch man wird dir nicht glauben und dich nicht hören wollen ... Du wirst mich verfluchen, weil du die Wahrheit besitzen wirst, du besitzt sie schon jetzt; aber das ist die Wahrheit eines Wahnsinnigen.«

In *Der fünfte Sohn* nehme ich dieses Thema wieder auf. Ariel hört zu. Er hört von der Konfrontation zwischen dem Engel und Reuwen Tamiroff, vom Sadismus der Folterknechte und vom Leiden der Opfer. Er lernt die Verzweiflung kennen und erfährt, daß er den Namen seines Bruders geerbt hat, jenes ersten Ariel, der im Ghetto starb. Und wo bleibt das Erbarmen? Und Gott? Nichts davon wird vergessen.

Wie in meinen anderen Romanen beschäftige ich mich wieder stark mit dem Verhältnis von Vater und Sohn und versuche, es auszuleuchten. Doch in diesem Fall erlebt der Sohn ein doppeltes Drama, denn sein Leben ist mit dem des toten Sohnes verbunden. Wäre Ariel nicht umgebracht worden, hätten die Tamiroffs vielleicht auch einen zweiten Sohn gehabt, aber er hätte einen anderen Namen getragen. Und wo bleibt die Gerechtigkeit? Und die Rache?

Ariel wird schließlich versuchen, im Buch seines Vaters eine neue Seite zu schreiben. Er begibt sich nach Deutschland, um dem Engel gegenüberzutreten, aus dem Richard Lander geworden ist, ein geachteter Großindustrieller mit Einfluß in Politik und Wirtschaft. Er will ihn bestrafen. Doch er wird ihn nicht töten.

Der Roman enthält zahlreiche Briefe, die Reuwen an seinen Sohn schreibt. Aber an wen sind sie gerichtet – an den toten oder an den lebenden Ariel? –, wenn er schreibt: »Ist dir bewußt, daß ich dich ansehe? Ich möchte dich so gern hören, aber du schweigst.«

Ich denke an Hiobs Kinder, an die späteren, mit denen er nach den schweren Prüfungen, die Gott und Satan ihm auferlegt hatten, belohnt wurde. Was dachten sie über die Sorgen, die ihre Eltern bedrückten? Was über ihre Brüder und Schwestern, die unschuldigen Opfer des Zweifels, der dort oben an der Frömmigkeit ihres Vaters gehegt wurde? Versuchten sie herauszufinden, wer ihre älteren Geschwister waren? Hiob und seine Frau wären glücklich mit ihnen geworden, wenn Gott nicht mit Satan gewettet hätte.

Und wie steht es um die Hoffnung? Wie um die Pläne, die man sich fürs Leben macht?

Am Ende des Buches schreibt Ariel:

> Seit Jahren oder Jahrhunderten warte ich schon. Um meinen Vater zu finden, um meinem Bruder zu begegnen. Ich habe versucht, ihrer beider Leben auf mich zu laden und zu leben. Ich habe an ihrer Stelle »ich« gesagt.
>
> Nacheinander habe ich mich als den einen und als den anderen betrachtet. Sicher haben wir unsere Differenzen, unsere Streitereien und Konflikte gehabt, aber was uns trennte, hat sich in ein neues Band verwandelt. Jetzt ist mehr als vorher die Liebe zu meinem Vater etwas Ganzes: Als wäre er mein und ich sein Sohn, jener Sohn, den er dort unten, fern von hier verloren hat.
>
> Eine traurige Bilanz: Ich habe Himmel und Erde in Bewegung gesetzt, habe Untergang und Wahnsinn riskiert, indem ich die Erinnerungen der Lebenden und die Träume der Toten befragte, um das Leben der Menschen zu leben, die mir, ob sie mir nun nahe oder fern sind, auch weiterhin im Kopf herumspuken. Aber wann, ja wann endlich werde ich anfangen, mein eigenes Leben zu leben?

Wen wundert es, daß sich so viele Kinder Überlebender in diesem Roman wiedererkannt haben?

In meinem Theaterstück *Der Prozeß von Schamgorod*, das 1979 erschienen ist, lasse ich Hiob zurückkehren, damit seine Einsprüche laut werden. Gereicht Gott der Glaube an Ihn immer und unwiderruflich zur Ehre? Anders gefragt: Ist religiöser Fanatismus immer ein Weg, der zu Gott führt und der demzufolge auch von Ihm gewollt ist?

Das Stück wurde am Montansier-Theater in Versailles gespielt (in einer klugen und taktvollen Inszenierung von Marie-Odile Grinwald), in San Miato in Italien, in Deutschland, Skandinavien und in mehreren Städten der Vereinigten Staaten.

Die Handlung spielt am Purimabend des Jahres 1949 in einer kleinen Ortschaft irgendwo in Mitteleuropa. Drei fahrende Komödianten machen in einer Herberge Station, um die jüdische Gemeinde zu unterhalten, wie es Brauch ist. Doch es gibt keine Juden mehr in Schamgorod: Sie sind kurze Zeit zuvor bei einem Pogrom umgebracht worden. Der Herbergsvater Berisch und seine Tochter sind die einzigen Überlebenden. Dessen ungeachtet spielen die Komödianten eine Farce, zu der sie vom Herbergsvater gedrängt werden: einen Prozeß gegen Gott, bei dem er selbst den Ankläger spielt. Fehlt nur noch der Verteidiger. Keiner will ihn spielen, so daß einer der Schauspieler in Klagen ausbricht:

> Was für ein Unglück, was für ein Elend ... In der ganzen weiten Welt, von Westen nach Osten, von Nord bis Süd gibt es niemand, der die Verteidigung Gottes übernimmt!

Seine beiden Kollegen stimmen ein:

> So ist es nun einmal, Bruder. Niemand ist bereit, Seine Gerechtigkeit zu bezeugen ...
> Niemand, Seine Gnade zu besingen und Seinen Ruhm zu verkünden ...

Dann fährt der erste wieder fort:

> Ist in der ganzen Schöpfung, von Königreich zu Königreich, von Nation zu Nation niemand bereit, Gottes Wege zu rechtfertigen? Niemand Sein Wort zu erklären? Niemand Ihn trotz allem zu lieben, genug zu lieben, um sich Seiner Sache anzunehmen? In der Unermeßlichkeit des Universum niemand, sich auf Seine Seite zu stellen? Niemand?

In diesem Augenblick erklärt ein geheimnisvoller Fremder, den niemand bemerkt hat:

> Doch, ich!

So kann ein ordentlicher Prozeß stattfinden. Berisch klagt Gott der Feindseligkeit, Grausamkeit und Gleichgültigkeit gegenüber dem Menschen an:

> Entweder liebt Er sein auserwähltes Volk nicht, oder Er verspottet es … Entweder Er weiß, was uns erwartet, oder Er weiß es nicht. In beiden Fällen, ehm, in beiden Fällen ist Er schuldig.

Dem Verteidiger, der Beweise verlangt, antwortet er:

> Betrachten Sie uns gut: Wir sind die letzten Juden, die Sie in Schamgorod sehen können. Die anderen sind unsichtbar, verschwunden, tot. Betrachten Sie uns gut, sage ich Ihnen, und Sie werden sich der Abwesenden erinnern, betrachten Sie uns gut, und Sie haben Ihren Beweis.

Der Verteidiger erwidert:

> Ich sehe, Sie leben, sind gut genährt, nicht schlecht gekleidet, nicht zu unglücklich …

Noch einmal verlangt er nach Tatsachen, Berisch gerät in Wut:

> Wie oft muß ich es noch wiederholen? Die erste Tatsache haben Sie vor sich, um sich herum: Schamgorod. Schamgorod war eine jüdische Gemeinde seit … erfüllt von jüdischer Wärme, jüdischem Leben. Jüdisch waren die Lieder in jeder Straße, jedem Winkel. Gehen Sie sie jetzt einmal suchen. Schamgorod schweigt. Sein Schweigen ist eine Tatsache, oder nicht?

Der Ankläger trägt seine Argumente überzeugend vor, der Verteidiger weist sie aber gekonnt und gottesfürchtig zurück:

> Was wissen Sie von Gott, um mit solcher Selbstsicherheit, ja sogar mit Arroganz über Ihn zu sprechen? Sie drehen Ihm den Rücken zu, dann beschreiben Sie Ihn. Warum wenden Sie sich ab? Wegen des Pogroms? Wievielmal mußten unsere Vorfahren das Hinschei-

den ihrer Angehörigen, die Ruinen ihres Heims beweinen. Und dennoch wiederholten sie über Jahrhunderte, daß Gott gerecht ist. Sind wir würdiger als sie, intelligenter, weiser oder gottesfürchtiger als die Rabbiner von Mainz und von York? Tugendhafter als die Träumer von Worms, die Gerechten von Prag, die Mystiker von Saloniki? ... Wiegt das Blutbad von Schamgorod schwerer als der Brand des Allerheiligsten? War die Plünderung eurer Wohnungen ein grauenvolleres Verbrechen, eine größere Greueltat, als die göttliche Stadt der Plünderung preiszugeben? ... Wer sind Sie denn, den Schöpfer des Universums zu beschuldigen oder zu verhören?

O ja, der Verteidiger kannte sich gut aus in der Materie. Seine Argumente mögen gefühlskalt erscheinen, seine Leidenschaft für Gott ist es nicht. Sie ist so stark, daß gegen Ende des Stücks die Komödianten und der Herbergsvater überzeugt sind, daß er ein verkleideter Heiliger oder Gerechter ist, daß sein Stimme im Himmel gehört wird, und deshalb flehen sie ihn an, etwas zu unternehmen, dort oben etwas verlauten zu lassen, um sie vor dem nächsten Pogrom zu retten, dessen Vorzeichen bereits zu hören sind: die Schreie der haßerfüllten Meute, das Läuten der Totenglocken ... Doch der Verteidiger ist alles andere als ein Heiliger. Er ist kein Mann des Glaubens und der Mildtätigkeit, nur weil er Gott und den Glauben an Gott verteidigt, nein, in Wirklichkeit ist er ... Er ist der Feind Gottes und der Menschen. Sein Fanatismus verrät ihn: Er ist der Teufel.

Ich werde noch auf den Fanatismus zu sprechen kommen. Ich habe ihn viele Jahre bekämpft, wo auch immer er sich zeigte. Ob religiöser oder politischer Fanatismus, spielt keine Rolle, er ist die größte Gefahr für das kommende Jahrhundert: Wer heute Fanatismus predigt, wird morgen eine Katastrophe hervorrufen.

Indessen arbeite ich an einem neuen Roman. Ich bin nicht in der Lage, etwas zu tun, wenn ich nicht gleichzeitig an einem Roman arbeite. Ob Gewohnheit oder Aberglaube, ich gebe meinem Verleger nie einen Roman, solange ich den nächsten noch nicht begonnen habe.

Für die Romane brauche ich viel mehr Zeit zum Schreiben als für meine Essays. Warum bin ich, bewußt oder unbewußt, viel vorsichtiger, wenn es um ein fiktives Geschehen geht? Zuvorderst muß ich sicherstellen, daß der Roman, an dem ich arbeite, nicht in die finsteren Reiche des Holocaust ausbricht, die Versuchung ist groß, ihr nachzugeben, würde keine Mühe bereiten. Doch, ich kann es nicht oft genug wiederholen, Fiktion und Auschwitz sind unvereinbar. Man kann Auschwitz nicht deutlich machen, wenn man Phantasie und Wirklichkeit vermischt. So ist es vorgekommen, daß ich einen Roman über andere Themen geschrieben habe, nur um jenes Thema zu vermeiden, das sich verbietet.

Beim Schreiben habe ich fortwährend den MaHaRal von Prag und seinen Golem »vor Augen«. Er hat ihn geschaffen, damit er den bedrohten Juden zu Hilfe eilt. Macht der Schriftsteller etwas anderes, als seinen Worten Leben einzuhauchen, um aus ihnen »lebendige« Wesen zu formen, auch wenn er sie mit anderen Aufgaben betraut? Manchmal habe ich Angst vor meinen eigenen Romanfiguren: Was sollte ich tun, wenn sie ihre Rolle abstreifen würden, wenn sie mich verstießen oder mich in schwindelerregende Höhen oder in mit Schattengestalten bevölkerte Abgründe mitrissen? Von welchen Schriftstellern war ich bei der Arbeit an meinen fiktiven Werken beeinflußt? Ich könnte es nicht sagen. Natürlich sind die großen Klassiker, die ich in meiner Jugend in Frankreich entdeckt hatte, immer gegenwärtig. Stendhal und Dostojewski, Franz Kafka und Thomas Mann, Axel Munthe und Nikos Kazantzakis, Charles Dickens und Joseph Conrad, Albert Camus und François Mauriac. Der eine lehrte mich den freien Umgang mit dem Wort und wie man die Sprache bis zum Delirium treibt, ein anderer hat mir gezeigt, wie ich das Wort zügle, indem ich meiner Sprache unumstößliche Regeln und Grenzen setze. Mit Worten kann man fast alles machen, nur versklaven lassen sie sich nicht. Für manche ist die Sprache ein Werkzeug, für andere ein Fahrzeug und für noch andere ein Gesang, der sich zu unsichtbaren Himmeln erhebt. Die Sprache zu verstümmeln, ist eine Methode zur Zerstörung des Menschen, der sich ihrer bedient, um die Welt zu verstehen.

Ein Roman lebt aber nicht nur von Wörtern; es gibt ihn nur dank des Schweigens, das ihm innewohnt. Bestimmt habe ich es schon irgendwo gesagt, und es ist nur eine Wiederholung: Die Qualität eines Romans bemißt sich nicht nach dem Gewicht seiner Worte, sondern nach dem Gewicht seines Schweigens.

Das Schweigen, wie den Wahnsinn, habe ich in den kabbalistischen Geschichten gesucht und gefunden.

Ich arbeite an *Abenddämmerung in der Ferne*, einem Roman über das Verrücktsein. Seine Personen halten sich für Abraham und Isaak. Und für den Messias.

Ich hole Pedro aus *Gezeiten des Schweigens* zurück. Jemand versucht, ihn bei seinem Freund anzuschwärzen, der hier Raphael heißt. Jenseits von Zeit und Raum, jenseits der Vernunft suchen sie sich, rufen sie einander, fallen sie sich gegenseitig ins Wort. Was wird sie retten? Was wird ihre Freundschaft, wenn nicht gar ihre Erinnerung retten? Eine Gefahr lauert auf sie. Worin liegt diese Gefahr? Im Zweifel oder im Wahnsinn? Wie bekommt man die Verrücktheit zu fassen? Wo ist sie in bezug auf den Menschen und wo in bezug auf Gott anzusiedeln?

Ich beschäftige mich mit der verwirrenden Erscheinung moderner religiöser Gemeinschaften. Warum haben sie auf so viele junge Menschen solche Anziehungskraft, daß sie alles aufgeben, um Mitglied irgendeiner Sekte zu werden. Fehlt ihnen eine Autorität im Leben? Oder ist es die Fremdartigkeit, die sie fesselt?

Was ist gefährlicher: Fanatismus oder Unwissenheit? Der Verführer oder seine Beute?

Wer ist verrückter: der Mörder oder sein Opfer? Was macht den Menschen verrückt? Daß er verstehen will, warum die Abenddämmerung eine solche Anziehungskraft auf ihn, auf uns alle ausübt, warum Geheimnisse uns lieber sind als Klarheit, oder daß er sich weigert zu verstehen?

Wie bei meinen vorausgegangenen Romanen habe ich auch bei *Der Vergessene* alles getan, um jeden unmittelbar autobiographischen Bezug zu tilgen. Ich erkenne mich in keiner Figur aus diesem Roman wieder. Fehérfalu ist nicht Sighet, und Elchanan Rosenbaum hat die Schwelle zur Welt der Konzentrationslager nie überschritten.

Als Hauptthema habe ich die schreckliche Alzheimer-Krankheit gewählt. Der Hintergrund des Geschehens bleibt jedoch unwandelbar derselbe: Der Halbwaise Malkiel Rosenbaum erlebt den geistigen Verfall seines Vaters Elchanan, eines melancholischen Überlebenden der Ghettos und Psychotherapeuten im Ruhestand.

Gibt es eine schlimmere Krankheit als Alzheimer? Es ist ein Krebsgeschwür an der Identität, im Gedächtnis des Menschen. Im Roman vergleiche ich sie mit einem Buch, dessen Seiten nach und nach bis zur letzten herausgerissen werden; zurück bleibt nur noch der leere Einband.

Elchanan leidet an dieser Krankheit. Er, der noch so viele Dinge mitzuteilen hat, bemerkt eines Morgens, daß er sich an immer weniger erinnert. Das heimatliche Dorf in den Karpaten, die chassidische Kindheit, der Aufbruch, der geheime Auftrag, die »jüdischen Arbeitsbrigaden« innerhalb der ungarischen Armee, die Partisanen in den Wäldern, die Rückkehr ins verlassene Ghetto, die Lager für Displaced persons in Deutschland, die wunderbare Begegnung mit und die Liebe zu der schönen Talia, die illegale Einwanderung nach Palästina, die Schlacht um die Altstadt von Jerusalem ... Erinnerungen an Ereignisse und Episoden, die nur er erlebt hat und zu denen er als einziger einen Schlüssel hat: Werden sie alle mit ihm in den dunklen Zonen seines Bewußtseins verschwinden? Gequält und von einer unbekannten Angst bedrückt, verfaßt er das folgende Gebet:

> Gott Abrahams, Isaaks und Jakobs, vergiß mich nicht, denn ich bin ihr Sohn, der sich auf sie beruft.
>
> Du, die Quelle aller Erinnerung, weißt: Vergessen bedeutet verlassen, vergessen bedeutet verstoßen. Verlaß mich nicht, Gott meiner Väter, denn ich habe mich noch nie von Dir abgewandt.
>
> Gott Israels, stoße nicht einen Sohn Israels zurück, der aus ganzem Herzen und aus ganzer Seele der Geschichte Israels verbunden sein will.
>
> Gott und König des Universums, vertreibe mich nicht aus diesem Universum.
>
> Als Kind habe ich gelernt, Dich zu verehren, Dich zu lieben und Dir zu gehorchen. Hilf, daß ich nicht das Kind vergesse, das ich einmal war.

Als Junge habe ich immer aufs neue die Litaneien der Märtyrer von Mainz und York wiederholt, lösche sie nicht aus in meinem Gedächtnis, wie auch Du alles in Deinem Gedächtnis bewahrst.
Als Erwachsener habe ich gelernt, den Willen unserer Toten zu achten, laß nicht zu, daß ich vergesse, was ich gelernt habe.
Gott meiner Vorfahren, gib, daß das Band, das mich mit ihnen verbindet, fest bleibt und nicht zerrissen wird. Du, der Du Jerusalem zu Deiner Wohnstatt erwählt hast, laß nicht zu, daß ich Jerusalem je vergesse. Du, der Du Dein Volk in seine Zerstreuung begleitest, gib, daß ich mich daran erinnere.
Gott von Auschwitz, begreife, daß ich mich an Auschwitz erinnern muß und daß ich auch Dich daran erinnern muß. Gott von Treblinka, gib, daß ich schaudere, wenn dieser Name fällt. Gott von Belsen, laß mich weinen über die Opfer von Belsen.
Du, der Du unsere Leiden teilst, Du hast teil an unserer Erwartung, entferne Dich nicht von denen, die Dich in ihr Herz und in ihr Haus eingeladen haben.
Du, der Du die Zukunft der Menschen vorhersiehst, hilf mir, daß ich mich nicht von meiner Vergangenheit löse. Gott der Gerechtigkeit, sei gerecht gegen mich. Gott der Liebe, sei gut zu mir. Gott der Barmherzigkeit, stürze mich nicht in jenen Abgrund, wo alles Leben, jede Hoffnung und alles Licht vom Vergessen verschlungen wird. Gott der Wahrheit, denke daran, daß die Wahrheit ohne Erinnerung zur Lüge wird, weil sie nur die Maske der Wahrheit annimmt. Gedenke, daß durch die Erinnerung der Mensch befähigt wird, zu den Ursprüngen seiner Sehnsucht nach Dir zurückzukehren.
Gedenke, Gott der Geschichte, daß Du den Menschen geschaffen hast, damit er sich erinnere. Du hast mich in diese Welt gesetzt, Du hast mich bewahrt in der Zeit der Heimsuchungen und des Todes, damit ich Zeugnis ablege, aber was für ein Zeuge werde ich sein ohne mein Gedächtnis?
Du sollst wissen, Gott, daß ich Dich nicht vergessen will. Nichts will ich vergessen, weder die Toten noch die Lebenden. Weder die Stimmen noch das Schweigen. Nicht vergessen will ich die Augenblicke der Fülle, die mein Leben reich gemacht haben, und nicht die Stunden tiefster Not, die mich verzweifeln ließen.

> Selbst wenn Du mich vergißt, mein Gott, wirst Du mich nicht so weit bringen, daß ich Dich vergesse.

Und trotzdem wird er vergessen: Die Krankheit, an der er leidet, ist unheilbar. Doch dank seines Sohnes Malkiel und Tamar, der Frau, die Malkiel liebt, gibt es eine Lösung: Zu dritt nehmen sie eine Art Gedächtnisübertragung vor, so wie bei anderen Krankheiten Blutübertragungen vorgenommen werden. Am Ende erinnert sich Malkiel sogar an eine Episode, die sein Vater verdrängt hatte.

Der Essayband *Die Weisheit des Talmud* ist auf seine Weise eine Feier des Gedenkens. Wie bei meinen Erzählungen über die chassidischen Meister schreibe ich mit einem Schmunzeln über die Weisen und ihre Schüler, die vor zweitausend Jahren lebten. Sie begeistern mich alle; es gibt keinen, als dessen Schüler ich mich nicht betrachten würde. Vom alten Schammai habe ich Strenge gegen mich selbst gelernt, von Hillel dem Ältesten bekam ich den Rat, anderen gegenüber milde zu sein. Ich liebe die romantische Neigung Rabbi Akibas und die Unbeugsamkeit Rabbi Schimon bar Jochais. Aber was ist mit Elisha ben Abuja, der als Abtrünniger gilt? Soll ich mich auch als sein Schüler betrachten? Ich muß nur ein Wort Rabbi Meirs wiederholen: Man kann den Saft einer Frucht auch genießen, wenn man die Schale wegwirft.

Talmud bedeutet Studium. Den Talmud zu studieren, heißt also, das Studium zu studieren. Anders gesagt: Man hört nie auf, den Talmud zu studieren. Wenn die Tora keinen Anfang kennt, so kennt der Talmud kein Ende. Seit zweitausend Jahren ist uns aufgegeben, ihm einen Kommentar, eine Hypothese hinzuzufügen oder eine neue Debatte zu eröffnen.

Im Talmud zeigt sich die Schönheit des Dialogs. Der ganze Talmud ist nichts anderes als eine endlose Reihe von Dialogen zwischen Weisen und ihren Schülern. Einige von ihnen trennen Jahrhunderte, trotzdem hat man beim Studium ihrer Texte den Eindruck, sie säßen am selben Tisch und sähen einander in die Augen, um sich besser zu verstehen.

Wie viele Denker wissen, daß Talmud auch Toleranz bedeutet? Auch die Minderheit hat immer ein Wort mitzureden; sie beanspruch und verdient dieselbe Achtung wie die Mehrheit, ihre Standpunkte und Meinungen werden genauso niedergelegt wie die ihrer Gegner.

Und noch etwas: Gibt es einen vergleichbaren religiösen Text, in dem Gott nach Seiner Handlungsweise in der Geschichte befragt wird? Natürlich tun die alten Meister es mit aller Ihm geziemenden Achtung, aber ihre Argumente sind deshalb nicht minder stark und gewagt.

Den Talmud studieren heißt, ihn zu feiern. Es bedeutet auch, mit einem Wissensschatz in Verbindung zu stehen, in dem nur der Tod stumm ist.

Und jetzt?

Ein neues Romanprojekt beschäftigt mich, treibt mich an, gewinnt Form. Das Notizbuch ist voll, die Eckpunkte stehen. Angst quält mich …

ANATOMIE DES HASSES

Die Stiftung für die Menschlichkeit, die ich Ende 1986 zusammen mit Marion ins Leben gerufen habe, veranstaltet seit 1988, dem Jahr des Kolloquiums der Nobelpreisträger, internationale Tagungen zu einem einzigen Thema: »Anatomie des Hasses«.

Uns steht eine Gruppe von Freunden zur Seite: Norman Braman aus Miami, Jossi Ciechanover aus Israel, Bernard Fishman, Bill Flynn, Billie Ivry und Tom Moran aus New York, David Pincus aus Philadelphia, Mark Podwal aus New York, Raphael Recanati aus Israel, Howard Sobel aus New York, Sigmund Strochlitz aus New London, Arnold Thaler und Steve Willis aus Chicago … Ich werde ihnen nie genug für ihre tatkräftige Unterstützung unserer Vorhaben danken können. Die beiden Anwälte Howard und Bernie kümmern sich um Rechtsangelegenheiten, Mark, ein namhafter Dermatologe und begnadeter Zeichner, ist für Fragen der Gestaltung zuständig. Sigmund erledigt die Finanzen, und das Gespann Arnold und Marion kümmert sich um alle organisatorischen Dinge.

Das Wort Haß ist ein Schlüsselwort, eine Sammelbezeichnung, ein Hilfsbegriff. Es bezeichnet die häufig widersprüchlichen, aber immer unheilvollen Leidenschaften, die im 20. Jahrhundert gewütet und es verheert haben. Doch nicht nur im 20. Jahrhundert: Tatsächlich umschreibt und umfaßt dieses Wort alle Grausamkeit und alles menschliche Leiden seit Menschengedenken. Kain haßte seinen Bruder und tötete ihn. Der erste Tod in der Geschichte war ein Mord. Seither greift der Haß ungebändigt und todbringend um sich.

Rassenhaß, Haß auf den benachbarten Stamm, religiöser Haß, Haß aus Tradition, Haß aus nationalen, sozialen, ethischen Gründen, politischer Haß, Haß aus wirtschaftlichen oder ideologischen Gründen: Im Phänomen des Hasses zeigt sich das unerbittliche Scheitern des Menschen, seine totale Niederlage. In diesem Bereich kann sich die Gesellschaft nicht des geringsten Fortschritts rühmen. Es braucht nicht viel, und über Nacht stehen sich Menschen in Gruppen oder als einzelne plötzlich wie Wilde gegenüber und lassen sich, von rohen Instinkten geleitet und in einen Zustand zerstörerischer Raserei versetzt, zu Feindseligkeiten und Grausamkeiten hinreißen. Ein Entschluß, manchmal nur ein Wort genügt, und eine Familie oder Gemeinschaft badet in Blut oder geht in Flammen unter.

Warum gibt es soviel Gewalt und Haß? Wozu dient Haß? Worauf richtet er sich? Wodurch wurde er weitergegeben, angestachelt, geweckt und genährt?

Angesichts des besorgniserregenden, unaufhaltsamen Anstiegs von Intoleranz und Fanatismus in allen Erdteilen müssen wir der Gefahr ins Auge blicken. Indem wir sie benennen und ihr entgegentreten.

Wir setzen alle uns zur Verfügung stehenden Mittel im Kampf gegen den Haß ein. In meinen Schriften bekämpfe ich ihn ebenso wie mit meinem Einsatz im Rahmen der Seminare, die unsere Stiftung in Amerika, im Nahen Osten und in Europa veranstaltet.

An der Boston University (die vor kurzem ihr einhundertfünfzigjähriges Bestehen feierte) haben wir uns besonders mit dem religiösen Aspekt des Hasses befaßt. Zu den Teilnehmern dieses Kolloquiums zählten neben etwa zwanzig Wissenschaftlern und Forschern auch der Dekan der theologischen Fakultät von Harvard, Reverend Krister Stendhal aus Stockholm, Rabbiner Jitz Greenberg, der frühere Leiter der Judaistik am City College, und Professor Mohamed Arkoun von der Sorbonne. Es waren lange, lehrreiche Sitzungen, in denen unter dem Vorsitz des Geisteswissenschaftlers David Hambourg (er ist auch Präsident der berühmten Carnegie-Mellon-Stiftung) leidenschaftlich und freimütig diskutiert wurde. Im Rückblick ist mir klar geworden, was diesem Arbeitskreis fehlte: Wir hätten auch Vertreter anderer Religionen einladen sollen. Buddhisten zum Beispiel oder Schintoisten. Tatsächlich ist man in ökumenischen Kreisen so sehr daran gewöhnt, die traditionellen Reibungspunkte zwischen den drei monotheistischen Religionen zu untersuchen, daß alle anderen Glaubensrichtungen leicht aus dem Blickfeld geraten.

Gibt es eine Erklärung, warum selbst in unserer Zeit noch so viele Intellektuelle zum Fanatismus verführt werden? Wie können Religionen sich seiner Verlockung entziehen? Wächst innerhalb einer Religion nicht die Gewaltbereitschaft, sobald sie Züge des absoluten Anspruchs zeigt, den einzigen Weg zum Seelenheil zu weisen, ähnlich wie bei Nationen, die kraft ihrer Ideologie oder durch die Gewalt ihrer Waffen das Recht auf Sicherheit und Glück ihrer Nachbarn oder ihrer eigenen Bevölkerung mit Füßen treten?

Kriege, die ihre Ursache in rassischen oder religiösen Unterschieden, in unterschiedlichen Ideologien oder wirtschaftlichen Interessen haben, zeigen eine Gemeinsamkeit: Die Fanatiker glauben auf Grund ihrer materiellen Übermacht an ihre moralische Überlegenheit.

Fanatismus ist nicht nur für den Laizisten eine Gefahr, der ihn bekämpft, sondern auch für den Gläubigen, der in seinen Bann gerät. Der Fanatiker lebt von der Angst, die er einflößt und ausstrahlt: Angst ist das einzige, was ihn mit anderen und mit Gott verbindet. Weil er den Zweifel fürchtet, stellt er ihn außerhalb des Gesetzes. Er behauptet, er sei im Besitz der einzigen und ewig gültigen Wahrheit, und schafft damit eine Diktatur des Geistes oder Theokratie. Sobald man darüber diskutieren will, fühlt er sich gekränkt. Fragen sind nur zulässig, wenn er als einziger sie beantworten darf. Es ist ganz einfach: Der Fanatiker gibt gerne Antworten, während sein toleranter Gegner lieber Fragen stellt.

Seit Menschengedenken ist der Mensch das einzige Geschöpf, das unter Fanatismus und Haß leidet, und der Mensch allein kann diese Übel eindämmen. Nur Menschen sind fähig zum Haß und schuldig am Haß zugleich.

Das letzte Jahrzehnt dieses Jahrhunderts, ja, dieses Jahrtausends, weckt Hoffnungen. Eine Welle von Freiheit oder von Hunger nach Freiheit erfaßte die unterdrückten Nationen. Man konnte den Eindruck gewinnen, die Gesellschaft sei bestrebt, die Gespenster und Dämonen auszutreiben, die der Nazismus und der Kommunismus durch die Gewalt ihrer Diktaturen in die Welt gerufen und deren sie sich bedient hatten. Plötzlich ging man mit erhobenem Haupt auf das 21. Jahrhundert zu, vertraute auf eine leuchtende Zukunft, in der man seine Kräfte füreinander statt gegeneinander einsetzt.

Doch es kam der ernüchternde Morgen. Sollte die Freude nur einen Sommer lang gewährt haben? Sollte auch sie dem Fanatismus zum Opfer gefallen sein?

Lassen Sie uns noch einmal die Frage stellen: Was ist Fanatismus? Woran erkennt man ihn? An welchem Punkt genau wird Überzeugung zu doktrinärem Glauben oder zu Fundamentalismus?

Eine Idee wird zum fanatischen Grundsatz, wenn sie andere ausschließt, die im Widerspruch zu ihr stehen. Überzeugungen und Ideen können sich nur in Unabhängigkeit und Freiheit entwickeln; wer dies leugnet, wie der religiöse oder politische Fanatismus, der beraubt sie ihrer Handlungsfähigkeit und ihres Existenzrechts. In allen monotheistischen Religionen stößt man auf die geballte Faust des Fanatismus. Hierin unterscheidet sich der katholische Fundamentalismus nicht vom protestantischen, der christliche nicht vom moslemischen und dieser nicht vom jüdischen. Der Fanatismus stößt mich in allen Erscheinungsformen ab. Wer auch immer erklärt, er wisse besser als die anderen, welcher Weg zu Gott führt, dem kehre ich den Rücken. Und wenn jemand versucht, mich unter Zwang auf einen Weg zu führen, leiste ich Widerstand.

Das soll nicht heißen, daß ich einer Diskussion mit ihm aus dem Weg gehen würde. Tatsächlich entzieht sich der Fanatiker einer echten Auseinandersetzung und der Verständigung unter Menschen. Er ist überzeugt, daß er nicht kämpfen muß, um mich für ihn zu gewinnen, daß er recht hat, bevor er die erste Widerrede gehört hat. Für diesen Anhänger des Monologs ist jeder Gedankenaustausch eine Verirrung. Seine Rede ist in sich geschlossen, gegen Zweifel und Unsicherheit abgedichtet. Alles, was von außen kommt, wehrt er ab. Er hört sich selbst zu, um keinem anderen zuhören zu müssen. Er bewegt sich höchstens innerhalb seines beschränkten Universums, in dem es keine Alternativen gibt. Dort ist er mit sich allein, wird er zum einzigen Gegenstand seiner Leidenschaft.

Denn der Fanatiker ist ein Zelot, ein Überspannter, ein Glaubensnarr. Ihn meint Nietzsche, wenn er sagt, daß nicht Zweifel, sondern Gewißheit wahnsinnig mache. Da er blind ist vor Leidenschaft, verwandelt sich unter seinen Händen göttliche Schönheit in menschliche Ungestalt. Für ihn und durch ihn wird die Sehnsucht nach Gott zum unwiderstehlichen Verlangen nach Haß. Anmaßend nimmt er

Gottes Platz in der Schöpfung ein. Er hält sich für Gott. Er bemüht sich, es Gott gleich zu tun: Alle Menschen sollen nach seinem Bilde sein, nur etwas kleiner. Er möchte, daß alle sind wie er, nur sollen sie bescheiden und mit eingezogenem Kopf vor seinem Thron kriechen. Weil er überzeugt davon ist, als einziger den Sinn des Lebens zu kennen, macht er sein Gegenüber mundtot oder vernichtet es, damit er nicht hinterfragt werden kann. Und letztlich erkennt der religiöse Fanatiker in Gott nicht seinen Richter oder seinen König, sondern seinen Gefangenen.

Machen wir uns nichts vor: Fanatismus ist nicht nur religiösem Denken eigen. Der weltliche Fanatismus ist nicht weniger anmaßend. Zwar ist der fanatische Religionsgegner manchmal sprachgewandter, aber mindestens genauso gehässig wie sein Gegenüber. Beide neigen dazu, im anderen keinen würdigen Mitmenschen, sondern einen Gegenstand der Verachtung zu sehen.

Wie ein bösartiges Geschwür untergräbt der Fanatismus die Verheißungen für die Zukunft der Menschen und überhäuft sie mit seinen Flüchen. Denn der Fanatiker ist niemals zufrieden und deshalb unermüdlich. Ständig versucht er, mehr Macht zu erlangen, unablässig setzt er dafür seine ganze Kraft ein. Der Grund: Man kann nicht abstrakt hassen. Ein Fanatiker kann seinen Haß theoretisch schüren, doch er wird sich rasch praktische Anwendungsgebiete suchen – er wird nicht ruhen, bis er das Land in einen Kerker verwandelt hat. Weil ihm die Freiheit des anderen ein Graus ist, fühlt sich der Fanatiker erst dann frei und lebendig, wenn der andere seine Freiheit verloren hat. Je voller die Gefängnisse sind, desto größer wird seine Freiheit. Auch wird der Fanatiker alles tun, um zu verhindern, daß der andere durch Träume, Liebe und Nachdenken zu sich selbst gelangt. Sein Ziel ist es, das Denken des anderen einzukerkern, sein Vorstellungsvermögen zu lähmen. Der Fanatiker will den Mitmenschen in die Gegenwart einschließen: Er soll keine Erinnerung und keine Hoffnung haben.

Ziel unserer Kolloquien ist es, den Fanatismus als Hauptbestandteil des Hasses zu bekämpfen und umgekehrt den Haß als Hauptbestandteil des Fanatismus. Genauer gesagt: Nicht alle Fanatiker sind voller Haß; aber alle, die hassen, sind fanatisch. Ihr Weg führt unweigerlich zur Zerstörung des göttlichen Wesens im Lebendigen. Wenn sie auf den Plan treten, ist es schon zu spät.

An früherer Stelle habe ich wiederholt betont, das Gegenteil von Liebe sei nicht Haß, sondern Gleichgültigkeit. Diese Aussage läßt sich nicht umkehren. Dem Haß steht weder die Liebe noch die Gleichgültigkeit entgegen. Das Gegenteil von Haß ist Haß. Er ist eine gewaltige, unüberwindbare Mauer, die jedes Eindringen verhindert. Mit anderen Worten: Nichts Gutes, nichts Großes, nichts Lebendiges kann aus Haß entstehen. Er verneint jede Möglichkeit der Wandlung oder der Überwindung. Haß erzeugt nur Haß. Es ist dringend geboten, ihn zu besiegen, bevor sein unheilvoller Schatten über uns kommt und mit seinem ganzen Druck spürbar wird. Wie kann das gehen? Indem man ihn dort angreift, wo er unter seiner Maske, dem Fanatismus, sichtbar wird.

Kampf gegen den Fanatismus bedeutet, die Geringschätzung des Mitmenschen anzuprangern und die Freiheit des anderen - die Freiheit aller Menschen - zu feiern. Es heißt letztendlich, den Menschen von den demütigenden Ketten zu befreien, die der Fanatiker ihm anlegt. Es heißt, die Gefängnisse zu öffnen und den Männern, den Frauen und Gott selbst die Freiheit wiederzugeben, die ihnen der Fanatiker geraubt hat.

In unseren Sitzungen greifen wir häufig auf die Psychologie zurück. In Boston untersucht Leo (Schua) Eitinger von der Universität Oslo eingehend die Frage, warum die Opfer des Holocaust keinen Haß empfinden. Robert Jay Lifton, Professor für Psychiatrie an der Universität New York, erforscht den Haß, aber auch die moralische Gleichgültigkeit, die es den Henkern ermöglicht, ihre Taten zu vollbringen. Er spricht damit ein Thema an, dessen Klärung uns seit Jahren beschäftigt: Schlimmer noch als Haß ist das Fehlen von Haß bei den Mördern. Die Männer der Einsatzgruppen schlachteten Tausende von jüdischen Kindern ab und empfanden nicht den geringsten Haß gegen sie.

Und wo steckt Gott in alledem?

Robert McAfee Brown, einer der wichtigsten protestantischen Theologen, Harry James Cargas, der wagemutige katholische Philosoph, und der Essayist John Roth treiben mit ihren Beiträgen die theologische Debatte voran. Sollte es einen Gott geben, der haßt? Die Propheten zählen alles auf, was der Herr verabscheut. Könnte es denn sein, daß Er soweit geht, Seine Schöpfung zu hassen?

An der Universität von Haifa steht vor allem der pädagogische Aspekt des Hasses im Mittelpunkt des Interesses. In welchem Alter läßt sich das Erwachen von Haß bei einem Kind feststellen? Die Diskussion dreht sich um die Äußerungen eines Psychiaters, der in Boston die These aufstellte, daß ein Kind unter drei Jahren nicht in der Lage sei zu hassen. Anders ausgedrückt – Haß ist etwas, das gelernt, das erworben wird. Sollte er sich dann auch verlernen lassen?

Es gab auch kritische Momente. Im selben Kolloquium in Haifa trommelt der große, für seine gewohnt provokativen Auftritte bekannte Schriftsteller Abraham B. Jehoschua etwas zu heftig für den israelischen Zentrismus. Er vertritt die Auffassung, die Diaspora sollte sich selbst auflösen. In Großbritannien hatte er die jüdische Gemeinde bereits dazu aufgerufen, nach Israel zurückzukehren: Alle, die nicht dazu bereit seien, sollten doch so gut sein und sich, bitte schön, vom Judentum lossagen. Nach dem Nobelpreis und eingedenk dessen, was ich schon alles für Israel und das jüdische Volk getan hatte, besaß er die Güte, mir einen Brief zu schreiben, in dem er mir – mit einem Lächeln, natürlich – ein *Heter* einräumte, eine Art Ausnahmerecht, das nur zum persönlichen Gebrauch bestimmt ist und das es mir erlaubte, weiterhin dort zu leben, wo ich lebe. Gibt es irgendeine Erklärung, warum sich ein begabter, großherziger, geistvoller Schriftsteller so engstirnig zeigt?

Das Gespräch mit den moslemischen Teilnehmern hingegen bereitet keinerlei Schwierigkeiten. An den Debatten beteiligen sich ein Kadi, Journalisten sowie arabische Lehrer und Studenten. Alle hören bereitwillig zu und nutzen die Freiheit der Rede, um sich gänzlich ungezwungen, ich würde fast sagen, kameradschaftlich auszudrücken. Eines ist ganz offensichtlich: Auf allen Seiten sucht man nach dem Königsweg, nach dem Weg der Hoffnung für die Menschheit. Und das alles schon 1990, bevor der Friedensprozeß zwischen Israelis und Palästinensern in Gang gekommen ist.

Beim Empfang, der zu Ehren der Konferenz in einem wundervollen drusischen Haus gegeben wird, spricht mich eine Gruppe arabischer Journalisten (eine schöne, anmutige junge Dame, ihr freimütig dreinblickender Gatte sowie ihre Mitarbeiter) aus der Jerusalemer Altstadt an. Sie möchten für das arabische Fernsehen und arabische Zeitschriften ein Gespräch mit mir aufzeichnen. Sie kennen und begrüßen, wie sie sagen, meinen Einsatz für die Menschenrechte. Aber ... Ich errate, was kommt: »Warum leihen Sie Ihr Ohr allen, die leiden, nur nicht uns? Warum weigern Sie sich, uns anzuhören?« Sie fragen mich ohne Haß und ohne Zorn, als wollten sie ein rein philosophisches Problem erörtern. Erwarten sie, daß ich mich vor ihnen rechtfertige? Nein, nicht einmal das. Sie sind so unbefangen, als fragten sie mich aus rein intellektueller Neugier. Sie kreiden mir nichts an, machen mir keinerlei Vorwürfe. Ich bin ihnen eine aufrichtige Antwort schuldig, es ist nicht das erste Mal, daß ich an dieser Frage hängenbleibe: »Glauben Sie bitte nicht, daß ich taub oder gleichgültig demgegenüber bin, was Sie erleiden, ich höre Ihnen zu, und ich verstehe Sie. Doch wenn Sie, wie Sie sagen, das Wesen und die Richtung meines Zeugnisses kennen, dann wissen Sie auch, wie sehr ich mit Israel verbunden bin. Sie können nicht abstreiten, daß Israel – ob zu Recht oder zu Unrecht, spielt keine Rolle – in Angst lebt und daß es die Palästinenser sind, die den Israelis diese Angst einflößen. Helfen Sie mir, diese Angst zu zerstreuen, dann verspreche ich Ihnen, daß meine Freunde und ich alles in unserer Macht Stehende tun werden, um Sie besser zu hören und Ihnen bei uns Gehör zu verschaffen.« Anders als ihre israelischen Verteidiger nehmen sie die Herausforderung an. Das Verständnis zwischen uns ist ermutigend.

Das nächste Kolloquium findet im August 1990 in Oslo statt. Sein Thema: »Haß und Konfliktlösung«. Mit anderen Worten: Es geht um den Haß aus ethnischen Gründen und den Kampf gegen diejenigen, die ihn verbreiten. Ein noch nie dagewesen Fall ist eingetreten: Das Nobelpreiskomitee tritt als Mitveranstalter auf. Die norwegische Regierung, die wie immer den Erfordernissen der Zeit gewachsen ist, stellt uns ihren Apparat und ihre Mittel zur Verfügung. Alles klappt wunderbar, fehlerfrei, besser könnte man es sich nicht wünschen. Flugtickets, Hotelreservierungen, Restaurants, Besucherprogramm, Transfer in der Stadt, Simultanübersetzungen, Pressearbeit (mehr als vierhundert Journalisten sind akkreditiert und sichern eine weltweite Berichterstattung, die einem Gipfeltreffen würdig wäre) – unter der Leitung von Geird Grundig vom Außenministerium, Lundenstadt vom Nobelinstitut und Oberrabbiner Michael Melchior läuft alles wie ein Schweizer Uhrwerk, das von einem Japaner geprüft und von einem französischen Juwelier in ein Gehäuse gefaßt wurde. Jeder Gast (auch wenn er nur Lehrer oder Wissenschaftler ist und keinen Diplomatenpaß besitzt) wird nach seiner Landung von einem Mitglied des Empfangskomitees und einem norwegischen Regierungsvertreter begrüßt. Es gibt keine Paßkontrollen. Der Zoll ist unsichtbar. Jeder Ankommende hat das Gefühl, der Star der Konferenz zu sein. Zugegeben, die Teilnehmerliste ist beeindruckend: François Mitterrand, Václav Havel, Nelson Mandela, der litauische Präsident Vytautas Landsbergis, der norwegische Parlamentspräsident Jo Benkow, Jimmy Carter, der große Wirtschaftswissenschaftler J. K. Galbraith (aus Harvard), Connor Cruize O'Brian (aus London), der israelische Gesundheitsminister Ehud Olmert, der Chefredakteur einer arabischen Tageszeitung von Jerusalem, Hanna Seniore, der kubanische Schriftsteller Armando Valladares, Günter Grass und György Konrad, die Journalisten Herbert Pundik (von der Kopenhagener *Politiken*), Abe Rosenthal und Arthur Gelb (beide von der *New York Times*) ... Im ganzen beteiligen sich ungefähr fünfzig Politiker, Intellektuelle, Wissenschaftler, Dozenten, Psychiater aus Japan und Indien, aus El Salvador und Moskau, aus Berlin und Tunis an der gemeinsamen Suche nach einer Antwort auf den Haß, der die Nationen noch immer beherrscht und ihnen das Leben schwer macht.

Marion steht an der Spitze einer Arbeitsgruppe, die mit großer Sorgfalt und viel Feingefühl das Konzert vorbereitet, das – es ist schon Tradition geworden – den strahlenden Höhepunkt unserer Kolloquien bildet. Audrey Hepburn, schlank und anmutig wie ehedem, und der stattliche, würdevolle Gregory Peck führen durch das Programm. Lukas Foss dirigiert das Orchester. Auf dem musikalischen Programm stehen der Flötist James Galway, die Sängerin Frederica von Stade und der Sänger Simon Estes.

Alle Sitzungen finden im Plenum statt. Gidske Andersen (die vorläufig die Nachfolge von Egil Aarvik an der Spitze des Nobelkomitees angetreten hat) und ich übernehmen die Gesprächsleitung.

Wenn ich zu schüchtern bin, greift meine mit mehr Führungsstärke und weniger Sentimentalität begnadete Partnerin ein: Sie unterbricht die Redner, die das rote Signal nicht beachten und ihre Redezeit überschreiten. Fast alle Redner respektieren die Redezeitbegrenzung durch die rote Lampe, Jimmy Carter genauso wie François Mitterrand. Nur Elena Bonner macht eine Ausnahme. Die sture und mutige Gattin Andrej Sacharows läßt sich wie immer nicht einengen und besteht auf ihrer Freiheit, zu sprechen, wie sie will, wann sie will und solange, wie es ihr gefällt. Unsere Vereinbarung gefällt ihr gar nicht. Leider wird sie ärgerlich. Ich bin froh, daß Gidske da ist und für die Einhaltung unserer Regeln sorgt.

Eine bewegende Szene: Jacques Moreillon vom internationalen Roten Kreuz spricht über die Lage im Nahen Osten und äußert die Befürchtung, Israel könne seine Seele verlieren ... »Mir wird jedesmal angst und bange, wenn ich höre, daß man die jüdische Seele retten will«, erwidert der ehrwürdige Talmudgelehrte Ephraim Urbach und verweist mit all seiner Gelehrsamkeit und Entschlossenheit auf Beispiele aus der nahen und fernen Vergangenheit. Am nächsten Tag hat sich Jacques Moreillon in aller Öffentlichkeit entschuldigt.

Nicht weniger bewegend ist der Auftritt Leon Wessels. Das Mitglied der südafrikanischen Regierung wendet sich an Nelson Mandela: »Nelson, ich bin unter der Apartheid geboren; mein einziger Wunsch ist es, ihre Beerdigung zu erleben.« Beide Männer beginnen einen Dialog, der schließlich den Demokratisierungsprozeß in ihrem Land eingeleitet hat.

François Mitterrand, der alle mit seiner Schlichtheit bezaubert: Er hat zwischen lauter Intellektuellen Platz genommen. Manche sind bekannt, andere sind es weniger und haben weder Rang noch Namen.

Václav Havel erzählt, er habe niemals Haß empfunden, nicht einmal seinen Kerkermeistern gegenüber. Er hat einen tschechischen Kinderchor in seinem Flugzeug mitgebracht. Die Kinder leisten einen bewundernswerten Beitrag zu unserem Konzert. Noch vor der Verleihung des Nobelpreises für Literatur an sie prangert Nadine Gordimer den Rassismus mit der Überzeugungskraft einer zukünftigen Nobelpreisträgerin an. John Galbraith führt vor, daß menschliche Konflikte auch mit Humor gelöst werden können. Die Konferenz endet mit der Verabschiedung eines »Osloer Appells«, der mit feierlichem Ernst auf die Zukunft gerichtet sein soll. Hier der Text:

> An Männer und Frauen jeder Herkunft, Nationalität und Glaubensüberzeugung richten wir den eindringlichen Appell, ihre Kräfte zu vereinen, um gegen den Haß zu kämpfen, der die Menschlichkeit des Menschen auszulöschen sucht.
>
> Die uralte Geißel der Menschheit, deren Ursprünge im dunkeln bleiben, kennt keine Grenzen. Der Haß befällt alle Rassen und Religionen, alle politischen Systeme und sozialen Klassen. Und weil er vom Menschen gewollt ist, hat selbst Gott nicht die Macht, ihn zu beenden. Keine Nation kann sich sicher wähnen vor seinem Gift; keine Gesellschaft ist gegen seine Pfeile gefeit. Blind und andere verblendend ist der Haß eine schwarze Sonne, der unter einem aschenen Himmel diejenigen schlägt und tötet, welche die Großartigkeit vergessen, deren sie fähig sind, und die Verheißungen, die ihnen einst zuteil wurden. Haß kennt keine Gnade für jene, die sich weigern, ihn zu bekämpfen. Er tötet jeden, der nicht versucht, ihn zu entwaffnen.
>
> Eltern, lehrt eure Kinder, daß Haß bedeutet, ihre eigene Zukunft zu verstümmeln. Lehrer, erzählt euren Schülern, daß Haß alle Erfolge der Kultur und Zivilisation zunichte macht. Politiker, macht euren Wählern klar, daß – auf allen Ebenen – Haß euer und ihr erster Feind ist. Erzählt allen, die zuhören, daß Haß Haß erzeugt, daß er nichts anderes hervorbringt als Haß.
>
> Haß ist die Weigerung, den anderen als Person und als menschliches Wesen anzuerkennen. Haß bedeutet, ihn herabzusetzen, den eigenen Horizont zu begrenzen, indem man den des anderen einengt, ihn – und sich selbst – nicht als ein Subjekt mit eigener Würde, sondern als ein Objekt der Verachtung und der Furcht zu sehen.
>
> Hassen ist die Entscheidung für die simpelste und törichtste Lösung von Konflikten, indem man einen Graben gräbt, in welchen beide, der Hassende und sein Opfer, hineinfallen wie zerbrochene, leblose Puppen. Hassen heißt, Kriege zu entfesseln, die aus Kindern Waisen machen und den Alten vor Kummer und

Reue den Verstand rauben. Religiöser Haß verdunkelt das Antlitz Gottes. Politischer Haß fegt die Freiheit der Menschen hinweg. Auf dem Gebiet der Wissenschaft stellt sich Haß unweigerlich in den Dienst des Todes. In der Literatur verzerrt er die Wahrheit, pervertiert er den Sinn der Geschichte und begräbt die Schönheit unter einer dicken Schicht aus Blut und Häßlichkeit.

Heute, an der Schwelle zum 21. Jahrhundert, müssen wir dies allen Männern und Frauen erzählen, die sich nach einer Zukunft so strahlend und lächelnd wie die Gesichter unserer Kinder sehnen. Wenn wir nichts unternehmen, wird sich der Haß gemein und voll List in ihre Sprache und in ihre Blicke einschleichen, wird er die Beziehungen zwischen den Menschen, Nationen, Gesellschaften und Rassen vergiften. Wenn wir nichts unternehmen, werden wir dem nächsten Jahrhundert die Botschaft des Hasses hinterlassen, welche die Namen Rassismus, Fanatismus, Fremdenhaß und Antisemitismus trägt. Demokratie heißt Dialog. Das eine ist ohne das andere nicht denkbar. Zusammen tragen sie zu jener »Brüderlichkeit der Nationen« bei, die Alfred Nobel in seinem Vermächtnis als die einzige Hoffnung des Menschen auf Frieden und Überleben bezeichnet.

Dies ist unser Apell:

»Wir appellieren an alle Regierungen, Organisationen, Medien und Erziehungseinrichtungen, geeignete Maßnahmen zu finden, um den Geist dieser Osloer Erklärung in die Tat umzusetzen und Wege zu suchen, die die Menschheit von Haß und Gleichgültigkeit gegenüber Haß befreien.«

Diese Worte sollen nicht nur bedeuten, daß wir bereit sind, uns der Flut von bedrohlichem und gewalttätigem Haß, der die menschliche Gemeinschaft immer noch bedroht, zu widersetzen. Sie drücken vor allem unsere Gewißheit aus, daß die Menschheit stark genug ist, diese Flut aufzuhalten, und daß der Mensch diesen Sieg verdient.

Manche unterzeichnen den Aufruf, ohne ihn zu lesen, andere halten ihn für zu philosophisch oder für nicht philosophisch genug, wieder andere bekunden ihre Unzufriedenheit darüber, daß jeder Hinweis auf feministische Zielsetzungen fehlt.

Wie zahlreiche Zeugnisse seiner Art wird vielleicht auch unser Appell einen Platz in den Archiven finden. Selbst davon bin ich nicht überzeugt.

Und dann? Das ist nicht maßgeblich. Wichtig sind einmal mehr die Verbindungen, die geknüpft wurden, um den Haß weltweit zu bekämpfen, dem es ja auch überall auf der Welt gelingt, Leidenschaften und Ausbrüche zu entfesseln.

Manchmal werde ich gefragt, was es nütze, all diese bedeutenden Persönlichkeiten der Gesellschafts- und Geisteswissenschaften, der Philosophie und der Literatur unter einem Dach zusammenzubringen? Was gewinnt die Menschheit, wenn sie erlebt, wie (nahezu) immer dieselben Fachleute um denselben Tisch sitzen und (nahezu) dieselben Fragen besprechen? Es bringt gar nichts, wirft die Partei der Zweifler ein. Nein, es bringt viel, erwidern die Gutgläubigen. Doch man muß zweifeln und gutgläubig sein zugleich. Vor allem aber darf man nicht in Zynismus verfallen. Die Frage »Was nützt das?« ist nur sinnvoll, wenn man noch keine Antwort hat, bevor man sie stellt. Wie bei allem, was auf sozialem Gebiet unternommen wird, hängt das Ergebnis davon ab, was man – in diesem Fall von unseren Kolloquien – erwartet. Wer zuviel erwartet, wird enttäuscht sein. Ich bin nicht enttäuscht. Ich bin mit kleinen Schritten zufrieden. Die kleinen, alltäglichen Wunder genügen mir: ein Händedruck, mit dem sich zwei Gegner, zwei Fremde näherkommen, oder ein aufrichtiges Wort, ein wahrer Gedanke, der zum Nachdenken anregt, der das Bewußtsein offen macht, das Fremde zuläßt und unser Schöpfertum erblühen läßt.

Ich gebe gerne zu, daß Anstrengungen vergeblich und fruchtlos sein können. Doch sie sind niemals nutzlos. Daß sie häufig mit einer Niederlage enden, wird nicht bestritten. Doch lieber eine Niederlage einstecken als nichts tun.

Nehmen wir die Konferenz, die die Stiftung und die Wochenschrift *Ogonjok* im Dezember 1991 in Moskau durchgeführt haben: Wie das Treffen der Nobelpreisträger in Paris erbrachte sie keine konkreten Ergebnisse. Weder Gorbatschow noch Schmidt, um ein Beispiel herauszunehmen, konnten ihre Länder auf einen menschlicheren, gerechteren, offenherzigeren politischen Kurs bringen.

Schmidt war schon lange nicht mehr an der Regierung und Gorbatschow würde seine Macht bald verlieren. Und trotzdem.

Dabeigewesen zu sein, als Adam Michnik von der Solidarität Nagorny-Karabach verteidigte, als Abe Rosenthal den polizeistaatlichen Totalitarismus des KGB anprangerte und François Léotard seine Überlegungen über das Verhältnis von Politik und Haß vortrug, bedeutet, an einem Unternehmen mitgewirkt zu haben, das im Zeichen eines brüderlichen Austauschs stand, der Intellektuellen und Politiker alle Ehre machte.

Zur Eröffnungssitzung des Kolloquiums waren Altbundeskanzler Helmut Schmidt und Gorbatschows rechte Hand, Alexander Jakowlew, gebeten worden, ihre Erinnerungen an den Zweiten Weltkrieg zu vergleichen.

Warum gerade diese beiden? Weil Schmidt Leutnant in einer Panzerbrigade war, die vor den Toren Moskaus stand, während Jakowlew, ebenfalls als Leutnant, in der Roten Armee sein Land gegen die Eindringlinge verteidigte. »Wie war das für Sie beide? Was empfanden Sie füreinander? Spielte Haß eine Rolle bei dieser oder jener Ihrer Entscheidungen?« fragten wir sie. Ich glaube, sie begegneten sich zum erstenmal. Schmidt erzählte von seiner Jugend, seiner Kindheit: Er war nicht in der Partei, weil ein Elternteil oder einer seiner Großeltern Jude war. Aus Höflichkeit fragte ihn niemand, ob er kein Parteimitglied werden wollte oder ob er es nicht werden konnte, anders gesagt: Niemand fragte danach, was geschehen wäre, wenn er selbst hätte entscheiden dürfen, wenn ihm die Entscheidung nicht durch die Partei aufgezwungen worden wäre. Wie Jakowlew ergeht er sich lieber in Ausführungen über die Ideologie, über die politische Doktrin und über die Zukunft im allgemeinen.

Ein spannender Moment kam, als General Oleg Kalugin das Wort ergriff. Er stellte die Methoden und die staatspolitischen Ziele des KGB vor. Da er sein Wissen als Fachmann mit kühlem, fast wissenschaftlichem Tonfall ausbreitete, lauschten die Zuhörer auf jedes Wort, jede leichte Veränderung in seiner Stimme. Von allen Seiten kamen Fragen: Stimmt es, daß der KGB den Antisemitismus im Ausland schürte? (Ja.) Stimmt es, daß der KGB Gorbatschow unterstützt hat – und ihn heute noch unterstützt? Was sind seine Mittel dazu? (Unklare Antwort.) Was wußte der KGB über Raoul Wallenberg?

(Nicht mehr als wir.) Wie ist der KGB in den Vereinigten Staaten organisiert? Zum Eklat kam es schließlich, als Abe Rosenthal sich zu Wort meldete: »Wenn ein General vom KGB sich einer Gruppe Intellektueller stellt, muß er bereit sein, sich klar und vorbehaltlos zu äußern.« Welches waren seine Aufgaben unter der kommunistischen Diktatur im Rahmen seiner Tätigkeit beim KGB? Ohne es offen auszusprechen, legte es Abe Rosenthal darauf an herauszufinden, ob der General an Verbrechen beteiligt war, und wenn ja, an welchen. Kalugin versuchte die Fragen vom Tisch zu wischen, zuletzt wurde er ärgerlich: »Ich stehe hier schließlich nicht vor Gericht!« Woraufhin Abe erwiderte: »Wenn ein General des KGB vor einer Gruppe wie der unseren steht, sind wir seine Richter.«

Von diesem Zwischenfall abgesehen verliefen die Sitzungen in einer Atmosphäre vollkommener gegenseitiger Achtung. Keiner wurde unterbrochen, keiner lautstark angegangen, und es gab auch keine verletzenden Kommentare. Und wie bei den vorhergehenden Konferenzen wurden neue Verbindungen geknüpft.

Ich weiß nicht, ob unsere Debatten dazu beitragen, daß es weniger Haß auf der Welt gibt oder daß er ganz von ihr verschwindet. Aber ich weiß, daß sogar in Moskau die Freundschaft manche Siege errungen hat. Nicht über den Haß, aber über die Gleichgültigkeit.

Und ich hatte die Gelegenheit, Gorbatschow wiederzusehen.

In der Hauptstadt war die kommende Krise schon zu spüren. Die Beziehungen zwischen Gorbatschow und Jelzin wurde von Stunde zu Stunde schlechter. Es ging das Gerücht um, Boris Jelzin habe sich über das Protokoll hinweggesetzt und Eduard Schewardnadse mit einem einfachen Telefonanruf aus seinem alten (und neuen) Amt als Außenminister entlassen. Als er den amerikanischen Minister James Baker begrüßen wollte, verwehrte man ihm den Zutritt zum Empfangssalon: Jelzins Polizei forderte ihn auf umzukehren. Moskau war die reinste Gerüchteküche. Man sprach von einem neuen Staatsstreich, der diesmal von Jelzin ausging.

Ob Gorbatschow zum Kolloquium kommen würde? Er hatte es versprochen, doch bis zur letzten Sitzung ließ man uns darüber im Ungewissen. Schließlich teilte man uns mit, der Präsident der UdSSR halte Wort und wolle uns im Kreml empfangen. Uns alle?

Nein, nicht alle, aber zehn »Delegierte«. Wir waren jedoch ungefähr vierzig Teilnehmer! Der Saal biete nicht Platz für alle, sagte man uns. Arthur Gelb und Abe Rosenthal, Vitaly Korotich und andere Teilnehmer rieten mir, die Einladung trotzdem anzunehmen: Ein Treffen zu zehnt sei besser als keines. Ich beugte mich, doch ich erklärte, ich selber würde im Hotel bleiben. Die sowjetischen Funktionäre versuchten mich umzustimmen, doch undiplomatisch, wie ich bin, stellte ich mich stur wie ein trotziger Junge: Entweder wir würden alle empfangen, oder ich reihte mich bei den »Unerwünschten« ein. Zuletzt gingen wir alle zusammen hin.

Gorbatschow begrüßt uns voller Liebenswürdigkeit. In seiner Willkommensrede spricht er vor allem von seinen politischen Erfolgen und von seinem literarischen Durchbruch – zweifellos ebenso ein Erfolg, wenn auch ein kommerzieller. Sein Buch über die Perestroika hat sich gut verkauft: fünf Millionen Exemplare auf der ganzen Welt. Er hat damit in einem Jahr 800 000 Dollar verdient. Das bedeutet, daß seine Botschaft trotz allem angekommen ist. Um die Spannung abzubauen, die über uns allen liegt, stelle ich ihm drei Fragen:

Erstens: Warum begegnen wir uns immer nur unter dramatischen Umständen? (Er lächelt.)

Zweitens: Sie sind Schriftsteller, ich auch. Sie sind Nobelpreisträger, ich auch. Warum sind Sie Bestsellerautor und ich nicht? (Jetzt lacht er endlich.)

Drittens: Sie waren zuerst Präsident und haben dann den Nobelpreis erhalten. Könnte man sich für mich denselben Weg vorstellen, nur in umgekehrter Richtung? (Jetzt lacht er richtig herzhaft und meint: »Ich würde Ihnen nicht dazu raten.«)

Dann komme ich auf die Themen, die uns beschäftigen: Haß zwischen den Völkern, religiöser Fanatismus, atomare Bedrohung, die Zukunft der UdSSR, die Beziehungen zu Israel, der Antisemitismus ... Ich verheimliche ihm nicht, daß ich Juden aus Leningrad, Kiew und anderen Orten getroffen habe, die in Angst leben. Er gibt sich Mühe, uns zu beruhigen. Er antwortet offenherzig, legt Wert auf die ungeschminkte Wahrheit. In bezug auf Israel ist er glücklich darüber, wieder diplomatische Beziehungen zum jüdischen Staat aufgenommen zu haben. Und wie steht es mit dem

Pamjat und dem Antisemitismus? Seit zwei Jahren hat sich die Lage verbessert ...

Wir waren die letzten ausländischen Gäste, die er als Präsident der UdSSR im Kreml empfing.

Sechs Monate später traf ich ihn ein drittes Mal in Haifa, wo ihm ein wissenschaftliches Institut einen Preis für sein humanitäres Engagement verliehen hatte. Der sowjetische Botschafter sollte dort eine Rede halten, doch er ließ sich entschuldigen. Auf Anweisung von Boris Jelzin, wie man uns wissen ließ.

Nachdem er wieder zum einfachen Bürger ohne Rang und Titel geworden war, stand Gorbatschow für nichts mehr als für seine Vision einer freien Welt. *Sic transit gloria mundi.* Er erinnerte mich an Winston Churchill nach seiner Wahlniederlage 1945. Doch wenn Churchill ein großer Redner war, so konnte man dies von Gorbatschow nicht behaupten. Churchill hatte die Welt vor der faschistischen Bedrohung gerettet. Hat Gorbatschow sie vor der kommunistischen Gefahr gerettet? Die Geschichte wird darüber urteilen. Während ich 1996 diese Aufzeichnungen lese, denke ich an das Wiedererstarken der Kommunistischen Partei in Rußland und in anderen osteuropäischen Ländern ... Dennoch streifte ein Hauch der Geschichte die Menschenmenge, als sie den Nachfolger von Stalin, Chruschtschow und Breschnew zu den Klängen der *Hatikwa* im Abendrot unter den wehenden israelischen Fahnen auf der Bühne stehen sah. Nach anfänglichem Erstaunen zeigte er sich glücklich darüber, mich zu sehen, umarmte und küßte mich. Seiner überraschten Frau Raissa erklärte er: »Der letzte Besucher im Kreml – erinnerst du dich? Das war er.«

Es folgten andere Kolloquien.

Frühjahr 1992: Die Rassenunruhen in New York haben mit den Ausschreitungen von Crown Heights (Brooklyn) einen Höhepunkt erreicht. Da schreibt uns der Gouverneur des Staates New York, Mario Cuomo: »Sie veranstalten überall auf der Welt Kolloquien zum Thema Haß, nur nicht bei uns ... Glauben Sie wirklich, wir hätten keinen Bedarf und unsere Probleme zwischen den ethnischen Gruppen wären gelöst?«

Wir planen ein Seminar für den Herbst. Das Thema: »Rettet unsere Kinder« - vor dem Haß, versteht sich. Ob die Zeit ausreicht, ein Seminar vorzubereiten? Marion, die die Stiftung leitet, und Arnold Thaler, ihre rechte Hand in der Verwaltung, arbeiten wie besessen mit dem Stab des Gouverneurs zusammen. Listen werden erstellt, Einladungen verschickt. Es sollen unbedingt alle Gruppen der Stadt vertreten sein: Juden, Christen, Schwarze, Lateinamerikaner, Soziologen, Pädagogen, Philosophen, Psychologen, Psychiater, Journalisten.

Nachdem zwei Vollversammlungen das Kolloquium eröffnet haben, beginnen die Kommissionen zu tagen. Keine Schwierigkeiten kündigen sich an, alles läuft glänzend. Plötzlich kommt es zu einem Knall.

Eine Person stürmt in den Saal, in dem über Probleme der Schulbildung und Unterrichtsmittel getagt wird. Der Mann protestiert heftig gegen den Ausschluß von Homosexuellen. Zu Unrecht: Der New Yorker Präsident der Homosexuellen-Vereinigung ist ordentlicher Teilnehmer des Kolloquiums. Dem Eindringling genügt das nicht. Er fordert in jeder Kommission einen Vertreter der Homosexuellen. Mit einer Gelassenheit, die man an ihm gar nicht kennt, hält ihm der Präsident der Boston University, John Silber, entgegen: Woher wollen Sie wissen, wer an diesem Konferenztisch homosexuell ist und wer nicht? Wäre es nicht möglich, daß alle homosexuell wären, ohne Aufhebens davon zu machen? Ich war bei dem Zwischenfall nicht zugegen, doch alle Teilnehmer, die ich dazu befrage, sind derselben Ansicht: John Silber ist nicht laut geworden. In der Zwischenzeit agitiert der Eindringling weiter auf den Fluren, und am nächsten Tag sieht sich der Präsident seiner Vereinigung genötigt, vor der Vollversammlung sein Ausscheiden zu erklären.

Eine Zeitung von Long Island berichtet über den Zwischenfall und bläst ihn über alle Maße auf. Die Bostoner Tageszeitungen, die keine Gelegenheit zur Attacke auf John Silber auslassen, greifen wiederum die Nachricht auf - mit abträglichen Kommentaren, versteht sich. Zu guter Letzt muß der Ombudsmann (eine Art Schiedsrichter) des ehrwürdigen *Boston Globe* den Videomitschnitt der Sitzung begutachten, um John Silber öffentlich ins Recht zu setzen.

Im Juni 1995 findet wieder eine internationale Konferenz statt. Diesmal beschäftigt sie sich mit der Jugend. Thema: »Die Führungskräfte von morgen«. Neben den »Führungsspitzen von heute« nehmen auch Heranwachsende an den Debatten im Palast der Chini-Stiftung in Venedig teil.

Dreißig Jugendliche im Alter von 15 bis 19 Jahren vertreten entgegengesetzte Lager aus verschiedenen Krisenregionen unseres Planeten. Aus dem Nahen Osten: Israelis, Ägypter, Jordanier, Palästinenser. Irische Katholiken und Protestanten. Aus dem ehemaligen Jugoslawien kommen Kroaten, Serben und Bosnier. Dazu Teilnehmer aus verschiedenen afrikanischen Ländern.

Nach kurzer Zeit fallen die Grenzen. Ein ergreifendes Zusammengehörigkeitsgefühl entsteht. Ein junger Schwarzer aus Amerika, der bereits siebzehnmal im Gefängnis war, erzählt von seinen Erfahrungen. Alle zeigen Verständnis für ihn. Israelis und Palästinenser finden zueinander und machen gemeinsam Front. Als ein junger Bosnier von Hillary Clinton – die über Satellit zugeschaltet ist – Versprechen für sein Volk und sein Land einfordert, hat er die ganze Gruppe hinter sich.

Der israelische Vizeminister Jossi Beilin, der bei den Geheimverhandlungen in Oslo dabei war, Uri Lubrani, der durch die Rettung ferner jüdischer Gemeinden berühmt, ja zur Legende wurde, und der Bürgermeister von Beer Schewa, Izo Rager, führen Gespräche mit dem jordanischen Botschafter in Rom und dem palästinensischen Botschafter in London.

Ehemalige irländische Terroristen sitzen zum erstenmal gemeinsam mit ihren Feinden von gestern auf der Bühne. Der südafrikanische Richter Richard Goldstone, bei den Vereinten Nationen für die Verfolgung von Verbrechen gegen die Menschlichkeit zuständig, hält eine eindringliche Rede zum Verhältnis von Gerechtigkeit und Erinnerung. John Silber, der ein glänzender Pädagoge ist, läßt sich über die Rolle der Bildung aus. Bernard Kouchner plädiert für ein Eingreifen dort, wo die Menschheit mit Füßen getreten wird. Die italienische Außenministerin Suzanna Agnelli spricht über die Probleme, die Machtausübung für das persönliche Gewissen bedeutet.

Die Jugend sieht uns zu, und wir sehen ihr zu, sie hört uns zu, und wir hören ihr zu.

Nach einer Woche sind, wie man so schön sagt, Beziehungen fürs Leben geknüpft.

Kaum nach New York zurückgekehrt, stürzen wir uns in die Vorbereitungen für das nächste Kolloquium, das im November zum Thema »Hoffnung für die Zukunft« in Hiroshima stattfinden wird.

Zur Eröffnung der Konferenz veranstalten wir einen musikalischen Abend im Konzertsaal der großen Tageszeitung *Asahi Shimbun*, zu dem auch der Kaiser und die Kaiserin kommen.

Hiroshima: das Gedächtnis für die Zukunft? Zehn Nobelpreisträger aus dem Bereich der Naturwissenschaft, der Literatur sowie Friedensnobelpreisträger, ein ehemaliger japanischer Premierminister, Takota Doi, die Parlamentspräsidentin Japans, der ehemalige Minister Larry Eagleburger, Jack Lang, der peruanische Schriftsteller Mario Vargas Llosa, Atomwissenschaftler, Wirtschaftswissenschaftler, berühmte Journalisten – alle nehmen energisch und leidenschaftlich an den Debatten teil, die um acht Uhr morgens beginnen und spätabends enden. An diesem Ort werden unsere Sorgen wirklich ernst genommen.

Schließlich ist die Zukunft der Hoffnung auch unsere Zukunft.

Doch Jugoslawien holt uns in die Wirklichkeit zurück.

DAS SCHICKSAL SARAJEVOS

1991 hat es begonnen: Heute liegt Dubrovnik in Schutt und Asche, Sarajevo ergibt sich in sein Schicksal. Eine Welle von Gewalt und mörderischen Kampfhandlungen erschüttert das auseinandergefallene ehemalige Jugoslawien. Die Demokratie hat es nicht vermocht, die verschiedenen, sich feindlich gesinnten Volksgruppen zu einem glücklichen Miteinander zu führen. Im Gegenteil: Sie hat den Haß erst richtig freigesetzt. Fassungslos stellen wir fest: Unter Tito lebten die verschiedenen Volksgemeinschaften offensichtlich in Frieden miteinander. Sollte die sogenannte Diktatur »mit menschlichem Antlitz« sich als segensreicher erwiesen haben als die Demokratie? Im Falle Jugoslawiens könnte man geneigt sein, so zu denken, aber ich tue es nicht: Nichts kann, nichts darf eine auf der Freiheit gründende Regierungsform ersetzen.

Wird es denn nie ein Ende haben mit der Bombardierung ganzer Städte, der Ermordung von Zivilisten, den Massakern an Kindern? Sollte das 20. Jahrhundert nur dieser blutige Weg von Sarajevo nach Sarajevo sein?

Dubrovnik liegt unter Trümmern begraben. Andere Städte erleiden dasselbe Schicksal. Verlassene Häuser, auseinandergerissene Familien, verstörte Mütter, entkräftete Greise – ein uralter Schrecken treibt sie alle in die Flucht.

Was, zum Himmel, kann man tun? Was soll man tun?

Wo liegt eigentlich Bosnien? Wohin gehört es? Und wo liegt die Krajina? Neue Namen beherrschen die Nachrichten: Banja Luka, Srebrenica, Tuzla. Wo auf der Karte liegen die fünf belagerten Städte?

Plötzlich gestehen einem Minister und Diplomaten ihre Gewissensbisse: »Wir hätten diese Staaten niemals anerkennen dürfen.« So sagt man mir im Elysée-Palast, so wurde es mir im Weißen Haus bestätigt. Alle sind sich einig: Den meisten Tadel verdient der deutsche Bundeskanzler Helmut Kohl. Er hat die Unabhängigkeit Kroatiens als erster anerkannt. Und anschließend hat er fortwährend Druck auf seine westlichen Verbündeten ausgeübt, damit sie seine Politik unterstützen. Slowenien, Serbien und Bosnien haben es Kroatien lediglich nachgemacht.

Aber Bosnien ist weit weg, zu weit, als daß wir uns um sein Schicksal kümmern, geschweige denn hinfahren wollten. Wie sollten wir es auch bewerkstelligen? Und was sollten wir dort tun? In wessen Namen? Und schon ist Bosnien vergessen, aufgegeben, schon sehen wir tatenlos zu. Den Serben in Kroatien ist es später, im August 1995, nicht besser gegangen.

Und die Zeit vergeht.

Ich fühle mich schuldig: Seit 1988 hätten wir genug Zeit gehabt, um die Schwierigkeiten (finanzieller Natur) zur Gründung einer Vereinigung von Nobelpreisträgern zu überwinden. Sie hätte in Bosnien rechtzeitig eingreifen können. Sie hätte Alarm schlagen, Kinder retten, ihre Mütter trösten und den Opfern menschliche Hilfe und moralische Unterstützung leisten können. Sie hätte in ihrem Namen Zeuge sein können.

Und die Zeit vergeht.

Im Juli 1992 werde ich durch einen Anruf von Israel Singer und Elan Steinberg, den Direktoren des jüdischen Weltkongresses, persönlich in den Konflikt verwickelt. Sie geben mir einen Brief von Dobrica Cosic, dem Präsidenten der Bundesrepublik Jugoslawien, zu lesen. Anscheinend hat dieser an den Generalsekretär der Vereinten Nationen, Butros Butros-Ghali, geschrieben und ihn gebeten, mich an die Spitze einer internationalen Untersuchungskommission zu berufen, die die Haftbedingungen der bosnischen Kriegsgefangenen in den Lagern der Serben überprüfen soll.

Zeitungen auf der ganzen Welt berichten über diese Lager, und die im Fernsehen gezeigten Bilder rufen allgemein Entrüstung hervor. Von allen Seiten werden schwere Anklagen gegen die Serben erhoben: systematische Erniedrigungen, Vergewaltigungen, willkürliche Verhaftungen, Deportationen, »ethnische Säuberungen«, Massenerschießungen. Manche zögern nicht, von »Konzentrationslagern«, »Völkermord« und sogar – von »Auschwitz« zu sprechen.

Ich wende mich gegen diese Bezeichnungen, ich kann immer wieder nur betonen: Auschwitz ist unvergleichbar und wird es immer bleiben.

Welche Aufgabe sollte jemand dort unten übernehmen können, der keinerlei Macht besitzt und niemanden vertritt? Andererseits frage ich mich, ob man das Recht hat, neutral zu bleiben, sich abseits zu stellen und zu schweigen.

Nach zahlreichen Unterredungen mit Verantwortlichen im amerikanischen Außenministerium und bei den Vereinten Nationen (wo Butros-Ghali behauptet, keinen Brief vom jugoslawischen Präsidenten bekommen zu haben) entschließen Singer, Steinberg und ich uns, Präsident Cosic und die anderen Führer des ehemaligen Jugoslawiens in London zu treffen, wo sie an einer internationalen Konferenz teilnehmen: Slobodan Milosevic (Serbien), Radovan Karadjic (serbisches Bosnien), Alija Izetbegovic (Bosnien). Davon ausgeschlossen wird der kroatische Präsident Franjo Tudjman, Autor eines antisemitischen und den Holocaust leugnenden Machwerks, den ich aus verständlichen Gründen nicht sehen will.

Die vier Führer bestehen darauf, daß wir uns vor Ort, in ihr Land, begeben. Wir verlangen Garantien, uneingeschränkte Bewegungs- und Handlungsfreiheit: Wir wollen uns jederzeit frei bewegen und treffen können, wen wir treffen wollen. Was spielt sich in den Gefangenenlagern ab? Cosic, Milosevic und Karadjic legen heftig Widerspruch ein: Die Berichte seien Fälschungen der Medien. Hat es also keinerlei Greueltaten, keinerlei Vergewaltigungen gegeben? Nun ja, sagen sie, einige bedauernswerte Zwischenfälle seien leider nicht auszuschließen ... Als wir uns ungläubig zeigen, zitiert Cosic Karadjic zu sich und fordert ihn auf, sich in unserer Gegenwart und bei unserer »Ehre« zu verpflichten, alle Lager in den von Serben kontrollierten Gebieten zu schließen. Karadjic geht diese Verpflichtung ein, sogar schriftlich: Ich besitze den von ihm unterschriebenen Brief. Warum wollen sie diese Selbstverpflichtung auf der Internationalen Konferenz nicht bekanntgeben? Wenn es sein muß, werden sie auch das tun.

Cosic scheint mir von allen am offensten zu sein. Auch am verständnisvollsten und menschlichsten. Der dreiundsiebzigjährige Schriftsteller hinterläßt einen guten Eindruck. Oder bin ich zu gutgläubig? Sollten sich die Berichte über Greueltaten der Serben bewahrheiten, hat er, so sage ich mir, vielleicht nichts damit zu tun, denn es kann sein, daß man ihm solche Dinge verheimlicht.

Seine Gegner schicken mir Pamphlete und Artikel, um zu beweisen, daß er für die »ethnischen Säuberungen« mitverantwortlich ist. Seine Freunde versorgen mich mit ähnlichen Dokumenten über Alija Izetbegovic und seinen Plan zu einer großen islamischen Republik in Ex-Jugoslawien. Die Propagandisten von beiden Seiten bleiben nicht untätig.

Indessen wütet vor Ort weiter die Gewalt. Was ist mit Cosics Versprechen? Und mit Karadjics Verpflichtung? Längst überholt, heißt es. Im November widmet ihnen Ted Koppel (der Moderator des berühmten »Nightline«-Programms auf ABC) zwei Sendungen. Er zeigt eine grauenerregende Reportage von David Marash mit unerträglichen Bildern. Die Interviews und Zeugenaussagen sind äußerst schmerzvoll. Auf Einladung von Ted Koppel kommentiere ich sie; ich bringe mein Entsetzen über diese Bilder zum Ausdruck und die Ohnmacht, die ich empfinde.

In diesem Moment habe ich mich entschlossen, dorthin zu fahren.

Am meisten fürchte ich, von der einen oder anderen Seite mißbraucht zu werden. Wir dürfen uns auf keinen Fall für propagandistische Zwecke von ihnen einspannen lassen. Cosic übermittelt mir seine Garantien diesbezüglich. Die zweite Sorge: keine offiziellen Essen, Cocktails oder Empfänge, wir kommen nicht nach Jugoslawien, um die zweifellos köstlichen Spezialitäten des Landes zu genießen, sondern um die Kriegsgefangenen zu besuchen und mit den Opfern zu sprechen. Belgrad ist einverstanden. Bin ich Cosic gegenüber zu Recht mißtrauisch? Im Grunde genommen ist er mein Gastgeber. Er stellt auch vier Flugzeuge zur Verfügung, um mehrere Mitglieder der Stiftung sowie etliche Zeitungs- und Fernsehjournalisten von Genf nach Belgrad zu bringen, darunter Abe Rosenthal, Marc Kravetz und David Marash. (Auch ein italienischer Journalist ist mit von der Partie. Mit seinen Sympathien für die Serben macht er sich in den Augen einiger Auslandskorrespondenten in Belgrad verdächtig; er soll dort auch behauptet haben, mein Gesandter zu sein.)

Gleich nach der Landung richte ich eine Warnung an die örtlichen Journalisten: Niemand soll versuchen, unsere Reise auszunutzen, wir sind nur gekommen, um die Wahrheit über die Lager festzustellen und darüber zu berichten. Im Präsidentenpalast folgt die nächste Pressekonferenz mit Präsident Cosic. Ich betone noch einmal ausdrücklich unsere Forderung: Unser Besuch darf nicht zu propagandistischen Zwecken mißbraucht werden. Cosic versichert: »Wir wollen nur, daß Sie die Wahrheit herausfinden können.«

Dann nimmt er mich am Arm, und ich denke, er will mich zum Ausgang begleiten. Statt dessen führt er mich in einen prunkvollen Saal, wo ein festlich angerichtetes Abendessen auf uns wartet. Wie soll ich meine Enttäuschung und Wut verbergen? Von Beginn an hatte ich gefordert, alle Essen, Abendessen, Empfänge und Cocktails vom Programm zu streichen, ohne die das Diplomatenleben anscheinend keinerlei Reiz hat. Doch ich bin kein Diplomat. Kaum sitze ich dem Präsidenten gegenüber, verlange ich das Wort. Nicht um einen Toast auszusprechen, sondern für eine kurze Erklärung: »Ich bin Jude. Am Freitagabend ist mein Platz nicht hier, sondern in der Synagoge ...« Ich verabschiede mich und verlasse den Saal, gefolgt von meiner gesamten Delegation.

Die während der Besatzung zerstörte und erst vor kurzem wieder aufgebaute Synagoge ist nur spärlich besucht. Viele Juden sind nach Israel ausgewandert, und die Gemeinde befindet sich in Auflösung. Der Oberrabbiner, ein schwächlicher, trauriger alter Mann verrichtet den Gottesdienst mit gedämpfter Stimme. Er erinnert mich an den in ständiger Angst lebenden Rabbiner von Moskau in den sechziger Jahren.

Das Sabbatessen mit Gebeten, Gesprächen und Tischreden ist angenehm, die Atmosphäre entspannt. Natürlich spricht man über den Krieg, aber nur auf indirekte Weise. Eine intelligente Frau von vierzig Jahren bittet mich: »Sie müssen uns helfen.« Wem soll ich helfen? Den Juden? »Nein, den Serben. »Wir sind die Juden am Ende dieses Jahrhunderts«, fährt sie fort, »wir werden verleumdet, zu Unrecht beschuldigt, ja, man führt uns vor wie Monstren ...« Später hat uns ein Jude in Sarajevo gesagt: »Sie müssen uns unbedingt helfen.« Wem? Den Juden? Natürlich nicht: »Den Bosniaken. Wir sind die Märtyrer von heute. Man verfolgt uns, man massakriert uns, und die Menschheit weigert sich, einzugreifen.« O ja, es gibt auch sehr patriotische Juden.

Als Sammler von Sabbattagen bekommt dieser einen besonderen Platz in meinem Gedächtnis.

Am nächsten Tag lasse ich mir in der amerikanischen Botschaft die Berichte in der serbischen Presse übersetzen. Ich dachte mir schon, daß sie tendenziös sein würden, aber nicht, daß sie schlicht erlogen wären. Ich bin entrüstet über die Plumpheit, mit der unser Besuch dargestellt wird: Sinn und Zweck unserer Reise sollen in erster Linie darin bestehen, dem jugoslawischen Bundesstaat, das heißt Serbien, zu helfen, sein internationales Ansehen aufzupolieren. Mehr als einmal protestiere ich öffentlich gegen diese Berichterstattung. Vergeblich.

Das ist noch nicht alles: Entgegen unserer Übereinkunft stehen ein Mittagessen beim Bürgermeister, ein Abendessen bei diesem, ein anderes bei jenem Minister auf dem Programm. Wie sollen wir sie alle absagen, ohne für einen diplomatischen Zwischenfall zu sorgen? Sie werden abgesagt, und wenn es für die höheren Chargen des Informations- und Pressewesens noch so schmerzhaft ist.

Ein anderer Streitpunkt ist noch ernsterer Natur: Angeblich soll es äußerst umständlich, schwierig und auch gefährlich sein, nach Sarajevo zu reisen und von dort aus die Gefangenenlager zu besichtigen. Man sagt uns immer wieder, für den Flug benötige man mehrere Genehmigungen von den Vereinten Nationen. Eine Frage der Aufteilung des Luftraums und der Sicherheit ... Ich rufe (den französischen) General Philippe Morillon in Sarajevo und den (indischen) General Nambier in Zagreb an. Stunden vergehen, die Aufregung wird größer. Man führt uns in ein örtliches Museum, in dem Dokumente über die Greueltaten der Kroaten (aus der Besatzungszeit) und die der bosnischen Muslime (aus jüngster Vergangenheit) gezeigt werden. Der Führer weist auf den Leichnam eines abgezehrten Mannes, während eine Frau zu meiner Linken in Tränen ausbricht, es ist die Witwe. Das nächste Bild zeigt einen Erstochenen, hinter mir schluchzen seine verwaisten Kinder. Und dann die Bilder der ermordeten Kinder, die uns ihre Unschuld ins Gesicht schleudern, als ob sie damit das Ende unserer Unschuld anzeigen wollten. Soll uns dieser Besuch rühren? Wir sind zweifellos aufgewühlt. Will man unsere Aufmerksamkeit lenken? Uns das »Warum« gewisser serbischer »Entgleisungen« erklären? Das Ziel dieser Unternehmung scheint verfehlt zu werden. Wer will, findet immer einen Grund, weshalb er haßt. Und zuviel der Erklärung droht in Rechtfertigung umzuschlagen.

Wann werden wir endlich ein Lager besichtigen können?

Wir haben den Eindruck von Doppelzüngigkeit; die Dinge verzögern sich ein wenig zu sehr, man will uns hinhalten. Als ob man versuchen würde, uns daran zu hindern, dorthin zu gelangen, wo wir unliebsame Wahrheiten entdecken könnten. Und was ist mit Präsident Cosics Versprechen absoluter Bewegungsfreiheit? Wir geben den serbischen Vertretern Bescheid: Entweder wir starten in der nächsten Stunde, oder wir fliegen nach Hause zurück. Schlagartig sind alle Hindernisse beseitigt: Zwei Stunden später sind wir unterwegs nach Banja Luka. Cosic hat versprochen, das Lager nach unserer Besichtigung zu schließen.

Das finstere Lager von Maniaca liegt schon im Dunkeln. Vor dem Hintergrund des grauen Schnees ist für die dreitausend Gefangenen in den Baracken um siebzehn Uhr bereits die Nacht eingekehrt. Nur im Krankenrevier brennt Licht.

Sechshundert Gestalten liegen im Dunkeln nebeneinander. Der Kommandant des Lagers, Bozidar Popovic, gibt den Befehl, sich zu rühren. Mit einer Glühlampe leuchtet er in die Gesichter. Nach dem Zufallsprinzip suche ich fünfzehn von ihnen aus. Ich wünsche, außerhalb der Reichweite der Augen und Ohren ihrer Wärter mit ihnen allein zu sein. Zuvor habe ich dem Kommandanten das feierliche Versprechen abgenommen, daß ihnen hinterher nichts zustoßen wird, auch wenn sie sich beklagen oder Dinge sagen, die ihm nicht gefallen. Er hat mir sein Wort gegeben. Ein echter Profi, dieser Kommandant Popovic, sagen die Belgrader Auslandskorrespondenten. Er ist befehlshaberisch, achtet auf strenge Disziplin, er schreit und brüllt, soll aber nicht bösartig sein. Warum bringt er mir soviel Freundlichkeit und Achtung entgegen? Die Erklärung ergibt sich per

Zufall während unseres Gesprächs: Er hält mich für den von ihm bewunderten Simon Wiesenthal.

Die Gefangenen erzählen uns, daß die Ernährung nicht schlecht und die Haftbedingungen nicht allzuschlimm seien. Sicher, sie leiden unter der Kälte (die Temperatur kann hier auf 35 °C unter Null absinken) und unter der Gefangenschaft, doch insgesamt sind die Lebensbedingungen erträglicher geworden ... Worüber haben sie zu klagen? Daß sie keinen Kontakt zu ihren Angehörigen haben dürfen und von der Außenwelt völlig abgeschnitten sind. Daß sie im Abseits, am Rande der Ereignisse leben, sich überflüssig fühlen. Daß sie in völliger Ungewißheit leben und nie wissen, was ihnen der nächste Tag bringen wird.

Unter ihnen befindet sich auch ein junger Deutscher. Er ist schmal, blond, und steht kerzengerade da. Warum haben ihn die Serben eingesperrt? Wie kommt es, daß er ein Kriegsgefangener ist? Was hat er mit diesem Krieg zu tun? »Oh, ich bin nicht gekommen, um zu kämpfen«, antwortet er mit einem Schulterzucken, »sondern um ein Buch zu schreiben.« Wovon handelt das Buch? »Vom Krieg natürlich.« Und deshalb haben ihn die Serben festgenommen? »Nein. Sie haben mich mit einer Kalaschnikow in der Hand erwischt.« Verwundert rufe ich: »Wollten Sie Ihr Buch mit der Kalaschnikow schreiben? Die Feder ist wohl außer Mode gekommen?«

In ihren Gesichtern ist jeder Ausdruck erloschen, sie wirken resigniert, ohne Lebenskraft. Wir fühlen uns schuldig vor ihnen. Als freie Menschen sind wir für sie wie Wesen von einem anderen Stern. Wie können wir ihnen helfen? Wie sie unserer Solidarität versichern? An diesem Ort ist Solidarität ein hübsches Wort. Hübsch, aber hohl.

Als wir sie verlassen, versprechen wir ihnen, sie nicht zu vergessen. Das ist das mindeste, was wir für sie tun können. Für den Gefangenen ist es wichtig zu wissen, daß man an ihn denkt.

Als Folge unseres Besuchs wird das Lager geschlossen, die Gefangenen werden freigelassen. Leider nicht alle. Ungefähr fünfhundert werden den Vertretern des Internationalen Roten Kreuzes nicht übergeben. Sind sie verschwunden? Oder in ein Straflager gesteckt worden?

Noch schlimmer: Die Gruppe, mit der wir uns im Krankenrevier unterhalten haben, scheint bestraft und in ein noch härteres, brutaleres Lager gebracht worden zu sein: in das Lager Batkovic.

Enttäuschung, Wut und Entrüstung über die nicht gehaltenen Versprechen, die Verstöße gegen die eingegangenen Verpflichtungen. Was ist mit dem Ehrenwort des Kommandanten Popovic? Die Männer, denen wir Hilfe und Mut zugesprochen haben, befinden sich in einer schlechteren Lage als zuvor. Wie sollen wir unter diesen Bedingungen unsere humanitäre Mission fortsetzen, wenn unter dem Strich die Opfer dafür bezahlen müssen?

Sarajevo: Diese Stadt, die zu den traurigsten, einsamsten, verwüstetsten Städten auf der ganzen Welt gehört, verkörpert die ganze Tragödie. Früher, so heißt es, gehörte sie zu den schönsten und friedlichsten Städten der Welt.

Man hätte sie für eine deutsche Stadt von 1945 halten können. Überall Ruinen und Trümmer. Gespenstisch ragen die Skelette der Häuser in den Himmel. Hier und da suchen Männer, Frauen und Kinder nach Holz unter dem Schnee und tragen es mit verschlossenen Gesichtern nach Hause.

General Philippe Morillon empfängt uns. Dieser Friedenssoldat, der Frankreich und den Vereinten Nationen zur Ehre gereicht, sieht aus wie ein Asket oder Gelehrter. Sein Verhalten in Srebrenica trägt ihm allgemeine Bewunderung ein.

Er erzählt mir von Sarajevo, vom Leben unter dem Terror, von Hunger und Tod.

Was für ein Leben führen die Bewohner der belagerten Stadt? Selbst abseits der Snaiper Alley kann man jeden Augenblick von einem Querschläger getroffen werden. In den Stunden, in denen der Beschuß der Stadt abflaut, gehen die Menschen aufrecht, fast normal durch die Straßen, wenngleich ihre Blicke auf den Boden gerichtet sind. Sie scheinen nirgendwohin zu gehen. Die Schulen sind geschlossen, die Geschäfte ebenfalls. »Am schlimmsten ist«, so erfahren wir, »daß das Leben in Sarajevo keine Ziele mehr kennt. Man steht auf, verläßt das Haus, kehrt heim, spricht, antwortet, und immer für nichts.«

Im Gefängnis Victor-Bubanj bekommen wir ungefähr zwanzig Häftlinge in hohen, schmalen Zellen mit gekalkten Wänden zu Gesicht. Mit gesenktem Haupt, demütig und gedemütigt, warten sie stehend darauf, befragt zu werden. Name, Alter, Geburtsort, Beruf: Sie antworten, ohne den Kopf zu heben. Hinter uns kommentieren Wärter und Funktionäre ihre Antworten. Alle seien nach Recht und Gesetz festgenommen worden, sagt man uns. Alle sollen vor ein ordentliches Gericht gestellt werden. Sie zeigen mit dem Finger auf einen Gefangenen, der »schwerer Kriegsverbrechen sowie des Völkermords« angeklagt ist. Ich erkenne ihn wieder: Sein Foto ist einige Wochen zuvor in der *New York Times* veröffentlicht worden. Er heißt Borislav Herak. Er hat ein Geständnis abgelegt und zugegeben, fünfunddreißig Männer umgebracht und dreizehn Frauen vergewaltigt zu haben. Bei seinen Untaten dreht es einem den Magen um, aber warum werden sie als Völkermord bezeichnet? (Er wird später zum Tode verurteilt und hingerichtet.)

Präsident Alija Izetbegovic persönlich dient uns als Führer durch die Geisterstadt, die Besucher nur in gepanzerten Fahrzeugen durchqueren. Einmal halten wir an einem kleinen Platz und er bemerkt: »Hier hat Gavrilo Princip 1914 auf Erzherzog Franz Ferdinand geschossen; es war der erste Schuß im Ersten Weltkrieg.« Wer hätte gedacht, daß ein dritter Weltkrieg oder zumindest europäischer Krieg von ebendieser Stadt ausgehen könnte …

Der Präsident ist ein mutiger Mann. Seine Leibwächter versuchen, ihn in seinem Enthusiasmus zu bremsen. Er geht für alle erkennbar und ungeachtet aller Gefahren kaum beschützt mit uns durch die Straßen. Hat er vergessen, daß wir eine erstklassige Zielscheibe für die Scharfschützen abgeben, die auf der anderen Seite auf der Lauer liegen? Abe Rosenthal macht ihn darauf aufmerksam, und wir laufen schnell zu unseren gepanzerten Fahrzeugen zurück.

(War es eine Reportage in *Jediot Achronot*, in der auch ein Foto veröffentlicht wurde, das ihn mit Mitgliedern der SS-Divisionen während der Ustascha-Herrschaft zeigt? Handelte es sich um eine Fälschung?)

Wir setzen unsere Stadtrundfahrt fort.

Unser nächstes Ziel ist die Nationalbibliothek oder was von ihr übriggeblieben ist; von Kugeln und Artilleriegeschossen durchsiebte Mauern. In mehreren Stockwerken haben die Flammen dunkle Spuren hinterlassen; das Gebäude muß lange gebrannt haben.

Am Amtssitz des Präsidenten wendet sich ein tiefbrauner Mann mit gequältem Gesichtsausdruck an mich: »Ich bin Schriftsteller. Ich habe gehört, Sie werden jemanden besuchen, der sich auch für einen Schriftsteller hält. Fragen Sie ihn doch einmal, warum er die schöne Bibliothek von Sarajevo in Brand geschossen hat.« Ich werde danach fragen, das verspreche ich ihm.

Als ich dem Herrn über das serbische Bosnien, Radovan Karadjic gegenübersitze, komme ich auf die Frage zurück. Hochrot vor Empörung beginnt er mir zu »beweisen«, daß diese Anklage falsch sei, vollkommen falsch, und daß die Muslime den Brand selbst gelegt hätten, um ihm die Schuld dafür zuschieben zu können. Ich halte dagegen: Ich hätte die Bibliothek vor genau einer Stunde gesehen, die Außenmauern, die Spuren der Artillerie ... Das Gebäude sei eindeutig von außen angegriffen worden. Karadjic weigert sich, von seiner Haltung abzurücken. Er sagt, ich würde von diesen Dingen nichts verstehen. Da hat er recht: Als Artillerist bin ich eine Null ...

Ob Karadjic schuldig ist? Ganz sicher. Und sein Armeeführer, General Ratko Mladic, ohne jeden Zweifel auch. Heißt das, ihre bosnischen und kroatischen Gegner wären unschuldig? Das erste Opfer in diesem Krieg ist nicht nur die Wahrheit, sondern auch die Unschuld. Niemand hier ist unschuldig. Aber einige haben mehr Schuld auf sich geladen als andere.

Trotzdem bleibt es unbegreiflich. Sarajevo war mehr als fünf Jahrhunderte ein Beispiel städtischer Harmonie. Unter Juden, Christen und Muslimen herrschten Eintracht und Verständnis. Kein einziger rassischer, ethnischer oder religiöser Zwischenfall trübte ihr Zusammenleben. Was hat den plötzlichen Umschwung, den Bruch hervorgerufen? Hier wie anderswo hat sich der Haß als stärkste Triebfeder herausgestellt. Was kann man tun, um ihm Einhalt zu gebieten?

Bevor ich Belgrad verlasse, besuche ich wie vereinbart Präsident Cosic, und wir verbringen mehrere Stunden mit der Erörterung der Lage des Landes. Ich teile ihm meine negativen Eindrücke mit. Ich versuche ihn davon zu überzeugen, der Politik des Terrors gegen die Bosniaken ein Ende zu setzen. Er bemüht sich leidlich um meine Zustimmung zum Prinzip der ethnischen Trennung: »Als Jude müßten Sie doch verstehen, daß manche Volksgemeinschaften einfach nicht zusammenleben können. Früher oder später wird dies auch in Israel so geschehen.« Was mir seine Gegner berichtet haben, ist also wahr: Er war *für* die freiwillige oder erzwungene Umsiedlung der Muslime. Ich versuche ihm zu erklären, daß er sich in den Juden täuscht: Wir haben in vielen Jahrhunderten das Zusammenleben mit anderen Völkern gelernt. Jedem meiner Argumente setzt er ein eigenes entgegen, er beharrt darauf, daß es an der Zeit sei, die Sache realistisch zu betrachten. Zum Schluß gebe ich ihm einen Rat: Zweifellos wird er sich in einer Neujahrsansprache an seine Nation wenden; warum nimmt er nicht die Gelegenheit wahr, der serbischen Armee den Befehl zu geben, alle Lager aufzulösen? »Man würde mir nicht gehorchen«, antwortet er. »Aber Sie würden sich wenigstens einige löbliche Anmerkungen in der Geschichte verdienen«, wende ich ein. »Ich glaube nicht, daß Sie damit ein Risiko eingehen, niemand würde es wagen, Sie deshalb anzugreifen. Aber die ganze Welt würde Ihnen Beifall zollen. Sie wären der Held des Tages. Und Sie könnten auf die Unterstützung aller freien Menschen zählen.« Er verspricht mir, darüber nachzudenken. Ob ihm der Mut oder die Überzeugung fehlte, er hat jedenfalls nichts gesagt. Und seine Gegner haben ihn trotzdem abgesetzt und seinen Feind Milosevic zum Präsidenten gemacht.

Der Krieg auf dem Balkan geht weiter. Die anfänglichen Sieger, die Serben, sind ihrerseits geschlagen worden. Die Kriegsgötter haben sich von ihnen abgewendet und ihre Gunst anderen geschenkt: Die Kroaten sind in die Offensive gegangen, und mit einemmal waren die Serben Opfer der »ethnischen Säuberung«. Die UN-Einheiten waren machtlos: Der Tod ist stärker.

Gefühle der Frustration, der Ohnmacht und der Sinnlosigkeit herrschen vor.

Tag für Tag ein wechselseitiges Morden, Nacht für Nacht sterben Menschen. Und überall verzweifeln besonders die Kinder. So ist es immer: Die Erwachsenen bekriegen sich, und die Kinder haben darunter zu leiden. Was soll man tun? Eingreifen? Aber wie? Mit Waffengewalt? Krieg gegen den Krieg führen? Diese Debatte spaltet die Amerikaner. Bei der Einweihung des Holocaust-Museums in Washington unterbreche ich meine Rede und wende mich direkt an

Präsident Bill Clinton: »Man muß etwas tun, ganz gleich was, um das Blutvergießen dort zu beenden.« Er ist sehr bewegt, das hat er mir später selbst gestanden. Mein Appell drückt eine Erwartung im Land aus, viele Zeitungen nehmen ihn auf. Ich werde im Radio wiedergegeben, im Fernsehen gezeigt. Ich habe nicht gesagt, daß ich für ein militärisches Eingreifen sei, aber überall werden meine Worte so ausgelegt. Charles Krauthammer, der Leitartikler der Wochenzeitung *Times,* macht mir deshalb schwere Vorwürfe. Ein Jude, sagt er, dürfe sich nicht in die Kriege auf dem Balkan einmischen. Außerdem hätte ich seiner Ansicht nach meinen Appell nicht an einem »heiligen Ort« wie dem Holocaust-Museum aussprechen sollen. Nein, Mister Krauthammer, da liegen Sie falsch: Erstens ist ein Museum kein Heiligtum, und zweitens hat ein Jude kein Recht zu schweigen, wenn irgendwo auf der Welt Menschen abgeschlachtet werden, wenn Unschuldige vergewaltigt und gefoltert werden, wenn ganze Städte sich in Friedhöfe verwandeln.

Mit Staatssekretär Larry Eagleburger verständigen wir uns 1992 über die Notwendigkeit, einen internationalen Gerichtshof zu schaffen, um Verbrechen gegen die Menschlichkeit zu ahnden. Wer weiß, vielleicht würde dies den einen oder anderen Führer, Offizier oder Mörder in Uniform von seinen Untaten abhalten? Denn für diese Verbrecher sollte es nirgendwo eine Verjährung oder ein Asyl geben. Wer sich eines solchen Vergehens schuldig gemacht hat, dem muß überall und zu jeder Zeit die Festnahme drohen. Das Außenministerium unterstützt das Vorhaben, aber Europa läßt sich allerlei Gründe für Verzögerungen einfallen, bis es sich endlich der Sache anschließt. Wir erstellen eine vorläufige Liste. Darauf stehen natürlich auch Karadjic und Mladic. Sie befinden sich noch immer auf freiem Fuß.

Wie heißt es so schön? Das verstehe, wer will.

Anfang August 1995 sagt ein amerikanischer Journalist zu mir: *»It's over«*. Ein französischer Diplomat geht noch weiter: »Das ist das Ende.« Wir können nichts mehr tun, Sarajevo ist verloren und Bosnien ebenfalls, lautet der Tenor. An diesem Morgen kann ich nur noch die Anmerkung hinzufügen, daß die Großen dieser Welt, wie schon 1938 die Tschechoslowakei, eine Nation verraten haben, deren Unabhängigkeit sie auf internationaler Ebene anerkannt hatten.

Zu unser aller Schande hat für das gepeinigte und verwüstete Bosnien die Stunde geschlagen.

Und trotzdem muß man weitermachen, darüber sind sich alle Hilfsorganisationen einig. Man darf nicht resignieren. Denn die Verbrecher geben niemals auf.

Schauen wir uns doch um. Man könnte meinen, die Menschheit hätte noch nie etwas aus der Geschichte gelernt. Die Tragödie Somalias ist nicht auf Somalia begrenzt. Die Schande des Bosnienkriegs breitet sich über die Grenzen des ehemaligen Jugoslawien aus. Die Berichte der UNICEF verraten, daß Tag und Nacht, in jedem Augenblick irgendwo auf der Welt ein Kind an Hunger oder an einer Krankheit stirbt. Wird es Indien, diesem von soviel Religiosität beherrschten Riesen, gelingen, die Rachegötter in ihre Ruhestätten zurückzuschicken? Was geht eigentlich im kollektiven Unbewußten der Völker der ehemaligen Sowjetunion vor sich? Was wird den gleichmacherischen Kommunismus ersetzen? Wie kann man den Haß zum Schweigen bringen, der Aserbeidschaner und Armenier zu Feinden macht? In Osteuropa nimmt der Rassismus ständig zu, in Deutschland die Fremdenfeindlichkeit, im Nahen Osten der Fanatismus und der Antisemitismus überall ein bißchen ... Das dritte Jahrtausend naht, und wir werden es ängstlich begrüßen. Überall fließt Blut, und die Welt ändert sich nicht. Wächter, wie lange noch dauert Nacht?

Als ich diese Aufzeichnungen 1996 noch einmal durchlese, frage ich mich, wie viele Wandlungen Ex-Jugoslawien seit letztem Jahr wohl durchgemacht hat. Wie viele Waffenstillstandsabkommen sind dort unterzeichnet und gebrochen worden? Und trotzdem ist die Belagerung von Sarajevo beendet. Auch die von Srebrenica. Liegt es an der Kriegsmüdigkeit auf allen Seiten? Oder an der Entscheidung Präsident Clintons, zwanzigtausend amerikanische Soldaten zu entsenden, um über die Einhaltung des Friedensabkommens zu wachen, das dank der Bemühungen Richard Holbrookes in der kleinen Stadt Dayton in Ohio unterzeichnet wurde? Und an den Bataillonen der NATO sowie Rußlands, das bereit war, seinen Teil der Verantwortung zu übernehmen? Mit ein wenig Glück werden sich die Gemüter beruhigen, wird Bosnien tatsächlich zur Ruhe kommen.

In Den Haag macht der Internationale Gerichtshof von sich reden. Seine Gesandten leisten gute Arbeit. Sie haben die Massengräber gefunden, die entstellten Leichen ausgegraben. Die Zeugen haben ihre Aussagen über die Kriegsverbrecher gemacht und sie beim Namen genannt. Gegen Radovan Karadjic und Ratko Mladic sind internationale Haftbefehle ausgestellt worden. Bleibt noch zu klären, in welchem Maße der serbische Präsident Milosevic persönlich in die Verbrechen verstrickt ist. Die Untersuchungen gehen weiter. Ob es gelingen wird, die Schuldigen dingfest zu machen, anzuklagen und zu verurteilen? Hoffen wir es. Die Zukunft des Friedens auf dem Balkan hängt davon ab.

UND TROTZDEM

Und trotzdem muß man auf die Zukunft setzen. Um das Leben eines einzigen Kindes zu retten, ist keine Anstrengung zu groß. Wer einen müden Greis, der sich sein ganzes Leben abgemüht und abgestrampelt hat, zum Lächeln bringt, erfüllt eine lebenswichtige Aufgabe. Wer Ungerechtigkeit und Not bekämpft, und sei es auch nur für einen Augenblick, für einen einzigen Betroffenen, schafft neuen Anlaß zur Hoffnung.

Ich weiß, es ist nicht immer einfach und auch nicht interessant zu hoffen. Die Hoffnung kann zur Falle werden, und ihre Opfer sind genauso unglücklich wie die der Verzweiflung. Mit dieser Schwierigkeit habe ich gekämpft, als ich *Der Vergessene* schrieb. Es gelang mir nicht, den Roman zu beenden. Ich wollte meinen jungen Helden Malkiel, Elchanans Sohn, nicht in eine ausweglose Verzweiflung treiben. In all meinen Romanen versuche ich, einen Weg nicht zum Heil (gibt es das überhaupt?), aber zur Begegnung mit dem anderen und mit sich selbst zu ebnen oder wenigsten zu weisen. Der alternde Held in *Der Vergessene*, der sein Gedächtnis verloren hat und sich dessen bewußt ist, kann keine Hoffnung mehr auf Kontakt zu den Lebenden haben. Wem wird es gelingen, ihn noch einmal zum Lachen zu bringen? Ich fand keine Lösung für dieses Problem und verwahrte das Manuskript mehrere Monate in einer Schublade. Eines Morgens hörte ich sehr früh Lärm aus dem Zimmer meines Sohns, der damals ein junger Gymnasiast war: Er konnte offenbar nicht mehr einschlafen, wollte aber auch nicht aufstehen. Da fiel mir plötzlich die Lösung ein: Ich sollte eine Art Gedächtnisübertragung vornehmen. Was Elchanan an Erinnerungen verliert, gewinnt Malkiel hinzu.

Irgendwann erreicht man ein Alter, in dem man an bestimmten

Wörtern mehr hängt als an anderen. Ich liebe jetzt das Wort »Übertragung«.

Letzte Nacht habe ich im Traum wieder meinen Vater gesehen. Ich sehe ihn jetzt immer öfter. Beim Einschlafen weiß ich nicht, ob ich auf sein Kommen hoffen oder mich davor fürchten soll. Beim Aufwachen zucke ich jedesmal zusammen und spüre einen rätselhaften Druck auf meiner Brust.
Ich habe ihm einige Seiten von mir vorgelesen, vor allem solche, die ich noch nicht zu Papier gebracht habe und die ich niemals niederschreiben werde. Hat er mir zugehört? Ich habe ihm jedenfalls zugehört, auch wenn er nichts gesagt hat. Sollte ich vielleicht schlecht zugehört haben? Es könnte sein, daß von allem, was ich geschrieben oder zu schreiben geglaubt habe, jene Worte bleiben werden, die sein Schweigen wiedergeben.

Ich träume auch von meiner Mutter und von meiner kleinen Schwester. Ich weine im Schlaf. Ich möchte von ihren letzten Augenblikken erfahren. Hilda hat sie ein paar Schritte weiter begleitet als ich. Manchmal würde ich sie gerne danach fragen. Ich getraue es mich nicht. Wir sprechen jede Woche miteinander, aber nur über die Gegenwart, über ihren Sohn Sidney und ihre Enkelkinder. Trotzdem würde ich gerne von ihren Erlebnissen im Lager erfahren. Ich wage es nicht, sie danach zu fragen. Mit Bea ging es mir genauso. Ich weiß, daß sie in Kauferingen waren, nicht weit weg von Dachau. Wann haben sie Birkenau verlassen? Welche Grausamkeiten haben die Deutschen ihnen angetan? Hilda: »Ich erinnere mich an jene Nacht, die letzte Nacht in Auschwitz. Man hat einen Transport mit 1200 Frauen zusammengestellt. Die Frauen waren nackt, jawohl, nackt. Bea und ich gehörten mit zur Kolonne. Ich erinnere mich gut daran. Ich erinnere mich sogar an das Datum. Eine sehr fromme Frau im Waggon bemerkte: ›Heute ist Tischa be-Aw, der neunte Tag des Monats Aw, der traurigste Tag im Jahr.‹« Und was war vorher? Und hinterher? Ach, diese Scham, die mich stumm macht. Weder mit Bea noch mit Hilda habe ich jemals wieder über unsere Eltern oder über unser Haus gesprochen. Aus Angst, in Tränen auszubrechen?

Ich weiß, daß Hilda ununterbrochen an das Leben von einst denkt. Auch Bea ging es nicht anders bis zu ihrem Tod. Und ich denke ebenfalls unaufhörlich daran.

In meinem Büro hängt keine meiner Auszeichnungen, keine einzige Urkunde. Nur eine Fotografie über meinem Arbeitstisch. Sie zeigt das Haus meiner Eltern in Sighet. Sobald ich meinen Blick hebe, sehe ich es. Und es scheint mir zu sagen: »Vergiß nicht, wo du herkommst.«

Ich bin vor kurzem achtundsechzig Jahre alt geworden. Zeit, noch einmal Bilanz zu ziehen. Ich habe ein Jahrhundert durchquert, das zugleich vielversprechender und gewaltvoller war als alle anderen. Nie zuvor hat sich der Mensch als so verwundbar und als so großzügig erlebt. Angesichts zweier gleich mächtiger Geheimnisse, dem Mysterium des Guten und dem des Bösen, zweifelt er an seiner Zukunft und an der Zukunft der ganzen Menschheit, die er mit einer Handbewegung auslöschen könnte. Sollen wir in der Erwartung leben, und wenn ja, worauf? Als Jude warte ich auf die Erlösung. Und solange ich auf den Messias warte, erinnere ich mich an meine Feinde. Was zählt aus meiner Vergangenheit, was ist mein Leben wert? Ich habe gekämpft, und manchen Kampf habe ich gewonnen, aber leider nur wenige, zu wenige, um stolz darauf zu sein und Selbstsicherheit daraus zu gewinnen. Aber ich denke nicht daran aufzuhören. Ich bin unbequem, wenn ich meine Stimme erhebe, aber ich werde unausstehlich, wenn ich sie ersticke. Die Leute, auch die wohlmeinenden Leute, vermitteln mir oft den Eindruck, ich sei ihnen etwas schuldig. Ich bin ihnen deshalb nicht böse. Manche verstehen mein Engagement, andere werden es nie verstehen. Ich lerne fortwährend, das heißt, ich nehme und ich gebe, ich reiche die Hand, und mit jeder Begegnung beginnt etwas Neues oder etwas aufs neue. Ich habe vieles gesagt, manches habe ich mir auch für den nächsten Versuch aufgespart, für die Geschichte, die noch darauf wartet und die immer darauf warten wird, erzählt zu werden. Ich habe viel gelesen, studiert, bin viel gereist, habe viel geschrieben, als Zeuge berichtet. Habe ich vielleicht zuviel getan? Ich lese meine Schriften nicht wieder, dieses Bedürfnis habe ich kaum. Wenn ich Lust habe, etwas von mir noch einmal zu lesen, so sind es immer unveröffentlichte Texte, die ich aus meiner geheimen Schublade hervorziehe.

Vater, hilf mir.

Dort, fern des Lebens, sagten wir uns immer wieder: Sollten wir durch Zufall oder Gottes Gnade jemals wieder hier herauskommen, werden wir jede Stunde, jeden Augenblick unseres Lebens damit verbringen, den bequemen Zynismus und das verlogene Schweigen der Menschen angesichts einstiger oder künftiger Opfer in Wort und Tat anzuprangern.

In der Überzeugung, daß die sogenannte freie Welt nichts über das verfluchte Königreich des Bösen wußte, in dem der Tod herrschte, machten wir einander Mut: Wer von uns überleben würde, der müsse für alle anderen zeugen, er würde in unserem Namen sprechen, in unserem Namen Gerechtigkeit fordern, als unser Sprecher würde er dafür sorgen, daß unser Andenken ins Gedächtnis der Menschheit eindringt. Er würde nichts anderes tun. Tag und Nacht würde er davon erzählen. Sein Leben lang würde er aus unserem kollektiven Gedächtnis eine mächtige Waffe schmieden. Dank seiner würden wir nie vergessen werden.

Soll ich zugeben, daß ich keine Ausnahme bildete? Nach der Befreiung stellte ich mir häufig vor, ein Bote zu sein: Nein zum Vergessen wäre die einzige Botschaft, die ich überbringen würde. Mein einziges Thema: Leben und Tod jener Gemeinden, die erst von der Nacht geschluckt und dann in einen Himmel voller Flammen ausgespuckt wurden. Mit einem einzigen Ziel, einer einzigen Leidenschaft: Sie vor einem zweiten Tod zu bewahren. Ich wußte nicht, daß ich mich wie der Narr von Kierkegaard verhielt, der »Feuer!« schrie, und die Leute dachten, er lache.

Ich sah mich schon von Stadt zu Stadt, von Land zu Land durch die Welt ziehen wie der Verrückte aus den Geschichten Rabbi Nachmans, sah mich die Menschen daran erinnern, wozu sie im Guten wie im Bösen fähig sind, und ihre Blicke auf die unzähligen Gespenster lenken, die sich um uns und in uns drängen.

Dann habe ich aufgehört zu laufen, oder sagen wir, ich habe meine Schritte verlangsamt. Ich studiere, ich lehre, ich führe meine

Schüler ihrer Laufbahn zu, hier sage ich ja, da sage ich nein, ich beobachte die Passanten, um ihre Geheimnisse zu erraten, mal bin ich glücklich und mal traurig, kurz: Ich versuche nicht zu sterben, bevor ich sterben muß. Mit Marion habe ich einen Hausstand gegründet; wir haben unseren Elisha heranwachsen sehen, der uns mit Stolz und Glück erfüllt, wir habe versucht, etwas Nützliches zu tun.

Marion, meine Frau, meine Verbündete, meine Vertraute – wie oft hat sie mich davor bewahrt, eine Dummheit zu begehen? Ihrer Besonnenheit verdanke ich es, daß ich einem bestimmten Weg folgen konnte. Und sie ist jung geblieben, während ich alt geworden bin.

Hildas Kinder leben in Natanya in Israel und schlagen sich prächtig. Oren und Orli haben ihren Militärdienst beendet. Sarah, die Tochter von Bea, ist Mutter von fünf Kindern. Steve und Itzhaka erwarten ihr erstes. Ich war bei ihrer Hochzeit und habe Steve, glücklich und traurig zugleich, unter die *Chuppa* begleitet. Mit der jungen Braut habe ich getanzt bis zum Umfallen.

Die Linie von Sarah und Schlomo Wiesel ist nicht erloschen.

1970 hatte ich von meiner Absicht berichtet, nicht mehr als Zeuge auftreten zu wollen. Ich sagte:

> Es mußte erzählt werden, ungeachtet aller Gefahren und Mißverständnisse. Es mußte für unsere Kinder erzählt werden. Damit sie wissen, woher sie kommen und welches Erbe wir ihnen vermachen. Die mit den Wolken entschwundene Vergangenheit mußte zurückgebracht, auch die Wolken mußten zurückgebracht werden. Die Toten mußten gesehen werden, und wir müssen sie noch immer ansehen, um sie zu besänftigen und sie zu bannen, vielleicht auch, um jenseits der Paradoxie und der Absurdität bei ihnen einen Hinweis auf unsere Verheißung, einen Beginn zu suchen.
>
> Das wird von nun an anders sein. Ob man es will oder nicht, ein Vierteljahrhundert bedeutet doch eine Wende, einen Einschnitt. Von nun an wird man anders über den Holocaust sprechen. Oder man wird überhaupt nicht mehr über ihn sprechen, zumindest lange Zeit nicht mehr. Die neue Generation drängt es bereits zu

ganz anderen Unternehmungen und Erkundungen. Während sich das Zeitalter von Auschwitz, noch widerspenstig, seinem Ende zuneigt, bricht das Mondzeitalter an.

Zwar kennen wir jetzt die geheimnisvolle, dunkle Seite des Mondes, aber die finstere Seite von Auschwitz werden wir nie ganz kennen. Der Mensch aus der Zeit der Konzentrationslager wird sich anstrengen, sein Gedächtnis zu versiegeln, der Zeuge nimmt sich vor, nicht mehr in den Zeugenstand zu treten. Die Bestandsaufnahme ist beendet, die Geister werden sich damit abfinden müssen. Bald wird es niemanden mehr geben, der noch von ihnen spricht, niemanden, der noch zuhört.*

War diese Bestandsaufnahme zu pessimistisch? Damals glaubte ich daran. Ich hatte allen Ernstes den Entschluß gefaßt, nicht mehr »davon« zu sprechen.

Und heute? Wer geboren wurde, als ich diesen Text schrieb, ist jetzt fünfundzwanzig Jahre alt. In diesem Alter haben die meisten das Leben noch vor sich.

Muß ich ihnen berichten?

Wovon? Und von wem?

Von meiner Vergangenheit? Damit sie nicht ihre Zukunft wird?

Wird es denn den Gleichgültigen, den Unverschämten und den Zynikern besser gelingen als den Leugnern, uns zum Schweigen zu bringen? Was wird aus mir und meinen Träumen, das Andenken und die Freundschaft zu preisen, in einer Welt, der beides abhanden gekommen ist?

Ich sehe meinen Vater. Ich träume nicht: Ich sehe ihn, und er hilft mir, nicht in die alltäglichen Fallen zu treten, die uns in der Gesellschaft häufig gestellt werden, nicht nur, wenn sie uns Böses, sondern auch, wenn sie uns Gutes tut.

Ich sehe ihn, und ihn zu sehen gibt mir einen Blick für das Wesentliche und für das Belanglose.

Ich sehe meine Mutter und weiß, daß ihr Lächeln mehr wert ist als alle Ehren der Welt.

Ich sehe meine kleine Schwester mit ihrem strahlenden, reinen

* *Entre deux soleils*, Éditions du Seuil, Paris 1970.

Gesicht und denke, daß die Leute doch dumm sind, wenn sie sich ernst nehmen.

»Erinnere dich!« gebietet uns das Buch. In meiner Tradition entfernt die Erinnerung die Menschen nicht voneinander; im Gegenteil, sie führt sie zueinander und verbindet sie mit den Wurzeln ihrer gemeinsamen Geschichte. Weil ich mich erinnere, woher ich komme, fühle ich mich denjenigen verbunden, denen ich auf meinem Weg begegne. Weil der Mensch in der Lage ist, seine Bürde in ein Versprechen zu verwandeln, kann er ganz und gar darin aufgehen. Deshalb ist es schlimmer, keine Vergangenheit zu haben, als der Zukunft beraubt zu sein. Auf welcher Stufe der Zivilisation wäre die Menschheit, wenn man ihr das Gedächtnis genommen hätte? Das Gedächtnis ist mehr als eine Summe von Bildern und Worten, Schreien und Gesten, es ist mehr als die Summe eines individuellen oder gemeinschaftlichen Lebens; es ist das Band, das uns mit dem Geheimnis des Anfangs verbindet, jenem im Nebel liegenden Punkt, an dem sich das Gedächtnis der Menschen in dem Gottes widerspiegelt.

Deshalb halten wir so hartnäckig an unserer Rolle als Zeugen fest.

Unseren Kritikern und allen, die sich erlauben, den Stab über uns zu brechen, hätte ich ungeachtet ihrer Gründe und Argumente sagen und wiederholen sollen: »Laßt uns doch in Ruhe, wir sind euch nichts schuldig. Als wir eure Freundschaft oder zumindest euer Verständnis gebraucht hätten, habt ihr nichts für uns getan, also hört auf, uns zu belästigen. Laßt uns unsere Gespräche mit den Toten, auch wenn es euch stört, da ihr lebt. Laßt uns mit und von ihnen sprechen, wo und wie lange wir wollen. Die Überlebenden haben sich ohne euch zurechtgefunden, und sie werden fern von euch leben. Da ihr nicht zu ihrer Welt gehört, braucht ihr sie nicht zu überreden, in eurer Welt zu leben.«

Genau dies, so hatte ich es mir in Augenblicken der Niedergeschlagenheit vorgenommen, wollte ich allen sagen, für die wir nur Eindringlinge sind.

Und trotzdem. Generationen später muß ich zugeben, daß mich Zweifel überkommen: Habe ich mein Ziel verfehlt? Ich habe geschrieben, habe Bücher geschrieben, aber mit wenigen Ausnahmen handeln sie von anderen Dingen. Ich sagte bereits, ich habe über die unterschiedlichsten Dinge geschrieben, nur um das einzige Thema zu vermeiden, das von Bedeutung ist und das Sinn macht.

Lange Zeit habe ich versucht zu verstehen, warum das so ist.

Fangen wir bei den oberflächlichen Gründen an: Ich fürchtete, nicht die richtigen Worte zu finden oder, was noch schlimmer wäre, aus den falschen Gründen zu schreiben. Ich fürchtete, mich des Themas zu bedienen, statt ihm zu dienen. Ich fürchtete mich vor den Versuchungen und den Enttäuschungen. Ich gab mich damit zufrieden zu sagen, man könne es nicht beschreiben.

Wie die meisten meiner Kollegen versuchte ich, mir Gründe fürs Leben zu erfinden, zu einer neuen Sicht des Menschen in dieser verrückt gewordenen Welt zu gelangen, und zu einer neuen Sprache, einer ersten Sprache, deren ausschließlicher Zweck in der Beschreibung dessen läge, was der Schrift entgeht, einer Sprache, mit der ich schreien könnte, ohne den Mund zu öffnen, und mit der ich mich an die Toten wenden könnte, wenn sie sich schon nicht mehr an mich wenden können.

Im Juli 1995 kehre ich für einige Stunden in unsere Stadt zurück. Zwei jungen Besuchern, die deinen Namen tragen, Vater, erzähle ich von euch. Ich zeige ihnen das Zimmer ihrer Großeltern. Ich gehe mit ihnen über den Hof in den kleinen Garten, wo Zippuka gerne mit den Sonnenstrahlen spielte, die ihrem Haar seinen goldenen Glanz gaben. Ich sehe sie, und wie immer, wenn ich an sie denke, schießen mir die Tränen in die Augen. Ich muß eine übermenschliche Anstrengung vollbringen, um mein Gesicht abzuwenden, um mich hinter meinem Blick zu verbergen.

Hinter dem Haus von Großmutter Nissel bleiben wir stehen. Das Fenster, an dem sie einst jeden Freitag auf einen kleinen Schüler wartete, um ihm einen Hefezopf zu geben, ist geschlossen. Wenn sie Zippuka sah, lächelte sie immer. Und meine kleine Schwester lächelte immer zurück. Ich hätte soviel zu erzählen von Großmutter, die immer ein schwarzes Kopftuch trug, und dem kleinen Mädchen mit dem Goldhaar ... Doch es ist unmöglich, das Gedächtnis zu entsiegeln. Ich höre meinen Herzschlag und habe Angst, einen

Herzanfall zu bekommen. Sollte ich nach Sighet zurückgekehrt sein, um dort zu sterben?

Da liegt der Friedhof, Elisha, Steve, laßt uns auf den Friedhof gehen, laßt uns eine Kerze auf dem Grab des Jetew Lew (des ehemaligen Rabbiners von Sighet) anzünden. Möge er sich für euch verwenden.

Welch eine Ruhe!

Einmal werde ich noch dorthin zurückkehren. Mit Hilda, mit Sidney und seinen Kindern.

Und da drüben, seht ihr, da ist das Cheder mit meinen Lehrern und meinen Freunden. Sollen wir für sie auch Kerzen anzünden? Sie haben keine Gräber.

Und gegenüber liegt das Bet ha-Midrasch des Borscher Rabbis. Zu den rituellen Bädern sind es nur ein paar Minuten zu Fuß: Jeden Morgen ging ich dorthin. Ein Stück weiter, neben dem Haus des Oberrabbiners, steht die Jeschiwa.

Ich möchte etwas zu meinen beiden verständnis- und liebevollen Begleitern sagen, doch ich bringe kein Wort heraus: Tränen erstikken meine Stimme. Einfühlsam bleiben sie zurück.

Wir beten zusammen in der einzigen, armen und verfallenen Synagoge der Stadt. Wir sitzen auf einer Bank vor dem leeren Toraschrein, schlagen ein staubiges Buch auf, das auf einem Pult herumlag, und lesen gemeinsam eine Seite über die Trauergesetze. Sind wir die letzten Juden, die sich hier dem Studium der Heiligen Schriften widmen?

Am Bahnhof verharren wir lange Zeit schweigend. Hier, genau hier endete das jüdische Leben in Sighet und wurde vom Rauch der Lokomotiven fortgetragen.

Und vom Rauch der Öfen.

In Birkenau. Wie soll ich Elisha und Steve, Beas Sohn, erzählen, was mir noch niemand zu sagen vermocht hat? Ihr Schweigen folgt meinem. Es gibt nichts mehr zu sagen. Vor allem darf man nicht reden. Die Rampe. Die Schreie. Das Gebrüll. Die Nacht. Zippukas letzter Blick. Ob sie weint? Was sagt sie zu ihrer Mutter? Und was antwortet eure Großmutter ihr? Sie versucht zweifellos, ihre kleine Tochter zu beruhigen. Hab keine Angst, kleines Mädchen, hab keine Angst!

Habe ich mit lauter Stimme gesprochen? Haben es meine beiden

Schlomos gehört, die ich von ganzer Seele liebe? Hier ist der Baum einer alten jüdischen Familie gefällt worden. Hier ist der Stamm verbrannt worden, dessen Wurzeln die des Raschi und König Davids berühren.

Aber seine Zweige werden nicht eingehen. Sie weigern sich.

Wir suchen Buna oder Auschwitz III, doch es ist schwierig, den genauen Ort zu finden. Die letzten Spuren des Lagers sind verschwunden. Ein kleines, versteckt angebrachtes Schild ist alles, was darauf hinweist. Ein Priester deutet auf nahegelegene Häuser: »Da ist es.« So nahe? Ja, das Lager war so nahe. Woher weiß er das? Er wohnt in der Straße, die ans Lager grenzte. Von seinem Fenster aus konnte er alles sehen. Alles? Ja, alles. Auch die »Appelle«? Ja, auch die »Appelle«. Und das »Exerzieren«, die Bestrafungen? Und das Hängen? Auch das. Und all das hat ihn nicht davon abgehalten, morgens zu essen und nachts zu schlafen? Der Priester zuckt mit den Schultern. Ich möchte meinen sichtlich aufgewühlten jungen Begleitern von den Leiden erzählen, die ihr Großvater nur wenige Schritte von hier ertragen mußte.

Dasselbe in Buchenwald: Das »große Lager« ist als Museum fast vollständig erhalten geblieben. Ich frage unseren Führer, wo das »kleine Lager« ist. Er führt uns in einen Wald: »Hier liegt es.« Bäume und Unterholz, ist das alles? Ja, das ist alles, was von der Hölle übriggeblieben ist, in der nur die aus Auschwitz hierher transportierten Juden litten und starben. Es gibt nicht einmal ein Schild, um Besuchern, die sich hierher verirren, zu sagen, wo sie sich befinden.

Ich lehne mich an einen Baum. Ich bin allein, schließe die Augen und suche meinen Vater.

Bilder steigen in mir auf und vernebeln mir den Blick. Unsere Ankunft. Die Nacht. Das Gebrüll. Das eiskalte Wasser. Die riesige Baracke. Man erstickte darin. Mein kranker Vater. Mein vor sich selbst gedemütigter Vater. Sein Fieberwahn. Seine Schmerzen. Mein sterbender Vater. Mein toter Vater.

Und jetzt ist hier Natur: friedlich, gleichgültig, ob Regen oder Schnee. Im Frühling schön, im Herbst grau. Der Todesengel hat die Stätte spurlos verlassen.

Eine Folgeerscheinung der Tragödie: Auf der einen Seite ihre Entjudaisierung, auf der anderen Seite ihr Verschwinden.

Sollte das Vergessen hartnäckiger sein als die Erinnerung? Was muß man tun, um den Kampf gegen den Willen, alles auszulöschen, zu gewinnen?

Warum hat Gott die Dunkelheit geschaffen? Um sich vor Seinen Geschöpfen zu verstecken. Hat Giordano Bruno deshalb gesagt, das Licht sei die Dunkelheit Gottes?

Wo ist das Gedächtnis anzusiedeln?

Und wo sind die Toten?

Die Toten, jawohl. Großvater Reb Dodje und seine Gesänge. Großmutter Nissel und ihr schwarzes Kopftuch. Meine Mutter und ihre Augen, mein Vater und seine Stimme. Sei mir nicht böse, Zippuka. Sei mir nicht böse, daß ich dich in die Nacht habe ziehen lassen. In meinen Träumen sehe ich dich. Ich sehe dich beim Einschlafen, ich erahne dich beim Aufwachen. Du bist traurig, und ich weiß nicht genau, warum. Ich sehe dich an und ich weine. Ich weine beim Gedanken, daß du mich siehst, dann höre ich auf zu weinen und weiß nicht, warum.

Wann werde ich es wissen?

Von allen Seiten rät man mir aufzuhören, mich von der Vergangenheit zu lösen, meinen Blick in die Zukunft zu richten und auf sie zu setzen. Man rät mir, nicht mehr zurückzukehren, endlich von *dort* wegzugehen, die Platte zu wechseln, mich anderen Themen zuzuwenden. Das genügt, sagt man zu mir. Du hast genug getan, jetzt sind andere dran. Sollen die sich doch beschimpfen lassen. Gib doch zu, daß dich die feigen und schändlichen Unterstellungen verletzt haben. Du hast das Recht, dich auszuruhen.

Sag, Vater, soll ich auf sie hören?

Ich höre auf dich. Ich höre dir zu, und da sie sich weigern, dir zuzuhören, will ich es tun. Sollen sie doch höhnen oder brüllen, ich werde trotzdem sprechen. Solange ich noch atmen kann, wird mein Atem die Worte tragen, die dir allein gehören. Ich habe nicht das Recht, ein Heft aufzuschlagen, Seiten zu füllen, wenn du nicht dabei bist.

Die Zeit drängt, die Tage werden kürzer. »Öffne uns ein Tor«, heißt es in einem Gebet des Neila-Gottesdienstes zum Abschluß des Jom Kippur, »öffne uns ein Tor in der Stunde, zu der alle Pforten geschlossen werden, da die Nacht anbricht.«

Die Zeit naht, und ich spüre, daß sie mich bald in ihre verborgenen Winkel mitnehmen wird. Ich weiß, daß sie mich bei dir absetzen wird, vielleicht in deinen Armen. Dann wirst du mich zu den Unseren führen. Viele, Vater, viele von denen, die ich gekannt und geliebt habe, sind dort oben. In meinen Träumen sehe ich sie und dich. Großvater Dodje und Großmutter Nissel. Und Mama. Und meine kleine Schwester mit dem goldenen Haar und dem unschuldigen Lächeln. Und Bea. Und alle Onkel, alle Tanten, alle Vettern und ihre Freunde. Ich weiß, wann ihr da seid. Ich weiß, daß ihr endlich zu mir sprechen werdet, wenn ich bei euch bin. Im Augenblick höre ich einfach nur zu. Alles ist gesagt, und alles bleibt zu sagen.

Beim Schreiben dieser Zeilen betrachte ich das Foto von unserem Haus; es liegt noch immer vor mir, verschlossen und schwer von der Last der Finsternis.

Ja, ich würde gerne ein letztes Mal nach Sighet zurückkehren, um dort die letzten Seiten zu schreiben. Um ein letztes Mal meine Träume und meine traumlosen Nächte, meine Morgenspaziergänge, meine Streifzüge, meine geheimen Leidenschaften, meine kindlichen Ambitionen heraufzubeschwören, und ich würde dort gerne die vergessenen Gebete sprechen.

Ich würde gerne noch einmal bei mir zu Hause am Fenster stehen und die Passanten beobachten, die bärbeißigen Bauern, die pfeifenden Schuljungen. Mit Blicken würde ich gerne dem stummen Zug der Gespenster folgen.

Ich habe keine Angst, von morgens bis abends still zu leiden, ich fürchte mich nicht davor, allein an einem unbekannten Ort zu entschlafen.

Ich habe weder Angst davor, den Boden unter den Füßen zu verlieren, noch davor, wieder in die Zeit des Exils einzutauchen.

Ich habe nur Angst zu vergessen wie Elchanan in *Der Vergessene.*

Ich habe Angst, das strahlende und das traurige Lächeln meiner kleinen Schwester, die sanfte Stimme meiner Mutter zu vergessen. Ich habe Angst, den Blick meines Vaters, die Lieder meines Großvaters Reb Dodje und die Frömmigkeit von Großmutter Nissel zu vergessen.

Ich lese, lese noch einmal, was ich geschrieben habe und was andere geschrieben haben. Und wo steckt Gott? Im Buch der Klagelieder stoße ich auf diese drei herzzerreißenden Worte, die der Prophet an den Herrn richtet: »*Haragta lo chamalta* – Du hast sie erschlagen am Tag Deines Zorns, geschlachtet, ohne zu schonen.« Zuvor sagte der Prophet zum Herrn: »Du hast Dich versteckt in Deinem Zorn und Du hast uns verfolgt.« Warum, Herr? Warum? Ich habe Angst, keine Antwort zu bekommen, ich habe Angst, die Antwort zu erfahren. Doch am allermeisten erschaudere ich bei dem Gedanken, mein Gedächtnis könnte sich leeren, ich könnte die Gründe vergessen, die es mir gestattet haben, einen Fuß vor den anderen zu setzen und ein Wort hinter das andere, die es mir ermöglicht haben, das Recht der Kinder auf ein Leben in einer Welt ohne Bedrohung zu feiern, und ihr Recht auf einen Schlaf ohne Angst vor der Nacht und ihren Geheimnissen, der Nacht und ihren unheilvollen Schatten.

Ich habe Angst, das Ende zu kennen, noch bevor ich angefangen habe.

Wann werde ich anfangen, Vater?

Ich habe Lust zu singen, das Glück und die Heiterkeit zu preisen, ich möchte lieben, zum Lachen bringen, den Einsamen auf seinem Weg begleiten, der nirgendwohin führt, ich möchte das von Gott im Herzen der Menschen begonnene Werk fortsetzen.

Mama, wie werden die Lieder gesungen, die dein Vater, Großvater Dodje, uns am Abend von Rosch ha-Schana beigebracht hat?

Wie kann man noch lieben in diesem Leben, in dem dir, Zippuka, meine süße Schwester, der Feind die Zukunft gestohlen hat, aus dem du so jung, so zart noch und so unschuldig fortgegangen bist?

Vater, ich habe noch so viele Fragen. So viele Türen stehen noch offen, so viele Geheimnisse sind noch zu entdecken.

Werde ich die Zeit dazu haben?

Wem gehört die Zeit? Ob es mehr als eine Zeit gibt? In der Liturgie schon, aber im Leben?

Ich habe keine Ahnung, Vater. Es gibt so viele Dinge, die ich nicht weiß.

Aus dem anderen Zimmer oder vielleicht von der Kehrseite der Nacht holt mich eine leise Stimme in die Wirklichkeit zurück:

»Vater, hast du mich gerufen?«

Ich antworte:

»Ja, mein Sohn, ich habe dich gerufen.«

Und ehrlich gesagt, das genügt mir.

GLOSSAR

Aggada Der erzählerische Teil des Talmud: Sagen, Legenden, Märchen, Gleichnisse, Geschichten jeder Art.

Ahawat Israel Die Liebe, Zuneigung zu Israel.

Alija Wörtl. der »Aufstieg« nach Jerusalem, heute die Rückkehr (Einwanderung) aus der Diaspora nach Israel.

Amida Achtzehnbittengebet (→ Schemone essre), heute allg. Bez. für den Hauptbestandteil des Synagogengottesdienstes.

Barmizwa Feier am ersten Sabbat nach dem dreizehnten Geburtstag; mit diesem Tag liest ein Jude erstmals einen Torabschnitt und wird somit ein volles Mitglied der Gemeinde; ab jetzt zählt er beim → Minjan und legt zum Morgengebet → Tefillin und → Tallit um.

Bet ha-Midrasch Jüdisches Lehr- und Bethaus.

Bima Lesepult für die Toralesung in der Synagoge.

Bnai Brith Independant Order of Bnai Brith, jüdische Sozialhilfe- und Wohlfahrtsorganisation in den USA.

Chassid (pl. *Chassidim*) Wörtl. der »Fromme«, allg. Anhänger des Chassidismus, der im 18. Jahrhundert im osteuropäischen Judentum entstandenen mystisch-religiösen Bewegung.

Cheder Jüdische Grundschule, wird bis Ende des achten Lebensjahres besucht, bevor die Kinder in die Talmud-Tora-Schule gehen.

Chuppa Hochzeitsbaldachin.

Erez Israel Das Land Israel.

Genisa Wörtl. »Haus der Aufbewahrung«, Ort zur Aufbewahrung unbenutzbar gewordener heiliger Schriften oder Kultgegenstände, manchmal in einem Raum der Synagoge, manchmal auch auf dem Friedhof, wo sie rituell bestattet werden.

Hagana Zionistische Untergrundarmee, 1920 in Palästina zum Schutz jüdischer Siedlungen vor arabischen Angriffen gegründet, ging nach 1948 in der → Zahal auf.

Haggada (schel Pessach) Die Weitergabe der jüd. Tradition durch die Erzählung des Exodus am Sederabend von → Pessach (gehört zur mündl. Tradition → Aggada).

Halacha Das gesamte rabbinische Gesetz des Judentums; umfaßt alle Ge- und Verbote der schriftl. und der mündl. Überlieferung.

Hawdala Wörtl. »Unterscheidung«; Bezeichnung für eine Zeremonie, die das Ende des Sabbats oder eines Festtags vollzieht.

Irgun »Irgun Zwai Leumi«, 1937 gegründete, extrem nationalistische Untergrundbewegung, die gegen die britische Mandatsregierung und die Araber kämpfte, nach 1948 Eingliederung in die → Zahal.

Jeschiwa Eine Art Oberschule oder Volkshochschule, die jedem Juden ab dem dreizehnten Lebensjahr offensteht.

Jom Kippur Der große Versöhnungstag, der letzte der zehn mit → Rosch ha-Schana beginnenden Bußtage.

Kabbalat Schabbat Wörtl. »Begrüßung des Sabbat«, Gebet zur Einleitung des Sabbat am Freitagabend.

Kaddisch Gebet der Trauernden und Waisen, das nach dem Trauerfall elf Monate lang und jährlich am Todestag am Ende jedes Gottesdienstes gesprochen wird.

Kiddusch Segensspruch bei einem Becher Wein am Vorabend des Sabbats und aller Feiertage, durch den die Feste geheiligt werden.

Kippa Traditionelle Kopfbedeckung.

Kol Nidre Erstes der fünf Gebete des Jom-Kippur-Gottesdienstes.

Maariw Abendgebet.

Marranen Spanische Juden des 16. Jahrhunderts, die gezwungenermaßen zum Katholizismus übertraten, insgeheim aber am jüdischen Glauben festhielten.

Mesusa Pergamentrolle mit Bibelpassagen (Deuteronomium 6,4–9 und 11,13–21); hängt als Symbol für den Schutz des Frommen am rechten Türpfosten von Haus- oder Wohnungseingang.

Midrasch Bezeichnung für die Gesamtheit der rabbinischen Kommentare und Bibelauslegungen.

Mincha Mittagsgebet.

Minjan (pl. *Minjanim*) Gebetsquorum: Mindestanzahl von zehn Gläubigen, die zum Gottesdienst oder Gebet in der Synagoge anwesend sein müssen.

Mischna Sammlung von mündlich überlieferten Gesetzen und rabbinischen Lehrsätzen.

Mizwa Urspr. Bez. für alle religiösen Ge- und Verbote, heute Bez. für eine einzelne Pflicht, während die Gesamtheit aller Gesetze mit → Halacha bezeichnet wird.

Mussaf Gebet, das beim Gottesdienst gleich nach der Toralesung folgt und das die Bitte um die Rückkehr ins Heilige Land ausdrückt.

Neila Abschlußgebete am Abend von → Jom Kippur.

Palmach Abk. f. »Pelugot Machaz«, linkssozialistische Eliteeinheit der → Hagana, die sich hauptsächlich aus Kibbuzim rekrutierte, einige Einheiten bildeten später den Kern der israelischen Luftwaffe und Marine.

Pessach Jüdisches Osterfest, das erste der drei Wallfahrts- bzw. Erntefeste, dauert sieben Tage.

Purim Fest zur Erinnerung an die wunderbare Rettung der Juden vor dem Perserkönig Hamam, ein Freudenfest, das mit Geschenken, Spielen und einem besonderen Essen begangen wird.

Reb Anrede eines jeden Juden, der sich dem Studium der Schriften widmet.

Rebbe Anrede eines chassidischen Meisters.

Rosch ha-Schana Jüdisches Neujahrsfest.

Rosch Jeschiwa Leiter einer Rabbiner-Akademie oder Jeschiwa.

Schachrit Morgengottesdienst

Schawuot Jüdisches Pfingstfest, Wallfahrtsfest anläßlich der ersten Feldfrüchte.

Schechina Bez. für die Gegenwart Gottes in der Welt.

Schema Israel »Höre Israel! Der Herr, unser Gott, der Herr ist einzig«; eines der wichtigsten Gebete, das die Einzigartigkeit Gottes und die Anerkennung seiner Herrschaft bekundet.

Schiwa Siebentägige Trauerwoche nach der Beerdigung.

Schofar Ausgehöhltes Widderhorn, das an → Rosch ha-Schana und an → Jom Kippur geblasen wird.

Seder Häusliche Ordnung für das Pessachfest; Gebete, die am Abend vor Sabbat und am Sabbat zu oder nach den Mahlzeiten gesungen werden.

Siddur Bez. für das jüdische Gebetsbuch für den Alltag (im Unterschied zum Machsor für die Festtage).

Simchat Tora Letzter Tag von → Sukkot.

Sukkot Laubhüttenfest anläßlich der Obst- u. Weinernte, ein Fest der Freude.

Tallit Wörtl. »Gebetsmantel«, viereckiges Tuch, das mit den → Tefillin zum Morgengebet und zu bestimmten anderen religiösen Anlässen getragen wird.

Tefillin Wörtl. »Gebetsriemen«, zwei schwarze Lederkapseln, die vier Verse aus der Schrift enthalten und die zum Morgengebet am linken Unterarm und an der Stirn festgebunden werden.

Tischa be-Aw Der neunte Tag des Monats Aw: ein Trauertag, an dem zum Gedenken an die Zerstörung des Tempels gefastet wird.

Zaddik Wörtl. »Gerechter«: laut Bibel derjenige, der nach dem Gesetz lebt und gerecht handelt, laut Talmud derjenige, der über die Erfüllung des Gesetzes hinausgeht. Im Chassidismus gilt der Zaddik als Vermittler zwischen Mensch und Gott, der auch Wunder vollbringen kann.

Zahal Abk. für »Zwa Hagana Le Israel«, die israelischen Verteidigungskräfte.